下野新聞模擬テスト
過去問題集

資料編

志望校決定に
役立つデータ収録！

問題編

令和４年度

10月　2日実施　第192回
11月　6日実施　第193回
12月　4日実施　第194回
1月22日実施　第195回

令和３年度

10月　3日実施　第186回
11月　7日実施　第187回
12月　5日実施　第188回
1月23日実施　第189回

解答・解説編

令和４年度

10月　2日実施　第192回
11月　6日実施　第193回
12月　4日実施　第194回
1月22日実施　第195回

令和３年度

10月　3日実施　第186回
11月　7日実施　第187回
12月　5日実施　第188回
1月23日実施　第189回

解答用紙

2021・2022

［令和6年高校入試受験用］

下野新聞社

受験生の皆さんへ

下野新聞社は高校受験生を応援しています！

下野新聞社は50余年にわたり、高校入試の対策として中学３年生を対象に下野新聞模擬テストを実施しています。下野新聞模擬テストは県内で最も多くの中学生が受験する信頼度の高いテストで、試験結果のデータは志望校を決定するのに役立ち、高い評価を得ています。

平成24年度から下野新聞模擬テストの過去の問題と解答・解説を収録した「下野新聞模擬テスト過去問題集」を発行しています。

本書には、令和３年度と令和４年度に実施した各４回分の問題と解答・解説に加え、前年度実施した194回下野新聞模擬テストの試験結果のデータも収録しています。総合得点、偏差値、志望校別得点順位などのデータは自分の適性に応じた志望校を選択するのに役立つ資料です。５教科すべての問題が解き終わったら採点をして、試験結果のデータを見ながら自分がどのくらいの位置にいるのかを確認してください。下野偏差値ランキング2023で昨年度の合格者の偏差値も確認してみましょう。

また、解けなかった問題を解答・解説で十分に理解しましょう。自分の苦手な教科や弱点を克服することで志望校合格につながります。間違えた箇所はしっかり復習することが大切です。

受験生の皆さん、早めに学習計画を組み立て志望校合格に向けてがんばりましょう。下野新聞社は高校受験生を応援しています。

CONTENTS
〈目次〉

資料編

問題編

掲載広告

解答・解説編

下野新聞模擬テスト過去問題集

本書の使い方

下野新聞模擬テストは県内の各中学校の学習進度を十分配慮して問題を作成しています。問題を解くにあたり学習進度に合った実施月の問題を解くことをお薦めします。
下記の順番で過去問に取り組み、自分の位置を確認してみましょう。

STEP 1 解答用紙を準備

巻末にある解答用紙を切り取りましょう。拡大コピーすると使いやすくなります。

STEP 2 制限時間で解く

それぞれの制限時間を守って問題を解きましょう。

STEP 3 解答・解説で自己採点

5教科すべての問題が解き終わったら、解答・解説を見ながら採点をして、5教科の合計得点を出しましょう。

STEP 4　参考集計表で自分の位置を確認

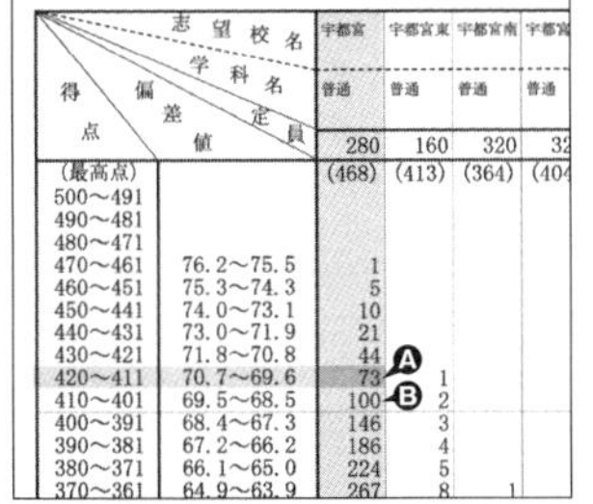

得点	偏差値	宇都宮	宇都宮東	宇都宮南	宇都宮
学科名		普通	普通	普通	普通
定員		280	160	320	32
(最高点)		(468)	(413)	(364)	(404
500～491					
490～481					
480～471					
470～461	76.2～75.5	1			
460～451	75.3～74.3	5			
450～441	74.0～73.1	10			
440～431	73.0～71.9	21			
430～421	71.8～70.8	44			
420～411	70.7～69.6	73 Ⓐ	1		
410～401	69.5～68.5	100 Ⓑ	2		
400～391	68.4～67.3	146	3		
390～381	67.2～66.2	186	4		
380～371	66.1～65.0	224	5		
370～361	64.9～63.9	267	8	1	

令和4年12月実施の第194回の下野新聞模擬テストの試験結果を参考集計表として掲載しています。合計得点が出たら、同じ実施月の参考集計表にある志望校別得点順位表を使って自分の位置を確認しましょう。

STEP 5　下野偏差値ランキング2023で志望校の偏差値を確認

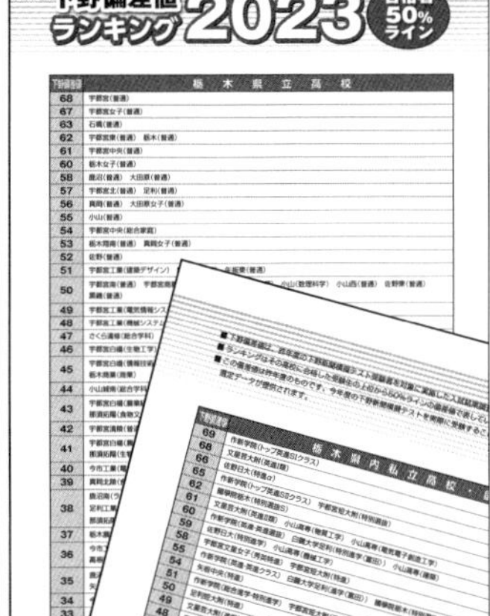

参考集計表で確認した自分の志望校偏差値と「下野偏差値ランキング2023」で昨年度の合格者の志望校偏差値を比較しましょう。志望校を決定する目安となります。

※6ページの「下野偏差値ランキング2023」は昨年度の下野新聞模擬テスト受験者を対象に実施した入試結果を基に算出しています。ランキングはその高校に合格した受験生の上位から50%ラインの偏差値で表しています。下野新聞模擬テストを受験して、志望校に対する自分の位置を確認することも大切です。成績表には合格可能性を含め高校受験に必要なデータが収録されています。

STEP 6　苦手な教科や弱点を克服

解けなかった問題を解答・解説で十分に理解しましょう。苦手な教科や弱点を克服することが志望校合格へとつながります。しっかり復習しましょう。

下野偏差値ランキング2023 合格者50%ライン

下野偏差値	栃木県立高校
68	宇都宮(普通)
67	宇都宮女子(普通)
63	石橋(普通)
62	宇都宮東(普通)　栃木(普通)
61	宇都宮中央(普通)
60	栃木女子(普通)
58	鹿沼(普通)　大田原(普通)
57	宇都宮北(普通)　足利(普通)
56	真岡(普通)　大田原女子(普通)
55	小山(普通)
54	宇都宮中央(総合家庭)
53	栃木翔南(普通)　真岡女子(普通)
52	佐野(普通)
51	宇都宮工業(建築デザイン)　鹿沼東(普通)　矢板東(普通)
50	宇都宮南(普通)　宇都宮商業(商業)　宇都宮商業(情報処理)　小山(数理科学)　小山西(普通)　佐野東(普通)　黒磯(普通)
49	宇都宮工業(電気情報システム)
48	宇都宮工業(機械システム)　那須拓陽(普通)
47	さくら清修(総合学科)
46	宇都宮白楊(生物工学)　宇都宮白楊(食品科学)　宇都宮白楊(流通経済)　今市(総合学科)　茂木(総合学科)
45	宇都宮白楊(情報技術)　宇都宮白楊(服飾デザイン)　宇都宮工業(環境建設システム)　栃木工業(電子情報)　栃木商業(商業)
44	小山城南(総合学科)　栃木商業(情報処理)　佐野松桜(商業)　那須清峰(電気情報)　黒磯南(総合学科)
43	宇都宮白楊(農業経営)　上三川(普通)　足利清風(普通)　真岡工業(電子)　那須拓陽(食品化学)　那須拓陽(食物文化)
42	宇都宮清陵(普通)　栃木工業(機械)　佐野松桜(介護福祉)　佐野松桜(家政)　足利工業(産業デザイン)　烏山(普通)
41	宇都宮白楊(農業工学)　鹿沼商工(情報科学)　鹿沼商工(商業)　栃木工業(電気)　壬生(普通)　真岡工業(機械)　那須拓陽(生物工学)　那須清峰(機械)　那須清峰(商業)
40	今市工業(電気)　佐野松桜(情報制御)　足利清風(商業)
39	真岡北陵(食品科学)　真岡工業(生産機械)　那須清峰(機械制御)
38	鹿沼南(ライフデザイン)　鹿沼南(普通)　小山南(普通)　足利南(総合学科)　足利工業(電気システム)　足利工業(機械)　真岡北陵(総合ビジネス)　真岡北陵(介護福祉)　真岡工業(建設)　益子芳星(普通)　那須拓陽(農業経営)　那須清峰(建設工学)　矢板(介護福祉)
37	栃木農業(動物科学)　栃木農業(食品科学)　真岡北陵(生物生産)　黒羽(普通)　高根沢(普通)
36	今市工業(機械)　小山北桜(総合ビジネス)　小山北桜(生活文化)　真岡北陵(農業機械)　矢板(栄養食物)　高根沢(商業)
35	鹿沼南(食料生産)　鹿沼南(環境緑地)　小山南(スポーツ)　小山北桜(建築システム)　栃木農業(植物科学)　矢板(機械)
34	今市工業(建設工学)　日光明峰(普通)　小山北桜(食料環境)　栃木農業(環境デザイン)　矢板(電子)
33	馬頭(水産)　那須(普通)　矢板(農業経営)
32	那須(リゾート観光)
31	馬頭(普通)

■ 下野偏差値は、昨年度の下野新聞模擬テスト受験者を対象に実施した入試結果調査を基に算出しています。
■ ランキングはその高校に合格した受験生の上位から50%ラインの偏差値で表しています。一つの指標としてください。
■ この偏差値は昨年度のものです。今年度の下野新聞模擬テストを実際に受験することにより、正確なあなたの志望校選定データが提供されます。

下野偏差値	栃木県内私立高校・国立
69	作新学院(トップ英進SIクラス)
68	文星芸大附(英進I類)
66	佐野日大(特進α)
65	作新学院(トップ英進SIIクラス)　宇都宮短大附(特別選抜)
62	國學院栃木(特別選抜S)
61	文星芸大附(英進II類)　小山高専(物質工学)　小山高専(電気電子創造工学)
60	作新学院(英進・英進選抜)　白鷗大学足利(特別進学〈富田〉)　小山高専(建築)
59	佐野日大(特別進学)　小山高専(機械工学)
58	宇都宮文星女子(秀英特進)　宇都宮短大附(特進)
55	作新学院(英進・英進クラス)　白鷗大学足利(進学〈富田〉)　國學院栃木(特別選抜)
54	矢板中央(特進)
51	作新学院(総合進学・特別進学)　宇都宮短大附(進学)　足利大附(特進)　佐野日大(スーパー進学)
50	足利短大附(特進)
49	文星芸大附(進学)　國學院栃木(選抜)
48	宇都宮文星女子(普通〈選抜進学〉)　星の杜(普通)
46	白鷗大学足利(文理進学〈本校〉)　佐野日大(進学)
45	宇都宮短大附(応用文理)　宇都宮短大附(音楽)
44	作新学院(総合進学・進学)　國學院栃木(文理)
43	作新学院(美術デザイン)　宇都宮文星女子(普通〈美術デザイン〉)
42	作新学院(電気電子システム)　文星芸大附(美術デザイン)　宇都宮短大附(情報商業)
41	作新学院(商業システム)　宇都宮短大附(生活教養〈女〉)　宇都宮短大附(調理)　足利大附(フロンティア) 矢板中央(普通)
40	足利短大附(進学)　白鷗大学足利(総合進学〈本校〉)
39	作新学院(ライフデザイン)　作新学院(普通科総合選択)　作新学院(自動車整備士養成)　文星芸大附(総合) 宇都宮文星女子(普通〈文理探究〉)　足利大附(情報処理)　矢板中央(スポーツ)
38	宇都宮文星女子(総合ビジネス〈ICT〉)　足利大附(工業)
37	足利短大附(福祉教養)　青藍泰斗(普通)　青藍泰斗(総合ビジネス)
36	宇都宮文星女子(総合ビジネス〈会計・流通〉)　佐野清澄(生活デザイン)
35	文星芸大附(総合ビジネス)　足利大附(自動車)　佐野清澄(普通)　青藍泰斗(総合生活〈女〉)

高校入試中サポ講座

合格への近道

下野新聞は、過去40年以上にわたり高校進学を目指す中学生の進学指導を行っており、教育関係者の方々より高い評価を得ています。4月から土曜日と日曜日の週2回、11月からは月・水・金・土・日曜日の週5回**「高校入試中サポ講座」**を新聞紙上に掲載しています。学校の授業内容と並行して出題される問題を通じ、実力アップを図ってください。

下野新聞社キャラクター「どっとこちゃん」

令和5年度 日程・出題内容一覧表

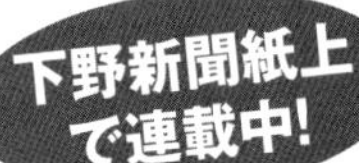

◆国語・社会・数学・理科・英語各25回ずつ掲載。基礎からしっかり学べます。

回＼教科	国語		社会		数学		理科		英語	
1	4/8(土)	説明的文章、漢字	4/9(日)	地球の姿をとらえよう	4/15(土)	正の数・負の数	4/16(日)	植物の特徴と分類	4/22(土)	be動詞(現在、過去)
2	4/23(日)	説明的文章、漢字	4/29(土)	文明のおこりと日本の成り立ち、古代国家の歩みと東アジアの世界	4/30(日)	文字式と式の計算	5/6(土)	動物の特徴と分類	5/7(日)	一般動詞(現在、過去)
3	5/13(土)	文学的文章(小説)、漢字	5/14(日)	日本の姿をとらえよう	5/20(土)	1次方程式とその利用	5/21(日)	いろいろな物質、気体の発生と性質	5/27(土)	進行形
4	5/28(日)	説明的文章、漢字	6/3(土)	中世社会の展開と東アジアの情勢、世界の動きと天下統一	6/4(日)	比例と反比例	6/10(土)	水溶液、物質の状態変化	6/11(日)	助動詞、未来表現
5	6/17(土)	古文、小問	6/18(日)	人々の生活と環境	6/24(土)	平面図形と空間図形	6/25(日)	光による現象、音による現象	7/1(土)	名詞、代名詞、冠詞
6	7/2(日)	文学的文章(随筆)、漢字	7/8(土)	近世社会の発展、近代ヨーロッパの世界支配と日本の開国	7/9(日)	連立方程式の基礎	7/15(土)	力による現象	7/16(日)	形容詞、副詞
7	7/22(土)	文学的文章(小説)、漢字	7/23(日)	世界の国々を調べよう	7/29(土)	連立方程式の利用	7/30(日)	火山、地震	8/5(土)	比較
8	8/6(日)	説明的文章、漢字	8/12(土)	近代日本の歩み	8/13(日)	1次関数の基礎	8/19(土)	地層、大地の変動	8/20(日)	いろいろな文(命令文、There is～など)
9	8/26(土)	俳句・短歌(和歌)	8/27(日)	世界から見た日本の姿	9/2(土)	1次関数の応用	9/3(日)	物質の成り立ち、さまざまな化学変化	9/9(土)	いろいろな疑問文
10	9/10(日)	説明的文章、漢字	9/16(土)	現代社会とわたしたちの生活	9/17(日)	平行と合同 ※反例追加	9/23(土)	化学変化と物質の質量の規則性	9/24(日)	不定詞(1)
11	9/30(土)	文学的文章(随筆)、漢字	10/1(日)	二度の世界大戦と日本、現代の日本と世界	10/7(土)	三角形	10/8(日)	生物の体をつくる細胞、植物の体のつくりとはたらき	10/14(土)	不定詞(2)、動名詞(1)
12	10/15(日)	説明的文章、漢字	10/21(土)	都道府県を調べよう	10/22(日)	平行四辺形	10/28(土)	動物の体のつくりとはたらき、感覚と運動のしくみ	10/29(日)	1・2年の総復習
13	11/1(水)	古文、小問	11/3(金)	人間の尊重と日本国憲法	11/4(土)	データの活用と確率 ※箱ひげ図追加	11/5(日)	地球の大気と天気の変化	11/6(月)	受け身
14	11/8(水)	説明的文章、漢字、敬語	11/10(金)	歴史のまとめ(古代～平安時代)	11/11(土)	展開と因数分解	11/12(日)	電流の性質	11/15(水)	現在完了(1)
15	11/17(金)	文学的文章(小説)、漢字	11/18(土)	世界地理のまとめ	11/19(日)	平方根	11/20(月)	電流の正体、電流と磁界	11/22(水)	現在完了(2)、現在完了進行形
16	11/24(金)	説明的文章、漢字	11/25(土)	現代の民主政治と社会	11/26(日)	2次方程式とその利用	11/27(月)	生命の連続性 ※多様性と進化追加	11/29(水)	前置詞、接続詞、連語
17	12/1(金)	古文	12/2(土)	歴史のまとめ(鎌倉～江戸時代)	12/3(日)	関数$y=ax^2$	12/4(月)	力と物体の運動 ※水圧、浮力追加	12/6(水)	いろいろな会話(1)、原形不定詞
18	12/8(金)	説明的文章、漢字	12/9(土)	日本地理のまとめ	12/10(日)	関数$y=ax^2$の応用	12/13(水)	仕事とエネルギー	12/15(金)	関係代名詞
19	12/16(土)	文学的文章(小説)、漢字	12/17(日)	わたしたちの暮らしと経済	12/18(月)	図形と相似の基礎 ※誤差と有効数字追加	12/20(水)	水溶液とイオン	12/22(金)	分詞、動名詞(2)
20	12/23(土)	文学的文章(随筆)、漢字	12/24(日)	歴史のまとめ(明治時代～現代)	1/5(金)	図形と相似の応用	1/6(土)	酸・アルカリと塩	1/7(日)	間接疑問文
21	1/8(月)	小問、古典総合	1/10(水)	地球社会とわたしたち	1/12(金)	円、三平方の定理の基礎	1/13(土)	地球の運動と天体の動き	1/14(日)	いろいろな会話(2)
22	1/15(月)	作文	1/17(水)	地理分野の総合	1/19(金)	三平方の定理の応用	1/20(土)	太陽系の天体、恒星の世界	1/21(日)	仮定法
23	1/22(月)	小問、古文	1/24(水)	公民のまとめ(政治)	1/26(金)	図形の総合問題	1/27(土)	自然と人間	1/28(日)	総合問題(Ⅰ)
24	1/29(月)	説明的文章総合	1/31(水)	歴史分野の総合	2/2(金)	数式と規則性の総合問題	2/3(土)	総合問題(1)	2/4(日)	総合問題(Ⅱ)
25	2/5(月)	文学的文章(小説)総合	2/7(水)	公民のまとめ(経済)	2/9(金)	関数の総合問題	2/10(土)	総合問題(2)	2/11(日)	総合問題(Ⅲ)

※新聞休刊日の変更や紙面の都合上、掲載日程や内容が変わる場合がございます。

参考集計表

第194回 下野新聞模擬テスト
（令和4年12月4日実施）

科目	国語	社会	数学	理科	英語	合計
平均点	53.0	54.1	40.7	51.9	41.2	241.0

◎総合・男女別分布表&順位表
◎教科別得点分布表&%表
◎総合得点・偏差値・順位早見表
◎教科別得点・偏差値・順位早見表
◎志望校別得点順位表

◎全日制高校の普通科および総合学科の受験者数には学区外の受験者数が含まれております。
◎志望校別得点順位表は第一志望者の順位です。
◎偏差値は次の公式を用いて算出しています。
（小数点第1位を四捨五入）

$$偏差値 = \frac{（個人の得点 - 平均点）\times 10}{標準偏差} + 50$$

●この集計表の栃木県内の県立高校・私立高校の募集定員は令和4年度募集定員見込みに基づいて作成しました。
●県外高校につきましては、一部前年度募集定員を適用しております。予めご了承ください。

第194回 下野新聞模擬テスト

総合・男女別分布表&順位表

得点	総合		男子		女子	
	人員	順位	人員	順位	人員	順位
500～496						
495～491						
490～486						
485～481						
480～476						
475～471						
470～466	3	1	3	1		
465～461	1	4	1	4		
460～456	3	5	3	5		
455～451	3	8	2	8	1	1
450～446	8	11	6	10	2	2
445～441	10	19	6	16	4	4
440～436	15	29	12	22	3	8
435～431	22	44	15	34	7	11
430～426	29	66	17	49	12	18
425～421	31	95	13	66	18	30
420～416	34	126	18	79	16	48
415～411	34	160	22	97	12	64
410～406	53	194	30	119	23	76
405～401	57	247	34	149	23	99
400～396	59	304	32	183	27	122
395～391	64	363	32	215	32	149
390～386	75	427	45	247	30	181
385～381	70	502	38	292	32	211
380～376	85	572	46	330	39	243
375～371	88	657	47	376	41	282
370～366	85	745	47	423	38	323
365～361	99	830	55	470	44	361
360～356	125	929	57	525	68	405
355～351	130	1054	71	582	59	473
350～346	130	1184	73	653	57	532
345～341	138	1314	70	726	68	589
340～336	160	1452	82	796	78	657
335～331	153	1612	70	878	83	735
330～326	155	1765	82	948	73	818
325～321	135	1920	63	1030	72	891
320～316	145	2055	63	1093	82	963
315～311	159	2200	72	1156	87	1045
310～306	157	2359	83	1228	74	1132
305～301	185	2516	96	1311	89	1206
300～296	154	2701	82	1407	72	1295
295～291	196	2855	104	1489	92	1367
290～286	185	3051	99	1593	86	1459
285～281	196	3236	93	1692	103	1545
280～276	168	3432	90	1785	78	1648
275～271	179	3600	90	1875	89	1726
270～266	183	3779	83	1965	100	1815
265～261	195	3962	82	2048	113	1915
260～256	200	4157	98	2130	102	2028
255～251	186	4357	95	2228	91	2130

得点	総合		男子		女子	
	人員	順位	人員	順位	人員	順位
250～246	205	4543	102	2323	103	2221
245～241	193	4748	99	2425	94	2324
240～236	168	4941	84	2524	84	2418
235～231	203	5109	91	2608	112	2502
230～226	214	5312	106	2699	108	2614
225～221	191	5526	67	2805	124	2722
220～216	212	5717	105	2872	107	2846
215～211	164	5929	75	2977	89	2953
210～206	215	6093	99	3052	116	3042
205～201	182	6308	101	3151	81	3158
200～196	207	6490	99	3252	108	3239
195～191	192	6697	88	3351	104	3347
190～186	186	6889	90	3439	96	3451
185～181	192	7075	98	3529	94	3547
180～176	200	7267	105	3627	95	3641
175～171	176	7467	79	3732	97	3736
170～166	171	7643	82	3811	89	3833
165～161	162	7814	81	3893	81	3922
160～156	153	7976	73	3974	80	4003
155～151	161	8129	88	4047	73	4083
150～146	157	8290	80	4135	77	4156
145～141	161	8447	81	4215	80	4233
140～136	150	8608	82	4296	68	4313
135～131	124	8758	61	4378	63	4381
130～126	154	8882	78	4439	76	4444
125～121	115	9036	67	4517	48	4520
120～116	118	9151	58	4584	60	4568
115～111	90	9269	56	4642	34	4628
110～106	101	9359	64	4698	37	4662
105～101	86	9460	48	4762	38	4699
100～ 96	81	9546	43	4810	38	4737
95～ 91	69	9627	48	4853	21	4775
90～ 86	52	9696	33	4901	19	4796
85～ 81	53	9748	32	4934	21	4815
80～ 76	36	9801	26	4966	10	4836
75～ 71	37	9837	24	4992	13	4846
70～ 66	32	9874	22	5016	10	4859
65～ 61	21	9906	13	5038	8	4869
60～ 56	22	9927	18	5051	4	4877
55～ 51	11	9949	8	5069	3	4881
50～ 46	13	9960	9	5077	4	4884
45～ 41	9	9973	7	5086	2	4888
40～ 36	5	9982	2	5093	3	4890
35～ 31	1	9987	1	5095		
30～ 26	2	9988	2	5096		
25 以下						
合計	9989		5097		4892	

第194回 下野新聞模擬テスト

教科別得点分布表＆%表

得点	国語		社会		数学		理科		英語	
	人員	%	人員	%	人員	%	人員	%	人員	%
100			3	0.03	6	0.06	3	0.03		
99										
98			8	0.08	2	0.02	5	0.05	8	0.08
97					5	0.05	11	0.11	4	0.04
96			22	0.22	11	0.11	9	0.09	1	0.01
95					4	0.04	23	0.23	8	0.08
94	2	0.02	35	0.35	13	0.13	12	0.12	5	0.05
93					15	0.15	30	0.30	8	0.08
92	5	0.05	70	0.70	16	0.16	30	0.30	17	0.17
91					12	0.12	37	0.37	15	0.15
90			75	0.75	13	0.13	58	0.58	15	0.15
89	10	0.10			13	0.13	65	0.65	18	0.18
88	8	0.08	118	1.18	17	0.17	68	0.68	16	0.16
87	6	0.06			22	0.22	76	0.76	31	0.31
86	18	0.18	140	1.40	24	0.24	69	0.69	24	0.24
85	15	0.15			20	0.20	81	0.81	37	0.37
84	23	0.23	181	1.81	31	0.31	97	0.97	25	0.25
83	38	0.38			21	0.21	94	0.94	32	0.32
82	42	0.42	228	2.28	35	0.35	98	0.98	41	0.41
81	50	0.50			48	0.48	128	1.28	39	0.39
80	57	0.57	231	2.31	41	0.41	129	1.29	40	0.40
79	66	0.66			47	0.47	116	1.16	41	0.41
78	66	0.66	243	2.43	51	0.51	142	1.42	45	0.45
77	77	0.77			50	0.50	120	1.20	56	0.56
76	83	0.83	292	2.92	48	0.48	145	1.45	73	0.73
75	110	1.10			69	0.69	141	1.41	64	0.64
74	125	1.25	314	3.14	58	0.58	147	1.47	68	0.68
73	123	1.23			70	0.70	148	1.48	64	0.64
72	137	1.37	302	3.02	70	0.70	166	1.66	66	0.66
71	158	1.58			67	0.67	147	1.47	83	0.83
70	158	1.58	320	3.20	68	0.68	150	1.50	77	0.77
69	167	1.67			77	0.77	134	1.34	78	0.78
68	192	1.92	350	3.50	92	0.92	162	1.62	77	0.77
67	182	1.82			84	0.84	148	1.48	78	0.78
66	216	2.16	317	3.17	79	0.79	137	1.37	95	0.95
65	217	2.17			104	1.04	136	1.36	93	0.93
64	237	2.37	331	3.31	100	1.00	152	1.52	73	0.73
63	233	2.33			108	1.08	153	1.53	99	0.99
62	234	2.34	342	3.42	104	1.04	143	1.43	104	1.04
61	225	2.25			116	1.16	146	1.46	118	1.18
60	262	2.62	322	3.22	120	1.20	135	1.35	94	0.94
59	270	2.70			131	1.31	145	1.45	120	1.20
58	239	2.39	380	3.80	149	1.49	162	1.62	122	1.22
57	264	2.64			126	1.26	173	1.73	127	1.27
56	243	2.43	333	3.33	129	1.29	153	1.53	123	1.23
55	246	2.46			135	1.35	138	1.38	110	1.10
54	275	2.75	338	3.38	132	1.32	154	1.54	116	1.16
53	243	2.43			135	1.35	123	1.23	132	1.32
52	249	2.49	333	3.33	143	1.43	146	1.46	124	1.24
51	250	2.50			148	1.48	127	1.27	141	1.41

得点	国語		社会		数学		理科		英語	
	人員	%	人員	%	人員	%	人員	%	人員	%
50	236	2.36	330	3.30	144	1.44	140	1.40	167	1.67
49	238	2.38			151	1.51	142	1.42	173	1.73
48	252	2.52	356	3.56	182	1.82	148	1.48	146	1.46
47	219	2.19			152	1.52	157	1.57	143	1.43
46	224	2.24	336	3.36	149	1.49	128	1.28	150	1.50
45	196	1.96			155	1.55	135	1.35	153	1.53
44	191	1.91	262	2.62	143	1.43	140	1.40	189	1.89
43	202	2.02			161	1.61	128	1.28	161	1.61
42	209	2.09	342	3.42	148	1.48	147	1.47	156	1.56
41	177	1.77			138	1.38	151	1.51	178	1.78
40	181	1.81	305	3.05	163	1.63	135	1.35	177	1.77
39	162	1.62			172	1.72	137	1.37	193	1.93
38	149	1.49	276	2.76	162	1.62	146	1.46	178	1.78
37	129	1.29			179	1.79	137	1.37	191	1.91
36	138	1.38	272	2.72	173	1.73	115	1.15	202	2.02
35	120	1.20			163	1.63	125	1.25	188	1.88
34	106	1.06	234	2.34	164	1.64	121	1.21	171	1.71
33	104	1.04			201	2.01	138	1.38	168	1.68
32	108	1.08	250	2.50	173	1.73	136	1.36	166	1.66
31	100	1.00			186	1.86	125	1.25	190	1.90
30	74	0.74	221	2.21	183	1.83	145	1.45	197	1.97
29	85	0.85			174	1.74	110	1.10	188	1.88
28	61	0.61	213	2.13	180	1.80	128	1.28	193	1.93
27	63	0.63			159	1.59	109	1.09	180	1.80
26	62	0.62	166	1.66	160	1.60	98	0.93	178	1.78
25	55	0.55			166	1.66	102	1.02	221	2.21
24	32	0.32	168	1.68	173	1.73	109	1.09	198	1.98
23	30	0.30			181	1.81	97	0.97	200	2.00
22	30	0.30	143	1.43	173	1.73	100	1.00	187	1.87
21	40	0.40			174	1.74	77	0.77	184	1.84
20	31	0.31	123	1.23	189	1.89	80	0.80	201	2.01
19	22	0.22			150	1.50	88	0.88	194	1.94
18	21	0.21	104	1.04	153	1.53	64	0.64	199	1.99
17	17	0.17			147	1.47	74	0.74	137	1.37
16	22	0.22	93	0.93	166	1.66	71	0.71	168	1.68
15	13	0.13			129	1.29	76	0.76	131	1.31
14	14	0.14	47	0.47	128	1.28	47	0.47	135	1.35
13	8	0.08			96	0.96	60	0.60	113	1.13
12	10	0.10	56	0.56	138	1.38	60	0.60	73	0.73
11	4	0.04			77	0.77	51	0.51	70	0.70
10	12	0.12	30	0.30	106	1.06	36	0.36	47	0.47
9	6	0.06			47	0.47	32	0.32	44	0.44
8	4	0.04	15	0.15	103	1.03	42	0.42	24	0.24
7	5	0.05			30	0.30	13	0.13	23	0.23
6	7	0.07	17	0.17	72	0.72	33	0.33	12	0.12
5	1	0.01			10	0.10	5	0.05	1	0.01
4	3	0.03	5	0.05	56	0.56	24	0.24	9	0.09
3					5	0.05	1	0.01		
2	2	0.02			24	0.24	15	0.15		
1					1	0.01				
0			1	0.01	7	0.07	1	0.01	1	0.01
総計	9996		9993		9995		9991		9993	

第194回 下野新聞模擬テスト

総合得点・偏差値・順位早見表

得点	偏差値	同点者数	順位
500			
499			
498			
497			
496			
495			
494			
493			
492			
491			
490			
489			
488			
487			
486			
485			
484			
483			
482			
481			
480			
479			
478			
477			
476			
475			
474			
473			
472			
471			
470			
469			
468	76	1	1
467	76	1	2
466	76	1	3
465			
464			
463			
462	76	1	4
461			
460	75	1	5
459			
458			
457			
456	75	2	6
455			
454			
453	75	1	8
452	74	1	9
451	74	1	10
		10	

得点	偏差値	同点者数	順位
450			
449	74	4	11
448	74	2	15
447	74	1	17
446	74	1	18
445			
444	73	1	19
443	73	4	20
442	73	1	24
441	73	4	25
440	73	4	29
439	73	5	33
438			
437	73	3	38
436	73	3	41
435	72	1	44
434	72	6	45
433	72	9	51
432	72	3	60
431	72	3	63
430	72	5	66
429	72	5	71
428	72	8	76
427	72	3	84
426	71	8	87
425	71	4	95
424	71	6	99
423	71	6	105
422	71	8	111
421	71	7	119
420	71	5	126
419	71	10	131
418	70	5	141
417	70	7	146
416	70	7	153
415	70	9	160
414	70	7	169
413	70	8	176
412	70	4	184
411	70	6	188
410	70	8	194
409	69	11	202
408	69	11	213
407	69	13	224
406	69	10	237
405	69	8	247
404	69	15	255
403	69	10	270
402	69	14	280
401	69	10	294
		293	

得点	偏差値	同点者数	順位
400	68	5	304
399	68	12	309
398	68	16	321
397	68	16	337
396	68	10	353
395	68	11	363
394	68	15	374
393	68	11	389
392	67	6	400
391	67	21	406
390	67	13	427
389	67	12	440
388	67	21	452
387	67	16	473
386	67	13	489
385	67	14	502
384	67	20	516
383	66	12	536
382	66	8	548
381	66	16	556
380	66	19	572
379	66	11	591
378	66	25	602
377	66	12	627
376	66	18	639
375	66	18	657
374	65	15	675
373	65	16	690
372	65	23	706
371	65	16	729
370	65	13	745
369	65	19	758
368	65	18	777
367	65	17	795
366	64	18	812
365	64	14	830
364	64	25	844
363	64	27	869
362	64	19	896
361	64	14	915
360	64	26	929
359	64	27	955
358	64	23	982
357	63	26	1005
356	63	23	1031
355	63	29	1054
354	63	32	1083
353	63	23	1115
352	63	23	1138
351	63	23	1161
		880	

得点	偏差値	同点者数	順位
350	63	26	1184
349	63	22	1210
348	62	24	1232
347	62	23	1256
346	62	35	1279
345	62	31	1314
344	62	34	1345
343	62	33	1379
342	62	18	1412
341	62	22	1430
340	61	34	1452
339	61	33	1486
338	61	37	1519
337	61	32	1556
336	61	24	1588
335	61	24	1612
334	61	26	1636
333	61	32	1662
332	61	40	1694
331	60	31	1734
330	60	29	1765
329	60	33	1794
328	60	30	1827
327	60	30	1857
326	60	33	1887
325	60	25	1920
324	60	32	1945
323	60	25	1977
322	59	25	2002
321	59	28	2027
320	59	32	2055
319	59	22	2087
318	59	31	2109
317	59	29	2140
316	59	31	2169
315	59	32	2200
314	58	36	2232
313	58	33	2268
312	58	24	2301
311	58	34	2325
310	58	33	2359
309	58	33	2392
308	58	27	2425
307	58	31	2452
306	58	33	2483
305	57	47	2516
304	57	25	2563
303	57	43	2588
302	57	37	2631
301	57	33	2668
		1517	

得点	偏差値	同点者数	順位
300	57	29	2701
299	57	43	2730
298	57	27	2773
297	57	27	2800
296	56	28	2827
295	56	36	2855
294	56	40	2891
293	56	61	2931
292	56	24	2992
291	56	35	3016
290	56	32	3051
289	56	40	3083
288	55	47	3123
287	55	32	3170
286	55	34	3202
285	55	46	3236
284	55	43	3282
283	55	36	3325
282	55	26	3361
281	55	45	3387
280	55	34	3432
279	54	32	3466
278	54	37	3498
277	54	34	3535
276	54	31	3569
275	54	34	3600
274	54	29	3634
273	54	37	3663
272	54	42	3700
271	54	37	3742
270	53	37	3779
269	53	30	3816
268	53	34	3846
267	53	51	3880
266	53	31	3931
265	53	39	3962
264	53	43	4001
263	53	29	4044
262	52	38	4073
261	52	46	4111
260	52	37	4157
259	52	39	4194
258	52	36	4233
257	52	37	4269
256	52	51	4306
255	52	33	4357
254	52	46	4390
253	51	32	4436
252	51	40	4468
251	51	35	4508
		1842	

得点	偏差値	同点者数	順位
250	51	43	4543
249	51	36	4586
248	51	57	4622
247	51	41	4679
246	51	28	4720
245	51	26	4748
244	50	29	4774
243	50	48	4803
242	50	48	4851
241	50	42	4899
240	50	39	4941
239	50	30	4980
238	50	31	5010
237	50	40	5041
236	49	28	5081
235	49	47	5109
234	49	44	5156
233	49	42	5200
232	49	35	5242
231	49	35	5277
230	49	38	5312
229	49	46	5350
228	49	45	5396
227	48	47	5441
226	48	38	5488
225	48	32	5526
224	48	40	5558
223	48	32	5598
222	48	46	5630
221	48	41	5676
220	48	40	5717
219	48	47	5757
218	47	50	5804
217	47	37	5854
216	47	38	5891
215	47	21	5929
214	47	34	5950
213	47	39	5984
212	47	36	6023
211	47	34	6059
210	46	48	6093
209	46	41	6141
208	46	44	6182
207	46	39	6226
206	46	43	6265
205	46	37	6308
204	46	46	6345
203	46	33	6391
202	46	34	6424
201	45	32	6458
		1947	

得　点	偏差値	同点者数	順位
200	45	39	6490
199	45	45	6529
198	45	46	6574
197	45	37	6620
196	45	40	6657
195	45	32	6697
194	45	37	6729
193	45	44	6766
192	44	39	6810
191	44	40	6849
190	44	39	6889
189	44	42	6928
188	44	34	6970
187	44	42	7004
186	44	29	7046
185	44	45	7075
184	43	33	7120
183	43	45	7153
182	43	41	7198
181	43	28	7239
180	43	50	7267
179	43	36	7317
178	43	34	7353
177	43	40	7387
176	43	40	7427
175	42	45	7467
174	42	21	7512
173	42	32	7533
172	42	37	7565
171	42	41	7602
170	42	27	7643
169	42	43	7670
168	42	31	7713
167	42	38	7744
166	41	32	7782
165	41	38	7814
164	41	27	7852
163	41	27	7879
162	41	38	7906
161	41	32	7944
160	41	34	7976
159	41	26	8010
158	40	25	8036
157	40	37	8061
156	40	31	8098
155	40	37	8129
154	40	32	8166
153	40	33	8198
152	40	31	8231
151	40	28	8262
		1800	

得　点	偏差値	同点者数	順位
150	40	32	8290
149	39	28	8322
148	39	35	8350
147	39	28	8385
146	39	34	8413
145	39	35	8447
144	39	33	8482
143	39	29	8515
142	39	31	8544
141	39	33	8575
140	38	25	8608
139	38	39	8633
138	38	31	8672
137	38	27	8703
136	38	28	8730
135	38	28	8758
134	38	19	8786
133	38	25	8805
132	37	20	8830
131	37	32	8850
130	37	24	8882
129	37	31	8906
128	37	33	8937
127	37	30	8970
126	37	36	9000
125	37	24	9036
124	37	28	9060
123	36	17	9088
122	36	17	9105
121	36	29	9122
120	36	26	9151
119	36	22	9177
118	36	30	9199
117	36	22	9229
116	36	18	9251
115	35	15	9269
114	35	17	9284
113	35	18	9301
112	35	21	9319
111	35	19	9340
110	35	16	9359
109	35	30	9375
108	35	16	9405
107	35	21	9421
106	34	18	9442
105	34	16	9460
104	34	16	9476
103	34	23	9492
102	34	15	9515
101	34	16	9530
		1256	

得　点	偏差値	同点者数	順位
100	34	14	9546
99	34	19	9560
98	34	18	9579
97	33	14	9597
96	33	16	9611
95	33	14	9627
94	33	21	9641
93	33	9	9662
92	33	14	9671
91	33	11	9685
90	33	11	9696
89	32	6	9707
88	32	16	9713
87	32	11	9729
86	32	8	9740
85	32	10	9748
84	32	12	9758
83	32	15	9770
82	32	9	9785
81	32	7	9794
80	31	8	9801
79	31	11	9809
78	31	6	9820
77	31	6	9826
76	31	5	9832
75	31	3	9837
74	31	11	9840
73	31	6	9851
72	31	9	9857
71	30	8	9866
70	30	3	9874
69	30	7	9877
68	30	8	9884
67	30	4	9892
66	30	10	9896
65	30	1	9906
64	30	3	9907
63	29	8	9910
62	29	5	9918
61	29	4	9923
60	29	6	9927
59	29	2	9933
58	29	6	9935
57	29	5	9941
56	29	3	9946
55	29	3	9949
54	28	1	9952
53	28	3	9953
52	28	1	9956
51	28	3	9957
		414	

得　点	偏差値	同点者数	順位
50	28	2	9960
49	28	4	9962
48	28	3	9966
47			
46	28	4	9969
45	27	5	9973
44	27	1	9978
43	27	3	9979
42			
41			
40	27	1	9982
39	27	1	9983
38	27	1	9984
37	26	1	9985
36	26	1	9986
35			
34	26	1	9987
33			
32			
31			
30	26	1	9988
29	26	1	9989
28			
27			
26			
25			
24			
23			
22			
21			
20			
19			
18			
17			
16			
15			
14			
13			
12			
11			
10			
9			
8			
7			
6			
5			
4			
3			
2			
1			
0			
		30	

第194回 下野新聞模擬テスト

教科別得点・偏差値・順位早見表

得点	国語			社会			数学			理科			英語		
	偏差値	同点者数	順位	偏差値	同点者数	順位	偏差値	同点者数	順位	偏差値	同点者数	順位	偏差値	同点者数	順位
100				73	3	1	79	6	1	72	3	1			
99															
98				72	8	4	78	2	7	71	5	4	79	8	1
97							78	5	9	71	11	9	79	4	9
96				71	22	12	77	11	14	70	9	20	78	1	13
95							77	4	25	70	23	29	78	8	14
94	78	2	1	70	35	34	76	13	29	69	12	52	77	5	22
93							76	15	42	69	30	64	77	8	27
92	76	5	3	69	70	69	75	16	57	68	30	94	76	17	35
91							75	12	73	68	37	124	75	15	52
90				68	75	139	74	13	85	68	58	161	75	15	67
89	74	10	8				74	13	98	67	65	219	74	18	82
88	73	8	18	67	118	214	73	17	111	67	68	284	74	16	100
87	73	6	26				73	22	128	66	76	352	73	31	116
86	72	18	32	66	140	332	72	24	150	66	69	428	73	24	147
85	71	15	50				72	20	174	65	81	497	72	37	171
84	71	23	65	65	181	472	71	31	194	65	97	578	72	25	208
83	70	38	88				71	21	225	64	94	675	71	32	233
82	69	42	126	64	228	653	70	35	246	64	98	769	71	41	265
81	69	50	168				70	48	281	63	128	867	70	39	306
80	68	57	218	63	231	881	69	41	329	63	129	995	70	40	345
79	67	66	275				69	47	370	63	116	1124	69	41	385
78	67	66	341	62	243	1112	68	51	417	62	142	1240	69	45	426
77	66	77	407				68	50	468	62	120	1382	68	56	471
76	65	83	484	61	292	1355	67	48	518	61	145	1502	68	73	527
75	65	110	567				67	69	566	61	141	1647	67	64	600
74	64	125	677	60	314	1647	66	58	635	60	147	1788	67	68	664
73	63	123	802				66	70	693	60	148	1935	66	64	732
72	63	137	925	59	302	1961	65	70	763	59	166	2083	66	66	796
71	62	158	1062				65	67	833	59	147	2249	65	83	862
70	61	158	1220	58	320	2263	64	68	900	58	150	2396	65	77	945
69	61	167	1378				64	77	968	58	134	2546	64	78	1022
68	60	192	1545	57	350	2583	63	92	1045	57	162	2680	64	77	1100
67	59	182	1737				63	84	1137	57	148	2842	63	78	1177
66	59	216	1919	56	317	2933	62	79	1221	57	137	2990	63	95	1255
65	58	217	2135				62	104	1300	56	136	3127	62	93	1350
64	57	237	2352	55	331	3250	61	100	1404	56	152	3263	62	73	1443
63	57	233	2589				61	108	1504	55	153	3415	61	99	1516
62	56	234	2822	54	342	3581	61	104	1612	55	143	3568	61	104	1615
61	55	225	3056				60	116	1716	54	146	3711	60	118	1719
60	55	262	3281	53	322	3923	60	120	1832	54	135	3857	60	94	1837
59	54	270	3543				59	131	1952	53	145	3992	59	120	1931
58	53	239	3813	52	380	4245	59	149	2083	53	162	4137	59	122	2051
57	53	264	4052				58	126	2232	52	173	4299	58	127	2173
56	52	243	4316	51	333	4625	58	129	2358	52	153	4472	58	123	2300
55	51	246	4559				57	135	2487	51	138	4625	57	110	2423
54	51	275	4805	50	338	4958	57	132	2622	51	154	4763	57	116	2533
53	50	243	5080				56	135	2754	51	123	4917	56	132	2649
52	49	249	5323	49	333	5296	56	143	2889	50	146	5040	56	124	2781
51	49	250	5572				55	148	3032	50	127	5186	55	141	2905

得点	国語			社会			数学			理科			英語		
	偏差値	同点者数	順位	偏差値	同点者数	順位	偏差値	同点者数	順位	偏差値	同点者数	順位	偏差値	同点者数	順位
50	48	236	5822	48	330	5629	55	144	3180	49	140	5313	55	167	3046
49	47	238	6058				54	151	3324	49	142	5453	54	173	3213
48	47	252	6296	47	356	5959	54	182	3475	48	148	5595	54	146	3386
47	46	219	6548				53	152	3657	48	157	5743	53	143	3532
46	45	224	6767	46	336	6315	53	149	3809	47	128	5900	53	150	3675
45	45	196	6991				52	155	3958	47	135	6028	52	153	3825
44	44	191	7187	45	262	6651	52	143	4113	46	140	6163	51	189	3978
43	43	202	7378				51	161	4256	46	128	6303	51	161	4167
42	43	209	7580	44	342	6913	51	148	4417	46	147	6431	50	156	4328
41	42	177	7789				50	138	4565	45	151	6578	50	178	4484
40	41	181	7966	43	305	7255	50	163	4703	45	135	6729	49	177	4662
39	41	162	8147				49	172	4866	44	137	6864	49	193	4839
38	40	149	8309	42	276	7560	49	162	5038	44	146	7001	48	178	5032
37	39	129	8458				48	179	5200	43	137	7147	48	191	5210
36	39	138	8587	41	272	7836	48	173	5379	43	115	7284	47	202	5401
35	38	120	8725				47	163	5552	42	125	7399	47	188	5603
34	37	106	8845	40	234	8108	47	164	5715	42	121	7524	46	171	5791
33	37	104	8951				46	201	5879	41	138	7645	46	168	5962
32	36	108	9055	39	250	8342	46	173	6080	41	136	7783	45	166	6130
31	35	100	9163				45	186	6253	40	125	7919	45	190	6296
30	35	74	9263	38	221	8592	45	183	6439	40	145	8044	44	197	6486
29	34	85	9337				44	174	6622	40	110	8189	44	188	6683
28	33	61	9422	37	213	8813	44	180	6796	39	128	8299	43	193	6871
27	33	63	9483				43	159	6976	39	109	8427	43	180	7064
26	32	62	9546	36	166	9026	43	160	7135	38	98	8536	42	178	7244
25	31	55	9608				42	166	7295	38	102	8634	42	221	7422
24	31	32	9663	35	168	9192	42	173	7461	37	109	8736	41	198	7643
23	30	30	9695				41	181	7634	37	97	8845	41	200	7841
22	29	30	9725	34	143	9360	41	173	7815	36	100	8942	40	187	8041
21	29	40	9755				40	174	7988	36	77	9042	40	184	8228
20	28	31	9795	33	123	9503	40	189	8162	35	80	9119	39	201	8412
19	27	22	9826				39	150	8351	35	88	9199	39	194	8613
18	27	21	9848	32	104	9626	39	153	8501	34	64	9287	38	199	8807
17	26	17	9869				38	147	8654	34	74	9351	38	137	9006
16	25	22	9886	31	93	9730	38	166	8801	34	71	9425	37	168	9143
15	25	13	9908				37	129	8967	33	76	9496	37	131	9311
14	24	14	9921	30	47	9823	37	128	9096	33	47	9572	36	135	9442
13	23	8	9935				36	96	9224	32	60	9619	36	113	9577
12	23	10	9943	29	56	9870	36	138	9320	32	60	9679	35	73	9690
11	22	4	9953				35	77	9458	31	51	9739	35	70	9763
10	21	12	9957	28	30	9926	35	106	9535	31	36	9790	34	47	9833
9	21	6	9969				34	47	9641	30	32	9826	34	44	9880
8	20	4	9975	27	15	9956	34	103	9688	30	42	9858	33	24	9924
7	20	5	9979				33	30	9791	29	13	9900	33	23	9948
6	20	7	9984	26	17	9971	33	72	9821	29	33	9913	32	12	9971
5	20	1	9991				33	10	9893	28	5	9946	32	1	9983
4	20	3	9992	25	5	9988	32	56	9903	28	24	9951	31	9	9984
3							32	5	9959	28	1	9975			
2	20	2	9995				31	24	9964	27	15	9976			
1							31	1	9988						
0															

志望校別得点順位表の見方

志望校別得点順位表は、第194回下野新聞模擬テストの受験者の中での志望校別の順位がわかります。

得点 ＼ 偏差値 ＼ 定員	志望校名 / 学科名	宇都宮 普通	宇都宮東 普通	宇都宮南 普通	普通	普
		280	160	320	320	280
(最高点)		(468)	(413)	(364)	(404)	(452)
500～491						
490～481						
480～471						
470～461	76.2～75.5	1				
460～451	75.3～74.3	5				1
450～441	74.0～73.1	10				2
440～431	73.0～71.9	21				8
430～421	71.8～70.8	44				18
420～411	70.7～69.6	73 Ⓐ	1			44
410～401	69.5～68.5	100 Ⓑ	2		1	67
400～391	68.4～67.3	146	3		2	100
390～381	67.2～66.2	186	4		3	140
380～371	66.1～65.0	224	5		5	176
370～361	64.9～63.9	267	8	1	8	217
360～351	63.7～62.7	308	9		11	247
350～341	62.6～61.5	338	14		24	
340～331	61.4～60.4	361	22		42	
330～321	60.3～59.2	376	27		58	
20～311	59.1～58.1	389	34	3		
301	58.0～56.9	399	36	6		
	56.8～55.8	404	39			
	7～54.6	409				

①まず第194回下野新聞模擬テストをやり、採点をして、自分の得点を確認します。

②得点は10点ごとに表示されているので、自分の得点が含まれた欄と志望校の交差した欄を見ますⒶ。

③次に、その欄の下を見て、その数から1を引きますⒷ。

④これで、あなたの順位がA～B番までの範囲にあるということがわかります。

⑤例えば、あなたの第一志望が宇都宮高校で、得点が415点だった場合、順位表の得点[420～411]と、[宇都宮高　普通]の交差した欄を見ます。その数[73]と、その欄の下の数字から1を引いた数[(100－1＝)99]の範囲に、あなたが位置していることになります。つまり、順位が[73～99]番だったことがわかります。

第194回 下野新聞模擬テスト

志望校別得点順位表

得点	偏差値	宇都宮	宇都宮東	宇都宮南	宇都宮北	宇都宮女子	宇都宮中央	宇都宮中央	宇都宮白楊	宇都宮白楊	宇都宮白楊	宇都宮白楊	宇都宮白楊	宇都宮白楊	宇都宮白楊	宇都宮工業	宇都宮工業	宇都宮工業	宇都宮工業	宇都宮商業	宇都宮商業	宇都宮清陵	鹿沼	鹿沼東	鹿沼南
学科名		普通	普通	普通	普通	普通	普通	総合家庭	農業経営	生物工学	食品科学	農業工学	情報技術	流通経済	服飾デザイン	建築デザイン	環境建設システム	電気情報システム	機械システム	商業	情報処理	普通	普通	普通	食料生産
定員		280	160	320	320	280	240	40	40	40	40	40	40	40	40	40	80	80	120	200	80	200	240	200	40
(最高点)		(468)	(413)	(364)	(404)	(452)	(439)	(340)	(289)	(291)	(291)	(234)	(293)	(261)	(292)	(388)	(311)	(372)	(360)	(343)	(338)	(264)	(387)	(323)	(176)
500～491																									
490～481																									
480～471																									
470～461	76.2～75.5	1																							
460～451	75.3～74.3	5				1																			
450～441	74.0～73.1	10				2																			
440～431	73.0～71.9	21				8	1																		
430～421	71.8～70.8	44				18																			
420～411	70.7～69.6	73	1			44	2																		
410～401	69.5～68.5	100	2		1	67	4																		
400～391	68.4～67.3	146	3		2	100	9																		
390～381	67.2～66.2	186	4		3	140	15									1							1		
380～371	66.1～65.0	224	5		5	176	26											1					3		
370～361	64.9～63.9	267	8	1	8	217	43									2		3					7		
360～351	63.7～62.7	308	9		11	247	66											4	1				8		
350～341	62.6～61.5	338	14		24	289	101									3				1			18		
340～331	61.4～60.4	361	22		42	329	128	1										5			1		29		
330～321	60.3～59.2	376	27		58	355	177	4										6	2	2			51	1	
320～311	59.1～58.1	389	34	3	85	371	238	5									1	8	3	3	2		67	2	
310～301	58.0～56.9	399	36	6	113	382	292	8									2	12	5	6	3		90	6	
300～291	56.8～55.8	404	39	12	154	397	337	10		1	1		1		1	4	3	13	11	11	6		116	10	
290～281	55.7～54.6	409	42	22	200	405	366	12	1						2	5		17	14	13	8		146	14	
280～271	54.5～53.5	416		34	270	407	392	15					2			8	4	19	18	17	11		169	20	
270～261	53.3～52.3	421	46	56	321	410	410	16	2	2	2			1	3	9		25	22	27	14	1	197	28	
260～251	52.2～51.2	424	47	83	355	418	427	22		3				2	5	13	5	27	26	40	20	2	218	33	
250～241	51.0～50.0	427	50	120	390	420	440	23	3	5	3		5	4		17	7	36	35	58	22	4	232	45	
240～231	49.9～48.8		52	146	420		453	24		6	6	1		6	7	22	11	47	42	68	25	8	247	65	
230～221	48.7～47.7		54	188	457	421	457	30	6	9	8	2	7	7	11	23	15	53	50	89	29	10	256	80	
220～211	47.6～46.5		55	234	480		459	34		12	13		10	10	14	27	16	57	65	110	38	14	260	93	
210～201	46.4～45.4	428		268	491		461	35	9	17	15		12	14	18	32	17	63	75	121	47	16	267	110	
200～191	45.3～44.2		56	306	500		463	36	13	19	19	3	15	19	23	36	21	70	87	137	50	26	273	125	
190～181	44.1～43.1			328	505		465	39	14	25	28	4	16	23	34	42	26	72	96	150	55	36		137	
180～171	43.0～41.9	429		365	510			40	20		31	7	24	28	37	44	27	77	104	160	62	48	274	142	1
170～161	41.8～40.8			388	513	423	466	41	25	28	37	8	27	33	40	47	33	88	114	165	63	58	276	144	
160～151	40.6～39.6	430		404			469		29	30	42	14	28	37	43		40	92	120	175	64	70	277	149	2
150～141	39.5～38.5	431		412	517				35	34	47	17	32	45	48	50	44	96	127			79		151	3
140～131	38.3～37.3			422	518		470		42	36	49	18	36	47	50	54	49	97	130	183	66	99		155	4
130～121	37.2～36.1			424					45	39	52	20	40		52	55	51	99	135	188		110		156	5
120～111	36.0～35.0			430					48	43	54	22	43	50	54		55	100	139	191	69	114			6
110～101	34.9～33.8			434	519		471				56		44	52	59	57	56	101	142	195	70	123		159	7
100～ 91	33.7～32.7			436					52	46		27	45		61			104	144			125			8
90～ 81	32.6～31.5									48							58		145			130			9
80～ 71	31.4～30.4			437									47				59	106							
70～ 61	30.3～29.2															59					72			161	
60～ 51	29.1～28.1															60		107						162	
50～ 41	27.9～27.1	432								49									147						10
40～ 31	26.8～26.1																								
30～ 21	25.6～25.5																								
20～ 以下																									
縦　計		432	57	437	519	424	472	44	53	49	56	27	47	52	61	60	59	107	147	195	72	132	277	162	10

得点＼志望校名	偏差値＼学科名／定員	鹿沼南	鹿沼南	鹿沼南	鹿沼商工	鹿沼商工	今市	今市工業	今市工業	今市工業	日光明峰	石橋	上三川	小山	小山	小山南	小山南	小山西	小山北桜	小山北桜	小山北桜	小山北桜	小山城南	栃木	栃木女子
	学科名	環境緑地	ライフデザイン	普通	情報科学	商業	総合学科	機械	電気	建設工学	普通	普通	普通	普通	数理科学	普通	スポーツ	普通	食料環境	建築システム	総合ビジネス	生活文化	総合学科	普通	普通
	定員	40	40	40	40	120	160	80	40	40	80	240	160	200	40	80	80	200	40	40	40	40	200	240	240
(最高点)		(144)	(252)	(258)	(214)	(236)	(322)	(139)	(199)	(164)	(131)	(447)	(259)	(368)	(301)	(250)	(218)	(349)	(202)	(237)	(176)	(177)	(298)	(434)	(428)
500～491																									
490～481																									
480～471																									
470～461	76.2～75.5																								
460～451	75.3～74.3																								
450～441	74.0～73.1											1													
440～431	73.0～71.9											2												1	
430～421	71.8～70.8											3												2	1
420～411	70.7～69.6											4												3	
410～401	69.5～68.5											10												10	3
400～391	68.4～67.3											15												19	7
390～381	67.2～66.2											28												28	12
380～371	66.1～65.0											50												39	22
370～361	64.9～63.9											75		1										52	36
360～351	63.7～62.7											102		2										75	52
350～341	62.6～61.5											145		5				1						99	70
340～331	61.4～60.4											183		9				2						119	94
330～321	60.3～59.2						1					231		17										149	125
320～311	59.1～58.1											259		27				3						174	145
310～301	58.0～56.9											279		43	1			6						194	181
300～291	56.8～55.8						2					304		61	2			7					1	214	206
290～281	55.7～54.6						3					325		78	3			9					2	231	225
280～271	54.5～53.5						4					342		102				20						236	245
270～261	53.3～52.3						5					351		120	8			30					4	244	253
260～251	52.2～51.2		1	1			9					358	1	147	10			44					6	249	265
250～241	51.0～50.0			2			11					363		172	11	1		65					11	255	268
240～231	49.9～48.8					1	15					366	2	186	17			91		1			14	257	276
230～221	48.7～47.7					2	19					367	4	193	20	2		114					21	258	279
220～211	47.6～46.5				1	3	30					368	7	203	22	3	1	144					27		281
210～201	46.4～45.4				2	6	42						10	210	23			170	1				37		
200～191	45.3～44.2				3	8	52		1			369	16	214	24	5		193					47		
190～181	44.1～43.1			3	5	13	65					370	24	217			2	213					62		
180～171	43.0～41.9		2	5	7	19	74						32	220		6	3	220	2		1	1	81	259	
170～161	41.8～40.8		3	7	9	23	85			1			49	221		10		237			2	2	106		
160～151	40.6～39.6			8	12	32	101		2				66			15	4	241			3	4	125		283
150～141	39.5～38.5	1	6	11	15	39	111			2			86	222		21	8	244	3		5	6	138		
140～131	38.3～37.3		8	16	19	46	116	1			1		108	223		25	11	246	4	2	8		151	260	
130～121	37.2～36.1		10	17	22	53	120	3	3				122			35	16	248	5	3	11	10	161		
120～111	36.0～35.0		14	22		59	124	4		3	2		137	224		38	17		7	4	14	12	167		
110～101	34.9～33.8	2		23	23	64	127	6	4		3		140			42	24	252		7	15	17	171		
100～ 91	33.7～32.7		15	24	24	65			5	4	4		145			47	29		9	9	18	19	175		
90～ 81	32.6～31.5	3	19		26	71		7	6		5		149			52	35		11	10	21	20			
80～ 71	31.4～30.4	4	21					10		5			150			53	36	253	12	13	22	21	177		
70～ 61	30.3～29.2	5	22	26					8							55	43		15	15	23	23			
60～ 51	29.1～28.1					72		11		6	7					56	45			16					
50～ 41	27.9～27.1												153								24				
40～ 31	26.8～26.1															57									
30～ 21	25.6～25.5	6																							
20～以下																									
縦計		6	23	26	26	72	129	11	8	6	7	370	153	224	25	57	47	253	15	16	25	23	177	260	285

得点	偏差値	栃木農業	栃木農業	栃木農業	栃木農業	栃木工業	栃木工業	栃木工業	栃木商業	栃木商業	栃木翔南	壬生	佐野	佐野東	佐野松桜	佐野松桜	佐野松桜	佐野松桜	足利	足利南	足利工業	足利工業	足利工業	足利清風	足利清風
学科名		植物科学	動物科学	食品科学	環境デザイン	機械	電気	電子情報	商業	情報処理	普通	普通	普通	普通	商業	介護福祉	情報制御	家政	普通	総合学科	産業デザイン	電気システム	機械	普通	商業
定員		40	40	40	40	80	40	40	120	40	200	160	160	200	80	30	80	40	240	160	40	40	80	120	80
(最高点)		(136)	(220)	(211)	(130)	(314)	(255)	(300)	(305)	(293)	(358)	(293)	(380)	(336)	(281)	(243)	(267)	(307)	(417)	(267)	(306)	(224)	(211)	(250)	(295)
500～491																									
490～481																									
480～471																									
470～461	76.2～75.5																								
460～451	75.3～74.3																								
450～441	74.0～73.1																								
440～431	73.0～71.9																								
430～421	71.8～70.8																								
420～411	70.7～69.6																		1						
410～401	69.5～68.5																		2						
400～391	68.4～67.3																								
390～381	67.2～66.2																		3						
380～371	66.1～65.0												1						9						
370～361	64.9～63.9												2						13						
360～351	63.7～62.7										1								17						
350～341	62.6～61.5										3								29						
340～331	61.4～60.4										5			1					47						
330～321	60.3～59.2										7		3	2					70						
320～311	59.1～58.1					1					13								88						
310～301	58.0～56.9								1		16		5	3				1	114		1				
300～291	56.8～55.8							1	2	1	25	1	7	6					145						1
290～281	55.7～54.6							2			33		11	10	1				174						
280～271	54.5～53.5								3		54		17	21					197						
270～261	53.3～52.3							3	5		74	2	25	29	2		1		224	1					
260～251	52.2～51.2						1	4	7		92		30	39					250						
250～241	51.0～50.0					2		5	9		112	3	34	49	3	1			282		2			1	
240～231	49.9～48.8					3	2	7	12		129	4	39	71	4	2		2	304					5	
230～221	48.7～47.7							8	18	2	145	7	46	86	5			3	317			1		7	
220～211	47.6～46.5		1	1		5	3		25	4	157	10	54	105	7		2	4	329		4		1	10	2
210～201	46.4～45.4		2			7	4	10	38	7	167	12	60	139	10		3	5	336	2				13	
200～191	45.3～44.2					10	5	11	43	8	178	17	63	160	14	5	6	8	345	3	5	2	2	20	3
190～181	44.1～43.1		3			13	10	15	48	12	187	24	66	181	17	6	11	10	351	5				30	4
180～171	43.0～41.9		5	2		26	11	17	66	13	190	35	68	205	23	10	12	12	353	10	10		5	37	6
170～161	41.8～40.8		7	4		32	12	22	75	18		41		214	29	13	14	16	357	18	14	6	8	43	7
160～151	40.6～39.6		8			37	15	26	79		191	48	69	217	33	15	17	19		21	16	7	10	51	10
150～141	39.5～38.5					38	18	28	83	21	192	65	70	225	39	16	25	21		26	17	10	11	60	15
140～131	38.3～37.3	1	9	5		49	24	32	87			75		229	45		27	22		35	21		14	66	21
130～121	37.2～36.1	3	11	8	1	56	27	33	91	22		87	71	231	49	18	33	26	358	42	25	12	17	71	24
120～111	36.0～35.0	6	15	10	2	62	28	36	92		193	100	72		55	21	40	30		49	29	13	24		30
110～101	34.9～33.8	7	16	11	4	70	29	39				108		232	57	23	44	31	359	53	31	14	26	76	33
100～ 91	33.7～32.7	8	17	13			31					116				25	50	33		64		17	30	78	34
90～ 81	32.6～31.5		22	16	7	73	32		95		194	121	74			26	54			71	33	19	35		35
80～ 71	31.4～30.4	11	26	17	9	76	34								59		55	34		76	34		37		37
70～ 61	30.3～29.2		28	18	10	78						125					57			78			40		
60～ 51	29.1～28.1					79						126				27		35	360	83		20	42		
50～ 41	27.9～27.1			19		81	35													84			43		
40～ 31	26.8～26.1											127													
30～ 21	25.6～25.5				11																				
20～ 以下																									
縦計		11	29	19	11	81	35	39	95	23	194	127	74	235	59	27	58	35	360	85	35	21	43	79	38

得点 ＼ 志望校名	偏差値 ＼ 学科名	真岡	真岡女子	真岡北陵	真岡北陵	真岡北陵	真岡北陵	真岡北陵	真岡工業	真岡工業	真岡工業	真岡工業	益子芳星	茂木	烏山	馬頭	馬頭	大田原	大田原女子	黒羽	那須拓陽	那須拓陽	那須拓陽	那須拓陽	那須拓陽
		普通	普通	生物生産	農業機械	食品科学	総合ビジネス	介護福祉	機械	電子	生産機械	建設	普通	総合学科	普通	普通	水産	普通	普通	普通	農業経営	生物工学	食品化学	食物文化	普通
	定員	200	200	40	40	40	40	30	40	40	40	40	160	160	160	80	25	200	200	120	40	40	40	40	80
(最高点)		(434)	(421)	(179)	(177)	(256)	(208)	(179)	(238)	(280)	(295)	(191)	(196)	(292)	(314)	(46)	(153)	(406)	(407)	(208)	(190)	(217)	(246)	(227)	(278)
500〜491																									
490〜481																									
480〜471																									
470〜461	76.2〜75.5																								
460〜451	75.3〜74.3																								
450〜441	74.0〜73.1																								
440〜431	73.0〜71.9	1																							
430〜421	71.8〜70.8		1																						
420〜411	70.7〜69.6																								
410〜401	69.5〜68.5	2																1	1						
400〜391	68.4〜67.3	4	2															2							
390〜381	67.2〜66.2	7	3															5							
380〜371	66.1〜65.0																		2						
370〜361	64.9〜63.9	10	4															6	4						
360〜351	63.7〜62.7	14	5															7	6						
350〜341	62.6〜61.5	17	9															13	9						
340〜331	61.4〜60.4	28	10															26	13						
330〜321	60.3〜59.2	40	13															35	19						
320〜311	59.1〜58.1	47	16												1			48	25						
310〜301	58.0〜56.9	51	23															58	30						
300〜291	56.8〜55.8	59	26								1			1				73	38						
290〜281	55.7〜54.6	73	36															83	56						
280〜271	54.5〜53.5	87	43							1				3				95	73						1
270〜261	53.3〜52.3	100	49											6				101	86						3
260〜251	52.2〜51.2	109	63			1								9				112	107						
250〜241	51.0〜50.0	115	76											13	2			122	116				1		4
240〜231	49.9〜48.8	126	88						1					15				130	125						10
230〜221	48.7〜47.7	131	101							2				20	4			132	132				2	1	13
220〜211	47.6〜46.5	133	111											30	9			135	142			1	3		20
210〜201	46.4〜45.4	142	123				1			3				33	11			136	150	1			4	2	22
200〜191	45.3〜44.2	151	129				2		2	4		1	1	42	16			137	153				7	3	30
190〜181	44.1〜43.1	152	134				3		5	7			2	53	21				160		1	2		4	37
180〜171	43.0〜41.9	158	142	1	1	2		1	6	9			5	58	26			138	162		2	4	10	5	44
170〜161	41.8〜40.8		145	2	3	3			7				9	68	31					2	3	5	12	6	50
160〜151	40.6〜39.6	160	148		4	6			13	10	2	2	12	72	40		1			3	6	8	14		53
150〜141	39.5〜38.5	161	149		5	8	4	2	14	11	3	4	13	74	41					5	12			8	
140〜131	38.3〜37.3		150	3	6		5	3	15	12	4	5	17	81	46					6	14			12	55
130〜121	37.2〜36.1		151		7	11	6	5	17			7	31	84	48					7	15			15	
120〜111	36.0〜35.0		152		9	13	7			13	6	10	36	86	53					9	18	11		16	
110〜101	34.9〜33.8			4	11	14	8	7	19			12	50	88	54					10	23	12	18	18	
100〜 91	33.7〜32.7			6	14		9	9		14		15	52	89						13	25				57
90〜 81	32.6〜31.5		154	7				12		15	7	16	57	90						15			19		
80〜 71	31.4〜30.4			8	15								60		57		2			17	27				
70〜 61	30.3〜29.2					16			20	16		17			58		5								
60〜 51	29.1〜28.1				16																				
50〜 41	27.9〜27.1												61			1	6								
40〜 31	26.8〜26.1																								
30〜 21	25.6〜25.5																								
20〜 以下																									
縦計		161	154	9	17	16	9	12	20	16	7	17	61	90	58	1	7	138	163	17	27	13	19	18	57

得点	偏差値	那須清峰	那須清峰	那須清峰	那須清峰	那須清峰	那須	那須	黒磯	黒磯南	矢板	矢板	矢板	矢板	矢板	矢板東	高根沢	高根沢	さくら清修	小山高専	小山高専	小山高専	小山高専	作新学院	作新学院
学科名		機械	建設工学	電気情報	機械制御	商業	普通	リゾート観光	普通	総合学科	農業経営	機械	電子	介護福祉	栄養食物	普通	商業	普通	総合学科	機械工学	物質工学	建築	電気電子創造工学	トップ英進SIク	トップ英進SIIク
定員		40	40	40	40	40	80	40	200	160	40	40	40	30	40	160	120	80	240	40	40	40	80	20	60
(最高点)		(208)	(255)	(219)	(261)	(200)	(101)	(241)	(393)	(254)	(131)	(161)	(151)	(147)	(177)	(405)	(233)	(188)	(327)	(427)	(395)	(388)	(415)	(468)	(466)
500～491																									
490～481																									
480～471																									
470～461	76.2～75.5																							1	1
460～451	75.3～74.3																							4	2
450～441	74.0～73.1																							9	3
440～431	73.0～71.9																							25	8
430～421	71.8～70.8																			1				55	16
420～411	70.7～69.6																			3			1	99	34
410～401	69.5～68.5															1				4			2	140	51
400～391	68.4～67.3								1												1		3	201	81
390～381	67.2～66.2																			5	3	1	4	263	126
380～371	66.1～65.0															2				7	6	4	7	318	172
370～361	64.9～63.9																			9	8	6	13	368	222
360～351	63.7～62.7																			13	11	7	21	399	273
350～341	62.6～61.5								2							3				17	15	9	30	427	332
340～331	61.4～60.4																			19	20	12	38	450	368
330～321	60.3～59.2								3							4			1	26	26	15	44	466	410
320～311	59.1～58.1															5				33	34	16	51	479	435
310～301	58.0～56.9															6			2	40	38	19	56	486	460
300～291	56.8～55.8								4							10			4	43	41	22	67	491	470
290～281	55.7～54.6								6							13			10	52	48	23	79	494	482
280～271	54.5～53.5								8							17			14	56	50	26	83	498	488
270～261	53.3～52.3				1				17							20			20		51	27	87	500	492
260～251	52.2～51.2		1						27	1						24			26	58	53	30	91	503	499
250～241	51.0～50.0		2					1	39	2									33	60	54		98	505	501
240～231	49.9～48.8								51	4						27	1		49			31	102	506	
230～221	48.7～47.7								61	5						32			66	61	55		105	507	
220～211	47.6～46.5		3	1					72	10						38			82				106	508	
210～201	46.4～45.4	1	4	2					80	17						43	2		101	64		34	108	510	
200～191	45.3～44.2		5	5		1			94	25						45			124	65					
190～181	44.1～43.1	3		6					99	35						47		1	138			37	109		
180～171	43.0～41.9	5	6	8					102	44					1		3		158	66				511	502
170～161	41.8～40.8	10		10					107	51		1				50	6	3	174						
160～151	40.6～39.6	11	7	13		2			111	59			1		3		8	4	186			38	110		
150～141	39.5～38.5	13			2					69		3		1	4	51	9	5	195			39		513	
140～131	38.3～37.3	19	8	17		4				79	1	5	2		5		12	6	207	67					
130～121	37.2～36.1	21	9			5			112	85		6					13	7	218						504
120～111	36.0～35.0	23	10	19	3	6		2		93				2	6		17	11	224						
110～101	34.9～33.8	25	11				1			94		8	3		8	52	20	14	227						
100～ 91	33.7～32.7	28		20		9	2			96	2	10		3	9		27	17						515	
90～ 81	32.6～31.5	30		22	4		3	3		97	4	13						20	229						
80～ 71	31.4～30.4			23			4				7			4			30	22							
70～ 61	30.3～29.2										9				11		33	23							
60～ 51	29.1～28.1	31			5			4				14					34	26				40			
50～ 41	27.9～27.1							5				16						28							
40～ 31	26.8～26.1																35								
30～ 21	25.6～25.5																								
20～以下																									
縦計		31	11	23	5	9	4	5	112	97	9	16	3	4	11	52	35	28	230	67	55	40	110	515	504

得点	偏差値	作新学院	作新学院	作新学院	作新学院	作新学院	作新学院	作新学院	作新学院	作新学院	作新学院	文星芸大附	文星芸大附	文星芸大附	文星芸大附	文星芸大附	文星芸大附	宇都宮文星女子	宇都宮文星女子	宇都宮文星女子	宇都宮文星女子	宇都宮文星	宇都宮文星	宇都宮短大附	宇都宮短大附
学科名		英進・英進選抜	英進・英進クラス	総合進学・特別進	総合進学・進学	電気電子システム	美術デザイン	ライフデザイン	普通科総合選択	自動車整備士養成	商業システム	英進Ⅰ類	英進Ⅱ類	進学	総合	美術デザイン	総合ビジネス	秀英特進	普通<美術>	普通<選抜進学>	普通<文理探求>	総合ビジネス<Ⅰ	総合ビジネス<会	特別選抜	特進
定員		70	150	60	450	80	80	80	280	80	80	20	40	60	200	20	180	40	30	35	150	20	90	30	90
(最高点)		(456)	(411)	(413)	(347)	(353)	(363)	(253)	(329)	(305)	(316)	(462)	(431)	(356)	(303)	(277)	(303)	(383)	(265)	(388)	(298)	(213)	(277)	(468)	(439)
500～491																									
490～481																									
480～471																									
470～461	76.2～75.5											1												1	
460～451	75.3～74.3	1										2												2	
450～441	74.0～73.1											4												3	
440～431	73.0～71.9											5	1											8	1
430～421	71.8～70.8	2										9												24	2
420～411	70.7～69.6	3	1	1								20												40	5
410～401	69.5～68.5	5	2									30	2											65	7
400～391	68.4～67.3	7										44	4											98	13
390～381	67.2～66.2	12	5	2								53	6					1		1				140	23
380～371	66.1～65.0	22	10									67	12					2						174	37
370～361	64.9～63.9	35	15	4			1					74	16					3						227	56
360～351	63.7～62.7	57	22			1						83	23	1				5						278	85
350～341	62.6～61.5	100	40	6	1							98	38					10						337	138
340～331	61.4～60.4	153	63	9	2							108	48					11		2				392	195
330～321	60.3～59.2	215	93	12	3	2			1			116	64	2				14						423	280
320～311	59.1～58.1	268	136	20	7	3					1	119	73	3				15		5				454	356
310～301	58.0～56.9	308	184	30	14	4				1		122	84	7	1		1	24		6				479	449
300～291	56.8～55.8	349	238	46	24	5	2		3		3	124	91	8				35		8	1			507	551
290～281	55.7～54.6	390	302	66	39	8	3		4		5	125	103	13				47			2			517	644
280～271	54.5～53.5	423	383	94	63	9	4			3	6	127	115		2	1		49		10	3		1	527	739
270～261	53.3～52.3	444	451	119	87	10			5	5	10		124	17	3			53	1	11	4			534	816
260～251	52.2～51.2	466	507	154	133	13	5	1	7	7	13		131	23				56	2	17	5			536	886
250～241	51.0～50.0	482	573	200	185	16	8		15	8	16	131	137	26	5			60		22	7			544	945
240～231	49.9～48.8	488	614	235	240	22		4	21	10	17		141	38	11			63		30	9		2	546	992
230～221	48.7～47.7	493	644	280	303	24	9	6	29	11	22		143	40	15	2	2	66	3	36	12		3	550	1021
220～211	47.6～46.5	502	674	319	403	29	15	9	35	12	26	132	145	44	21		3	67	4	41	15	1		552	1043
210～201	46.4～45.4	503	698	353	482	36	23	12	44		35		148	53	23	3	6	68		46	18		4	555	1059
200～191	45.3～44.2	504	716	381	575	42	27	18	61	14	39		150	63	34	4	7	69	5	52	23			556	1072
190～181	44.1～43.1	506	729	406	665	47	31	27	87	17	50		153	71	42	5	8	70	7	58	28				1078
180～171	43.0～41.9		733	415	747	61	38	33	115	22	68			80	56		14		8	64	35		6		1083
170～161	41.8～40.8	508	739	428	828	81	47	40	158	28	80			83	66	6	17		9	65	44	2	7	557	1087
160～151	40.6～39.6		745	438	911	92	57	48	207	33	91			89	82	7	23	71		69	59	3	9		
150～141	39.5～38.5			443	962	108	60	61	265	39	112			99	97		31		10	73	73	4	14		1088
140～131	38.3～37.3			448	1019	118	66	72	316	49	126			106	123	8	49		12	77	88	6	18	558	
130～121	37.2～36.1			452	1071	126	72	84	374	59	138		154	107	140	10	59		15		103	9	20		1089
120～111	36.0～35.0				1106	140	79	95	418	67	146			111	157	12	75		17	78	117	10	23		
110～101	34.9～33.8		747	454	1128	152	81	111	460	75	158			112	183	13	92		19	79	137	11	31		
100～ 91	33.7～32.7		748	457	1148	158	85	122	494	82	162			114	200	15	108		20		147	13	37		
90～ 81	32.6～31.5				1161	163		130	517	83	165			116	209	16	123		22	83	156		42		
80～ 71	31.4～30.4				1173	167		135	532	87	166			118	220	18	136			85	164		43		
70～ 61	30.3～29.2			461	1178	172	88	137	542	89	167			119	226		149				167				
60～ 51	29.1～28.1		749			177			550	92	170				229		158				173				
50～ 41	27.9～27.1					179	89		551		171				235		160					14			
40～ 31	26.8～26.1				1179				554								164				175		44		
30～ 21	25.6～25.5									95					236		165								
20～ 以下																									
縦 計		509	749	461	1179	179	89	140	555	95	172	133	154	119	236	18	165	71	22	85	175	14	44	558	1089

得点 ＼ 志望校名	偏差値 ＼ 学科名	宇都宮短大附	宇都宮短大附	宇都宮短大附	宇都宮短大附	宇都宮短大附	宇都宮短大附	足利短大附	足利短大附	足利短大附	足利大付	足利大付	足利大付	足利大付	足利大付	白鷗大学足利	白鷗大学足利	白鷗大学足利	星の杜	國學院栃木	國學院栃木	國學院栃木	國學院栃木	矢板中央	矢板中央
	学科名	進学	応用文理	生活教養<女>	情報商業	調理	音楽	特進	進学	福祉教養	特進	フロンティア	工業	情報処理	自動車	特別進学<富田>	進学<富田>	文理進学<本校>	普通	選抜	特別選抜	文理	特別選抜S	特進	普通
	定員	160	230	120	120	80	40	25	90	45	160	160	320	40	100	35	210	175	150	150	150	270	30	60	300
(最高点)		(396)	(330)	(313)	(368)	(306)	(355)	(404)	(275)	(239)	(353)	(295)	(360)	(238)	(325)	(467)	(384)	(357)	(415)	(439)	(439)	(306)	(434)	(389)	(378)
500～491																									
490～481																									
480～471																									
470～461	76.2～75.5															1									
460～451	75.3～74.3																								
450～441	74.0～73.1																								
440～431	73.0～71.9																			1	1		1		
430～421	71.8～70.8															2				2			3		
420～411	70.7～69.6															4			1				8		
410～401	69.5～68.5							1								5			2		2		15		
400～391	68.4～67.3	1														9			3		3		28		
390～381	67.2～66.2															12	1			3	5		40	1	
380～371	66.1～65.0	2														19	2			4	7		55		1
370～361	64.9～63.9	3			1											35	3		4		15		75		
360～351	63.7～62.7	8					1				1		1			45	6	1	7	6	22		95	3	
350～341	62.6～61.5	15						2			2					61	12		9		30		120	4	
340～331	61.4～60.4	29					2				3					90	22		10	11	39		149	5	
330～321	60.3～59.2	51	1				3				5				1	126	40	2	12	13	58		177	6	
320～311	59.1～58.1	76	5	1	2			3			7					140	52		16	18	84		205	7	
310～301	58.0～56.9	95	8	2	4	1		4			13					170	75	4	19	22	110	1	226	9	2
300～291	56.8～55.8	139	15	3	7	2					18	1				197	111	5	20	27	140	2	250	15	4
290～281	55.7～54.6	193	18	4	9						19	2				216	145	10	30	32	164	3	261	21	7
280～271	54.5～53.5	268	30	6	13				1		25	3				233	183	16	34	49	196	6	269	28	12
270～261	53.3～52.3	341	41	7	14	3	4				32	5				250	225	24	39	65	230	7	275	38	17
260～251	52.2～51.2	422	60	8	18	6		5	3		38	6	2			262	267	33	43	79	261	11	283	46	20
250～241	51.0～50.0	510	81	10	23	9		6	4		45	8				280	308	44	44	103	286	14		56	23
240～231	49.9～48.8	609	109	14	32	12	6	9	6	1		14	5	1		288	361	65	49	128	309	20	285	66	32
230～221	48.7～47.7	713	162	22	46	15		10	10	2	54	19	7		2	299	386	89	56	149	320	26	287	71	37
220～211	47.6～46.5	807	219	28	59	21	8	16	16		58	21	9	4		306	426	104	65	176	329	36		80	49
210～201	46.4～45.4	886	262	33	75	24			18	3	64	28	15			310	463	140	74	195	338	53		90	65
200～191	45.3～44.2	965	324	44	86	29	9	18	24	4	67	33	17	5	3	314	486	171	82	210	344	70		95	88
190～181	44.1～43.1	1021	381	59	113	42		20	31	6	73	45	27	7	7	317	499	209	86	229	348	88	288	99	101
180～171	43.0～41.9	1061	437	70	151	49	11	22	35	9	76	53	31	9	8	319	514	242	98	237	350	104	289	103	119
170～161	41.8～40.8	1098	487	85	182	63	14		44	17	79	59	41	17	9	323		275	103	244		119		104	143
160～151	40.6～39.6	1121	540	107	214	70	15		51	18	81	69	46	25	14		520	293	107	249	351	127			167
150～141	39.5～38.5	1137	589	121	237	79		24	55	24		76	56	28	15	324	526	312	111	255	352	141			194
140～131	38.3～37.3	1152	629	139	256	91			63	33	84	80	70	35	17	327		327	115	262	353	152			222
130～121	37.2～36.1	1161	645	155	276	98	16		71	35	85	96	83	42	18		531	337	118			160			243
120～111	36.0～35.0	1170	672	170	296	110		25	78	38		103	97	49	24		535	349	119			167	290		264
110～101	34.9～33.8	1173	689	181	302	120	18		82	39	86	108	112	53	27		538	355	120			170			284
100～91	33.7～32.7	1175	696	185	309	126	19			41	87	114	127	58	30				123					109	303
90～81	32.6～31.5		708	188	322	132	20		87	42			139	64				358	124	264		172			322
80～71	31.4～30.4	1177	710	191	326	136			90	43	88	120	146						125						330
70～61	30.3～29.2		711	192	327				91	44		123	153	66			540		128						339
60～51	29.1～28.1				328	138				47			156		33										344
50～41	27.9～27.1								94				160	69	35		541		129						345
40～31	26.8～26.1														36										349
30～21	25.6～25.5																								
20～以下																									
縦計		1177	711	192	329	138	20	25	94	47	88	124	162	70	37	327	541	358	129	264	353	173	290	109	349

得点 ＼ 偏差値 ＼ 志望校名 / 学科名 / 定員		矢板中央 スポーツ	佐野日大 特進α	佐野日大 特別進学	佐野日大 進学	佐野日大 スーパー進学	青藍泰斗 普通	青藍泰斗 総合ビジネス	青藍泰斗 総合生活 <女>
定員		40	30	120	200	160	160	120	120
(最高点)		(196)	(467)	(417)	(357)	(340)	(252)	(341)	(327)
500～491									
490～481									
480～471									
470～461	76.2～75.5		1						
460～451	75.3～74.3								
450～441	74.0～73.1								
440～431	73.0～71.9		2						
430～421	71.8～70.8		7						
420～411	70.7～69.6		9	1					
410～401	69.5～68.5		18	2					
400～391	68.4～67.3		27	4					
390～381	67.2～66.2		36	6					
380～371	66.1～65.0		49	10					
370～361	64.9～63.9		57	18					
360～351	63.7～62.7		67	26	1				
350～341	62.6～61.5		76	44				1	
340～331	61.4～60.4		87	62	2	1			
330～321	60.3～59.2		102	86	3	2			1
320～311	59.1～58.1		105	109	6	4			
310～301	58.0～56.9		111	132	8	6			
300～291	56.8～55.8		115	142	13	9			
290～281	55.7～54.6		116	156	22	18			
280～271	54.5～53.5			176	26	29			
270～261	53.3～52.3		117	192	30	41		2	
260～251	52.2～51.2			207	42	49	1	3	
250～241	51.0～50.0			214	52	64			
240～231	49.9～48.8		118	219	64	70	2		
230～221	48.7～47.7			224	77	79	3	4	
220～211	47.6～46.5			227	85	82	4		
210～201	46.4～45.4			230	99	87	8	6	
200～191	45.3～44.2	1		234	116	99	11	8	2
190～181	44.1～43.1			237	126	103	16	13	4
180～171	43.0～41.9				137	106	21	16	6
170～161	41.8～40.8	2			146		25	20	9
160～151	40.6～39.6	3		238	151	110	32	24	11
150～141	39.5～38.5	4			156	113	39	29	13
140～131	38.3～37.3	6			159		45	33	16
130～121	37.2～36.1	8					57	36	19
120～111	36.0～35.0	10					69	46	21
110～101	34.9～33.8	11			161		80	51	23
100～ 91	33.7～32.7						95	62	27
90～ 81	32.6～31.5				166	115	106	68	32
80～ 71	31.4～30.4	12			169		117	74	33
70～ 61	30.3～29.2	13					125	81	37
60～ 51	29.1～28.1						132	83	39
50～ 41	27.9～27.1	14					137		
40～ 31	26.8～26.1							87	
30～ 21	25.6～25.5								
20～ 以下									
縦 計		14	119	238	169	115	137	87	39

得点	偏差値	白鷗大学足利 総合進学<本校>	佐野清澄 生活デザイン	佐野清澄 普通
定員		245	90	70
(最高点)		(194)	(169)	(129)
300～291				
290～281				
280～271				
270～261				
260～251				
250～241				
240～231				
230～221				
220～211				
210～201				
200～191	61.9～61.9	1		
190～181				
180～171	58.7～57.3	2		
170～161	56.9～55.3	5	1	
160～151	55.1～53.4	10		
150～141	53.0～51.2	13		
140～131	50.8～49.2	22		
130～121	48.8～47.2	36	2	1
120～111	47.0～45.2	51		4
110～101	45.0～43.2	84	4	8
100～ 91	43.0～41.2	131	6	10
90～ 81	41.0～39.1	176	9	16
80～ 71	38.9～37.1	223	11	23
70～ 61	36.9～35.1	275	17	28
60～ 51	34.7～33.3	313	30	48
50～ 41	32.9～31.1	328	38	63
40～ 31	30.9～29.1	335	46	72
30～ 21	28.7～27.9	338	53	76
20～ 以下	26.2～26.2			79
縦計		338	53	79

得点	偏差値	太田	太田東	太田女子	館林	館林女子	桐生第一	桐生第一	桐生第一	樹徳	樹徳	樹徳	常磐	関東学園大附	岩瀬	下館第一	下館第二	結城第一	鬼怒商業高	古河第一	古河第一	古河第二	古河第二	古河第三	岩瀬日大
学科名		普通	普通	普通	普通	普通	普通・特別進学	普通・スポーツ	普通・総合	K組	S組	J組	体育	普通	衛生看護	普通	普通	普通	くくり募集	普通	商業	普通	福祉	普通	進学
定員		280	240	240	200	200	40	120	250					240	40	240	240	120	160	80	200	200	40	240	200
(最高点)		(388)	(325)	(373)	(315)	(311)	(369)	(233)	(283)	(384)	(313)	(217)	(161)	(357)	(258)	(397)	(292)	(148)	(138)	(317)	(228)	(185)	(218)	(345)	(420)
500～491																									
490～481																									
480～471																									
470～461	76.2～75.5																								
460～451	75.3～74.3																								
450～441	74.0～73.1																								
440～431	73.0～71.9																								
430～421	71.8～70.8																								
420～411	70.7～69.6																								1
410～401	69.5～68.5																								
400～391	68.4～67.3															1									
390～381	67.2～66.2	1								1						3									
380～371	66.1～65.0	3		1																					
370～361	64.9～63.9	4					1									4									
360～351	63.7～62.7													1		5									
350～341	62.6～61.5	7		3												7								1	2
340～331	61.4～60.4															9								2	3
330～321	60.3～59.2	9	1	4						2						11								5	4
320～311	59.1～58.1	10			1	1				3	1					13				1				7	
310～301	58.0～56.9	11		5												17								8	5
300～291	56.8～55.8	12	2		2	2				6						22	1							9	7
290～281	55.7～54.6		5						1	10	2					24								10	14
280～271	54.5～53.5		7			3	2			11				2		27	2							13	16
270～261	53.3～52.3		9		4		3			12	3					30	3								22
260～251	52.2～51.2	14	11			5				13	4			3	1	35	6			2				16	27
250～241	51.0～50.0		12	6		6				16	5				2	39	9			3				18	35
240～231	49.9～48.8							1			7					42	13							21	42
230～221	48.7～47.7		14		5					18	8					43	14			4	1			23	45
220～211	47.6～46.5						4				9	1					18			5	3		1	26	54
210～201	46.4～45.4		15		6							2		4	4		23			7				30	60
200～191	45.3～44.2					7			2		10				6		26							32	68
190～181	44.1～43.1	15	16								11	3		6	7	44	30			9		1		33	73
180～171	43.0～41.9					8			3			4		8			35			10	4			35	78
170～161	41.8～40.8					10				19			1				38			13	9				88
160～151	40.6～39.6								6					9	8					14					
150～141	39.5～38.5								8		13	6						1		15		2	2		91
140～131	38.3～37.3								13			7		10			39	3	1	16	10	4			96
130～121	37.2～36.1								17			8		11				4		18		6			
120～111	36.0～35.0								27					13							12	10			98
110～101	34.9～33.8								29			10		15			42	6			14				99
100～ 91	33.7～32.7								32			11						8				13			100
90～ 81	32.6～31.5						5		34			12						9							
80～ 71	31.4～30.4						6		36			13						10							
70～ 61	30.3～29.2																	11							
60～ 51	29.1～28.1								39				2							20		14			
50～ 41	27.9～27.1																	12							
40～ 31	26.8～26.1								41																
30～ 21	25.6～25.5																								
20～																									
以下																									
縦計		15	16	6	7	10	6	1	41	19	13	13	2	15	8	44	42	12	1	20	14	14	2	35	100

得点	偏差値	岩瀬日大 特別進学
定員		200
(最高点)		(397)
500～491		
490～481		
480～471		
470～461	76.2～75.5	
460～451	75.3～74.3	
450～441	74.0～73.1	
440～431	73.0～71.9	
430～421	71.8～70.8	
420～411	70.7～69.6	
410～401	69.5～68.5	
400～391	68.4～67.3	1
390～381	67.2～66.2	2
380～371	66.1～65.0	3
370～361	64.9～63.9	4
360～351	63.7～62.7	7
350～341	62.6～61.5	10
340～331	61.4～60.4	13
330～321	60.3～59.2	17
320～311	59.1～58.1	21
310～301	58.0～56.9	24
300～291	56.8～55.8	26
290～281	55.7～54.6	35
280～271	54.5～53.5	38
270～261	53.3～52.3	42
260～251	52.2～51.2	46
250～241	51.0～50.0	49
240～231	49.9～48.8	55
230～221	48.7～47.7	59
220～211	47.6～46.5	60
210～201	46.4～45.4	62
200～191	45.3～44.2	
190～181	44.1～43.1	66
180～171	43.0～41.9	68
170～161	41.8～40.8	
160～151	40.6～39.6	
150～141	39.5～38.5	
140～131	38.3～37.3	
130～121	37.2～36.1	
120～111	36.0～35.0	
110～101	34.9～33.8	
100～ 91	33.7～32.7	
90～ 81	32.6～31.5	
80～ 71	31.4～30.4	
70～ 61	30.3～29.2	
60～ 51	29.1～28.1	
50～ 41	27.9～27.1	
40～ 31	26.8～26.1	
30～ 21	25.6～25.5	
20～ 以下		
縦計		71

MEMO

下野新聞模擬テスト過去2年8回分掲載

問題編

令和４年度

10月　2日実施　第192回
11月　6日実施　第193回
12月　4日実施　第194回
1月22日実施　第195回

令和３年度

10月　3日実施　第186回
11月　7日実施　第187回
12月　5日実施　第188回
1月23日実施　第189回

2021・2022
[令和6年高校入試受験用]

MEMO

問題編

令和４年度

10月　2日実施　第192回
11月　6日実施　第193回
12月　4日実施　第194回
1月22日実施　第195回

2021・2022

[令和6年高校入試受験用]

令和4年
10月2日実施

第192回 下野新聞模擬テスト
社 会

1 次の**1**から**5**までの問いに答えなさい。

1 **図1**は，アジア州を主に示した地図である。これを見て，(1)，(2)，(3)の問いに答えなさい。

(1) アジア州を細かく区分したとき，**図1**中の**A**の国が属するのはどれか。

ア 東南アジア　**イ** 中央アジア
ウ 西アジア　**エ** 南アジア

(2) **図1**中の**B**と**C**に当てはまる国名の組み合わせとして正しいのはどれか。

ア **B**－トルコ　**C**－ネパール
イ **B**－トルコ　**C**－モンゴル
ウ **B**－サウジアラビア　**C**－ネパール
エ **B**－サウジアラビア　**C**－モンゴル

(3) **図2**中の**ア**，**イ**，**ウ**，**エ**は，**図1**中の**P**，**Q**，**R**，**S**のいずれかの地点の，1月と7月の平均気温と平均降水量を示している。**Q**の地点に当てはまるのはどれか。

図1

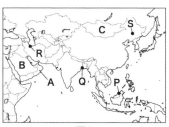

	1月		7月	
	平均気温(℃)	平均降水量(mm)	平均気温(℃)	平均降水量(mm)
ア	20.0	12.6	29.4	409.4
イ	−14.8	4.2	23.2	170.1
ウ	5.1	29.7	31.2	2.5
エ	26.9	319.5	27.6	252.3

図2（「理科年表」ほかにより作成）

2 **図3**は，ペルー中部のアンデス山脈が通る地域の土地利用を示している。これについて述べた次の文中と**図3**中の［ X ］に共通して当てはまる家畜名を書きなさい。また，文中の［ Y ］に当てはまる文を，「標高」の語を用いて簡潔に書きなさい。

> ペルー中部の4,000 mをこえる地域では，主に荷物を運ぶためのリャマ，毛を衣服などに利用するための［ X ］を放牧している。また，**図3**のように，農業が変化するのは，［ Y ］ためである。

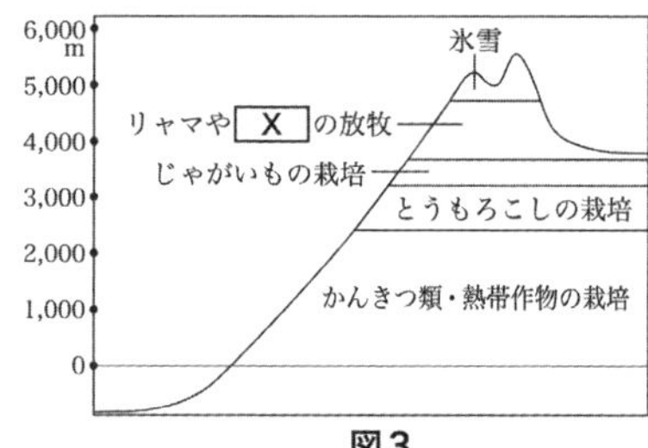

図3

3 **図4**は，ある宗教についてまとめたものである。ある宗教の名称を書きなさい。

> ○信仰する人口の割合は，世界の人口の10％以上を占めるが，信仰する人口が多い地域は限定的で，世界中に広がっているとは言えない。
> ○カースト制度という身分制度があった。
> ○牛は神聖な動物とされるため，牛肉を食べない。

図4

4 東京の日時が3月15日午前9時のとき，西経120度を標準時子午線とするシアトルは3月何日の何時か。午前，午後を明らかにして書きなさい。

5 次の文は，日本の国土について述べたものである。文中の［ Ⅰ ］，［ Ⅱ ］に当てはまる語の組み合わせとして正しいのはどれか。

> 日本は多くの島から構成されており，国土面積は約［ Ⅰ ］万km^2で，北海道から沖縄県まで，およそ［ Ⅱ ］kmにわたって弓のような形にのびている。

ア Ⅰ－38　Ⅱ－3000　**イ** Ⅰ－38　Ⅱ－1000
ウ Ⅰ－50　Ⅱ－3000　**エ** Ⅰ－50　Ⅱ－1000

 解答・解説 P246・P249

2 **図1**は，太郎さんが社会科の授業でまとめた，日本を七つの地方に区分したときの，その地方で最も製造品出荷額(2019年)が多い市の位置を示したものである。これを見て，次の**1**から**6**までの問いに答えなさい。

図1

1 **図1**で示した市のうち，道府県庁所在地である市の数を書きなさい。

2 苫小牧市のある北海道の漁業について述べた次の文中の□に当てはまる語を書きなさい。

> 北海道では，これまでロシアやアメリカのアラスカ沿岸の海で，さけやすけとうだらなどをとる□がさかんであった。しかし，遠洋漁業の一つであるこの漁業は，排他的経済水域の設定により，水揚げ量が大幅に減少した。

3 **図2**中の**ア**，**イ**，**ウ**，**エ**は，苫小牧市，仙台市，大阪市，大分市のいずれかの雨温図である。大分市はどれか。

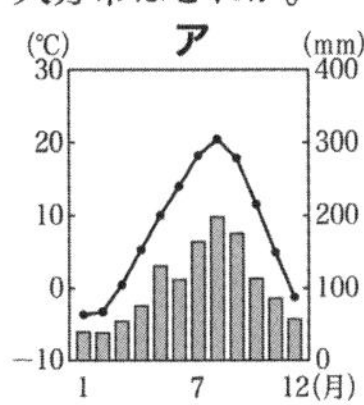

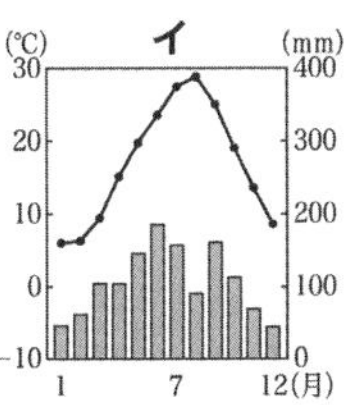

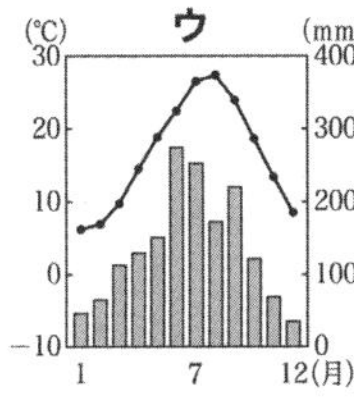

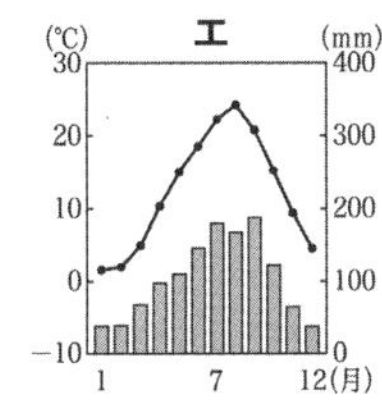

図2（「気象庁ウェブページ」ほかにより作成）

4 **図3**中の**ア**，**イ**，**ウ**，**エ**は，仙台市，川崎市，豊田市，大分市の製造品出荷額とそれぞれの市が属する県の製造品出荷額に占める主な製造品を示している。仙台市はどれか。

	製造品出荷額(2019年)(億円)	それぞれの市が属する県の製造品出荷額に占める主な製造品
ア	151,717	輸送用機械，電気機械，鉄鋼
イ	27,660	輸送用機械，鉄鋼，非鉄金属
ウ	9,944	食料品，輸送用機械，石油・石炭製品
エ	40,828	輸送用機械，石油・石炭製品，化学製品

図3（「県勢」により作成）

5 倉敷市について述べた次の文中の□に共通して当てはまる語を書きなさい。

> 倉敷市は，瀬戸大橋によって海を隔てた香川県坂出市とつながっている。瀬戸大橋，明石海峡大橋，大鳴門橋などの本州と四国地方を結ぶ橋の総称を□といい，□は，瀬戸内海に面する地方の経済や人の移動，物流の大きな支えとなっている。

6 日本の発電所についての太郎さんと先生の会話文中の X に当てはまる文を，「化石燃料」の語を用いて簡潔に書きなさい。

太郎：「川崎市は，大きな火力発電所が二か所あると知り，**図4**の資料を作成しました。」
先生：「**図4**から何か読み取れることはありますか。」
太郎：「はい。火力発電所は，すべて臨海部に立地していることが分かります。この理由は，日本では，火力発電に使用される X しており，それらを運ぶ専用の船での運び込みに都合が良いからです。」
先生：「日本のエネルギー事情が関係しているのですね。」

図4（「県勢」により作成）

下野模擬問題(第192回)◆社会

3 次の**1**から**6**までの問いに答えなさい。

1 **図1**は，日本を除く，自動車の生産台数が多い上位4か国(2020年)を示している。これを見て，(1)，(2)，(3)の問いに答えなさい。

(1) アメリカの農業について述べた次の文中の□に当てはまる語を書きなさい。

> アメリカは，気候や土壌など，地域の自然環境に合わせた農業を行っている。このような農業を□という。

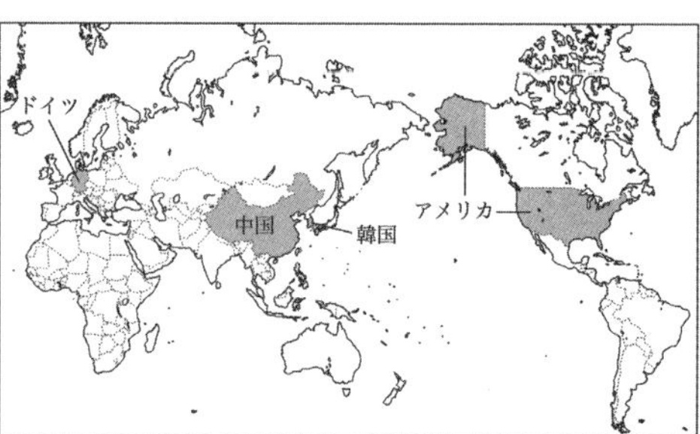

図1

(2) ドイツについて正しく述べているのはどれか。

ア キリスト教の正教会を信仰する人が多く，天然ガスが大量に採掘される。
イ 南東部や南西部に人口のほとんどが集中しており，日本に鉄鉱石や石炭を輸出している。
ウ ルール工業地域で鉄鋼業が盛んで，現在はミュンヘン近郊の先端技術産業も成長している。
エ ヨーロッパ最大の農業国で，小麦の輸出量は世界でも上位に入る。

(3) **図2**中のa，b，cには，中国，アメリカ，韓国のいずれかが当てはまる。a，b，cに当てはまる国の組み合わせとして正しいのはどれか。

	自動車生産台数(千台)		輸出総額に占める割合の多い主な輸出品（2019年）
	1990年	2020年	
a	470	25,225	機械類，衣類，繊維品
b	9,785	8,822	機械類，自動車，石油製品
c	1,322	3,507	機械類，自動車，石油製品

図2（「世界国勢図会」により作成）

ア a－中国　b－韓国　c－アメリカ　**イ** a－中国　b－アメリカ　c－韓国
ウ a－アメリカ　b－中国　c－韓国　**エ** a－アメリカ　b－韓国　c－中国

2 アルゼンチンのブエノスアイレス周辺に広がる，牛の放牧などが行われている温帯草原を何というか。

3 **図3**は，カナダ，ブラジル，オーストラリアの小麦，米，とうもろこし，大豆の農産物自給率(2018年)を示している。ブラジルは**A**，**B**のどちらか。また，**C**，**D**には，とうもろこしか小麦のいずれかが当てはまる。小麦は**C**，**D**のどちらか。

(%)

	C	D	大豆	米
A	43	128	248	96
B	240	101	54	140
カナダ	406	98	274	0

図3（「世界国勢図会」により作成）

4 南アメリカ州の民族について述べた次の文中の□に当てはまる語を書きなさい。

> 南アメリカ州の多くの地域では，植民地時代に白人が入植し，アフリカから連れてこられた黒人が奴隷として働かされていた。その後，先住民と白人の間での混血である，□とよばれる人々も増えた。

5 次の文は，**図4**中の**ア**，**イ**，**ウ**，**エ**のいずれかの地点について述べたものである。文で述べられている地点として正しいのはどれか。

> 2004年に，この地点の近くの海洋でおきた大地震により津波が発生し，大きな被害を受けた。周辺には火山も多く分布しており，地殻の変動が激しい。

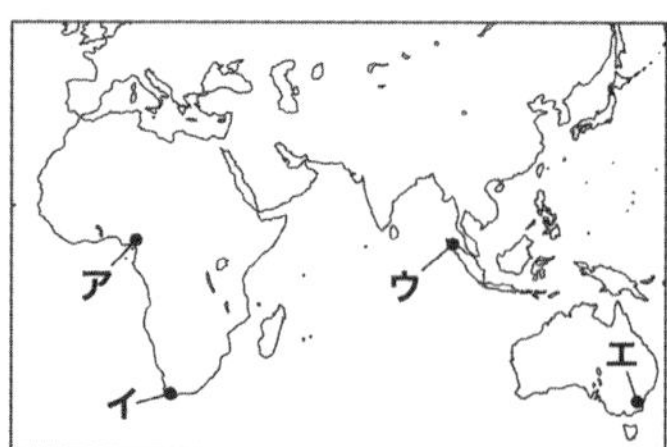

図4

解答・解説 P246・P249

6 **図5**は，世界の養殖業・漁船漁業(船を出して魚介類をとる方法)の生産量の推移を，**図6**は，世界の漁業資源の状況を，**図7**は，**図5**と**図6**を参考にして，考えられることをまとめたものである。**図7**中の［ X ］，［ Y ］に当てはまる文を，簡潔に書きなさい。なお，［ X ］では，「人口」の語を用いること。

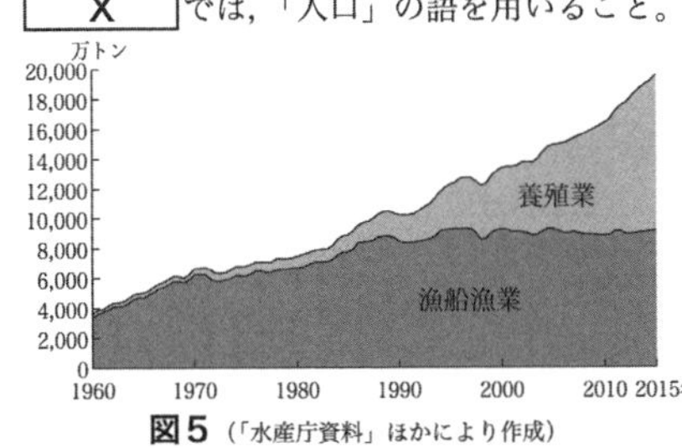

図5（「水産庁資料」ほかにより作成）

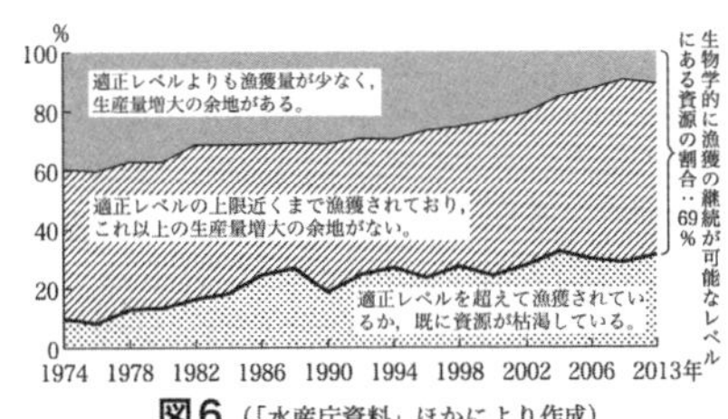

図6（「水産庁資料」ほかにより作成）

> ○養殖業・漁船漁業の生産量が増えているのは，アジア州やアフリカ州を中心として［ X ］しており，世界全体の食料消費量が増えていることが原因の一つと考えられる。
> ○**図6**を参考にすると，**図5**の漁船漁業の推移が1980年代後半からほぼ横ばいなのは，［ Y ］からと考えられる。

図7

4

花子さんは，古代から中世の時期に活躍した人物について調べ，**図1**を作成した。これを見て，次の**1**から**6**までの問いに答えなさい。

人　物	説　　　明
中臣鎌足	中大兄皇子らと協力して蘇我氏をたおし，ⓐ新しい支配体制の確立を目指した。
白河上皇	子に天皇の位をゆずって上皇となり，［ X ］を始めた。
栄西	ⓑ禅宗のうちの臨済宗を開いた。
後鳥羽上皇	源実朝が殺害されると，ⓒ幕府をたおそうと兵を挙げた。
後醍醐天皇	建武の新政を行ったが，武士からの批判が集中し，ⓓ2年ほどでくずれた。
ⓔ今川義元	戦国時代の大名の一人で，東海の一帯を支配していた。

図1

1 下線部ⓐに関して，中臣鎌足や中大兄皇子が活躍した時期に，新しい支配体制の確立のために行われたこととして正しいのはどれか。

ア 土地と人々を国家が直接支配するようにした。
イ 家柄にとらわれず，才能や功績のある人物を役人に取り立てる政策を行った。
ウ 仏教の力によって国家を守るため，全国に国分寺や国分尼寺を建てるよう命令した。
エ 藤原京に都を移し，律令制度を実施する準備を整えた。

2 次の文と**図1**中の［ X ］に共通して当てはまる語を書きなさい。

> 後三条天皇のあとをついだ白河天皇は，上皇となると，摂政や関白の力をおさえて政治を行った。この政治を，［ X ］という。

3 下線部ⓑに関して，臨済宗と同じ禅宗である曹洞宗を開いた人物は誰か。

4 下線部ⓒに関して，この戦いの後に幕府が行った朝廷への対応を，この戦いの後につくられた幕府の機関名を用いて，簡潔に書きなさい。

5 下線部ⓓに関して，**図2**は，花子さんが，このできごとの後の南北朝時代が始まる過程についてまとめたものである。**図2**中の［ I ］，［ II ］に当てはまる語の組み合わせとして正しいのはどれか。

ア I－足利義満　II－大阪　　**イ** I－足利義満　II－吉野
ウ I－足利尊氏　II－大阪　　**エ** I－足利尊氏　II－吉野

> 【［ I ］】
> ○京都で新たな天皇を立てる。
> 【後醍醐天皇】
> ○［ II ］にのがれ，天皇としての正統性を主張する。

図2

6　下線部ⓔに関して，今川義元がほろぼされた戦いとして正しいのはどれか。
ア　関ヶ原の戦い　イ　応仁の乱　ウ　桶狭間の戦い　エ　長篠の戦い

5　略年表を見て，次の1から6までの問いに答えなさい。

年	世界と日本の主なできごと
1671	ⓐ河村瑞賢が航路を開く
1790	ⓑ幕府の学校で朱子学以外の学問が禁止される
1867	ⓒ大政奉還が行われる
1873	ⓓ西郷隆盛が政府を去る
1910	日本が韓国を併合する（↕A）
1932	ⓔ犬養毅が暗殺される

1　下線部ⓐに関して，次の文中の□に当てはまる語を書きなさい。

河村瑞賢は，東北地方の米などを，日本海側から津軽海峡を通り，太平洋沿岸をまわって江戸に運ぶ□とよばれる航路を開いた。

2　下線部ⓑを行った人物の政策として**当てはまらない**のはどれか。
ア　商品作物の栽培を制限して，米などの穀物の栽培を奨励し，ききんに備えて米を蓄えさせた。
イ　江戸などの都市に出かせぎに来ていた者を村に帰した。
ウ　政治批判を禁止し，出版物に対する統制を厳しくした。
エ　物価の上昇をおさえるため，営業を独占している株仲間の解散を命じた。

3　下線部ⓒに関して，**図1**は，朝廷に政権を返すことを，幕府の将軍が家臣に伝えている様子を示したものである。これについて述べた次の文中の［Ⅰ］，［Ⅱ］に当てはまる語の組み合わせとして正しいのはどれか。

図1

図1中の**X**の将軍は［Ⅰ］で，朝廷に政権を返すことを家臣に告げている。［Ⅰ］は，この後，新政権の中で主導権を握ろうとしたが，西郷隆盛や岩倉具視などが朝廷を動かして，［Ⅱ］を出した。

ア　Ⅰ－徳川慶喜　Ⅱ－王政復古の大号令　イ　Ⅰ－徳川慶喜　Ⅱ－民撰議院設立の建白書
ウ　Ⅰ－徳川家光　Ⅱ－王政復古の大号令　エ　Ⅰ－徳川家光　Ⅱ－民撰議院設立の建白書

4　下線部ⓓに関して，西郷隆盛について述べた次の文中の□に当てはまる語を書きなさい。

政府を去った西郷隆盛は，周囲の要請もあり，鹿児島の士族などが中心となっておこした□で指揮を執った。しかし，政府軍はこれを鎮圧した。

5　**A**の時期におきたできごとを年代の古い順に並べ替えなさい。
ア　満州事変がおこった。　イ　中国に二十一か条の要求を出した。
ウ　三・一独立運動がおこった。　エ　第一次世界大戦が始まった。

6　下線部ⓔに関して，**図2**は，暗殺された犬養毅が組織した当初の内閣と，その次に斎藤実が組織した内閣について，それぞれの内閣を構成する大臣の所属とその数を示したものである。これについて述べた次の文中の□に当てはまる文として正しいのはどれか。

	犬養毅内閣		斎藤実内閣	
	所属	数	所属	数
内閣を構成する大臣	立憲政友会 軍部	11人 2人	軍部 無所属 立憲政友会 立憲民政党	4人 4人 3人 2人

(注) 兼任もそれぞれ1人として数える。
図2

二つの内閣の時期，立憲政友会は，衆議院で最も議席を獲得している政党であった。**図2**の変化から，犬養毅が暗殺されたことは，□を意味していることが分かる。

ア　政党政治の始まり　イ　政党政治の終わり
ウ　立憲君主制の始まり　エ　立憲君主制の終わり

6　次の文は，誠さんが社会科の授業で発表した，第二次世界大戦後の日本の様子に関する発表原稿の一部である。これを読み，次の**1**から**4**までの問いに答えなさい。

> 第二次世界大戦後の日本は，ⓐGHQ(連合国軍最高司令官総司令部)の指示に従って，政府が政策を実施するようになりました。しかし，世界中で冷戦の影響が出るようになると，アメリカが日本の独立を促すようになり，ⓑサンフランシスコ平和条約が結ばれました。1950年代半ばには経済が復興しはじめ，1960年代には，ⓒアメリカに次ぐ資本主義国第2位の国民総生産(GNP)となります。現在の日本は，ⓓ国際連合をはじめとした世界規模の機関や各国，地域と協力を深めています。

1　下線部ⓐに関して，**図1**は，誠さんがGHQの指示についてまとめたものの一部を示したものである。これを見て，(1)，(2)，(3)の問いに答えなさい。

> ○女性の解放
> ・衆議院議員選挙法の改正………**A**
> ○労働組合の奨励
> ・労働組合法，労働基準法などの制定
> ○教育の民主主義化………**B**
> ・軍国主義教育の撤廃
> ○経済の民主化
> ・農地改革　・ X 解体

図1

(1)　**A**に関して，この選挙法改正により，女性も選挙で投票できるようになった。このときの衆議院議員選挙法の改正による，もう一つの変更点として正しいのはどれか。

ア　年齢制限　　**イ**　納税額
ウ　出身地　　**エ**　政治思想

(2)　**B**に関して，日本国憲法の制定にともない，民主主義教育の基本を示すために行われた政策はどれか。

ア　教育勅語の発布　　**イ**　学制の制定　　**ウ**　寺子屋の設置　　**エ**　教育基本法の制定

(3)　**図1**中の X に当てはまる語を書きなさい。

2　下線部ⓑに関して，この条約に調印したときの内閣総理大臣は誰か。

3　下線部ⓒに関して，**図2**は，アメリカとの貿易額の差(輸出額から輸入額を引いた値)の推移を示したものである。これについて述べた次の文中の I に当てはまる文を，「超過」「深刻化」の二つの語を用いて簡潔に書きなさい。また， II に当てはまる語は**ア**，**イ**のどちらか。

> 日本とアメリカとの貿易においては，1980年代頃に日本からアメリカへの I したため， II に対する批判が高まった。

ア　アメリカから日本　　**イ**　日本からアメリカ

年	アメリカとの貿易額の差（百万円）
1960	−166,497
1965	40,712
1970	136,887
1975	−129,366
1980	1,559,956
1985	9,369,335

図2
(「数字でみる日本の100年」により作成)

4　下線部ⓓに関して，**図3**は，国際連合加盟国の推移を示したもので，**ア**，**イ**，**ウ**，**エ**は南北アメリカ州，アフリカ州，アジア州，ヨーロッパ州のいずれかである。アフリカ州はどれか。

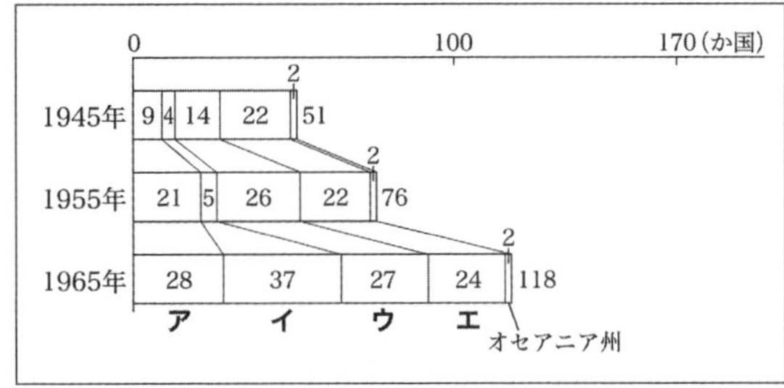

図3（「国際連合広報センター資料」により作成）

問題 R4
192
193
194
195
【社会】第192回

7 次の文を読み，あとの**1**から**4**までの問いに答えなさい。

> 21世紀になり，世界ではエネルギー問題や貧困，男女平等の実現など，さまざまな課題が浮きぼりになっている。2015年に開かれた「国連［ X ］な開発サミット」では，課題解決のための具体的な17の行動計画がまとめられ，日本においても企業や市町村などでその周知・実践が行われている。現在の日本の社会は，ⓐグローバル化やⓑ情報化，ⓒ少子高齢化が進んでおり，今後，［ X ］な社会を築いていくうえで，念頭に置くべき特色となっている。

1 文中の［ X ］に共通して当てはまる語を書きなさい。

2 下線部ⓐに関して，グローバル化と世界の産業について述べた次の文中の［ I ］，［ II ］に当てはまる語の組み合わせとして正しいのはどれか。

> グローバル化が進むと，自国や他国の商品の輸出入が活発になる。そうすると，より良い商品をより安く提供しようとする［ I ］が激しくなる。現代の日本の農業において，とくに［ II ］は，安い外国産の輸入が増えるなどして，自給率が低い状態が続いている。

ア I－国際分業　II－小麦　**イ** I－国際分業　II－米
ウ I－国際競争　II－小麦　**エ** I－国際競争　II－米

3 下線部ⓑに関して，**図1**は，紙の出版と電子出版の市場規模の推移を，**図2**は，日本における情報機器の普及率を示したものである。近年の紙の出版と比べた電子出版の傾向とその要因を，**図1**，**図2**をふまえ，「情報機器」の語を用いて簡潔に書きなさい。

	年	2015	2017	2020
市場規模の推移(億円)	紙の出版	15,220	13,701	12,237
	電子出版	1,502	2,215	3,931

(注)「出版」は書籍や雑誌などを意味する。

図1（「日本国勢図会」により作成）

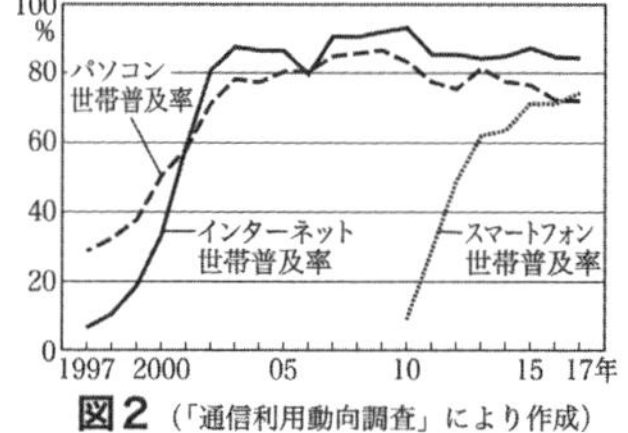

図2（「通信利用動向調査」により作成）

4 下線部ⓒに関して，次の(1)，(2)の問いに答えなさい。

(1) **図3**は，日本の1960年と2010年のいずれかの人口ピラミッドを示したものである。これについて述べた次の文中の［ A ］，［ B ］，［ C ］に当てはまる語の組み合わせとして正しいのはどれか。

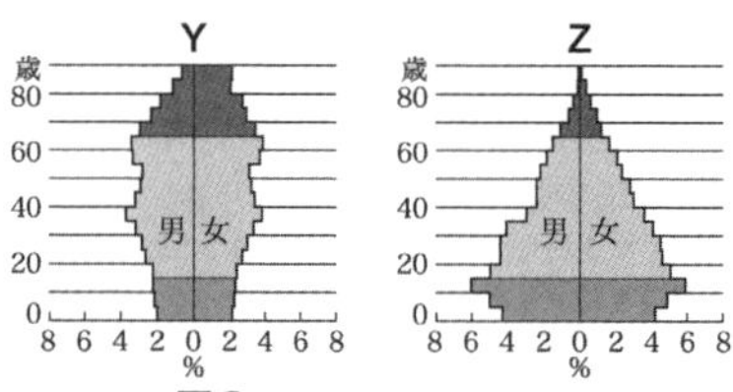

図3（「総務省資料」により作成）

> **Y**と**Z**を年代の古い順に並べると，［ A ］の次が［ B ］となる。このような変化がおきたのは，平均寿命の伸びや，合計特殊出生率の［ C ］などが原因とされる。

ア A－Z　B－Y　C－低下　**イ** A－Z　B－Y　C－上昇
ウ A－Y　B－Z　C－低下　**エ** A－Y　B－Z　C－上昇

(2) **図4**は，家族類型別世帯割合の推移を示したものである。これについて述べた次の文中の［　］に当てはまる数字を書きなさい。

> 1960年から2015年にかけて，核家族の世帯の割合は［　］%増えている。

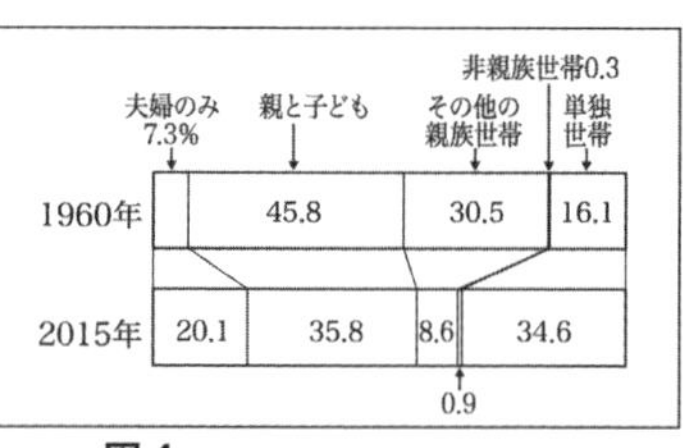

図4（「国勢調査報告」により作成）

解答・解説 P246・P249

令和4年 10月2日実施　第192回 下野新聞模擬テスト 数学

1 次の**1**から**8**までの問いに答えなさい。

1　$12 \div (-3)$　を計算しなさい。

2　$\frac{1}{2}a + \frac{3}{5}a$　を計算しなさい。

3　$(x+2)(x+3)$　を展開しなさい。

4　2次方程式　$x^2 - 11x + 30 = 0$　を解きなさい。

5　関数 $y = -2x$ について，xの変域が $1 \leqq x \leqq 4$ のときのyの変域を求めなさい。

6　右の図は，半径が6cm，中心角が45°のおうぎ形である。
このおうぎ形の面積を求めなさい。ただし，円周率はπとする。

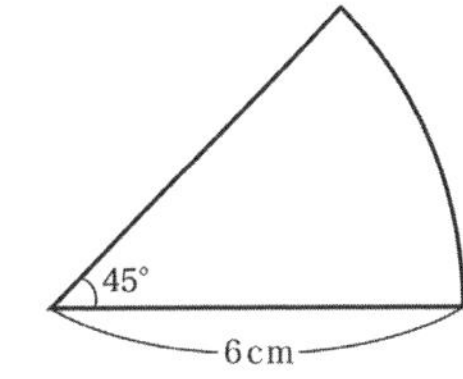

7　右の図のように，正六角形と正五角形が1辺を共有しているとき，$\angle x$の大きさを求めなさい。

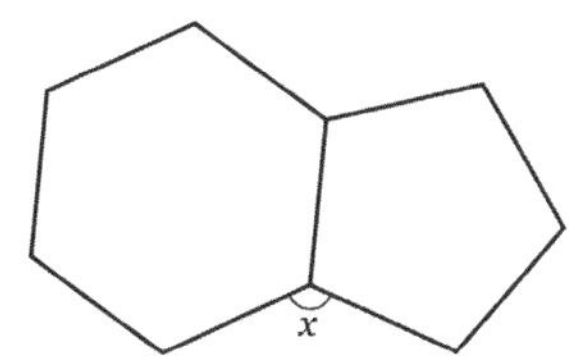

8　△ABCと△DEFにおいて　∠ABC＝∠DEF＝90°　であるとき，条件として加えても△ABC≡△DEFが**常に成り立つとは限らない**ものを，**ア**，**イ**，**ウ**，**エ**のうちから1つ選んで，記号で答えなさい。

ア　AB＝DE，BC＝EF　　**イ**　AB＝DE，AC＝DF
ウ　∠BAC＝∠EDF，AC＝DF　　**エ**　∠BAC＝∠EDF，∠ACB＝∠DFE

2 次の**1**，**2**，**3**の問いに答えなさい。

1　$\sqrt{29} < n < \sqrt{97}$ となるような自然数nは何個あるか。

2　太郎さんは，母親に頼まれて買い物に行くことになった。1個220円(税込)の商品Aと1個330円(税込)の商品Bを，それぞれある個数ずつ買った場合の代金5720円を預かって買い物に行ったが，商品Aの個数と商品Bの個数を逆にして買ったため，440円余ってしまった。

このとき，最初に買う予定であった商品Aの個数をx個，商品Bの個数をy個として連立方程式をつくり，最初に買う予定であった商品Aと商品Bの個数をそれぞれ求めなさい。ただし，途中の計算も書くこと。

3　xについての2次方程式 $x^2 + nx + 9 = 0$ において，左辺を因数分解して解くことができるような，xの係数nの値を2つ求めなさい。ただし，nは自然数である。

3 次の**1**，**2**，**3**の問いに答えなさい。

1　右の図のように，袋の中に黒玉が3個，白玉が2個入っている。この袋の玉をよくかき混ぜてから2個の玉を同時に取り出すとき，2個とも黒玉である確率を求めなさい。ただし，どの玉を取り出すことも同様に確からしいものとする。

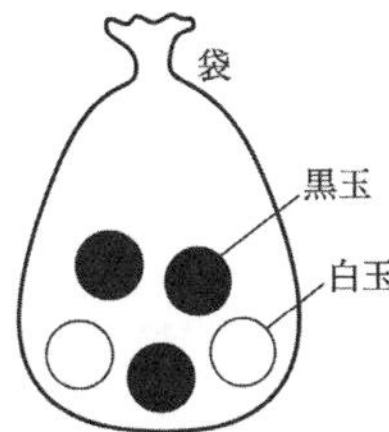

2　ある除法の商xについて，小数第3位を四捨五入すると7.87になった。xのとりうる値の範囲を，不等号を用いて表しなさい。

3　右の図は，2021年の夏季に開催された東京オリンピックにおける，男子バスケットボール全26試合の勝利チームの得点，女子バスケットボール全26試合の勝利チームの得点をそれぞれヒストグラムで表したものであり，例えば，男子の70点以上80点未満の試合数は1試合であることがわかる。

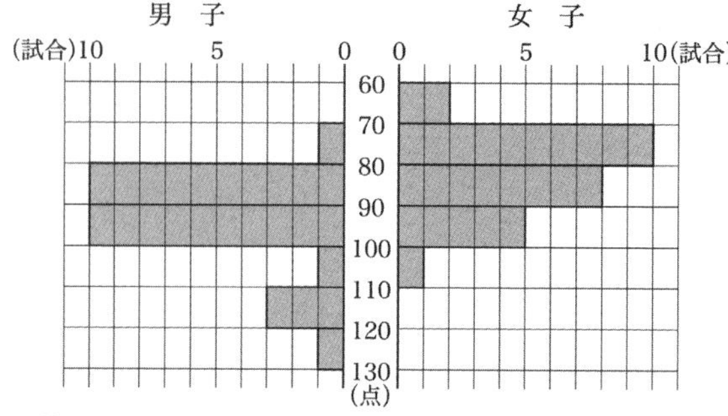

このとき，次の(1)，(2)の問いに答えなさい。

(1)　男子の得点の中央値(メジアン)が含まれていると考えられる階級は何点以上何点未満の階級か。また，ヒストグラムから求められる女子の得点の最頻値(モード)は何点か。

(2)　ヒストグラムからは，実際の得点の範囲(レンジ)は，男子の方が女子よりも大きいとはいいきれない。その理由を，具体的な数値の例をあげて説明しなさい。

4　次の**1**，**2**，**3**の問いに答えなさい。

1　右の図のような△ABCがある。このとき，下の【条件】をともに満たす点Pを作図によって求めなさい。ただし，作図には定規とコンパスを使い，また，作図に用いた線は消さないこと。

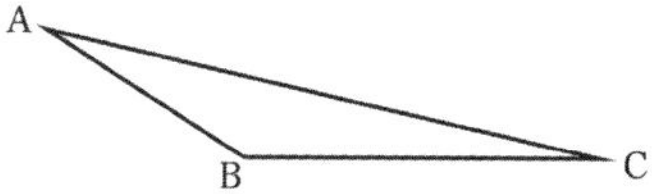

【条件】
・点Pは辺AC上にある。
・点Pは辺AB，BCから等しい距離にある。

2　右の図のように，円柱と，円柱の側面と2つの底面の中心とで接している直径12cmの球がある。

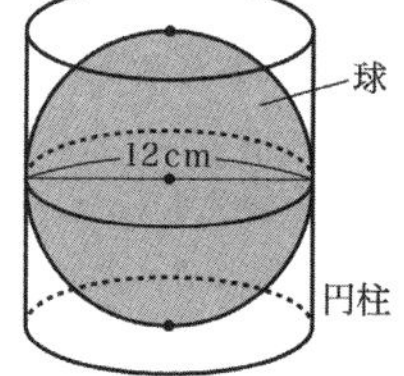

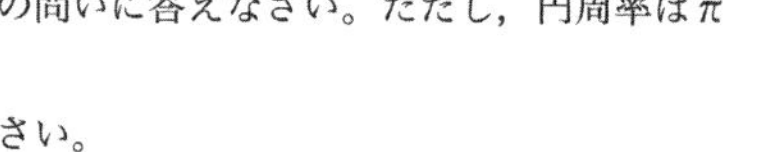

このとき，次の(1)，(2)の問いに答えなさい。ただし，円周率はπとする。

(1)　球の表面積を求めなさい。

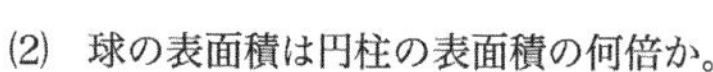

(2)　球の表面積は円柱の表面積の何倍か。

3　右の図のような長方形ABCDがあり，点Oは対角線AC，BDの交点である。また，点E，Fはそれぞれ点Oを通る直線と辺AD，BCとの交点である。

このとき，△AOE≡△COFであることを証明し，それを利用することで，四角形AECFが平行四辺形であることを証明しなさい。

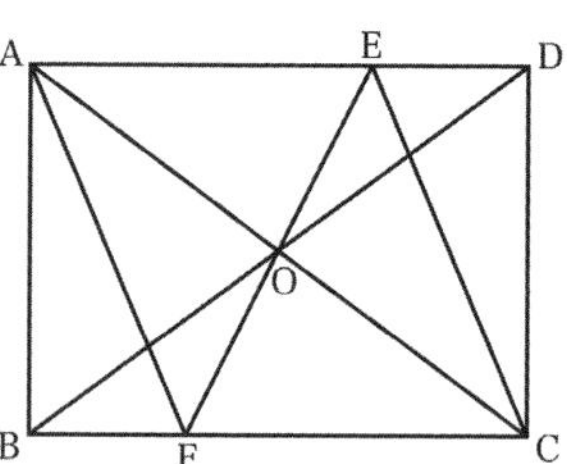

5 次の**1**，**2**の問いに答えなさい。

1 右の図のように，2つの関数$y=ax+b$，$y=\dfrac{1}{2}x+m$のグラフがある。2点A(4，0)，B(0，−8)は$y=ax+b$のグラフ上の点であり，$y=\dfrac{1}{2}x+m$のグラフとx軸，y軸との交点を，それぞれC，Dとする。また，点Eは$y=ax+b$，$y=\dfrac{1}{2}x+m$のグラフの交点で，点Eのx座標は6である。

このとき，次の(1)，(2)，(3)の問いに答えなさい。

(1) a，bの値をそれぞれ求めなさい。

(2) △BCEの面積を求めなさい。

(3) y軸上の$y>0$の範囲に，△ABC＝△ABPとなる点Pをとるとき，点Pのy座標を求めなさい。ただし，途中の計算も書くこと。

2 図1のような，1辺の長さが40 cmの正方形を底面とする，深さが60 cmの直方体の形をした水そうがあり，中央(左右の側面から20 cmの位置)には，高さが40 cmの仕切り板が，左右の側面と平行になるように取りつけられていて，水そうは左側の部分と右側の部分とに完全に分けられている。また，左側の部分の上部には給水管，左側の部分の底面には排水口があり，水位が40 cmまでは，給水管は左側の部分の水位を1分間につき10 cmの割合で高くすることができ，排水口は左側の部分の水位を1分間につき8 cmの割合で低くすることができる。

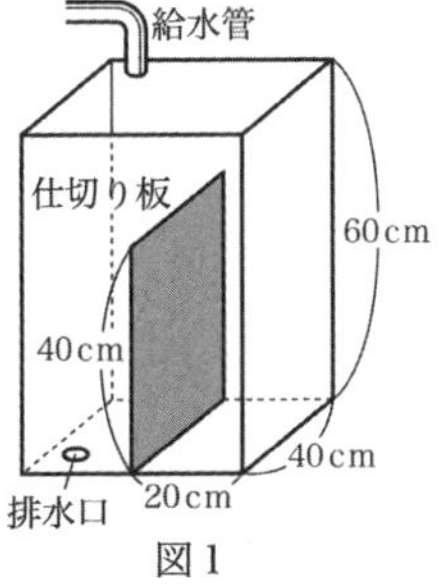

図1

給水管を開いて，空の状態の水そうに水を入れ始めたが，水を入れ始めてから5分後に，排水口が開いているのに気づいたのですぐに排水口を閉じた。

図2は，水を入れ始めてからの時間をx分，左側の部分の水位をy cmとして，左側の部分の水位が仕切り板の高さに達するまでのxとyの関係を表したグラフである。

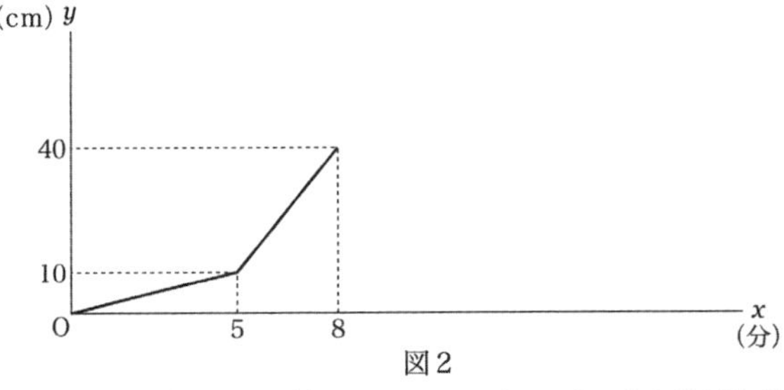

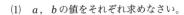

図2

このとき，次の(1)，(2)，(3)の問いに答えなさい。ただし，水そうと仕切り板の厚さは考えないものとする。

(1) 給水管からは，1分間につき何cm^3の水が給水されるか。

⑵ 次の□内の先生と太郎さんの会話文中の，Ⅰ，Ⅱ，Ⅲに当てはまる数を求めなさい。

> 先生 「水を入れ始めて8分後から右側の部分の水位が40cmになるまでの間において，右側の部分の水位は，1分間につき何cmの割合で高くなっていきますか。」
> 太郎 「はい，（ Ⅰ ）cmです。」
> 先生 「そうですね。では，水を入れ始めてから何分何秒後に右側の部分の水位が27cmになるかを求めてみましょう。」
> 太郎 「ええと，右側の部分に水が入り始めるのは，水を入れ始めてから8分後だから，（ Ⅱ ）分（ Ⅲ ）秒後だと思います。」
> 先生 「その通りです。」

⑶ 右側の部分の水位が仕切り板の高さに達してから水そうが満水になるまでの，xとyの関係を表す式を求めなさい。

6 同じ長さのマッチ棒がたくさんある。下の図のように，ある規則にしたがってこれらのマッチ棒を並べて，1番目の図形，2番目の図形，3番目の図形，……とする。

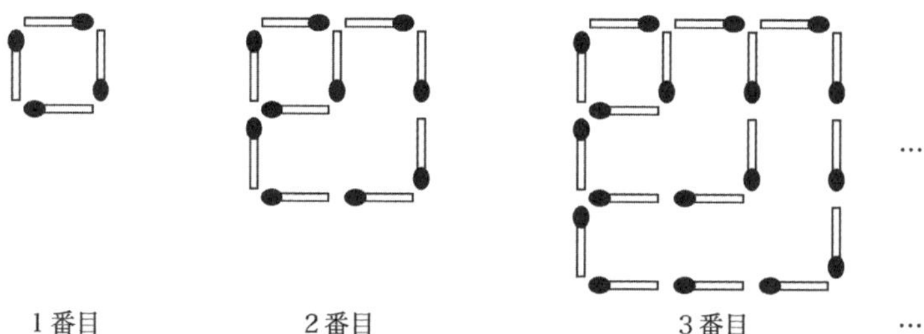

1番目　　2番目　　3番目　　…

下の表は，1番目の図形，2番目の図形，3番目の図形，……における，最も外側(最も外側の正方形)のマッチ棒の本数，内部のマッチ棒の本数，頭薬(火薬が塗られているふくらんだ部分)が下向きのマッチ棒の本数をまとめたものである。

図形	1番目	2番目	3番目	…
最も外側のマッチ棒の本数(本)	4	8	12	…
内部のマッチ棒の本数(本)	0	2	6	…
頭薬が下向きのマッチ棒の本数(本)	1	3	6	…

このとき，次の**1**，**2**，**3**の問いに答えなさい。ただし，1からmまでの連続したm個の自然数の和は$1+2+3+\cdots+m=\frac{1}{2}m(m+1)$という式で求められることを利用してよい。

1 次の文のⅠ，Ⅱに当てはまる数や式を求めなさい。ただし，式はかっこを用いない最も簡単な式で答えること。

> 1番目の図形から3番目の図形までの規則性から，最も外側のマッチ棒の本数は，4番目の図形では（ Ⅰ ）本になることがわかる。したがって，最も外側のマッチ棒の本数は，n番目の図形においては（ Ⅱ ）本と表される。

2 内部のマッチ棒の本数は次のように表される。

1番目の図形 …… $0=2\times0$(本)
2番目の図形 …… $2=2\times1$(本)
3番目の図形 …… $6=2+4=2\times(1+2)$(本)

このことを利用して，n番目の図形をつくるときに使うマッチ棒の本数をnを用いた最も簡単な式で表しなさい。ただし，かっこを用いない式で答えること。

3 p番目の図形をつくったところ，頭薬が下向きのマッチ棒の本数が66本になった。p番目の図形をつくるときに使うマッチ棒の本数は全部で何本か。

解答・解説 P247・P254

第192回 下野新聞模擬テスト
理　科

1 次の**1**から**8**までの問いに答えなさい。

1 次のうち，現在の日本で用いられている震度階級の階級数はどれか。

ア 7階級　　**イ** 8階級　　**ウ** 9階級　　**エ** 10階級

2 振動数や周波数の単位である「ヘルツ」は，ある単位時間における振動の回数を表している。その単位時間とは，次のうちどれか。

ア 1秒間　　**イ** 1分間　　**ウ** 1時間　　**エ** 1日間

3 次のうち，裸子植物であるスギの花粉を運んでいるものはどれか。

ア 水　　**イ** 鳥　　**ウ** 風　　**エ** 昆虫

4 「N」という元素記号で表される原子は，次のうちどれか。

ア 炭素原子　　**イ** 酸素原子　　**ウ** 窒素原子　　**エ** 水素原子

5 右の図は，方位を正しく合わせた風向計を真上から見たようすを表している。このときの風向を，16方位で書きなさい。

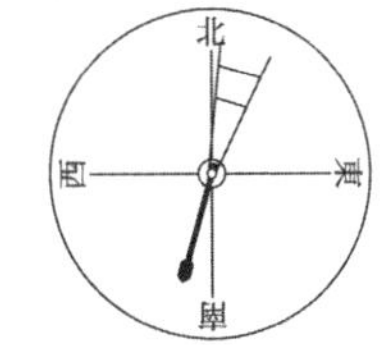

6 右の図において，ねじ(右ねじ)の進む向きを導線を流れる電流の向きに合わせると，ねじの回る向きは何の向きを表しているか。

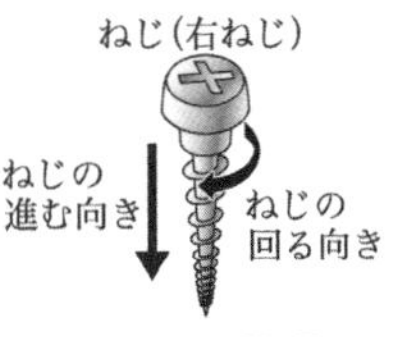

7 右の図は，ある双子葉類の葉の断面を模式的に表したものである。気孔をとり囲んでいる(気孔の両側にある)一対の細胞を何細胞というか。

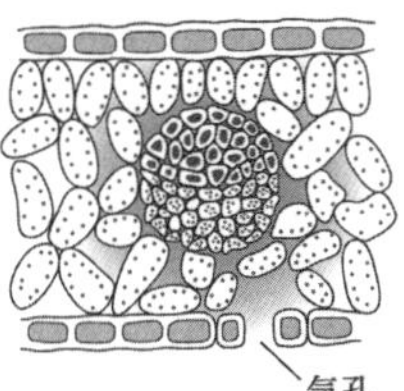

8 右の図のような，アルミニウムでできた，1辺の長さが2cmの立方体の形をしている物体がある。この物体の質量は何gか。ただし，この物体は均質で，アルミニウムの密度を2.7g/cm³とする。

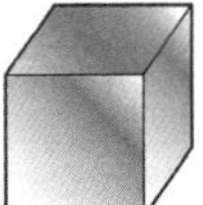

2 三つの地点A，B，Cでボーリングにより，地表から24mまでの深さの地下における，地層の重なりに関する調査が行われた。図1は，地点A，B，Cを含む地域の地形図で，曲線は等高線，数値は標高を表している。また，図2は，地点AとCの地下における地層の重なりのようすを表した図である。なお，図1の地域では，地下の各地層は水平に重なっていて，地層のずれや<u>地層が波打つように曲げられたもの</u>，および地層の上下の逆転などはなく，れき岩の層は1枚しかないことがわかっている。

このことについて，次の**1**，**2**，**3**の問いに答えなさい。

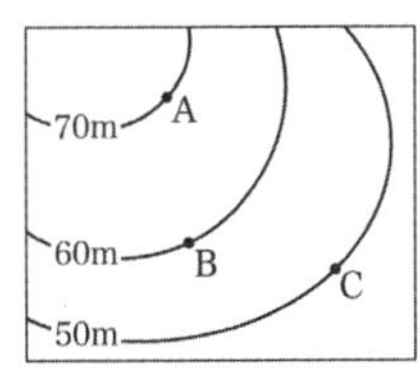

図1

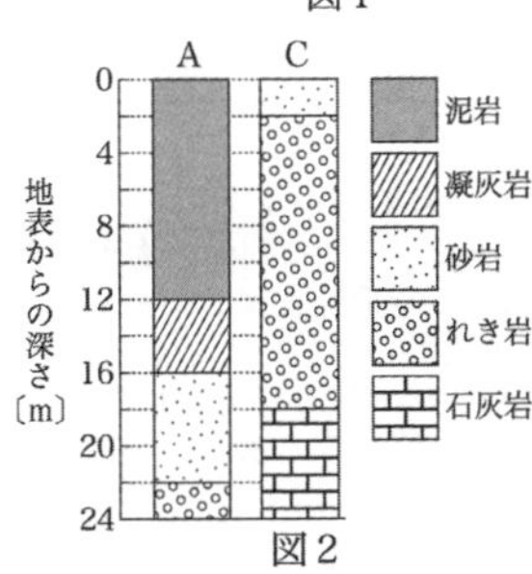

図2

1 図2のような，地下の地層の重なりを1本の柱のように表した図を何というか。

2 下線部の，地層が波打つように曲げられたものを何というか。またそれは，地層に対してどのような力が作用することでできたか。「地層」，「両側」という語を用いて簡潔に書きなさい。

解答・解説 P247・P255

3　図1の地点Bの地下において，れき岩の層の地表からの深さとして考えられるものは，次のうちどれか。

ア　2m～18m　　**イ**　12m～28m　　**ウ**　22m～38m　　**エ**　32m～48m

3　空間を電流が流れる現象について調べるために，次の実験(1)，(2)，(3)を順に行った。

(1)　管内の圧力を小さくしたガラス管の電極A，Bを，装置Xの－極，＋極にそれぞれ接続した。

(2)　装置Xのスイッチを入れて電極A，B間に非常に高い電圧を加えたところ，右の図のように，蛍光板上に明るい線が現れた。

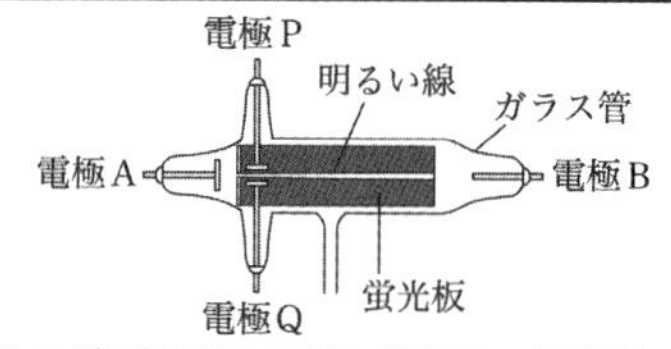

(3)　図の状態から，電極Pを電源装置の－極に，電極Qを電源装置の＋極に接続して電源装置のスイッチを入れ，明るい線に起こる変化を観察した。

このことについて，次の**1**，**2**，**3**の問いに答えなさい。

1　実験で用いた，非常に高い電圧を加えることができる装置Xは，次のうちどれか。

ア　手回し発電機　　**イ**　誘導コイル　　**ウ**　オシロスコープ　　**エ**　光電池

2　実験(2)で，蛍光板上に現れた明るい線を何というか。

3　次の□内の文は，実験(3)で明るい線に起こった変化について述べたものである。①，②に当てはまる符号や語をそれぞれ(　　)の中から選んで書きなさい。

明るい線の正体である粒子は ①(－・＋) の電気をもっているため，実験(3)では，明るい線は ②(上・下) 向きに曲がった。

4　図1は，ステージ上下式の顕微鏡を表していて，図2は，図1の顕微鏡で観察するためのプレパラートをつくっているようすを表している。

このことについて，次の**1**，**2**，**3**の問いに答えなさい。

接眼レンズ　対物レンズ　ステージ　プレパラート

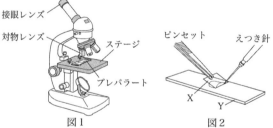

図1

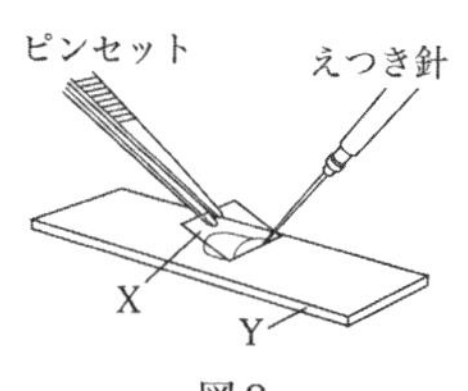

図2

1　図2でつくっているプレパラートにおいて，X，Yで示したガラスをそれぞれ何というか。

2　図3は，図1の顕微鏡で使用する接眼レンズと対物レンズである。図1の顕微鏡で最初に観察するときに用いる接眼レンズと対物レンズの組み合わせは，次のうちどれか。

ア　AとC　　**イ**　AとD

ウ　BとC　　**エ**　BとD

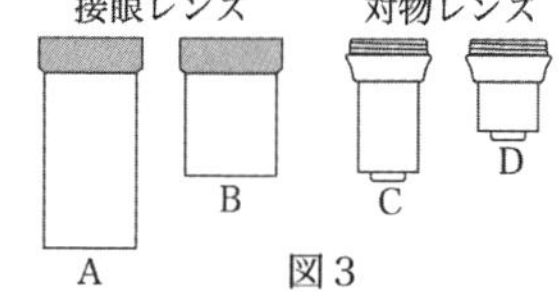

図3

3　次の□内の文章は，図1の顕微鏡を用いて観察するときにピントを合わせる方法について述べたものである。①，②に当てはまる語をそれぞれ(　　)の中から選んで書きなさい。

プレパラートをステージにセットした後，横から見ながら対物レンズとプレパラートをできるだけ ①(遠ざける・近づける)。次に，接眼レンズをのぞきながら調節ねじを回して，ステージを ②(上げ・下げ) ながらピントを合わせる。

5　ビーカーAとBには40℃の水を200gずつ，ビーカーCとDには80℃の水を200gずつ入れた。次に，ビーカーAとCには固体の物質Xを50gずつ，ビーカーBとDには固体の物質Yを50gずつ加えてよくかき混ぜた後，ビーカーAとBの水温は40℃に，ビーカーCとDの水温は80℃に保ったまま放置しておいたところ，一つのビーカーの底には溶け残りが見られた。右の表は，100gの水に溶ける，水温が40℃のときと80℃のときの物質XとYの限度の質量をまとめたものである。

	100gの水に溶ける限度の質量	
	40℃	80℃
物質X	36.6g	38.4g
物質Y	11.8g	54.7g

このことについて，次の**1**，**2**，**3**の問いに答えなさい。

1　一般に，100gの水に溶ける物質の限度の質量の値を，その物質の何というか。

2　ビーカーの底に溶け残りが見られたビーカーはどれか。ビーカーA，B，C，Dのうちから一つ選び，記号で答えなさい。また，溶け残っていた物質の質量は何gであったと考えられるか。

3　次の［　　］内の文は，物質Xの水溶液中に溶けている物質Xを固体としてとり出す操作のうちの一つについて述べたものである。①，②に当てはまる語をそれぞれ(　　)の中から選んで書きなさい。

水溶液を ①(加熱・ろ過) して，②(溶質・溶媒) の量を少なくする。

6　1年のうちのある時期における日本付近の天気の特徴について，次の(1)，(2)，(3)のようなことを調べた。

(1) 右の図は，この時期によく見られる日本付近の天気図であり，この時期の天気の特徴を読みとることができる。なお，図中の×印は高気圧や低気圧の中心がある位置を，1000前後の数値は気圧〔hPa〕を表している。

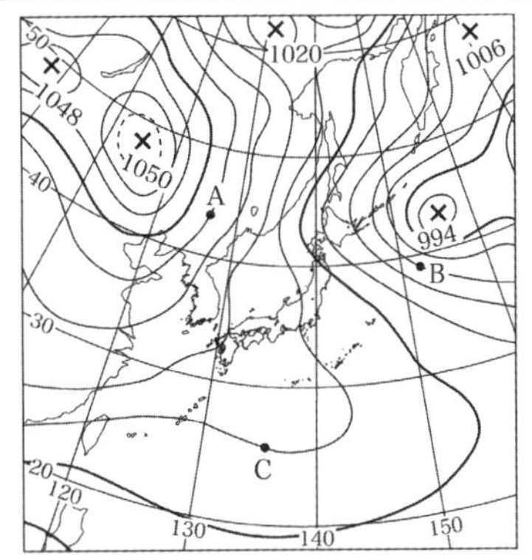

(2) 日本周辺に位置するいくつかの気団のうち，Ⓟこの時期に特に勢力を強める気団によってできる高気圧の影響を大きく受け，Ⓠこの時期に特有の空気の流れができることが多くなる。

(3) (2)の空気の流れにより，日本列島の太平洋側の地域と日本海側の地域においては，それぞれ特徴的な天気になる日が多くなる。

このことについて，次の**1**，**2**，**3**，**4**の問いに答えなさい。

1　図中の等圧線上に●印で示したA，B，Cの三つの地点のうち，最も強い風がふいていると考えられる地点はどれか。その理由も含めて簡潔に書きなさい。

2　次の［　　］内の文章は，(2)の下線部Ⓟ，およびこの時期によく現れる日本付近の気圧配置について述べたものである。①，②に当てはまる語をそれぞれ書きなさい。

下線部Ⓟの気団は，(　①　) 気団とよばれる気団である。この気団によってつくられる高気圧の位置と，その高気圧と対をなす低気圧の位置を日本列島から見た方角の関係より，図の天気図のような気圧配置は，(　②　) とよばれる。

3　(2)の下線部Ⓠについて，特有の空気の流れによって地表付近をふく，特有の向きの風を何というか。

4　(3)について，太平洋側と日本海側の天気のようすを述べた文として最も適切なものは，次のうちどれか。

ア　太平洋側では乾燥した晴天の日が多くなり，日本海側では大量の降水がもたらされる日が多くなる。

イ　太平洋側では湿度が高くて不快感を感じる日が多くなり，日本海側では大量の降水がもたらされる日が多くなる。

ウ　太平洋側では乾燥した晴天の日が多くなり，日本海側では湿度が高くて不快感を感じる日が多くなる。

エ　太平洋側では大量の降水がもたらされる日が多くなり，日本海側では乾燥した晴天の日が多くなる。

7　凸レンズによってスクリーンに映る像や，光の性質などについて調べるために，次の実験(1)，(2)，(3)，(4)を順に行った。

(1) 凸レンズ，フィルター，光源(ナツメ球)，半透明のスクリーン，光学台を用意した。
(2) 図1のように，フィルターをとりつけた光源，凸レンズ，スクリーンを，凸レンズの軸(光軸)とフィルター，スクリーンの面が垂直になるように配置した。図2は，フィルターを凸レンズの側から見たようすを表していて，四つの切り込みには，赤色，青色，黄色，緑色のセロハンがそれぞれはられている。

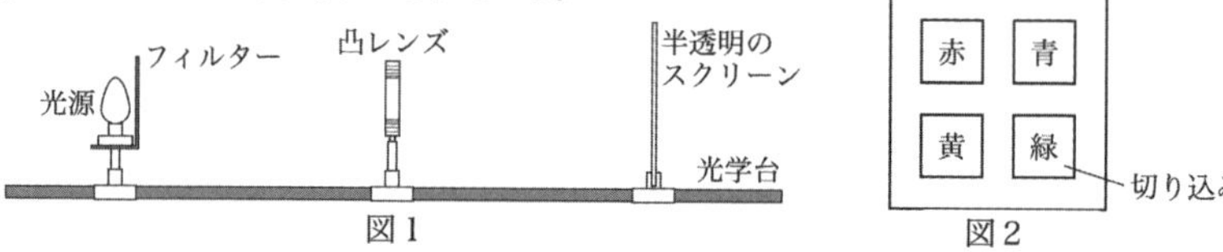

図1　図2

(3) 凸レンズからフィルターまでの距離を24cmにしてこれらを固定し，スクリーンのみを動かして，スクリーンにフィルターの切り込みを抜けてきた光による4色の鮮明な像が映るようにした。このとき，凸レンズからスクリーンまでの距離は24cmであった。
(4) 凸レンズからフィルターまでの距離を24cmより少し長くしてこれらを固定し，(3)と同様にしてスクリーンに4色の鮮明な像が映るようにした。

このことについて，次の**1**，**2**，**3**，**4**の問いに答えなさい。

1 実験(3)，(4)で，スクリーンに映った鮮明な像を何というか。

2 実験で使用した凸レンズにおいて，その軸に平行に進んできた光が凸レンズを通過後に通る，光軸上の点を何というか。また，凸レンズの中心からその点までの距離は，次のうちどれか。

ア 12cm　　**イ** 24cm　　**ウ** 36cm　　**エ** 48cm

3 図3は，実験(3)でスクリーンに映った鮮明な像を，スクリーンの背後(図1でスクリーンの右側)から見たようすを表している。図3中の4か所の□のうち，青色であったものを，解答用紙の図中に黒くぬって示しなさい。

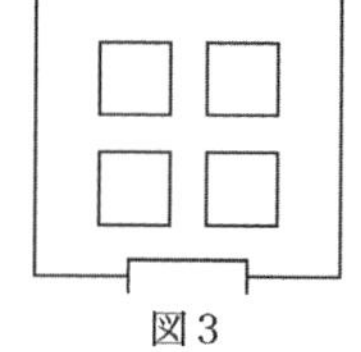

図3

4 次の□内の文章は，実験(4)でスクリーンに映った像について述べたものである。①，②に当てはまる語をそれぞれ(　　)の中から選んで書きなさい。

> 実験(4)で，スクリーンに鮮明な像が映ったときの凸レンズからスクリーンまでの距離は，実験(3)のときよりも ①(長く・短く) なっていた。また，その像の大きさは，実験(3)のときよりも ②(大きく・小さく) なっていた。

8 エンドウのさやの形には，「ふくれ」のものと「くびれ」のものとがある。このさやの形における遺伝の規則性について調べるために，次の実験(1)，(2)，(3)を順に行った。

(1) さやの形が，代々「ふくれ」であるエンドウの株と，代々「くびれ」であるエンドウの株を，親の代として用意した。
(2) (1)で用意した親の代の株どうしの交配(かけ合わせ)によってできた種子をまき，子の代として育てたところ，自家受粉によってその株にできたさやの形は，すべて「ふくれ」であった。
(3) (2)でできた種子をまき，孫の代として育てたところ，自家受粉によってその株にできたさやの形は，「ふくれ」のものと「くびれ」のものとが，ある割合で混在していた。下の図は，この実験の操作の流れを模式的に表したものである。

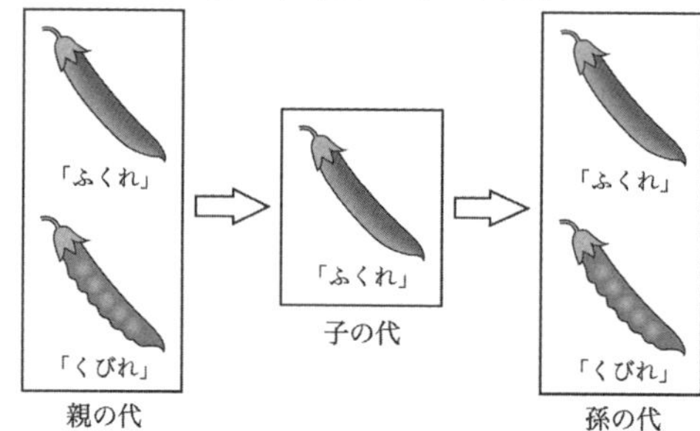

解答・解説 P247・P255

このことについて，次の**1**，**2**，**3**，**4**の問いに答えなさい。ただし，エンドウのさやの形に関しては，メンデルによって提唱された遺伝に関する法則が常に成り立つものとする。

1 次の□内の文章は，実験(1)で用意した親の代の株と，遺伝子の本体について述べたものである。①，②に当てはまる語や略号をそれぞれ書きなさい。

> 実験(1)で用意した親の代の株のように，代々同じ形質が現れ続ける系統を（ ① ）という。また，その形質を次の代に伝えている遺伝子の本体は，アルファベットの大文字を用いて，（ ② ）という略号で表記される物質である。

2 実験(2)でできた子の代のさやの形には，親の代のうちの「ふくれ」の形質のみが現れ，「くびれ」の形質は現れなかった。このことから，「くびれ」の形質に対して，「ふくれ」の形質を何形質(何の形質)というか。

3 実験(3)でできた孫の代のすべての株において，さやの形が「ふくれ」のものと「くびれ」のものの数の割合を表しているものは，次のうちどれか。

ア 「ふくれ」:「くびれ」＝1：3　　**イ** 「ふくれ」:「くびれ」＝3：1
ウ 「ふくれ」:「くびれ」＝1：4　　**エ** 「ふくれ」:「くびれ」＝4：1

4 実験に用いたエンドウとは異なり，受精によらない無性生殖の場合，子の代にはどのような形質が現れるか。「親の代」という語を用いて簡潔に書きなさい。

9 水溶液に電流を流したときに起こる変化について調べるために，次の実験(1)，(2)，(3)，(4)を順に行った。

(1) ビーカーに入れた92gの水に8gの塩化銅の粉末を加えて，質量パーセント濃度が8％の塩化銅水溶液をつくった。

(2) 発泡ポリスチレンの板にあけた二つの穴に炭素棒を1本ずつさし込み，どちらの炭素棒も塩化銅水溶液にひたるようにした。

(3) 右の図のように，2本の炭素棒がそれぞれ陽極と陰極になるように，炭素棒を電源装置に接続した。

(4) 電源装置のスイッチを入れて電圧を加え，それぞれの電極で見られた変化を下の表のようにまとめた。

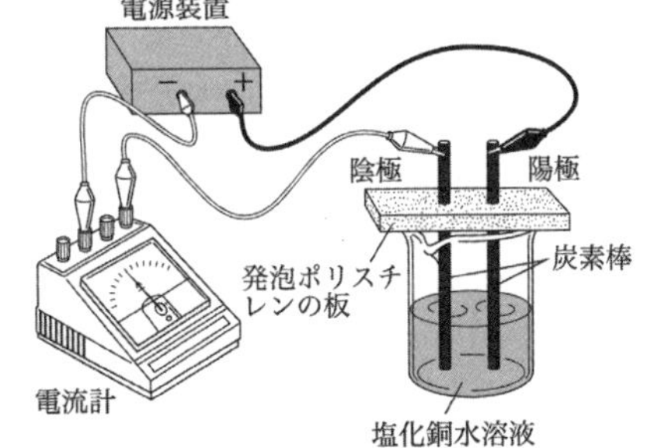

陽極	陰極
無数の気泡が発生していた。	赤色の物質が付着していた。

このことについて，次の**1**，**2**，**3**，**4**の問いに答えなさい。

1 実験(1)でつくった塩化銅水溶液の色は，次のうちどれか。

ア 無色　　**イ** 黄色　　**ウ** 赤色　　**エ** 青色

2 次の□内の文章は，実験に用いた塩化銅について述べたものである。①，②に当てはまる語をそれぞれ（　）の中から選んで書きなさい。

> 塩化銅のように，水に溶けたとき，その水溶液に電流が流れる物質を ①(電解質・導体) という。また，実験(1)で水に溶かした塩化銅は，水溶液中で陽イオンと陰イオンとに分かれている。このように，①が陽イオンと陰イオンとに分かれることを ②(電気分解・電離) という。

3 塩化銅が水溶液中で陽イオンと陰イオンとに分かれるようすを，化学式とイオンを表す化学式を用いて表しなさい。

4 実験(4)で，陽極から発生していた気体は何か。名称を書きなさい。また，その気体の性質を述べているものは，次のうちどれか。

ア 無色無臭である。　　**イ** プールの消毒剤のようなにおいがする。
ウ 水に溶けにくい。　　**エ** 石灰水を白く濁らせる。

令和4年
10月2日実施

第192回 下野新聞模擬テスト
英 語

1 これは聞き方の問題である。指示に従って答えなさい。

1〔英語の対話とその内容についての質問を聞いて，答えとして最も適切なものを選ぶ問題〕

(1) ア　イ　ウ　エ

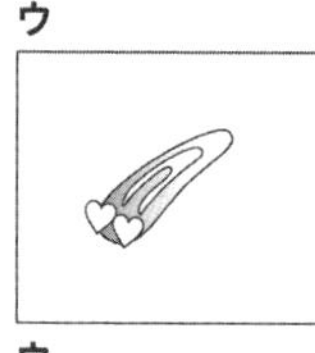

(2) ア　イ　ウ　エ

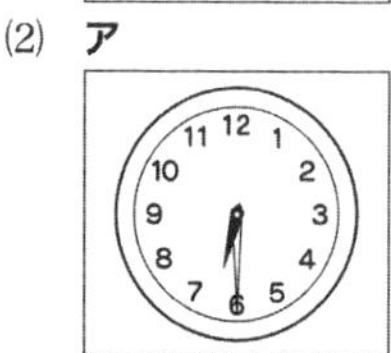

(3) ア Jane's father.　イ Jane's older brother.
　ウ Jane's younger brother.　エ Jane's younger sister.

(4) ア Help his mother.　イ Go to the library.
　ウ Write a letter.　エ See a movie.

2〔英語の対話とその内容についての質問を聞いて，答えとして最も適切なものを選ぶ問題〕

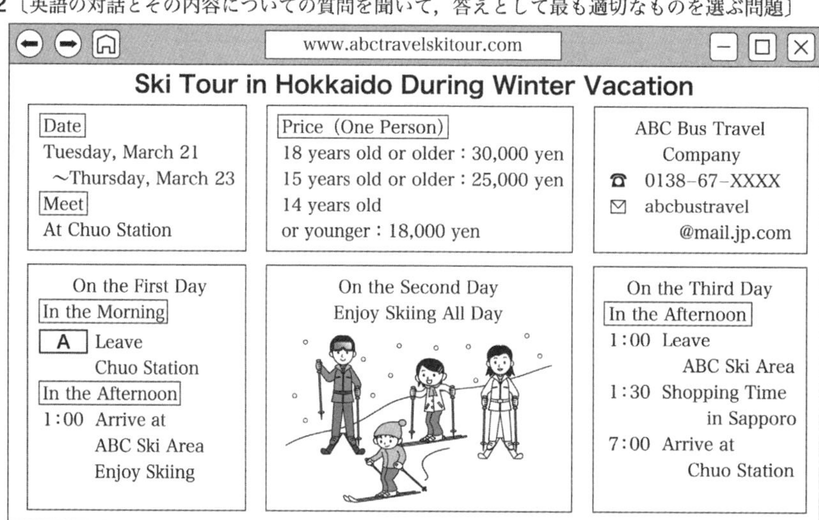

www.abctravelskitour.com
Ski Tour in Hokkaido During Winter Vacation
Date
Tuesday, March 21
～Thursday, March 23
Meet
At Chuo Station
Price (One Person)
18 years old or older : 30,000 yen
15 years old or older : 25,000 yen
14 years old
or younger : 18,000 yen
ABC Bus Travel
Company
☎ 0138-67-XXXX
abcbustravel
@mail.jp.com
On the First Day
In the Morning
A Leave
Chuo Station
In the Afternoon
1:00 Arrive at
ABC Ski Area
Enjoy Skiing
On the Second Day
Enjoy Skiing All Day
On the Third Day
In the Afternoon
1:00 Leave
ABC Ski Area
1:30 Shopping Time
in Sapporo
7:00 Arrive at
Chuo Station

(1) ア Yes, he goes there to ski with his family about ten times every year.
　イ Yes, he often goes there and enjoys skiing with his family.
　ウ No, but he will go there with his parents when they come to Japan.
　エ No, but he will go there this winter with Yuka and her family.

(2) ア For free.　イ 18,000 yen.　ウ 25,000 yen.　エ 30,000 yen.

(3) ア 8:00　イ 8:30　ウ 9:00　エ 9:30

3〔館内放送を聞いて，英語で書いたメモを完成させる問題〕※数字も英語で書くこと。

The City Library

Open	: From 9:00 in the morning to 7:00 in the evening
Closed	: Every (1)(　　　)
The number of Books	: More than eight thousand books
Borrowing Books	: From one to five books for (2)(　　　) days
Information Room	: On the (3)(　　　) floor

2 次の1，2の問いに答えなさい。

1 次の英文中の (1) から (6) に入る語句として，下の(1)から(6)のア，イ，ウ，エのうち，それぞれ最も適切なものはどれか。

Dear Hina,
Last spring, I went to *Victoria with my family. Today I would like (1) you about my trip. Victoria is one of (2) in Canada. We can see flowers *everywhere in Victoria. We walked in the city all day, and I (3) many pictures. This is a picture of Victoria. You can see beautiful flowers in this picture, (4) ? We really enjoyed watching (5) kinds of flowers there. We (6) a wonderful time there. I want to go there again.
What did you do last spring? Please tell me about that in your e-mail.
Alice

〔注〕*Victoria＝ビクトリア(カナダの都市名)　*everywhere＝どこでも

(1) ア tell　イ told　ウ to tell　エ telling
(2) ア more famous city　イ more famous cities
　ウ the most famous city　エ the most famous cities
(3) ア take　イ took　ウ taken　エ taking
(4) ア do you　イ can you　ウ don't you　エ can't you
(5) ア any　イ many　ウ much　エ little
(6) ア had　イ did　ウ took　エ made

2 次の(1)，(2)，(3)の(　　)内の語句を意味が通るように並べかえて，(1)と(2)はア，イ，ウ，エ，(3)はア，イ，ウ，エ，オの記号を用いて答えなさい。ただし，文頭にくる語も小文字で示してある。

(1) *A*：I (ア never　イ to　ウ been　エ have) Kyoto.
　B：Oh, really? You should go there.
(2) *A*：(ア it　イ for　ウ is　エ difficult) you to swim fast?
　B：No, I'm good at swimming.
(3) *A*：(ア is　イ tennis　ウ the boy　エ who　オ playing) with Rika?
　B：He is my brother. His name is Makoto.

3 次の英文は，中学生の夏奈(Kana)と，オーストラリアからの留学生サム(Sam)との対話の一部である。また，右の図は，総合的な学習の時間で夏奈が作成している，マスメディア(mass media)に関する発表資料の一部である。これらに関して，1から6までの問いに答えなさい。

Kana：I'm *preparing for my speech. Look at these *graphs. We can know the most popular mass media in 1955 and 2022.
Sam：Oh, your topic sounds interesting. Let me see..., why wasn't TV so popular in 1955?
Kana：In those days, TV was ＿＿＿(1)＿＿＿, so only rich people could buy one.
Sam：I see. In 1955, was the *radio more popular than newspapers?
Kana：Yes, it was. I hear there were many *farmers in our city at that time. They often listened to the radio [A] their work.
Sam：I see. (2)<u>The graph on the right</u> shows that the Internet and TV are popular in 2022. But the Internet isn't the most popular, right?
Kana：Right. Look at another graph, Sam. It shows the popular mass media in each age group in 2022.
Sam：Which is the most popular?
Kana：Of course, TV is. Many people of all groups watch TV.
Sam：How about the Internet?
Kana：＿＿＿(3)＿＿＿ many young people. They think it's very useful. But, people in their sixties don't use the Internet very often.
Sam：I check the news on the Internet because it gives me the *latest news. How about newspapers?

Kana：Older people read newspapers more.
Sam：I don't read newspapers. How about you?
Kana：(4)I try to read a newspaper every day. Last year my father said to me, "You can get a lot of information about the world if you read newspapers every day." After that, I started reading the newspaper.
Sam：I see. When we should think about many things carefully, maybe it's better to read newspapers. But, listening to the radio isn't popular among every age group in 2022.
Kana：Today we don't often listen to the radio. But we should understand each media has good points, and the radio also has its own. A radio is very useful at the time of *disaster like an *earthquake. So, ＿＿＿(5)＿＿＿. Do you have a radio?
Sam：No, I don't.
Kana：Oh, that's not good. [B] go to the shop to buy one next weekend?
Sam：Sure. I'd love to. About how much do I need to get one?
Kana：Maybe about 2,000 yen. I'll check the prices on the Internet and send you a message later.
Sam：Thank you, Kana. The Internet is really useful!
Kana：I think so, too. But some people don't think spending too much time on the Internet is good for us. (6)What do you think about this idea?

〔注〕*prepare for ～＝～の準備をする　*graph＝グラフ
*radio＝ラジオ放送，ラジオ受信機　*farmer＝農場経営者　*latest＝最新の
*disaster＝大災害　*earthquake＝地震

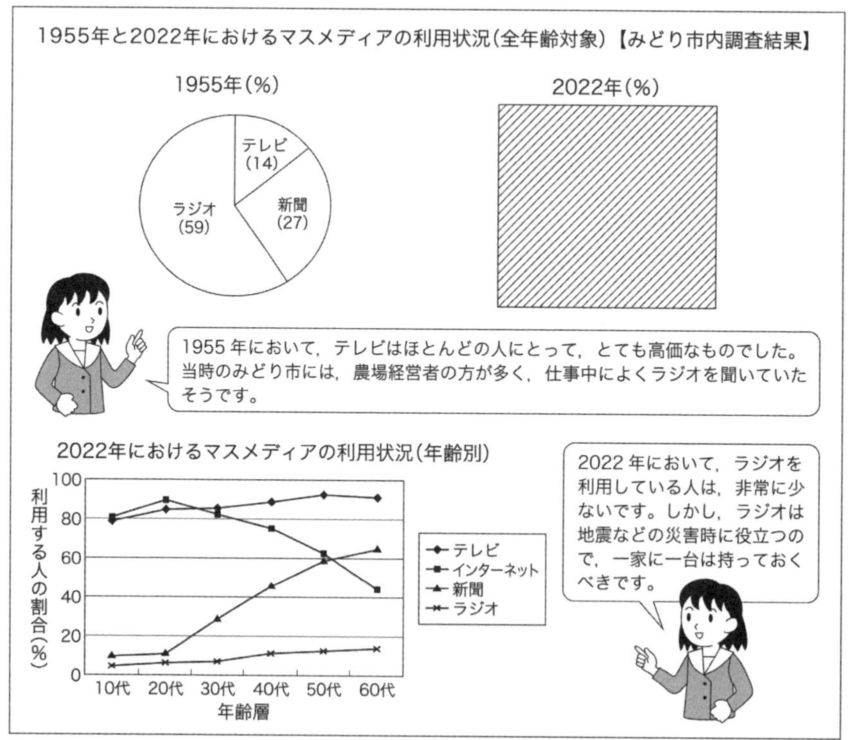
1955年と2022年におけるマスメディアの利用状況(全年齢対象)【みどり市内調査結果】
1955年(%)
テレビ(14)
新聞(27)
ラジオ(59)
2022年(%)
1955年において，テレビはほとんどの人にとって，とても高価なものでした。当時のみどり市には，農場経営者の方が多く，仕事中によくラジオを聞いていたそうです。
2022年におけるマスメディアの利用状況(年齢別)
利用する人の割合(%)
100
80
60
40
20
0
10代 20代 30代 40代 50代 60代
年齢層
テレビ
インターネット
新聞
ラジオ
2022年において，ラジオを利用している人は，非常に少ないです。しかし，ラジオは地震などの災害時に役立つので，一家に一台は持っておくべきです。

1 二人の対話が成り立つよう，上の図を参考に，下線部(1)，(3)，(5)に適切な英語を書きなさい。

2 本文中の[A]に入る語として，最も適切なものはどれか。
ア for　イ while　ウ during　エ without

問題R4 192 193 194 195 【英語】第192回

3 下線部(2)について，上の図の▨の位置に入るグラフとして，最も適切なものはどれか。

ア
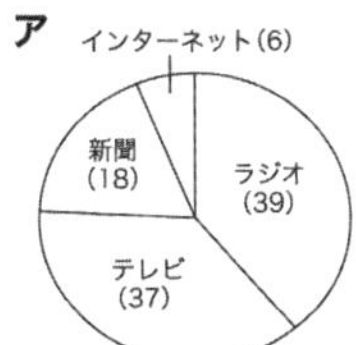

イ
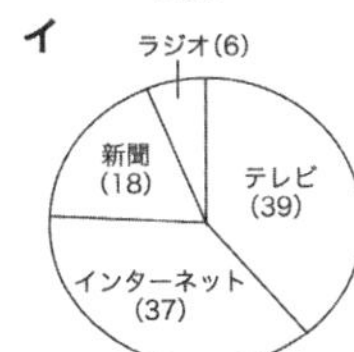

ウ
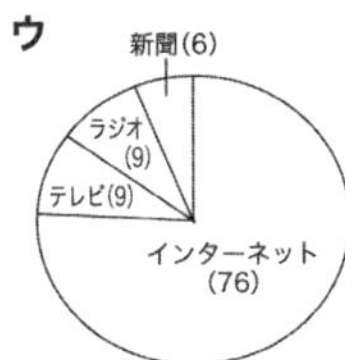

エ
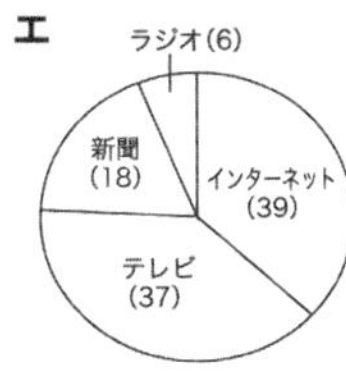

4 下線部(4)について，夏奈が毎日，新聞を読むようになったのはなぜか。日本語で書きなさい。

5 二人の対話が成り立つよう，本文中の［ B ］に入る最も適切な英語を**2語または3語**で書きなさい。

6 下線部(6)について，あなたならどのように答えますか。this ideaに対するあなたの立場を明確にして，その理由も含めて，まとまりのある**4文から6文程度**の英語で書きなさい。ただし，本文及び発表資料に書かれていること以外で書くこと。

4 ミズホ(Mizuho)と，ミズホのおじについての次の英文を読んで，**1**から**5**までの問いに答えなさい。

This summer I visited Australia. My uncle lives in Australia, and he *invited me to his house. It was my first visit to a foreign country, so I was very excited.

My uncle teaches Japanese to junior high school students. In Australia, Japanese is a popular language, and many students study Japanese. I was surprised to hear that and became interested in his Japanese class.

On the third day in Australia, my uncle said to me, "Mizuho, can you come to my class and talk about Japan in front of my students?" When I first heard (1)<u>his words</u>, I couldn't say anything. I wanted to go and meet his class, but I didn't think I could speak in front of many students. He said, "Don't worry. My students are interested in Japan. You just talk a little about Japan. It's not so difficult." I thought that his students could learn about Japan through my stories, so I said to him, "OK. I'll be happy to help."

Two days later, I went to the school with my uncle. When I was walking to the classroom, I became nervous. He said, "You don't [　　　] be *perfect. Just talk about Japan for my students." When I came into the classroom, I found that all of them were looking at me. The students were *quiet, and I was very nervous. Then, one student said with a smile, "Hello, Mizuho! Nice to meet you! I'm Kate. We are happy to meet you. We want to listen to your stories." Everyone smiled, and I felt much better. Then, I talked about Japanese food, my school, and some other things in English. Every student listened to me. It was about fifteen minutes, but it felt like two hours.

After I finished talking, they asked me many questions. Some of their questions were difficult, but I tried to answer all of them. I was glad to learn that the students understood me. I learned an important thing that day. We can understand each other if we try hard to tell something to each other.

After the class, Kate came up to me and said, "I want to know more about Japan." Kate was very interested in Japanese culture. I was surprised because she already knew a lot of things about Japan. We enjoyed talking with each other on that day.

After that, we met many times and became good friends. On my last day in Australia, (2)<u>one happy thing</u> happened. Kate gave me a letter. She wrote it all in Japanese. I was surprised, and I was also very happy to get a nice letter from her. From that day, we started to write to each other. I hope I can visit and see her again someday.

〔注〕*invite ～＝～を招待する　*perfect＝完璧な　*quiet＝静かな

1 下線部(1)の，おじの言葉の具体的な内容は何であったか。日本語で書きなさい。

2 本文中の［　　　］に入る適切な英語を**2語**で書きなさい。

3　ミズホが学んだ大切なこととはどのようなことであったか。日本語で書きなさい。

4　下線部(2)の内容を次の[　　　]内のように表したとき，(　　　)に入る適切な英語を**2語**で書きなさい。

> Mizuho got a letter from Kate. It (　　　　　　　　　) all in Japanese.

5　本文の内容と一致するものはどれか。

ア　Mizuho likes Australia very much, so she has visited there many times.
イ　The students in Australia wanted to practice Japanese, so Mizuho talked to them only in Japanese.
ウ　Mizuho was going to speak in front of the students for fifteen minutes, but she spoke for two hours.
エ　Mizuho tried to answer all the questions from the Australian students, but some of them were difficult.

5　次の英文を読んで，**1**，**2**，**3**，**4**の問いに答えなさい。

Why do people want to have pets? First, living with pets makes people happy. Pets are very [　A　] to us. Second, pets make communication in a family easier. We can enjoy playing with our pets together and talking about them. Third, it is good for children to take care of pets. Some people say that taking care of pets is hard, and it's true. However, by doing that, children can feel love for their pets and will learn that life is very important. So, taking care of pets will be a good experience for children.

Pets are also very *helpful for sick people and old people. For example, walking with a dog is good for them. When they see a cat playing with a ball, they smile. When they spend time with their pets, they often feel happy.

But, at the same time, there are some bad things about pets. Some animals sometimes make a lot of big *noise, and some animals are dangerous for both children and old people. Also, we need to remember that some people do not like animals.

[　　　　　　　　　B　　　　　　　　　]

Pets often make us happy, so we need to be good friends to our pets too. We should *think of our pets as our friends or family members. Then, both we and our pets will be happy.

〔注〕*helpful＝役に立つ　　*noise＝騒音　　*think of ～ as…＝～を…と考える

1　本文中の[　A　]に入るものとして，最も適切なものはどれか。

ア　kind stories　　**イ**　difficult problems　　**ウ**　hard work　　**エ**　important friends

2　下線部について，ペットの世話をすることが，子どもにとってよいのはなぜだと書かれているか。日本語で書きなさい。

3　本文中の[　B　]に入る次の**ア**，**イ**，**ウ**，**エ**の文を，意味が通るように並べかえて，記号を用いて答えなさい。

ア　Most people love their pets when they start having them.
イ　These people do not understand that the lives of pets are as important as their lives.
ウ　But some of them throw their pets away when they do not want to take care of them anymore.
エ　We often hear sad stories about pets.

4　本文のタイトルとして，最も適切なものはどれか。

ア　Remember that Taking Care of Pets Is Hard
イ　Pets Are Helpful for Sick People
ウ　Having Pets in Our Lives
エ　Pets Are Often Dangerous for Old People

「オレも、そうだから。」

「え？」

「新しい扉がそこにあるのに、なかなか開ける気になれなくてさ。つまり、転校するのがイヤでイヤで。」

「転校するんですか？」

「うん、十月に。ありえねーって思ってた。でも行けば、きっと新しい景色が見えるんだよな？　昨日、東山と話したときに、ヒントもらった。東山の叔母ちゃんってのが、すげー強烈な人らしくて、新しいことに挑戦しないのは『怠慢』なんだってさ。」

宮本がくすくすと笑いだした。歯にノリがくっついている。

「あの、先輩。その東山の叔母ちゃんって、ぼくのお母さんですよ。」

「えっ、そうなのか！　おまえ、めちゃくちゃ大変だろうな。」

顔を見合わせて、爆笑してしまった。

（吉野万理子「部長会議はじまります」〈朝日学生新聞社〉から）

（注1）クレマチス＝白や紫の花色をしたツル性植物。

（注2）クリケットやラグビー＝イギリス古来の国民的な球技。

1 (1)いや、今がいいチャンスではないか？　とあるが、どういうことかがわかるひとまとまりの会話を本文中から抜き出し、初めの四字を書きなさい。

2 (2)花壇の花が、風に吹かれて揺れている　という表現の効果について説明した次の文の□に入る語を漢字二字で書きなさい。

・間を置くことで、読者に宮本の反応を□させる効果。

3 (3)「えっ。」とあるが、このとき「オレ」がひどく驚いた理由の説明として最も適当なものはどれか。

ア　宮本の返事によってキャプテンの誇りが傷ついたから。

イ　対応を真剣に考えていたのにあっさり否定されたから。

ウ　宮本の返事をする態度があまりにも軽いものだったから。

エ　宮本にはバスケをやってほしいと強く思っていたから。

4 (4)なんか意地張っちゃって　とあるが、宮本の「意地」についての説明として最も適当なものはどれか。

ア　スポーツをするならやはり球技でなければならない。

イ　ハンディがあってもスポーツをすることに価値がある。

ウ　スポーツじゃないことをしてもみんなに認められない。

エ　自分は運動神経もいいのでスポーツを続けるべきだ。

5 (5)「でも、その選択、きっといいんじゃないか？」とあるが、このとき「オレ」が宮本に伝えたかったことを、「新しい扉」「同じ立場」という語を用いて、四十字以上五十字以内で書きなさい。

6 本文の内容に合うものとして最も適当なものはどれか。

ア　「宮本」のことを聞いた「オレ」はなんとか彼の役に立ちたいと思っていたが、逆に励まされてばつの悪さを感じている。

イ　「宮本」は「オレ」がしつこく問いかけることを不快に思っていたが、しだいに心を開いて打ち解けるようになっている。

ウ　「オレ」は転校がイヤでたまらなかったが、「宮本」と話すうちに自分も新しいことにチャレンジすべきだと前向きになっている。

エ　「宮本」は「オレ」がバスケ部のキャプテンなので先輩として立てていたが、「東山」と親しいと聞いて対等な口をきいている。

5

「古いものや新しいものの良さ」について、あなたの考えを国語解答用紙(2)に二百四十字以上三百字以内で書きなさい。

なお、次の《条件》に従って書くこと。

《条件》

（Ⅰ）二段落構成とすること。

（Ⅱ）各段落は次の内容について書くこと。

第一段落

・あなたが考える「古いものの良さ」と「新しいものの良さ」について、それぞれ具体的な例を挙げて説明しなさい。例は、あなたに直接関わることでも見たり、聞いたりしたことでもよい。

第二段落

・第一段落に書いたことを踏まえて、あなたが今後「古いものや新しいもの」にどのように関わっていこうと思うかについて、あなたの考えを書きなさい。

下野模擬問題(第192回)◆国語

5 (4)さらに実演をその場で見せてくださいました とあるが、このとき筆者を感動させたものを、「身体感覚」という語を用いて、三十字以上四十字以内で書きなさい。

6 本文における筆者の考えについて説明したものとして最も適当なものはどれか。

ア 重みのある一言で気持ちを伝えるには、一呼吸おいて表現するように心がけ、言葉と感情を一致させる必要がある。

イ 言葉というものは、短く一言で言うと最も重みがある言葉になるので、できるだけ間をおいて表現する必要がある。

ウ 言葉に感情を乗せて話しても疲れないためには、口頭だけでなく全身を使って表現する練習をする必要がある。

エ 本心から謝るには感情の〝ため〟をつくることで、なるべく言葉を軽快なものにして相手を傷つけないようにする必要がある。

4

次の文章を読んで、1から6までの問いに答えなさい。

〔「オレ」はバスケットボール部のキャプテンであるが、両親の都合でイギリスのロンドンに転校することになった。次は、同級生で卓球部の「東山」のいとこである「宮本剣」と話している場面である。〕

隣のベンチに宮本剣がいて、松葉杖を横に置いて弁当を開いている。頭のなかをいろんな考えがめぐる。こいつはオレを追いかけてきたのかな。それはないか。じゃあ、いつもここで食べているのかな。もう一度目を閉じて、知らん顔をしようか。(1)いや、今がいいチャンスではないか?

「あのさ。」

突然声をかけると、宮本ははしを持つ手を一瞬びくっと震わせた。

「はい?」

オレのほうを数秒見てから、宮本はまた弁当箱に目を戻した。

「バスケ部、見学に来てるだろ? あれって、マジで興味あるわけ?」

宮本は答えない。

「バレー部の部長に聞いたけど、おまえ、バレーでパラリンピック目指そうとしたんだろ? で、断られて今度はバスケを見にきて。正直、なんでもいいのかよ、ってオレは思ってた。」

また答えないで、宮本はミートボールを口へ放り込む。

「でも昨日、東山としゃべったんだ。いとこなんだろ?」

「あ、はい……。」

「東山は、別のことを言った。おまえはきっと新しい扉を開きたいんだ、って。『剣は病気になったからこそ、新しい世界に出会えた、という経験をしたいんだと思う。』って。」

(2)花壇の花が、風に吹かれて揺れている。紫色の花びら。地面に「クレマチス」(注1)という立て札が差してある。

「それって本当にバスケなのか?」

「うーん……たぶん違うと思います。」

(3)「えっ。」

もし歩きながら話していたら、オレはズッコけて転んだかもしれない。

覚悟していたのだ。「バスケをやりたいです!」と言われたら、車椅子バスケがどんなものか調べたり、部員たちに相談したり、いろいろやらなきゃな、と。

「ぼく……小四まで元気で、卓球やりまくってて。」

「うん。」

「それが急に病気になって、納得できなかった。膝に人工関節入れたけど、ぼくは運動神経いいし、スポーツ、やり続けられるって思ったんですよ。逆にスポーツ続けなきゃ、って思いこんでいるようなとこもあった。」

少しわかる。ロンドンでクリケット(注2)やラグビーをやったらどうだと言われても、納得できなかった。バスケを続けたい気持ち、整理できていない。

「だからバレーを考えて、次にバスケもありかなって。」

「うん。」

「でも、本当はもっと気になることを見つけてて。」

「え?」

「それはスポーツじゃないから、(4)なんか意地張っちゃって。まだ決心が。」

「何部のこと言ってんのかよくわかんねーけど。」

「まだ秘密。」

(5)「でも、その選択、きっといいんじゃないか?」

宮本はけへへ、と笑った。

「知らないのに、いいんじゃないかって言っちゃいます?」

ところが、言葉に感情を乗せないと、疲れない。だから□のうちに、同じ言葉をリピートしてしまうわけです。これが癖になっている人も多いのです。

しかし、もちろんこんな癖のある相手に、人は好感を持ちません。言葉に心がこもっていない、不誠実な人だと見られるのがオチです。

たとえば、こちらのミスで顧客に謝る時(3)「すいませんでした、すいませんでした、すいません、すいません」などと何回も繰り返すと、誠意が伝わるどころか、言葉の重みが消えていきます。

自分自身を守ろうとしている、失敗を深いところではきちんと受け止めようとしていない、早くやり過ごそうとしている、という思いが透けて見えます。それで結局、顧客をもっと怒らせることになってしまうのです。

本心から謝るには、感情の〝ため〟をつくることで、言葉と感情をうまく一致させる必要があります。そして、重みのある一言で気持ちを伝えるのです。

感情の〝ため〟がない人は、言葉と感情を合致させる作業をしていません。言葉だけが、軽く流れていってしまうので、むしろ、相手の感情を傷つけてしまいます。

言葉の重みについて、ある時、歌舞伎役者の坂東玉三郎さんと対談する機会がありました。数百人ほどの聴衆を前に、玉三郎さんはこんなことを語ってくださいました。

「感情と言葉を、上手に重ね合わせるのが本当に大事なんです。二つをぴったり重ね合わせないとだめです。言葉だけが先走ると、感情がついていっていない。感情だけを出そうとすると、今度はセリフが弱くなり、言葉が弱くなってしまう。」

(4)さらに実演をその場で見せてくださいました。

「(注)真如の月を眺め明かさん」

というセリフで、感情とその言葉が一致するように動かれるのです。ポイントは、体のつかい方だ、ということでした。

思いと同調させながら、手の差し伸べ方や足の出し方などにそれを表していく。仙骨という腰の骨から手の先まで、月に向かって伸ばしていく。そんな意識を持ち、思いを体に乗せて体現していくそうです。

身体に、感情と言葉をくぐらせるように同調させて、セリフを言われている。その身体感覚のようなものを、身近で感じて本当に感動しました。

無駄にリピートする言葉は、この対極にあります。

玉三郎さんには及びませんが、私たちが一言に重みを出すには、一瞬でよいので、感情の〝ため〟を作り、一呼吸おいてから、思いを一言で表現するように心がけるべきでしょう。そうすれば、感情と言葉の一体化に近づくのではないでしょうか。

（齋藤孝「余計な一言」〈新潮社〉から）

（注）真如＝あるがままの姿。

1 □に入る語として最も適当なものはどれか。

ア 無計画　**イ** 無意識　**ウ** 無関心　**エ** 無内容

2 (1)相手に与える自身の印象も軽くなってしまいます　とあるが、同じ言葉をリピートする人は、相手にどのような印象を与えると筆者は述べているか。本文中から五字で抜き出しなさい。

3 (2)二つの心理が隠れています　とあるが、「二つの心理」についての説明として最も適当なものはどれか。

ア 思いをためて感情を整えることは疲れるという心理と、そのために言葉の重みを軽くしようとする心理。

イ 本当は聞いていないことが発覚しないようにする心理と、自分が疲れないようにする心理。

ウ 人に注意されるのは嫌なことだという心理と、そのために相手に言わせず自分を守ろうとする心理。

エ 相手に話す気をなくさせ自分を守ろうとする心理と、自分が疲れないために言葉の重みを軽くしようとする心理。

4 (3)「すいませんでした、すいません、すいません」などと何回も繰り返す　とあるが、このような例を挙げて筆者が述べようとしていることとして最も適当なものはどれか。

ア 自分の誠意を伝えるためには、適度な回数が必要であること。

イ 謝っているつもりでも、気持ちが伝わらず逆効果になること。

ウ 感情の〝ため〟をつくるには、繰り返す言葉に間が要ること。

エ 相手を不快にさせるだけなので、何も言わない方がいいこと。

下野模擬問題（第192回）◆国語

に貧窮(ひんきゅう)なるが悲しければ、貧窮を、今は追はん(注5)と思ふなり」とて、十二月晦日(つごもり)の夜、桃の枝を、我も持ち、弟子にも、小法師にも持たせて(ア)、呪(じゅ)(注6)を誦して、家の内より次第にものを追ふやうに打ち打ちして、「今は貧窮殿、出ておはせ(注7)、出ておはせ」といひて、門まで追ひて(イ)、門を立てけり(注8)。

その後の夢に、(2)やせたる法師一人、古堂にゐて(注9)、「年ごろ候ひつれども(注10)、追はせ給(たま)へば、罷(まか)り出(い)候ふ(注11)」とて、雨に降りこめられて、泣きて有り(ウ)と見て、円浄房語りけるは、「この貧窮、いかに侘(わ)びしかるらん」と、泣きける(エ)こそ、情けありて覚ゆれ。

それより後、世間事欠けずして(注12)過ぎけり。

（「沙石集(しゃせきしゅう)」から）

（注1）尾州＝尾張(おわり)国。現在の愛知県西部。
（注2）世間＝暮らし向き。
（注3）五旬＝五十歳。
（注4）小法師＝年若い僧。
（注5）追はん＝追い払おう。
（注6）呪を誦して＝呪文を唱えて。
（注7）出ておはせ＝出ていかれよ。
（注8）門を立てけり＝門を閉めてしまった。
（注9）ゐて＝座って。
（注10）候ひつれども＝お側におりましたが。
（注11）罷り出候ふ＝お別れします。
（注12）事欠けずして＝不自由なく。

1 追ふやうに　は現代ではどう読むか。現代かなづかいを用いて、すべてひらがなで書きなさい。

2 **ア** 持たせて　**イ** 追ひて　**ウ** 泣きて有り　**エ** 泣きける　の中で、主語が異なるものはどれか。

3 (1)年ごろあまりに貧窮(ひんきゅう)なるが悲しければ　の意味として最も適当なものはどれか。

ア 長年とても貧しいことが悲しいので
イ このごろひどく貧しくなったことが悲しいので
ウ 長年とても貧しいことが悲しいのならば
エ このごろひどく貧しくなったことが悲しいのならば

4 (2)やせたる法師一人、古堂にゐて　とあるが、法師が「古堂」にいたのはなぜか。三十字以上三十五字以内の現代語で答えなさい。

5 本文の内容と合うものはどれか。

ア 円浄房は五十歳になって弟子に模範(もはん)を見せるために、せっかく追い払った貧窮殿を憐(あわ)れんで助けることを教えた。
イ 円浄房は弟子や小法師を養うために貧窮殿を追い出したが、貧窮殿が出ていってしまうとひどく寂しい思いをした。
ウ 円浄房は貧しさを嫌って、貧窮殿を追い出そうと考え儀式を行ったが、貧窮殿が途方に暮れている姿に同情した。
エ 円浄房は貧しさと縁を切るために、親しくしていた貧窮殿を追い出したので、その後は暮らし向きに困らなかった。

3

次の文章を読んで、**1**から**6**までの問いに答えなさい。

同じ言葉をリピートする人がいます。

言葉というのは、短く一言を放った時にその重みを増しますから、このように繰り返してしまうと、言葉がどんどん軽くなるのです。同時に(1)相手に与える自身の印象も軽くなってしまいます。

昔は、こういう人は、大人でも子どもでも「返事は一回でよい」とよく注意されたものです。「はいはい」「はいはいはい」などと繰り返して答えれば答えるほど、聞いていないことを伝えているようなものです。

この背景には、(2)二つの心理が隠れています。

相手の言葉を遮(さえぎ)りたい、相手から自分を守りたいという意図が一つ。続けて言葉を繰り出すことで、相手はしゃべる気が失(う)せてしまいます。

もう一つが、一言一言の重みをわざと軽くしていくという意図です。わざと軽くすると、どんなメリットがあるのでしょうか。謝罪する際に、「ごめんごめんごめん」と二～三回リピートすることは、「ごめんなさい」という一言よりも随分軽くなります。すると、言うほうは疲れないのです。本来、「ごめんなさい」という一言は、思いをためて、感情を整えてからでないと、なかなか言えません。つまり、その分、疲れるわけです。

令和4年10月2日実施

第192回 下野新聞模擬テスト

国語

制限時間 50分

1 次の1から4までの問いに答えなさい。

1 次の――線の部分の読みをひらがなで書きなさい。

(1) 無作為に抽出する。　(2) 文明から隔絶した土地。

(3) 理想を掲げる。　(4) 珍しい種類の花。

(5) 壊滅的な被害。

2 次の――線の部分を漢字で書きなさい。

(1) ケントウを重ねる。　(2) 頭をヒやす。

(3) ネットウでやけどする。　(4) 負担をへらす。

(5) フッキンをきたえる。

3 次は、生徒たちが俳句について話している場面である。これについて、(1)から(4)までの問いに答えなさい。

> Ⅰ　大空に又わき出でし小鳥かな
>
> Ⅱ　木曾川の今こそ光れ渡り鳥　　高浜虚子

Aさん「この二つの俳句は渡り鳥を捕らえる小鳥狩りを見て詠まれたんだそうだよ。Ⅰの『小鳥』とⅡの『渡り鳥』が同じ季節の季語なんだ。」

Bさん「そうか。すると『小鳥』も『渡り鳥』なんだね。季節は（ ① ）ということになるね。」

Aさん「そうだね。Ⅰの俳句は大空いっぱいの小鳥が季節の光の中に感じ[ア]られるね。（ ② ）という表現に作者の驚きの気持ちが出[イ]ているよ。」

Bさん「Ⅱの俳句では光り[ウ]ながら谷底を流れていく木曾川と渡り鳥を対比し[エ]ているね。どちらもすがすがしい季節の光に満ちあふれているよ。」

Aさん「同じ作者の俳句を味わってみるとまた新たな発見があって楽しいね。」

(1) Ⅱの俳句に用いられている表現技法はどれか。

ア 倒置法　イ 体言止め　ウ 擬人法　エ 字余り

(2) （ ① ）に入る語として最も適当なものはどれか。

ア 春　イ 夏　ウ 秋　エ 冬

(3) （ ② ）に入る語を、Ⅰの俳句の中から六字以内で抜き出しなさい。

(4) 捕らえる と活用の種類が同じ語は〰〰部アからエのどれか。

4 次の漢文の書き下し文として正しいものはどれか。

何ノ亡ボシレ国ヲ敗ルコトカレ家ヲ之レ有ラン。（「孟子」）

ア 何の国を亡ぼし之れ有らん家を敗ることか。

イ 何の之れ有らん国を家を亡ぼし敗ることか。

ウ 何の亡ぼし国を敗ることか家を之れ有らん。

エ 何の国を亡ぼし家を敗ることか之れ有らん。

2 次の文章を読んで、1から5までの問いに答えなさい。

尾州(注1)に、円浄房といふ僧ありけり。世間(注2)貧しくして、年齢も五旬(注3)に及びけるが、弟子の僧一人に、小法師(注4)一人ありける。(1)「年ごろあまり

解答・解説 P246・P248

第193回 下野新聞模擬テスト
社会

1 図1は，栃木県に住む太郎さんが，旅行で訪れた五つの都府県(秋田県，福島県，東京都，大阪府，宮崎県)の位置を示したものである。これを見て，次の1から6までの問いに答えなさい。

図1

1 次の文は，太郎さんが訪れた都府県のいずれかについて述べたものである。どの都府県か書きなさい。

> スペインのマドリードやアメリカのニューヨークを通過する北緯40度の緯線が通っている。

2 東京都について，次の(1)，(2)の問いに答えなさい。

(1) 東京都の沿岸部について述べた次の文中の□に当てはまる語を書きなさい。

> 東京都の沿岸部は，埋立地や鉄道施設の跡地が残っていたが，1990年代以降，これらの土地の□が進められ，現在は大型商業施設やホテルなどが建てられている。

(2) 図2は，東京都の1年間の熱帯夜(夜間の最低気温が25度以上の日)の日数の推移を示したものである。これについて述べた次の文中の□に当てはまる語を書きなさい。

> 図2のような変化がおきている理由は，地球温暖化もあるが，□現象による影響も大きい。これは，アスファルトやコンクリートに囲まれ，緑地や水面が少なく，車やエアコンなどからの排熱量が多い都市部で発生しやすい現象である。

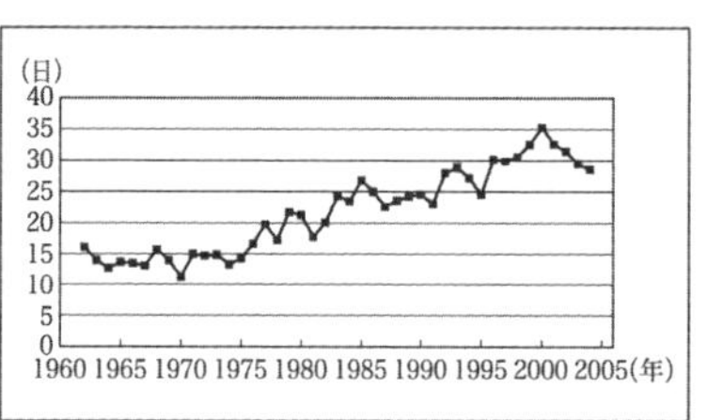

図2（「気象庁資料」により作成）

3 図3は，ある果実の収穫量上位4県とその収穫量を示したものである。図3中の X に当てはまる果実はどれか。

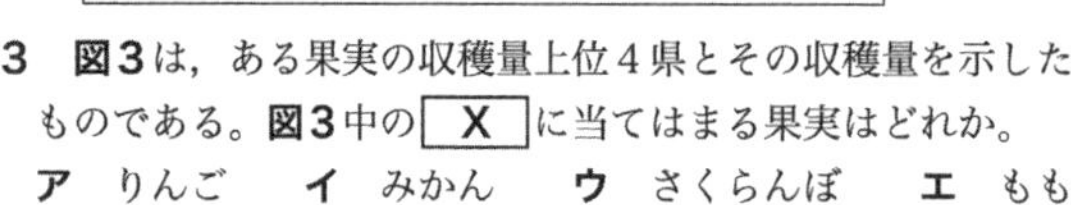

ア りんご　イ みかん　ウ さくらんぼ　エ もも

(2020年)

X の収穫量上位4県	収穫量(t)
山梨県	30,400
福島県	22,800
長野県	10,300
山形県	8,510

図3（「県勢」により作成）

4 図4は，大阪府の1965年と2016年の工業用水の水源の内訳を示したものである。図4のように変化した理由の説明として正しいのはどれか。

ア 地下水のくみ上げすぎにより，地盤沈下などが多発したから。
イ 飲用水が不足したから。
ウ 都市部で洪水が発生するようになったから。
エ 淀川の水量が増え，これまで以上に利用できるようになったから。

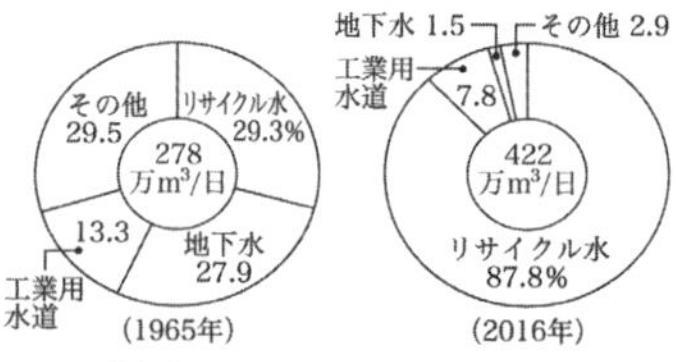

(1965年) 278万m³/日：リサイクル水 29.3%，地下水 27.9，工業用水道 13.3，その他 29.5
(2016年) 422万m³/日：リサイクル水 87.8%，工業用水道 7.8，地下水 1.5，その他 2.9

図4（「経済産業省資料」により作成）

5 図1中の東海道新幹線の路線図(┈┈)上の地点A周辺の風景として，正しいのはどれか。

ア 日本最大の湖が見える。
イ 日本で最も長い川が流れ，水田が広がっている。
ウ 牧ノ原台地に茶畑が広がっている。
エ 日本で最も長い山脈が見られ，山々が横一線に並んでいる。

6 **図5**は，宮崎県のピーマンの栽培過程と，2021年の東京都の市場におけるピーマン1kg当たりの平均価格を示したものである。これについて述べたあとの文中の［ Ⅰ ］に当てはまる文を，「ビニールハウス」の語と具体的な栽培方法の名称を用いて，［ Ⅱ ］に当てはまる文を，「価格」の語を用いて，**図5**をふまえ，簡潔に書きなさい。

月	1	2	3	4	5	6	7	8	9	10	11	12
栽培過程	○	○	○	○	○	○			△	△	△	△
平均価格(円)	604	733	592	480	396	505	349	304	417	255	356	356

○は収穫・出荷，△は苗植えを示している。

図5（「東京中央卸売市場統計年報」ほかにより作成）

> 宮崎県は，気候が温暖であるため，［ Ⅰ ］が可能である。このような栽培方法を行うことで，［ Ⅱ ］時期に出荷することができる。

2 次の**1**から**3**までの問いに答えなさい。

1 **図1**は，花子さんが社会科の授業で調べようと思った国を示したものである。これを見て，次の(1)から(4)までの問いに答えなさい。

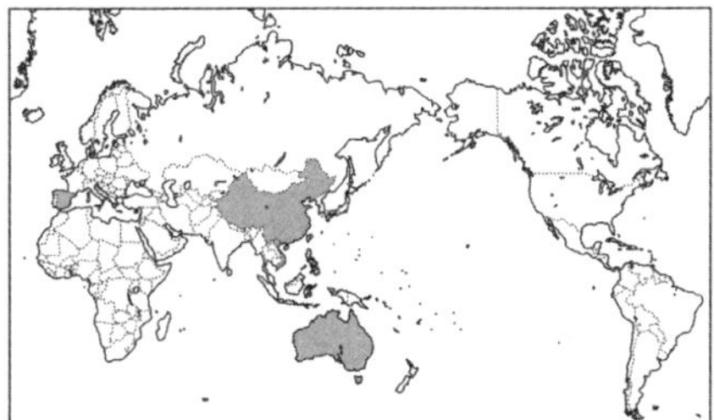

図1

(1) スペインの暮らしの説明として正しいのはどれか。

ア かんがいにより農業用の水を引き，ラクダや羊などの遊牧を行っている。

イ 伝統的な住居は，家の壁を白くぬり，窓は小さくしている。

ウ カリブー(トナカイ)の遊牧やアザラシなどの狩猟を行っている。

エ 地表に水道管が出た状態で，各家庭に温めた水道水が通されている。

(2) ベトナムの伝統料理について述べた次の文中の［　　］に共通して当てはまる農産物はどれか。

> ベトナムでは，［　　］の粉からつくっためん料理である「フォー」が食べられている。**図2**は，その農産物の主な輸出国とその輸出量(2019年)を示しており，［　　］が南アジアから東南アジアの地域などで栽培されていることが分かる。

国名	輸出量(千t)
インド	9,732
タイ	6,848
ベトナム	5,454

図2（「世界国勢図会」により作成）

ア 米　**イ** 小麦　**ウ** タロいも　**エ** ライ麦

(3) オーストラリアの先住民を何というか。

(4) **図3**は，中国の省別・地域別の1人当たりの総生産額を，**図4**は，中国の都市人口割合の推移(全人口のうち都市に居住する人の割合)を示したものである。これについて花子さんがまとめた**図5**中の［ X ］に当てはまる文を，「内陸部」「沿岸部」の二つの語を用いて簡潔に書きなさい。

(2017年)

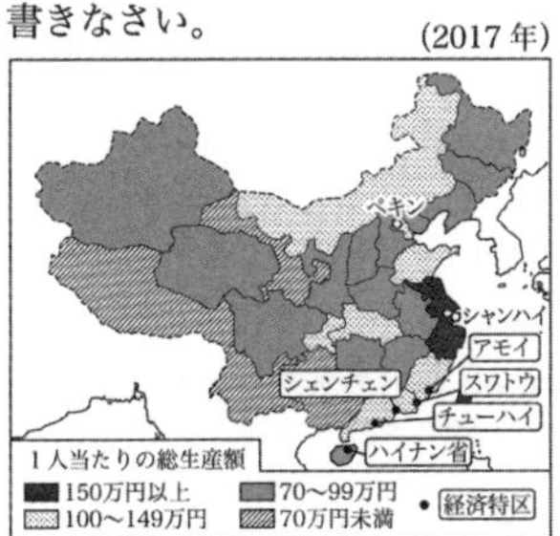

図3（「中国統計年鑑」ほかにより作成）

年	1980	2000	2010	2020
都市人口割合(%)	19.4	35.9	49.2	61.4

図4（「世界国勢図会」により作成）

> ○ペキンやシャンハイ，経済特区に指定されている都市部は，中国の経済発展を支える都市である。
> ○**図3**から，**図4**のように変化しているのは，［ X ］ことが，理由の一つであると読み取れる。

図5

2　世界で最も面積が小さい国はどこか。

3　**図6**は，地熱発電量が多い上位5か国(2018年)を示したものである。**図6**中の Y に当てはまる国はどれか。

ア　南アフリカ共和国　**イ**　ブラジル
ウ　イギリス　**エ**　インドネシア

1位	アメリカ
2位	Y
3位	フィリピン
4位	ニュージーランド
5位	トルコ

図6(「世界国勢図会」により作成)

3　略年表を見て，次の**1**から**8**までの問いに答えなさい。

時代	主なできごと
飛鳥	ⓐ小野妹子が隋に派遣される
平安	坂上田村麻呂が征夷大将軍に任命される ↕A ⓑ平清盛が太政大臣に任命される
鎌倉	北条泰時がⓒ法令を制定する ↕B
安土桃山	ⓓ太閤検地が行われる
江戸	ⓔ村役人が自治を行う ⓕ異国船打払令をやめる

1　下線部ⓐに関して，これを行った人物の政策について述べた次の文中の□に当てはまる語を書きなさい。

> かんむりの色などで地位を区別する□を定めた。これは，家柄にとらわれず，才能や功績のある人物を役人に取り立てるための制度であった。

2　**A**の時期におきたできごとを年代の古い順に並べ替えなさい。

ア　高野山に金剛峯寺(こんごうぶじ)が建てられた。　**イ**　白河上皇が院政を始めた。
ウ　藤原道長が摂政になった。　**エ**　平治の乱がおこった。

3　下線部ⓑに関して，**図1**中の**P**，**Q**，**R**，**S**の場所と，その場所でおきた平氏に関わるできごとの組み合わせとして正しいのはどれか。

ア　**P**－日宋貿易のために，港を整備した。
イ　**Q**－平将門の乱がおきた。
ウ　**R**－平清盛が後白河天皇の味方をした乱がおきた。
エ　**S**－平氏が厳島神社にたびたび参詣した。

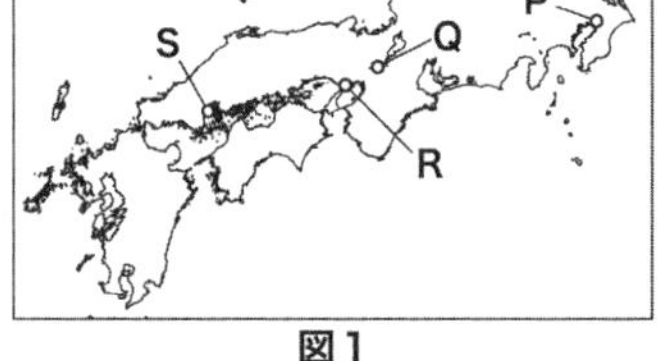

図1

4　下線部ⓒについて述べた次の文中の□に当てはまる語を書きなさい。

> 北条泰時は，裁判を公正にするため，武士社会の慣習などを基にして□を制定した。この法令は，長く武士の法律の見本とされた。

5　次の**ア**，**イ**，**ウ**，**エ**のできごとのうち，**B**の時期におきたものを**すべて**選びなさい。

ア　承久の乱がおこる。　**イ**　長篠の戦いがおこる。
ウ　参勤交代が制度化される。　**エ**　建武の新政が行われる。

6　下線部ⓓについて述べた次の文中の Ⅰ ， Ⅱ に当てはまる語の組み合わせとして正しいのはどれか。

> 太閤検地を行うにあたって，それまで地域で異なっていた物差や升(ます)を統一し，予想される米の収穫量を Ⅰ という単位で表すようにした。また，検地帳に登録された農民にのみ，土地の所有権を認めたため， Ⅱ の制度は完全にくずれた。

ア　Ⅰ－丁　Ⅱ－荘園　**イ**　Ⅰ－丁　Ⅱ－班田収授
ウ　Ⅰ－石　Ⅱ－荘園　**エ**　Ⅰ－石　Ⅱ－班田収授

7　下線部ⓔは，庄屋(名主)，組頭と，あともう一つは何か。

8　下線部ⓕに関して，**図2**は，この法令が停止される前後のできごとを示した略年表である。**図2**を参考にして，異国船打払令をやめた理由を，**図2**中の X に当てはまる語を用いて簡潔に書きなさい。

年	できごと
1840	X がおこる
1842	異国船打払令をやめる
〃	外国船にまきや水を与える法令が出される

図2

4 謙心さんは，近代から現代までに活躍した人物について調べ，**図1**を作成した。これを見て，次の**1**から**6**までの問いに答えなさい。

人　物	説　　　明
大隈重信	明治政府を追われた後，［X］の党首となった。
榎本武揚(えのもとたけあき)	開拓使で勤めた後，ⓐロシアとの領土確定の交渉における担当となった。
平塚らいてう(ちょう)	新婦人協会を設立し，女性の政治活動の自由，ⓑ女子教育の発展などに努めた。
原敬	寺内正毅内閣がⓒ米騒動で倒れた後，本格的な政党内閣を組織した。
ⓓ佐藤栄作	1974年にノーベル平和賞を受賞した。
田中角栄	ⓔ日中共同声明を発表し，中国との国交を回復させた。

図1

1 ［X］に当てはまる語はどれか。

ア 自由党　　**イ** 立憲改進党　　**ウ** 立憲政友会　　**エ** 大政翼賛会

2 下線部ⓐの交渉によって，**図2**のように日本の領土が決められた。この条約を何というか。

図2

3 下線部ⓑに関して，次の文中の［　］に共通して当てはまる人物名を書きなさい。

> 岩倉使節団の女子留学生として加わった［　］は，使節団派遣当時は，わずか7歳であった。帰国後，［　］は留学経験を生かし，日本の女子教育の発展に力をつくした。

4 下線部ⓒに関して，次の謙心さんと大樹さんの会話文中の［Ⅰ］に共通して当てはまる語はどれか。また，［Ⅱ］に当てはまる文を，「米」の語を用いて簡潔に書きなさい。

> 大樹：「米騒動はなぜおこったのですか。」
> 謙心：「これには，［Ⅰ］が関わります。」
> 大樹：「どのような関係が見られるのでしょうか。」
> 謙心：「**図3**は米価の推移を示したものです。米価の急上昇が見られるのは，ちょうど［Ⅰ］がおきていた時期と重なります。このとき，アメリカ，イギリス，フランス，日本などの資本主義国が，干渉戦争を行いました。この干渉戦争をみこして［Ⅱ］ため，米価が急上昇しました。民衆はこれに反発し，米騒動をおこしたのです。」
> 大樹：「なるほど。食費が上がると，生活も苦しくなりますよね。」

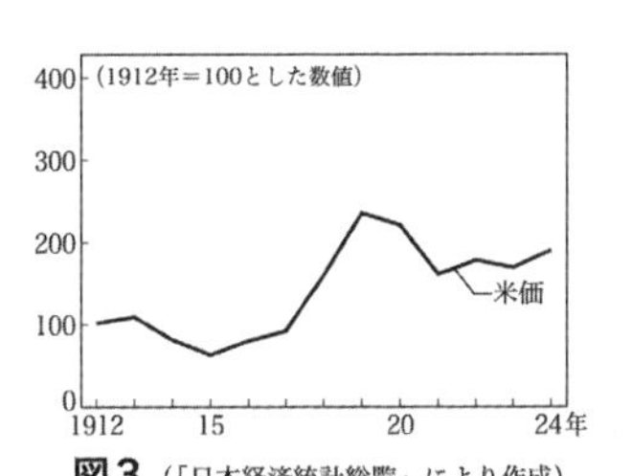

図3（「日本経済統計総覧」により作成）

ア ロシア革命　　**イ** フランス革命　　**ウ** 名誉革命　　**エ** インド大反乱

5 下線部ⓓの人物が行った政策はどれか。

ア 日中平和友好条約を締結した。　　**イ** 沖縄返還を実現した。
ウ 日ソ共同宣言に調印した。　　**エ** アジア・アフリカ会議を開催した。

6 下線部ⓔの後におきたできごととして**当てはまらない**のはどれか。

ア ベルリンの壁が取り壊され，米ソの首脳が冷戦の終結を宣言した。
イ 細川護熙(もりひろ)を首相とする非自民連立内閣が成立し，55年体制が崩壊した。
ウ テレビ，洗濯機，冷蔵庫などの家庭電化製品が普及し始めた。
エ 阪神淡路大震災がおき，大きな被害が出た。

問題 R4
192
193
194
195

5 次の**1**から**6**までの問いに答えなさい。

1 **図1**中の**ア**，**イ**，**ウ**，**エ**は，日本，ブラジル，ノルウェー，アルジェリアの，1980年，2000年，2020年における全人口に占める65歳以上の人口の割合と2019年の合計特殊出生率を示している。日本はどれか。

	全人口に占める65歳以上の人口の割合(%)			合計特殊出生率(人)
	1980年	2000年	2020年	
ア	8.9	17.0	28.4	1.4
イ	14.7	15.3	17.5	1.5
ウ	3.8	5.2	9.6	1.7
エ	3.4	4.3	6.7	3.0

図1 (「世界国勢図会」により作成)

2 次の文は，物事の採決について述べたものである。文中の□に当てはまる語を書きなさい。

> 物事の採決の方法において，それぞれ長所や短所があり，場合によって使い分けることも必要である。□は，一定時間内で決定できるが，少数意見が反映されにくいという特徴があり，日本の国会における採決では，この方法が採られている。

3 次の文中の[I]，[II]に当てはまる語の組み合わせとして正しいのはどれか。

> 社会では，人々が円滑に生活するために，ルールや決まりが設けられる。これらを設ける際には，決められた内容に無駄がないかという[I]の視点や，誰かが不当に扱われていないかという[II]の視点を持っておく必要がある。

ア I－公正　II－効率　　**イ** I－公正　II－対立
ウ I－効率　II－公正　　**エ** I－効率　II－対立

4 **図2**は，1919年にドイツで制定された，ワイマール憲法の条文の一部を示したものである。**図2**中の[X]に当てはまる語はどれか。

ア 自由　　**イ** 平等　　**ウ** 私有財産　　**エ** 生存

> 【第151条】
> 経済生活の秩序は，すべての人に人間に値する[X]を保障することを目指す，正義の諸原則にかなうものでなければならない。

図2

5 次の文は，人権の歴史について述べたものである。文中の□に当てはまる語を書きなさい。

> 欧米諸国の市民革命において人々が立ち上がった背景には，さまざまな思想家の考えがあった。そのうち，モンテスキューは著書『法の精神』の中で，司法権，立法権，行政権は一つの機関に集中させず，別々の機関が担うべきとした□の考えを紹介した。

6 憲法について正しく述べているのはどれか。

ア 権力者が国民に対して示すもので，権力者は憲法に制限されないが，国民の行動は憲法によって制限される。
イ 憲法に違反する法律は，法としての効力を持たない。
ウ 法の構成において，法律の下に憲法があるため，法律に比べると法としての効力は弱い。
エ 条例に違反する憲法は，法としての効力を持たない。

解答・解説 P256・P259

6 ゆうさんと先生の会話文を読み，次の**1**から**5**までの問いに答えなさい。

> ゆう：「バリアフリーについて紹介するテレビ番組を見ていて，授業で習ったことを思い出しました。」
> 先生：「ⓐ<u>日本国憲法</u>の項目で，平等権について学習したときのことですね。平等権以外にも基本的人権がありましたが，覚えていますか。」
> ゆう：「はい。ⓑ<u>自由権</u>や社会権などがありました。参政権の話では，ⓒ<u>もうすぐその権利を得られる年齢</u>になると思って，興味を持って学習に取り組みました。」
> 先生：「すばらしい姿勢ですね。次回の授業では，ⓓ<u>日本国憲法に直接書かれていない人権</u>についても学習します。」
> ゆう：「書かれていないのであれば，ⓔ<u>憲法を改正</u>する必要があるのではないでしょうか。」
> 先生：「そのあたりも授業で紹介しますね。ぜひ，予習をしておいてください。」

1 下線部ⓐに関して，**図1**は，日本国憲法の前文の一部を示したものである。これを見て，次の(1)，(2)の問いに答えなさい。

(1) **図1**中の下線部に関して，日本は核兵器を「持たず，つくらず，持ち込ませず」という方針を採ってきた。この方針を何というか。

(2) **図1**中の［ X ］に当てはまる語はどれか。

ア 集団的自衛権　　**イ** 交戦権
ウ 主権　　**エ** 拒否権

> 日本国民は，正当に選挙された国会における代表者を通じて行動し，われらとわれらの子孫のために，諸国民との協和による成果と，わが国全土にわたつ(っ)て自由のもたらす恵沢(けいたく)を確保し，政府の行為によつ(っ)て<u>再び戦争の惨禍(さんか)が起(おこ)ることのないやう(よう)</u>にすることを決意し，ここに［ X ］が国民に存することを宣言し，この憲法を確定する。

図1

2 下線部ⓑに関して，**図2**は，1947年に発行された社会科の教科書「あたらしい憲法のはなし」に掲載された図を示したものである。表現の自由に関わる内容は，**図2**中の**ア**，**イ**，**ウ**，**エ**のどれか。

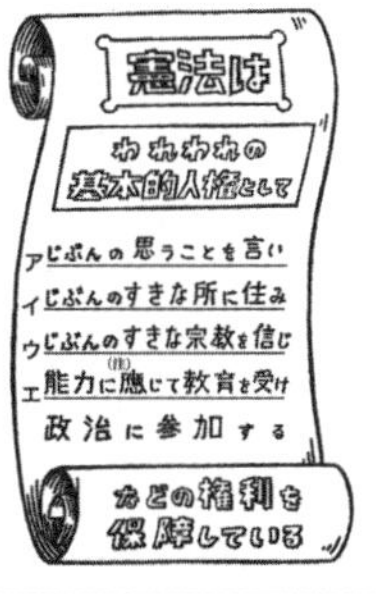

(注)應＝応

図2

3 下線部ⓒに関して，次の文中の［　　］に当てはまる数字を書きなさい。

> 選挙権は，国会や地方議会の議員，都道府県知事，市町村や特別区の長を選ぶ権利で，2016年から満［　　］歳以上のすべての国民に認められている。

4 下線部ⓓに関して，国や地方には情報公開制度が設けられている。この制度の背景にある，新しい権利はどれか。また，この制度の目的を，「透明性」の語を用いて簡潔に書きなさい。

ア 環境権　　**イ** 自己決定権　　**ウ** プライバシーの権利　　**エ** 知る権利

5 下線部ⓔに関して，**図3**は，憲法改正の流れを示している。**図3**中の［ Ⅰ ］，［ Ⅱ ］に当てはまる語の組み合わせとして正しいのはどれか。

ア Ⅰ－3分の2以上　Ⅱ－過半数
イ Ⅰ－過半数　Ⅱ－3分の2以上
ウ Ⅰ－過半数　Ⅱ－過半数
エ Ⅰ－3分の2以上　Ⅱ－3分の2以上

憲法改正の流れ

衆議院の総議員の［ Ⅰ ］の賛成 ⇨ 参議院の総議員の［ Ⅰ ］の賛成 ⇨ 憲法改正の発議
⇨ 国民投票で［ Ⅱ ］の賛成 ⇨ 天皇が国民の名において公布

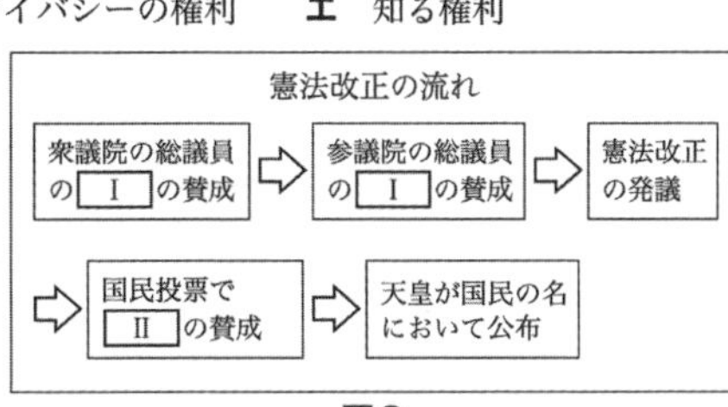

図3

下野模擬問題(第193回)◆社会

7 次の文を読み，**1**から**4**までの問いに答えなさい。

ⓐインターネットなどの国際通信の99％は，海底ケーブルを利用しており，全世界の海底ケーブルを一本につなげると，その長さは地球30周分にもなる。日本からは，ロシアやアメリカ，ⓑアジアの国々やオセアニアの国々などに向かって伸びている。
海底ケーブルを敷設する際は，専用の船を使ってケーブルをたらし，海底に沿うように敷設する。当然メンテナンスも大切で，漏電を防ぐため，ⓒ銅線に熱帯の樹木から取れる樹脂がぬられている。
世界最初の実用的な海底ケーブルが敷設されたのは1851年で，日本で最初に敷設されたのはⓓ1871年である。

1 下線部ⓐに関して，次の(1)，(2)の問いに答えなさい。

(1) 次の文は，情報化の進展について述べたものである。文中の□に当てはまる語を書きなさい。

情報技術の発展により，人間のように多くの情報から推論したり判断したりする働きを持ったコンピューターである□が登場した。これにより，情報通信技術産業がさらに発展し，さまざまな製品がつくりだされている。

(2) 国や地方，民間の情報管理者に，個人の氏名や住所などを厳重に管理することを義務付けた制度を何というか。

2 下線部ⓑに関して，**図1**中の**ア**，**イ**，**ウ**，**エ**は，アジアに属するサウジアラビア，シンガポールとオセアニアに属するオーストラリア，ニュージーランドの人口密度，1人当たりGDP(国内総生産)，牛・豚・羊の家畜頭数を示している。サウジアラビアはどれか。

	人口密度(人/km²)(2018年)	1人当たりGDP(ドル)(2019年)	家畜頭数(千頭)(2019年)		
			牛	豚	羊
ア	7,804	64,103	0.2	−	−
イ	18	43,229	10,151	256	26,822
ウ	3	54,763	24,723	2,319	65,755
エ	15	23,140	567	−	9,420

(注)−は皆無，または定義上該当数字がない。

図1（「世界国勢図会」ほかにより作成）

3 下線部ⓒに関して，**図2**は，チリの輸出総額と輸出総額に占める品目の割合(2018年)を，**図3**は，銅の国際価格の推移を示したものである。チリの経済における課題を，**図2**，**図3**をふまえ，「収入」の語を用いて簡潔に書きなさい。

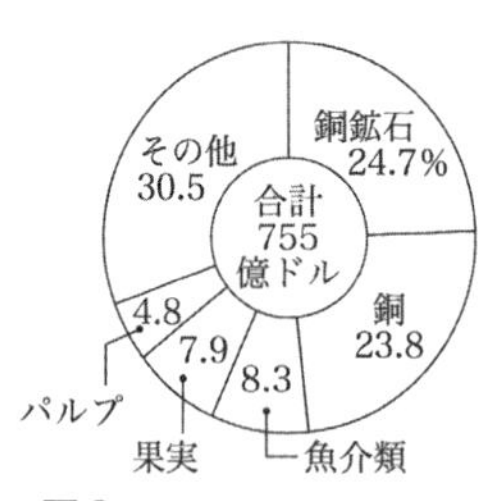

図2（「UN Comtrade」により作成）

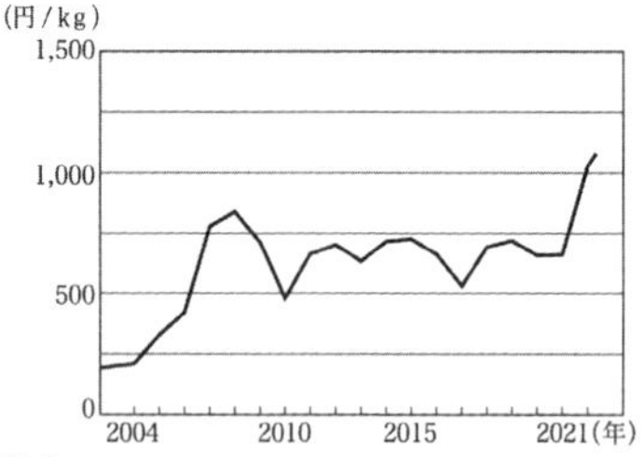

図3（「World Bank Commodity Markets」により作成）

4 下線部ⓓの年に日本で行われた政策はどれか。

ア 治安維持法の制定　**イ** 農地改革　**ウ** 廃藩置県　**エ** 公武合体

令和4年
11月6日実施

第193回 下野新聞模擬テスト
数　学

1 次の**1**から**8**までの問いに答えなさい。

1 $8\times(-3)$ を計算しなさい。

2 $2a+\frac{1}{4}a$ を計算しなさい。

3 $(x+7)(x-7)$ を展開しなさい。

4 2次方程式 $x^2+5x+1=0$ を解きなさい。

5 関数 $y=2x^2$ について，xの値が1から3まで増加するときのyの増加量を求めなさい。

6 右の図は，底面の半径が3cm，高さが5cmの円錐(すい)である。
この円錐の体積を求めなさい。ただし，円周率はπとする。

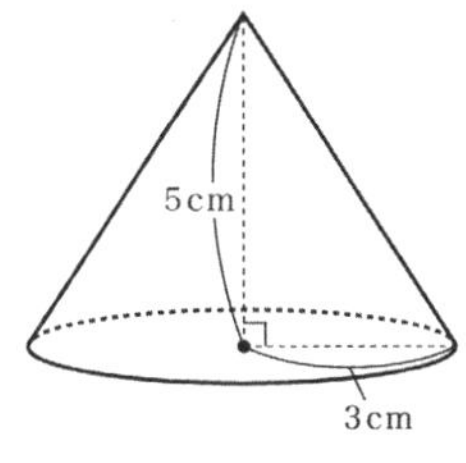

7 右の図で，$\ell // m$のとき，$\angle x$の大きさを求めなさい。

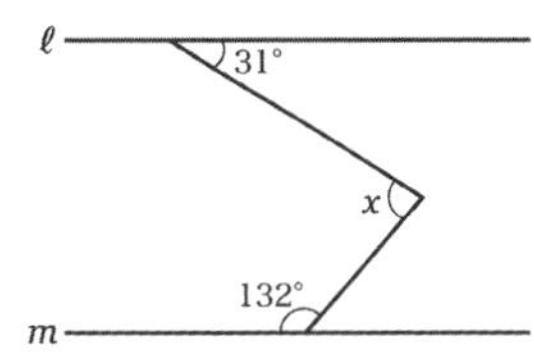

8 正六角形について**誤った内容を述べている**ものを，**ア**，**イ**，**ウ**，**エ**のうちから1つ選んで，記号で答えなさい。

ア 線対称な図形である。　　**イ** 9本の対角線をひくことができる。
ウ 外角の和は360°である。　**エ** 1つの内角の大きさは60°である。

2 次の**1**，**2**，**3**の問いに答えなさい。

1 $\sqrt{56n}$ が整数となるような自然数nのうち，最小のnの値を求めなさい。

2 A地点からB地点を経由してC地点まで行く道のりは2000mである。A地点とC地点の間を往復するのに，行きはA地点からB地点までを毎分60m，B地点からC地点までを毎分40mの速さで進んだ。また，帰りはC地点からB地点までを毎分60m，B地点からA地点までを毎分40mの速さで進んだところ，所要時間は行きの方が帰りより5分だけ長かった。
　このとき，A地点からB地点までの道のりをxm，B地点からC地点までの道のりをymとして連立方程式をつくり，A地点からB地点までの道のりとB地点からC地点までの道のりをそれぞれ求めなさい。ただし，途中の計算も書くこと。

3 xについての2次方程式 $x^2-16x+p=0$ の解がただ1つだけになるような整数pの値を求めなさい。

3 次の**1**，**2**，**3**の問いに答えなさい。

1 1から5までの数字が1つずつ書かれた5枚のカード [1]，[2]，[3]，[4]，[5] がある。これらのカードをよくきって1枚取り出した後，取り出したカードはもとに戻さずに，続けてもう1枚カードを取り出す。このとき，取り出した2枚のカードがどちらも偶数になる確率を求めなさい。ただし，どのカードを取り出すことも同様に確からしいものとする。

解答・解説 P257・P263

2　△ABCについて，次のことがらの逆を書きなさい。また，逆のことがらの真偽について，正しければ○，正しくなければ×を書きなさい。

「∠ABC＝50°，∠BCA＝60°ならば，∠BAC＝70°である。」

3　右の図は，あるクラスで行われた数学のテストの結果を箱ひげ図に表したものである。

このとき，次の(1)，(2)の問いに答えなさい。

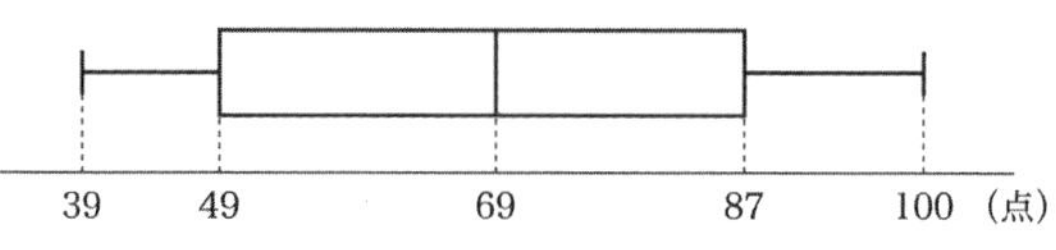

(1)　下の文は，箱ひげ図から読みとれる中央値(メジアン)について述べたものである。文中のⅠ，Ⅱに当てはまる数を求めなさい。

中央値(メジアン)とは第（　Ⅰ　）四分位数のことであるから，その値は（　Ⅱ　）点であることがわかる。

(2)　四分位範囲を求めなさい。

4　次の**1**，**2**，**3**の問いに答えなさい。

1　右の図のような△ABCと点Oがある。このとき，下の【条件】をともに満たす△PQRを作図によって求めなさい。ただし，作図には定規とコンパスを使い，また，作図に用いた線は消さないこと。

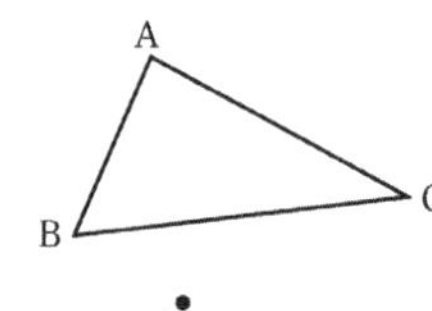

【条件】 ・△PQRは点Oを回転の中心として，△ABCを180°回転移動させたものである。 ・頂点Aは頂点Pに，頂点Bは頂点Qに，頂点Cは頂点Rにそれぞれ対応している。

2　図1のような，AB＝DE＝10cm，AC＝DF＝26cm，BC＝EF＝24cm，AD＝BE＝CF＝5cm，∠ABC＝∠DEF＝90°の三角柱ABC－DEFがあり，側面はすべて長方形である。

このとき，次の(1)，(2)の問いに答えなさい。

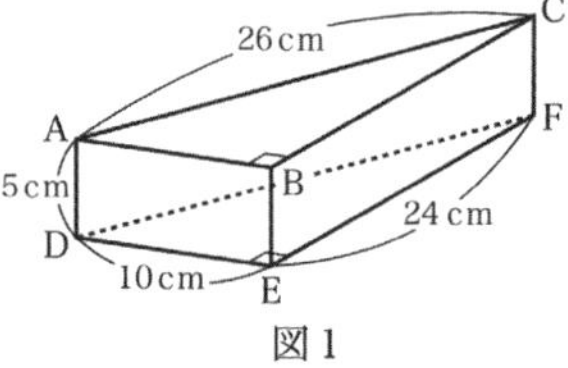

図1

(1)　三角柱ABC－DEFの表面積を求めなさい。

(2)　図2のように，三角柱ABC－DEFの辺AC，BCの中点をそれぞれP，Qとし，4点D，E，P，Qを含む平面で三角柱ABC－DEFを切断すると，PQ//AB，PQ＝5cmになる。このとき，6点A，B，D，E，P，Qを頂点とする立体の体積を求めなさい。

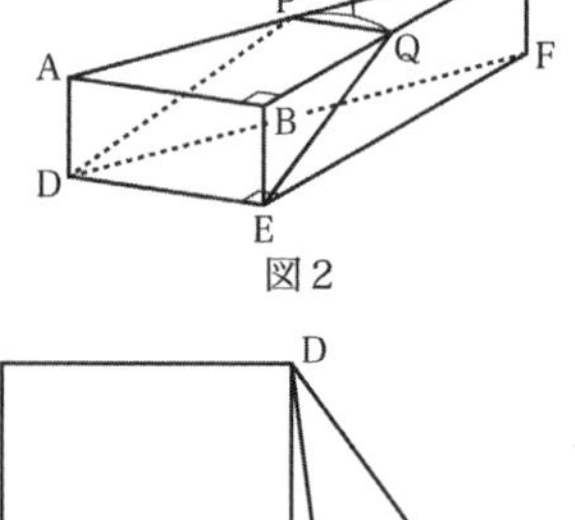

図2

3　右の図のような正方形ABCDがあり，辺CDを1辺とする△CDEを正方形ABCDの外側につくった。また，辺CEを1辺とする正方形CEFGを△CDEの外側につくり，頂点BとE，DとGをそれぞれ結んだ。

このとき，△BCE≡△DCGであることを証明しなさい。

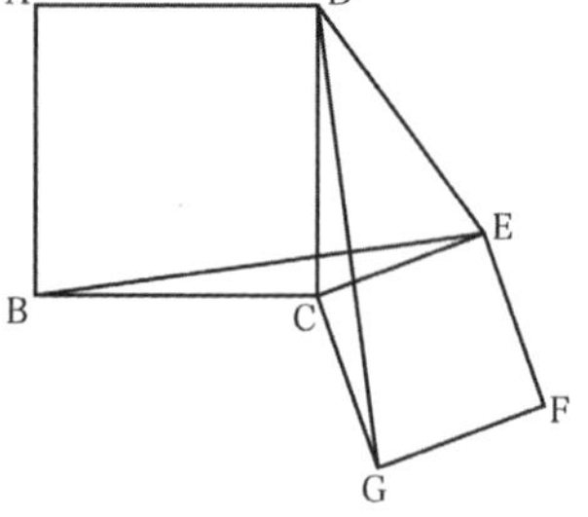

解答・解説　P257・P263

5 次の**1**，**2**の問いに答えなさい。

1 右の図のように，２つの関数$y=x^2$，$y=ax^2$ $(a<0)$のグラフがある。$y=x^2$のグラフ上で，x座標が-2である点をAとし，点Aを通りx軸に平行な直線が$y=x^2$のグラフと交わる点のうち，Aと異なる点をBとする。また，点Aを通りy軸に平行な直線がx軸と交わる点をCとする。さらに，$y=ax^2$のグラフ上でx座標が3である点をDとする。

このとき，次の(1)，(2)，(3)の問いに答えなさい。

(1) 点Bの座標を求めなさい。

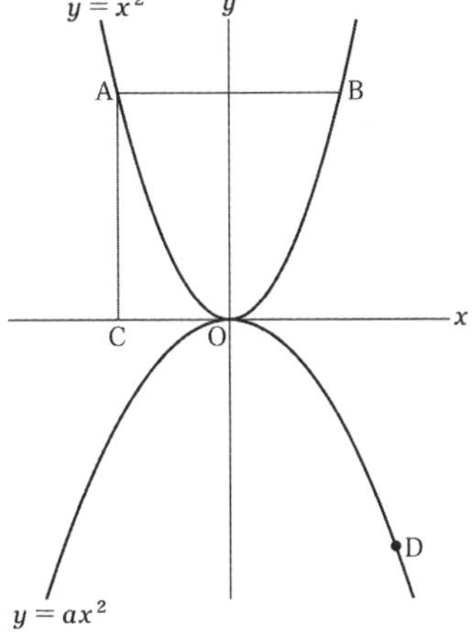

(2) 関数$y=x^2$について，xの変域が$-3\leqq x\leqq 1$のときのyの変域を求めなさい。

(3) 直線ADと直線BCとの交点がy軸上にあるとき，aの値を求めなさい。ただし，途中の計算も書くこと。

2 姉と妹は午後５時に家を出発し，毎分60mの速さでスタジアムに向かって歩いていたが，家から300m進んだ地点で，妹はスマートフォンを家に忘れていることに気づいた。そこで，妹は急いで家に戻り，家に着いてから２分後に再び家を出発し，スタジアムに向かった。姉は，妹が家に戻ってからも，それまでと同じ速さで歩き続け，午後５時28分にスタジアムに着いた。なお，家からスタジアムまでの道には信号などはなく，妹が家に戻っているときの速さと，再び家を出発してからの速さは等しかった。

下の図は，２人が家を出発した午後５時からの経過時間をx分，家から妹までの道のりをymとして，妹がスタジアムに着くまでのxとyの関係を表したグラフである。

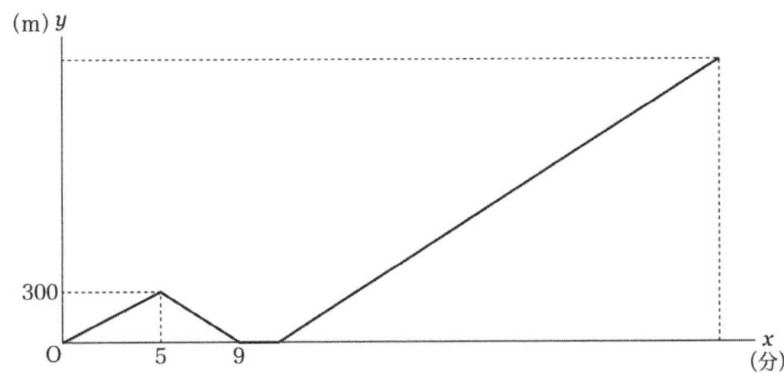

このとき，次の(1)，(2)，(3)の問いに答えなさい。

(1) ２人の家からスタジアムまでは何m離れているか。

(2) 妹がスマートフォンを忘れていることに気づいた地点から家に戻るまでの，xとyの関係を表す式を求めなさい。

(3) 次の□内の先生と太郎さんの会話文中の，Ⅰ，Ⅱ，Ⅲに当てはまる数を求めなさい。なお，同じ記号には同じ数が当てはまる。

> 先生 「妹がスタジアムに着いた時刻を求めてみましょう。」
> 太郎 「妹が家に戻っているときの速さと，再び家を出発してからの速さは等しいから，妹が再び家を出発してからスタジアムに着くまでに（ Ⅰ ）分（ Ⅱ ）秒かかります。」
> 先生 「そのことを利用すると，妹がスタジアムに着いた時刻が求められますね。」
> 太郎 「はい。午後5時（ Ⅲ ）分（ Ⅱ ）秒です。」
> 先生 「その通りです。」

問題 R4
192
193
194
195
【数学】第193回

6 正三角形の形をした白いタイルと黒いタイルが，どちらもたくさんある。下の図のように，ある規則にしたがってこれらのタイルをすき間なく並べて，大きな正三角形の形をした図形を作っていき，1番目の図形，2番目の図形，3番目の図形，……とする。

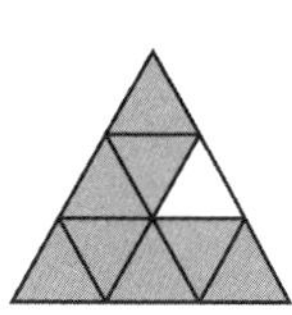
1番目の図形

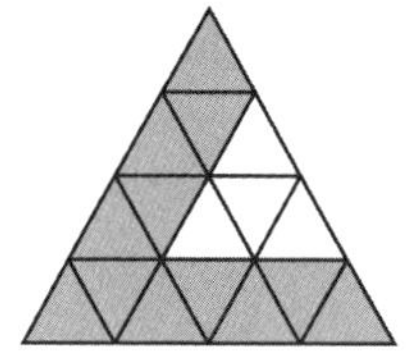
2番目の図形

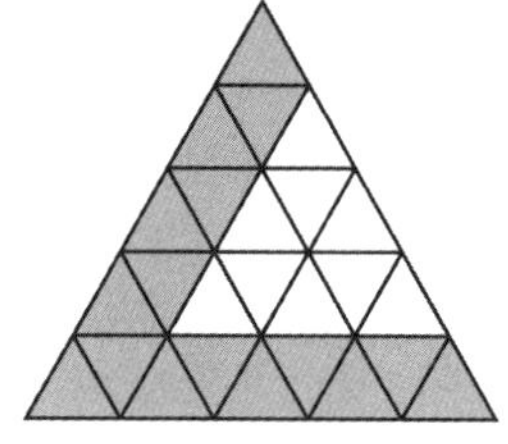
3番目の図形

・・・

下の表は，1番目の図形から3番目の図形までにおいて，並んでいる白いタイルの枚数，並んでいる黒いタイルの枚数，並んでいるすべてのタイルの枚数をまとめたものである。

図形	1番目	2番目	3番目	…
並んでいる白いタイルの枚数(枚)	1	4	9	…
並んでいる黒いタイルの枚数(枚)	8	12	16	…
並んでいるすべてのタイルの枚数(枚)	9	16	25	…

このとき，次の**1**，**2**，**3**の問いに答えなさい。

1 次の文のⅠ，Ⅱに当てはまる数や式を求めなさい。

> 1番目の図形から3番目の図形までに成り立っている規則性から，4番目の図形においては，並んでいる白いタイルの枚数は（ Ⅰ ）枚であり，並んでいる黒いタイルの枚数は（ Ⅱ ）枚であることがわかる。

2 並んでいる白いタイルの枚数が黒いタイルの枚数より41枚多くなるのは何番目の図形か。

3 200番目の図形において，並んでいる白いタイルのうち，▽の向きのものの枚数を求めなさい。

令和4年
11月6日実施

第193回 下野新聞模擬テスト
理　科

1 次の**1**から**8**までの問いに答えなさい。

1　次のうち，外とう膜という，内臓を包み込む膜をもっている動物のなかまはどれか。

ア　恒温動物　　**イ**　節足動物　　**ウ**　軟体動物　　**エ**　脊椎動物

2　次のうち，原子核の中にあって電気をもたない粒子はどれか。

ア　陽子　　**イ**　中性子　　**ウ**　電子　　**エ**　整流子

3　P波とS波が伝わる速さがそれぞれ一定であるとき，震源から観測地点までの距離に比例するものは，次のうちどれか。

ア　初期微動が継続する時間　　**イ**　主要動が続く時間
ウ　初期微動によるゆれの強さ　　**エ**　主要動によるゆれの強さ

4　次のうち，10 m/sの速さを「km/h」の単位で表しているものはどれか。

ア　36 km/h　　**イ**　60 km/h　　**ウ**　360 km/h　　**エ**　600 km/h

5　右の図は，マツの若い枝の先端付近にある花から採取したりん片をスケッチしたものである。図中にAで示した，受粉が行われた後に種子へと成長していくつくりを何というか。

6　右の図は，製鉄所にある溶鉱炉のしくみを模式的に表したもので，酸化鉄を主成分とする鉄鉱石と，石炭を蒸し焼きにしてつくったコークスを混ぜ合わせたものを原料として，単体の鉄を液体の状態でとり出している。この過程で酸化鉄に起こる化学変化を，コークスに起こる化学変化に対して何というか。

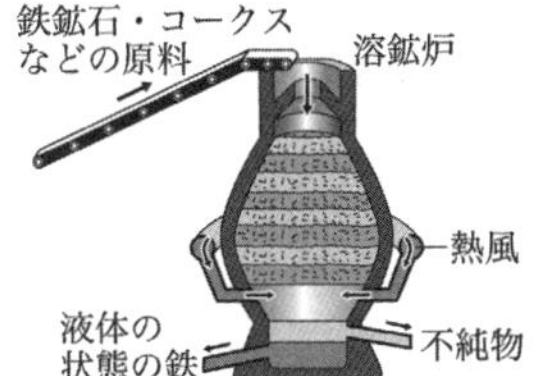

7　右の図は，コップに入っている水をストローで吸い上げているようすを，横から見たものである。図中に下向きの矢印で表されている，空気の重さによって生じる圧力を何というか。

8　右の図のように，コイルに棒磁石のN極を近づけたところ，矢印の向きに電流が流れるのが確認できた。このように，磁界の変化によってコイルに電圧が生じ，電流が流れる現象を何というか。

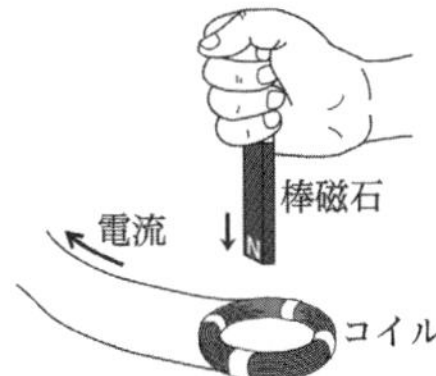

2 下の図のA，B，C，Dは，カエルの胚が変化していくようすを表したものであるが，変化の順には並んでいない。

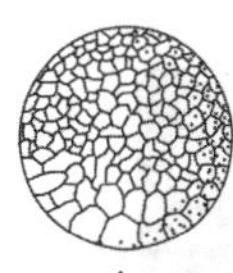
A

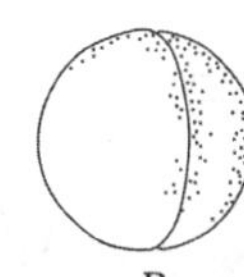
B

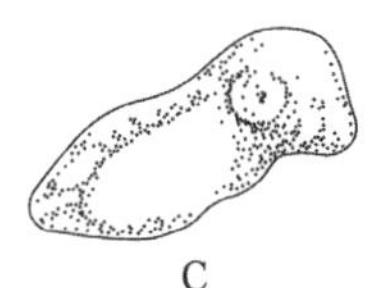
C

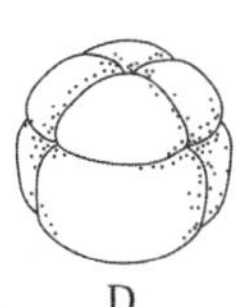
D

このことについて，次の**1**，**2**，**3**の問いに答えなさい。

1　カエルの胚ができるためには生殖細胞による受精が必要であるが，雌のカエルの生殖細胞をつくる器官を何というか。また，動物の発生における胚とは，受精卵が分裂を始めてからどのようになるまでの期間の子のことをいうか。「自分」という語を用いて簡潔に書きなさい。

2　図のA，B，C，Dを，胚が変化していく正しい順になるように並べかえなさい。

3　次の□内の文章は，図のAとCをつくる細胞について述べたものである。①，②に当てはまる語をそれぞれ(　)の中から選んで書きなさい。

> 図のAとCを比較すると，細胞の数が ①(少ない・多い) のはCの方である。また，1個の細胞の大きさが ②(小さい・大きい) のはAの方である。

3　固体の物体A，B，C，Dの質量を測定した後，メスシリンダーに入れた水に沈め，水面の目盛りの上昇分から，それぞれの物体の体積を調べた。ただし，水に沈まなかった物体が一つだけあったので，その物体については，太さの無視できる細い棒で上から押し，物体を完全に水中に入れてから体積を調べた。右の表は，それぞれの物体の質量と体積をまとめたものである。

	質量〔g〕	体積〔cm^3〕
A	170.1	21.6
B	51.1	18.9
C	57.2	6.4
D	12.9	14.2

このことについて，次の1，2，3の問いに答えなさい。なお，どの物体も均質で内部に空洞はなく，水に溶けることはなかった。

1　水に沈まなかった物体は，A，B，C，Dのうちどれか。また，それを選んだ理由を，「水」，「密度」という語を用いて簡潔に書きなさい。

2　物体Bの密度は何g/cm^3か。小数第2位を四捨五入して，小数第1位までの数で書きなさい。

3　右の図のように，物体Aと同じ素材でできた，1辺の長さが10cmの立方体Xが水平な台の上にあるとき，立方体Xが台におよぼしている圧力は何Paか。ただし，質量100gの物体にはたらく重力の大きさを1Nとする。

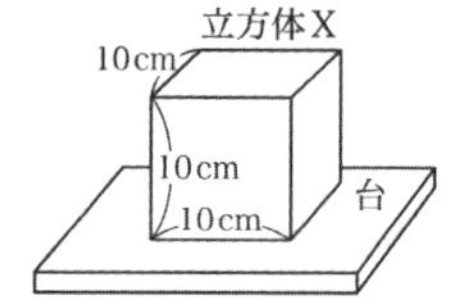

4　右の図は，ある露頭(地層が地表に現れているところ)で地層が重なっているようすを模式的に表したもので，図中の砂岩の層にはサンゴの化石が含まれていた。

このことについて，次の1，2，3の問いに答えなさい。

…れき岩の層
…砂岩の層(サンゴの化石を含む)
…泥岩の層
…凝灰岩の層
…石灰岩の層

1　凝灰岩の層が堆積したころ，この地域付近で起こったと考えられることは，次のうちどれか。

ア　土地の沈降　　イ　火山の噴火　　ウ　大きな地震　　エ　海面の上昇

2　次の□内の文章は，図中の砂岩の層に含まれていたサンゴの化石からわかることについて述べたものである。①，②に当てはまる語をそれぞれ(　)の中から選んで書きなさい。

> サンゴの生育条件から，砂岩の層が堆積した当時，この地域はあたたかくて水の澄んだ海であり，その深さは ①(深かった・浅かった) ことがわかる。このように，地層が堆積した当時の自然環境を推測することができる化石を ②(示相化石・示準化石) という。

3　れき岩の層を観察すると，丸みを帯びたれきの粒でできていた。れきの粒が丸みを帯びていたのはなぜか。「流水」という語を用いて簡潔に書きなさい。

5　花火大会の日に，花火がよく見える地点Aに立った。右の図のように，一発の花火が空中で開くのが見えた瞬間にストップウォッチを作動させ，爆発音が聞こえた瞬間にストップウォッチを止めたところ，ストップウォッチには2.80秒と表示されていた。

このことについて，次の1，2，3の問いに答えなさい。

1　花火が開くのが見えた後に爆発音が聞こえた理由を述べているものは，次のうちどれか。

ア　音の方が光よりも先に花火から出たから。
イ　音の方が光よりも後に花火から出たから。
ウ　音の方が光よりも伝わる速さが速かったから。
エ　音の方が光よりも伝わる速さが遅かったから。

2　次の□内の文章は，音が空気中を伝わるしくみについて述べたものである。①，②に当てはまる語をそれぞれ書きなさい。

> 音を発するものを（　①　）または発音体といい，音を発しているときには（　②　）している。この（　①　）の（　②　）が周囲の空気を（　②　）させ，波のように伝わっていく。

3　音が空気中を伝わる速さを340m/sとすると，地点Aは花火が開いた空中の場所から何m離れていたと考えられるか。

6　植物が行っているはたらきのうちの一つについて調べるために，次の実験(1)，(2)，(3)，(4)を順に行った。

> (1)　鉢植えのコリウスを用意し，それを一昼夜暗室に置いておいた。
>
> (2)　翌日の朝，(1)のコリウスの葉の中からふ入りの葉(白い部分が入っている葉)を1枚だけ選び，図1のように，その葉の一部をアルミニウムはくでおおった。
>
> 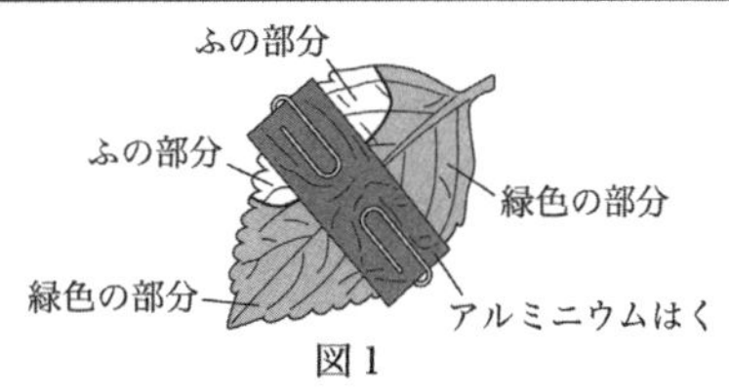
>
> 図1
>
> (3)　鉢植えのコリウスに日光を夕方まで十分に当ててから，(2)で選んだ葉を切りとってアルミニウムはくをはずした。次に，その葉を熱湯につけ，さらに図2のように，あたためたエタノールの中にしばらく入れておいた。
>
> (4)　エタノールの中に入れておいた葉を水洗いし，図3のように，その葉にヨウ素溶液をかけたところ，図4のA，B，C，Dの部分のいずれかだけが，ヨウ素溶液と反応してある色に染まった。
>
> 
>
> 図2　図3　図4

このことについて，次の**1**，**2**，**3**，**4**の問いに答えなさい。

1　この実験は，コリウスを含む植物が行っている，何というはたらきについて調べるために行ったか。

2　実験(2)において，選んだ葉の一部をアルミニウムはくでおおったのはなぜか。簡潔に書きなさい。

3　次の□内の文章は，実験(4)で用いたヨウ素溶液について述べたものである。①，②に当てはまる語をそれぞれ書きなさい。

> 茶褐色をしているヨウ素溶液は，（　①　）という物質の検出に用いる薬品である。したがって，実験(4)では，葉に（　①　）ができていた部分は，ヨウ素溶液と反応して（　②　）色に染まった。

4　実験(4)で，ヨウ素溶液と反応してある色に染まったのはどの部分か。図4のA，B，C，Dのうちから一つ選び，記号で答えなさい。

7 塩酸と水酸化ナトリウム水溶液を混ぜ合わせたときに起こる変化について調べるために，次の実験(1)，(2)，(3)を順に行った。

(1) 水溶液Xとしてうすい塩酸を，水溶液Y，水溶液Zとして水酸化ナトリウム水溶液を用意した。なお，水溶液Yと水溶液Zの濃度は異なっている。

(2) 20mLの水溶液XにBTB溶液を少量加えたものに，図1のように，水溶液Yを少しずつ加えていったところ，水溶液Yを40mL加えたとき，水溶液の色の変化から，水溶液が中性になったことが確認された。

(3) (2)と同様のことを，水溶液Yのかわりに水溶液Zを用いて行ったところ，水溶液Zを30mL加えたとき，水溶液が中性になったことが確認された。その後，あと10mLだけ水溶液Zを加えて操作を終えた。

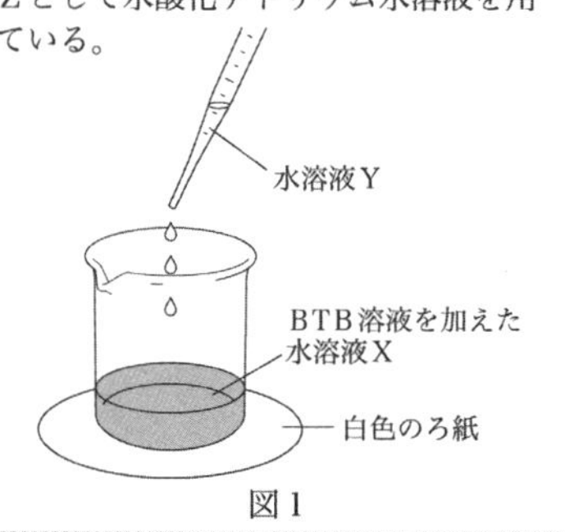

図1

このことについて，次の**1**，**2**，**3**，**4**の問いに答えなさい。なお，図1で，ビーカーの下の白色のろ紙は，水溶液の色の変化を見やすくするためのものである。

1 実験で使用した水溶液Yや水溶液Zにおいて，その溶質が電離しているようすを，化学式を用いて書きなさい。

2 次の□内の文章は，酸性の水溶液にアルカリ性の水溶液を加えたときに起こる化学変化について述べたものである。①，②に当てはまる語をそれぞれ書きなさい。

> 酸性の水溶液にアルカリ性の水溶液を加えると，互いの性質を打ち消し合う（ ① ）という化学変化が起こる。また，この化学変化によって（ ② ）と塩ができる。

3 図2のグラフは，実験(3)における，塩化物イオンの個数の変化を表したものである。実験(3)を行っている間，水素イオンの個数の変化はどのようであったか。その個数の変化を表すグラフを，解答用紙の図中に実線でかき入れなさい。

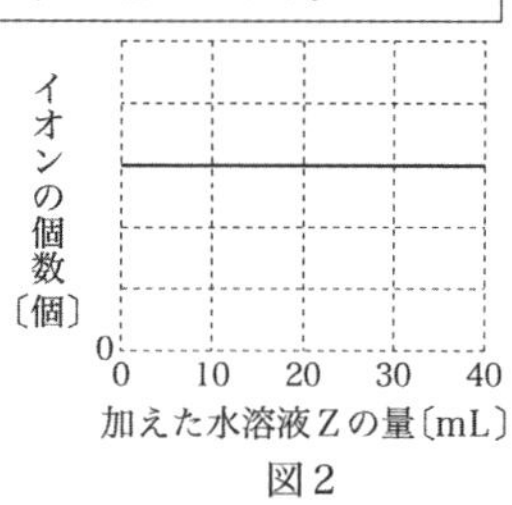

図2

4 実験の結果から考えられる，水溶液Yと水溶液Zの質量パーセント濃度の割合(水溶液Y：水溶液Z)を表しているものは，次のうちどれか。

ア 2：3　　**イ** 3：2　　**ウ** 3：4　　**エ** 4：3

8 空気中に含まれている水蒸気の量と湿度との関係について調べるために，次の実験(1)，(2)，(3)，調査(4)を順に行った。

(1) 理科実験室内の温度計を見たところ，26℃を示していた。

(2) よく磨いた金属製のコップにくみ置きの水を入れ，右の図のように，ガラス棒でかき混ぜながら，このコップの中に氷水を少しずつ加えていったところ，水温が20℃になったときに，コップの表面がくもり始めた。

(3) 水温が16℃になるまで，ガラス棒でかき混ぜながらさらに氷水を少しずつ加えていった。

(4) 資料集を使って，気温と飽和水蒸気量との関係を調べた。右の表は，この実験で温度計が示した水温26℃，20℃，16℃について，それぞれの気温における飽和水蒸気量を表したものである。

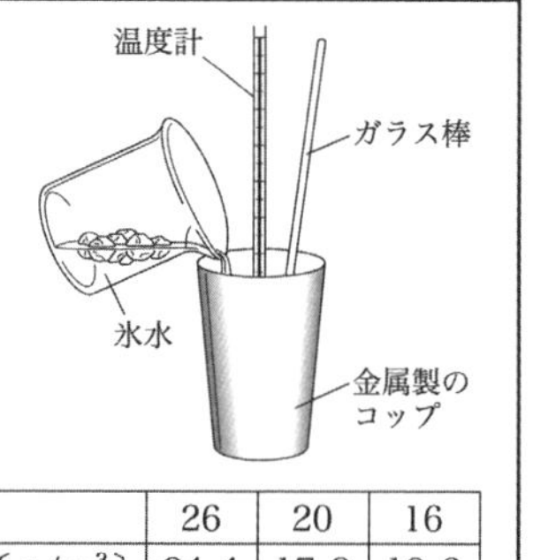

気温〔℃〕	26	20	16
飽和水蒸気量〔g/m³〕	24.4	17.3	13.6

このことについて，次の**1**，**2**，**3**，**4**の問いに答えなさい。ただし，温度による空気の体積の変化については考えないものとする。

1 実験(2)において，コップの表面がくもり始めたときの水温(20℃)を，理科実験室内の空気の何というか。

ア 沸点　　**イ** 露点　　**ウ** 融点　　**エ** 氷点

解答・解説 P257・P265

2 実験を行ったときの，理科実験室内の湿度は何％か。小数第1位を四捨五入して，整数で書きなさい。

3 理科実験室内の空気全体の温度が，実験(3)のときの水温と同じ16℃にまで下がったとすると，理科実験室内の空気1 m^3あたりに生じると考えられる水滴の質量は，次のうちどれか。ただし，理科実験室は密閉されていて，室内と室外との間での空気の出入りはないものとする。

ア 3.7 g　　**イ** 7.1 g　　**ウ** 10.8 g　　**エ** 13.6 g

4 次の□内の文章は，理科実験室を完全に密閉して，室内の空気の温度を26℃から16℃まで下げていったときの，室内の湿度の変化について述べたものである。①，②に当てはまる語をそれぞれ(　)の中から選んで書きなさい。

> 理科実験室内の空気の温度が26℃から20℃になるまでは，室内の湿度は ①(高くなる・低くなる・変化しない)。また，その後に20℃から16℃になるまでは，室内の湿度は ②(高くなる・低くなる・変化しない)。

問題 R4
192
193
194
195
【理科】第193回

9 斜面上で物体が行う運動について調べるために，次の実験(1)，(2)，(3)，(4)を順に行った。

(1) 図1のような斜面の上端付近に，1秒間に50打点する記録タイマーを固定した。

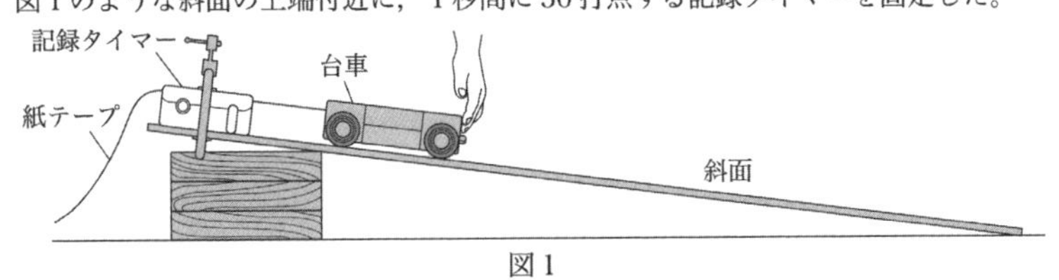

図1

(2) 台車の後面に紙テープをとりつけた後，たるみがないようにしながら紙テープを記録タイマーに通し，台車を斜面上のある位置に手で支えて静止させた。

(3) 記録タイマーのスイッチを入れた後，台車を支えていた手を静かに離すと，台車は斜面を下っていった。

(4) 台車が斜面を下り終えたのち，台車から紙テープをとりはずした。次に，紙テープの打点がはっきりと区別できる打点を最初の打点として，5打点ごとを一つの区間として切りとり，図2のように，順にA，B，C，D，E，Fとして台紙にはりつけた。ただし，図2では，それぞれの区間の上端と下端以外の打点は省略してある。

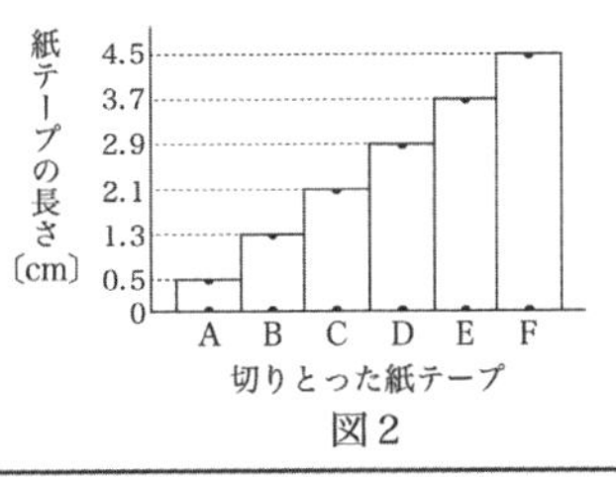

図2

このことについて，次の**1**，**2**，**3**，**4**の問いに答えなさい。ただし，摩擦や空気の抵抗は考えないものとする。また，斜面は十分に長いものとする。

1 物体の運動のようすを決定する要素は二つあり，そのうちの一つは，運動の速さである。もう一つの要素は，運動の何か。

2 図2で，5打点ごとを一つの区間として切りとった，1本の紙テープを記録するのにかかった時間は，次のうちどれか。

ア 0.02秒　　**イ** 0.1秒　　**ウ** 0.2秒　　**エ** 1秒

3 図2で，2本の紙テープB，Cを記録した区間における，台車の平均の速さは何cm/sか。

4 次の□内の文章は，図2から読みとることができる，斜面を下る台車の運動について述べたものである。①，②に当てはまる語の正しい組み合わせはどれか。

> 図2から，台車は，速さを増しながら斜面を下っていったことを読みとることができる。台車がこのような運動をしたのは，台車にはたらいている重力の斜面に平行な向きの(　①　)が，(　②　)台車にはたらいていたためと考えられる。

	①	②
ア	合力	しだいに大きくなりながら
イ	合力	一定の大きさで
ウ	分力	しだいに大きくなりながら
エ	分力	一定の大きさで

令和4年
11月6日実施

第193回 下野新聞模擬テスト
英語

1 これは聞き方の問題である。指示に従って答えなさい。

1〔英語の対話とその内容についての質問を聞いて，答えとして最も適切なものを選ぶ問題〕

(1) ア  イ  ウ  エ 

(2) ア 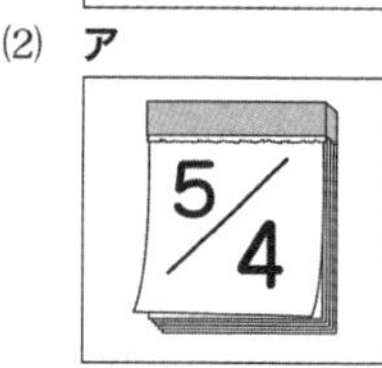

イ 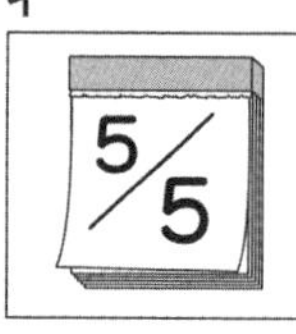

ウ 

エ 

(3) ア Clean the living room. イ Go shopping for dinner.
ウ Have lunch with Susan. エ Visit his mother's friend.

(4) ア Her friend called her. イ She watched the news on TV.
ウ She got an e-mail from her sister. エ Her friend sent her an e-mail.

2〔英語の対話とその内容についての質問を聞いて，答えとして最も適切なものを選ぶ問題〕

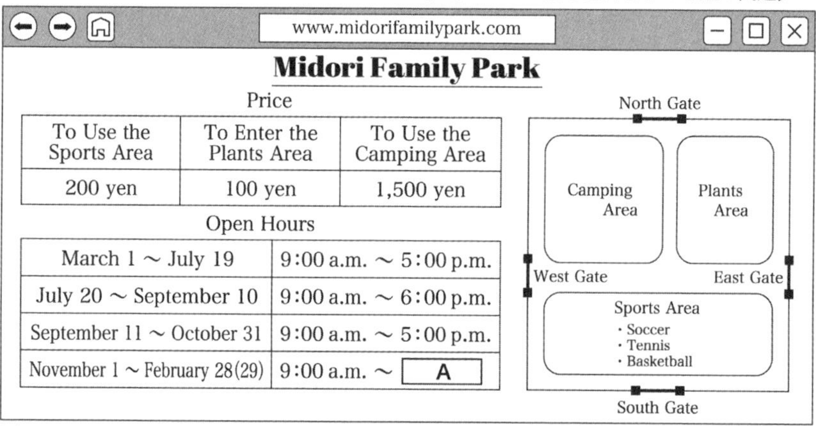

Midori Family Park

Price

To Use the Sports Area	To Enter the Plants Area	To Use the Camping Area
200 yen	100 yen	1,500 yen

Open Hours

March 1 ～ July 19	9:00 a.m. ～ 5:00 p.m.
July 20 ～ September 10	9:00 a.m. ～ 6:00 p.m.
September 11 ～ October 31	9:00 a.m. ～ 5:00 p.m.
November 1 ～ February 28(29)	9:00 a.m. ～ A

(1) ア They will go to the Plants Area, then they will play basketball in the Sports Area.
イ They will play tennis in the Sports Area, then they will go to the Camping Area.
ウ They will go to the Plants Area, then they will play tennis in the Sports Area.
エ They will play tennis in the Sports Area, then they will go to the Plants Area.

(2) ア At the North Gate. イ At the East Gate.
ウ At the South Gate. エ At the West Gate.

(3) ア 4:00 p.m. イ 4:30 p.m. ウ 5:00 p.m. エ 5:30 p.m.

3〔対話を聞いて，英語で書いたメモを完成させる問題〕

Jim's favorite book: *The Happiest Elephant*

□ About the book
・A picture book for Japanese children.
・It was not (1)(　　　) for Jim to read.

□ Story
・An elephant tries to work with people.
↓
・He has many (2)(　　　), but he never gives up.
↓
・He starts working with children, and he is welcomed.

□ Jim thinks this story means that everyone is (3)(　　　).

解答・解説 P256・P260

2 次の**1**，**2**の問いに答えなさい。

1 次の英文中の (1) から (6) に入る語句として，下の(1)から(6)の**ア**，**イ**，**ウ**，**エ**のうち，それぞれ最も適切なものはどれか。

Dear Betty,

Last month some of my classmates and I joined a work experience program. We (1) a *kindergarten for three days. I had a good time in Himawari Class. There were twenty-one children in the class. At first, I was nervous, and playing with the children (2) not easy for me. Ms. Nosaka, the teacher of the class, was very kind. She was (3) by the children. That day, Ms. Nosaka read a book to the children. They liked the story (4) by her.

On the second day, when I played the piano for the children, they enjoyed (5) songs. I was glad to see their happy faces.

On the last day, the children said to me, "Thank you, Emi! Come again, please!" I was really happy (6) they thanked me a lot.

Emi

〔注〕*kindergarten＝幼稚園

	ア	イ	ウ	エ
(1)	go	went	visit	visited
(2)	is	was	are	were
(3)	love	loves	loved	loving
(4)	tell	told	telling	to tell
(5)	sing	sang	singing	to sing
(6)	because	though	but	until

2 次の(1)，(2)，(3)の(　　)内の語句を意味が通るように並べかえて，(1)と(2)は**ア**，**イ**，**ウ**，**エ**，(3)は**ア**，**イ**，**ウ**，**エ**，**オ**の記号を用いて答えなさい。

(1) *A*：What is (**ア** in **イ** highest **ウ** the **エ** mountain) Japan?
B：Mt. Fuji is.

(2) *A*：Paul, I saw you in front of Kita Station yesterday.
B：Oh, did you? I like Japanese trains very much, so I was at the station (**ア** to **イ** of **ウ** pictures **エ** take) some trains.

(3) *A*：Have you (**ア** which **イ** has **ウ** that restaurant **エ** to **オ** been) big windows?
B：Yes, I have. My parents and I enjoyed dinner there.

3 次の英文は，みどり町に住んでいる中学生の圭太(Keita)と，イギリス(the UK)からの留学生アリス(Alice)との対話の一部である。また，右のそれぞれの**図**(picture)は，町のお年寄りの人たちとのふれあいイベントの説明会に向けて圭太が作成している発表資料の一部である。これらに関して，**1**から**6**までの問いに答えなさい。

Keita：In 2020, about 29% of *households in our town were one-person households.
Alice：I see. Most households are *nuclear families and one-person households.
Keita：Do you know that some of the young people are ＿＿(1)＿＿ for another city? I hear it's one of the reasons. Look at (2)the graph in the picture 2. It shows that the number of old people who live alone is *increasing.
Alice：About seven hundred old people lived alone in 2000, but in 2020, such people were about two thousand and four hundred.
Keita：Actually, my grandmother lives alone, and I don't have much time to talk with her. I'm afraid that the *relationship between young people and old people is becoming (**A**).
Alice：That is one of the problems of Japanese *society today, right? We should find a way to make the relationship between young people and old people (**B**).
Keita：I agree with you. Look at the picture 3.
Alice：Let me see, it shows that about 60% of old people ＿＿(3)＿＿.
Keita：Old people know a lot of things and have great experiences. However, we young people don't have many chances to talk with them. So, I think we can learn a lot from old people if we work together.

Alice : You're right, Keita. When I was in the UK, we had an event called "Historypin." Many people, young and old, join the event. They ＿＿(4)＿＿ and talk about them together.

Keita : That sounds interesting. Young people and old people use their favorite pictures as a *tool to make new relationships between them, right?

Alice : Right. My grandfather also joined it, and he talked about his old memories with young people.

Keita : I see. My grandmother sometimes [C] her old pictures to me, and she talks about her memories. Her stories are always interesting. Through the pictures and stories, I can learn about her life.

Alice : Why don't we collect pictures of this town and use them to talk with old people in an event?

Keita : That's (5)<u>a good idea</u>! It will be a good chance to make a new relationship between young people and old people in our town.

Alice : I think so, too. (6)<u>There are young people who want to learn something from old people</u>, so many of them will come.

〔注〕*household＝世帯　*nuclear family＝核家族　*increase＝増える
　　*relationship＝関係　*society＝社会　*tool＝手段

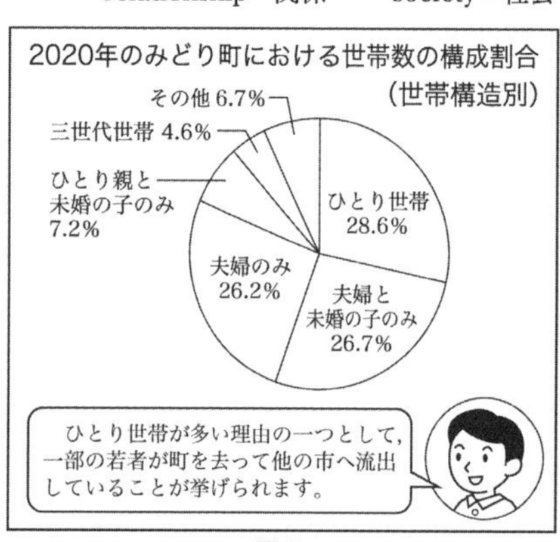

図1

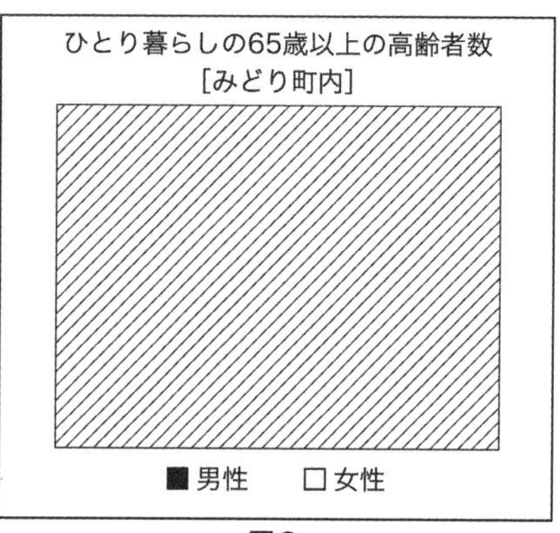

図2

若者とのふれあいイベントへの
高齢者の参加意識［みどり町内］

わからない 2.4%
若者と話をしたくない 37.9%
若者と話をしてみたい 59.7%

図3

「ヒストリーピン」とは

・多世代の交流の場を創り出す取組。
・若者からお年寄りまでが集まる場。
・お互いのお気に入りの写真を持ち寄り，その写真について話をする。
・イギリスのNPO（非営利団体）が始めた活動。

図4

1　二人の対話が成り立つよう，**図1**，**図3**，**図4**を参考に，下線部(1)，(3)，(4)に適切な英語を書きなさい。

2　下線部(2)について，**図2**の▨の位置に入るグラフとして，最も適切なものはどれか。

ア
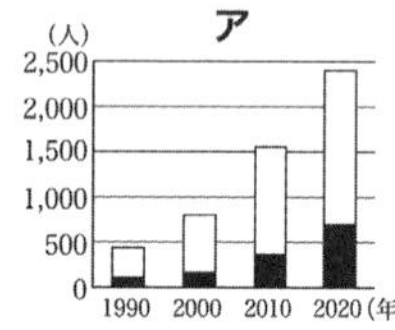

イ
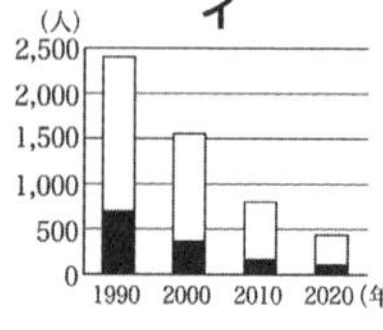

ウ
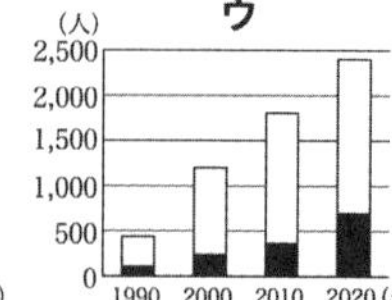

エ
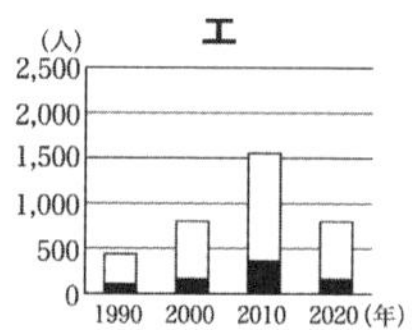

問題 R4
192
193
194
195
【英語】第193回

解答・解説 P256・P260

3 本文中の(　A　),(　B　)に入る語の組み合わせとして最も適切なものはどれか。
ア A:weak ― B:weaker　　イ A:strong ― B:weaker
ウ A:weak ― B:stronger　　エ A:strong ― B:stronger

4 本文中の[　C　]に入る語として,最も適切なものはどれか。
ア makes　イ tells　ウ calls　エ shows

5 下線部(5)が指す内容は何か。日本語で書きなさい。

6 下線部(6)について,あなたなら具体的にどのようなことを学びたいですか。その理由も含めて,まとまりのある**4文から6文程度**の英語で書きなさい。

4 翔太(Shota)と,翔太の友達である直樹(Naoki)についての次の英文を読んで,**1**から**5**までの問いに答えなさい。

I could not get up early in the morning last year. I was a member of the soccer team, and I practiced hard every day. When I came home, I was very tired, but I watched TV for a long time. I often went to bed very late at night. Of course, I was sleepy in the morning.

One day in my English class, my teacher said, "Shota, you don't look well. Are you OK?" I said, "I'm OK, Ms. Brown. I'm just sleepy. I watched soccer games on TV until late last night." She said, "Shota, I worry about you. It's very important to go to bed early and get up early for your health."

After the class, my best friend Naoki said to me, "Shota, you should go to bed early and get up early." I said, "I know, but it's difficult for me." Naoki said, "It's difficult for me, too. But I want to be a good tennis player. If I get up early, I can practice tennis a lot more. Shota, let's try to go to bed early and get up early with me."

After I came home, I told my mother about Ms. Brown's English class. I asked, "(1)Is there any good way to get up early?" She answered, "You watch TV until late at night, right? You should stop that and go to bed early." I said, "All right. I'll try to do so."

The next day, Naoki and I decided to run before breakfast. "Let's meet at the park at six tomorrow morning," I said. Naoki said, "OK. Don't be late."

The next morning, I was very sleepy, but I remembered Naoki's words. I thought, "Naoki is waiting for me at the park. I should go to see him soon." I got up and ran to the park. Naoki was there. I said, "Good morning. I thought you were waiting here, so I *was able to get up." He said, "I also thought (2)the same thing, so I was able to get up."

After coming back from running, I enjoyed breakfast. I also read the newspaper. I thought for the first time that getting up early was wonderful.

Some days later, I read about my favorite soccer player in the newspaper. He said, "I try to do things early. My teammates won't *trust me if I'm late for practice." After that, I started to go to soccer practice early.

Naoki and I still run together in the morning. Now I am the *captain of our soccer team. I don't think I'm the best player, but my team members trust me. I go to practice the earliest of all the team members. I sometimes remember Ms. Brown's words. (3)My life has changed so much. I thank Ms. Brown and Naoki.

〔注〕*be able to ～=～できる　*trust=～を信用する　*captain=キャプテン

1 下線部(1)について,翔太は母親からどのような内容のアドバイスをもらったか。具体的に日本語で書きなさい。

2 下線部(2)が指す内容は何か。日本語で書きなさい。

3 次の[　　]は,下線部(3)の指す内容をまとめたものの一部である。本文の内容と合うように,(　　　)に適切な日本語を書きなさい。

翔太は,昨年まで早起きをすることができなかったが,ブラウン先生の言葉を聞いた翌日に,早起きをして直樹と(　　　　　)ことに決めて,それを今でも続けている。

4 本文の内容に合うように,次の質問に**主語と動詞を含む英語**で答えなさい。

What did Shota start to do after he read about his favorite soccer player in the newspaper?

5 本文の内容と一致するものはどれか。

ア Last year Shota learned that getting up early was wonderful, but he couldn't get up early.

イ Ms. Brown told Shota that going to bed early and getting up early is important.

ウ It was easy for Naoki to get up early because he wanted to be a good tennis player.

エ Shota thinks he is the best player in his soccer team, and all of his teammates trust him.

5 次の英文を読んで，1，2，3，4の問いに答えなさい。

Have you learned about *AI? Now we can get a smartphone with AI. AI can find good ways to do things better. If you want to learn about something, AI can tell you a lot of information about it. For example, some restaurants will be shown on the *screen if you [A] to your smartphone with AI, "Tell me a nice restaurant around here."

Today, many machines and robots have AI in them. They can do many things as people do. AI cannot create new things, but it can learn people's ideas and use them very well. I'll give you an example. It is a *self-driving car. Maybe you have seen it on TV. When its cameras find something dangerous on the street, it can stop *automatically. There aren't any perfect self-driving cars yet, but we won't have to drive in the near future.

[B]

In America, a famous *professor studied about 700 different kinds of jobs. He says that about 50% of the jobs will be taken away by AI in the future. For example, taxi and bus drivers will lose their jobs. *Servers at restaurants will also lose their jobs. So, <u>those people worry about their future</u>.

People may lose their jobs because of AI, so some people don't think that they need AI in their lives. However, the professor says that people will spend more and more time with AI from now on. So, we need to understand better about AI and should think about how to live with it.

〔注〕*AI(artificial intelligence)＝人工知能　*screen＝画面　*self-driving＝自動運転の
*automatically＝自動的に　*professor＝教授　*server＝接客係

1 本文中の[A]に入るものとして，最も適切なものはどれか。

ア put　イ let　ウ say　エ try

2 本文中の[B]に入る次のア，イ，ウ，エの文を，意味が通るように並べかえて，記号を用いて答えなさい。

ア This problem is important, and some people study about it.

イ Machines and robots with AI make our lives better.

ウ So, some people don't think that AI is so wonderful in their lives.

エ However, those machines and robots *may take away jobs from people.

〔注〕*may ～＝～かもしれない

3 下線部の理由は何か。日本語で書きなさい。

4 筆者が伝えたいこととして，最も適切なものはどれか。

ア We should understand that AI is dangerous for us.

イ We need to think about our future with AI.

ウ We should take away our jobs again from AI.

エ We need to create new machines or robots with AI.

解答・解説 P256・P260

「みんな、こないじゃないか」
信夫はいった。
「うん」
「どんなことがあっても集まるって約束したのにな」
信夫はもう、自分は約束を守ってここにきたような気になっていた。
「雨降りだから、仕方がないよ」
吉川がいった。(3)その声に俺は約束を守ったぞというひびきがなかった。信夫は吉川をほんとうにえらいと思った。

（三浦綾子「塩狩峠」〈新潮社〉から）

（注1）貞行＝信夫の父。
（注2）歩きなずんだ＝歩きにくかった。
（注3）丁＝一丁は約一〇九メートル。

1 □に入る語として最も適当なものはどれか。
ア ぼんやり　**イ** おずおず　**ウ** あっさり　**エ** しっかり

2 (1)信夫は泣きたくなった　とあるが、このときの信夫の気持ちについての説明として最も適当なものはどれか。
ア 約束のためにつらい思いをするのはばからしいという気持ち。
イ わざと自分につらい思いをさせる父をうらめしく思う気持ち。
ウ 雨の中を歩いていくことに楽しさを見出せずつらく思う気持ち。
エ つまらない約束をしてしまった自分をあわれに思う気持ち。

3 本文中の ア ～ エ のいずれかに、次の一文が入る。最も適当な位置はどれか。
信夫はぎくりとした。

4 (2)信夫は吉川の言葉を心の中でつぶやいてみた　とあるが、この表現の効果についての説明として最も適当なものはどれか。
ア 吉川のようにさりげなく言うことで、約束を軽くさせる効果。
イ 吉川と同じように話すことによって、信夫の成長を促す効果。
ウ 吉川の言い方をまねることで、約束の意味を実感させる効果。
エ 吉川の言葉を繰り返すことで、約束の仕方を理解させる効果。

5 (3)その声に俺は約束を守ったぞというひびきがなかった　とあるが、この表現から吉川のどのような様子がわかるか。四十字以上五十字以内で書きなさい。

6 本文の内容に合うものとして最も適当なものはどれか。
ア 貞行は信夫に約束するということの大切さを理解させなければならないと思い、信夫につらくあたっている。
イ 信夫は貞行のきびしさが理解できなかったが、結果的に吉川と同じく約束を守る立場の人間になれたことを感謝している。
ウ 吉川は、雨がひどいのでだれもくるはずがないと思っていたが、信夫がやって来たためおどろいている。
エ 信夫は約束を守ることに気が進まなかったが、当たり前のことのように実行している吉川に引け目を感じている。

5

「思いや考えを伝える手段」（直接会って話す・電話・メール・手紙で伝える等）について、あなたの考えを国語解答用紙(2)に二百四十字以上三百字以内で書きなさい。
なお、次の《条件》に従って書くこと。

《条件》
（Ⅰ）二段落構成とすること。
（Ⅱ）各段落は次の内容について書くこと。

第一段落
・あなたが考える「思いや考えを伝える手段」について、具体的な例を挙げて説明しなさい。例は、あなたに直接関わることでも見たり聞いたりしたことでもよい。

第二段落
・第一段落で書いたことを踏まえて、あなたが今後「思いや考え」をどのように伝えていこうと思うかについて、あなたの考えを具体的に書きなさい。

解答・解説 P256・P258

6 段落の関係について説明したものとして最も適当なものはどれか。

ア ①段落は、全体の主張となる結論を最初に示し、②段落以降でその根拠を具体的に説明し、④段落で再び結論を示している。
イ ②段落は、①段落の主張の理由となる具体的な例を示すことによって、③段落以降の論の発展へとつないでいる。
ウ ③段落は、②段落の内容を前提として、①段落で示した主張を再確認することによって、④段落の結論へと発展させている。
エ ④段落は、③段落で示した仮説に対する反証を具体的に示すことによって、筆者の結論となる主張を導いている。

4

次の文章を読んで、1から6までの問いに答えなさい。

〔旧制の小学校四年生である永野信夫と級友たちは、学校の変なうわさの真偽を確かめるために、夜八時に校庭に集まる約束をしていた。〕

「約束したことはしたけれど、行かなくてもいいんです。おばけがいるかどうかなんて、つまらないから」
　こんな雨の中を出ていかなければならないほど、大事なことではないと信夫は考えた。
「信夫、行っておいで」
(注1)貞行がおだやかにいった。
「はい。……でも、こんなに雨が降っているんだもの」
「そうか。雨が降ったら行かなくてもいいという約束だったのか」
貞行の声がきびしかった。
「いいえ。雨が降った時はどうするか決めていなかったの」
信夫は□と貞行をみた。
「約束を破るのは、犬猫に劣るものだよ。犬や猫は約束などしないから、破りようもない。人間よりかしこいようなものだ」
(だけど、大した約束でもないのに)
信夫は不満そうに口をとがらせた。
「信夫。守らなくてもいい約束なら、はじめからしないことだな」
信夫の心を見通すように貞行はいった。
「はい」
　しぶしぶと信夫はたちあがった。
　外に出て、何歩も歩かぬうちに、信夫はたちまち雨でずぶぬれになってしまった。まっくらな道を、信夫は爪先でさぐるように歩いていった。思ったほど風はひどくはないが、それでも雨にぬれた、まっくらな道は歩きづらい。四年間歩きなれた道ではあっても、ひるの道とは全く勝手がちがった。
(つまらない約束をするんじゃなかった)
　信夫はいくども後悔していた。
(どうせだれもきているわけはないのに)
　信夫は貞行の仕打ちが不満だった。ぬかるみに足をとられて、信夫は(注2)歩きなずんだ。春の雨とはいいながら、ずぶぬれになった体が冷えてきた。
(約束というものは、こんなにまでして守らなければならないものだろうか)
　わずか四、五丁(注3)の道が、何十丁もの道のりに思われて、(1)信夫は泣きたくなった。 ア
　やっと校庭にたどりついたころは、さいわい雨が小降りになっていた。暗い校庭はしんとしずまりかえって、何の音もしない。だれかきているかと耳をすましたが話し声はなかった。ほんとうにどこからか女のすすり泣く声がきこえてくるような、無気味なしずけさだった。
イ 集合場所である桜の木の下に近づくと、
「誰だ」
と、ふいに声がかかった。 ウ
「永野だ」
「何だ、信夫か」
　信夫の前の席に並んでいる吉川修の声だった。吉川はふだん目だたないが、落ちついて学力のある生徒だった。
「ああ、吉川か。ひどい雨なのによくきたな」
　だれもくるはずがないと決めていただけに、信夫はおどろいた。
「だって約束だからな」
　淡々とした吉川の言葉が大人っぽくひびいた。 エ
(約束だからな)
(2)信夫は吉川の言葉を心の中でつぶやいてみた。するとふしぎなことに、「約束」という言葉の持つ、ずしりとした重さが、信夫にもわかったような気がした。
(ぼくはおとうさまに行けといわれたから、仕方なくきたのだ。約束だからきたのではない)
　信夫は急にはずかしくなった。吉川修が一段えらい人間に思われた。日ごろ、級長としての誇りを持っていたことが、ひどくつまらなく思われた。

もちのなかには、本を読むおとなの声に耳かたむける安らかさをなつかしむきもちが、つねにふくまれている。そして、こんどは自分が幼児に本を読んでやるめぐりあわせになって、空想に陶然(注2)と身をゆだねる子どもの表情に思わず引きこまれ、俗念(注3)をそぎおとすようにして無邪気な童話の世界にみずからもたゆたう(注4)とき、わたしたちはことばの共同性のみずみずしさを肌で感ずるような境地に身を置いているのである。

③　幼児に自分で本を読むように要求することは、おとなの肉声を媒介(ばいかい)にしたものやわらかな共同性のそとに子どもを追いやることだ。(3)ひとに読んでもらうのも、自分で読むのも同じことだというのは、おとなの手前勝手な理屈にすぎない。おとなにとっては、本は自分で読むものと相場がきまっているが、まだ本の読めない幼児にとっては、ひとに読んでもらうというのが本との本来のつきあいかたなのだ。その点で、紙芝居と選ぶところはない。紙芝居を自分で読めといわれたときとおなじ困惑を、本を読めとすすめられる幼児は感じているはずなのだ。読む意欲がなかなかわかないのは当然のことだ。

④　ひとりで本を読むという行為においては、直接の対人的な共同性は失われている。読書技術の初歩の段階にあらわれる音読は、自分の肉声を□のごとくに聞こうとする試みであって、その点、対人的な共同性の余韻(よいん)が聞きとれはするが、そこでも、もうふつうの意味での直接の対他関係は失われている。が、言語とは本質的に人間的な共同性の場である以上、失われた共同性に代わって、あらたな共同性が形成されないかぎり、ひとりで本を読むという言語行為はなりたたない。読んでもらう段階から自分で読む段階へといたるのに要する時間は、言語意識に即していえば、(4)あらたな間接的な共同性を模索する期間に当たっている。子どもがひとりで本にむかっているとき、そこに生じた共同の場は、子どもと意味の世界とのあいだに成立しているといってもいいし、子どもと作者のあいだ、あるいは、子どもと言語社会とのあいだになりたっているといってもいいが、いずれにせよ、ここでの共同の関係が、本を読むおとなとそれを聞く子どもの直接的な共同関係にくらべれば、格段に抽象的なものになっていることはあらそえない事実なのだ。本を読むという孤独の行為のなかで、なおかつ共同の言語世界を創出できるだけの言語能力を身につけたとき、子どもはようやくにして本を読んでもらう段階を卒業し、自分で読書を楽しむ段階に入っていくのである。

（長谷川宏「ことばへの道」〈講談社〉から）

（注1）郷愁＝過去のものや遠い昔などにひかれる気持ち。
（注2）陶然と＝うっとりと。（注3）俗念＝名誉や利益などを求める心。
（注4）たゆたう＝ただようこと。

1　(1)幼児にとってのことばの共同性　について具体的に説明している部分を一文で抜き出し、初めと終わりの五字を書きなさい。

2　(2)子どもといっしょに空想の世界を楽しむ心のゆとり　とあるが、その説明として最も適当なものはどれか。

ア　幼児の楽しげな表情に、自分の幼児期の体験のなつかしさを重ね合わせながら、共に無邪気な童話の世界を楽しむきもち。
イ　幼児が無邪気に楽しむ様子に引かれて、自分も空想的な童話の世界を現実のこととして受け入れて楽しむきもち。
ウ　幼児が空想の世界にうっとりとしている様子と自分の幼児期のなつかしい体験を比較して、無邪気さを競うきもち。
エ　幼児の満ち足りた雰囲気に、自分もまた幼児期に帰って本を読んでもらうことで、満足感を得ようとするきもち。

3　(3)ひとに読んでもらうのも、……理屈にすぎない　とあるが、筆者がそのように言う根拠となる考えとして最も適当なものはどれか。

ア　本と紙芝居は楽しみかたが異なっているとする考え。
イ　おとなの世界が幼児の世界に勝っているとする考え。
ウ　無邪気で空想的な童話の世界を認められない考え。
エ　幼児の本との本来のつきあいかたを無視した考え。

4　□に入る語として最も適当なものはどれか。

ア　自分の声　**イ**　他人の声
ウ　先生の声　**エ**　親の声

5　(4)あらたな間接的な共同性　とあるが、それはどのようなものか。これより後の内容から「抽象的」という語を用いて、三十字以上四十字以内で書きなさい。

解答・解説 P256・P258

をし、又四書(注7)を習ひ読む。朋輩(注8)の者ねたみて、読書にことをよせ、悪しき所に遊ぶなど讒(注9)しければ、主も疑ひて竹ヶ鼻にかへしぬ。されどもなほ旧恩を忘れず、道のついであれば必ず訪ね寄りて安否を問ふ。年経て後、其の家大きに衰へければ、又よりより(注10)に物を贈りけるとかや。主の暇を得て後は、綿の仲買といふ業(注11)をなせしが、秤といふものを持たず、買ふ時は買ふ人に任せ、売る時は売る人に任す。後には佐吉が直(注12)なるを知りて、売る人は心して(注13)重くやり、買ふ人は心して軽くはかりければ、いくほどなく豊かに暮らしける。

（「続近世畸人伝」から）

（注1）美濃の国羽栗郡竹ヶ鼻＝今の岐阜県羽島市の一部。
（注2）たぐひ無し＝他に比較できないほど立派だ。
（注3）貧しきを憐み＝貧しい人を気の毒に思い。
（注4）なべて＝総じて。　（注5）僕たりしが＝召し使われていたが。
（注6）手習ふ＝文字を習う。　（注7）四書＝儒教の四つの経典。
（注8）朋輩の者＝仕事の仲間。
（注9）讒しければ＝うそを言いふらしたので。
（注10）よりよりに＝おりおりに。　（注11）業＝仕事。
（注12）直なる＝正直なこと。　（注13）心して＝気を配って。

1　かへしぬ　は現代ではどう読むか。現代かなづかいを用いて、ひらがなで書きなさい。

2　**ア**習ひ読む　**イ**讒しければ　**ウ**疑ひて　**エ**持たず　の中で、主語が同じものはどれとどれか。

3　(1)誰となく仏佐吉とは呼びならしけり　とあるが、この表現からわかることとして最も適当なものはどれか。

ア　佐吉が仏のような人間だと皆から呼ばれるのは正しいこと。
イ　佐吉が仏のような人物であるのは誰の目にも明らかであること。
ウ　佐吉が仏のような人柄だと皆から自然に思われていたこと。
エ　佐吉が仏のような人間と皆から呼ばれるのには理由があること。

4　(2)安否を問ふ　とあるが、佐吉がこのようにしたのはなぜか。二十五字以上三十字以内の現代語で答えなさい。

5　本文の内容と合うものはどれか。

ア　佐吉は自分の親につかえるのにもよく尽くしたので、紙屋で使用人として働いたときも過分な俸給を受けることができた。
イ　佐吉は誰に対しても誠実な人間であったが、綿の仲買をしていたときも、人を信用して注文をつけることをしなかった。
ウ　佐吉は召し使われていた紙屋で一緒だった仲間にねたまれても、主を最優先したため、誰からも信用されるようになった。
エ　佐吉は紙屋につかえていたときに、寸暇を惜しんで文字を学び勉学に励んだので、その後の商売で成功することができた。

3　次の文章を読んで、**1**から**6**までの問いに答えなさい。（①～④は形式段落の番号である。）

①　字が読めることと本が読めることとのあいだには、知能の面からいっても、ひとつの飛躍がある。字を読めるようになるには一定の知的努力が必要だが、同様、本が読めるようになるためにも、あらたな知的努力が必要とされる。それが面倒で字は読めるのになかなか本に取りつけない、ということもたしかにある。が、それよりも大きな障害は、ひとりで本を読むという意欲が幼児になかなか生じないという点にある。そして、それは(1)幼児にとってのことばの共同性のありようとふかくかかわる事実だ。

②　本が読めるようになるまえの時期にあっては、幼児にとって本はおとなのだれかに読んでもらうものときまっている。おとなが読むのを黙って聞く、というのが、幼児期の長きにわたる習慣である。そういう幼児にとって、空想の世界をつくりあげる実体は本を読むおとなの声にあって、本そのものは、おとなとともに空想をつくりあげる素材にすぎない。本を読むおとなの声に耳をかたむけるなかで、幼児は空想世界に身をゆだねるとともに、おとなとのもっともゆたかなコミュニケーションを交しているのだ。おとなとておなじことで、(2)子どもといっしょに空想の世界を楽しむ心のゆとりさえあれば、絵本を読んでやることで、子どもとゆたかにきもちを通じあうことができる。「三びきのこぶた」や「七ひきの子やぎ」の話が、郷愁(注1)に似たなつかしさをもって思いだされるのは、その話を楽しんだ幼児期の雰囲気が、子どもとおとなの心をやわらかく溶けあわせるようなものであったことと無関係ではない。童話をなつかしむき

令和4年11月6日実施

第193回 下野新聞模擬テスト

国語

制限時間 50分

1 次の1から4までの問いに答えなさい。

1 次の――線の部分の読みをひらがなで書きなさい。

(1) 見舞金を拠出する。　(2) 恒久の平和を願う。
(3) 水たまりで滑る。　(4) 優雅な趣の庭園。
(5) 神仏に誓願する。

2 次の――線の部分を漢字で書きなさい。

(1) ハイエイを得意とする。　(2) 一計をアンじる。
(3) 決議をサイタクする。　(4) お墓に花をソナえる。
(5) 水分をキュウシュウする。

3 次は、生徒たちが和歌について話している場面である。これについて、(1)から(4)までの問いに答えなさい。

> 草も木も色変れどもわたつ海の
> 波の花にぞ（　①　）なかりける　紀淑望
>
> Aさん　「この和歌は『(海の)波』を『花』に見立てているところがポイントだね。」
> Bさん　「そうなんだ。草木の世界には、はっきりとした季節感があるけれども、『波の花』には季節が感じられないということだね。」
> Aさん　「そうだね。草木の色が変わるという表現から、どの季節を詠んだ歌かがわかるよ。和歌には他にも、『嵐』や『雪』など自然の現象②に『花』をたとえたものがたくさんあるということを先生から聞いた③よ。」
> Bさん　「和歌や俳句には『見立て』という技法がとても多く用いられているらしいね。もっと調べてみよう。」

(1) この和歌に用いられている表現技法はどれか。

ア 字余り　イ 対句　ウ 倒置法　エ 擬人法

(2) （　①　）に入る語として最も適当なものはどれか。

ア 春　イ 夏　ウ 秋　エ 冬

(3) 次のア～エの漢字を楷書で正しく書いた場合、象②と画数が同じものはどれか。

ア 郵　イ 慈　ウ 航　エ 善

(4) 聞いた③を正しい敬語表現に改めたものはどれか。

ア 聞かれた　イ お聞きした
ウ お聞きになられた　エ お聞きになった

4 次の漢文の書き下し文として正しいものはどれか。

林尽キ二水源ニ一、便チ得タリ二一山ヲ一。（「陶淵明」）

ア 水源に林尽き、便ち一山を得たり。
イ 林尽き水源に、便ち得たり一山を。
ウ 林水源に尽き、便ち一山を得たり。
エ 水源に林尽き、一山を便ち得たり。

2 次の文章を読んで、1から5までの問いに答えなさい。

永田佐吉は、美濃(注1)の国羽栗郡竹ヶ鼻の人にして、親につかふることたぐひ(注2)無し。又、仏を信ず。大かた貧しき(注3)を憐み、なべて(注4)人に交じるに誠あれば、(1)誰となく仏佐吉とは呼びならしけり。幼けなき時、尾張名古屋、紙屋某(注5)といふ家に僕たりしが、暇ある時は砂にて手習ふ(注6)こと

第194回 下野新聞模擬テスト
社会

1 **図1**は，栃木県に住む太郎さんが社会科の授業で調べた八つの都道県(北海道，群馬県，東京都，栃木県，富山県，長野県，奈良県，高知県)の位置を示したものである。これを見て，次の**1**から**7**までの問いに答えなさい。

1　次の文は，**図1**で示した**A**の島々について述べたものである。文中の□に当てはまる語を書きなさい。

> **A**の島々を総称して，北方領土という。この島々のうち，日本最北端に位置する島が□島である。この島は，オットセイやアザラシ，キタキツネなどの動物が生息する，自然豊かな島となっている。

図1

2　**図2**は，**図1**で示した前橋市の1月と7月における，1日の降水量が1mm以上の日数の月別平年値を示したものである。1月の日数が7月に比べて少ない理由として正しいのはどれか。

ア　一年中偏西風が吹きつけるため。
イ　南東の季節風が吹きつけるため。
ウ　からっ風などとよばれる北西の季節風が吹きつけるため。
エ　やませが吹きつけるため。

(日)

	1月	7月
前橋市	2.9	14.9

図2（「理科年表」により作成）

3　**図3**は，富山県を流れている常願寺川について，太郎さんがまとめたものである。**図3**中の□に当てはまる文を，「標高」「川の流れ」の二つの語を用いて簡潔に書きなさい。

> 常願寺川は，古代から，何度も氾濫(はんらん)をくり返してきた。右の資料から，常願寺川は世界の主な川に比べ，□という特徴があり，これが川の氾濫をまねく原因である。

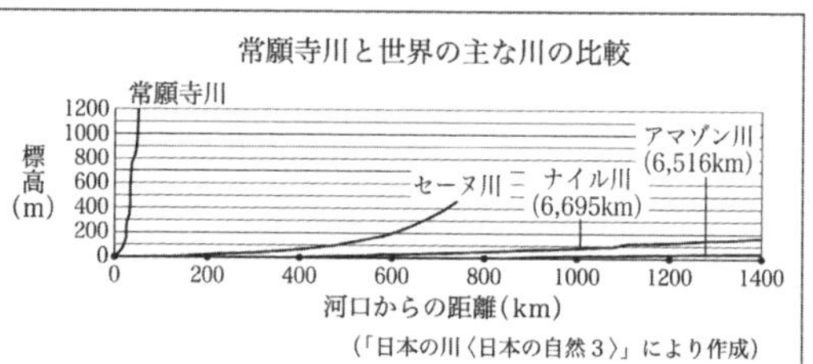

（「日本の川〈日本の自然3〉」により作成）

図3

4　次の文は，長野県の農業について述べたものである。文中の□に当てはまる語を書きなさい。

> 長野県では，夏でも涼しい気候を利用して，レタスなどの野菜の成長を遅らせ，他の地域の出荷量が少ない時期に出荷する□栽培が行われている。

5　**図4**は，栃木県，東京都，全国における主な製造品の出荷額および民営事業所数(2019年)についてそれぞれ示したものである。**P**に当てはまる都県と，**Y**に当てはまる製造品の組み合わせとして正しいのはどれか。

ア　**P**－東京都　**Y**－印刷・同関連業
イ　**P**－東京都　**Y**－プラスチック製品
ウ　**P**－栃木県　**Y**－印刷・同関連業
エ　**P**－栃木県　**Y**－プラスチック製品

都県	主な製造品の出荷額(億円) Y	木材・木製品	民営事業所数
P	7,810	127	913,912
Q	619	1,020	93,113
全国	49,981	29,169	6,398,912

図4（「県勢」により作成）

解答・解説　P266・P269

6　**図5**は，栃木県，北海道，東京都，高知県のいずれかの就業者人口に占める，第一次産業，第二次産業，第三次産業に従事する人の割合を示したものである。**B**に当てはまる県と，**R**に当てはまる産業の組み合わせとして正しいのはどれか。

(%)(2017年)

都道県	R	S	第三次産業
東京都	15.8	0.5	83.7
B	17.4	10.2	72.3
北海道	17.4	6.1	76.5
C	31.1	5.9	63.0

図5（「県勢」により作成）

ア　B－栃木県　R－第一次産業　　**イ**　B－栃木県　R－第二次産業
ウ　B－高知県　R－第一次産業　　**エ**　B－高知県　R－第二次産業

7　**図6**は，奈良県のある地域の地形図を示したものである。**図6**中の竜田川駅から寺院までの直線距離は，地形図上で2cmある。実際の直線距離は何mか書きなさい。

図6（国土地理院発行2万5千分の1地形図により作成）

2　次の**1**，**2**，**3**の問いに答えなさい。

1　**図1**を見て，次の(1)から(4)までの問いに答えなさい。

(1)　次の文は，**図1**で示した**A**の海岸線について述べたものである。文中の□に当てはまる語を書きなさい。

> **A**の海岸線は，氷河によってけずられた谷に海水が深く入り込んで形成された□が広がっている。その雄大な景色は，観光資源にもなっている。

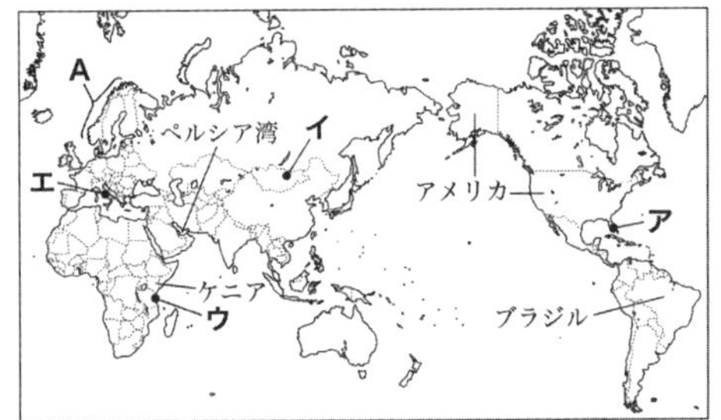

図1

(2)　**図2**の雨温図が当てはまる都市は，**図1**中の**ア**，**イ**，**ウ**，**エ**のどれか。

(3)　**図1**で示したケニアについての説明として正しいのはどれか。

ア　温帯草原であるパンパでは，牛の放牧や小麦の栽培が盛んである。
イ　ポルトガル語が公用語とされている。
ウ　茶のプランテーション農業が行われ，世界で最も茶の輸出量が多い。
エ　英語が広く使用され，ICT(情報通信技術)産業が発達している。

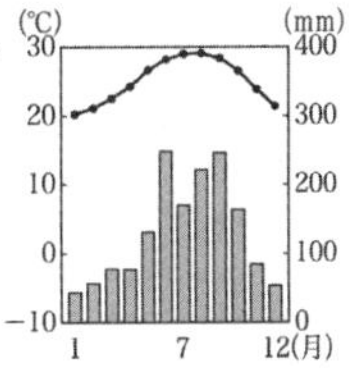

(℃) 30 20 10 0 −10 (mm) 400 300 200 100 0 1 7 12(月)

図2
（「理科年表」により作成）

(4)　次の文は，**図1**で示したブラジルについて述べたものである。文中の□に当てはまる語を書きなさい。

> ブラジルを流れるアマゾン川流域では，森林を焼きはらい，その灰を肥料として作物を栽培する，□農業が行われていた。作物を収穫するとその場所を移動し，数年から数十年のサイクルで元の場所に戻ってくる。

2　**図3**は，**図1**で示したアメリカの国際移住者の出身国の割合(2020年)を示したものである。**図3**中の X に当てはまる国名として正しいのはどれか。

ア　カナダ　　**イ**　キューバ　　**ウ**　日本　　**エ**　メキシコ

3　**図1**で示したペルシア湾沿岸には，タンカーを停泊させる港が集中している。その理由を，「パイプライン」「輸出」の二つの語を用いて簡潔に書きなさい。

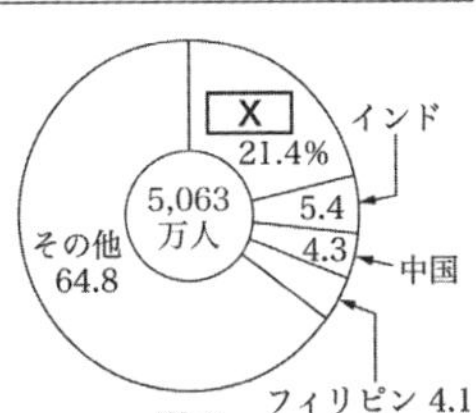

図3
（「世界国勢図会」により作成）

下野模擬問題(第194回)◆社会

3 一郎さんは，古代から近世までの歴史について調べ，**図1**を作成した。これを見て，次の**1**から**8**までの問いに答えなさい。

ことがら	説　　明
須恵器	朝鮮半島から日本に一族で移り住んだ[X]が伝えた，かたく黒っぽい土器。
ⓐ<u>寝殿造</u>	複数の建物が渡殿(わたどの)とよばれる廊下によって結ばれた建築様式。
北条時宗	フビライ・ハンからの国書を無視したため，ⓑ<u>博多湾に元軍が攻めてきた</u>。
花の御所	足利家の邸宅が造営され，とくにⓒ<u>足利義満</u>のころに大規模な造営が行われた。
楽市・楽座	ⓓ<u>楽市令</u>を出して商人を招き，自由なⓔ<u>商工業の発展</u>を図ろうとした政策。
鎖国	幕府による禁教，ⓕ<u>貿易統制</u>，外交独占の体制。
北方探索	ⓖ<u>最上徳内，近藤重蔵，間宮林蔵は，幕府の命令により北方を探索した</u>。

図1

1　**図1**中の[X]に当てはまる語を書きなさい。

2　下線部ⓐの様式の建物がつくられ始めた時代の書物はどれか。

ア　古今和歌集　　**イ**　徒然草　　**ウ**　新古今和歌集　　**エ**　万葉集

3　**図2**は，下線部ⓑの後に出された法律の一部を示したものである。**図2**中の[Y]に当てはまる語を書きなさい。

> 永仁の[Y]
> 領地の質入れや売買は，御家人の生活が苦しくなるもとなので，今後は禁止する。…御家人以外の武士や庶民が御家人から買った土地については，売買後の年数に関わりなく，返さなければならない。
> (一部要約)

図2

4　下線部ⓒが行ったことがらとして**当てはまらない**のはどれか。

ア　朝鮮国との貿易を始めた。
イ　南北朝を統一した。
ウ　京都の北山に金閣を建てた。
エ　奥州藤原氏を攻めほろぼした。

5　**図3**は，下線部ⓓの一部を示したもので，**図4**は，**図3**中の[Z]に当てはまる地域に建てられた城を示したものである。**図3**中の[Z]に共通して当てはまる語を書きなさい。

> [Z]城下の町中に対する定め
> 一　この[Z]の町は楽市としたので，いろいろな座は廃止し，さまざまな税や労役は免除する。
> (一部要約)

図3

図4

6　下線部ⓔに関して，商工業の歴史について述べた次の文を，年代の古い順に並べ替えなさい。

ア　問屋制家内工業が発達した。
イ　工場制手工業(マニュファクチュア)が発達した。
ウ　京都の裕福な商工業者である町衆が，自治を行った。
エ　和同開珎が都とその周辺で流通した。

7　下線部ⓕに関して，鎖国が実施されていた時代に交易を行っていた中国の当時の王朝名はどれか。

ア　秦　　**イ**　清　　**ウ**　漢　　**エ**　宋(北宋)

8　下線部ⓖに関して，**図5**は，一郎さんが調べてまとめた，最上徳内，近藤重蔵，間宮林蔵が探索した行程を示したものである。**図5**の地域を探索した理由を，「通商」「警戒」の二つの語を用いて簡潔に書きなさい。

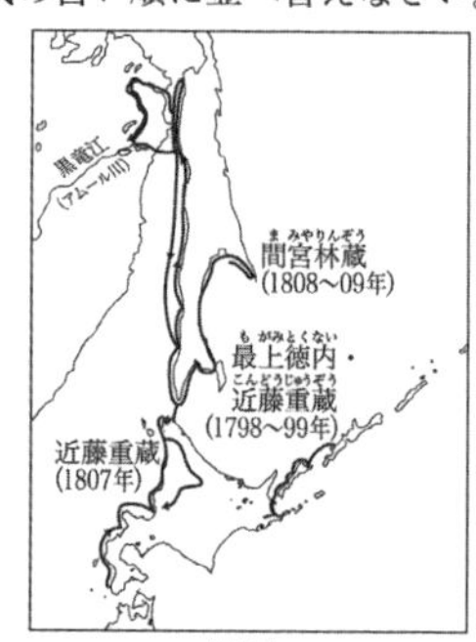

図5

4 略年表を見て，次の1から6までの問いに答えなさい。

年	世界と日本の主なできごと	
1861	ⓐアメリカで南北戦争がおこる	↕A
1889	ⓑ大日本帝国憲法が制定される	
1904	日露戦争がおこる	↕B
1931	ⓒ満州事変がおこる	↕C
1991	バブル経済が崩壊する	

1 次の文は，下線部ⓐについて述べたものである。文中の□に当てはまる人物名を書きなさい。

> 南北戦争で北部，南部ともに多大な被害を出した後，北部の□大統領は「人民の，人民による，人民のための政治」を訴え，北部を勝利に導いた。

2 次の文は，Aの時期におきたできごとについて述べたものである。文中の□に共通して当てはまる語を書きなさい。

> 板垣退助らが民撰議院設立(の)建白書を政府に提出したことから，国民が政治に参加する権利の確立を目指す□が盛んになった。□の一環で講演会などが開かれていたが，政府が介入してきたため，多くの国民は反発した。

3 図1は，下線部ⓑにおける帝国議会のしくみの一部を示したものである。図1中のXに当てはまる機関の説明として正しいのはどれか。

帝国議会	
X	Y

↑選挙
国民

図1

ア 国家の重大なことがらについて，天皇の質問に答える機関。
イ 天皇が統帥(統率・指揮)し，政府の指示を受けない機関。
ウ 政府の最高機関で，長官に太政大臣が置かれたが，内閣制度の制定により廃止された機関。
エ 皇族や華族，天皇が任命した議員などで構成された機関。

4 Bの時期におきた昭和恐慌の要因として**当てはまらない**のはどれか。
ア 東京や横浜を中心に大地震が発生し，甚大な被害が出た。
イ 預金を引き出そうとする人々が，銀行などの金融機関に殺到した。
ウ アメリカのニューヨークの株式市場の株価が大暴落した。
エ (第一次)石油危機により，石油価格が上昇した。

5 下線部ⓒに関して，図2は，満州事変前後の日本の工業の変化を示したものである。図2のように，重化学工業が成長した理由を，図3をふまえ，簡潔に書きなさい。

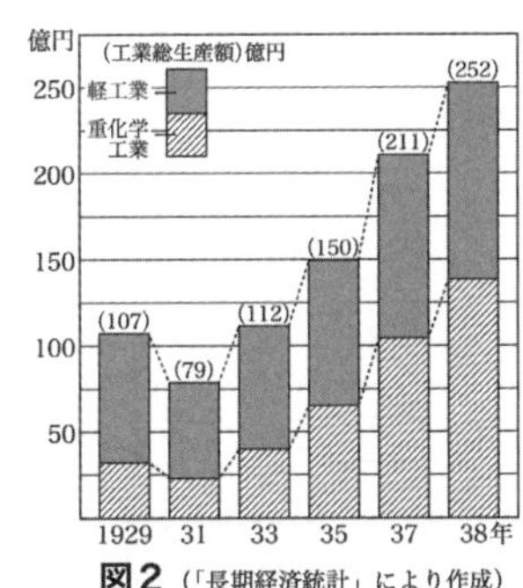

図2 (「長期経済統計」により作成)

年	主なできごと
1932	五・一五事件がおこる
1937	日中戦争が始まる
1938	国家総動員法が制定される

図3

6 次の文は，Cの時期の文化について述べたものである。文中の□に当てはまる人物名はどれか。

> 昭和時代には，大衆娯楽が盛んになった。第二次世界大戦後，映画が人気を集め，□が「羅生門」などの映画監督として，世界的に高い評価を得た。

ア 湯川秀樹　イ 川端康成　ウ 黒澤明　エ 佐藤栄作

問題 R4
192
193
194
195
【社会】第194回

5 次の**1**から**5**までの問いに答えなさい。

1 **図1**は，あるきまりの賛否について，提案から決定に至るまでの流れを示したものである。**図1**において用いられている採択方法の名称を書きなさい。

・提案**A**
提案書の提出→審議→採択（賛成５名，反対１名）→否決
・提案**B**
提案書の提出→審議→採択（賛成６名，反対０名）→成立

図1

2 次の文は，日本国憲法における天皇について述べたものである。文中の［Ⅰ］，［Ⅱ］に当てはまる語の組み合わせとして正しいのはどれか。

日本国憲法において，天皇は主権者ではなく，日本国と日本国民統合の「［Ⅰ］」とされている。また，国の政治についての権限を持たず，憲法に定められた国事行為のみを行う。国事行為を行う時は，［Ⅱ］の助言と承認が必要とされている。

ア Ⅰ－総覧者　Ⅱ－内閣　**イ** Ⅰ－総覧者　Ⅱ－国会
ウ Ⅰ－象徴　Ⅱ－内閣　**エ** Ⅰ－象徴　Ⅱ－国会

3 次の文は，日本の安全保障について述べたものである。文中の［　］に共通して当てはまる語を書きなさい。

自国は攻撃を受けていなくても，攻撃を受けた同盟関係にある国の防衛活動に参加する権利を，［　］という。日本の政府は，憲法上［　］は使えないとしてきたが，2014年に限定的に使えるという見解に変更した。

4 次の文は，男女の平等の実現について述べたものである。文中の［　］に当てはまる語を書きなさい。

女性の社会進出にともない，男女の雇用面における取り扱いの差が問題視された。そこで1985年に男女雇用機会均等法が制定され，雇用面において性別による差を設けることが禁止された。さらに，1999年には，男性も女性も対等な立場であらゆる社会活動に参加し，利益と責任を分かち合う社会の実現を目指して，［　］が制定された。

5 次の(1)，(2)の問いに答えなさい。

(1) **図2**は，ある学校で衆議院の比例代表制と同じ方式で，模擬選挙を行った結果である。**図2**の選挙結果における，b党の当選人数として正しいのはどれか。なお，当選人数は６名とされた。

政党	a	b	c	d
得票数	420	276	180	99

図2

ア 3名　**イ** 2名　**ウ** 1名　**エ** 0名

(2) 次の文は，選挙の課題について述べたものである。文中の［　］に当てはまる語句として正しいのはどれか。

2014年に行われた衆議院議員総選挙の小選挙区において，東京都第１区の議員１人当たりの有権者数は492,025名，宮城県第５区は231,081名であった。この状態で小選挙区の選挙が行われると，［　］に２倍以上の差が出ることになる。これを解消するため，議員定数や選挙区の範囲の変更などが行われている。

ア 年齢別投票率　**イ** １人当たりの一票の価値
ウ 立候補者の数　**エ** 当選する議員の数

解答・解説 P266・P269

6 次の文は，ゆうさんが社会科の授業で学んだ日本の政治のしくみについてまとめたものの一部である。これを読み，次の1から5までの問いに答えなさい。

> 日本の政治のしくみには，三権分立(権力分立)の考え方が取り入れられている。立法権を担うⓐ国会，行政権を担うⓑ内閣，司法権を担うⓒ裁判所に分かれており，それぞれが権力を抑制し合い，均衡を保っている。私たちの身近な生活の場においては，ⓓ地方公共団体(地方自治体)が主体となって，ⓔ地方財政や地方行政を行っている。

1 下線部ⓐに関して，次の文は，衆議院の優越について述べたものである。文中の Ⅰ ， Ⅱ に当てはまる数字や語の組み合わせとして正しいのはどれか。

> 法律案や予算の先議など，衆議院は参議院に対して，いくつかの事項において衆議院の優越が認められている。これは，衆議院の方が参議院に比べて任期が Ⅰ 年短く，解散が Ⅱ ことにより，国民の意見をより反映しやすいと考えられているからである。

ア Ⅰ－2 Ⅱ－ある　**イ** Ⅰ－2 Ⅱ－ない
ウ Ⅰ－3 Ⅱ－ある　**エ** Ⅰ－3 Ⅱ－ない

2 下線部ⓑに関して，次の(1)，(2)の問いに答えなさい。

(1) 内閣は，国権の最高機関である国会が選んだ内閣総理大臣(首相)を中心に組織され，国会に対して連帯して責任を負っている。この制度を何というか。

(2) **図1**は，内閣不信任決議の可決以降の流れを示したものである。**図1**中の**X**，**Y**に当てはまる数字や語の組み合わせとして正しいのはどれか。

ア **X**－10 **Y**－臨時会(臨時国会)
イ **X**－5 **Y**－臨時会(臨時国会)
ウ **X**－10 **Y**－特別会(特別国会)
エ **X**－5 **Y**－特別会(特別国会)

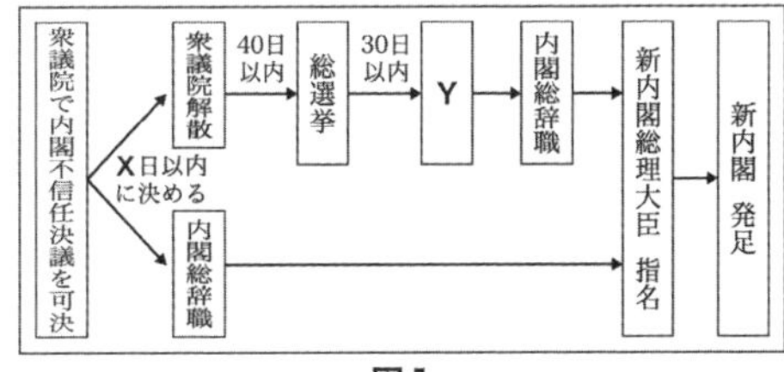

図1

3 下線部ⓒに関して，次の文は，刑事裁判について述べたものである。文中の □ に当てはまる語を書きなさい。

> 刑事裁判において，□ は，被疑者が罪を犯した疑いが確実で，刑罰を科すべきと判断すると，被疑者を被告人として裁判所に訴える。

4 下線部ⓓに関して，**図2**は，ゆうさんが，市町村合併による市町村数の変化についてまとめたものである。**図2**中の P に当てはまる文を，「地方税」の語を用いて， Q に当てはまる文を，「住民の意見」の語を用いて，それぞれ簡潔に書きなさい。

> 急激な過疎化が進むと，地方公共団体の P し，財政が悪化する。これを安定化させ，仕事を効率化させるために，右の資料のように市町村合併が進んだ。しかし，市町村合併が進み，地方自治の対象となる範囲が拡大されることには， Q という欠点がある。

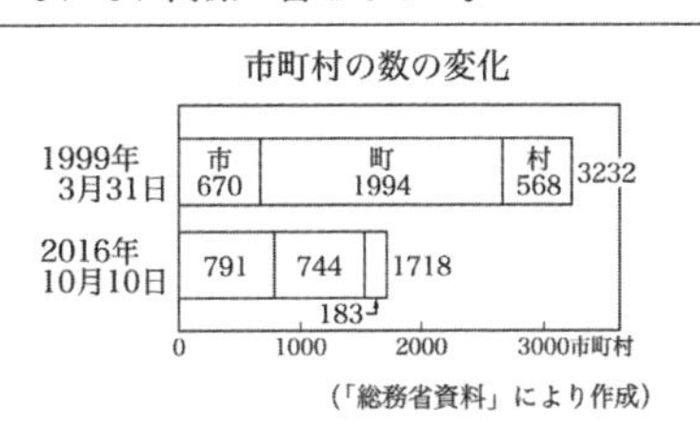

図2

5 下線部ⓔに関して，地方における教育や道路の整備など，特定の仕事の費用の一部を国が負担するために，地方公共団体に支給する財源として正しいのはどれか。

ア 地方交付税交付金　**イ** 国庫支出金　**ウ** 地方債　**エ** 公的年金

7 健司さんと先生の会話文を読み，次の1から4までの問いに答えなさい。

健司：「先日中国について学習して，栃木県とⓐ中国との関係について興味を持ったので調べてみると，栃木県やいくつかのⓑ市町村は，中国のいくつかの都市と姉妹(友好)都市になっているのですね。」
先生：「互いに交流を深めることで，自分たちの地域にはない取り組みの様子を学んだり，ⓒ持続可能なまちづくりにつなげたりすることができます。栃木県内の市町村は，中国だけでなく，様々な国の都市と姉妹(友好)都市になっていますよ。」
健司：「アメリカのカリフォルニア州の都市と姉妹(友好)都市になっている市もありました。カリフォルニア州には，きれいなⓓ海を観光資源としている都市もあるようなので，調べてみたいです。」

1 下線部ⓐに関して，次の(1)，(2)の問いに答えなさい。

(1) 次の文は，図1の人物について健司さんがまとめたものである。この人物として正しいのはどれか。

・日本に正しい仏教の教えを伝えるために，唐から来日した。
・何度か渡航に失敗し，盲目(もうもく)になった。
・日本で唐招提寺を開いた。

ア 鑑真　イ 行基　ウ 空海　エ 道元

図1

(2) 図2は，中国の明にまつわる言葉について，健司さんがまとめたものの一部である。図2中の X に当てはまる語を書きなさい。

「北虜南倭(ほくりょなんわ)」…明が対応に苦労した，南北の圧力や争いごとを意味する
・北虜について
北からは，モンゴル民族がひんぱんに侵入してきたため，万里の長城を修築，延長した。
・南倭について
日本との貿易において X という証明書を発行し，倭寇と正式な貿易船を区別した。

図2

2 下線部ⓑに関して，次の文は，地方公共団体に関わる法律について述べたものである。文中の□に共通して当てはまる語を書きなさい。

1999年に，□一括法がつくられた。これ以後，国の仕事の多くが地方公共団体の仕事となり，現在でも，仕事や財源を国から地方公共団体に移す□が進められている。

3 下線部ⓒに関して，現在，環境省は，移動において積極的に公共交通機関を利用する「スマートムーブ」という取り組みを推進している。その理由を，図3をふまえ，「地球温暖化」の語を用いて簡潔に書きなさい。

1人が1km移動する際の輸送手段別の二酸化炭素排出量(g-CO_2/トンkm)

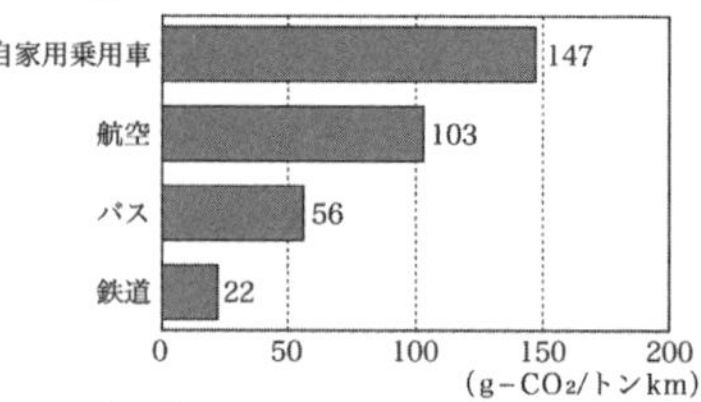

図3（「国土交通省資料」により作成）

4 下線部ⓓに関して，リマン海流について正しく述べているのはどれか。

ア 日本海側を流れる暖流。
イ 日本海側を流れる寒流。
ウ 太平洋側を流れる暖流。
エ 太平洋側を流れる寒流。

解答・解説 P266・P269

第194回 下野新聞模擬テスト

数　学

1 次の**1**から**8**までの問いに答えなさい。

1 $-1-(-4)$ を計算しなさい。

2 $ab^2 \times 3ab$ を計算しなさい。

3 $(x+5)^2$ を展開しなさい。

4 2次方程式 $x^2-9x=0$ を解きなさい。

5 yはxに反比例し，$x=-3$のとき$y=8$である。$x=4$のときのyの値を求めなさい。

6 右の図は，ある立体の投影図である。この立体の体積を求めなさい。

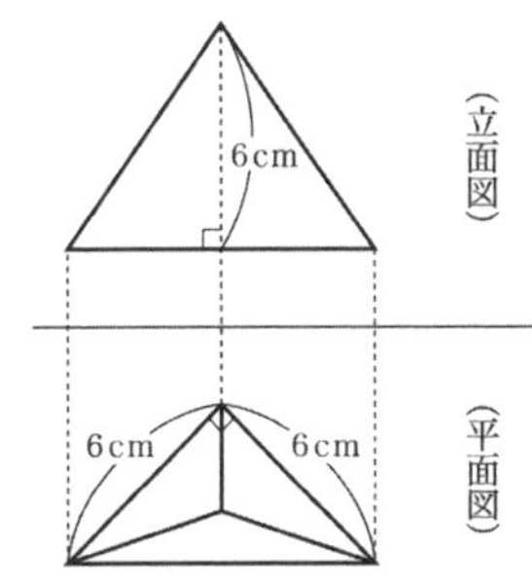

7 右の図で，DE//BCのとき，xの値を求めなさい。

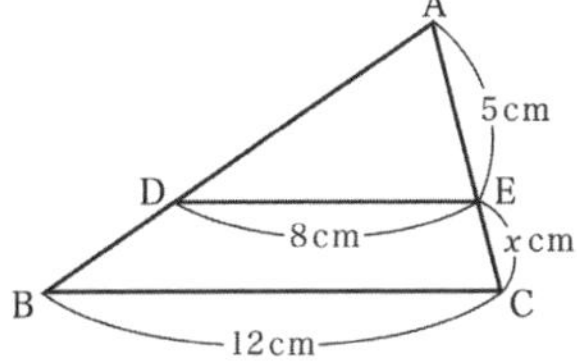

8 右の図のような正八面体について**誤った内容を述べている**ものを，**ア**，**イ**，**ウ**，**エ**のうちから1つ選んで，記号で答えなさい。

ア 頂点の数は6個である。　　**イ** 平行な面は4組ある。
ウ 3本の線分AF，BD，CEのうち，1本は他の2本より長い。
エ ある辺とねじれの位置にある辺は4本ある。

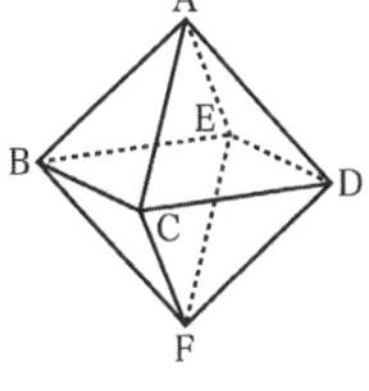

2 次の**1**，**2**，**3**の問いに答えなさい。

1 $\sqrt{19}$の小数部分を求めなさい。例えば，3.14では0.14を小数部分という。

2 ケースの中に，あるイベントの参加者に配るためのキャンディーが入っている。参加者1人にキャンディーを5個ずつ配ると25個余ってしまった。そこで，さらにその25個を2個ずつ全員に配ろうとしたら3個不足した。

このとき，イベントの参加者をx人として方程式をつくり，最初にケースの中に入っていたキャンディーの個数を求めなさい。ただし，途中の計算も書くこと。

3 xについての2次方程式 $x^2+px-32=0$ の解が $x=q,\ 4$ であるとき，整数p，qの値をそれぞれ求めなさい。

3 次の**1**，**2**，**3**の問いに答えなさい。

1 右の図のような，1，2，3，4，5の数字が1つずつ書かれた5枚のカードがある。これらの5枚のカードを裏返しにした後，よく混ぜてから同時に2枚のカードを取り出し，カードに書かれている数字のうち，大きい方をa，小さい方をbとする。

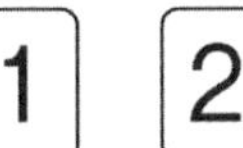

$a-b$の値が奇数になる確率を求めなさい。ただし，どのカードを取り出すことも同様に確からしいものとする。

解答・解説 P267・P273

2 絶対値が4未満の整数は全部で何個あるか。

3 あるクラスの生徒40人を対象として，通学時間(片道に要する時間)の調査が行われた。右の図は，この調査の結果をヒストグラムで表したものであり，例えば，0分以上5分未満の人数は2人であることがわかる。

このとき，次の(1)，(2)の問いに答えなさい。

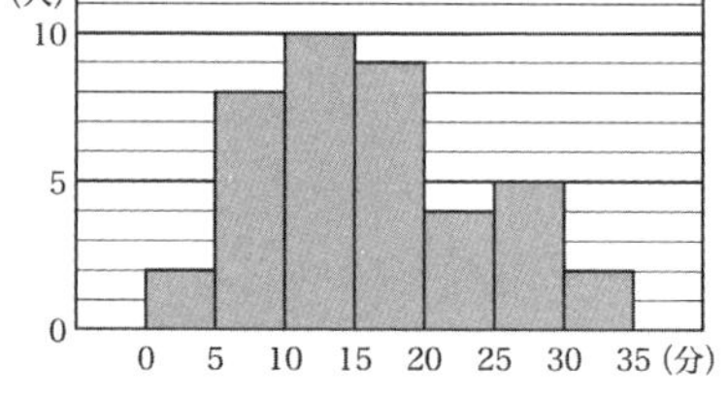

(1) 次の文のⅠ，Ⅱに当てはまる数を求めなさい。

> このヒストグラムより，階級の幅は（　Ⅰ　）分であることがわかる。また，このヒストグラムから求められる最頻値(モード)は（　Ⅱ　）分である。

(2) このヒストグラムを，右の表のように整理するとき，15分以上20分未満の階級の累積相対度数を，小数で求めなさい。

階級(分)	度数(人)	相対度数	累積相対度数
以上　未満 0 ～ 5	2		
5 ～ 10			
10 ～ 15			
15 ～ 20			□
20 ～ 25			
25 ～ 30			
30 ～ 35			
計	40		

4 次の**1**，**2**，**3**の問いに答えなさい。

1 右の図のような直線ℓとℓ上にない2点A，Bがある。このとき，下の【条件】をともに満たす点Pを作図によって求めなさい。ただし，作図には定規とコンパスを使い，また，作図に用いた線は消さないこと。

ℓ

A•　　•B

> 【条件】
> ・点Pは直線ℓ上にある。
> ・線分AP，ABによってつくられる∠BAPの大きさが90°になる。

2 図1のような，AB = 25 cm，BC = 15 cm，AC = 20 cm，∠ACB = 90°の直角三角形ABCがある。図2は，△ABCを，辺ACを軸として1回転させてできる立体Xの見取図である。

このとき，次の(1)，(2)の問いに答えなさい。ただし，円周率はπとする。

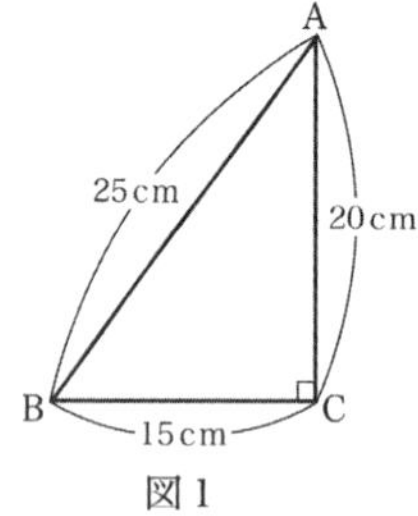

図1

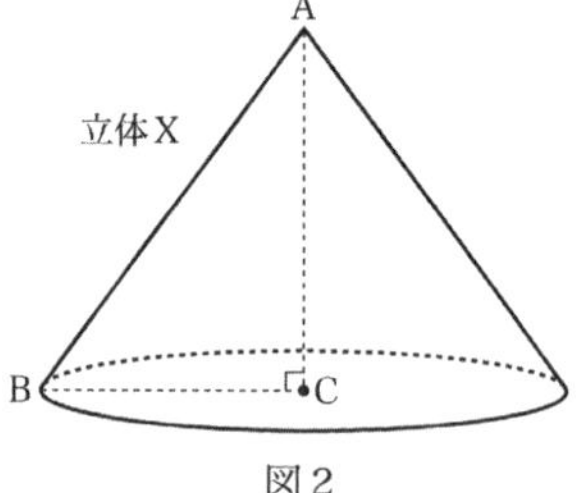

図2

(1) 立体Xの体積を求めなさい。

(2) △ABCを，辺ABを軸として1回転させてできる立体を立体Yとする。立体Yの表面積を求めなさい。ただし，途中の計算も書くこと。なお，円錐(すい)の側面積は，π×(底面の半径)×(母線の長さ)　という式によって求められることを利用してよい。

3 右の図のような，AB＜ADの長方形ABCDがある。辺BC上にAD＝AEとなるように点Eをとり，頂点Dから線分AEにひいた垂線と線分AEとの交点をFとする。

このとき，BE＝FAであることを証明しなさい。

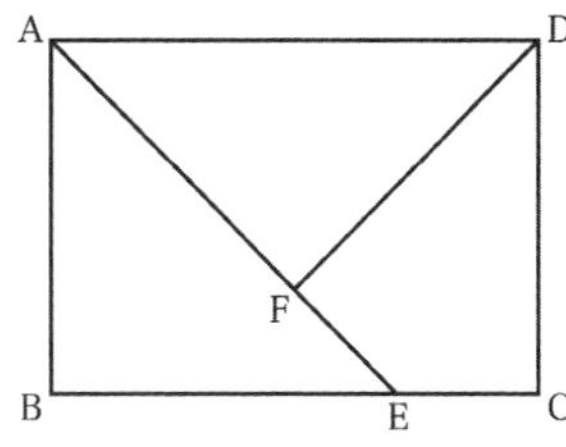

5 次の**1**，**2**の問いに答えなさい。

1 右の図のように，関数$y=\frac{1}{2}x^2$のグラフ上に2点A，Bがあり，x座標はそれぞれ1，4である。また，関数$y=mx+n$のグラフは，2点A，Bを通る直線である。

このとき，次の(1)，(2)，(3)の問いに答えなさい。

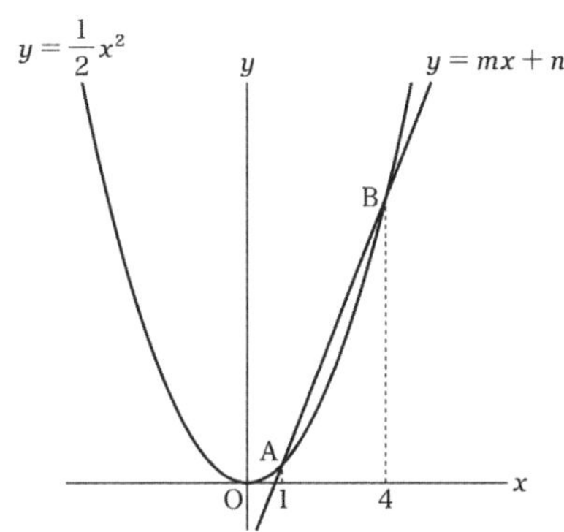

(1) m，nの値をそれぞれ求めなさい。

(2) 関数$y=\frac{1}{2}x^2$のグラフ上に，x座標がpであり，点Aとは異なる点Pをとるとき，直線APの傾きが負になるためには，pはどのような範囲にあればよいか。不等号を使って表しなさい。

(3) 関数$y=\frac{1}{2}x^2$のグラフ上の$x<0$の範囲に，△OABの面積と△OAQの面積が等しくなるように点Qをとるとき，点Qの座標を求めなさい。

2 70 Lの水が入っている水そうがある。この水そうの底には，毎分3 Lの割合で排水する排水口Aと，毎分5 Lの割合で排水する排水口Bがついている。この水そうに70 Lの水が入っている状態から，排水する操作を2回行った。

1回目は，最初の5分間は排水口Aのみを開いて排水し，次の5分間は排水口A，Bの両方を開いて排水した。さらに，その後は排水口Bのみを開いて水そうが空(から)になるまで排水した。

下の図は，1回目について，排水を始めてから，x分後の水そう内に残っている水の量をy Lとして，xとyの関係を表したグラフの一部である。

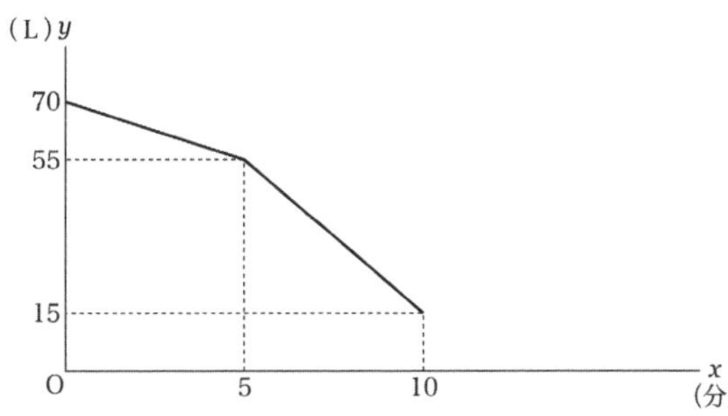

このとき，次の(1)，(2)，(3)の問いに答えなさい。

(1) 1回目について，排水を始めてから3分後の水そう内に残っている水の量は何Lか。

(2) 1回目について，排水を始めて5分後から10分後までの，xとyの関係を式で表しなさい。ただし，途中の計算も書くこと。

(3) 次の□内の先生と太郎さんの会話文中の，Ⅰ，Ⅱに当てはまる数を求めなさい。

> 先生 「2回目は，排水口を使う順序と時間を変えてみましょう。」
> 太郎 「どのようにするのですか。」
> 先生 「最初の4分間は排水口Bのみを開いて排水し，次の数分間は排水口Aのみを開いて排水します。そして，その後は排水口A，B両方を開いて排水すると，1回目と比べて，排水を始めてから水そうが空になるまでの時間が1分30秒短くなります。排水口A，Bの両方を開いて排水した時間は何分何秒間ですか。」
> 太郎 「まず，1回目に水そうが空になる時間を求めます。そして，求める時間を文字を使って表すと，排水口Aのみを開いて排水した時間も同じ文字を使って表すことができるから，(Ⅰ)分(Ⅱ)秒間です。」
> 先生 「その通りです。」

6 横にA列，B列，C列，D列，E列，F列，G列と列が並び，縦に1行目，2行目，3行目，4行目，…，n行目と行が並んでいる枠がある。

この枠の中に，下の図のように，ある規則にしたがって自然数を1つずつ順に書き入れていくものとする。

	A列	B列	C列	D列	E列	F列	G列
1行目	1	2	3	4	5	6	7
2行目	4	5	6	7	8	9	10
3行目	7	8	9	10	11	12	13
4行目	10	11	12	13	14	15	16
⋮	⋮	⋮	⋮	⋮	⋮	⋮	⋮
n行目	…	…	…	…	…	…	…

このとき，次の**1**，**2**，**3**の問いに答えなさい。

1 次の文のⅠに当てはまるアルファベットをA，B，C，D，E，Gのうちから1つ選んで答えなさい。また，Ⅱに当てはまる数を求めなさい。なお，同じ記号Ⅰには同じアルファベットが当てはまる。

> それぞれの列に書き入れられている自然数に着目すると，ある数の倍数が順に書き入れられている列は，F列を除いて考えると(Ⅰ)列である。したがって，8行目の(Ⅰ)列に書き入れられている自然数は，(Ⅱ)であることがわかる。

2 19行目のG列に書き入れられている自然数を求めなさい。

3 n行目のA列，B列，C列，D列，E列，F列，G列に書き入れられている自然数の和が1183になるとき，nの値を求めなさい。

解答・解説 P267・P274

令和4年
12月4日実施

第194回 下野新聞模擬テスト

理　科

1 次の**1**から**8**までの問いに答えなさい。

1 ある前線の東側(前線が進む向きの前方)の上空には乱層雲という雲が広がっていて，広い範囲に穏やかな雨が降っていることが多い。この前線は，次のうちどれか。

ア 温暖前線　　**イ** 停滞前線　　**ウ** 寒冷前線　　**エ** 閉塞前線

2 水が液体から気体へと状態変化したとき，水をつくる分子において変化するものは，次のうちどれか。

ア 分子の運動のようす　　**イ** 1個の分子の大きさ
ウ 分子をつくる原子の種類　　**エ** 1個の分子の質量

3 次のうち，体の表面が外骨格という殻のようなものでおおわれている動物**ではない**ものはどれか。

ア カニ　　**イ** クモ　　**ウ** カメ　　**エ** アリ

4 次のうち，光が空気中から水中へと進む際に，空気と水の境界(水面)で光に起こる現象はどれか。ただし，入射角は0°ではないものとする。

ア 振動　　**イ** 屈折　　**ウ** 直進　　**エ** 反射

5 右の図は，ある地点に設置されている地震計に記録された，ある地震によるゆれのようすを表したものである。図中の2種類のゆれのうち，小さなゆれに続いて始まる大きなゆれを何というか。

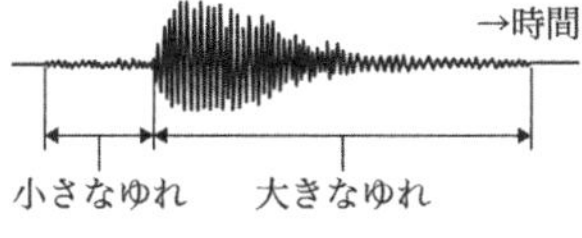

6 右の図のように，二酸化炭素で満たされた集気びんの中に火のついたマグネシウムリボンを入れると，マグネシウムリボンは燃焼し続け，マグネシウムが酸化されて酸化マグネシウムができる。このとき，二酸化炭素が還元されてできる物質は何か。**漢字2字**で書きなさい。

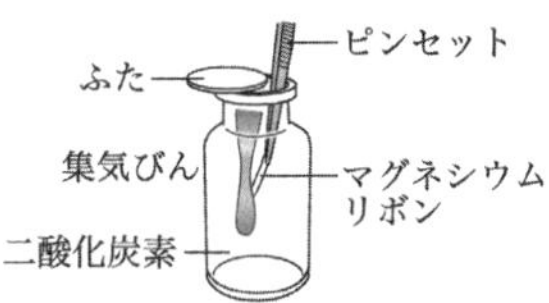

7 右の図は，ジャガイモの茎(地下茎)にいもができているようすをスケッチしたものである。ジャガイモやサツマイモのいも，ヤマノイモやオニユリのむかご，オランダイチゴのほふく茎のように，体の一部に養分をたくわえたものから新しい個体をつくる無性生殖を，特に何生殖というか。

8 ある国で家庭に供給されている電流は，その向きや強さが1分間に3600回の割合で変化する。この電流の周波数は何Hzか。

2 右の図は，花こう岩という火成岩の表面をルーペで観察し，そのようすをスケッチしたものである。図中にAで示したものは，花こう岩の表面に見られた鉱物の結晶で，Aの他には，Ⓧ<u>白色で規則正しい形をした鉱物</u>や，Ⓨ<u>無色で不規則な形をした鉱物</u>の結晶が見られた。
このことについて，次の**1**，**2**，**3**の問いに答えなさい。

1 Aで示した鉱物は，黒色をしていて，決まった方向にうすくはがれるという特徴がある。この鉱物の名称は何か。

2 Aの他に見られた下線部Ⓧ，Ⓨの鉱物のうち，含まれている割合が大きい方の鉱物，およびその鉱物の名称を正しく組み合わせているものは，次のうちどれか。

ア 割合が大きい方の鉱物：下線部Ⓧ　鉱物の名称：セキエイ
イ 割合が大きい方の鉱物：下線部Ⓧ　鉱物の名称：チョウ石
ウ 割合が大きい方の鉱物：下線部Ⓨ　鉱物の名称：セキエイ
エ 割合が大きい方の鉱物：下線部Ⓨ　鉱物の名称：チョウ石

3 次の□内の文章は，花こう岩の分類とつくりについて述べたものである。①，②に当てはまる語をそれぞれ書きなさい。

> マグマの冷え固まり方によって火成岩を大きく2種類のグループに分けたとき，花こう岩は（ ① ）とよばれる方のグループに分類される。また，花こう岩のつくりのように，比較的大きな鉱物の結晶がすき間なくつまっているつくりを（ ② ）という。

下野模擬問題(第194回)◆理科

3 右の図のように，試験管の中に入れたある物質と水酸化カルシウムの混合物をガスバーナーで加熱し，発生したアンモニアを，よく乾かした別の試験管に集めた。ただし，図では，アンモニアを集めた試験管は省略されている。

このことについて，次の**1**，**2**，**3**の問いに答えなさい。

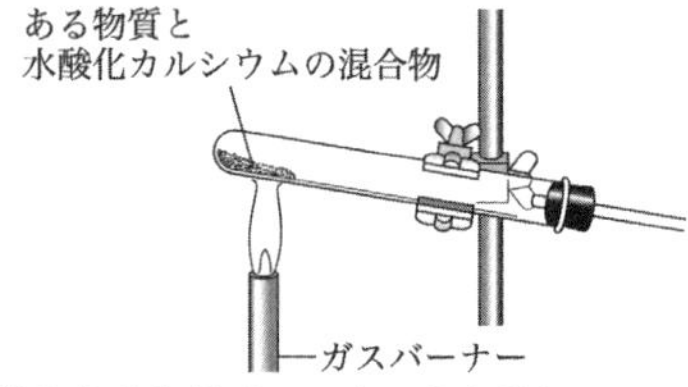

1 アンモニアを発生させるために用いた，下線部の物質を表す化学式は，次のうちどれか。

ア HCl　　**イ** NaCl　　**ウ** NH_4Cl　　**エ** $CuCl_2$

2 次の□内の文章は，アンモニアの集め方について述べたものである。①，②に当てはまる語をそれぞれ書きなさい。

> アンモニアは（ ① ）という集め方(捕集法)によって集めた。このことは，アンモニアが水に対して示す性質と，アンモニアの密度が空気の密度よりも（ ② ）ことによる。

3 1個のアンモニア分子を構成する窒素原子と水素原子の数を正しく組み合わせているものは，次のうちどれか。

ア 窒素原子：2個　水素原子：1個　　**イ** 窒素原子：3個　水素原子：1個
ウ 窒素原子：1個　水素原子：2個　　**エ** 窒素原子：1個　水素原子：3個

4 右の図は，受粉が行われた後の，ある被子植物の花の断面を模式的に表したものである。

このことについて，次の**1**，**2**，**3**の問いに答えなさい。

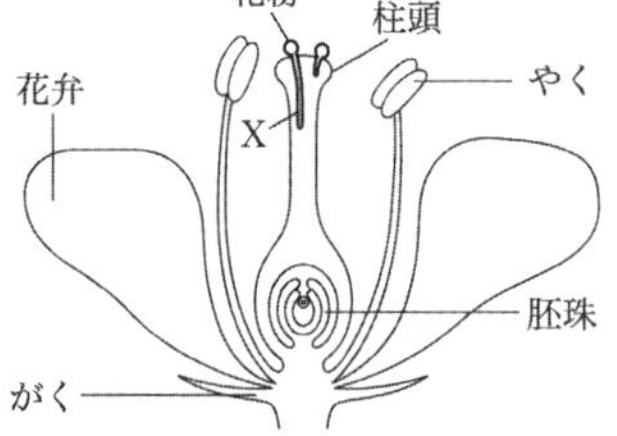

1 花粉からのびている，Xで示したものを何というか。

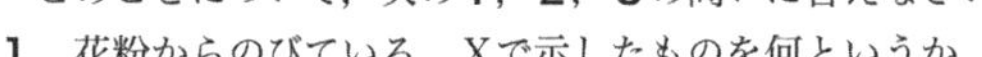

2 次の□内の文章は，被子植物における受精について述べたものである。①，②に当てはまる語をそれぞれ（　）の中から選んで書きなさい。

> Xで示したものの先端が胚珠にまで達すると，①(精細胞・精子・卵細胞・卵) の核が，②(精細胞・精子・卵細胞・卵) の核に受け入れられて，これらの生殖細胞どうしの核が合体する。このことを受精という。

3 有性生殖において，生殖細胞がつくられるときに行われる，分裂前後で染色体の数が変化する細胞分裂を何というか。

5 電熱線から発生する熱量について調べるために，次の実験(1)，(2)を順に行った。

(1) 発泡ポリスチレンの容器の中に，くみ置きの水100gを入れ，規格が「6V－9W」の電熱線を用いて，右の図のような装置を組み立てた。

(2) 電源装置の電圧を6.0Vに合わせて，ガラス棒でときどき水をゆっくりとかき混ぜながら電流を流し，1分が経過するごとに水の上昇温度を調べた。下の表は，その結果をまとめたものである。

経過時間〔分〕	1	2	3	4	5
水の上昇温度〔℃〕	1.1	2.2	3.3	4.4	5.5

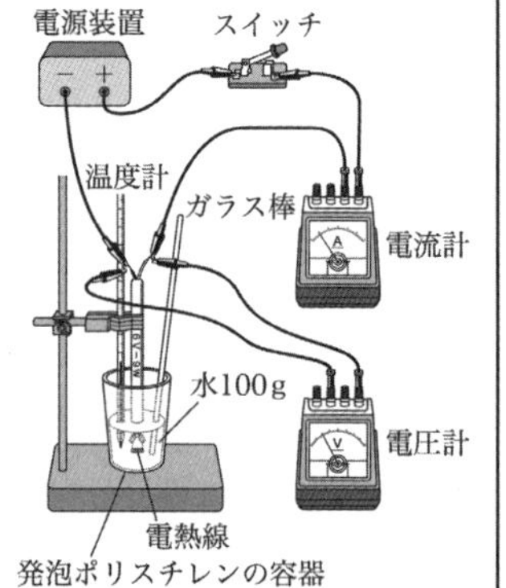

このことについて，次の**1**，**2**，**3**の問いに答えなさい。ただし，図の装置には，電熱線以外に抵抗はないものとする。

1 電熱線の規格「6V－9W」の意味は，6Vの電圧を加えると9Wの何を消費するということか。

2 実験(2)で電熱線に電流を流していたとき，電流計は何Aを示したか。

3 次の[　　]内の文章は，実験の結果からわかることについて述べたものである。①，②に当てはまる数値をそれぞれ書きなさい。

> 電流を流していたとき，電熱線からは1分間あたりに（　①　）Jの熱量が発生していた。また，水1gの温度を1℃上昇させるのに必要な熱量は4.2Jであることから，電熱線から発生していた（　①　）Jの熱量のうち，水の温度を上昇させること以外に使われた熱量は（　②　）Jであったことがわかる。

6 ある天気図をもとに，次の考察(1)，(2)，(3)を行った。

> (1) 図1は，ある日のある時刻における日本付近の天気図で，九州の西の海上には台風が位置しているのが見られる。このように，台風が日本列島に接近していることから，この天気図は，夏から秋のものであると考えられる。
> (2) 図1中に見られる台風の中心付近では，ある決まった向きの強い風が吹いていると考えられる。
> (3) 北海道の東の太平洋上にある，図1中にAで示したところは，高気圧か低気圧の中心であると考えられる。

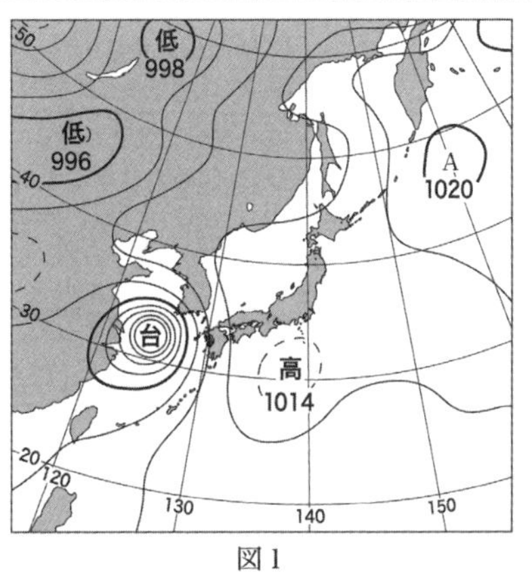

図1

このことについて，次の**1**，**2**，**3**，**4**の問いに答えなさい。

1 図1中に引かれている，同じ時刻に等しい気圧の地点を結んだ曲線を何というか。また，一般的な天気図において，となり合っているその曲線の間隔は，次のうちどれか。

ア 2hPa　　**イ** 4hPa　　**ウ** 10hPa　　**エ** 20hPa

2 次の[　　]内の文は，台風の定義について述べたものである。①，②に当てはまる語や数値をそれぞれ(　　)の中から選んで書きなさい。

> 台風とは，低緯度帯のあたたかい海洋上で発生した熱帯 ①(高気圧・低気圧) が，海面から供給された多量の水蒸気をエネルギー源として発達し，その中心付近における最大風速が ②(17.2・32.7) m/s 以上になったものをいう。

3 図2は，図1中に見られる台風において，その中心付近の地表(海面)を真上から見たようすを模式的に表したもので，**台**は台風の中心，曲線は**1**で答えた曲線である。図2中に三つの•で示した地点における風の吹き方が，考察(2)で考えた向きになるように，三つの•で交わる6本の点線のうちの3本をなぞって実線の矢印(→)に変えたものを，解答用紙の図中にかき入れなさい。

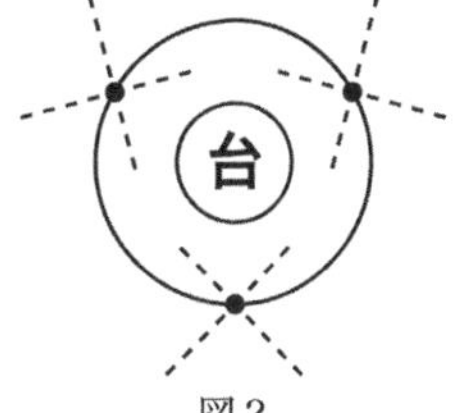

図2

4 考察(3)に関して，図1中にAで示したところについて述べているものは，次のうちどれか。

ア 低気圧の中心であり，上昇気流が生じている。
イ 低気圧の中心であり，下降気流が生じている。
ウ 高気圧の中心であり，上昇気流が生じている。
エ 高気圧の中心であり，下降気流が生じている。

7 うすい硫酸の性質について調べるために，次の実験(1)，(2)，(3)，(4)を順に行った。

> (1) スライドガラスの上に水道水をしみ込ませたろ紙を置き，両端を2個の目玉クリップで止めた。なお，水道水のかわりに，食塩水や硝酸カリウム水溶液を用いることもある。
> (2) ろ紙の上に，小さく切った赤色リトマス紙R_1，R_2，青色リトマス紙B_1，B_2をのせた。

(3) 下の図のように，ろ紙の中央付近にうすい硫酸をしみ込ませた糸をのせ，2個の目玉クリップが陽極と陰極になるように電源装置をつないだ。
(4) (3)の直後に電源装置のスイッチを入れて2個の目玉クリップ間に電圧を加えたところ，リトマス紙R_1，R_2，B_1，B_2のうちの1枚に色の変化が見られた。

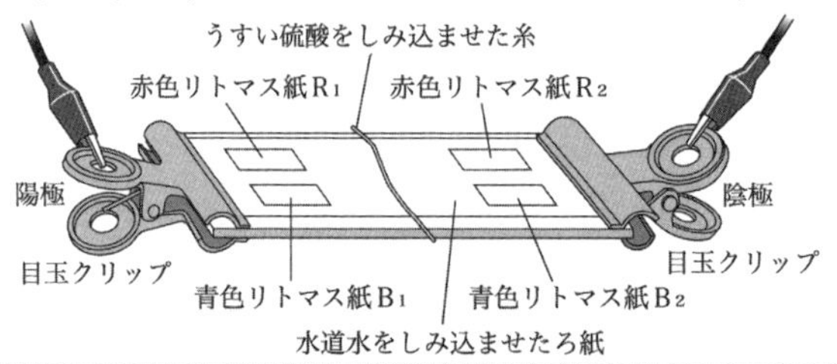

このことについて，次の**1**，**2**，**3**，**4**の問いに答えなさい。

1 実験(1)で，ろ紙に水道水(または食塩水や硝酸カリウム水溶液)をしみ込ませた理由は，電極間に電流を流しやすくするためであるが，これらと同じく電解質の水溶液である炭酸水やアンモニア水を用いると不都合が生じる。その不都合とはどのようなことか。簡潔に書きなさい。

2 次の□内の文章は，実験(4)で見られたリトマス紙の色の変化からわかることについて述べたものである。①，②に当てはまる語をそれぞれ書きなさい。ただし，①には具体的なイオンの名称を表す語が入る。

> 実験(4)で見られたリトマス紙の色の変化から，実験に用いたうすい硫酸の中には，(①)イオンが生じていることがわかる。水に溶かしたとき，水溶液中にこのイオンが生じる物質をまとめて(②)という。

3 実験に用いたうすい硫酸をpHメーターの先につけたときにpHメーターに表示される数値をxとすると，xはどのような値になると考えられるか。次の**ア**，**イ**，**ウ**のうちから一つ選び，記号で答えなさい。

ア $x<7$　　**イ** $x=7$　　**ウ** $x>7$

4 実験の後，実験(1)〜(3)と同様の準備を再び行った。ただし，ろ紙の中央付近には，うすい硫酸のかわりにうすい水酸化バリウム水溶液をしみ込ませた糸を置いた。次に，実験(4)と同様に2個の目玉クリップ間に電圧を加えたところ，この場合も，4枚のリトマス紙のうちの1枚に色の変化が見られた。色が変化したのはどのリトマス紙か。R_1，R_2，B_1，B_2のうちから一つ選び，記号で答えなさい。また，その色の変化の原因となったイオンを表す化学式を書きなさい。

8 植物の体の表面から大気中に放出されている水の量について調べるために，次の実験(1)，(2)，(3)を順に行った。

(1) 葉の枚数や大きさ，茎の太さがほぼ同じくらいの，ある植物の枝A，B，Cを用意した。次に，枝Aのすべての葉の表側と，枝Bのすべての葉の裏側にワセリンをぬった。また，枝Cの葉には何の処理もしなかった。
(2) 下の図のように，50.0mLの水を入れたメスシリンダーに枝A，B，Cをそれぞれさして水面に少量の食用油を浮かべてから，日当たりがよくて風通しのよい窓際にしばらく置いた。

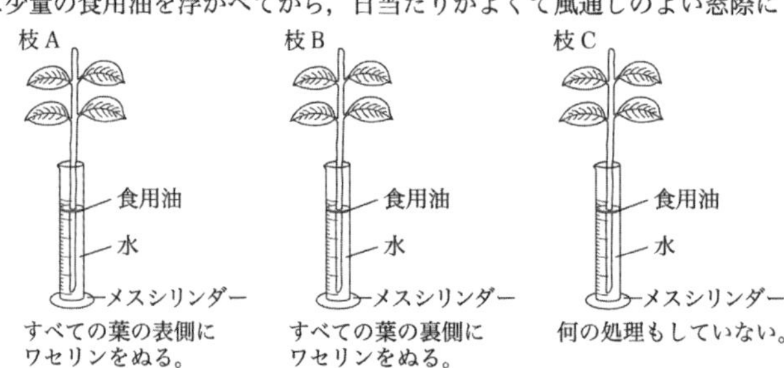

(3) 枝A，B，Cを抜いてから，それぞれのメスシリンダー内の水の量を調べ，その結果を右の表のようにまとめた。

枝	A	B	C
(3)で調べた水の量〔mL〕	46.1	48.5	44.9

問題 R4
192
193
194
195
【理科】第194回

このことについて，次の**1**，**2**，**3**，**4**の問いに答えなさい。

1 次の□内の文章は，植物が根から吸収した水を大気中に放出するまでの水の通り道などについて述べたものである。①，②に当てはまる語をそれぞれ書きなさい。

> 植物が根から吸収した水は，（ ① ）という管を通って葉などに運ばれる。その後，水は，葉などの表面(表皮)に分布している（ ② ）という小さなすきまから，水蒸気の状態で大気中に放出されている。

2 実験(2)で，「水を入れたメスシリンダーに枝をさす」→「水面に食用油を浮かべる」という順序で操作を行ったのはなぜか。「枝の切り口」という語を用いて簡潔に書きなさい。

3 表の枝BとCの結果を比較することでわかることを述べているものは，次のうちどれか。

ア すべての葉の表側と裏側から放出された水の量。
イ すべての葉の表側から放出された水の量。
ウ すべての葉の裏側から放出された水の量。
エ 茎から放出された水の量。

4 実験の結果より，すべての葉の表側から放出された水の量，およびすべての葉の裏側から放出された水の量は，それぞれ何mLであったと考えられるか。

9 物体がされる仕事について調べるために，次の実験(1)，(2)，(3)を順に行った。

> (1) 図1のように，滑車つきモーターを机の端に固定し，モーターで糸を巻きとることができるようにした後，糸につないだばねに床の上に置いた質量600gの物体をとりつけ，糸のたるみがないようにした。なお，このとき，ばねはまったくのびていない。
> (2) モーターを電源装置に接続して電流を流したところ，モーターが回転し始め，糸を一定の速さで巻きとっていった。図2は，電流を流し始めてから20秒が経過するまでの，経過時間とばねののびとの関係をグラフに表したものである。
> (3) 電流を流し始めてからしばらくすると，物体の床からの高さが50cmになったので，電流を流すのを止めた。

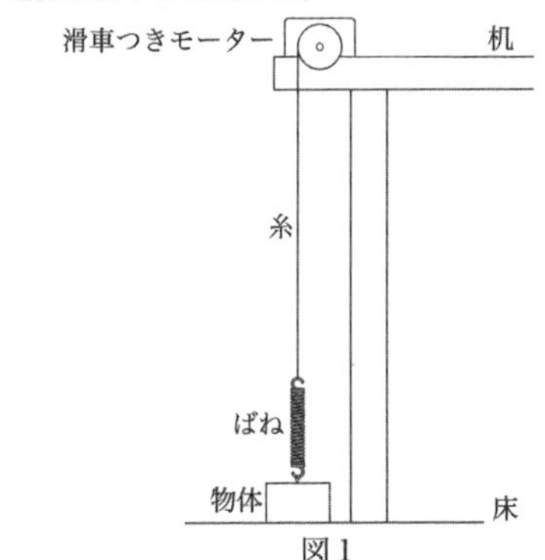

図1

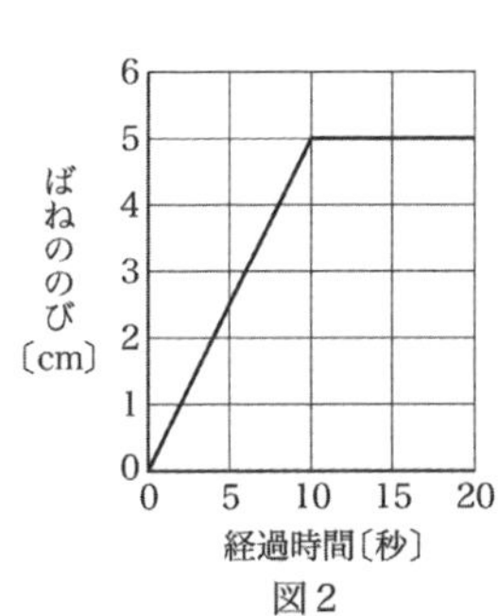

図2

このことについて，次の**1**，**2**，**3**，**4**の問いに答えなさい。ただし，質量100gの物体にはたらく重力の大きさを1Nとし，糸の質量やのび，および，ばねの質量は無視できるものとする。

1 物体が床を離れて50cmの高さに引き上げられるまでの間に，物体がされた仕事の大きさは何Jか。

2 次の□内の文は，図2のグラフからわかることについて述べたものである。①，②に当てはまる数値をそれぞれ書きなさい。

> 実験で用いたばねを1cmのばすためには，（ ① ）Nの力が必要であることや，ばねののびが2cmになった瞬間には，物体は床から（ ② ）Nの垂直抗力を受けていたことなどがわかる。

3 電流を流し始めてから物体が50cmの高さに引き上げられるまでにかかった時間は，次のうちどれか。

ア 90秒　　**イ** 100秒　　**ウ** 110秒　　**エ** 120秒

4 物体が床を離れてから50cmの高さに引き上げられるまでの間に，物体がもっている運動エネルギーの大きさはどのように変化していったか。簡潔に書きなさい。

第194回 下野新聞模擬テスト 英語

1 これは聞き方の問題である。指示に従って答えなさい。

1〔英語の対話とその内容についての質問を聞いて，答えとして最も適切なものを選ぶ問題〕

(1) ア イ ウ エ

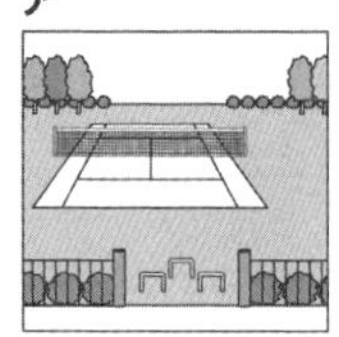

(2) ア イ ウ エ

(3) ア About their homework.　　イ About an English book.
　ウ About their grandparents.　　エ About the place to study.

(4) ア Because the festival was nice.　　イ Because the festival was boring.
　ウ Because the festival was exciting.　　エ Because the festival was crowded.

2〔英語の対話とその内容についての質問を聞いて，答えとして最も適切なものを選ぶ問題〕

www. summervolunteerprogram.com

Summer Volunteer Program
July 20 – August 30
Welcome to our website!
Let's join our volunteer program!

Volunteer Activities
□ Plant Flowers (5 people)
□ Plant Trees (10 people)
□ Clean the Street (15 people)
□ Clean the River (15 people)

Meetings
You need to join one meeting if you want to join the program.

Date and Time
□ June 16, Tuesday　18:00－19:00
□ June 20, Saturday　10:00－11:00
□ July 5, Sunday　10:30－11:30
□ July 11, Saturday　10:00－11:00

Place
□ City Hall
(A walk from Kita Station)
□ Volunteer Center
(35 minutes' walk from Kita Station)

(1) ア Because he has been interested in volunteer work.
　イ Because he knows that the water from the river helps the trees to grow.
　ウ Because he sometimes goes fishing at the river.
　エ Because he lives near the river and plays there in summer.

(2) ア June 16　　イ June 20　　ウ July 5　　エ July 11

(3) ア 5 minutes'　　イ 10 minutes'　　ウ 15 minutes'　　エ 20 minutes'

3〔ホワイト先生(Mr. White)のスピーチを聞いて，英語で書いたメモを完成させる問題〕

About Sports in Mr. White's Country

・Soccer is very (1)(　　　) among people in his country.
・Mr. White's favorite sport is tennis.
・His town (2)(　　　) a famous tennis tournament every year.
・His parents walk in the park (3)(　　　) breakfast.

2 次の1，2の問いに答えなさい。

1 次の英文中の (1) から (6) に入る語句として，下の(1)から(6)のア，イ，ウ，エのうち，それぞれ最も適切なものはどれか。

June 26th, 2022

Our school invited a famous American musician who (1) Japan. He came to our school with an *interpreter to make a speech, but he spoke only English. Many of the students couldn't understand much of the speech (2) in English. The musician's speech at the gym was wonderful. But it was a little long. After he (3) speaking, the interpreter *translated his story into Japanese. We were surprised because the interpreter finished translating in (4) . Most of us laughed and *clapped our hands. The musician thanked the interpreter and said, " (5) did you translate my long story into such a short Japanese one?" The interpreter answered, "I just said, 'This great musician made a wonderful speech and told you an interesting story. Please (6) and clap your hands.'" The musician laughed a lot. That was the interpreter's *joke. After that, the interpreter told us about the musician's speech. It was very interesting.

〔注〕*interpreter＝通訳者　*translate ～ into…＝～を…に翻訳する
*clap one's hands＝拍手をする　*joke＝冗談

(1) ア visit　イ visits　ウ is visited　エ was visiting
(2) ア speak　イ spoke　ウ spoken　エ was speaking
(3) ア stopped　イ tried　ウ started　エ practiced
(4) ア an hour　イ half a minute　ウ a few hours　エ more than thirty minutes
(5) ア How　イ Why　ウ When　エ Which
(6) ア sleep　イ laugh　ウ be quiet　エ listen to him

2 次の(1)，(2)，(3)の(　　)内の語を意味が通るように並べかえて，(1)と(2)はア，イ，ウ，エ，(3)はア，イ，ウ，エ，オの記号を用いて答えなさい。ただし，文頭にくる語も小文字で示してある。

(1) *A*：Let's swim in the sea together.
B：No, thank you. It's (ア for　イ easy　ウ not　エ me) to do that.
(2) *A*：(ア I　イ to　ウ have　エ do) buy this book?
B：No. I have the same one, so I can lend you mine.
(3) *A*：Did you go fishing with Bob last Sunday?
B：Yes. He (ア which　イ fish　ウ a　エ was　オ caught) very big.

3 次の英文は，図書委員のさくら(Sakura)と，ALTのリー先生(Mr. Lee)との対話の一部である。また，右のそれぞれの図(Figure)は，来月号の図書室だよりを作るために，さくらが作成している資料の一部である。これらに関して，1から6までの問いに答えなさい。

Mr. Lee：When I visit the library, I always see many third-year students. They borrow many books there.

Sakura：That's right, Mr. Lee. Please look at (1)<u>Figure 1</u>. It shows the number of books students borrowed from the library. In April, only the third-year students borrowed more than two hundred books. In May, the number of books they borrowed didn't change. And the number of books borrowed by the second-year students went down. They borrowed one hundred twenty books in June.

Mr. Lee：I see. I hope the first-year and the second-year students will visit the library more often and borrow more books.

Sakura：We talked about (2)<u>that</u> a lot and *hit upon a points system.

Mr. Lee：A points system? What's that?

Sakura：When students visit the library, each student will get one point. Then, if they ____(3)____, each will get another point. When they collect fifty points, every student can get a special *bookmark.

Mr. Lee：Sounds interesting! I hope your idea will [A] many students to the library. These days, many students in Japan don't like to read books.

Sakura：Look at Figure 3, please. What can you say from the graph?

Mr. Lee：An elementary school student ＿＿＿(4)＿＿＿ a junior high and a high school student every year.

Sakura：That's right. An elementary school student reads about ten books a month, but a junior high school student reads only about four books. And a high school student reads only one or two books.

Mr. Lee：Junior high school students and high school students read only a few books a month. Why is that?

Sakura：Please look at Figure 4. About 60% of the students answered "＿＿＿(5)＿＿＿." More than 50% said, "I have no time to read books because of studying or club activities." The third reason is "I don't know [B] to read." I hope that many students will read books more often than they do now. Do you have any ideas about how to make this situation better?

Mr. Lee：I think (6)<u>they will read books if they learn the *advantage of reading books.</u>

Sakura：You are right! We'll think about that. Thank you, Mr. Lee.

〔注〕*hit upon ～＝～を思いつく(※hitは過去形も同じ)
*bookmark＝栞(しおり)　*advantage＝利点，メリット

学年別図書貸出冊数(4月～6月)

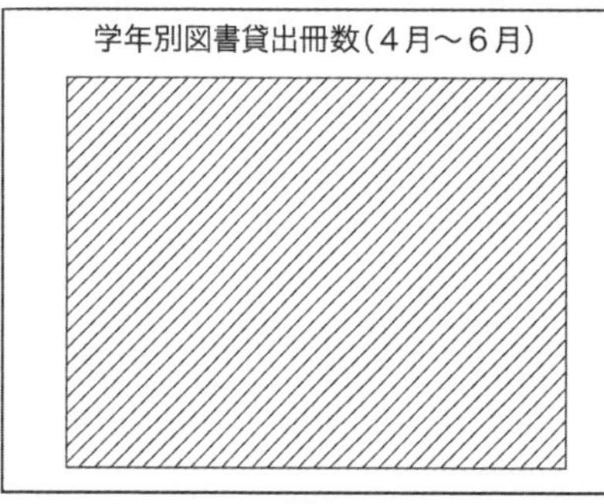

図1

ポイントシステム導入のお知らせ
多くの皆さんに図書室を利用してほしいので，近日中にポイントシステムを開始することにしました。
50ポイント貯(た)めると，特製の栞(しおり)をプレゼントします。
【ポイントの貯め方】
来室・・・・・・1ポイント
本を借りる・・・1ポイント
(1冊につき)

図2

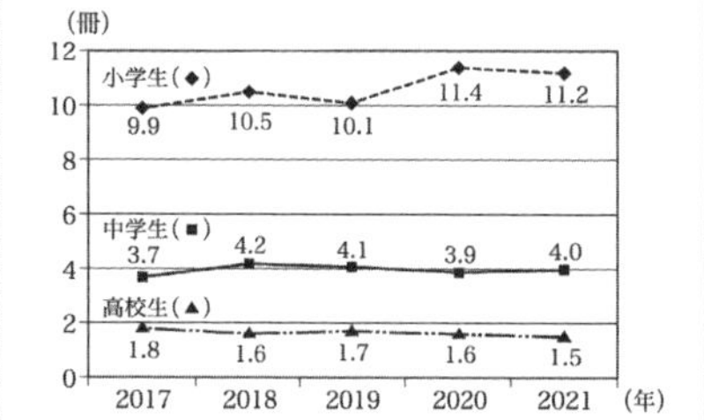

一か月間の平均読書冊数(一人当たり)
(冊)
小学生(◆)　9.9　10.5　10.1　11.4　11.2
中学生(■)　3.7　4.2　4.1　3.9　4.0
高校生(▲)　1.8　1.6　1.7　1.6　1.5
0　2　4　6　8　10　12
2017　2018　2019　2020　2021　(年)

図3

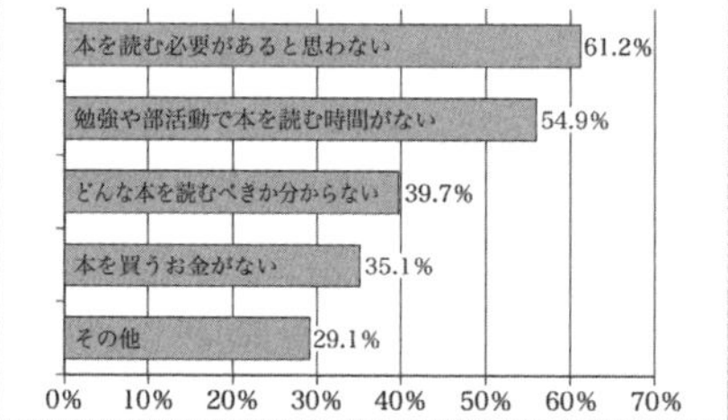

読書をしない理由(中高生回答／複数回答可)
本を読む必要があると思わない　61.2%
勉強や部活動で本を読む時間がない　54.9%
どんな本を読むべきか分からない　39.7%
本を買うお金がない　35.1%
その他　29.1%
0%　10%　20%　30%　40%　50%　60%　70%

図4

1 下線部(1)について，**図1**の▨の位置に入る表として，最も適切なものはどれか。

ア

学年＼月	4月	5月	6月
三年生	200	200	208
二年生	64	103	120
一年生	114	111	98

イ

学年＼月	4月	5月	6月
三年生	204	204	199
二年生	103	64	120
一年生	114	111	98

ウ

学年＼月	4月	5月	6月
三年生	208	204	199
二年生	103	64	120
一年生	114	111	98

エ

学年＼月	4月	5月	6月
三年生	196	196	208
二年生	64	103	120
一年生	114	111	98

2 下線部(2)が指す内容は何か。日本語で書きなさい。

3 二人の対話が成り立つよう，**図2**，**図3**，**図4**を参考に，下線部(3)，(4)，(5)に適切な英語を書きなさい。

4 本文中の[A]に入る語として，最も適切なものはどれか。

ア read　**イ** have　**ウ** come　**エ** bring

解答・解説 P266・P270

5 二人の対話が成り立つよう，本文中の B に入る適切な英語**2語**を書きなさい。
6 下線部(6)について，あなたの考える「利点」は何ですか。理由や具体的な例を含めて，まとまりのある**4文から6文程度**の英語で書きなさい。

4 サトル(Satoru)と，彼の叔母であるミエコ(Mieko)，彼女の友達であるカレン(Karen)についての次の英文を読んで，**1**から**5**までの問いに答えなさい。

I'm Satoru. I like cooking very much. My aunt, Mieko, teaches how to cook local foods in Tochigi to students from abroad. I often learn cooking from her. Also, I often talk with her after cooking. This is one of the stories I heard from her.

When my aunt was a junior high school student, a girl from Canada came to her house and stayed for two weeks. Her name was Karen. She was very interested in Japanese food. When Karen came to Mieko's house for the first time, she asked a lot of questions. For example, "What food is popular in Tochigi?" "What does *Itadakimasu* mean?" Mieko tried to answer them, but she couldn't. That night, when Mieko was sitting alone in her room, her mother came in and said, "(1)You look sad. What happened?" Mieko said, "Karen asked me questions, but I couldn't answer them well." Then, her mother said, "As you know, I sometimes go to the cooking class at the *community center. Our cooking teacher, Ms. Higuchi, teaches us how to cook local foods in Tochigi. She can speak English a little. [　　　] Do you want to join me with Karen?" Mieko smiled and said, "Of course!"

The next day, Mieko went to the cooking class with her mother and Karen. Ms. Higuchi came and said to them, "Please enjoy cooking our local foods. I'm going to explain how to cook one of them. Karen, you can introduce it to your family and friends in Canada." Mieko and Karen enjoyed cooking together. Everyone looked very happy when they were cooking. When Karen asked her questions, Ms. Higuchi answered them all. Other women in the cooking class helped them, too. They talked about many things about Tochigi.

After cleaning up, Karen said to Mieko, "I had a very good time with you. I'm very glad to learn about local food in Tochigi." Then Ms. Higuchi asked them, "What did you learn?" Karen answered, "I learned that local food is important for the people living there. We can also learn about the local history by cooking and studying its food." Ms. Higuchi said, "Yes, that's right! You learned a lot about Tochigi today. Japanese food is becoming popular around the world. Why don't you learn more about it?" Karen looked very happy to hear that. After hearing (2)Karen's words, Mieko thought, "I thought I knew our local food, but I didn't. I want to learn more about it, too. In the future, I want to be a cooking teacher like Ms. Higuchi and teach how to cook it to foreign students."

My aunt told me this story and showed me a picture taken at the cooking class. A girl was smiling next to her. "Her name is Karen, my best friend. Thanks to her, I found the importance of local food. I also found (3)my dream," she said happily.

〔**注**〕*community center＝公民館

1 ミエコが下線部(1)のような様子であったのはなぜか。日本語で書きなさい。
2 本文中の[　　　]に入る適切な英語はどれか。
 ア I'm sure she can help you a lot.
 イ I'm sure you can teach her how to cook local food.
 ウ I'm sure she can learn about Canada.
 エ I'm sure you can meet many people who are learning how to cook.
3 次の[　　　]は，下線部(2)の内容をまとめたものである。本文の内容と合うように，(①)と(②)に，それぞれ適切な日本語を書きなさい。

・郷土料理は，(①)にとって大切だということを学んだ。 ・(②)ことによって，その地域(土地)の歴史を学ぶことができる。

4 下線部(3)の内容を次の[　　]内のように表したとき，(　　)に入る適切な英語を，本文から**5語**で抜き出して書きなさい。

Mieko's dream was (　　　　　　　　　　　　　　) like Ms. Higuchi.

5 本文の内容と一致するものはどれか。

ア Karen learned about local foods a lot while she was in Tochigi for three months.
イ Ms. Higuchi came to Mieko's house and taught how to cook, so Mieko was glad.
ウ Ms. Higuchi didn't know that Japanese food was becoming popular around the world.
エ Mieko has a picture taken at the cooking class, and Mieko and Karen are in it.

5 ペンギン(penguin)についての次の英文を読んで，**1**，**2**，**3**，**4**の問いに答えなさい。

Penguins need to be near water because they spend most of their lives in the sea. Their bodies are perfect for their lives in the sea. They are *shaped smoothly to swim fast. There is one more strong point. It's their big yellow feet. They can run fast and walk around.

Penguins eat a lot of fish. They have a *bill which helps to catch their food. [　A　] Penguins can clean the salt out of seawater. They can get fresh water to drink and the salt back into the sea. Penguins have to be careful while they are eating food because some animals try to get them as their food. Penguins are the favorite food of *leopard seals and *whales. Birds like *sea eagles also eat penguins. Even cats and foxes eat penguins when they can.

On land, most penguins live in a large group with thousands or more of other penguins. If it's very cold, they come close together. It's so warm [　B　] the group because penguins are always moving to keep warm. Penguins walk together to get to their house. They call, dance, and sing to find their friends. Most penguins stay with their group friends for many years.

Most penguins *lay two eggs, but often only one egg survives. They soon put the eggs between their legs and warm them. When their babies come out of the eggs, the parents try to keep their babies warm and bring food to them. While the babies wait, eagles and other animals are always trying to catch them. Also, <u>the parents have to find their babies among many other baby birds</u>. How do they do that? The baby birds sing special songs to call their parents. The parents hear the song and find their own babies.

〔注〕*shaped smoothly＝滑(なめ)らかな形をしている　*bill＝口ばし
*leopard seal＝ヒョウアザラシ　*whale＝クジラ　*sea eagle＝ウミワシ
*lay＝(卵)を産む

1 本文中の[　A　]に入る次の**ア**，**イ**，**ウ**，**エ**の文を，意味が通るように並べかえて，記号を用いて答えなさい。

ア However, it is too hard for penguins' children to get food by themselves.
イ With the food, penguins' children drink salty water, too. But don't worry.
ウ They are given food by their parents.
エ So, it's not difficult for them to catch fish moving in the water.

2 本文中の[　B　]に入る語として，最も適切なものはどれか。

ア over　イ inside　ウ under　エ outside

3 下線部について，ペンギンの親鳥は，どのようにして自分のひな鳥を見つけるのか。日本語で書きなさい。

4 本文の内容と一致するものはどれか。

ア Most penguins aren't perfect for their lives in the sea, but they try to live there.
イ Cats and whales eat penguins only when they are very hungry.
ウ Penguins usually don't change the group to be with for a long time.
エ All of their eggs are usually safe because the parents keep them warm.

解答・解説 P266・P270

1 □に入る語として最も適当なものはどれか。

ア なれなれしく　**イ** 全く　**ウ** めったに　**エ** 軽々に

2 (1)何を言われているのか、よく分からなかった　とあるが、廉太郎がそのように思った理由として最も適当なものはどれか。

ア 自分が延に褒められるのはまったく予想外のことだったから。
イ 延の褒め言葉が一般的な評語の範囲を超えたものだったから。
ウ ひどく緊張して延の自信に満ちた言葉遣いに圧倒されたから。
エ 延が自分をからかっているように感じて反発心を覚えたから。

3 (2)延は一瞬だけ暗い顔を浮かべた　とあるが、それは延にどのような不安があったからか。それについて説明した次の文の□に当てはまるように、本文中から九字で抜き出しなさい。

> 廉太郎の、バイオリニストとしての□という不安。

4 (3)人生のすべてを懸けることができるほど　とあるが、この表現に込められている延の気持ちについての説明として最も適当なものはどれか。

ア 音楽に身を捧げて、日本の西洋音楽を発展させてほしい。
イ 自分の費やす犠牲に見合うだけの努力を約束してほしい。
ウ 音楽は才能だけでは成功できないことを自覚してほしい。
エ 音楽以外のものをすべて捨てて自分についてきてほしい。

5 (4)面食らっていると、延は肩をすくめた　とあるが、この表現から読み取れる廉太郎と延の様子として最も適当なものはどれか。

ア 廉太郎は延の重奏の提案を不満に思ったが、延は廉太郎を軽くたしなめて素直に従わせようとしている。
イ 廉太郎は延に重奏を提案されてひどく驚いたが、延は西洋式の軽快な流儀で廉太郎を重奏に導いている。
ウ 廉太郎は延の重奏の提案の理由が分からなかったが、延はあれこれ考えずにやってみるよう促している。
エ 廉太郎は延に重奏を提案されて喜びを表せないでいるが、延は気持ちを素直に表現させようとしている。

6 (5)気づけば、外の上野の景色は夕暮れに染まっていた　とあるが、この表現からわかるのはどのようなことか。三十字以上四十字以内で書きなさい。

5 下の【資料】を参考にして、「言葉」を使用する際に心がけたいことについて、あなたの考えを国語解答用紙(2)に二百四十字以上三百字以内で書きなさい。
なお、次の《条件》に従って書くこと。

《条件》
（Ⅰ）二段落構成とすること。
（Ⅱ）各段落は次の内容について書くこと。

第一段落
・【資料】から、あなたが気づいたことを書くこと。

第二段落
・自分の体験（見聞したことを含む）を踏まえて、「言葉」を使用する際にあなたが心がけたいことを書くこと。

【資料】（令和二年度「国語に関する世論調査」（文化庁）より）

「(1)明るみになる／明るみに出る　(2)寸暇を惜しまず／寸暇を惜しんで」の言い方はどちらを使うか。（**太字**は辞書などで本来の言い方とされてきたもの、対象は16歳以上の男女、数字は％）

	「知られていなかったことが、世間に知られること」を	令和２年度
(1)	(a)　明るみになる	43.0
	(b)　明るみに出る	**44.1**
	(a) と (b) の両方とも使う	10.5
	(a) と (b) のどちらも使わない	0.8
	無回答	1.6
	「僅かな時間も無駄にしない様子」を	令和２年度
(2)	(a)　寸暇を惜しまず	43.5
	(b)　寸暇を惜しんで	**38.1**
	(a) と (b) の両方とも使う	3.7
	(a) と (b) のどちらも使わない	13.1
	無回答	1.5

解答・解説　P266・P268

下野模擬問題(第194回)◆国語

冷や汗交じりに弾き終えたその時、延は、手を叩いた。

(1)「君はなかなか体を動かすのが上手い」

何を言われているのか、よく分からなかった。顔を見上げると、延は薄く微笑んでいた。

「楽器は音楽への理解力で弾きこなすものという誤解があるが、一番必要とされるのは、的確に体を動かし、姿勢を保持し、滑らかに体重を移動させる身体操作に他ならない」

子供の頃から体を動かすことが好きだった。まさか、こんなところで活きてくるとは思わなかった。

「瀧君。君は楽器の専攻は決めたか」

「いえ、実はまだ……」

「教師として言っておく」延は鋭い声を発した。「バイオリンは避けたほうがいい」

「なぜ、ですか」

当然の問いだった。そもそも延自身がバイオリンを専攻している。その人の言とはとても思えなかった。

(2)延は一瞬だけ暗い顔を浮かべた。その時、教師としての仮面が剝がれ、年齢相応の女性の素顔が覗いた気がした。だが、延はすぐにその表情を追い出し、元の硬い表情を取り戻した。

「君の同世代に途轍もないバイオリニストがいるが、あの子に巻き込まれてしまっては、君の芽が潰されかねないと思ってな。だから、君には別の道を歩いてほしい」

教師の顔に戻った延は、ケースの中からバイオリンを取り出した。飴色の銅がつややかに光るバイオリンは、学校に置いてある練習用のそれとは比べ物にならない品格を備えている。しかし、延もそれに負けぬ凛とした立ち姿をしていた。肩にバイオリンを乗せ、延は続けた。

「今、日本の西洋音楽はよちよち歩きをしているところだ。あまりに人材が足りない上、国の理解も薄い。今、東京音楽学校が高等師範学(注1)校付きになっているのは知っているだろう」

大きく頷くと、延はなおも続ける。

「師範学校の付属扱いは、国の西洋音楽への冷淡ぶりを如実に示している。現状を打破するためには、有望な人材に活躍してもらうしかない。——瀧君。君は、音楽は好きか。(3)人生のすべてを懸けることができるほど」

人生のすべて。延の口からその言葉が滑り落ちた時、部屋の中の空気が一段重くなった。その意味を考えれば考えるだけ、空恐ろしくなったからだ。相手は日本の西洋音楽界を牽引するあの幸田延だ。この人を前に、□口にできることなどありはしない。

喉から言葉が出ない廉太郎を見咎めるように、延は皮肉げに口角を上げた。

「突然のことだ。致し方あるまい。だが、もし、君が人生すべてを音楽に懸けられると考えるのなら——。わたしが個人的にレッスンをしよう。南千住の橋場にわたしの家がある。休日は家で過ごしているから、その時に腕を見てやる。わたしの家に楽器は一通り揃っている」

その代わり、教えるからにはみっちりとやる。全身から気を立ち上らせながら、延はそう口にした。

「覚悟が決まったら来い」延はバイオリンの弓を弦に沿わせた。「ときに瀧君、一曲、重奏をしよう」

(4)面食らっていると、延は肩をすくめた。どうやら延は長い西洋留学の間に、向こう式の身振り手振りを覚えてきたらしい。

「おいおい、音楽家が重奏を渋ってはならんぞ。音楽の醍醐味は調和にあるのだからな」

それからは、延のバイオリンとの重奏を繰り返した。

延のバイオリンは融通無碍(注2)な鵺(注3)のようだった。ある曲ではぐいぐいと旋律を引っ張り、ある曲では廉太郎のたどたどしい旋律を優しく包み込み、またある曲では廉太郎の連打に挑みかかるようにバイオリンの音色が絡みついてきた。

「楽しかったよ、今日はありがとう」

延が去って一人になったピアノ室の中で、廉太郎は天井を見上げた。圧倒的なまでの実力差を見せつけられたというのに体中に心地いい疲労がのしかかっている。ふと鍵盤を見れば、廉太郎の汗で光っている。懐の手ぬぐいで鍵盤を拭いて、廉太郎は外を眺めた。(5)気づけば、外の上野の景色は夕暮れに染まっていた。

(谷津矢車「廉太郎ノオト」〈中央公論新社〉から)

(注1) 高等師範学校=中等教育の教員を養成した国立の学校。

(注2) 融通無碍=何ものにもとらわれず、自由である様子。

(注3) 鵺=伝説上の怪獣。得体の知れないものという意味でたとえられる。

〈B〉

(2)正統的な演劇は、しかし、総合性をもって無署名的である。だれが書いた作品であるか、観客には、作者名によってしか知ることができない。作者の書いたものが、そのままでは舞台にならないことがあれば、作者とは別の手による脚色という大幅な加工が必要になる。そしてすべての場合において、演出家によって作品に新しいものが加わり、ある部分はとりのぞかれる。役者は、セリフのことばはそのまま口にしても、演技によってそのニュアンス(注3)に微妙に改変を加えないではいられない。そういう過程を通じて、原作者の作意はきわめて多くの改変を受けることになるが、それを嫌っては演劇は成立しないのだから仕方もない。

演劇は作者の主観、思想、意図をそのまま伝える様式ではない。多くの参加者、観客をふくめて、作者、演出家、演者がすべて、めいめいの意図、解釈を集約してつくり上げる芸術である。近代文学の作者にとって、不純な世界で、□でありすぎる。しかし、それによってのみ表現できるおもしろさがあることは、現代においても忘れられているわけではない。

文学の伝達として考えるとき、こういう演劇様式の性格はもっとも原初的な形をとどめているということもできる。つまり、作者の考えそのままが作品を完結させるのではなく、享受者に解釈の自由が大きく許容されているということである。作者は、作品の成否を、舞台を成立させる関係者に委ねるのである。普通、そのことを作者も観客もはっきり意識していないだけのことである。

(外山滋比古「古典論」〈みすず書房〉から)

(注1) レーゼドラマ＝上演を目的としない読むための戯曲(ぎきょく)。
(注2) ジャンル＝分野。種別。とくに文芸作品の種類。
(注3) ニュアンス＝言葉の微妙な意味合いや意図。

1 (1)小説のような文芸とは異なる伝達のしかたをしている とあるが、小説と演劇の伝達のしかたの違いを、筆者はどのように説明しているか。四十五字以上五十五字以内で書きなさい。

2 (2)正統的な演劇は、しかし、総合性をもって無署名的である とあるが、その説明として最も適当なものはどれか。

ア 演劇は参加者の意図や解釈を集約することに多くの時間を費やす必要があるので、作者の過度な主張は有効ではないということ。

イ 演劇は観客には作者名によってしか知ることができないので、便宜(べんぎ)的に作者が設定されているだけのことであるということ。

ウ 演劇はそこに関わる多くの者の存在を前提としているので、特定の人物が作者として記録されることはまれであるということ。

エ 演劇はそもそも作者の個性がそのまま反映されるのではなく、多様な意図や解釈が集約される仕組みになっているということ。

3 □に入る語として最も適当なものはどれか。

ア 抽象　**イ** 主観　**ウ** 陳腐(ちんぷ)　**エ** 複雑

4 次の図は、〈A〉と〈B〉の文章から読み取れる筆者の考えをまとめたものの一部である。後の(I)、(II)の問いに答えなさい。

> **現状** 演劇的表現の多様な□の要素が敬遠され、芸術的価値を減ずる傾向にある。
> ↓レーゼドラマへの志向が強まる。
>
> **本来** 演劇化の過程で加えられる□がおもしろさを生み出す。
> ↓もっとも原初的な形をとどめている。

(I) □に入る、〈A〉と〈B〉の文章に共通して用いられている語を、本文中から二字で抜き出しなさい。

(II) 原初的な形をとどめている とあるが、それはどういうことか。四十字以上五十字以内で書きなさい。

5 〈A〉と〈B〉の文章の関係について説明したものとして最も適当なものはどれか。

ア 〈B〉は、〈A〉で示された考えに対して反対する立場から論を展開させている。

イ 〈B〉は、〈A〉で述べられた内容を前提として筆者の主張を補足的に展開している。

ウ 〈B〉は、〈A〉で示された結論を踏まえて筆者の意見を明らかにしている。

エ 〈B〉は、〈A〉で述べられた主張を発展させる立場から論を補強している。

4

次の文章を読んで、**1**から**6**までの問いに答えなさい。

〔 明治の中頃、東京音楽学校に進学した瀧廉太郎(たきれんたろう)は、欧米に留学し、バイオリンを学んで音楽学校の教授となった幸田延(こうだのぶ)と会っていた。延の指示で廉太郎はショパンの曲をピアノで弾いた。〕

下野模擬問題（第194回）◆国語

けむ、いと思ひの外になむ賞(注8)でける。唐土とこの国とは、言(注9)異なるものなれど、月の影(注10)は同じことなるべければ、人の心も同じことにやあらむ。

（「土佐日記」から）

（注1）唐土＝中国。
（注2）帰り来ける＝帰って来ようとする。
（注3）馬のはなむけ＝送別の会。
（注4）かしこの＝あちらの。
（注5）かうやうに＝このように。
（注6）言の心＝和歌の意味。
（注7）ここの言葉伝へたる＝日本の言葉を理解している。
（注8）賞でける＝感心したということだった。
（注9）言＝言葉。
（注10）影＝光。

1 思ほえたれども　は現代ではどう読むか。現代かなづかいを用いて、すべてひらがなで書きなさい。

2 ア帰り来ける　イ別れ惜しみて　ウよめりける　エいひ知らせければ　の中で、主語が異なるものはどれか。

3 (1)飽かずやありけむ　の説明として最も適当なものはどれか。

ア なごりがつきないように思ったのであろうかということ。
イ 少しも満足することができなかったのであろうかということ。
ウ 作った漢詩に納得できなかったのであろうかということ。
エ 面白くてやめることができなかったのであろうかということ。

4 (2)聞き知るまじく　の意味として最も適当なものはどれか。

ア 聞けば分かるにちがいないと
イ 聞けば分かるかもしれないと
ウ 聞いても分からないだろうと
エ 聞く気にはならないだろうと

5 「阿倍の仲麻呂」は自分のよんだ歌について、どのように説明しているか。次の文の空欄に当てはまるように、十五字以上二十字以内の現代語で答えなさい。

中国と日本では言葉が異なるものだが、［　　］から、和歌の心が伝わったのだろう。

3 次の〈A〉、〈B〉の文章は、外山滋比古「古典論」の一節である。これらを読んで、**1**から**5**までの問いに答えなさい。

〈A〉

(1)演劇は古くから存在する芸術様式であるが、その性格は複雑であって、小説のような文芸とは異なる伝達のしかたをしている。

演劇は、だれがこしらえたのか、作者というものが、見る側、享受者にとってはっきりしていないのである。したがって、作者の意図するところがなまの形ではっきり感知されることはないといってよい。近代の個性的劇作家はつよい自己主張をすることがすくなくないけれども、それでもなお、小説家のように、直接、作者の声を伝えることはできない。

芝居として演じられるには、脚本だけでは足りないのははっきりしている。演出が加わる。それによって台本には当然、解釈が加わるから、原作者の意図、作意が多少とも変化するのを免れるのは難しい。

さらに、演者が参加して、その演ずるところによってはじめて、具体的な舞台になる。どのように、原作者の意図に忠実であろうとしても、また、いかに演出家の考えに合致しようとしても、演ずるのは、演者の個性による表現であるのをやめることができない。

そうして演じられた芝居を見る観客は、まためいめいに自分なりの色づけ、まとめをしながら鑑賞する。演劇的表現のおもしろさは、こうして何層もの解釈が加わり、いわば加工の施された世界を理解するところから生ずる。

そういう多様な改変の要素をきらうところから、レーゼドラマ(注1)、つまり、演劇化の過程を抜かして、脚本をそのまま小説のように読むジャンル(注2)が生まれる。これなら、演出、演技という仲介の要素を排除して、読者はじかに作者の書いたものに触れることができる。作者の言わんとするところを尊重する近代において、また、作者がいちじるしい個性をもっていると認定される場合において、実際の舞台よりも書斎における読書の方が豊かな享受になるという認識がつよまるところでレーゼドラマへの志向はつよくなる。

作者の個性の表出をそのまま理解しようという文学伝達の意識が高まるにつれて、演劇は、それがつくり上げられる過程を通じてもつ複雑な総合性のゆえに、芸術的価値を減ずる傾向にあると言ってよい。小説の栄える時代に演劇が不振であるという文学史の状況は、ひとつには、演劇の総合性によって誘発されるものであろう。

令和4年12月4日実施

第194回 下野新聞模擬テスト

国語

制限時間 50分

1 次の1から7までの問いに答えなさい。

1 次の――線の部分の読みをひらがなで書きなさい。
(1) 殊勝な心がけ。 (2) 恭順の意を表す。
(3) 委員会に諮る。 (4) 思わず天を仰ぐ。
(5) 弔辞を述べる。

2 次の――線の部分を漢字で書きなさい。
(1) 本がゾウサツされる。 (2) 門を固くトざす。
(3) ソウバン行き詰まるだろう。 (4) 手を合わせてオガむ。
(5) 我が国有数のコクソウ地帯。

3 「心温まる物語が世界中で読まれる。」の――線の部分と文法的に同じ意味・用法のものはどれか。
ア 後ろのランナーに抜かれる。 イ 来賓(らいひん)が話される。
ウ 駅までは五分で行かれる。 エ 昔が思い出される。

4 次の――線の部分について適切に説明したものはどれか。なお、[A]・[B]は人物を表している。
来週、[A]が[B]にお会いになる。
ア 尊敬語で、[A]への敬意を表している。
イ 尊敬語で、[B]への敬意を表している。
ウ 謙譲語で、[A]への敬意を表している。
エ 謙譲語で、[B]への敬意を表している。

5 次の――線の部分のうち、「のびのびと健やかに」と文節どうしの関係が同じものはどれか。
ア 広い空に白い飛行機雲ができる。
イ 東京や大阪などの大都会に住む。
ウ 兄は一日中プールで泳ぐだろう。
エ 来週は文化祭なので楽しみだ。

6 「湯気(訓と音)」と熟語の読みが同じものはどれか。
ア 絵巻 イ 系統 ウ 姿見 エ 夕食

7 次の二句の俳句の□には同じ語が入る。適当なものはどれか。
わが宿は四角な影を窓の□ (松尾芭蕉(まつおばしょう))
菜の花や□は東に日は西に (与謝蕪村(よさぶそん))
ア 雪 イ 風 ウ 月 エ 春

2 次の文章を読んで、1から5までの問いに答えなさい。

昔、阿倍(あべ)の仲麻呂(なかまろ)といひける人は、(注1)唐土(もろこし)に渡りて、ア(注2)帰(き)り来ける時に、船に乗るべき所にて、かの国人(くにびと)、(注3)馬(むま)のはなむけし、イ別れ惜しみて、(注4)かしこの漢詩(からうた)作りなどしける。(1)飽かずやありけむ、月出(い)づるまでぞありける。その月は、海よりぞ出でける。これを見てぞ、仲麻呂の主、わが国に、かかる歌をなむ、(注5)かうやうに別れ惜しみ、喜びもあり、悲しびもある時にはよむとて、ウよめりける歌、

青海(あをうな)ばらふりさけ見れば春日(かすが)なる三笠(みかさ)の山に出でし月かも

とぞよめりける。かの国人(2)聞き知るまじく、思ほえたれども、(注6)言(こと)の心を、(注7)ここの言葉伝へたる人に、エいひ知らせければ、心をや聞きえたり

解答・解説 P266・P268

第195回 下野新聞模擬テスト
社 会

1 次の**1**から**4**までの問いに答えなさい。

1 **図1**は，太郎さんが社会科の授業でまとめ学習を行うために作成したものである。これを見て，次の(1)から(5)までの問いに答えなさい。

(1) 次の文は，**図1**中の**X**の山脈について述べたものである。文中の[　　]に当てはまる語を書きなさい。

> **図1**中の**X**の山脈は，日本で最も長い山脈で，その長さは，約500 kmにもわたる。この山脈を[　　]山脈といい，ここから流れ出す河川は，流域で行われる稲作の重要な水源となっている。この山脈の東側には北上高地，西側には出羽山地が位置している。

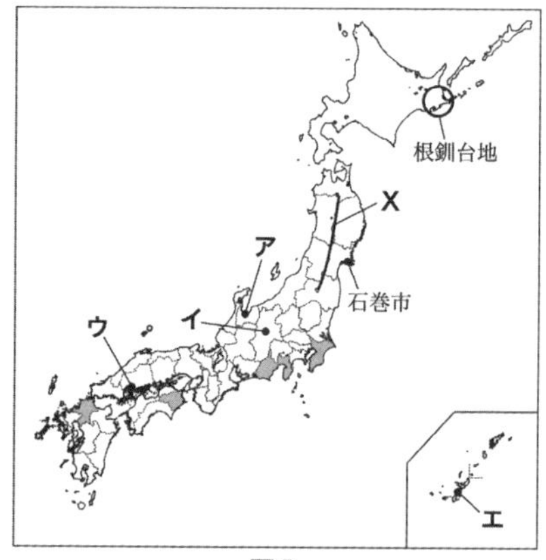

図1

(2) **図2**の雨温図が当てはまる都市として正しいのは，**図1**中の**ア**，**イ**，**ウ**，**エ**のどれか。

(3) 次の文は，**図1**中の根釧台地で行われている農業について述べたものである。文中の[　　]に当てはまる語を書きなさい。

> 根釧台地は，夏でも気温が上がらないうえに，濃霧の影響を受けるため，稲作や畑作に適していない。そのため，寒い地域でも栽培できる牧草と，広い土地を生かして乳牛を飼育し，生乳や，生乳を加工した乳製品を販売する[　　]が発展した。

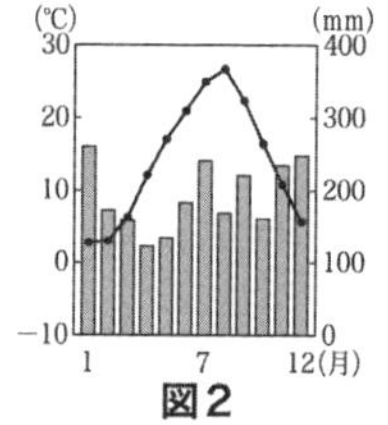

図2
(「理科年表」により作成)

(4) **図3**は，**図1**中に[網掛け]で示した県(千葉県，静岡県，徳島県，福岡県)の製造業，運輸・郵便業，情報通信業，教育業の県内総生産を示したものである。ⅠとⅡには，製造業か情報通信業のいずれかが当てはまる。**A**に当てはまる県と，Ⅰに当てはまる産業の種類の組み合わせとして正しいのはどれか。

(億円)(2018年)

県	Ⅰ	教育業	Ⅱ	運輸・郵便業
千葉県	40,092	7,844	6,153	15,264
A	30,825	7,958	10,759	13,252
徳島県	9,042	1,350	803	1,225
B	69,631	5,498	4,074	9,686

図3(「県勢」により作成)

ア　A－静岡県　Ⅰ－情報通信業　　**イ**　A－静岡県　Ⅰ－製造業
ウ　A－福岡県　Ⅰ－情報通信業　　**エ**　A－福岡県　Ⅰ－製造業

(5) 太郎さんは，**図1**中の石巻市の半島の沿岸部に位置する地域で進められているまちづくりの変化について，**図4**を作成した。**図4**中の[Y]，[Z]に当てはまる文を，それぞれ簡潔に書きなさい。

> 右の資料から，石巻市の半島の沿岸部に位置する集落では，地震により海底の地形が変形した場合に発生する[Y]ために，[Z]させていることが読み取れる。このほかの地域では，防波堤や防潮堤を整備し，さらに盛土をした道路を敷設するなどの工夫が見られる。

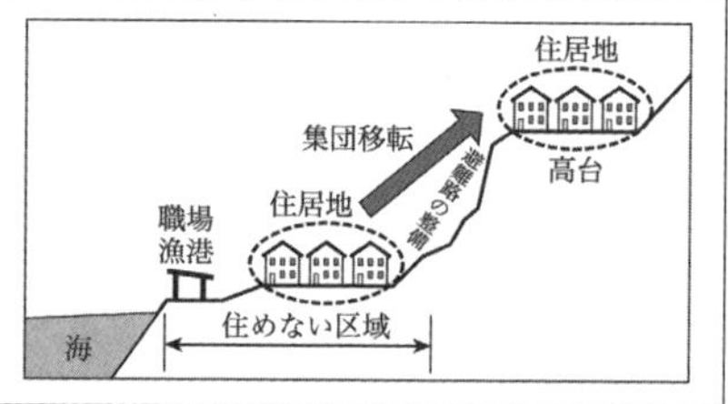

図4

解答・解説 P276・P279

2 **図5**は，日本の石炭と鉄鉱石の輸入量と，輸入先の内訳(2017年)を示したものである。**図5**中の**P**に共通して当てはまる国はどれか。

ア インド　　　　**イ** 中国
ウ オーストラリア　**エ** タイ

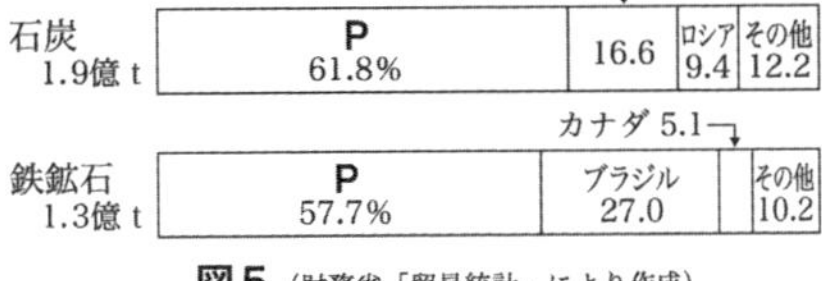

図5（財務省「貿易統計」により作成）

3 次の文は，岡山県について述べたものである。内容が**誤っている**のは，文中の下線部**ア**，**イ**，**ウ**，**エ**のどれか。

> 岡山県は，**ア**中国地方に位置する県で，倉敷市の水島地区には**イ**石油化学コンビナートが形成されている。また，県南部には**ウ**山陽自動車道(高速道路)が通っており，県北部の市町村の多くは，県南部の市町村に比べて**エ**人口増加率が高く，過密化が進んでいる。

4 **図6**は，日本のある項目における人口ピラミッド(2020年)を示したものである。ある項目として正しいのはどれか。

ア 農業就業者　　**イ** 小売業就業者
ウ 観光業就業者　**エ** 医療・介護業就業者

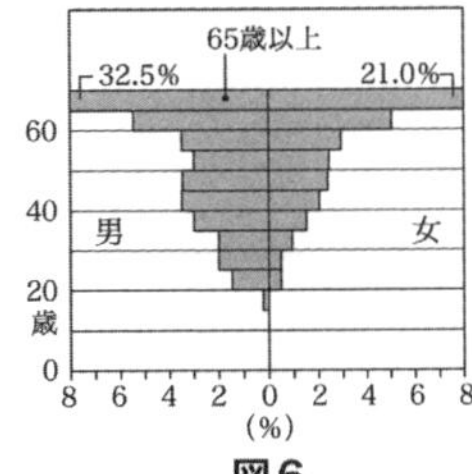

図6
（「データブック オブ・ザ・ワールド」により作成）

2 **図1**を見て，次の**1**から**7**までの問いに答えなさい。

1 次の文は，**図1**中の**X**の地点の建物について述べたものである。文中の□に当てはまる語を書きなさい。

> **X**の地点は，□が広がっているため，その上の建物は高床にして，建物の熱が地面に伝わらないようにしている。

図1

2 次は，ゆきさんと，ある国に留学している兄のけんさんとの電話での会話の一部である。会話文をふまえ，けんさんがいる地点として正しいのは，**図1**中の**ア**，**イ**，**ウ**，**エ**のどれか。

> ゆき：「とても眠そうな声だね。どうしたの。」
> けん：「ここは今，深夜だからね。日本は今お昼ぐらいなのかな。」
> ゆき：「日本はお昼だよ。どうしても今しか時間が取れなかったから。」
> けん：「大丈夫だよ。ところで夏休みは楽しんでいるかい。」
> ゆき：「この前は，友達と一緒に海水浴に行ったよ。」
> けん：「それは良かったね。こちらは冬だから，寒くて，海水浴はできそうにないね。」
> ゆき：「日本と同じ温帯なのに，不思議だね。」

3　**図2**は，**図1**中のコートジボワール，ガーナ，インドネシアの，ある農産物の生産量を示しており，この3か国は世界上位3位の生産量である。**図2**中の［Y］に当てはまる農産物はどれか。

ア　大豆　　**イ**　ぶどう
ウ　コーヒー豆　　**エ**　カカオ豆

国名	［Y］の生産量(千t)(2019年)
コートジボワール	2,180
ガーナ	812
インドネシア	784

図2（「世界国勢図会」により作成）

4　**図3**は，東京と**図1**中のキト，ラパスのおよその標高を示したものである。キトとラパスが，**図3**のような標高の高い場所に立地している理由を，気候に注目して，「赤道」「暑い」の二つの語を用いて簡潔に書きなさい。

都市名	標高(m)
東京	40
キト	2,850
ラパス	3,625

図3

5　**図4**の**ア**，**イ**，**ウ**，**エ**は，**図1**中のアメリカを中心とした，小麦，とうもろこし・大豆，綿花，放牧のいずれかの農業を主に行っている地域の分布図を●で示したものである。小麦はどれか。

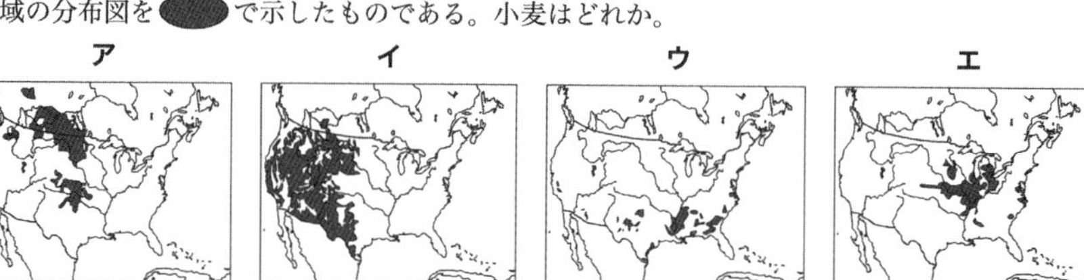

図4

6　**図5**は，**図1**中のマレーシアの1980年と2017年の輸出額と輸出額に占める主な輸出品の割合を示したものである。**図5**中のⅠ，Ⅱ，Ⅲに当てはまる語の組み合わせとして正しいのはどれか。

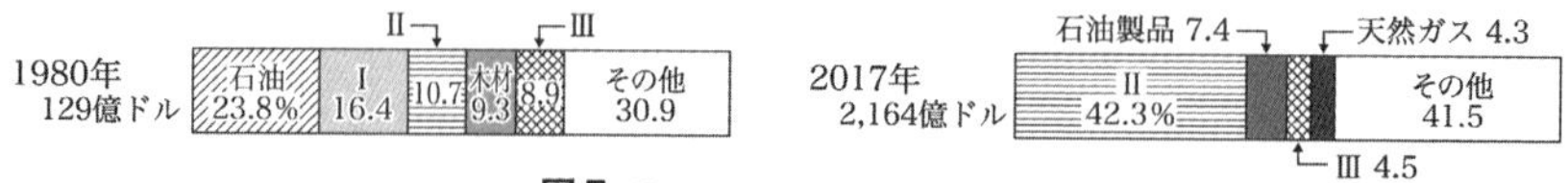

図5（「国連資料」ほかにより作成）

ア　Ⅰ－機械類　　Ⅱ－医薬品　　Ⅲ－天然ゴム
イ　Ⅰ－機械類　　Ⅱ－パーム油　Ⅲ－天然ゴム
ウ　Ⅰ－天然ゴム　Ⅱ－機械類　　Ⅲ－パーム油
エ　Ⅰ－天然ゴム　Ⅱ－医薬品　　Ⅲ－機械類

7　**図1**中のイタリアについての説明として正しいのはどれか。

ア　APECを通して，ヨーロッパ州の国々とのつながりを深めており，自動車などの産業が発達している。

イ　地中海に面した国で，首都ローマの中には，カトリックの総本山が位置する国があり，信者だけでなく，多くの観光客が訪れている。

ウ　AU発足当初からの加盟国で，AUに対する拠出金の高さや移民の多さが国内の課題となっている。

エ　プロテスタントの信者が多い国で，かつては南アフリカ共和国やインドなどを植民地としていた。

解答・解説 P276・P279

3 花子さんは，古代から近世までに活躍した人物(宗教者を含む。)について調べ，**図1**を作成した。これを見て，次の**1**から**7**までの問いに答えなさい。

人物	説明
ⓐ坂上田村麻呂	蝦夷(えみし)を征服するための征夷大将軍に任命され，東北地方に朝廷の勢力を広げた。
琵琶法師	盲目(もうもく)の僧で，鎌倉時代には琵琶の伴奏に合わせてⓑある書物の内容を語り歩いた。
竹崎季長(たけざきすえなが)	ⓒ元寇の恩賞を授かるため幕府に直接出向いて交渉し，地頭に任じられた。
織田信長	桶狭間の戦いやⓓ長篠の戦いなどで勝利し，天下統一まで近づいたが，家臣から背かれた。
徳川家康	ⓔ約260年間続く時代の基礎をつくり，死後は日光東照宮にまつられた。
X	「日本永代蔵」などの，元禄文化における，浮世草子の代表的な作者。
徳川家茂(いえもち)	1863年に，ⓕ外国との関わりを持つことに慎重であった孝明天皇と会見した。

図1

1 下線部ⓐの人物を征夷大将軍に任命した天皇は誰か。

2 **図2**は，下線部ⓑの様子を示したものである。主に鎌倉時代に，琵琶法師が語り歩いた書物はどれか。

ア 徒然草　**イ** 源氏物語　**ウ** 日本書紀　**エ** 平家物語

図2

3 次の文は，下線部ⓒについて述べたものである。文中の[I]，[II]に当てはまる語の組み合わせとして正しいのはどれか。

> 竹崎季長は，[I]に押し寄せた元軍の1度目の侵攻である[II]で，多くの元軍を打ち取った。また，2度目の侵攻にも出陣している。この時の様子を描かせた「蒙古襲来絵詞(もうこしゅうらいえことば)」からは，元寇の様子が詳しく見て取れる。

ア I－博多湾　II－文禄の役　**イ** I－博多湾　II－文永の役
ウ I－壇ノ浦　II－文禄の役　**エ** I－壇ノ浦　II－文永の役

4 下線部ⓓの戦いについての説明として正しいのはどれか。

ア 石田三成は西軍の中心となって戦ったが敗れた。
イ 足利義政のあとつぎを争った。
ウ 東海地方の大名であった今川義元がたおされた。
エ 鉄砲が有効に使われ，武田氏の騎馬隊が破られた。

5 下線部ⓔに関して，次の(1)，(2)の問いに答えなさい。

(1) **図3**は，この時代の幕府のしくみを示したものである。**図3**中の[P]に当てはまる語はどれか。

ア 六波羅探題　**イ** 京都所司代
ウ 太政大臣　**エ** 管領

将軍
- 大老(臨時の職)
- 老中
  - 大目付　(大名・役人の監視)
  - 町奉行　(江戸の町政)
  - 勘定奉行(幕府の財政)
  - 遠国奉行(主な都市の支配)
- 若年寄　(老中の補佐)
- 寺社奉行(寺社を取り締まる)
- [P]　(朝廷・西国の大名の監視)
- 大阪城代(西日本の軍事を担当)

図3

(2) この時代におきたできごとを年代の古い順に並べ替えなさい。

ア 天保の改革が行われた。　**イ** 公事方御定書が制定された。
ウ 生類憐みの令が制定された。　**エ** 井伊直弼が桜田門外の変で暗殺された。

6 **図1**中の[X]に当てはまる人物は誰か。

7 下線部ⓕに関して，花子さんは19世紀の外国とのできごとを，**図4**にまとめた。**図4**中の[Y]に当てはまる文を，「世直し」「幕府の権威」の二つの語を用いて簡潔に書きなさい。

開国 → ・外国との貿易 ・貨幣の改鋳(かいちゅう) → 生活用品の値上がりや借金をする民衆の増加 → 民衆が[Y]した

図4

4 略年表を見て，次の**1**から**6**までの問いに答えなさい。

年	主なできごと
1873	ⓐ西郷隆盛や板垣退助などが政府を去る
1875	ⓑ新聞紙条例が制定される ↕A
1914	ⓒサラエボでオーストリア皇太子夫妻が暗殺される
1920	ⓓ日本社会主義同盟が結成される
1975	第一回 X が開催される

1 下線部ⓐについて，西郷隆盛や板垣退助は，武力で朝鮮に開国をせまるよう主張したが，欧米から帰国した大久保利通らに反対されたため政府を去った。この主張を何というか。

2 **図1**は，下線部ⓑの一部を示したものである。下線部ⓑが制定された理由として適切なのはどれか。

第12条 新聞紙あるいは雑誌やその他の報道において，人をそそのかして罪を犯させた者は，犯した者と同罪とする。
第13条 政府をたおし，国家をくつがえすような言論をのせ，さわぎをあおろうとする者は，禁獄1年から3年とする。
(注)禁獄…牢には入るが，労役をしないばつ

図1

ア 西南戦争において，政府を批判しないようにするため。
イ 徴兵令に反対する者を取り締まるため。
ウ 「挙国一致」の体制をつくり，国民を戦争に協力させるため。
エ 自由民権運動の活動に介入し，弾圧するため。

3 **A**の時期におきたできごとを年代の古い順に並べ替えなさい。
ア 関税自主権を完全に回復した。　**イ** ノルマントン号事件がおきた。
ウ 領事裁判権が撤廃された。　**エ** 鹿鳴館が建てられた。

4 下線部ⓒに関して，次の(1)，(2)の問いに答えなさい。

(1) 次の文は，下線部ⓒについて述べたものである。文中の□に当てはまる語を書きなさい。

オスマン帝国(トルコ)が衰退すると，バルカン半島では，スラブ民族の独立運動が盛んになる一方，ゲルマン民族が中心のオーストリアが半島に力を伸ばそうとするなど，争いが絶えなかった。このことから，バルカン半島は「□」と呼ばれていた。

(2) 次の文は，下線部ⓒがきっかけとなっておきた戦争における日本の動きを述べたものである。文中の□に当てはまる文を，具体的な軍事同盟の名称と「山東省」の語を用いて簡潔に書きなさい。

ヨーロッパの各国が戦争状態にある中，日本は□した。そして中国に対して，二十一か条の要求を示し，大部分を強引に認めさせた。

5 下線部ⓓに影響を与えたロシア革命で，革命を率いた人物はどれか。
ア ウィルソン　**イ** ゴルバチョフ　**ウ** レーニン　**エ** ビスマルク

6 **図2**は，1975年に行われた略年表中の X についてまとめたものである。略年表中と**図2**中の X に共通して当てはまる語はどれか。

【1975年第一回 X の概要】
開催国：フランス
参加国：日本，アメリカ，イタリア，フランス，イギリス，西ドイツ
議題：第一次石油危機(オイル・ショック)にともなう世界の経済危機について

図2

ア アジア・アフリカ会議　**イ** マルタ会談
ウ 気候変動枠組条約締約国会議　**エ** 主要国(先進国)首脳会議(サミット)

 解答・解説 P276・P279

5 次の文は，ゆうさんが人権と国の機関について発表したときの発表原稿の一部である。これを読み，次の**1**から**5**までの問いに答えなさい。

> 地球上に生きる人間にはすべて，ⓐ人権が認められています。しかし，人権が侵害されることもあり，その際にはⓑ裁判をすることもあるでしょう。だから，裁判所の独立性は必ず守られなければなりません。また，ⓒ条約によって人権が規定されることもあります。条約が日本でも認められれば，ⓓ法律やⓔ条例などにも反映されます。

1 下線部ⓐに関して，ゆうさんは発表に向けた資料を作成する途中，世界人権宣言と日本国憲法第14条の条文が似ていることに気が付き，**図1**を作成した。**図1**中の[X]に共通して当てはまる語は何か。

【世界人権宣言　第2条①】	【日本国憲法　第14条①】
すべて人は，人種，皮膚の色，性，言語，宗教，政治上その他の意見，国民的若しくは社会的出身，財産，門地その他の地位又はこれに類するいかなる事由による[X]をも受けることなく（後略）	すべて国民は，法の下に平等であつて，人種，信条，性別，社会的身分又は門地により，政治的，経済的又は社会的関係において，[X]されない。

図1

2 下線部ⓑに関して，次の(1)，(2)の問いに答えなさい。

(1) **図2**は，裁判官がその職をやめさせられる条件についてまとめたものである。**図2**中の[Y]に当てはまる語を書きなさい。

- 心身の病気
- 国会議員による[Y]
- 最高裁判所の裁判官に対する国民審査

図2

(2) 裁判員制度の説明として**当てはまらない**のはどれか。

ア 刑事裁判で行われる。　　**イ** 高等裁判所での裁判で行われる。
ウ 一般の国民が参加する。　**エ** 裁判には，検察官が出席している。

3 下線部ⓒに関して，**図3**は，ある条約の締結後の流れを示したものである。これを見て，次の(1)，(2)の問いに答えなさい。

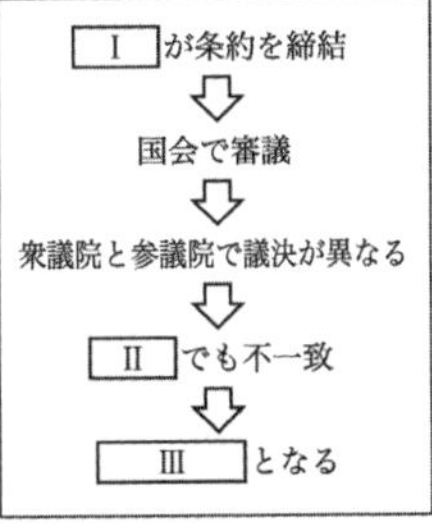

図3

(1) **図3**中の[I]，[II]に当てはまる語の組み合わせとして正しいのはどれか。

ア Ⅰ－内閣　Ⅱ－両院協議会　　**イ** Ⅰ－内閣　Ⅱ－委員会
ウ Ⅰ－天皇　Ⅱ－両院協議会　　**エ** Ⅰ－天皇　Ⅱ－委員会

(2) **図3**中の[III]に当てはまる文を簡潔に書きなさい。

4 下線部ⓓに関して，次の文は，法律を制定する国会や国会議員が属する政党について述べたものである。内容が**誤っている**のは，文中の下線部**ア**，**イ**，**ウ**，**エ**のどれか。

> 衆議院の議員定数は**ア**465人で，参議院は2022年の選挙で248人となった。衆議院の議員として立候補するには**イ**満20歳以上，参議院の議員は**ウ**満30歳以上であることが条件とされている。国会議員の多くは，それぞれの政党に属しており，得票や議席に応じて各政党に**エ**政党交付金が交付される。

5 下線部ⓔを新たに制定することを請求する場合に必要なこととして正しいのはどれか。

ア 対象地域の有権者の3分の1以上の署名を集め，首長に請求する。
イ 対象地域の有権者の3分の1以上の署名を集め，監査委員会に請求する。
ウ 対象地域の有権者の50分の1以上の署名を集め，選挙管理委員会に請求する。
エ 対象地域の有権者の50分の1以上の署名を集め，首長に請求する。

6 次の1から7までの問いに答えなさい。

1 図1は，ある家計の収入の使い道を示したものである。非消費支出の金額はいくらか。

	食費	住居費	光熱費	交通・通信費	娯楽費	交際費	税金	社会保険料	預金
金額(円)	30,000	50,000	10,000	8,000	5,000	6,000	30,000	15,000	30,000

図1

2 消費者に商品が届くまでの流れである流通の一般的な順序として正しいのはどれか。

ア 生産者→卸売業者→小売業者→消費者　イ 生産者→小売業者→卸売業者→消費者
ウ 卸売業者→小売業者→生産者→消費者　エ 卸売業者→生産者→小売業者→消費者

3 図2は，消費者問題の一つの事例を示したものである。図2中の X に当てはまる法律名を書きなさい。

①充電器で携帯電話を充電していると，充電器が発火し，手にやけどを負った。
②被害者が X に基づいて，メーカーを裁判所に訴えた。
③裁判所は，充電器に欠陥があることを認め，メーカーに賠償金を支払うよう命令した。

図2

4 株式会社についての説明として適切なのはどれか。

ア 株主総会を通して株式は売買され，これ以外の場所での売買は禁止されている。
イ 証券取引所では企業の経営方針などを決め，業績が悪い企業の経営者を交代させることもある。
ウ 株主は配当を受け取る権利がある。
エ 一般的に良い商品を開発した株式会社は，その株式を求める人が増え，株価が下がる。

5 図3は，家庭用ゲーム機の生産に占める企業別の割合(2017年)を示したものであり，次の文は，このような市場でおこる現象について述べたものである。文中の□に当てはまる語はどれか。

図3のような状態の市場は，寡占状態にあると言える。このような市場では，□がおきにくいため，広告やデザインなどの分野での競争がおきるようになる。

ア 技術革新　イ 価格競争　ウ 輸出規制　エ 国際分業

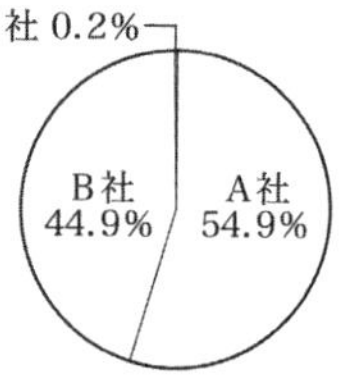

C社 0.2%
B社 44.9%
A社 54.9%

図3

6 図4は，2022年1月4日と2022年8月4日の1ドルの価格を示したものである。図4について述べた次の文中の I ， II に当てはまる語の組み合わせとして正しいのはどれか。

	2022年1月4日	2022年8月4日
1ドルの価格(円)	103.25	133.62

図4(「日本銀行ウェブページ」により作成)

2022年1月4日から8月4日にかけて， I が進行している。エネルギー原料を輸入に頼る日本においては， I が進行すると，エネルギー原料の価格が II するようになる。

ア I－円安　II－上昇　イ I－円安　II－下落
ウ I－円高　II－上昇　エ I－円高　II－下落

7 図5は，日本の経済成長率の対前年度比を示したものである。このような経済成長をしているとき，日本銀行が行う一般的な金融政策を，その目的にも触れながら，「借りやすく」「国債」の二つの語を用いて簡潔に書きなさい。

年	対前年度比(%)
2006	1.2
2007	0.6
2008	−4.8

図5(「改訂第7版 数字でみる日本の100年」により作成)

解答・解説 P276・P279

令和5年
1月22日実施

第195回 下野新聞模擬テスト
数学

1 次の**1**から**8**までの問いに答えなさい。

1 $-6+(-2)$ を計算しなさい。

2 $6a^3b^2 \div 2ab$ を計算しなさい。

3 $(x-1)(x+4)$ を展開しなさい。

4 2次方程式 $x^2-8=0$ を解きなさい。

5 関数 $y=3x^2$ について，xの変域が$-2 \leqq x \leqq 1$のときのyの変域を求めなさい。

6 右の図は，母線の長さが6cmの円錐(すい)を底面に平行な面で切り離してできた2つの立体A，Bの見取図である。立体Aの母線の長さが2cmであるとき，立体Bの体積は立体Aの体積の何倍か。

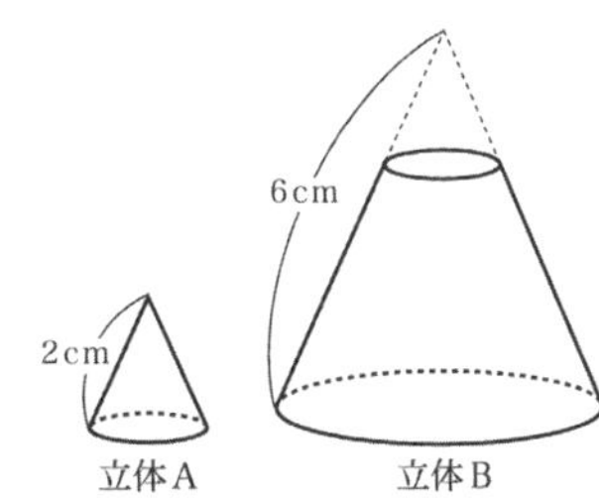

7 右の図の△ABCにおいて，線分ADは∠Aの二等分線であり，∠ABC＝42°，∠ADC＝95°である。∠xの大きさを求めなさい。

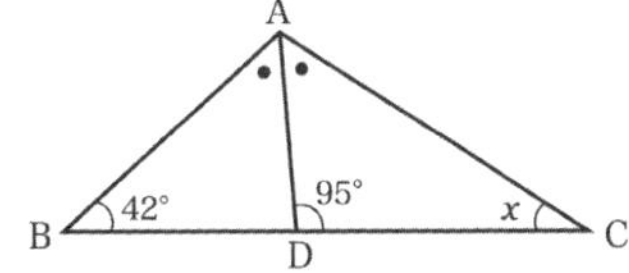

8 右の図のような点Oを中心とする円Oがあり，点A，B，C，Dは円Oの周上にある。線分BDは円Oの直径であり，線分PQは点Dで円Oに接している。

このとき，**<u>常に成り立つとは限らない</u>**ものを，**ア**，**イ**，**ウ**，**エ**のうちから1つ選んで，記号で答えなさい。

ア 線分BDと直線PQは垂直である。
イ ∠x(∠BCD)の大きさは90°である。
ウ ∠yの大きさは∠zの大きさの2倍である。
エ △AOBと△AODの面積比は線分ABと線分ADの長さの比に等しい。

2 次の**1**，**2**，**3**の問いに答えなさい。

1 $\sqrt{3}=1.732$，$\sqrt{30}=5.477$とするとき，$\sqrt{3000}$の値を求めなさい。

2 右の図のような，1辺の長さが15cmの正方形ABCDがあり，点Pは辺AB上の点で，AP＜BPである。点Pを通って辺ADに平行な直線をひき，辺CDとの交点をQとし，線分PQ上に，BP＝PRとなるように点Rをとる。次に，点Rを通って線分PQに垂直な直線をひき，辺AD，辺BCとの交点をそれぞれS，Tとすると，四角形PBTRと四角形QDSRの面積の和が137 cm^2になった。

このとき，線分APの長さを$x$cmとして2次方程式をつくり，線分APの長さを求めなさい。ただし，途中の計算も書くこと。

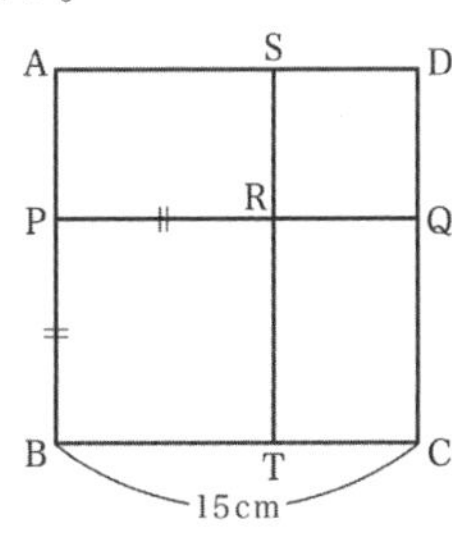

3 x，yについての連立方程式 $\begin{cases} ax+y=7 \\ x-y=9 \end{cases}$ の解が$x=4$，$y=b$であるとき，a，bの値をそれぞれ求めなさい。

下野模擬問題(第195回)◆数学

3 次の**1**，**2**，**3**の問いに答えなさい。

1 右の図のような，正六角形ABCDEFがあり，頂点Aの上に2点P，Qがある。1から6までの目があるさいころを2回投げ，1回目に出た目の数の分だけ，点Pを頂点AからB→C→D→E→F→Aと左回りに正六角形の周上を移動させる。また，2回目に出た目の数の分だけ，点Qを頂点AからF→E→D→C→B→Aと右回りに正六角形の周上を移動させる。

さいころを2回投げた後にできる△APQが二等辺三角形(正三角形も含む)になる確率を求めなさい。ただし，さいころのどの目が出ることも同様に確からしいものとする。

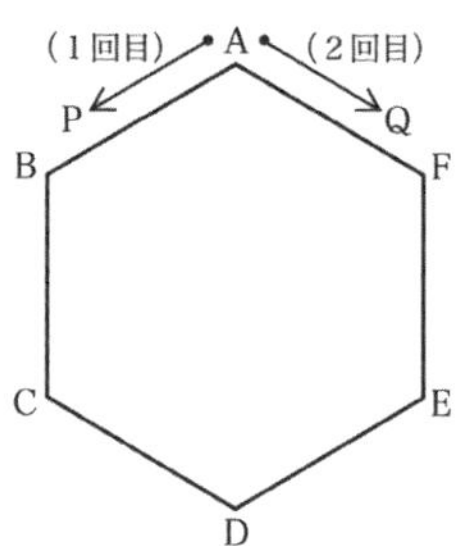

2 ある物体の質量をはかったときに，四捨五入によって測定値3.27×10^2gが得られた。この物体の質量について，測定値と真の値との誤差の絶対値は最大で何gか。

3 右の図は，あるクラスの男子生徒20人について，先週の日曜日に外出していた時間をヒストグラムに表したものであり，例えば，20分以上40分未満の人数は2人であることがわかる。

このとき，次の(1)，(2)の問いに答えなさい。

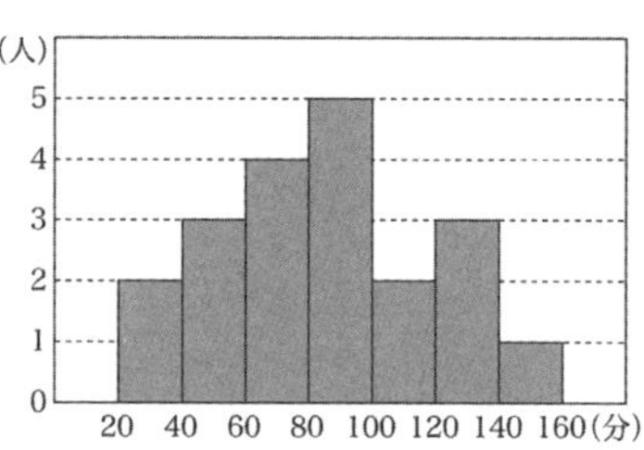

(1) 中央値(メジアン)を含む階級の階級値について述べた，次の文のⅠ，Ⅱ，Ⅲに当てはまる数をそれぞれ求めなさい。

> 中央値は，外出時間が短い方から（ Ⅰ ）番目と（ Ⅱ ）番目の値の平均値である。このことから，中央値を含む階級の階級値を求めると，ヒストグラムから求められる平均値とは（ Ⅲ ）分異なっていることがわかる。

(2) ある階級に属する男子生徒全員について，その階級値が実際の外出時間であるものとする。例えば，20分以上40分未満の2人は，ともに実際の外出時間は30分であるとして考える。この条件によって得られるデータについて，四分位範囲を求めなさい。

4 次の**1**，**2**，**3**の問いに答えなさい。

1 右の図のような3点A，B，Cがある。このとき，3点A，B，Cを通る円の中心Oを作図によって求めなさい。ただし，作図には定規とコンパスを使い，また，作図に用いた線は消さないこと。

A
B
C

2 1辺の長さが6cmの立方体ABCD－EFGHがある。図1のように，頂点Bと頂点Dを結ぶ対角線BDをひき，その中点をOとする。また，辺AB上に点Pを，辺EF上に点Qをとる。

このとき，次の(1)，(2)の問いに答えなさい。

(1) 点Oと点Pを結ぶ線分OP，点Pと点Qを結ぶ線分PQ，点Qと頂点Hを結ぶ線分QHをひく。3本の線分OP，PQ，QHの長さの和OP＋PQ＋QHが最も短くなるとき，線分EQの長さを求めなさい。

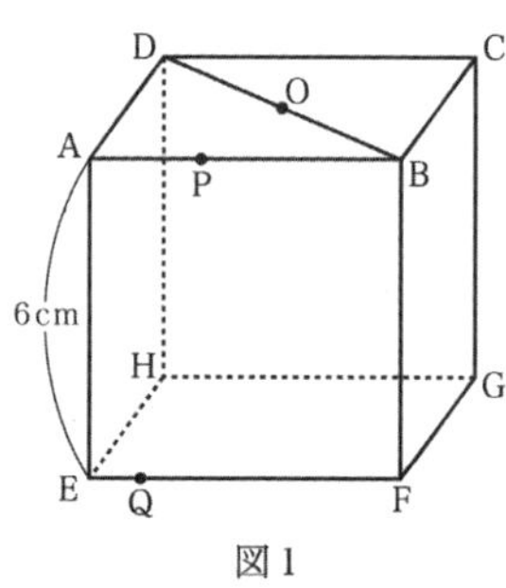

図1

(2) 図1の立方体ABCD－EFGHの4つの頂点B，D，E，Gを結び，図2のような三角錐BDEGをつくる。辺DEの中点をMとし，線分BM上に線分GNの長さが最も短くなるように点Nをとる。次の文の①，②に当てはまる数をそれぞれ求めなさい。

三角錐BDEGの体積が（ ① ）cm^3であることを利用すると，線分GNの長さは（ ② ）cmであることが求められる。

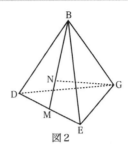

図2

3 右の図のような，点Oを中心とし，線分ABを直径とする半円がある。弧AB上に，2点A，Bとは異なる点Cをとる。また，弧BC上に，弧ACと弧CDの長さが等しくなるように点Dをとり，線分BCと線分ADとの交点をEとする。

このとき，△BCD∽△BAEであることを証明しなさい。

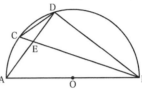

5 次の**1**，**2**の問いに答えなさい。

1 右の図のように，2つの関数$y=\frac{1}{4}x^2$，$y=ax+b$のグラフがある。点A，Bは$y=\frac{1}{4}x^2$のグラフ上にある点で，それぞれのx座標は－4，6であり，$y=ax+b$のグラフは，点A，Bを通る直線である。また，$y=ax+b$のグラフとy軸との交点をCとし，点Aからx軸に垂線AD，y軸に垂線AEをひき，点Bからx軸に垂線BFをひく。

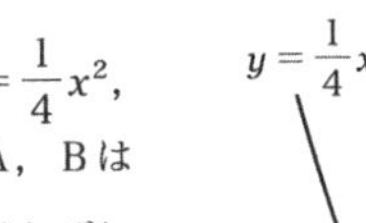

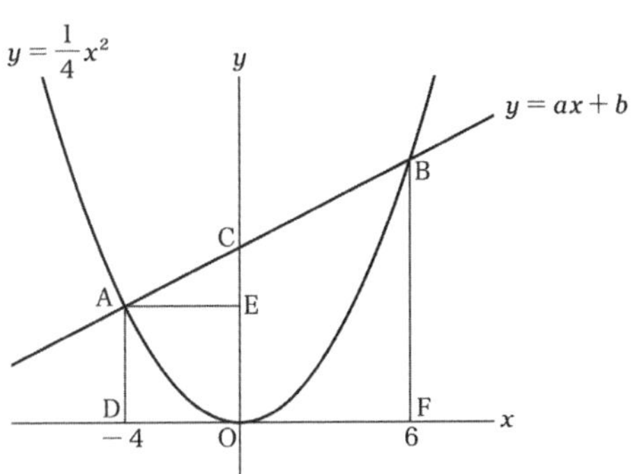

このとき，次の(1)，(2)，(3)の問いに答えなさい。

(1) a，bの値をそれぞれ求めなさい。

(2) 次の□内の先生と太郎さんの会話文中の，Ⅰには当てはまる座標を，Ⅱには当てはまる式をそれぞれ求めなさい。

先生	「点Bを通って四角形ADOEの面積を二等分する直線の式を求めてみましょう。」
太郎	「難しそうですね。」
先生	「四角形ADOEは正方形になりますね。正方形は平行四辺形の特別な場合でしたよね。」
太郎	「そうか。平行四辺形の面積を二等分する直線は，その平行四辺形の対角線の交点を通ればいいので，まずは四角形ADOEの対角線の交点を求めてみます。」
先生	「2本の対角線はそれぞれの中点で交わりますよ。」
太郎	「四角形ADOEの2本の対角線の交点の座標は（ Ⅰ ）になるから，点Bを通って四角形ADOEの面積を二等分する直線の式は$y=$（ Ⅱ ）ですね。」

(3) 関数$y=\frac{1}{4}x^2$のグラフ上の$0<x<6$の範囲に，△PCOの面積と△PFOの面積の和が9になるように点Pをとるとき，点Pのx座標を求めなさい。

2 あるジョギングコースを，兄は午前9時にスタートして，毎分130mの一定の速さで10分間ジョギングしてから5分間休憩した。その後も，同じ速さで，10分間のジョギング→5分間の休憩を繰り返した。また，弟は，兄が出発する午前9時よりも前の時刻にスタートし，毎分60mの一定の速さでジョギングコースを歩き続けており，午前9時にはスタート地点から1325mの地点にいた。

下の図は，兄がスタートしてから，x分後のスタート地点から進んだ道のりをymとして，兄がスタートしてから30分が経過するまでのxとyの関係を表したグラフで，この後も，兄と弟は同じペースで進んでいったものとする。

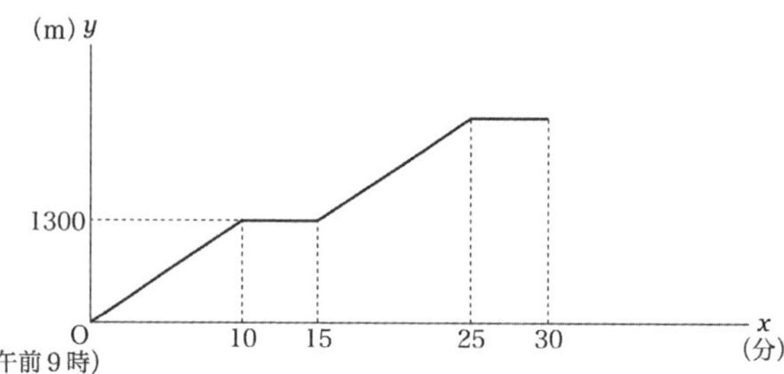

このとき，次の(1)，(2)，(3)の問いに答えなさい。

(1) 午前9時10分には，兄と弟は何m離れていたか。

(2) 弟がスタートしたのは午前何時何分何秒か。ただし，途中の計算も書くこと。

(3) スタート地点から兄と弟が進んだ道のりが最初に等しくなったのは午前何時何分何秒か。

6 自然数が1から順に1つずつ書かれたボールがある。下の図のように，1と書かれたボールを置いたものを1列目とし，1列目の外側に，2，3，4と書かれた3個のボールを2列目として並べた。次に，2列目の外側に，ある規則にしたがって3列目としてボールを並べ，その後も同様に，4列目，5列目，……と，順にボールを並べていく。

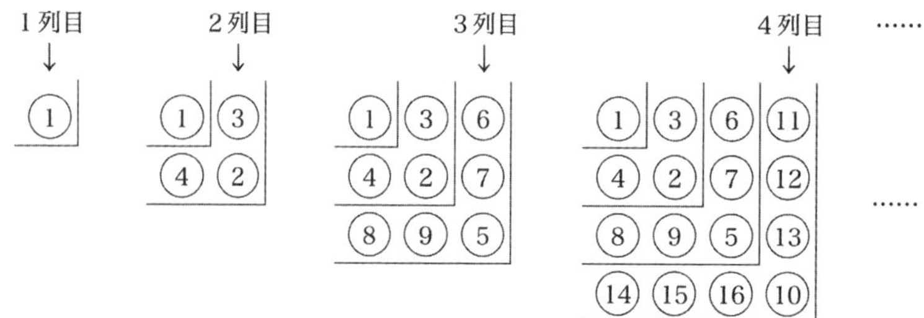

下の表は，1列目から4列目までにおいて，その列に並べたボールの個数，その列のボールに書かれている最大の数と最小の数の差，その列のボールに書かれている数の和を整理したものである。

	1列目	2列目	3列目	4列目	……
その列に並べたボールの個数(個)	1	3	5	7	……
その列のボールに書かれている最大の数と最小の数の差	0	2	4	6	……
その列のボールに書かれている数の和	1	9	35	91	……

このとき，次の**1**，**2**の問いに答えなさい。

1 次の文は，5列目と6列目に並べたボールについて述べたものである。文中の①，②に当てはまる数をそれぞれ求めなさい。

> 5列目に並べたボールの個数は（ ① ）個であり，6列目のボールに書かれている最大の数と最小の数の差は（ ② ）である。

2 各列の右下の角(かど)に並べたボールに書かれた数について，次の(1)，(2)の問いに答えなさい。例えば，2列目の右下の角に並べたボールに書かれた数は2，3列目の右下の角に並べたボールに書かれた数は5である。

(1) n列目において，右下の角に並べたボールに書かれている数を，nを用いて表しなさい。ただし，かっこを使わない最も簡単な式で答えること。

(2) ある列の右下の角に並べたボールに書かれている数が197のとき，この列に並べたボールに書かれている数の和を求めなさい。

問題 R4 192 193 194 195 【数学】第195回

第195回 下野新聞模擬テスト
理　科

問題
R4
192
193
194
195
【理科】
第195回

1 次の**1**から**8**までの問いに答えなさい。

1 次のうち，レントゲン検査に使用されている放射線はどれか。

ア α線　　**イ** β線　　**ウ** γ線　　**エ** X線

2 現在の太陽系にある惑星の個数は，次のうちどれか。

ア 6個　　**イ** 7個　　**ウ** 8個　　**エ** 9個

3 次の化学式で表される化合物のうち，分子からできているものはどれか。

ア $NaCl$　　**イ** CuS　　**ウ** Ag_2O　　**エ** NH_3

4 顕微鏡用の接眼レンズ(10倍と15倍)と，対物レンズ(4倍と40倍)がある。それぞれのレンズにおいて，筒が長い方のレンズの倍率を正しく組み合わせているものは，次のうちどれか。

ア 接眼レンズ：10倍　対物レンズ：4倍
イ 接眼レンズ：10倍　対物レンズ：40倍
ウ 接眼レンズ：15倍　対物レンズ：4倍
エ 接眼レンズ：15倍　対物レンズ：40倍

5 重さ5.0Nの直方体の形をした物体を糸でばねばかりにつり下げ，右の図のように，物体の体積の半分だけ水中に入れたところ，糸をつり下げているばねばかりは3.7Nを示した。この物体をすべて水中に入れたとすると，ばねばかりは何Nを示すと考えられるか。ただし，物体は水底にはふれておらず，糸の体積や重さは考えないものとする。

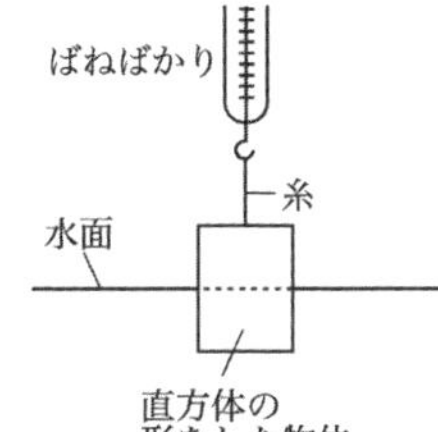

6 かたい岩石が，気温の変化や風雨のはたらきによってもろくなることを何というか。

7 右の図は，ガスバーナーを分解したようすを表したものである。図中にAで示した部分は，何の量を調節する際に回すか。

8 右の図は，ある生態系での食物連鎖のようすを模式的に表したもので，矢印のもとから先に向かって有機物が移動している。有機物に対する自然界での役割から，植物に対して，草食動物と肉食動物をまとめて何というか。**漢字3字**で書きなさい。

2 抵抗の大きさが12Ωの電熱線X，18Ωの電熱線Yを用いて，右の回路図で表される回路を組み立て，電源装置の電圧を9Vに合わせて回路に電流を5分間流した。

このことについて，次の**1**，**2**，**3**の問いに答えなさい。

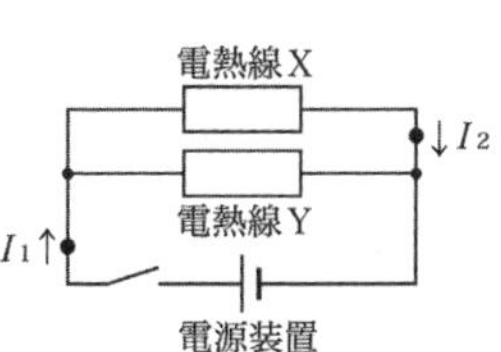

1 次の□内の文章は，電熱線を流れる電流の大きさと，電熱線の抵抗の大きさの間に成り立つ関係について述べたものである。①，②に当てはまる語をそれぞれ書きなさい。

> 電熱線を流れる電流の大きさと，電熱線に加わる電圧の大きさの間には，(①)の法則という関係が成り立つ。このことから，電熱線を流れる電流の大きさは，電熱線の抵抗の大きさに(②)することがわかる。

2 図中に●印で示した導線上の二つの点を流れている電流をそれぞれI_1〔A〕，I_2〔A〕とするとき，これらの大きさの比(I_1：I_2)を最も簡単な整数比で表しなさい。

3 回路に電流を流していた5分間に，電熱線Yから発生した熱量は何Jか。

下野模擬問題(第195回)◆理科

3 雲のでき方について調べるために，次の実験(1)，(2)を順に行った。

(1) 丸底フラスコの内側をぬるま湯でぬらしてから Ⓧ線香の煙を入れ，右の図のように，デジタル温度計と注射器をとりつけたゴム栓をした。

(2) 注射器のピストンを強く引いた後，続けて強く押し，それぞれの場合について丸底フラスコの中のようすを観察したところ，Ⓨ温度が変化し，丸底フラスコ内が白くくもることがあった。

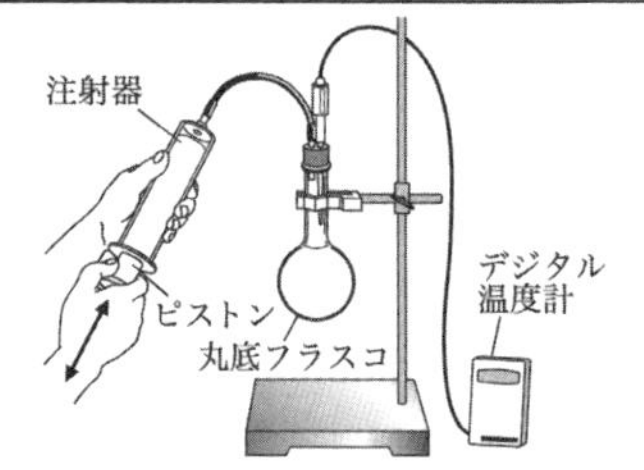

このことについて，次の**1**，**2**，**3**の問いに答えなさい。

1 実験(1)で，下線部Ⓧの操作を行った理由を，「煙の粒子」という語を用いて簡潔に書きなさい。

2 次の□内の文は，下線部Ⓨについて述べたものである。①，②に当てはまる語をそれぞれ(　　)の中から選んで書きなさい。

> 注射器のピストンを強く ①(引いた・押した) とき，丸底フラスコ内の温度が ②(高く・低く) なり，白くくもった。

3 気温と飽和水蒸気量との関係をまとめた下の表を利用すると，地表付近にある，気温26℃で湿度75％の空気のかたまりが上昇していった場合には，地表から何mの高さに達したときに雲ができ始めると考えられるか。ただし，雲ができていないときには，空気は100m上昇するごとに気温が1℃ずつ低下していくものとする。

気温〔℃〕	18	19	20	21	22	23	24	25	26
飽和水蒸気量〔g/m³〕	15.4	16.3	17.3	18.3	19.4	20.6	21.8	23.1	24.4

4 炭酸水素ナトリウムの熱分解について調べるために，次の実験(1)，(2)を順に行った。

(1) 右の図のように，乾いた試験管Aの中に炭酸水素ナトリウムの粉末を入れ，試験管Aの口を底よりも低くした装置を組み立て，ガスバーナーで炭酸水素ナトリウムを加熱したところ，気体の発生によって，試験管Bに入れておいた石灰水が白く濁った。

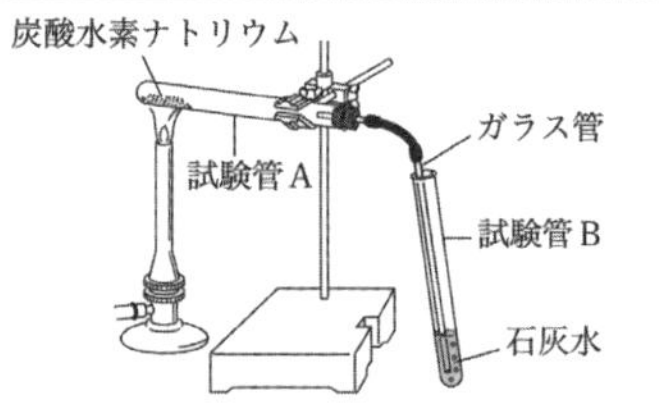

(2) しばらく加熱を続けると，気体の発生が見られなくなったので，ガスバーナーの火を消した。このとき，試験管Aの口付近の内側に液体がついていることが確認できた。

このことについて，次の**1**，**2**，**3**の問いに答えなさい。

1 実験(1)で，発生した気体は何か。その化学式を書きなさい。

2 実験(2)で，下線部のガスバーナーの火を消す前には，どのような操作を行う必要があるか。「ガラス管」という語を用いて簡潔に書きなさい。

3 次の□内の文章は，実験(2)で試験管Aの口付近の内側についていた液体が何であるのかを調べた方法について述べたものである。①，②に当てはまる語をそれぞれ書きなさい。

> 試験管Aの口付近の内側についていた液体を青色の(　①　)につけると，その色が赤色へと変化した。このことから，この液体は(　②　)という物質であることがわかった。

5 ヒトが体内に生じた不要物を排出している器官を排出器官という。右の図は，ヒトの排出器官の一つであるじん臓と，それにつながる器官のつくりを模式的に表したものである。なお，図中の矢印は血液が流れる向きを示していて，じん臓から出ている管Xの先は袋Yにつながっている。

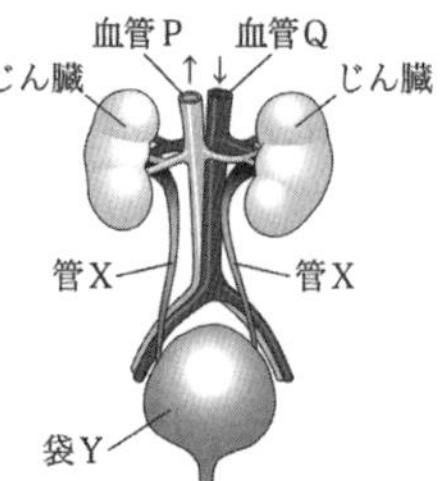

解答・解説 P277・P285

このことについて，次の**1**，**2**，**3**の問いに答えなさい。

1　次の□内の文章は，図中の血管Pについて述べたものである。①，②に当てはまる語をそれぞれ(　　)の中から選んで書きなさい。

> 血管Pは，血管Qに比べると，含まれている不要物の割合が ①(大きい・小さい) 血液が流れている。また，血管Pを流れる血液が最初に流れ込む心臓の部屋は，②(右心房・左心房・右心室・左心室) である。

2　図中の管Xを何というか。また，袋Yを何というか。

3　次の□内の文章は，体内でできた，不要なアンモニアを排出するしくみについて述べたものである。①，②に当てはまる語をそれぞれ書きなさい。

> アミノ酸が分解されると，二酸化炭素と水以外にアンモニアができる。有害なアンモニアは，(　①　) で (　②　) という無害な物質に変えられた後，血液によってじん臓へと送られる。

6　金属球がもっているエネルギーについて調べるために，次の実験(1)，(2)，(3)，(4)を順に行った。

(1)　水平面上に，レールやスタンド，木片，ものさしなどを用いて，図1のような装置を組み立てた。なお，木片の一部はくり抜かれていて，図2のように，レールをまたぐようにしてレールにのせている。

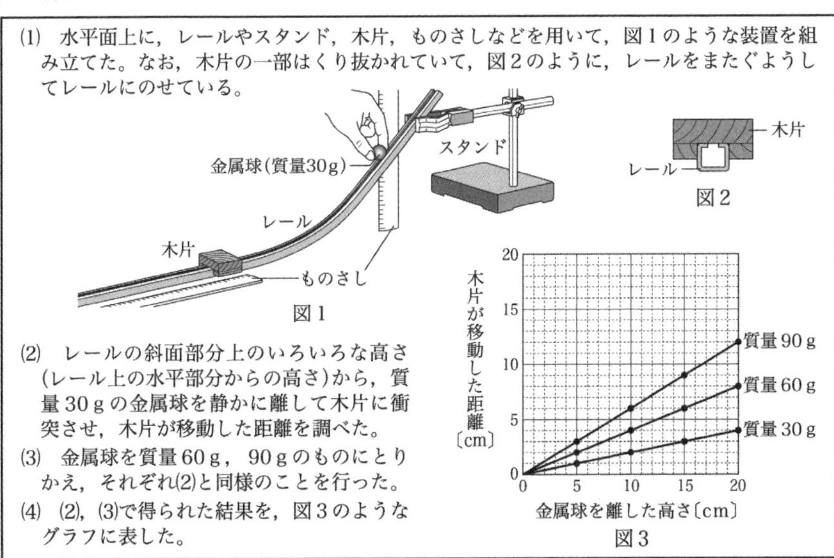

図1　図2　図3

(2)　レールの斜面部分上のいろいろな高さ(レール上の水平部分からの高さ)から，質量30gの金属球を静かに離して木片に衝突させ，木片が移動した距離を調べた。

(3)　金属球を質量60g，90gのものにとりかえ，それぞれ(2)と同様のことを行った。

(4)　(2)，(3)で得られた結果を，図3のようなグラフに表した。

このことについて，次の**1**，**2**，**3**，**4**の問いに答えなさい。ただし，質量100gの物体にはたらく重力の大きさを1Nとし，空気の抵抗については考えないものとする。また，レール上の水平部分を基準の高さとし，レールと木片の間には，一定の大きさの摩擦力がはたらくものとする。

1　実験(2)で，レール上の水平部分に置かれていた質量30gの金属球を，レール上の20cmの高さまで手でもち上げたときに，重力にさからって手が金属球に対して行った仕事の大きさは何Jか。

2　次の□内の文章は，金属球がもっているエネルギーについて述べたものである。①，②に当てはまる語をそれぞれ書きなさい。

> 実験において，いろいろな高さにある金属球がもっていた位置エネルギーは，木片に衝突する直前には，すべて (　①　) エネルギーに移り変わっている。また，摩擦や空気の抵抗などがない場合，位置エネルギーと (　①　) エネルギーの和が一定に保たれることを (　②　) という。

3　実験の結果をもとに，金属球を離した高さを20cmにした場合の，金属球の質量と木片が移動した距離との関係を表すグラフを，解答用紙の図中に実線で記入しなさい。ただし，図3から得られる値については，●印ではっきりと示すこと。

4　図1の装置をそのまま使って，質量40gの金属球を30cmの高さから離したとすると，木片が移動する距離は何cmになると考えられるか。

下野模擬問題（第195回）◆理科

7 日本のある地点において，天球上での太陽の１日の動きについて調べるために，次の観察(1)，(2)，(3)，(4)を順に行った。

(1) 板にはりつけた白い紙に透明半球と同じ直径の円をかき，円の中心を通って直交する２本の直線を引いた。次に，円に合わせて透明半球を固定し，２本の直線がそれぞれ東西，南北を向くようにして，日当たりのよい水平な場所に置いた。

(2) フェルトペンの先の影が透明半球の中心と一致するようにして，９時から15時までの２時間ごとに，透明半球上に●印をつけた。

(3) 図１のように，透明半球上の●印をなめらかな線で結び，その線を透明半球のふちまで延長した。点Ｐ，Ｑはその線の延長と透明半球のふちとの交点で，点Ｍは太陽の高度が最も高くなったときの点である。また，点Ａ～Ｄは，(1)で引いた２本の直線と円の交点を，点Ｏは透明半球の中心を示している。

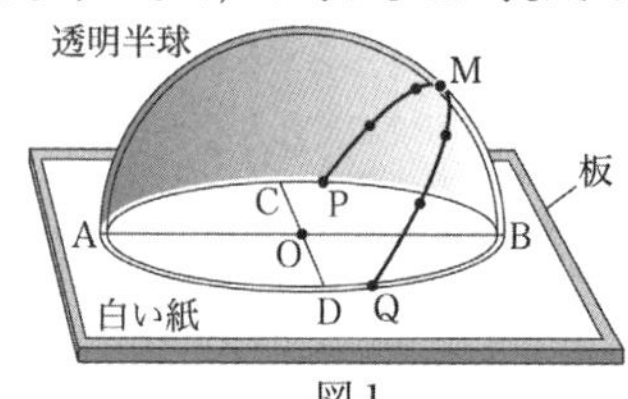

図１

(4) (3)で●印を結んだなめらかな線に沿って透明半球に糸を張り，図２のように，２時間ごとの太陽の位置を糸にうつしとったところ，その間隔はいずれも6.0cmで等しかった。また，11時につけた●印と点Ｍの間隔は2.4cmであった。

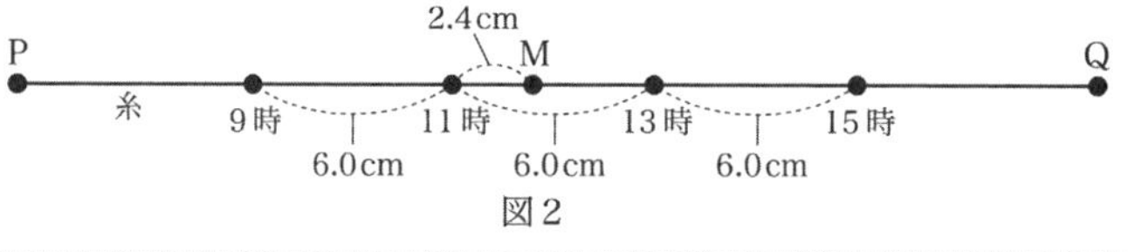

図２

このことについて，次の**1**，**2**，**3**，**4**の問いに答えなさい。

1 図１より，観察を行ったのは，秋分の日から春分の日までの間の冬の時期であると考えられる。このように考えられる理由を，「日の出」という語を用いて簡潔に書きなさい。

2 観察を行った日の太陽の南中高度を，図１中に書かれている記号（アルファベット）のうちの三つを使って，例のように表しなさい。（例：∠ABC）

3 次の［　　］内の文章は，観察において，時間の経過とともに太陽が天球上を移動していった理由について述べたものである。①，②に当てはまる語をそれぞれ（　　）の中から選んで書きなさい。

> 地球は，地軸を中心に ①（東から西・西から東）の向きに１日でほぼ１回転していて，この地球の運動を ②（自転・公転）という。地球がこの運動をすることにより，時間の経過とともに太陽は天球上を移動していくように見える。

4 図２より，観察を行った日の太陽の南中時刻は何時何分であったと考えられるか。

8 化学変化を利用して電流をとり出す電池について調べるために，次の実験(1)，(2)，(3)を順に行った。

(1) ダニエル電池用の水そうを用意し，向かって左側には硫酸亜鉛水溶液と亜鉛板を，向かって右側には硫酸銅水溶液と銅板を，それぞれの金属板がそれぞれの水溶液に十分にひたるように入れた。

(2) 図のように，電子オルゴールの－極側からの導線を亜鉛板につなぎ，＋極側からの導線を銅板につないだところ，電子オルゴールが鳴り始めた。

(3) しばらく電子オルゴールを鳴らし続けてから，亜鉛板と銅板の表面のようすを観察したところ，それぞれ次のようであった。

亜鉛板 ： 黒っぽく，ボロボロになっていた。
銅　板 ： 赤色の物質が付着していた。

電子オルゴール
亜鉛板
銅板
⊖
⊕
硫酸亜鉛水溶液
硫酸銅水溶液
セロハン
ダニエル電池用の水そう

このことについて，次の**1**，**2**，**3**，**4**の問いに答えなさい。

1 実験(1)でダニエル電池用の水そうに入れた硫酸亜鉛水溶液について，その溶質が電離しているようすを，化学式を用いて表しなさい。

2 実験(2)，(3)で電子オルゴールが鳴っていたときに，銅板の表面で起こっていた変化を正しく表している化学反応式は，次のうちどれか。ただし，電子1個をe^-という記号で表すものとする。

ア $Cu \rightarrow Cu^+ + e^-$　　**イ** $Cu^+ + e^- \rightarrow Cu$
ウ $Cu \rightarrow Cu^{2+} + 2e^-$　　**エ** $Cu^{2+} + 2e^- \rightarrow Cu$

3 次の□内の文は，実験(2)，(3)で電子オルゴールが鳴っていたときに，硫酸亜鉛水溶液と硫酸銅水溶液の間を，セロハンを通して移動していたイオンについて述べたものである。①，②に当てはまる語(具体的なイオン名)をそれぞれ書きなさい。

> セロハンにあいている微細な穴を通って，硫酸亜鉛水溶液から硫酸銅水溶液へは（　①　）が移動し，逆に硫酸銅水溶液から硫酸亜鉛水溶液へは（　②　）が移動していた。

4 現在広く普及しているマンガン乾電池やアルカリマンガン乾電池，リチウム電池などは，携帯電話に用いられているリチウムイオン電池や自動車のバッテリーとして用いられている鉛蓄電池とは異なり，充電が不可能な電池である。このような使いきりタイプの電池を，充電が可能な電池に対して何電池というか。

9 オオカナダモが行っている，あるはたらきについて調べるために，次の実験(1)，(2)，(3)を順に行った。

> (1) 3本のペットボトルX，Y，Zを用意し，息をふき込んで緑色にしておいたBTB溶液をそれぞれのペットボトルに入れた。
> (2) ペットボトルXとペットボトルYにはオオカナダモを入れ，ペットボトルZには何も入れないで，すべてのペットボトルにふたをした。次に，ペットボトルXだけをアルミニウムはくで完全におおった。
> (3) 下の図のようにして，すべてのペットボトルを日光の当たる場所に置いたところ，それぞれのペットボトルに入れておいたBTB溶液の色に，次のような変化が見られた。
> 　ペットボトルX ： 黄色に変化した。
> 　ペットボトルY ： 青色に変化した。
> 　ペットボトルZ ： 緑色のままだった。
>
> 
>

このことについて，次の**1**，**2**，**3**，**4**の問いに答えなさい。

1 実験(1)において，息をふき込む前のBTB溶液の色として考えられるものは，次のうちどれか。

ア 青色　　**イ** 黄色　　**ウ** 赤色　　**エ** 無色

2 次の□内の文は，実験(1)，(2)，(3)を行った結果，ペットボトルXに入れたBTB溶液の色が緑色から黄色に変化した理由について述べたものである。①，②に当てはまる語をそれぞれ書きなさい。

> 実験(1)，(2)，(3)において，ペットボトルXに入れたオオカナダモが（　①　）というはたらきを行って，（　②　）という気体をBTB溶液中に放出したためである。

3 ペットボトルYに対して，ペットボトルZを用意したのは，BTB溶液の色の変化が何によることを確かめるためか。「はたらき」という語を用いて簡潔に書きなさい。

4 実験(1)，(2)，(3)の結果，ペットボトルYに入れたオオカナダモは，何というはたらきを行ったことが確かめられたか。また，そのはたらきは，オオカナダモの細胞内に見られる，何というつくりの中で行われたか。

第195回 下野新聞模擬テスト
英　語

問題
R4
192
193
194
195
【英語】第195回

1 これは聞き方の問題である。指示に従って答えなさい。

1〔英語の対話とその内容についての質問を聞いて，答えとして最も適切なものを選ぶ問題〕

(1) ア

イ

ウ

エ

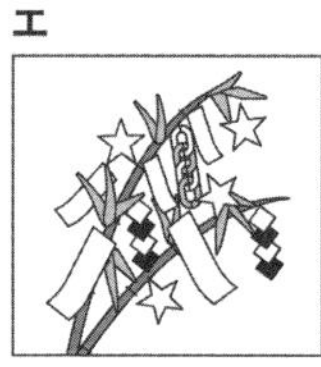

(2) ア

社会 2, 理科 2, 国語 2, 数学 4, 英語 30 (人)

イ

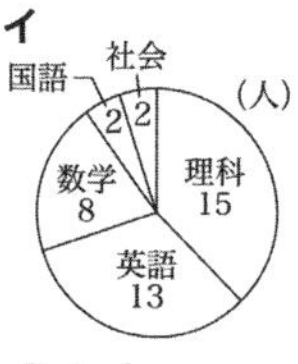

ウ

エ

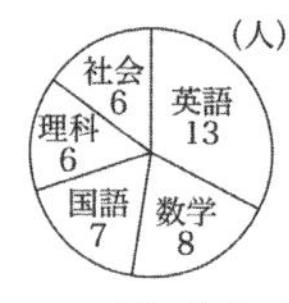

(3) ア Have dinner with Daisuke.　　イ Watch a soccer game with Daisuke.
　ウ Have dinner with her sister.　　エ Watch a soccer game with her sister.

(4) ア To study with him.　　イ To borrow books from him.
　ウ To go to the library with him.　　エ To ask him about homework.

2〔英語の対話とその内容についての質問を聞いて，答えとして最も適切なものを選ぶ問題〕

The Schedule for Jack's Homestay

	The first day	The second day	The third day	The last day
Weather	☀ → ☁	☂ → ☁	☀ → ☁	☁ → ☀
Morning	Get to Japan	A	B	Go to the mountain
Afternoon	Get to Tochigi	See a movie	Walk in the park	
Evening	Welcome party	Make Japanese food	Go to the autumn festival	Goodbye party

(1) ア To tell people at the party about himself.
　イ To try to talk to people who come to the party in Japanese.
　ウ To make a speech about the beautiful nature in his country.
　エ To talk about the cultural differences between Japan and his country.

(2) ア On the first day.　　イ On the second day.
　ウ On the third day.　　エ On the last day.

(3) ア **A**：Take pictures together　　**B**：Visit a museum
　イ **A**：Visit a museum　　**B**：Go shopping
　ウ **A**：Play basketball　　**B**：Take pictures together
　エ **A**：Visit a museum　　**B**：Play basketball

3〔インタビューを聞いて，英語で書いたメモを完成させる問題〕
※数字も英語で書くこと。

About Kate's school in Canada

○ School year
　・starts in (1)(　　　) and ends in June

○ Classes
　・start at nine o'clock
　・have (2)(　　　) classes a day
　・one class：seventy-five minutes long

○ How to come to school
　・school bus：only for students who (3)(　　　) far from school

○ Climate
　・has a lot of snow in winter

解答・解説 P276・P280

2 次の1，2の問いに答えなさい。

1 次の英文中の (1) から (6) に入る語句として，下の(1)から(6)のア，イ，ウ，エのうち，それぞれ最も適切なものはどれか。

Dear Andy
Have you ever (1) to Hawaii? This summer my family and I visited Hawaii and stayed there for a week. We stayed at a hotel, and our room was very big. So, I was very (2) . The view (3) the window was nice. The sea was very beautiful, and the sun was so *bright.
On the second day, we went shopping. We wanted to buy some *donuts, but the famous shop (4) sells nice donuts was closed that day. We were sad, but in the afternoon, we enjoyed swimming in the beautiful sea.
There were a lot of Japanese people in Hawaii, so I wasn't (5) . In many shops, we were able to communicate in Japanese. We didn't need to speak any English. Then we (6) , "Are we in Japan or in a foreign country?" Of course, we were in Hawaii.
Please tell me about your summer vacation.
Best wishes,
Naoto

〔注〕*bright＝明るい　*donut＝ドーナッツ

(1) ア got　イ done　ウ been　エ brought
(2) ア surprise　イ surprised　ウ surprising　エ to surprise
(3) ア into　イ over　ウ around　エ from
(4) ア who　イ what　ウ whose　エ which
(5) ア nervous　イ angry　ウ ready　エ easy
(6) ア think　イ will think　ウ thought　エ were thought

2 次の(1)，(2)，(3)の(　　)内の語句を意味が通るように並べかえて，(1)と(2)はア，イ，ウ，エ，(3)はア，イ，ウ，エ，オの記号を用いて答えなさい。

(1) *A*：Did you do your homework last night?
B：No. I was (ア tired イ to ウ too エ finish) my homework.

(2) *A*：We (ア go イ like ウ to エ would) with you.
B：OK, let's go together.

(3) *A*：Oh, your new bag looks nice and expensive.
B：Thank you. But I don't (ア how イ remember ウ was エ this bag オ much).

3 次の英文は，高校生の誠(Makoto)と，オーストラリアからの留学生エマ(Emma)との対話の一部である。彼らは，地域イベントの実行委員で，イベントの開催について話をしている。また，右のそれぞれの**図**(picture)は，誠が作成した資料の一部である。これらに関して，1から5までの問いに答えなさい。

Makoto：Yesterday I studied about the exercise *habits of people living in our city. Look at (1)Picture 1. About eighty percent of people in our city aren't getting enough exercise. What do you think about this?

Emma：I think they should do more exercise for their health.

Makoto：I think so, too. Look at Picture 3. Most people understand getting exercise is important for their health. But actually, as Picture 1 shows, they aren't doing enough exercise. What do you think about (2)this?

Emma：I think we should find something we can do for their health.

Makoto：I agree with you. Look at Picture 2. Many people don't think doing exercise is fun, and they don't want to do it alone. Also, they think ＿＿＿(3)＿＿＿. We should do something about this situation, so everyone can enjoy exercise. How about holding a sports event that people living in this city can join?

Emma：Sounds interesting!

Makoto：Look at Picture 3 again. It also shows that about fifty percent of people want to ＿＿＿(4)＿＿＿ through exercise. So, if we hold a fun and exciting sports event, many people will join it.

Emma : I see. If we hold an event like that, people will be able to have a chance to enjoy exercise and make new friends there. But how can we hold such a big event?

Makoto : We must do something big. For example, we can invite some famous sports players. If they teach exercise or a sport that everyone can enjoy, many people will become more interested in the event. They join it and enjoy exercise together, and some of them may start doing more exercise.

Emma : I can understand your idea, but we will need a lot of money for such a big event, right? How can we [　　　] money for this sports event?

Makoto : I have a good idea. Why don't we try *crowdfunding? On the Internet, we can ask ＿＿(5)＿＿. If they *donate to us, we can invite some famous sports players.

Emma : Great! It may be hard, but we should try.

Makoto : Actually, I've heard from my uncle about how to try crowdfunding. He tried it for his event last year. I'm sure he can help us.

Emma : That's good. (6)<u>What exercise or sports should we choose for our event?</u>

Makoto : That's a very important point, so let's talk about it more with other members.

Emma : Yes, let's.

〔**注**〕*habit＝習慣　*crowdfunding＝クラウドファンディング（※**図4**の説明を参照）
*donate＝寄付する

Q1「運動不足だと感じますか」への回答

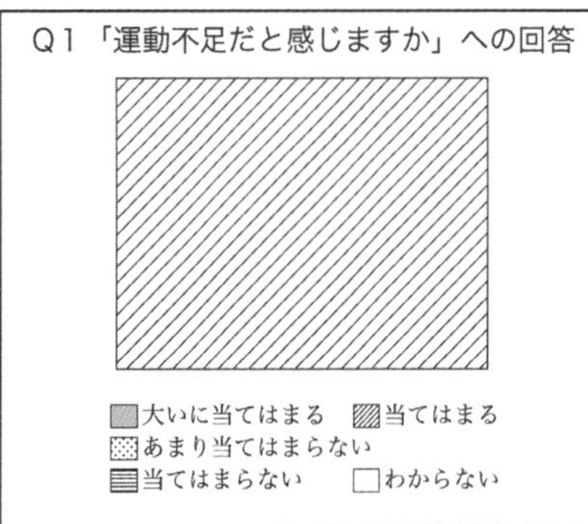

図1

Q1に「あまり当てはまらない」「当てはまらない」と回答した理由

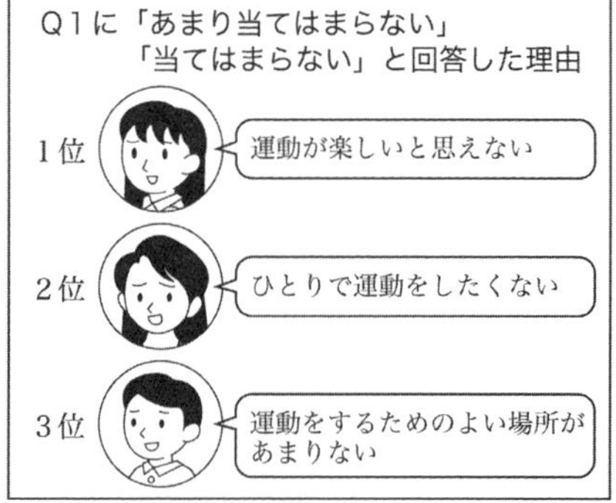

1位
運動が楽しいと思えない
2位
ひとりで運動をしたくない
3位
運動をするためのよい場所があまりない

図2

Q2「運動をする利点は何ですか」への回答
（複数回答可・上位3回答のみ表示）

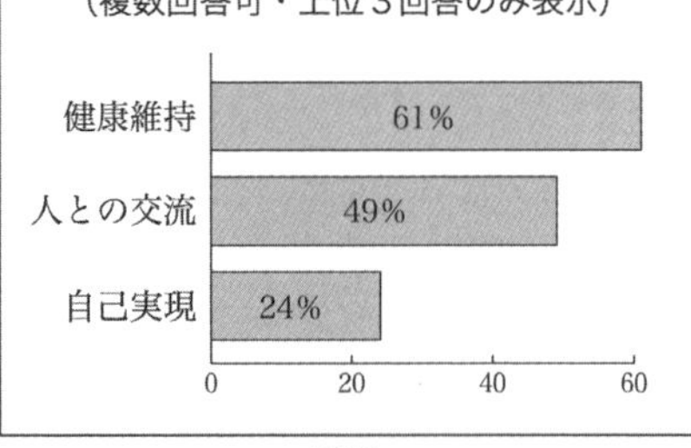

図3

クラウドファンディングとは？

● インターネット上で，人々に自分たちのアイデアを支援してくれるように頼む。

● 支援を希望する人たちが寄付をしてくれることで資金が集まり，目的を達成できる。

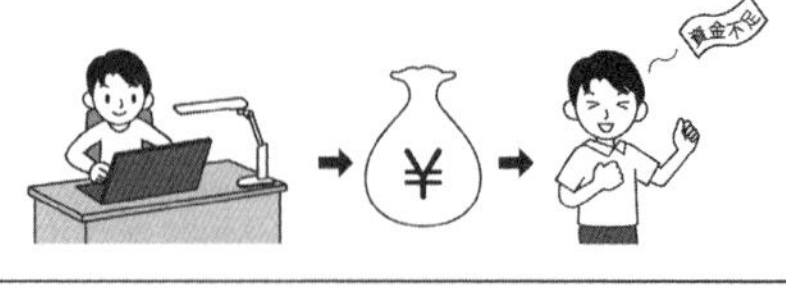

図4

1 下線部(1)について，**図1**の▨の位置に入るグラフとして，最も適切なものはどれか。

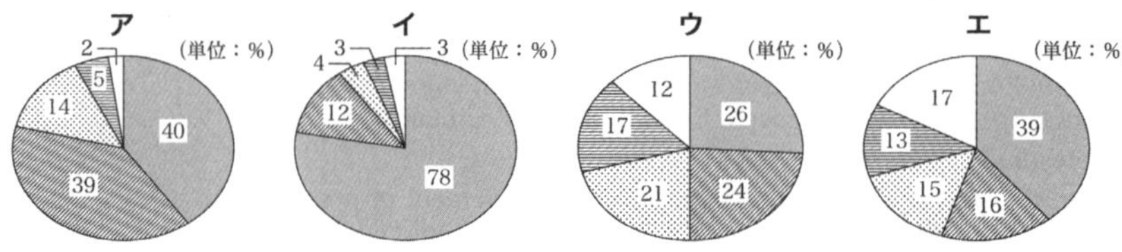

2　下線部(2)の内容を次の[　　　]内のように表したとき，（　①　）と（　②　）に入る日本語を書きなさい。

ほとんどの人が（　　　　　①　　　　　）だと理解しているが，実際は，（　　　　　②　　　　　）こと。

3　二人の対話が成り立つよう，**図2**，**図3**，**図4**を参考に，下線部(3)，(4)，(5)に適切な英語を書きなさい。

4　本文中の[　　　]に入る語として，最も適切なものはどれか。

ア　use　　イ　break　　ウ　collect　　エ　return

5　下線部(6)について，あなたがこのイベントを開催するとしたら，どのような運動やスポーツを選びますか。理由や具体的な例を含めて，まとまりのある**4文から6文程度**の英語で書きなさい。

4　遙香(Haruka)についての次の英文を読んで，**1**から**5**までの問いに答えなさい。

During summer vacation I visited my aunt and uncle's house and stayed there for three days. They keep many cows. I wanted to help them by taking care of their cows, so I visited them. When I got to their house, my aunt gave me some milk. The milk was delicious. "I've never drunk delicious milk like this. Why is it so delicious?" I asked my aunt. She answered, "Because it is fresh milk. We have just *milked the cows." I was surprised to hear that. She asked me, "Do you want to try milking the cows with us tomorrow?" I answered, "Sure!"

The next morning, when my aunt and I got to the *cowshed at six, my uncle was already there. He starts cleaning the place at five every morning. He said, "If we don't clean the cowshed, the cows will become stressed and won't make milk. Now, let's give the cows food." The cows looked very happy while they were eating.

After that, my uncle showed me how to milk the cows and said, "We milk the cows once in the morning and once in the afternoon." Milking the cows looked easy while he was doing it. However, [　　　]. When I was milking the cows, I realized that milk comes from living animals. In the afternoon, I tried milking the cows with my aunt and uncle again.

The next morning, I cleaned the cowshed with my aunt and uncle. While my aunt was cleaning, she was watching the cows carefully. I asked her, "Why are you watching the cows so carefully?" She answered, "Cows can't tell us the things they need, so we need to watch them carefully."

In the evening, my uncle asked me, "What did you think about taking care of the cows?" I said, "I enjoyed it very much, but I became tired. Getting up early and working for cows every day is hard, right?" He said, "Yes, but we love our cows and want a lot of people to drink their delicious milk every day." Also, he showed me a letter. "Thank you for your delicious milk" was written in the letter. My uncle said, "A boy who lives near our house gave this to us. We work hard to make a lot of people who drink our milk happy." (1)<u>I thought my aunt and uncle were really great</u>.

My aunt and uncle love their cows and take care of them from morning to evening, so a lot of people can drink milk every day. Buying milk at a shop is easy, but I learned getting milk from cows is not so easy. Now, when I drink milk, I always think of my aunt and uncle. Also, when I see food sold at shops, I think about people working hard to *produce the food for us. We should remember (2)<u>this</u> when we eat or drink every day.

〔注〕*milk ～＝(牛などの)乳をしぼる　*cowshed＝牛舎　*produce＝生産する，作る

1　本文中の[　　　]に入る適切な英語はどれか。

ア　I didn't like doing it because it was too easy for me
イ　it was really difficult when I tried it
ウ　I really wanted to do it alone after he did it
エ　it was easy for me because he showed me how to do it

2　遙香が下線部(1)のように思った理由を，次の[　　　]内のように表したとき，（　　）に入る適切な日本語を書きなさい。

叔父が，「私たちは，（　　　　　　　　　　）ために，一生懸命に働いているんだよ」と言ったから。

3 下線部(2)の内容を，次の[　　]内のように表したとき，(　　)に入る適切な英語を，本文から**3語**で抜き出して書きなさい。

> We can eat and drink something every day thanks to (　　　　　　　　) like Haruka's aunt and uncle.

4 次の**質問**に答えるとき，**答え**の[　　　]に入る適切な英語を**1語または2語**で書きなさい。

質問：How many times did Haruka milk the cows at the cowshed on her second day?

答え：She milked the cows [　　　].

5 本文の内容と一致するものはどれか。

ア Haruka decided to visit her aunt and uncle's house because she was told to help them.
イ Haruka's aunt was surprised to know that fresh milk was really delicious.
ウ Haruka's aunt watches the cows carefully to understand necessary things for them.
エ Haruka thinks about people who need her aunt and uncle's milk when she drinks milk.

5 砂漠(desert)についての次の英文を読んで，**1**，**2**，**3**，**4**の問いに答えなさい。

What is desert? You may think of a place without water. You may think that the desert does not have enough rain. But there is life in every desert. Plants, animals, and humans live there. How can this happen? Sometimes it does not rain for five years in the desert. Then one day a *storm comes, and there is a heavy rain. After that, the desert is covered with green. You can see many kinds of plants and small flowers. They grow very fast. In a week, they grow from *seeds to flowers and back to seeds. Then the seeds [A] in the ground and wait another five years for rain.

Desert plants try very hard to find water. Some plants send their *roots far down into the ground. Some plants send their roots far out from their *stem. Other plants save water in their stems or leaves.

Desert animals also save rain water in their bodies to survive. Some of them keep water to live for seven to nine days. [B] Some desert people seem to know where it will rain. They go to the place soon. If they are lucky, it rains there.

Today people who visit the desert on a trip want to move around by car. However, <u>this</u> is often very dangerous. *Water holes are sometimes 100 *miles away. In the desert, a man may die in about 14 hours if he has no water to drink. The desert is a hard place to live. Plants, animals, and people must have water.

Humans have tried to bring water to the desert to live. For example, some people started bringing water from the nearby rivers through *pipes. Maybe someday new and better ways to bring water to the desert will be found. Then, one day, people will be able to grow enough food in the desert.

〔注〕*storm＝嵐　*seed＝種　*root＝根　*stem＝茎　*water hole＝水たまり
*mile＝マイル　*pipe＝パイプ

1 本文中の[A]に入る語として，最も適切なものはどれか。

ア move　イ know　ウ stay　エ need

2 本文中の[B]に入る次の**ア**，**イ**，**ウ**，**エ**の文を，意味が通るように並べかえて，記号を用いて答えなさい。

ア In this way, humans have learned how to live with very little water.
イ Humans who have them in the desert know about that.
ウ And they can find a water hole by using their animals.
エ The animals also know how to find water.

3 下線部が指す内容は何か。日本語で書きなさい。

4 本文で筆者が述べている内容として，最も適切なものはどれか。

ア We can say that it rains almost every day in the desert.
イ Some people can live in the desert because they know where it will rain.
ウ Humans have learned that they couldn't grow food in the desert.
エ When a heavy rain falls in the desert, most animals go away from it.

解答・解説 P276・P280

豪快な笑い声が響いた。

（石井睦美「ひぐまのキッチン」〈中央公論新社〉から）

（注1）かみさん＝岡本の妻のこと。　（注2）杞憂＝無用な心配。

1 (1)その羽二重餅は今日きり食べられないよ　とあるが、その理由について説明した次の文の□に当てはまる語を、本文中から六字で抜き出しなさい。

□を大切にしようと考えたから。

2 (2)岡本の言葉にまりあは首を傾げた　とあるが、その理由について説明したものとして最も適当なものはどれか。

ア 羽二重餅をおいしいと思った自分に自信をなくしたから。
イ 羽二重餅の味の改良をやめることが残念に思われたから。
ウ 羽二重餅と小松菜の味噌汁の関係がわからなかったから。
エ 羽二重餅のおいしさをきちんと説明できず後悔したから。

3 (3)お気に召さなかったのかしらという杞憂　とあるが、「杞憂」であったことがわかる部分を、本文中から二十二字で抜き出しなさい。

4 (4)まりあにはまだ話が見えてこない　とあるが、このときのまりあの気持ちについて説明したものとして最も適当なものはどれか。

ア 米田は岡本の話の意味を理解しているようなので焦る気持ち。
イ 仕事に対する考え方の違いにはこだわらないという気持ち。
ウ 米田がどうして理解を示すのかわからず不審に思う気持ち。
エ 自分の味噌汁を誉めた後に否定されたようで困惑する気持ち。

5 (5)その通りなんだよ　とあるが、「その通り」とは、岡本の場合について具体的に言うとどのようなことか。四十五字以上五十五字以内で書きなさい。

6 (6)今度からはインスタントのダシで　とあるが、この表現から読み取れるまりあの意図について説明したものとして最も適当なものはどれか。

ア くたくたでよかったと皮肉を言われたことに少し腹が立ったので、インスタントのダシで作ると皮肉で返している。
イ きちんと出汁を取って作るよりもインスタントのダシですませれば岡本も気兼ねしないですむだろうと考えている。
ウ インスタントのダシで作る方が簡単であり、岡本の記憶の中にある味噌汁により近づくこともできると考えている。
エ インスタントのダシで作ればもっと懐かしんでもらえるだろうと冗談めかして言うことによって笑いを誘っている。

5

下の【資料】を参考にして、「自分の考えを相手に伝えること」について、あなたの意見や考えを国語解答用紙(2)に二百四十字以上三百字以内で書きなさい。

なお、次の《条件》に従って書くこと。

《条件》

（Ⅰ）二段落構成とすること。

（Ⅱ）各段落は次の内容について書くこと。

第一段落

・【資料】から、あなたが気づいたことを書くこと。

第二段落

・自分の体験（見聞したことを含む）を踏まえて、「自分の考えを相手に伝えること」について、あなたの意見や考えを書くこと。

【資料】

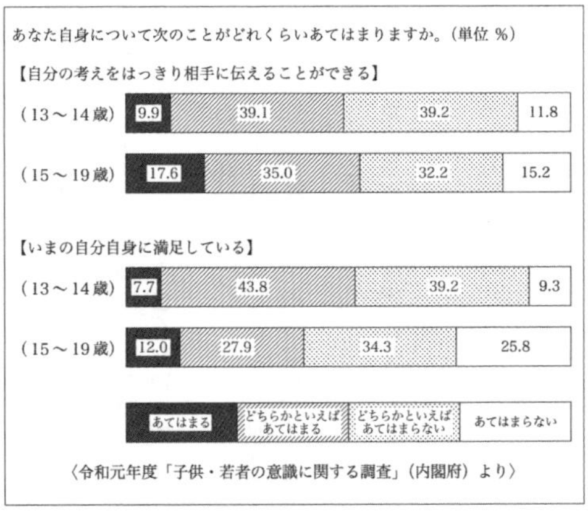

あなた自身について次のことがどれくらいあてはまりますか。（単位 %）

【自分の考えをはっきり相手に伝えることができる】

	あてはまる	どちらかといえばあてはまる	どちらかといえばあてはまらない	あてはまらない
（13～14歳）	9.9	39.1	39.2	11.8
（15～19歳）	17.6	35.0	32.2	15.2

【いまの自分自身に満足している】

	あてはまる	どちらかといえばあてはまる	どちらかといえばあてはまらない	あてはまらない
（13～14歳）	7.7	43.8	39.2	9.3
（15～19歳）	12.0	27.9	34.3	25.8

〈令和元年度「子供・若者の意識に関する調査」（内閣府）より〉

問題 R4
192
193
194
195
【国語】第195回

ア　〈B〉は、〈A〉で示された具体的な事例を更に発展させて述べている。

イ　〈B〉は、〈A〉で述べられた内容を導入として考えをまとめている。

ウ　〈B〉は、〈A〉で示された反対意見に対して筆者の主張を述べている。

エ　〈B〉は、〈A〉で述べられた問題点を絞り込んで意見を述べている。

4

次の文章を読んで、**1**から**6**までの問いに答えなさい。

食品商社で米田社長の秘書をしている樋口まりあは、取引先の岡本が会社を訪れた際、岡本に手作りの簡単な昼食を振る舞った。その後、まりあは、岡本が持参した、味を改良中の羽二重餅を試食するように勧められた。

まりあは羽二重餅をひと口、口にいれた。

「おいしい」

岡本がまりあを嬉しそうに見る。

「口のなかでとけていきました。いくらでも食べられちゃいます……すみません、ちゃんとした感想をお伝えできなくて」

「なに、おいしいっていうのがいちばんだ。でも、お嬢さん、せっかく褒めてもらったけど、(1)その羽二重餅は今日きり食べられないよ」

「どうしてですか？　こんなにおいしいのに」

「それはね、味噌汁だよ。あなたの作ってくれた小松菜の味噌汁を飲んでね。ああ、やっぱり今までどおりでいこうって決めたんだ」

(2)岡本の言葉にまりあは首を傾げた。

「かみさん、(注1)一昨年、俺より先に逝っちまったんだが、そのかみさんがよく小松菜の味噌汁を作ったんだ。具は菜っ葉だけ。菜っ葉だけの味噌汁なんて、物足りないよ。俺はさ、油揚げのはいった味噌汁が好きなんだ」

(3)お気に召さなかったのかしらという(注2)杞憂と、羽二重餅と小松菜の味噌汁とがどうつながっていくのかわからないまま、まりあはうなずいた。

「油揚げをいれろよって、言ったわけさ。若いころだ。それからは大根の味噌汁にもワカメの味噌汁にも、あいつは油揚げをいれるようになった。ところが、小松菜の味噌汁を作るときにかぎっては、小松菜だけなんだ」

「どうしてでしょう？　そのほうがおいしいんでしょうか？」

「どうしてかねえ。でも、うまくないってことはたしかだったな」

「すみません」

まりあは思わず詫びた。

「いや、樋口さんのは、きちんと出汁が取れてうまかった。かみさんはあんなに丁寧に出汁なんて取らない。インスタントのやつをパッパッてね」

岡本はそう言うと笑った。

「二年ぶりに菜っ葉だけの味噌汁を飲んだよ。懐かしかった。それを飲みながら、気づいたんだ。うまいもんを作るだけじゃだめなんだって」

「たしかにそうだな」

と、米田も言った。

(4)まりあにはまだ話が見えてこない。

「職人っていうのは、もっといいものを、今よりいいものをって、いつも追いかけてしまう生き物なんだ。だけど、こういう言葉があるね。変わらない味。これ、誉め言葉かい？　それとも貶し言葉？」

「誉め言葉です」

「そうだね。何百年経っても、同じ味。上にも下にもいかないってことも、上を目指すのと同じように、いや、それ以上に難しいことなんだね。それを食べれば、記憶のなかの味が甦る。甦るのは味だけじゃない」

「記憶そのものが甦るんですね」

(5)「その通りなんだよ。だから変えちゃいけない。うちの羽二重餅を食べて、これを食べたときはあんなことがあったなあ、そう思ってくれるひともいるかもしれないんだ。そんなありがたいお客さんの思い出を奪っちゃいけない。そのことをあなたの味噌汁が教えてくれたんだ。ありがとう」

岡本の話をうなずきながら聞いていたまりあは、最後のひと言に首を横に振った。

「じゃあ、岡本さん、米はこれまでと同じで、だね」

「そういうことだ。それにしても、菜っ葉がくたくたのところまで、かみさんの味噌汁と一緒だったよ」

「気をつけていたんです。でもつい、煮過ぎてしまって」

「いや、くたくたでよかったんだ。いつかまた頼むよ」

「はい。いつでもお作りします。(6)今度からはインスタントのダシで」

のが普通で、空しく裁断されて煙となっているのだろう。そう思えば紙の本であることに、少なからざる罪の意識が生じる。単なる資源の浪費ではないか、と。電子書籍であれば、ほんの少しのシリコンを占領するだけで済むばかりでなく、時間を超えて保存してくれるから空しさも帳消しになるかもしれない。記録媒体としての電子書籍は評価すべきなのだろう。

たまに古典と言われる科学の本も存在する。例えば、アインシュタイン(注3)とインフェルト(注4)が書いた『物理学はいかに創られたか』(岩波新書)は七〇年を経てもなお読み継がれている。簡明にして真髄をつき、図版は少しだけだが含蓄に富む。ページを何度も行き来するうちに理解が深まり、いつ手にとっても新しい発見がある。もはや黄ばんでしまった紙がいっそう私を招いているように思える。あるいは、学生時代に読んだ教科書は、そこに残された書き込みもあって苦闘した歴史が懐かしく思い出され、新鮮な気持を蘇らせてくれる効用がある。歴史を経た紙の本であればこそ、科学の古典として自分と重ね合わせることができるのだ。それは科学者の誰もが体験することであり、鮮烈な印象となって心に刻み込まれ、アナログ的に内容が頭の書庫に並べられることになる。学問の継承には(2)このような体験が不可欠である。これらが電子書籍となれば、果たして学問が血肉化するかどうか疑問を持ってしまう。

とすると、記録媒体としての電子書籍(やたらに記憶が得意なシリコン頭にうってつけである)、自分の頭を鍛えるための紙の本(考え想像するカーボン頭に最も相応しい)という棲み分けができそうである。というより、それが□の道のように思える。豆粒一つに百科事典全体が収まるような技術を利用しない手はないし、それこそが省資源となり文化の継承を確実なものとするからだ。辞書、辞典、読み捨て本、ノウハウ本などは電子書籍で十分その役を果たすだろう。それに対し、絵本、教科書、古典、哲学書などは紙の本であり続けるに違いない。むろん始めは両方で出版し、生き残ったものだけが紙の本として継続されることになると考えられる。過渡期に本の選別が進むのである。そして二〇年先となれば、本の出版は様変わりしていることだろう。電子出版が当たり前となるのに対し(それは大事な本ではないことを意味する)、紙の本として出版できることが勲章となることだ。「せっかく価値ある本なのだから、是非とも紙の本として出版したい」と出版社が言ってくれるのを心待ちにする、なんてことを想像している。

(池内了「本の棲み分け」『本は、これから』〈岩波書店〉から)

(注1) シリコン＝電子画面の素材。
(注2) カーボン＝ここでは紙のこと。
(注3) アインシュタイン＝一八七九〜一九五五年。ドイツ生まれの物理学者。
(注4) インフェルト＝一八九八〜一九六八年。ポーランドの物理学者。

1 (1)今どうしようかと悩んでいる とあるが、それはなぜか。四十字以上五十字以内で書きなさい。

2 (2)このような体験 とあるが、その説明として最も適当なものはどれか。

ア 学生時代に読んだ教科書の書き込みによって、忘れていた知識が想起させられ、新たな学びへの意欲につながっていく体験。

イ 何度も読んで古びてしまった本でも、読むたびに親しさが増し、自分の正しさを改めて認識させられ自信が深まっていく体験。

ウ 有名な古典の書物に感動することによって、自分の一生の指標とできるような出会いを果たしたという確信にいたる体験。

エ 古典と呼ばれる書物と何度も相対し、自分の成長とともに印象が深められ、知識が有用な生きたものとして更新されていく体験。

3 □に入る語として最も適当なものはどれか。

ア 必然　**イ** 創造　**ウ** 常識　**エ** 真実

4 次の図は、〈A〉と〈B〉の文章から読み取れる筆者の考えをまとめたものの一部である。後の(I)、(II)の問いに答えなさい。

> **以前**　電子書籍は知識を得るには便利だが、思考には向いていない。→電子出版は□の発展に役立たない。
>
> **現在**　・記録媒体としての電子書籍…省資源。→□を伝えるのに有効。
> ・紙の本…頭を鍛える。(生き残ったもの)→紙の本としての出版が勲章となる。

(I) □に入る、〈A〉と〈B〉の文章に共通して用いられている語を、本文中から二字で抜き出しなさい。

(II) 紙の本としての出版が勲章となる とあるが、それはなぜか。「価値」という語を用いて三十字以上四十字以内で書きなさい。

5 〈A〉と〈B〉の文章の関係について説明したものとして最も適当なものはどれか。

解答・解説 P276・P278

に賢人なり』と。『(1)いふ所当たれり。すべからく寺に寄せて、亡者の(注8)菩提を助けよ』と判ず。(2)この事、まのあたり見聞きし事なり。(注9)世俗塵労の俗士、なほ(注10)利養を貪らず。(注11)割愛出家の沙門の、世財を争はん」とて、(注12)法に任せて寺を追ひ出してけり。

（「沙石集」から）

（注1）育王山＝中国浙江省にある山。
（注2）布施＝仏や僧に謝礼として渡す金銭や品物。
（注3）かまびすしかりければ＝騒いでいたので。
（注4）大覚連和尚＝「大覚」は悟りを得た人の意味。「連」は名前。
（注5）この僧を恥しめて＝この僧二人を戒めて。
（注6）なるべけれ＝なるべきだ。　（注7）官の庁＝公の役所。
（注8）菩提＝死後、極楽浄土に生まれ変わること。
（注9）世俗塵労の俗士＝俗世間で生活する人。
（注10）利養＝利益。
（注11）割愛出家の沙門＝欲望や執着を断ち切って僧になり、修行する人。
（注12）法に任せて＝寺の決まりに従って。

1 与へずして は現代ではどう読むか。現代かなづかいを用いて、すべてひらがなで書きなさい。

2 ア 置きたりけるに　イ 与ふ　ウ いふ　エ 返しつ　の中で、主語が異なるものはどれか。

3 (1)いふ所当たれり の説明として最も適当なものはどれか。

ア どちらも相手の弱みにつけこんでいるということ。
イ どちらも言うことが理にかなっているということ。
ウ 公の役所に判断を委ねたことは正しいということ。
エ もっと早く公の役所に頼るべきだったということ。

4 (2)まのあたり見聞きし事なり の意味として最も適当なものはどれか。

ア 二人の僧が目の前で見聞きしたことである。
イ 主が死んでしばらくして人が見聞きしたことである。
ウ 俗世間の人間が本当に見聞きしたことである。
エ 実際に大覚連和尚が見聞きしたことである。

5 「大覚連和尚」は「布施」を争う二人の僧をどのように戒めたのか。次の文の空欄に当てはまるように、十五字以上二十字以内の現代語で答えなさい。

> 俗世間の人間でさえ［　　］であったことを引き合いに出しながら、寺の決まりに従って二人の僧を寺から追い出した。

3

次の〈A〉、〈B〉の文章は、池内了「本の棲み分け」の一節である。これらを読んで、**1**から**5**までの問いに答えなさい。

〈A〉

私は、(注1)シリコン製の電子画面とは性が合わない。辞書とか百科事典のような、その場限りの知識を得るには電子書籍は便利だが、考えたり想像したりしながらページを繰り、後戻りしたり飛ばし読みしたりしてから元に戻ってくる、というような読み方には電子本は不都合この上ないからだ。何しろシリコンは石頭だから融通が利かないこと夥しく、インターネットをしていても癇癪を起こして放り出す始末である。だから、(注2)カーボン人間はシリコンとは折り合えない、電子出版なんて文化を貶めるもの、と考えてきたのだ。

しかし、実際に電子出版を勧められると、少々動揺した。私の本はそう売れるわけでもないし、ましてや宇宙論の硬い本だから売れ行きが悪いのは目に見えている。この出版不況の時代に出版社は慈善事業をしているようなものである。手軽に電子出版ができるなら、出版社の顔を少しは立てられるかもしれない（私は出版社に対しては優しい人間なのである）。きれいな写真を売り物にした本ではなく、書いている中身で勝負のつもりなのだが、写真が人目を惹いて電子本を手に取る人がいればファンが少しは増えるかもしれない（本が売れて欲しいという色気もあるのだ）。というわけで、(1)今どうしようかと悩んでいる最中である。

〈B〉

文学の作品はこれ一つしかないという意味で永遠だが、科学の本はその知見が次々と書き換えられていく運命にある。科学は積み上げで成り立っており、先人の仕事を乗り越えつつ、時代に制約された実験技術の下でとりあえずの結論を提示するしかないからだ。その意味で本の寿命は短く、たった数年前の出版なのに入手できなくなってしまう。ましてや、私の本などは一年も経たないうちに店頭から姿を消す

令和5年1月22日実施

第195回 下野新聞模擬テスト

国語

制限時間 50分

1

次の1から7までの問いに答えなさい。

1 次の――線の部分の読みをひらがなで書きなさい。

(1) 市内を循環するバス。 (2) 隙間から光が漏れる。
(3) 聞くに堪えない話。 (4) 靴の汚れを拭う。
(5) 進捗状況を確認する。

2 次の――線の部分を漢字で書きなさい。

(1) シフクのひと時を過ごす。 (2) 異議をトナえる。
(3) 育児にフンセンする。 (4) 執念をモやす。
(5) ロウホウが届く。

3 「明日も、雨は降らないと思う。」の――線の部分と文法的に同じ意味・用法のものはどれか。

ア 準備しないで後悔する。 イ この仕事はきりがない。
ウ うれしくない話を聞いた。 エ あどけない笑顔を見せる。

4 次の――線の部分について適切に説明したものはどれか。なお、［A］・［B］は人物を表している。

昨日、［A］は［B］から手紙をいただいた。

ア 尊敬語で、［A］への敬意を表している。
イ 尊敬語で、［B］への敬意を表している。
ウ 謙譲語で、［A］への敬意を表している。
エ 謙譲語で、［B］への敬意を表している。

5 次の――線の部分が直接かかる文節として適当なものはどれか。

兄は試合中に ア けがをして、 とりあえず イ 救急の処置を ウ 施されて、その後病院に エ 運ばれた。

6 「［ ］の攻防を繰り広げた。」の［ ］に入る四字熟語はどれか。

ア 一喜一憂 イ 一挙一動
ウ 一長一短 エ 一進一退

7 次の短歌と俳句の［ ］には同じ語が入る。適当なものはどれか。

春の夜の［ ］のうき橋とだえして
峰(みね)にわかるる横雲(よこぐも)の空 (藤原定家(ふじわらのていか))

夏草や兵(つはもの)どもが［ ］の跡 (松尾芭蕉(まつおばしょう))

ア 虹 イ 夢 ウ 霧 エ 花

2

次の文章を読んで、1から5までの問いに答えなさい。

唐(もろこし)の育王山(注1)の僧二人、布施(ふせ)(注2)を争ひてかまびすしかりければ(注3)、その寺の長老、大覚連和尚(だいかくれんをしやう)(注4)、この僧を恥(はぢ)しめて(注5)いはく、「ある俗、他人の銀(しろがね)を百両預かりて ア置きたりけるに、かの主死して後、その子に是(これ)を イ与ふ。子、是を取らず。『親、既に与へずして、そこに寄せたり。それの物なるべし』と ウいふ。かの俗、『我はただ預かりたるばかりなり。譲り得たるにはあらず。親の物は子の物とこそなるべけれ(注6)』とて、また エ返しつ。互ひに争ひて取らず、果てには官の庁(注7)にて判断をこふに、『共

解答・解説 P276・P278

MEMO

問題編

令和３年度

10月　3日実施　第186回
11月　7日実施　第187回
12月　5日実施　第188回
1月23日実施　第189回

2021・2022

[令和6年高校入試受験用]

第186回 下野新聞模擬テスト
社　会

問題
R3
186
187
188
189
【社会】第186回

1 次の**1**から**4**までの問いに答えなさい。

1 **図1**は，経線と緯線が15度間隔で引かれた地図である。これを見て，あとの(1)，(2)，(3)の問いに答えなさい。

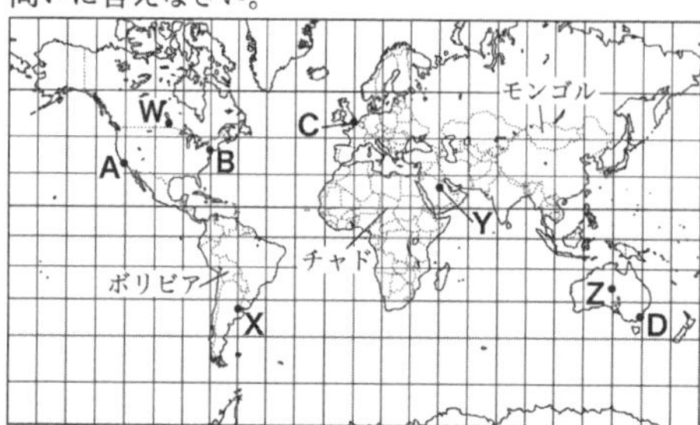

図1

	1月 (℃)	7月 (℃)	降水量が最も多い 月の降水量(mm)
ア	−16.5	19.6	93.7（6月）
イ	24.8	11.0	144.7（1月）
ウ	29.5	11.9	40.7（12月）
エ	14.5	36.6	34.4（4月）

図2（「理科年表」により作成）

(1) 東京が1月20日の午前10時の時，1月19日午後8時の都市は，**図1**中の**A**，**B**，**C**，**D**のどれか。なお，日時は現地時間とする。

(2) **図2**は，**図1**中の**W**，**X**，**Y**，**Z**の都市における1月と7月の平均気温，降水量が最も多い月の降水量(平均値)を示している。**X**の都市は，**図2**中の**ア**，**イ**，**ウ**，**エ**のどれか。

(3) **図1**中のモンゴル，チャド，ボリビアについて述べた，次の文中の□に当てはまる語を書きなさい。

> 三つの国は，それぞれ違った州に属した国であるが，国境が海に面していない点で共通している。このような国境線の特徴を持つ国を□という。

2 **図3**を見て，次の(1)，(2)の問いに答えなさい。

(1) 次の文は，**図3**中の**ア**，**イ**，**ウ**，**エ**のいずれかの県について述べている。この県はどれか。

> ○黒潮(日本海流)が沖合を流れる県と陸地で県境を接している。
> ○県名と県庁所在地名が異なる県と陸地で県境を接している。
> ○中国・四国地方で最も人口が多く，地方中枢都市が位置する県と，本州・四国連絡橋でつながっている。

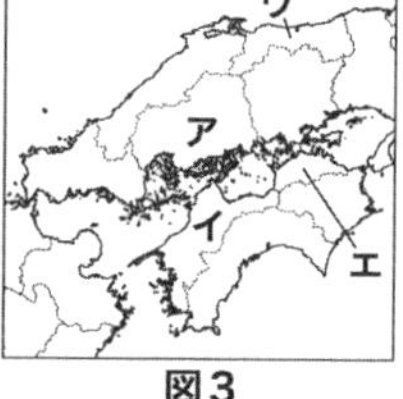

図3

(2) **図4**は，ため池の数が多い都道府県の上位3位とため池の数を示している。これについて述べた，次の文中の□に共通して当てはまる語を書きなさい。なお，**図4**中の**ア**，**エ**は，**図3**中の**ア**，**エ**と同じである。

> ため池の数が多い都道府県は，瀬戸内海に面していることで共通している。この地域は，冬の□は中国山地に，夏の□は四国山地にさえぎられ，水蒸気が運び込まれにくく，水不足が発生する。そのため，ため池が多く造られている。

	ため池の数(か所)
兵庫県	24,400
ア	18,938
エ	14,614

図4（「農林水産省ホームページ」により作成）

3 **図5**は，州別人口の移り変わりを示している。これについての先生と生徒の会話文中の□に当てはまる文を，「医療」の語を用いて，簡潔に書きなさい。

> 生徒：「**図5**を見ると，アジア州やアフリカ州の人口増加が著しいですね。」
> 先生：「これは，□ことと，高いままの出生率が原因です。」
> 生徒：「人口が増加する国にはどのような特徴がありますか。」
> 先生：「発展途上国で人口が増加する傾向があります。」

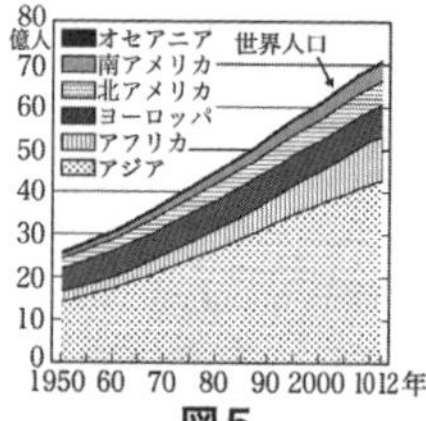

図5
（「世界の統計」などにより作成）

4　次の文は，生徒が**図6**中に示した━━の経路で歩いた様子について述べたものである。下線部の内容が**誤っている**ものを**二つ**選びなさい。

> **A**地点から線路を通過した直後に**ア**<u>右折</u>した。**イ**<u>図書館の西側にある市役所</u>に用事があったので，用事を済ませ，**ウ**<u>船尾山山頂より山頂の標高が高い城ケ峰</u>のふもとにある永正寺に向かった。永正寺から船尾にある小学校に向かう途中，**B**地点で落とし物を拾ったため，**B**地点から**エ**<u>約250m西に向かった先にある交番</u>に落とし物を届けた。

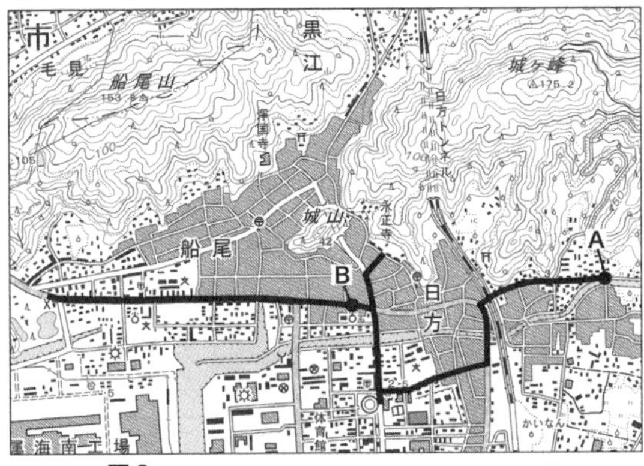

図6（「国土地理院発行2万5千分の1地形図」により作成）

2

図1は，人口が多い上位10か国の位置を示している。これを見て，次の**1**から**6**までの問いに答えなさい。

1　人口密度について述べた，次の文中の［ I ］，［ II ］に当てはまる語の組み合わせとして正しいのはどれか。

> インド，バングラデシュを流れる［ I ］川やパキスタンを流れるインダス川周辺は，アジア州の中でも人口密度が［ II ］地域である。

ア　I－メコン　II－高い
イ　I－ガンジス　II－高い
ウ　I－メコン　II－低い
エ　I－ガンジス　II－低い

図1

2　インドネシアの農業について述べた，次の文中の［　　］に当てはまる語を，**カタカナ**で書きなさい。

> インドネシアでは，植民地時代の影響を受けた大規模な農園である［　　］で，あぶらやしやコーヒー豆の生産が盛んである。近年では，農園の経営を現地の人々で行うようになり，開発規模が大きくなっている。

3　**図2**中の**a**，**b**，**c**には，中国，ブラジル，ロシアのいずれかが当てはまる。**a**，**b**，**c**に当てはまる国の組み合わせとして正しいのはどれか。

ア　**a**－ロシア　**b**－ブラジル　**c**－中国
イ　**a**－ロシア　**b**－中国　**c**－ブラジル
ウ　**a**－中国　**b**－ブラジル　**c**－ロシア
エ　**a**－中国　**b**－ロシア　**c**－ブラジル

	石炭産出量（万t）（2017年）	木材伐採高（千m³）（2018年）	木材伐採高うち針葉樹（千m³）（2018年）
a	352,356	343,156	94,347
b	31,281	236,000	186,802
c	482	281,523	47,871

図2（「世界国勢図会」により作成）

4　**図3**は，ブラジル，メキシコ，インドネシアの輸出総額に占める割合の多い国上位3か国（2018年）を示している。メキシコは**A**，**B**のどちらか。また，［ **C** ］，［ **D** ］には，中国かアメリカのいずれかが当てはまる。アメリカは**C**，**D**のどちらか。なお，同じ記号には同じ語が当てはまる。

	1位	2位	3位
A	［ **C** ］（79.5％）	カナダ（3.1）	［ **D** ］（1.6）
B	［ **D** ］（26.4）	［ **C** ］（12.0）	アルゼンチン（6.2）
インドネシア	［ **D** ］（15.6）	日本（11.2）	［ **C** ］（10.6）

図3（「世界国勢図会」により作成）

5　**図4**は，アメリカ，インド，中国，日本のいずれかの自動車生産台数の推移を示している。中国に当てはまるのはどれか。

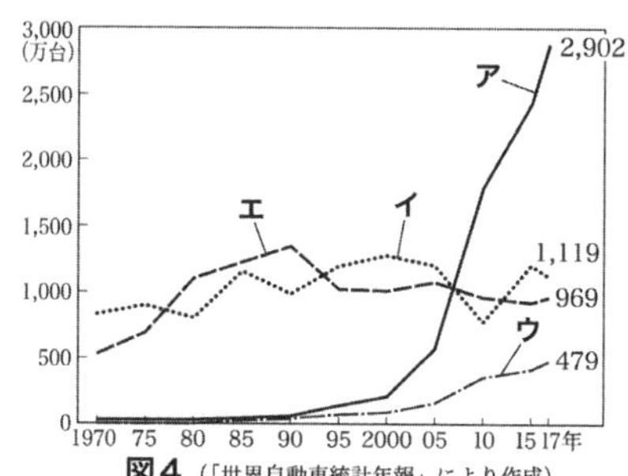

図4（「世界自動車統計年報」により作成）

6　**図5**は，アジア州，アフリカ州，ヨーロッパ州，北アメリカ州，南アメリカ州，オセアニア州の人口と穀物生産量を示している。**図5**を参考にして，アフリカ州が他の州に比べ，飢餓の対策が必要と言われる理由を，簡潔に書きなさい。

	人口(千万人)（2020年）	穀物生産量(百万t)（2018年）
アジア州	464	1,450
アフリカ州	134	203
ヨーロッパ州	75	499
北アメリカ州	59	569
南アメリカ州	43	207
オセアニア州	4	35

図5（「世界国勢図会」により作成）

3　かいとさんは，利用客の多い空港について**図1**のようにまとめた。これを見て，**1**から**7**までの問いに答えなさい。

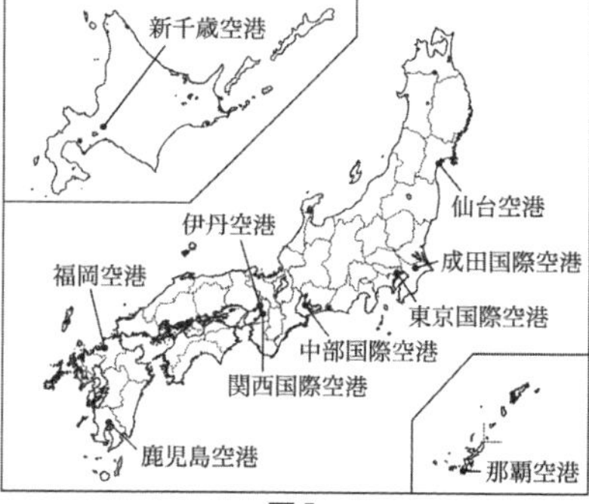

図1

1　新千歳空港のある北海道について，次の(1)，(2)の問いに答えなさい。

(1)　北海道の観光地について述べた，次の文中の［　　］に当てはまる語を書きなさい。

> 北海道には，世界自然遺産に登録されている［　　］半島がある。ここでは，美しい自然が残されており，温泉も多くの観光客をひきつけている。

(2)　**図2**は，かいとさんが北海道の農業について発表するために集めた資料である。**図2**から，全国と比べた北海道の農業の特色を，「主業農家」の語を用いて，簡潔に説明しなさい。

0%　20　40　60　80　100
北海道
全　国
主業農家　準主業農家　副業的農家

	耕地面積(ha)（2019年）	農業従事者数(人)（2015年）
北海道	1,144,000	103,923
全国平均	70,717	71,630

(注) 主業農家は農業収入が主な収入の農家，準主業農家は農業以外の収入が主な収入の農家，副業的農家は65歳未満の自営農業従事60日以上の者がいない農家のこと。

図2（「県勢」により作成）

2　東京国際空港から外国へ輸出される数量が最も多い品目はどれか。
ア　鉄鉱石　　**イ**　自動車　　**ウ**　半導体　　**エ**　野菜

3　中部国際空港のある愛知県は，日本で最も工業出荷額の高い工業地帯の中心地である。この工業地帯を何というか。

4　**図3**は，大阪府，奈良県，和歌山県，兵庫県のいずれかの昼夜間人口比率（昼夜間人口比率は，夜間を100％とした時の昼間人口の割合）を示している。関西国際空港のある大阪府はどれか。

（2015年）

	昼夜間人口比率(％)
ア	95.7
イ	98.2
ウ	90.0
エ	104.4

図3（「県勢」により作成）

5　仙台空港のある仙台市の伝統的な祭りについて述べた，次の文中の［　　］に当てはまる語を書きなさい。

> 東北地方では農家の生活と結びついた夏祭りが開催される。仙台市では，例年8月の6日から，仙台［　　］まつりが行われ，仙台市の街中には色鮮やかな飾りが立ち並ぶ。飾りには「無病息災」「商売繁盛」など，様々な想いが込められている。

6　**図4**は，福岡空港の訪日外国人の出身地域を示している(2017年)。[X]には，アジア州を五つに区分したうちの一つの語が当てはまる。[X]に当てはまる語を書きなさい。

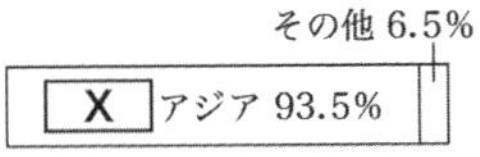

図4(「福岡市ホームページ」により作成)

7　那覇空港のある沖縄県について述べたものとして，**当てはまらない**のはどれか。

ア　観光業が盛んで，第三次産業の就業者人口割合が全国的にも高い。
イ　火山活動の結果，巨大なカルデラが形成されており，茶や豚肉の生産が盛んである。
ウ　台風が通過することが多く，伝統的な住居の周りは石垣で囲まれ，屋根が低く作られている。
エ　日本国内のアメリカ軍基地の約75%が，沖縄県内に設置されている。

4　次の**A**から**E**は，古代から中世までの資料の一部を現代語訳したものである。これを読み，**1**から**6**までの問いに答えなさい。

A	今後は(新しく土地を開墾すれば)私有することを認め，期限を設けることなく永久に国に収めなくてもよい。
B	諸国の守護の職務は，(源)頼朝公の時代に定められたように，京都の御所の警備と，謀反や殺人などの犯罪人の取り締まりに限る。
C	今日，山城の有力な武士たちが集会をした。年齢は上が60歳，下が15，16歳という。同様に国中の人々も集まった。今度の両畠山軍の撤退を申し入れるためだという。もっともなことであるが，また[　　]のきわみともいえるだろう。
D	今日発表された大臣の人事について。大政大臣に平清盛。兵仗(へいじょう)(太刀や弓矢)を与えられた。
E	このごろ都ではやっているものは，夜襲，強盗，天皇のにせの命令

1　**A**の資料について，**図**は，**A**の資料の頃の税制度の一部をまとめたものである。[X]に当てはまる語を書きなさい。

	税の内容
租	稲(収穫量の3%)
X	絹，糸，真綿，布，特産物など
庸	労役10日のかわりに布(麻布など)

図

2　下線部の人物が開いた幕府の立地について，正しく述べているのはどれか。

ア　奈良盆地の北部に，唐の都の長安にならってつくられた。
イ　京都に開かれ，将軍の邸宅には名木が取り寄せられたことから「花の御所」とよばれた。
ウ　水城や大野城に代表される朝鮮式山城などに囲まれた場所に立地された。
エ　周りを山や海の自然に囲まれた，防備機能の高い場所に立地された。

3　**C**の資料について述べた，次の文中と資料中の[　　]に共通して当てはまる語を書きなさい。

> **C**の資料は，山城国一揆について述べられた資料の一部である。山城国では，国に住む有力な武士や農民たちが，守護大名の跡目を争っていた畠山氏の軍勢に対して一揆をおこし，国外に追放した。これは，領民や武士という下の身分の者が，上の身分の者である守護大名を実力で打ち倒す[　　]の代表的な例である。

4　**D**の資料の頃の社会の状況について，正しく述べているのはどれか。

ア　最澄や空海が唐から帰国し，新しい仏教を伝えた。
イ　行基が一般の人々の間で布教し，人々とともに橋や用水路をつくった。
ウ　兵庫の港が改修され，宋との貿易が行われるようになった。
エ　土倉や酒屋をおそって借金の帳消しなどを求める土一揆がおこった。

5　**E**の資料は，後醍醐天皇が行った建武の新政に対する批判を記したものである。建武の新政は，政権が打ち立てられて，約2年という短期間で崩れた政治であった。この政権が批判された理由を，「武士」「貴族」の二つの語を用いて，簡潔に書きなさい。

6　**A**から**E**の資料を，年代の古い順に並べ替えなさい。なお，**A**が最初である。

5　次の文を読み，**1**から**6**までの問いに答えなさい。

> 徳川家康を初代将軍とする江戸幕府は，約260年間続いた。この江戸時代には，第三代将軍のⓐ徳川家光や第八代将軍の徳川吉宗など，将軍による政治改革だけでなく，ⓑ田沼意次や水野忠邦などの，老中による政治改革も見られた。
> 幕府がほろんだ後は，明治政府がⓒ天皇への集権化を図る政策を行った。特に欧米諸国を意識した政策が展開され，経済や軍事力の充実を優先した。日清戦争，ⓓ日露戦争，第一次世界大戦を経て，1920年，日本はⓔ国際連盟の常任理事国入りを果たしたが，1933年にⓕ国際連盟脱退を通告し，第二次世界大戦での敗戦を経験した。

下野模擬問題(第186回)◆社会

1　**図1**は，下線部ⓐの人物が出した法律の一部を示している。**図1**について述べた，次の文中の［　　］に当てはまる語を書きなさい。

> **図1**は，徳川家光が出した武家諸法度の一部である。この制度は，江戸から遠くに配置された［　　］大名にとって，とくに藩の財政を苦しめるものとなった。

> 一　大名・小名は領国と江戸に交代ですむこと。毎年四月中に参勤せよ。
> （部分要約）

図1（「徳川禁令考」により作成）

2　下線部ⓑの人物が行った政治改革について述べた，次の文中の［ Ⅰ ］，［ Ⅱ ］に当てはまる語の組み合わせとして正しいのはどれか。

> 田沼意次は，幕府の財政を立て直すため，蝦夷地の調査を行い，長崎貿易での［ Ⅰ ］の輸出を拡大した。また，［ Ⅱ ］をつくることを奨励し，そこから税を納めさせるなどの改革を行った。

ア　Ⅰ－俵物　Ⅱ－株仲間　　**イ**　Ⅰ－俵物　Ⅱ－座
ウ　Ⅰ－生糸　Ⅱ－株仲間　　**エ**　Ⅰ－生糸　Ⅱ－座

3　下線部ⓒに関して，藩主に土地と人民を政府に返させた政策を何というか。

4　下線部ⓓに関して，日露戦争が終結した後の状況について，正しく述べているのはどれか。

ア　日英同盟を結んだ。　　**イ**　日本が韓国を併合した。
ウ　甲午農民戦争がおきた。　　**エ**　三国干渉を受けた。

5　下線部ⓔに関して，国際連盟に関する次の文Ⅰ，Ⅱ，Ⅲの正誤の組み合わせとして，正しいのはどれか。

> Ⅰ　アメリカ，フランスも常任理事国入りした。
> Ⅱ　アメリカのウィルソン大統領が提案して発足した。
> Ⅲ　国際的に大きな影響力は持たなかった。

ア　Ⅰ－正　Ⅱ－正　Ⅲ－誤　　**イ**　Ⅰ－正　Ⅱ－誤　Ⅲ－正
ウ　Ⅰ－正　Ⅱ－誤　Ⅲ－誤　　**エ**　Ⅰ－誤　Ⅱ－正　Ⅲ－正
オ　Ⅰ－誤　Ⅱ－正　Ⅲ－誤　　**カ**　Ⅰ－誤　Ⅱ－誤　Ⅲ－正

6　下線部ⓕについて，日本が国際連盟脱退を通告した直接的な理由について，正しく述べているのはどれか。

ア　ワシントン会議が開かれ，海軍の軍備が制限されたため。
イ　米騒動がおき，全国的に暴動が拡大していたため。
ウ　国際連盟で満州国の建国を認められなかったため。
エ　ドイツが独ソ不可侵条約を破り，ソ連に侵攻したため。

6　次の**1**から**5**までの問いに答えなさい。

1　戦後の占領された日本について述べた，次の文中の［　　］に当てはまる人物名を書きなさい。

> 日本本土は，アメリカ軍を主力とする連合国軍によって占領された。占領の中心にあたったのは連合国軍最高司令官総司令部(GHQ)で，その最高司令官は［　　］であった。GHQの指導のもと，財閥解体や農地改革などが行われ，日本は民主化が進んだ。

2　**図1**は，1940年の製造業全体の工業生産指数を100としたときの，工業生産指数の推移を示している。これについて述べた，次の文中と**図1**中の［ X ］に共通して当てはまる語を書きなさい。

> 1950年に始まり，1953年に停戦協定を結んだ［ X ］の影響で，アメリカが軍需物資を調達するため，日本は経済が回復した。これを特需景気とよび，経済の回復は，日本の戦後復興の足がかりとなった。

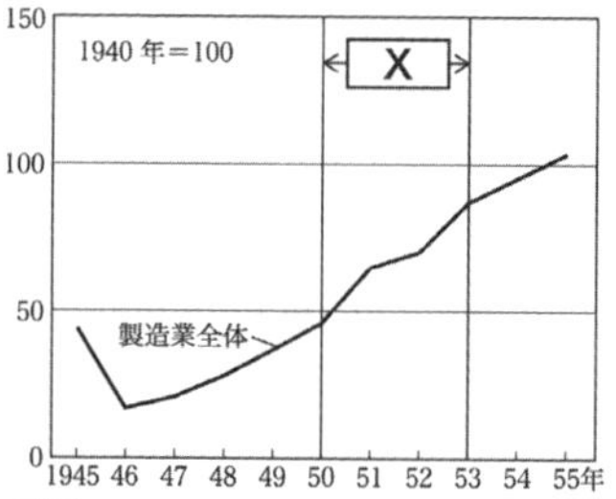

図1（「明治以降本邦主要経済統計」により作成）

3　冷戦について述べた，次の文中の［ Ⅰ ］，［ Ⅱ ］に当てはまる語の組み合わせとして正しいのはどれか。

> 第二次世界大戦後，世界はアメリカを中心とする［ Ⅰ ］の西側と，ソ連が率いる［ Ⅱ ］の東側の二つの勢力に分裂し，この対立は，冷たい戦争(冷戦)とよばれた。

ア　Ⅰ－帝国主義　Ⅱ－社会主義　　**イ**　Ⅰ－資本主義　Ⅱ－社会主義
ウ　Ⅰ－資本主義　Ⅱ－帝国主義　　**エ**　Ⅰ－社会主義　Ⅱ－資本主義

問題 R3
186
187
188
189
【社会】第186回

解答・解説　P288・P291

4 戦後の日本の外交についてまとめた**図2**の略年表を見て，次の(1)，(2)の問いに答えなさい。

(1) 下線部の条約と同時に結ばれ，アメリカ軍基地が日本国内に残されることなどが決められた条約は何か。

(2) 日韓基本条約が結ばれたのは，**図2**中の**ア**，**イ**，**ウ**，**エ**のどの時期か。

年	主なできごと	
1951	サンフランシスコ平和条約を結ぶ……	
		↕ア
1956	日ソ共同宣言に調印する……	
		↕イ
1972	日中共同声明に調印する……	
		↕ウ
1978	日中平和友好条約に調印する……	
		↕エ
1992	国際平和協力法が成立する……	

図2

5 **図3**は，国際連合加盟国数の推移を示している。1945年から1970年にかけて，最も加盟国数が増えた州名を明らかにしながら，その州の加盟国数が増えた理由を，「植民地」の語を用いて，簡潔に書きなさい。

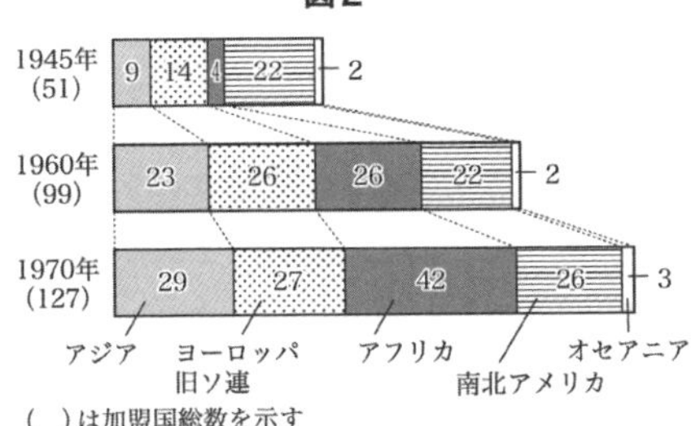

図3 (「国際連合広報センター資料」により作成)

7

次の**1**から**4**までの問いに答えなさい。

1 情報社会について述べた，次の文中の［　　］に当てはまる語を，**カタカナ**で書きなさい。

> 情報社会の進展や，人工知能(AI)の開発により，わたしたちの生活は便利になっている。一方，インターネットの犯罪件数などは増えており，情報を正しく理解し，活用する能力である情報［　　］を養うことが大切である。

2 **図1**は，日本の品目別食料自給率を示している。次の(1)，(2)の問いに答えなさい。

(1) **図1**中の**a**，**b**，**c**には，肉類，米，小麦のいずれかが当てはまる。**a**，**b**，**c**に当てはまる品目の組み合わせとして正しいのはどれか。

ア a－肉類　b－小麦　c－米
イ a－米　b－肉類　c－小麦
ウ a－小麦　b－米　c－肉類
エ a－米　b－小麦　c－肉類

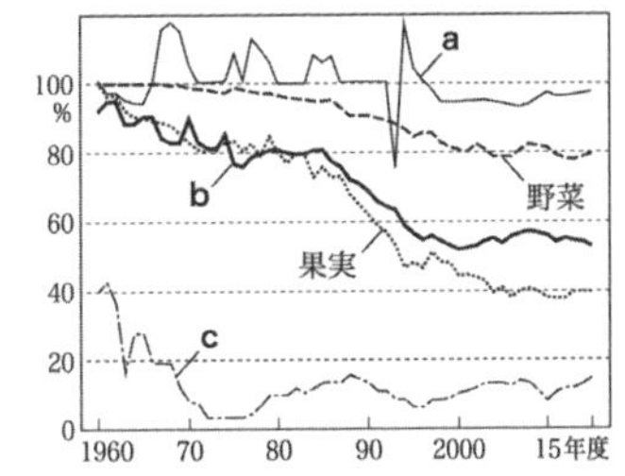

図1 (「食料需給表」により作成)

(2) **図2**は，オレンジ(みかん)の国産価格と国際価格を示している。**図2**を参考にして，**図1**中の果実の自給率が下がっている理由を，簡潔に書きなさい。

	2015年(円/kg)
国産価格	262
国際価格	151

図2 (「東京都中央卸売市場市場統計情報」などにより作成)

3 近年の日本で減少傾向にあるものとして当てはまるのはどれか。

ア 総人口　**イ** スマートフォンの保有率
ウ インターネット広告費　**エ** 核家族世帯数

4 少子高齢化について，正しく述べているのはどれか。

ア 少子化が進むことによって，医療費や公的年金などの社会保障費の支出が増加している。
イ 結婚する平均年齢が上がる晩婚化により，高齢化が進んでいる。
ウ 少子化を防ぐために，保育所や子育てを支援する制度の整備が急がれている。
エ 合計特殊出生率が上昇していることが，高齢化につながっている。

第186回 下野新聞模擬テスト
数　学

1 次の**1**から**14**までの問いに答えなさい。

1　$-2+5$　を計算しなさい。

2　$-6a^2b^3 \div 2ab$　を計算しなさい。

3　$a=-3$，$b=-1$のとき，a^2+b^3　の値を求めなさい。

4　x^2-6x+9　を因数分解しなさい。

5　$m=\dfrac{2a-b}{3}$　をbについて解きなさい。

6　$a \leqq 0$，$b<0$であるとき，次の**ア**，**イ**，**ウ**，**エ**のうちから，内容が正しいものを1つ選んで，記号で答えなさい。

ア　$a+b$の値は0になることがある。
イ　$a-b$の値は必ず正の数になる。
ウ　$a \times b$の値は0になることがある。
エ　$a \div b$の値は必ず0以下の数になる。

7　右の図で，$\ell \parallel m$であるとき，$\angle x$の大きさを求めなさい。

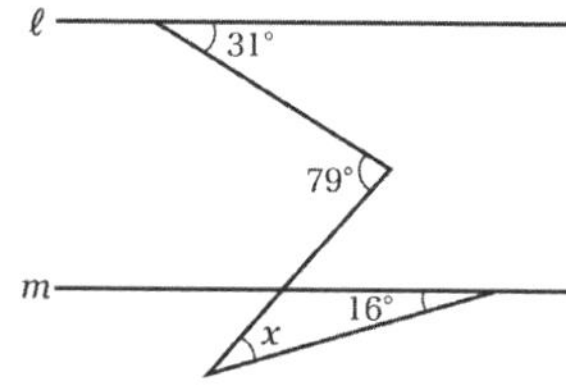

8　yはxに反比例し，$x=4$のとき$y=-8$である。比例定数を求めなさい。

9　右の図のような，点Oを中心とする直径6cmの球がある。この球の体積を求めなさい。ただし，円周率はπとする。

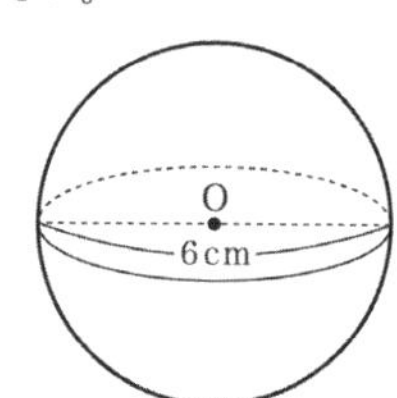

10　$\sqrt{2}-\sqrt{18}$　を計算しなさい。

11　2次方程式　$x^2+11x+28=0$　を解きなさい。

12　xLのお茶があり，3人でymLずつ飲んだが，まだzmL残っていた。zをx，yを用いて表しなさい。

13　右の図のような立方体ABCD－EFGHがあり，点Mは辺ABの中点である，この立方体を頂点C，頂点E，点Mを通る平面で切断したとき，その切り口は何という図形になるか。ただし，三角形や四角形以外の語で書くこと。

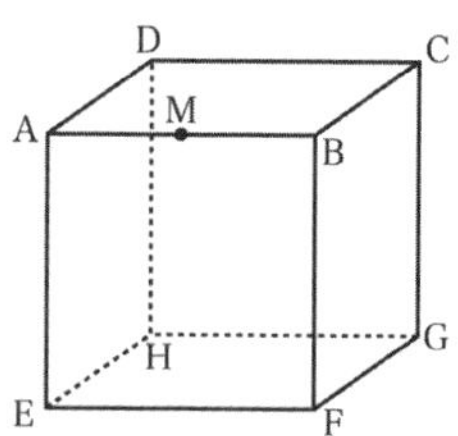

14　次の文の(　　　)に当てはまるものとして最も適切なものを，**ア**，**イ**，**ウ**，**エ**のうちから1つ選んで，記号で答えなさい。ただし，円周率はπとする。

> 右の図の正方形ABCDにおいて，うすく塗っている2つの部分の面積の和は（　　　）cm²である。

ア　2　　　**イ**　$\pi-1$
ウ　π　　　**エ**　$\pi+1$

解答・解説　P289・P295

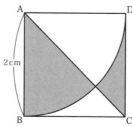

2 次の**1**，**2**，**3**の問いに答えなさい。

1 右の図のような△ABCにおいて，頂点Bを中心とし，辺ABを半径とする円の一部がかかれている。△ABCの辺BCを底辺としたときに，その高さとなる線分AHを，かかれている円の一部を利用して作図によって求めなさい。ただし，作図には定規とコンパスを使い，また，作図に用いた線は消さないこと。

2 1個のオセロ石(オセロゲームに使う石)を投げて，右の図のように，黒い面が上を向いたときを「黒の状態」，白い面が上を向いたときを「白の状態」とする。オセロ石を続けて2回投げたとき，少なくとも1回は「黒の状態」になる確率を求めなさい。ただし，「黒の状態」になることも「白の状態」になることも同様に確からしいものとし，オセロ石が側面を下にして立つことはないものとする。

3 右の図のような，座標平面上の点A(6，6)で交わっている関数$y=ax+4$のグラフと，関数$y=-3x+24$のグラフがあり，点Bは関数$y=ax+4$のグラフとy軸との交点，点Cは関数$y=-3x+24$のグラフとx軸との交点である。

次の文は，四角形OBACの面積を求めるまでの手順について述べたものである。文中の①，②に当てはまる数をそれぞれ求めなさい。

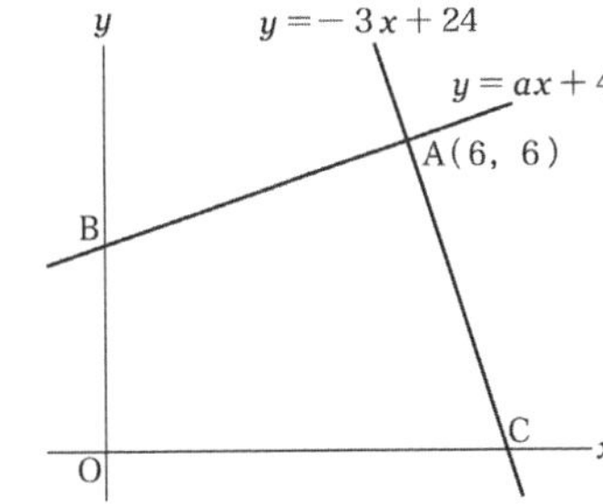

> $y=ax+4$のグラフの切片であることから，点Bのy座標はすでにわかっている。また，$y=-3x+24$に$y=$（ ① ）を代入することで，点Cのx座標も求められる。次に，対角線OAを引いて四角形OBACを2つの三角形に分割することで，四角形OBACの面積は（ ② ）であることが求められる。

3 次の**1**，**2**の問いに答えなさい。

1 A地点からB地点まで行くのに，上り坂になっているA地点からP地点までは毎時3kmの速さで，下り坂になっているP地点からB地点までは毎時5kmの速さで歩いたところ，2時間かかった。また，帰りも同様に，上り坂になっているB地点からP地点までは毎時3kmの速さで，下り坂になっているP地点からA地点までは毎時5kmの速さで歩いたところ，2時間16分かかった。A地点からP地点までの道のりを$x$km，P地点からB地点までの道のりを$y$kmとして連立方程式をつくり，A地点からB地点までの道のりを求めなさい。ただし，途中の計算も書くこと。

2 ある中学校の3年生を対象として，通学時間の調査が行われた。右の表は，1組と2組の生徒の結果を，度数分布表にまとめたものである。

このとき，次の(1)，(2)，(3)の問いに答えなさい。

階級〔分〕			度数〔人〕	
以上		未満	1組	2組
0	～	4	0	0
4	～	8	7	8
8	～	12	5	6
12	～	16	8	5
16	～	20	6	4
20	～	24	1	2
24	～	28	1	0
計			28	25

(1) 1組と2組の結果を合わせると，中央値(メジアン)は何分以上何分未満の階級に入るか。

(2) 次の文の①，②に当てはまる数をそれぞれ求めなさい。

1組の生徒について，階級値が6分である階級の相対度数は，小数で（ ① ）と表される。また，同じく1組の生徒について，実際の通学時間の分布の範囲(レンジ)は（ ② ）分未満であることがわかる。

(3) 学校の周辺で行われていた道路工事の現場が移動したため，2組の生徒7人の通学時間に影響が出た。7人のうちの何人かは通学時間が4分だけ短くなり，残りは4分だけ長くなった。そのため，2組全員の個々のデータを使って求めた通学時間の平均値が0.48分だけ短くなった。通学時間が短くなった生徒は何人であったか。

4 次の**1**，**2**の問いに答えなさい。

1 右の図のような正三角形ABCがある。辺BC上に点Dを，辺AC上に点EをBD＝CEとなるようにとるとき，△ABD≡△BCEであることを証明しなさい。

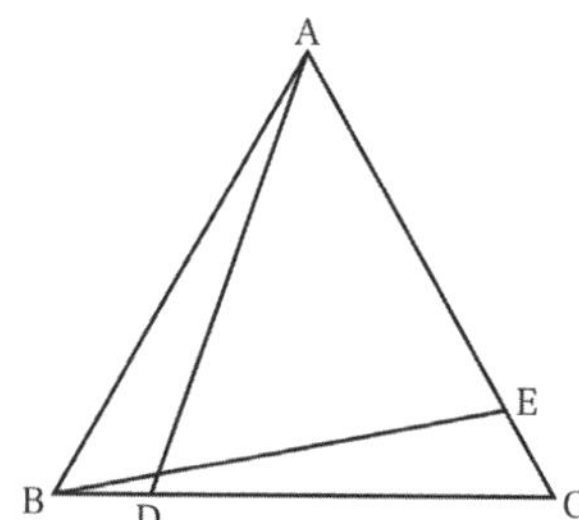

2 右の図のような正八面体ABCDEFがあり，その対角線BDの長さは12cmである。
このとき，次の(1)，(2)の問いに答えなさい。

(1) 面ACDと平行な面はどの面か。

(2) 正八面体ABCDEFの体積を求めなさい。

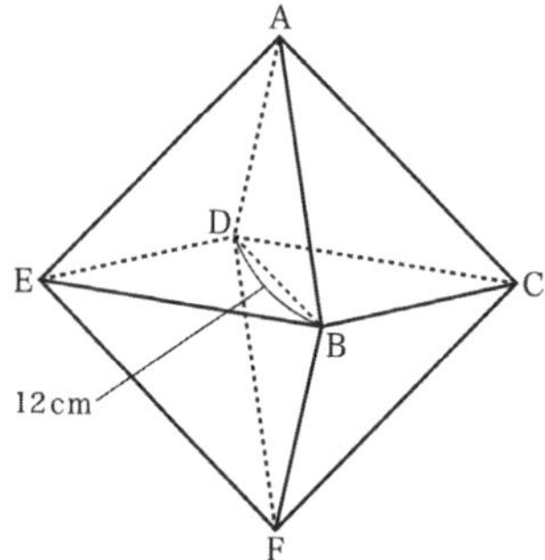

5 図1のような，∠C＝90°である直角三角形ABCと長方形ACDEがある。これらの直角三角形と長方形は辺ACを共有していて，AB＝15cm，BC＝9cm，AC＝12cm，CD＝6cmである。

点Pは，頂点Bを出発してから毎秒1cmの速さで，頂点B→頂点A→頂点Cの順に辺上を移動する点で，頂点Cに到着したら止まるものとする。

図2は，点Pが頂点Bを出発してからの時間をx秒，△PBDの面積をy cm²として，点Pが頂点Cに到着するまでのxとyの関係を表したグラフである。

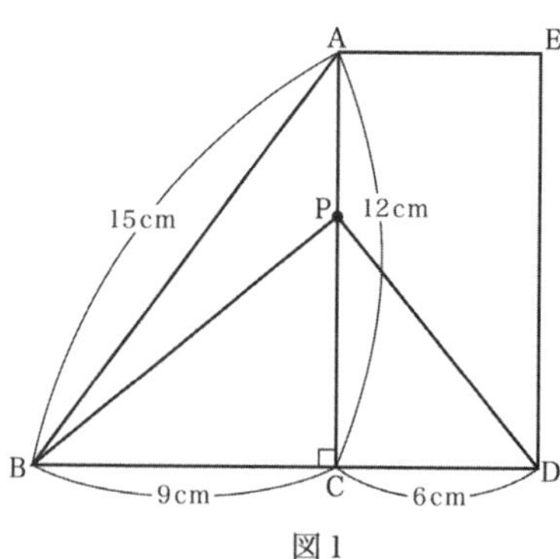

図1

解答・解説 P289・P296

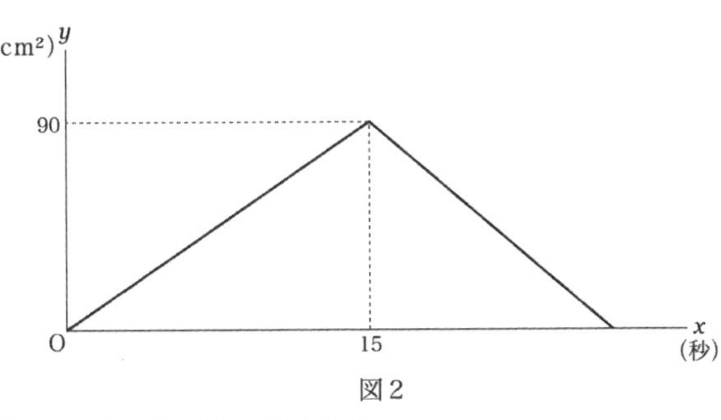

図2

このとき，次の**1**，**2**，**3**の問いに答えなさい。

1　点Pが辺AB上を移動しているとき，△PBDの面積は1秒間につき何cm²ずつ増加するか。

2　点Pが辺AC上にあるとき，yをxの式で表しなさい。

3　△PABの面積が△PCDの面積の3倍になるのは，点Pが頂点Bを出発してから何秒後か。

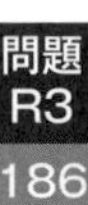

6　図1のような，1辺の長さが10cmの正三角形の形をしたタイルがたくさんある。
これらのタイルを，図2のように規則正しく並べて，1番目，2番目，3番目，…と，大きな図形を順につくっていくものとする。

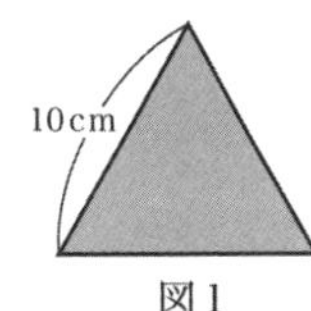

図1

1番目　2番目　3番目　・・・

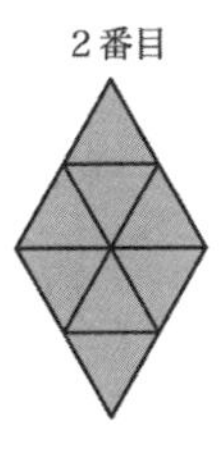
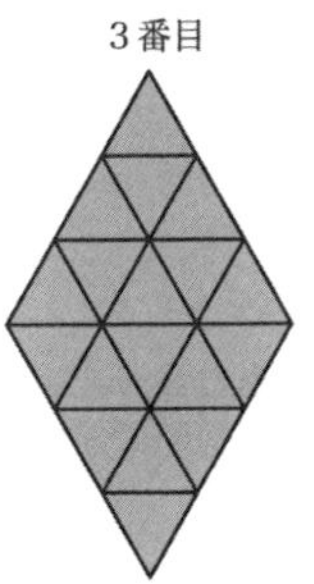

図2

また，1番目，2番目，3番目，…の大きな図形の周の長さ，並んでいるタイルの枚数を，下の表のように整理した。

	1番目	2番目	3番目	…
大きな図形の周の長さ(cm)	40	80	120	…
並んでいるタイルの枚数(枚)	2	8	18	…

このとき，次の**1**，**2**，**3**の問いに答えなさい。

1　次の文の①，②に当てはまる数をそれぞれ求めなさい。

> 4番目の大きな図形について，その周の長さは（　①　）cmである。また，全部で（　②　）枚のタイルが並んでいる。

2　n番目の大きな図形には，全部で何枚のタイルが並んでいるか，nを用いた最も簡単な式で表しなさい。

3　大きな図形の周の長さを$p$cm，並んでいるタイルの枚数をq枚としたとき，$q-p=138$になるのは何番目の大きな図形か。ただし，途中の計算も書くこと。

令和3年
10月3日実施

第186回 下野新聞模擬テスト

理 科

制限時間 45分

[1] 次の**1**から**8**までの問いに答えなさい。

1 日本で用いられている震度階級の中で，弱と強の2段階に分けて表されている階級を正しく組み合わせているものは，次のうちどれか。

ア 3と4　**イ** 4と5　**ウ** 5と6　**エ** 6と7

2 「1kWh」は，<u>ある時間</u>に消費した電力の量を表している。下線部の時間は，次のうちどれか。

ア 1秒間　**イ** 1分間　**ウ** 1時間　**エ** 1日間

3 ある1匹の単細胞生物が，1回目の分裂によって2匹の個体になった。この後も新たにできた個体が同時に分裂を繰り返していくものとすると，5回目の分裂が終わった直後の個体数を表しているものは，次のうちどれか。

ア 8匹　**イ** 16匹　**ウ** 24匹　**エ** 32匹

4 次のうち，金属に共通する性質に**当てはまらないもの**はどれか。

ア たたくと粉々になる。　**イ** 引っぱると細くのびる。
ウ 熱を伝えやすい。　**エ** こすると光沢が現れる。

5 あるとき，乾湿計の乾球温度計が17℃，湿球温度計が13℃を示していた。右の表(湿度表の一部)をもとにすると，このときの湿度は何%であったことがわかるか。

乾球の示度〔℃〕	乾球と湿球の示度の差〔℃〕				
	1	2	3	4	5
18	90	80	71	62	53
17	90	80	70	61	51
16	89	79	69	59	50
15	89	78	68	58	48
14	89	78	67	57	46
13	88	77	66	55	45

6 右の図のように，検流計につないだコイルに棒磁石のN極をすばやく近づけたところ，検流計の針が振れた。この操作によってコイルに流れた電流を何というか。

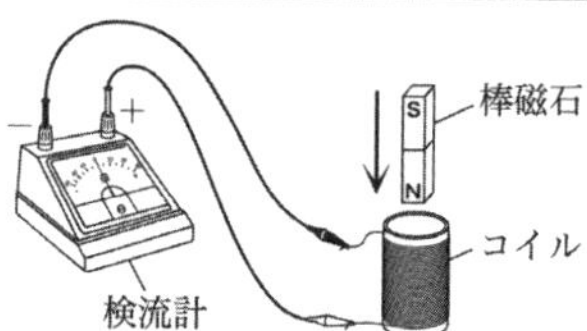

7 右の図は，エビやカニなどと同じなかまに分類される，ある生物の外観を表したものである。この生物は，節足動物の中では何類に分類されるか。

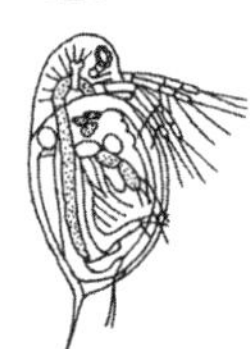

8 試験管の中でうすい塩酸と石灰石を反応させると，何という気体が発生するか。その気体の名称を書きなさい。

[2] 右の図は，ある年の10月15日の午後3時の天気図で，図の中央付近に見られる低気圧は，A，Bで示した前線をともなった温帯低気圧である。

このことについて，次の**1**，**2**，**3**の問いに答えなさい。

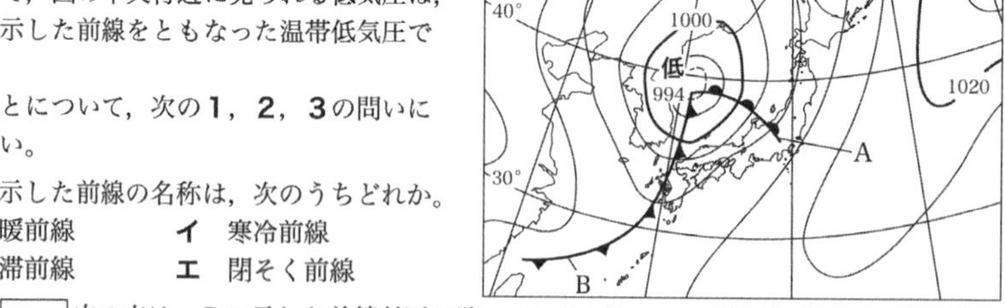

1 Aで示した前線の名称は，次のうちどれか。

ア 温暖前線　**イ** 寒冷前線
ウ 停滞前線　**エ** 閉そく前線

2 次の[　　]内の文は，Bで示した前線付近で降っている雨について述べたものである。①，②に当てはまる語をそれぞれ(　　)の中から選んで書きなさい。

> Bで示した前線の ①(東側・西側) の区域においては，②(積乱雲・乱層雲) という雲ができることによって，比較的せまい範囲に雨が降っていることが多い。

解答・解説 P289・P297

3 図の天気図の日から3日後の10月18日は，偏西風によって流されてきた高気圧が日本付近を通過していったため，全国的に晴天になった。この高気圧のような，偏西風の影響で日本付近を西から東の向きに通過していく高気圧を，特に何高気圧というか。

3 右の図のように，凸レンズの中心から左の方に40 cm離れた位置に火のついたろうそくを立てた後，光軸に沿ってついたてを動かして，ついたてにろうそくのはっきりした像を映したところ，凸レンズの中心からついたてまでの距離は24 cmであった。

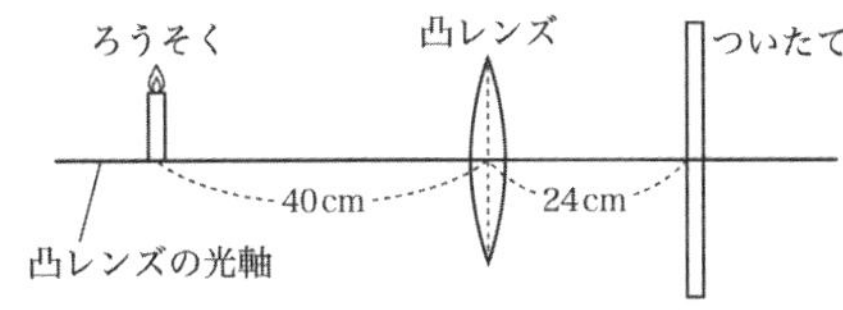

このことについて，次の**1**，**2**，**3**の問いに答えなさい。なお，ろうそくとついたては，いずれも凸レンズの光軸と垂直になっている。

1 ついたてに映ったろうそくの像を何というか。

2 次の［　　］内の文章は，ついたてに映ったろうそくの像の大きさと向きについて述べたものである。①，②に当てはまる語をそれぞれ(　　)の中から選んで書きなさい。

ついたてに映った像の大きさは，実物のろうそくよりも ①(大きかった・小さかった)。また，像の向きは，上下が実物のろうそくと ②(同じ向き・逆の向き) になっていた。

3 この操作で使用した凸レンズの焦点距離をd〔cm〕とする。dの値またはdの値が属する範囲を正しく表しているものを，次の**ア**から**オ**のうちから一つ選び，記号で書きなさい。

ア $d=12$　**イ** $12<d<24$　**ウ** $d=24$　**エ** $24<d<40$　**オ** $d=40$

4 ホウセンカの葉の断面(葉脈を含む部分)を，顕微鏡を用いて観察した。右の図は，観察した葉の断面の一部を表したものである。

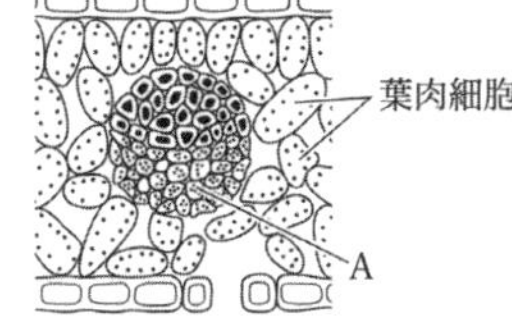

このことについて，次の**1**，**2**，**3**の問いに答えなさい。

1 ホウセンカの葉脈は網目状に広がっていた。このことから，ホウセンカの発芽時には，何枚の子葉が出ることがわかるか。

2 図において，Aで示した管を何というか。**漢字2字**で書きなさい。また，その管の役割は何か。「葉」という語を用いて簡潔に書きなさい。

3 次の［　　］内の文は，図中の葉肉細胞の中に見られる粒について述べたものである。①，②に当てはまる語をそれぞれ書きなさい。

葉肉細胞の中に見られる緑色の粒は（　①　）とよばれる細胞のつくりで，その中では，デンプンなどの栄養分をつくり出す（　②　）というはたらきが行われている。

5 物質に起こる化学変化について調べるために，次の実験(1)，(2)，(3)を順に行った。

(1) 鉄粉と硫黄の粉末を適量ずつ混ぜ合わせたものをアルミニウムはくで包み，すき間ができないように両端をねじった筒を2本(筒A，筒Bとする)つくった。

(2) 右の図のように，筒Aをガスバーナーで熱し，赤くなってきたところで筒を砂皿の上に置いたが，反応はそのまま最後まで進行した。なお，筒Bは熱さずにそのままにしておいた。

(3) 筒Aが十分に冷えるまで待ってから，筒Aと筒Bに磁石を近づけて引き寄せられ方を調べた。その結果のちがいから，筒Aと筒Bの中の物質は，互いに異なる物質であることがわかった。

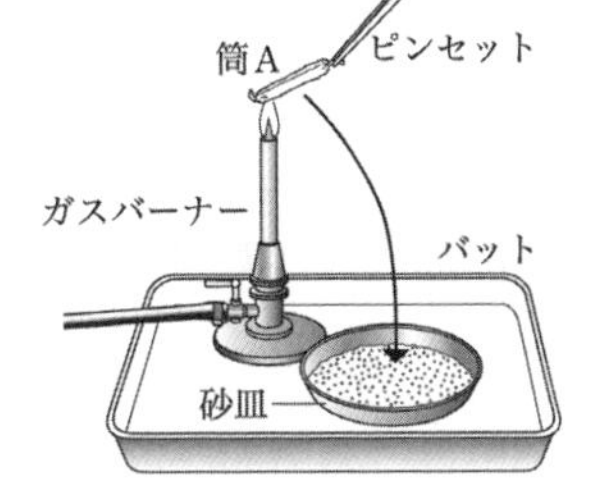

このことについて，次の**1**，**2**，**3**の問いに答えなさい。

1 実験に用いた硫黄は，どのような化学式によって表されるか。

2　実験(2)で，筒Aを砂皿の上に置いた後も反応が進行したことから，筒Aの中では熱が出入りする反応が起こっていることがわかった。熱を発生したり吸収したりする反応のうち，鉄粉と硫黄の粉末に起こった化学変化を何反応というか。

3　次の□内の文章は，実験(3)について述べたものである。①，②に当てはまる語をそれぞれ(　)の中から選んで書きなさい。

> 実験(3)では，①(筒A・筒B) は磁石に引き寄せられなかった。このことから，①の中の物質は，鉄と硫黄による ②(混合物・化合物) であると考えられる。

6　ある地域の地下で地層が重なっているようすについて，次の(1)，(2)，(3)，(4)のようなことを調べた。

> (1)　調べた地域の地形図(一部)は図1のように表される。なお，図1内に書かれている数値は標高〔m〕を表していて，A地点を基準にすると，B地点は真東に，C地点は真南に位置している。
> (2)　図1のA，B，C地点では，過去にボーリングが行われたことがあり，図2は，そのときに得られたサンプルをもとに作成した地質柱状図である。
> (3)　図2にXで示した砂岩の層には，アンモナイトの化石が含まれている。
> (4)　詳細な地質調査によって，図1の地域の地下の地層について，次の二つのことがらがわかっている。
> ・それぞれの地層は連続してほぼ平行に重なっていて，ある一つの方角に向かって傾斜して(低くなるように傾いて)いる。
> ・地層の上下の逆転や断層，しゅう曲などは見られず，凝灰岩の層は1枚しかない。
>
> 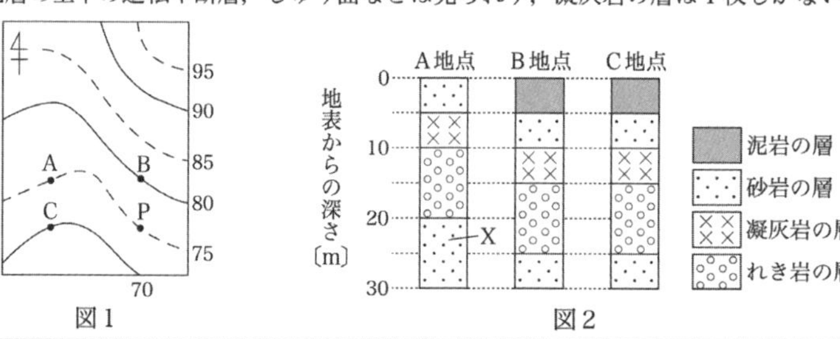
>
> 図1　　図2

このことについて，次の1，2，3，4の問いに答えなさい。

1　図2に見られる凝灰岩の層をつくる堆積物が積もったころ，調べた地域の付近ではどのような自然現象が起こったと考えられるか，簡潔に書きなさい。

2　調べた地域の地下の地層は，どの方角に向かって傾斜して(低くなるように傾いて)いると考えられるか。その方角を**漢字**で書きなさい。

3　図1のP地点は，B地点の真南でC地点の真東に位置している。このP地点においては，地表から何mの深さのところに凝灰岩の層の上端があると考えられるか。

4　次の□内の文は，アンモナイトが生息していた地質年代について述べたものである。①，②に当てはまる語をそれぞれ(　)の中から選んで書きなさい。

> 地質年代を，約5.42億年前～約2.51億年前，約2.51億年前～約0.66億年前，約0.66億年前～現在の三つに区分した場合，アンモナイトは ①(ビカリア・フズリナ・恐竜)などと同じく，②(古生代・中生代・新生代) とよばれる地質年代に生息していたと考えられている。

問題 R3 186 187 188 189 【理科】第186回

7 点灯する電球の明るさがつなぎ方によってどのように異なるかについて調べるために，次の実験(1)，(2)，(3)を順に行った。

(1) 図1のような，「100 V－100 W」と表示されている電球X，Yと，「100 V－25 W」と表示されている電球P，Qを用意した。

(2) 電球X，Pを用いて図2の回路図で表される回路を組み立て，100 Vのコンセントに回路をつないだところ，電球X，Pはどちらも点灯したが，それぞれの電球の明るさは異なっていた。

図1

(3) 電球Y，Qを用いて図3の回路図で表される回路を組み立て，100 Vのコンセントに回路をつないだところ，電球Y，Qはどちらも点灯したが，それぞれの電球の明るさは異なっていた。

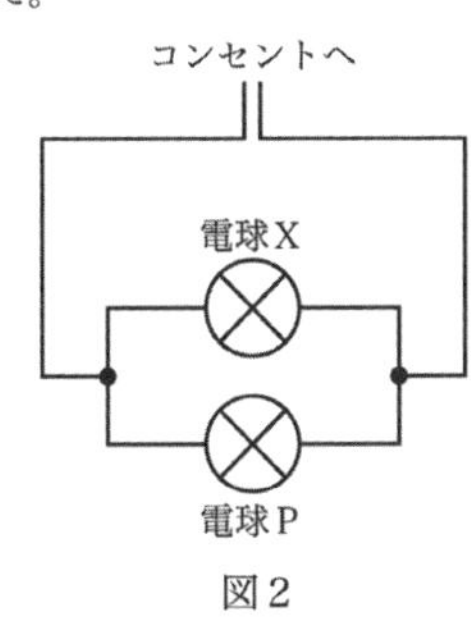

図2

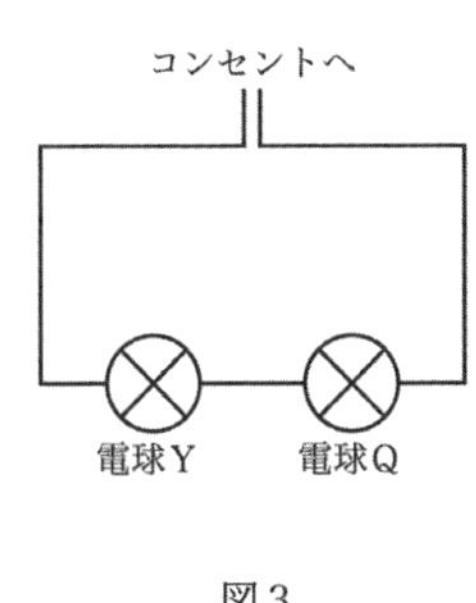

図3

このことについて，次の1，2，3，4の問いに答えなさい。ただし，実験で組み立てた2種類の回路のどちらにも電球以外に抵抗はないものとし，それぞれの電球の抵抗は常に一定であるものとする。

1 図2のような2個の電球のつなぎ方を何つなぎというか。

2 実験で使用した電球Xのみを100 Vのコンセントにつないだとすると，電球Xには何Aの電流が流れるか。また，電球Pの抵抗は，次のうちどれか。

ア 1 Ω　　**イ** 4 Ω　　**ウ** 100 Ω　　**エ** 400 Ω

3 実験(3)で，電球Y，Qが点灯していたとき，電球Qが消費していた電力は何Wか。

4 次の□内の文章は，実験(2)，(3)における電球の明るさについて述べたものである。①，②に当てはまるものは，それぞれ電球X，Y，P，Qのうちどれか。

> 実験(2)，(3)において，点灯していた電球X，Y，P，Qのうち，最も明るく点灯していた電球は電球（ ① ）であった。また，最も暗く点灯していた電球は電球（ ② ）であった。

8 有性生殖によって被子植物がなかまをふやす過程について，次の⑴，⑵のようなことを調べた。

⑴ 被子植物は，ある時期になると花をさかせ，おしべのやくにできた花粉がめしべの先端部分につく。このことを受粉といい，図1は，受粉が行われた後の，ある被子植物のめしべの縦断面を模式的に表したものである。

⑵ 図1の状態からしばらくすると，花が熟して(成長して)果実ができる。図2は，図1の被子植物の果実の縦断面を模式的に表したものである。

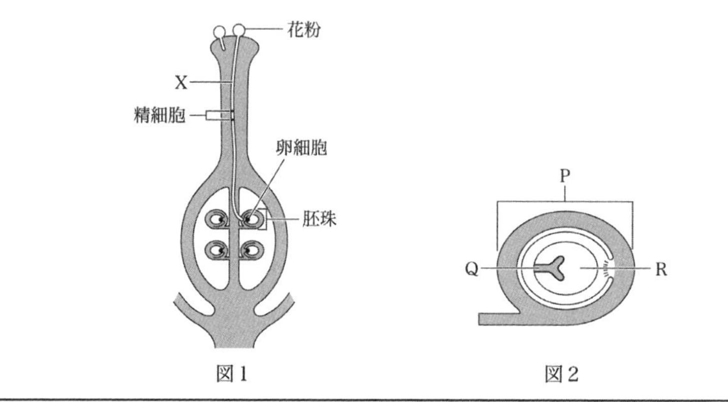

図1　図2

このことについて，次の**1**，**2**，**3**，**4**の問いに答えなさい。

1 被子植物とは，胚珠がどのようになっている植物のことをいうか。めしべの一部分を表す語を用いて簡潔に書きなさい。

2 図1にXで示したものを何というか。

3 次の□内の文章は，被子植物の新しい個体ができるまでの過程について述べたものである。①に当てはまる語を書きなさい。また，②に当てはまるものは，図2のP，Q，Rのうちどれか。

図1で，花粉がめしべの先端部分につくと，Xで示したものが胚珠に向かってのびていき，その先端が胚珠に達すると，Xによって運ばれてきた精細胞の核と胚珠の卵細胞の核が合体する。この合体によってできた細胞を（ ① ）といい，（ ① ）は細胞分裂をくり返しながら成長していき，やがて根，茎，葉のもととなる（ ② ）になる。

4 図3は，精細胞，卵細胞における染色体のようすを模式的に表したものである。これらの精細胞の核と卵細胞の核が合体してできた細胞が一度だけ細胞分裂したとき，新たにできる二つの細胞における染色体のようすを，解答用紙にかき入れなさい。

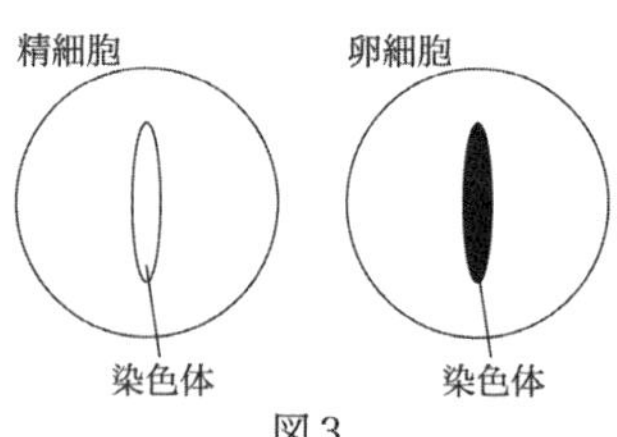

図3

問題 R3
186
187
188
189
【理科】第186回

9 うすい塩酸に電流を流したときに起こる化学変化について調べるために，次の実験(1)，(2)，(3)，(4)を順に行った。

(1) 下の図のような簡易電気分解装置をうすい塩酸で満たした後，ゴム栓をした。

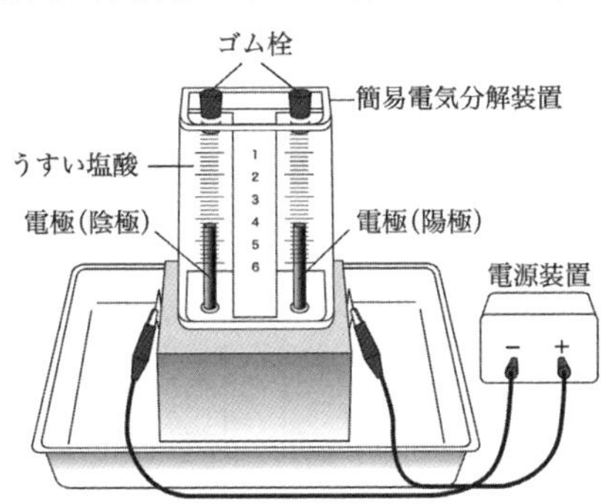

(2) 電源装置のスイッチを入れて電圧を加えたところ，陽極と陰極の両方の電極から気体が発生してきた。

(3) 簡易電気分解装置の中(ゴム栓のすぐ下)に気体がある程度集まったところで電源装置のスイッチを切り，電圧を加えるのを止めた。このとき，陽極側に集まっていた気体の体積は，陰極側に集まっていた気体の体積に比べると極端に少なかった。

(4) 陽極側と陰極側に集まっていた気体の性質を，それぞれ調べた。

このことについて，次の**1**，**2**，**3**，**4**の問いに答えなさい。

1 次の□内の文章は，うすい塩酸の溶質について述べたものである。①，②に当てはまる語をそれぞれ書きなさい。

> うすい塩酸の溶質は（ ① ）という気体であり，（ ① ）はうすい塩酸の中で陽イオンと陰イオンとに分かれている。このように，水溶液中で溶質が陽イオンと陰イオンとに分かれることを（ ② ）という。

2 実験(3)で，陽極側に集まっていた気体の体積が，陰極側に集まっていた気体の体積に比べると極端に少なかったのは，陽極側に集まっていた気体にどのような性質があるからか。その気体の名称を表す語を用いて簡潔に書きなさい。

3 実験(4)で，陰極側に集まっていた気体が何であるかを特定した操作は，次のうちどれか。

ア 赤インクをしみ込ませたろ紙を気体の中に入れた。
イ 気体のにおいを調べた。
ウ 水で湿らせた赤色リトマス紙を気体の中に入れた。
エ マッチの炎を気体に近づけた。

4 実験において，電圧を加えることによってうすい塩酸の溶質に起こった化学変化を，化学反応式で表しなさい。

令和3年 10月3日実施 第186回 下野新聞模擬テスト 英語

1 これは聞き方の問題である。指示に従って答えなさい。

1〔英語の対話とその内容についての質問を聞いて，答えとして最も適切なものを選ぶ問題〕

(1) ア　イ　ウ　エ

(2) ア　イ　ウ　エ

(3) ア　イ　ウ　エ

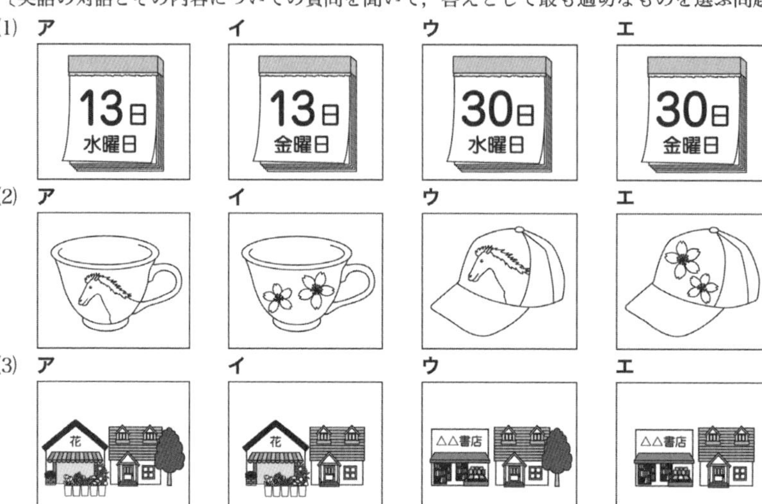

2〔英語の対話とその内容についての質問を聞いて，答えとして最も適切なものを選ぶ問題〕

(1) ①　ア　A mountain.　　イ　A museum.
　　　ウ　A popular zoo.　　エ　A big park.

　　②　ア　Because the zoo was popular.　　イ　Because it was too cold.
　　　ウ　Because they were too busy.　　エ　Because they had to come back home.

(2)

GREEN WEB SHOP

■T-shirts

	Style One	Style Two	Style Three
Style			
size	S / M / L	S / M / L	S / M / L
price	¥3,500	¥1,500	¥2,000
color	blue yellow red	blue yellow red	blue white

①　ア　3,000 yen.　　イ　3,500 yen.　　ウ　5,000 yen.　　エ　7,000 yen.

②　ア　Style One in a size small.　　イ　Style One in a size large.
　　ウ　Style Three in a size small.　　エ　Style Three in a size large.

3〔ジェニー(Jennie)の「私の夢」という英語のスピーチを聞いて，メモを完成させる問題〕
※数字も英語で書くこと。

About Jennie's dream
- Jennie came to Tochigi from Canada when she was (1)(　　　　).
- She began to take pictures when she didn't understand Japanese well.
- She likes taking pictures because pictures can tell something to us without (2)(　　　　).
- In the future, she wants to take pictures around the (3)(　　　　).
- She hopes many people will enjoy famous places (4)(　　　　) her pictures. That's her dream.

解答・解説 P288・P292

2 次の**1**，**2**の問いに答えなさい。

1 次の英文中の (1) から (6) に入る語句として，下の(1)から(6)の**ア**，**イ**，**ウ**，**エ**のうち，それぞれ最も適切なものはどれか。

I like swimming. I (1) practicing it since I was six years old. When I went to a *swimming pool with my father and sister (2) the first time, I couldn't swim well. But he helped me and I (3) a lot. After that, I could swim (4) than my sister, and swimming became my favorite sport. Now I am a member of this swimming school. I cannot swim so (5), but I enjoy swimming with other members. Next summer, my father will (6) me to Okinawa. I hope I can swim in the sea there.

〔注〕*swimming pool＝水泳用のプール

(1) **ア** am　**イ** was　**ウ** been　**エ** have been
(2) **ア** on　**イ** for　**ウ** during　**エ** at
(3) **ア** practice　**イ** practices　**ウ** practiced　**エ** practicing
(4) **ア** best　**イ** most　**ウ** better　**エ** well
(5) **ア** fast　**イ** early　**ウ** late　**エ** soon
(6) **ア** tell　**イ** bring　**ウ** show　**エ** take

2 次の(1)，(2)，(3)の（　　）内の語句を意味が通るように並べかえて，(1)と(2)は**ア**，**イ**，**ウ**，**エ**，(3)は**ア**，**イ**，**ウ**，**エ**，**オ**の記号を用いて答えなさい。ただし，文頭にくる語も小文字で示してある。

(1) (**ア** is　**イ** called　**ウ** dog　**エ** that) Pochi.
(2) (**ア** yet　**イ** has　**ウ** arrived　**エ** the train)?
(3) I (**ア** to　**イ** of　**ウ** take　**エ** had　**オ** care) my sister yesterday.

3 次の英文は，高校生の俊(Shun)と留学生のニック(Nick)との対話の一部である。また，右の図はそのとき二人で見ていたチラシ(leaflet)の一部である。これらに関して，**1**から**6**までの問いに答えなさい。

Shun: What are you doing, Nick?
Nick: I'm looking at a leaflet about the History Museum. I want to learn more about Japanese history during my stay in Japan. Have you ever [A] the museum?
Shun: Yes. I went there last month. That's a really interesting museum. If you go there next Sunday, I can go with you.
Nick: I'll be happy if you come with me, Shun. Look at this picture. It is *ukiyoe*, right? It's beautiful and interesting. In this picture, ＿＿＿(1)＿＿＿?
Shun: I think she is cooking something.
Nick: I see. Reading Japanese is [B] for me, so will you read it with me?
Shun: Sure. This is the information about a special *exhibition. It's about Japanese life in old times. The woman in the leaflet says that ＿＿＿(2)＿＿＿ in *the Edo period from *ukiyoe*.
Nick: Oh, sounds interesting. I want to see the exhibition.
Shun: You are a student, so you need to buy your *ticket. It's 800 yen.
Nick: Of course.
Shun: *Actually, I don't need a ticket.
Nick: (3)What do you mean? I know children don't have to pay, but you are a student like me.
Shun: I'm a member of the museum. I *paid three thousand yen to become a member because the members can see any exhibitions *for free.
Nick: Oh, I see. What can I do if I become a member?
Shun: Look here. Every month, the members can ＿＿＿(4)＿＿＿. And there are some special classes about history only for the members.

Nick：That's great! Well, Shun, can we have lunch at the museum?

Shun：Yes. There is a restaurant in the museum. We can also do the shopping at the museum shop. They sell some special *goods for the exhibition.

Nick：That's nice. I want to buy some of those goods for my family in my country. I want to do some shopping first. How about having lunch after that?

Shun：That's (5)<u>a good idea</u>. Then, let's meet at the museum at nine in the morning.

Nick：No problem. Shun, I have one more question. I want to try to eat some Japanese food, too. (6)<u>What food should I eat</u>?

〔注〕*exhibition＝展示会　*the Edo period＝江戸時代　*ticket＝チケット
*actually＝実は　*paid＝payの過去形　*for free＝無料で　*goods＝商品

歴史博物館　展示のお知らせ

◆特別展示

浮世絵に見る昔のくらし

10月12日～10月31日

江戸時代の生活について，浮世絵から学ぶことができますよ。

◆ご利用案内

開館時間　9：00 a.m. ― 5：00 p.m.
休館日　毎週月曜日
ミュージアムショップ　10：00 a.m. ― 5：00 p.m.
レストラン　11：00 a.m. ― 4：00 p.m.

◆入館料

	通常展示のみ	特別展示を含む
大人（18歳以上）	300円	1,000円
学生（中学生，高校生，大学生）	100円	800円
こども（小学生以下）	無料	700円

◆歴史博物館会員のご案内

・年会費3,000円（特別展示を含めて，無料で入館できます。）
・毎月，博物館からの手紙を受け取ることができます。
・会員の方限定の歴史講座を開催します。

1　二人の対話が成り立つよう，［ A ］に入る適切な英語を**1語**または**2語**で書きなさい。

2　上のチラシを参考に，二人の対話が成り立つよう，下線部(1)，(2)，(4)に適切な英語を書きなさい。

3　本文中の［ B ］に入る語として，最も適切なものはどれか。

ア　personal　**イ**　delicious　**ウ**　careful　**エ**　difficult

4　下線部(3)のようにニックが言った理由は何か。解答用紙の書き出しに続けて，日本語で書きなさい。

5　次の［　　］内の英文は，下線部(5)の内容を表している。①，②に入る適切な英語を，本文から**1語**ずつ抜き出して書きなさい。

> Nick wants to (　①　) some special goods for the exhibition. So he will have lunch (　②　) he enjoys shopping with Shun.

6　下線部(6)について，あなたなら，どんな日本の食べ物をニックに紹介しますか。つながりのある**4文から6文程度**の英語で書きなさい。ただし，紹介する日本の食べ物の名前は，ローマ字で書いてもよい。

問題R3
186
187
188
189
【英語】第186回

4 真理(Mari)が遊園地(amusement park)で体験したことについての次の英文を読んで，**1**から**5**の問いに答えなさい。

Last Sunday, my family went to 'Happy Park' to enjoy our holiday. It is a popular amusement park near our city. It was a nice day, and there were many people in the park. They looked happy.

When we had lunch in a restaurant, I saw a *poster about a special program in the park. "In this program, you can work with our park *staff and also learn a lot about the park," the poster said. The program had some kinds of jobs. One of the jobs was to clean the park. I said to my father, "This park is beautiful. I want to know about the job to clean the park. Can I join this program?" "Of course. I will join it with you," he said. We decided to join it and I was (**A**).

We went to the staff room. One of the staff said, "Hello, welcome to our Happy Park." His name was Mr. Kato. At first, he *explained Happy Park. It was built ten years ago and is still very popular. About one thousand people come to the park every day. I asked Mr. Kato, "Could you tell us about your job?" He said, "Of course. There are about fifty other staff members here. We clean the streets in the park and collect *trash in *trash cans." "I see. I want to try the job. Can I help you?" I asked. "Sure," he said.

Collecting trash was a hard job. Many people enjoyed eating and drinking, so there was a lot of trash in the park. Mr. Kato said, "This is not the only job for us. We have another job after this. Among the trash, there are some things to use again, so finding them is also our job. Well, let's do it together." My father and I did this job with the staff. When we finished the job, my father said, "This job was really hard, too." I said, "I think so, too." The job was interesting, but I was very (**B**).

Mr. Kato said, "These plastic bottles are used to make our uniforms. Look at this uniform." I said, "It's nice. I like it." He said, "In the park, we try to use a lot of things again. Each of them is a small thing, but we hope that doing them is good for our *environment." I said, "We cannot do big things for our environment, but we can do many small things. I learned it from this program." "Oh, Mari, you've learned an important thing," my father said. I said to Mr. Kato, "Thank you for today. I want to start something at my school for our environment." He said, "I'm glad to hear that. I want to work harder, too." My father and I had a good time at the park.

〔**注**〕*poster＝ポスター　*staff＝(遊園地の)スタッフの人たち　*explain＝説明する
*trash＝ゴミ　*trash can＝ゴミ箱　*environment＝環境

1 本文中の(**A**)，(**B**)に入る真理の気持ちを表している語の組み合わせとして，最も適切なものはどれか。

ア **A**：tired — **B**：sad　　**イ** **A**：excited — **B**：tired
ウ **A**：happy — **B**：excited　　**エ** **A**：sad — **B**：happy

2 次の**質問**に答えるとき，**答え**の［　　］に入る適切な英語**2語**を，第２段落(When we had ～. で始まる段落)から抜き出して書きなさい。

質問：Why did Mari want to join the special program?
答え：Because she wanted to know about the job ［　　］ the park.

3 下線部の指す内容は何か。日本語で書きなさい。

4 次の［　　］は，遊園地での体験から，真理が気付いたことについてまとめたものである。(①)と(②)に適切な日本語を書きなさい。

私たちは（　　①　　）をすることはできないが，（　　②　　）をすることはできる。

5 本文の内容と一致するものはどれか。

ア Mari went to Happy Park with her friends last Sunday because they had to work there for their homework.

イ Mr. Kato explained that about one thousand people were working hard every day in Happy Park.

ウ Happy Park collects plastic bottles in trash cans and uses them to make their staff's uniforms.

エ Mari thought that she should work harder to do something good for Happy Park in the future.

5 交通信号(traffic light)のルール(rule)について書かれた次の英文を読んで,1,2,3,4の問いに答えなさい。

Today we can go when the traffic light is green. This is one of the *basic rules in our *society. But do you know that a different color was used for "Go" at first?

About one hundred and sixty years ago, the first traffic light was used. It was for trains. To drive trains at [A], train *companies turned on a light as the traffic light. It was a white light. Train *drivers could see "White" the best of all the colors, so white was used for "Go." Also two other colors were needed for "Stop" and "*Caution." Red and green were used for them.

In those days, to [B], *colored glass was put in front of the light. When the colored glass was broken, train drivers thought the traffic light was white for "Go," not red or green. This was a big problem.

Then, many people began to have their houses around the station, and there were many white lights when it got *dark. The drivers couldn't find the right one. This became another problem.

Train companies thought about these problems. They decided to stop using the white light. And then they started using the green light for "Go" just like today.

We usually think that the rules will never change, but sometimes we have to change them. The rules are needed when we live in society, but our society is changing.

〔注〕*basic=基本的な　*society=社会　*company=会社　*driver=運転士
*caution=注意　*colored glass=色付きのガラス　*dark=暗い

1 本文中の[A]に入る語として,最も適切なものはどれか。

ア home　イ night　ウ work　エ noon

2 本文中の[B]に入るものとして,最も適切なものはどれか。

ア get a white light　イ use many kinds of lights
ウ give people good lights　エ make the light red and green

3 下線部について,何をすることによって問題を解決しようと考えたか。日本語で書きなさい。

4 次の[　　]内の英文は,筆者が伝えたいことをまとめたものである。(　　)に入る最も適切なものはどれか。

> The white light was used for "Go" at first, but today the green light is used for it. Like this example, (　　　).

ア we shouldn't change the rules to build a good society
イ we should change our society to make new rules for the future
ウ we should change the rules when they are not useful for society
エ we shouldn't make new rules because they are not useful

問題 R3 186 187 188 189 【英語】第186回

「文章？」

「なぐり書きっていうのかな、泣きながら書いたり、おこりながら書いたり。書くとちょっとはすっきりとするの。でも、読み返したりはしないんだ。書いたそばからやぶって、小さく小さくちぎっちゃう。もし、絵をかいたとしても、かいたそばからやぶっちゃうかもしれないね」

続く言葉を待ったけれど、あたしの話はもうやめよう、とミーミは首をふった。【エ】

「あの絵、とっても、あったかかった」

おふくろが出してくれたあんころもちを口に入れる。絶妙のあまさが口に広がる。

「うまい！」

絵がじょうずとかへたとかじゃなくて、あったかいから好きだという(3)ミーミの言葉が、やさしい風のように顔をなでていった。

（にしがきようこ「おれのミューズ！」〈小学館〉から）

（注）ヒメシャラ＝ツバキ科の落葉高木。

1 □に入る語句として最も適当なものはどれか。

ア やさしく　**イ** ういういしく

ウ かぐわしく　**エ** めざましく

2 (1)ミーミは正座をし、背筋をのばして話しはじめた　とあるが、この表現からわかるミーミの気持ちとして最も適当なものはどれか。

ア 先生気取りでヒッキーを少しからかってみようという気持ち。

イ ヒッキーの絵のよかった点をきちんと説明しようという気持ち。

ウ 自分の考えに本当は自信がないことをかくそうという気持ち。

エ ヒッキーと違って自分は真剣であることを示そうという気持ち。

3 本文中の【ア】～【エ】のいずれかに、次の一文が入る。最も適当な位置はどれか。

おどろいた。

4 (2)そうなんだ　とあるが、この言葉についての説明として最も適当なものはどれか。

ア 自分がヒッキーの絵から聞き取ったと思った内容が、ヒッキーが実際に言っていたことと同じだったことを確認している。

イ ヒッキーが絵をかくときには、ぶつぶつ言いながらかいていると思ったことがまちがっていなかったことを喜んでいる。

ウ 自分の、絵を見るとき話を聞くように見るという習慣について、ヒッキーが全くおどろかなかったので、落胆している。

エ 自分はヒッキーの絵からいろいろなことを聞いたと思い込んでいたが、実際はヒッキーが絵に語りかけていたわけではなかったので驚いている。

5 (3)ミーミの言葉が、やさしい風のように顔をなでていった　とあるが、この表現から読み取れる「おれ」の気持ちを、「思い」「あったかい絵」という語を用いて、四十字以上五十字以内で書きなさい。

6 本文の内容に合うものとして最も適当なものはどれか。

ア ヒッキーはぶつぶつ言いながら絵をかいていることを自覚していなかったが、ミーミに言われて初めて気づいた。

イ ヒッキーは自分の絵に自信がなかったが、ミーミが自分のことのようにほめてくれて、自信を深めている。

ウ ヒッキーは自分の絵のよさがわかっていなかったが、ミーミの的を射た説明に自分の絵が理解されていると感じた。

エ ヒッキーはこれまで気を入れて絵をかいていなかったが、ミーミにほめられて、本気でかいてみようと思っている。

5

「メールと手紙の使い分け」について、あなたの考えを国語解答用紙(2)に二百四十字以上三百字以内で書きなさい。

なお、次の《条件》に従って書くこと。

《条件》

（Ⅰ）二段落構成とすること。

（Ⅱ）各段落は次の内容について書くこと。

第一段落

・あなたは、「メール」と「手書きの手紙」にはそれぞれどのようなよさがあると思うか、具体的に説明しなさい。

第二段落

・第一段落で書いたことを踏まえて、あなたがこれからしたいと考える「メールと手紙の使い分け」について書きなさい。

下野模擬問題（第186回）◆国語

5 (4)アルキメデスの時代と比べて、むしろ科学とは縁遠くなったと言うべきなのだろうか　とあるが、筆者はアルキメデスのどのような点を評価しているのか。

ア　ヒエロン王から厳しい条件を与えられても、時間をかけて手続きを踏むことによって、偽物を科学的に暴いた点。

イ　ヒエロン王から厳しい条件を与えられて困ったときに、非日常的な現象を考え出すことによって詐術を見破った点。

ウ　ヒエロン王から厳しい条件を与えられても、反論することなく偽物を疑い続けることによって誠実さを示した点。

エ　ヒエロン王から厳しい条件を与えられてもあきらめず、自分の考えが科学的であると証明する方法を思いついた点。

6 本文の特徴を説明したものとして最も適当なものはどれか。

ア　現代科学の問題点を物質的欲望の面から述べることによって、科学的な真偽の見分け方について処方を提示している。

イ　現代科学と物質的欲望との結びつきについて、歴史的な経過をたどって詳述することによって現代社会に警告している。

ウ　印象的な標語を提示したあとで現代科学の問題点を具体的に述べ、科学本来の姿を例示することによって対比させている。

エ　物質的欲望の強さを標語化することで印象付け、克服するために取るべき態度について故事を引用して述べている。

4

次の文章を読んで、1から6までの問いに答えなさい。

〔中学二年生の樹（いつき）（「おれ」）の家で、互いに「ヒッキー」「ミーミ」と呼び合っている幼なじみの美海（みうみ）と、展覧会に展示された樹の絵について話している場面である。〕

「あの絵さ、どこがいいんだろうな。いつもより、ちょっと気を入れてかいたけどさ」

「へえ、わからないんだ。では、ミーミ先生が、どこがよかったか解説してあげる。すわりなさい。まず、構図がよかった」

おれは、こたつに足をつっこんですわりこんだ。(1)ミーミは正座をし、背筋をのばして話しはじめた。

「(注)ヒメシャラの木、プレートのかかったその木がね、すっくと立ってた。そして、つぼみが□て、近よってもっとよく見たいって、まず思った。見る人をひきつけるって、大切だと思うな。つぼみにのっていたしずく、かわいかった。背景の校舎のよごれ具合、カーテンの色、やぶれ具合もリアルだったな。木をとりかこむマリーゴールドの花もていねいにかかれてた。そうそう、つぼみのふくらみ、おもわずさわりたくなっちゃった。この木が好きなんだっていう声が聞こえてくるようだった」

［ア］

「おい、待て。かいているときにミーミ、そばにいなかったよな」

「え？　いなかったよ。当たり前じゃない」

「でも、おれ、いま言われたようなことをぶつぶつと言いながらかいてたおぼえがある」

「(2)そうなんだ」

ちょっと笑うと、「まちがってなかったんだ」と、言葉をつなげた。

「なにが？」

「あたしは絵を見るとき、話を聞くみたいにして見るの。だから、話しかけてくれない絵は好きじゃないの。どんなにじょうずにかけていても、語りかけてくれないと、はじき飛ばされちゃうっていうか、さびしくなっちゃう。前、少女の絵を見せてくれたときあったでしょ？　あの子、すごくしゃべりかけてくれて、あたし、聞くのに精いっぱいになっちゃったの。あたし、あの子、大好き」

手袋をはずしながら言葉をつないでいく。

「技術とか、技法っていうのは、あたし、まだわからないんだけどね。子どもがかいたようなっていうのかな、そういう絵の中で、ものすごくたくさん話しかけてくれるのがあるの。そんな絵が好きだな」

［イ］

「ふうん」

「ヒッキーの展示されてた絵、すごくたくさん話してくれたよ。学校の話を。かきながらぶつぶつ言ってたことや、ヒッキーの中の言葉にならない思いなんかも聞こえてきたのかな。あの絵、好きだな」

［ウ］ミーミはしきりに感心していた。

「ミーミは、絵はかかないのか？」

「うん、どっちかっていうと、文章にしちゃうんだ」

ていくからだ。あるいは、実験によって思いがけない新現象が発見され、それによって科学の世界が大きく広がったこともある。しかしながら、あくまで科学を推進しているのは好奇心や想像力、つまり創造への意欲であり、精神的欲望がその出発点なのである。それが萎えてしまえば科学は立ち枯れてしまい、技術的改良のみのつまらない内容になってしまうだろう。（中略）

もう一つ、物質的欲望の（注2）昂進は必然的に偽物の横行を招くことになる。全く異なった物質であるにもかかわらず、見かけ上似たものが多いから（注3）真贋の区別がつきにくい。そこにだまそうとする人間の作為が入る。物質的欲望に目がくらんだ者を相手にするのだから、ごく単純な操作で本物と思わせることができる。それを暴くためには科学的な□が不可欠だが、手が込んでいると一般の人々には簡単に見破ることができないから、結局体よくだまされてしまうのである。もっとも昨今は、安ければ偽物でもいい、どうせ本物と見分けがつかないのだから、というわけで偽物も大手を振ってまかり通るようになっている。こうして本物と偽物が堂々と共存するようになり、人々もこだわらなくなった。(3)科学的真実に対する態度にもそれが現れるようになっていると言えば、それは（注4）うがちすぎだろうか。科学であろうと非科学であろうと、おもしろければそれでいいと。

偽物を作る手口を最初に科学的に暴いたのは（注5）アルキメデスであった。ヒエロン王から、完成した王冠を前にして、その王冠を作製するために細工師に与えた金すべてを使ったのか、鉛や銀を混ぜて金との差額を（注6）瞞着したのか、それを明らかにするよう命じられたのだ。科学の出発点は疑いを抱くことであり、ヒエロン王は見える部分について形式が整えられていることは知りつつ、見えない部分についても真実を知りたいと追求する、（注7）明敏な頭脳の持ち主であったことがわかる。その命令では、王冠を壊してはならないとの条件がついていた。腕力ではなく頭脳の力を使え、というわけだ。これもヒエロン王の明敏さを表している。王冠の重さは与えた金と同じであり、見かけ上は区別がつかない。壊すこともできない。うまい方策が見つからず、悩んだアルキメデスは公衆浴場に行って湯船に体を浸し、そこで（注8）インスピレーションを得た。水中に沈んだ体積と同じ量だけの水があふれることだ。この当たり前と思っている事実が大きなヒントとなった。重さは同じであっても、金だけでできた王冠が排除する水の量は少なく、鉛や銀を混ぜれば体積が大きくなり、水は多くあふれることになる。これに気づいてアルキメデスは見事に細工師の詐術を見破ることができたのだった。

科学とは、疑いを抱くことから始まり、厳しい条件を克服して、真実を見抜く行為である。現代人は時間が加速されているせいか、この手続きを踏むことを省略するようになってしまった。物質的欲望に駆られているから、一足飛びに結論を得ることを望むのである。科学の時代であるにもかかわらず、(4)アルキメデスの時代と比べて、むしろ科学とは縁遠くなったと言うべきなのだろうか。

（池内了「科学と人間の不協和音」〈角川書店〉から）

（注1）イノベーション＝技術革新。　（注2）昂進＝高ぶり進むこと。
（注3）真贋＝本物と偽物。
（注4）うがちすぎ＝物事の本質をとらえようとするあまり、逆に真実から掛け離れてしまうこと。
（注5）アルキメデス＝古代ギリシャの数学者・物理学者。
（注6）瞞着＝ごまかすこと。　（注7）明敏＝頭の働きが鋭いこと。
（注8）インスピレーション＝ひらめき。

1　(1)現代は「発明は必要の母」となった　を説明したものとして最も適当なものはどれか。

ア　改良品を発明であると見せかけるようになったということ。
イ　物質がなければ精神的欲望が生まれなくなったということ。
ウ　必要性がなくても発明品が生まれるようになったということ。
エ　物質によって消費の欲望が喚起されるようになったということ。

2　(2)科学は物質的基盤がなければ進歩しない　とあるが、筆者がこのように言うのはなぜか。その理由を「実験」「知見」「新現象」という語を用いて四十字以上五十字以内で書きなさい。

3　□に入る語として最も適当なものはどれか。

ア　論証　**イ**　実証　**ウ**　検証　**エ**　確証

4　(3)科学的真実に対する態度　とあるが、その内容が具体的に表されている一文を本文中から抜き出し、初めの五字を書きなさい。

下野模擬問題（第186回）◆国語

と誦(注6)しけるに、(1)人々、音(こえ)を加へ(注7)て、たびたびになるに、あばれ(注8)たる中門の、かくれ(注9)なる蓬(よもぎ)の中に、老いたる尼のよにあやしげなるが、露にそぼちつつ(注10)、夜もすがらをりけるが、「今夜の御遊び、いといとめでたくて、涙もとまりはべらぬに、この詩こそ、及ばぬ耳にも僻事(注11)(ひがごと)を詠じおはしますかな、と聞きはべれ」といふ。

(2)人々笑ひて、「興(注12)ある尼かな。いづくのわろきぞ」と①いへば、「さら(注13)なり。さぞおぼすらむ。されどおもひたまふるは、月はなじかは楼にはのぼるべき。『月にはのぼる(注14)』とぞ故三位殿は詠じたまひし。おのれは御物張り(注15)にて、おのづから承りしなり」と②いひければ、恥ぢて、みな立ちにけり。

（「十訓抄(じっきんしょう)」から）

（注1）菅三位の亭＝菅三位は人物の呼び名。亭は屋敷。
（注2）さるべき＝しかるべき。
（注3）旧き跡をしのびて＝昔をしのんで。
（注4）遊ぶこと＝和歌や漢詩を口ずさむこと。
（注5）百尺の楼＝高層の建物。
（注6）誦しけるに＝口ずさんだところ。（注7）加へて＝合わせて。
（注8）あばれたる＝荒れ果てた。（注9）かくれなる＝人目につかない。
（注10）そぼちつつ＝濡れながら。
（注11）僻事＝まちがい。（注12）興ある＝面白い。
（注13）さらなり。さぞおぼすらむ＝そう思われるのも当然です。
（注14）月にはのぼる＝月に誘われて楼にのぼる。
（注15）御物張り＝洗い物や裁縫などをする使用人。

1 をりける は現代ではどう読むか。現代かなづかいを用いて、すべてひらがなで書きなさい。

2 ①いへ ②いひ について、それぞれの主語にあたる人物の組み合わせとして適当なものはどれか。

ア ① 人々　② 人々　　**イ** ① 人々　② 尼
ウ ① 尼　② 尼　　**エ** ① 尼　② 人々

3 (1)人々、音を加へて、たびたびなるに の様子として最も適当なものはどれか。

ア いろいろな漢詩を何度も口ずさみあっている様子。
イ 漢詩に対して何度も意見を述べあっている様子。
ウ 漢詩を皆で何度も口ずさんで盛り上がっている様子。
エ 次々と漢詩が詠まれるのでいつまでも終わらない様子。

4 (2)人々笑ひて とあるが、人々はなぜ笑ったのか。二十字以上三十字以内の現代語で書きなさい。

5 本文の内容と合うものはどれか。

ア 人々は見苦しい身なりの尼の言うことを軽い気持ちで聞いてみたが、菅三位の漢詩との違いを指摘されて恥じ入った。
イ 人々は菅三位の使用人であった尼の言うことなので、よく考えずに信用してしまい、後から恥をかいてしまった。
ウ 人々は自分たちが詠んだ漢詩よりも菅三位の漢詩がすぐれていると尼に言われたが、あやしんで信用しなかった。
エ 人々は菅三位の使用人であった尼が詠んだ漢詩が、自分たちが詠んだ漢詩よりも優れていたので、恥じて立ち去った。

3 次の文章を読んで、**1**から**6**までの問いに答えなさい。

かつては「必要は発明の母」であった。技術は物質的な欲望から出発したのは事実だが、必要という精神の飢えが発明という物質的生産へと導いたことを忘れてはならない。精神が物質をコントロールしていたのだ。しかし、(1)現代は「発明は必要の母」となった。発明品を改良して新たな機能を付加することにより、人々に必要であったと錯覚させ、消費を加速したのである。必要と発明の関係が逆転し、物質が精神を先導するようになったと言える。でも、それでは真のイノベーション(注1)はあり得ない。精神的欲望は時間を区切らないが、物質的欲望は短期の目標で進む。現代科学を底の浅いものにしているのは、物質的欲望を第一義としてきたためだろう。現代科学は物質的欲望に翻弄(ほんろう)されていると言えるかもしれない。大量生産・大量消費・大量廃棄こそが現代社会を構築している基本構造であり、買い換え・使い捨てが奨励されている。そして、科学や技術をそれに動員することこそが至上命令になっている。（中略）

確かに、(2)科学は物質的基盤がなければ進歩しない。実験の技術開発があればこそ仮説が実証され、それを基礎にして新たな知見が得られ

第186回 下野新聞模擬テスト

国語

制限時間 50分

1 次の**1**から**4**までの問いに答えなさい。

1 次の――線の部分の読みをひらがなで書きなさい。

(1) 架空の物語を楽しむ。　(2) 大きな川が氾濫する。

(3) 動物を虐げる。　(4) 母に叱られる。

(5) 祭りで足袋を履く。

2 次の――線の部分を漢字で書きなさい。

(1) 手厚くカンゴされる。　(2) 長年会社にツトめる。

(3) サンミの強い料理。　(4) 機械の操作をアヤマる。

(5) ツウカイな時代劇。

3 次は生徒たちが短歌について話している場面である。これについて、(1)から(4)までの問いに答えなさい。

> わが側に子は立てりけり顔洗ふ間をだに父を珍しがるか　島木赤彦
>
> Aさん「この短歌の『子』はどうしてお父さんを珍しがっているんだろう。入院でもしていたのかな。」
>
> Bさん「作者が単身赴任先から実家へ帰ったときの作品らしいと、先生から①聞いたよ。子どもにはしばらく振りに目のあたりにするお父さんの姿が②新鮮なんだね。」
>
> Aさん「なるほど、そうか。うれしくてたまらない子どもの様子が□という表現から強く伝わってくるね。」
>
> Bさん「そして、自分を見て珍しがっている子どもを見ている作者自身もうれしく思っていることが伝わってくるよ。」

(1) この句に用いられている句切れはどれか。

ア 初句切れ　**イ** 二句切れ　**ウ** 三句切れ

エ 四句切れ　**オ** 句切れなし

(2) □に入る語として適当なものを、短歌の中から七字で抜き出しなさい。

(3) ①聞いたを正しい敬語表現に改めたものはどれか。

ア お聞きした　**イ** お聞きになった

ウ 聞かれた　**エ** お聞きされた

(4) ②新鮮なんだねの文節に含まれる自立語はどれか。

ア 名詞　**イ** 形容詞　**ウ** 形容動詞　**エ** 連体詞

4 次の漢文の書き下し文として正しいものはどれか。

景公問フ二政ヲ於孔子ニ一。（「論語」）

ア 景公政を孔子に問ふ。

イ 景公孔子に政を問ふ。

ウ 景公政を問ふ孔子に。

エ 景公孔子に問ふ政を。

2 次の文章を読んで、**1**から**5**までの問いに答えなさい。

二条よりは南、京極よりは東は、(注1)菅三位の亭なり。三位失せてのち、年ごろ経て、月の明き夜、(注2)さるべき人々、(注3)旧き跡をしのびて、かしこに集まりて、月を見て遊ぶ(注4)ことありけり。終はりがたに、ある人、

月はのぼる(注5)百尺の楼

解答・解説 P288・P290

令和3年
11月7日実施

第187回 下野新聞模擬テスト
社　会

1 次の**1**から**4**までの問いに答えなさい。

1 **図1**を見て，(1)から(4)までの問いに答えなさい。

(1) 赤道が通る国は，**図1**中の**ア**，**イ**，**ウ**，**エ**のどれか。

(2) **図1**中の**P**の都市の雨温図を示したものとして正しいのは，**図2**中の**ア**，**イ**，**ウ**のどれか。

図1

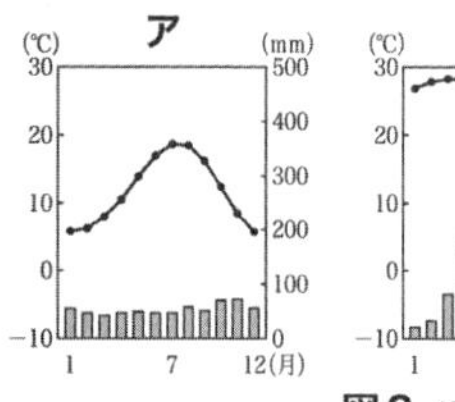

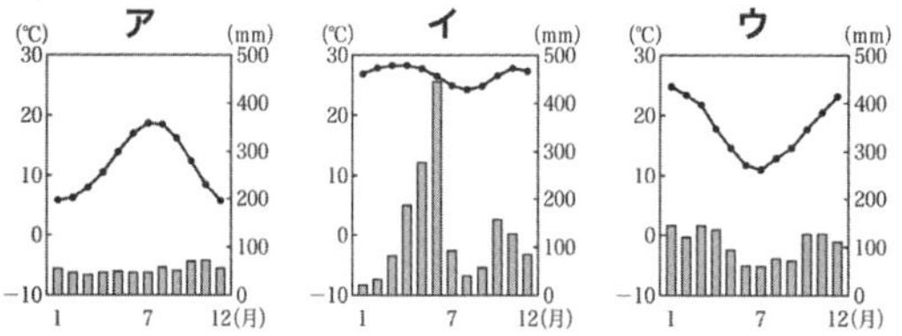

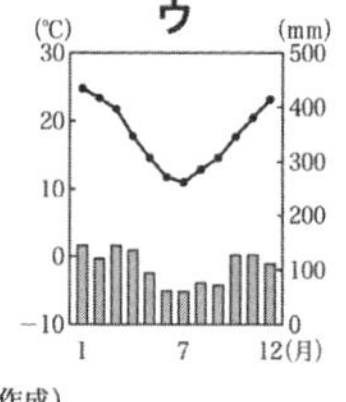

ウ

図2（「理科年表」により作成）

(3) 世界を六つの州に区分したときの**Q**の州について述べた，次の文中の［ Ⅰ ］，［ Ⅱ ］に当てはまる語の組み合わせとして正しいのはどれか。

> **Q**の州では，宗教の分布が北部と中南部で大別される。北部は［ Ⅰ ］を信仰する人々が多く，中南部では植民地化の影響を受けて，［ Ⅱ ］や現地に根付いていた宗教を信仰する人々が多い。

ア　Ⅰ－イスラム教　　Ⅱ－ヒンドゥー教
イ　Ⅰ－ヒンドゥー教　Ⅱ－イスラム教
ウ　Ⅰ－イスラム教　　Ⅱ－キリスト教
エ　Ⅰ－ヒンドゥー教　Ⅱ－キリスト教

	出生率	死亡率
a	12.4	8.5
b	20.5	9.4
c	37.9	11.9

注）aは2015年，b，cは2018年で人口千人当たりの数値。
図3（「世界国勢図会」により作成）

(4) **図3**中のa，b，cには，**図1**中のナイジェリア，アメリカ合衆国，南アフリカ共和国のいずれかが当てはまる。a，b，cに当てはまる国の組み合わせとして正しいのはどれか。

ア　a－ナイジェリア　　b－南アフリカ共和国　c－アメリカ合衆国
イ　a－ナイジェリア　　b－アメリカ合衆国　　c－南アフリカ共和国
ウ　a－アメリカ合衆国　b－ナイジェリア　　　c－南アフリカ共和国
エ　a－アメリカ合衆国　b－南アフリカ共和国　c－ナイジェリア

2 **図4**は，コーヒー，鉄鉱石，パイナップルの世界の生産量に占める上位3か国を示している。［　　］に共通して当てはまる国名を書きなさい。

	第1位	第2位	第3位
コーヒー（2018年）	［　　］	ベトナム	インドネシア
鉄鉱石（2017年）	オーストラリア	［　　］	中国
パイナップル（2018年）	コスタリカ	フィリピン	［　　］

図4（「世界国勢図会」により作成）

3 世界で最も高い山を含む山脈について述べた文として，**当てはまらない**のはどれか。

ア　ネパールの国旗はこの山脈を形どったものである。
イ　低地では熱帯性の作物を育て，高地の寒冷地ではリャマやアルパカを飼っている。
ウ　チベット高原とならんで「世界の屋根」ともよばれる。
エ　世界に二つある大規模な造山帯に属する山脈で，大きな地震がおきることがある。

4 **図5**の**資料1**は，ドイツへの移住者の出身国を，**資料2**は，ドイツとポーランドの一時間当たり賃金を示している。これについて述べた，次の会話文中の［　　　］に当てはまる文を，簡潔に書きなさい。

生徒：**資料1**のドイツへの移住者を見ると，ポーランド出身が最も多いですね。

先生：そうですね。これにはヨーロッパで組織されているEUが関係しています。

生徒：EUは政治的・経済的な統合を目的とした組織と学習しました。

先生：そのEUの加盟国どうしであっても，課題があります。**資料2**に見られるように，[　　　　]ため，ポーランドからドイツへの移住者が多くなりました。その結果，ドイツ国民の働く場所が少なくなるという現象がおきています。

資料1

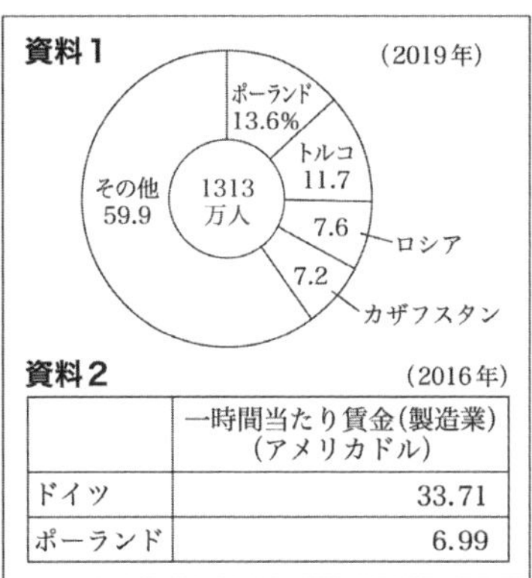

資料2　(2016年)

	一時間当たり賃金(製造業)(アメリカドル)
ドイツ	33.71
ポーランド	6.99

図5（「世界国勢図会」により作成）

2　けいすけさんは，現存する天守をもつ江戸時代以前からあった城に興味をもち，**図1**にまとめた。これを見て，**1**から**6**までの問いに答えなさい。

城名	県名	城名	県名
弘前城	青森県	**イ**松江城	島根県
松本城	長野県	備中松山城	岡山県
丸岡城	福井県	**ウ**丸亀城	香川県
犬山城	愛知県	高知城	高知県
彦根城	滋賀県	松山城	愛媛県
ア姫路城	兵庫県	**エ**宇和島城	愛媛県

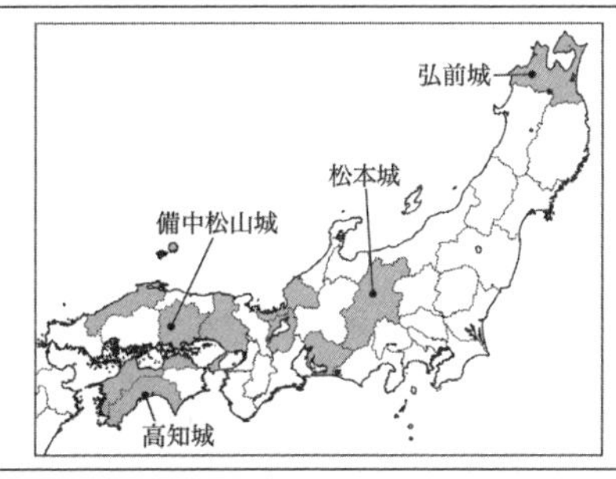

図1

1　日本の標準時子午線が通過する県に位置する城として正しいのは，**図1**中の下線部**ア**，**イ**，**ウ**，**エ**のどれか。

2　**図2**は，**図1**中の備中松山城，松本城，弘前城，高知城が位置する都市における1月と8月のそれぞれの平均気温と降水量(平均値)を示している。高知城が位置する都市はどれか。

	1月(℃)	降水量(mm)	8月(℃)	降水量(mm)
ア	2.8	39.4	27.0	112.3
イ	－0.4	35.9	24.7	92.1
ウ	－1.5	125.5	23.5	140.7
エ	6.3	58.6	27.5	282.5

図2（「気象庁ホームページ」などにより作成）

3　丸岡城の位置する福井県について述べた，次の文中の[　　　]に共通して当てはまる語を書きなさい。

福井県は，日本で最も[　　　]発電所が多い。東日本大震災以後，[　　　]発電のあり方について広く議論されており，一時稼働を停止する発電所もあった。

4　**図3**は，愛知県，高知県，兵庫県，青森県における産業別就業者割合(2017年)を示している。愛知県はどれか。

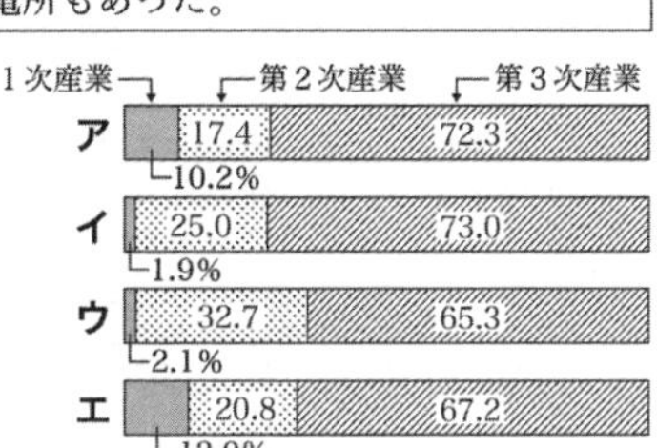

図3（「県勢」により作成）

5　彦根城は日本最大の湖の東側に立地している。この湖を何というか。

下野模擬問題（第187回）◆社会

6　松山城と宇和島城を訪れたけいすけさんは，愛媛県の特産品であるみかんに興味を持ち，みかんについて調べた。その中で，日本の果実産業において自給率が低下していることを知り，さらに詳しく調べ，**図4**の資料を集めた。**図4**から分かる果実の自給率低下の原因を，「価格」「輸入」の語を用いて簡潔に書きなさい。

資料1　日本の果実の自給率と輸入量国産量の推移

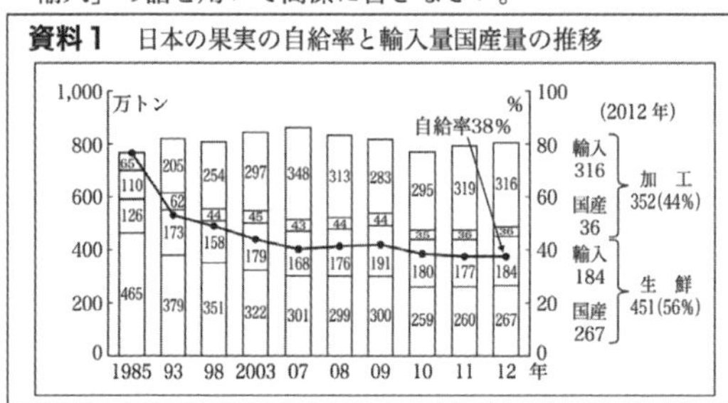

資料2　果実の国産・外国産価格（2018年）

	国産価格	外国産価格
うんしゅうみかん	269円/kg	(アメリカ産オレンジ)184円/kg
りんご	292円/kg	(ニュージーランド産)240円/kg
ぶどう	1,041円/kg	(アメリカ産)347円/kg

図4（「農林水産省ホームページ」により作成）

3　次の**A**から**F**は，古代から近世までの栃木県に関わりのある歴史上の人物についてまとめたものの一部である。これを読み，**1**から**7**までの問いに答えなさい。

A	道鏡（どうきょう）	病気になった天皇を治したことから政治にも深く関わるが，天皇に即位しようとして失敗し，下野国（栃木県）で亡くなった僧。僧が政治に関与したことは，のちにⓐ桓武天皇が都を移したことにも影響を与えた。
B	足利尊氏	下野国足利荘出身の先祖をもち，ⓑ後醍醐天皇と協力し，幕府を倒した。のちに後醍醐天皇と対立し，新しく天皇をたてて征夷大将軍に任じられた。
C	親鸞（しんらん）	法然に学び，仏教の新しい宗派をおこした。ⓒ後鳥羽上皇の怒りにふれ，越後国（新潟県）に流罪となるも，後に許され，下野国などで布教活動を行った。
D	徳川光圀（とくがわみつくに）	栃木県の一部地域は水戸藩の領地であった。水戸藩はⓓ参勤交代を行わず，藩主の徳川光圀は江戸に住んでおり，領国を巡回していた。
E	藤原秀郷（ふじわらのひでさと）	武勇や軍略にすぐれた武将で，関東に非常に攻めにくい城を建てた。ⓔ平将門の乱を平定し，下野国の政治と軍事を任された。
F	高久靄厓（たかくあいがい）	下野出身の画家で，ⓕ異国船打払令によりアメリカ商船を砲撃した事件を批判し処罰された渡辺崋山と交友があった。

1　下線部ⓐの時期のできごととして当てはまるのはどれか。

ア　白村江の戦いで日本が大敗した。　　**イ**　正倉院が建てられ，宝物がおさめられた。
ウ　行基が一般の人々に仏教を布教した。　　**エ**　坂上田村麻呂が蝦夷の拠点を攻めた。

2　下線部ⓑの人物が約２年間行った政治を何というか。

3　下線部ⓒの人物に関して，**図1**はこの時代の幕府のしくみを示している。下線部ⓒの人物が幕府をたおそうと兵をあげた後につくられた組織（役職）は，**図1**中の**ア**，**イ**，**ウ**，**エ**のどれか。また，この組織（役職）がつくられた目的を簡潔に書きなさい。

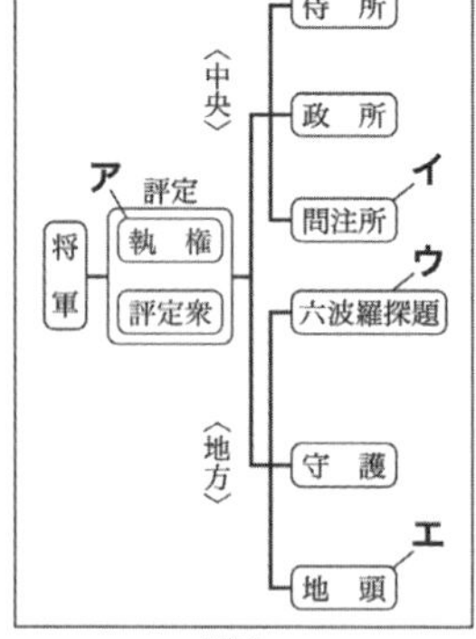

図1

4　下線部ⓓの制度が定められた時期の政治について述べた，次の文中の□に当てはまる語を書きなさい。

> 参勤交代が制度化された時期，朱印船貿易も停止された。さらに，日本人の出国と帰国も一切禁止され，鎖国体制が強化されていた。そんな中，天草四郎（益田時貞）という少年を大将とした一揆である□がおきたことをきっかけに，鎖国体制をさらに強化するため，中国船とオランダ船だけが，長崎での貿易を許されるようになった。

5　下線部ⓔに関して述べた，次の文中の[Ⅰ]，[Ⅱ]に当てはまる語の組み合わせとして正しいのはどれか。

> 平将門の乱は，北関東でおきた反乱で，一時的に関東は平将門により支配された。この反乱と同じ時期，[Ⅰ]地方でも藤原純友が反乱をおこしており，朝廷はその反乱に対応するために[Ⅱ]を派遣している。

解答・解説　P298・P301

ア　Ⅰ－瀬戸内　Ⅱ－武士団　　イ　Ⅰ－瀬戸内　Ⅱ－僧兵
ウ　Ⅰ－東北　　Ⅱ－武士団　　エ　Ⅰ－東北　　Ⅱ－僧兵

6　下線部ⓕに関して，**図2**は，異国船打払令が出された頃のイギリス，インド，中国(清)の三角貿易を示している。**図2**中の X に当てはまる語を書きなさい。

7　**A**から**F**を，年代の古い順に並べ替えなさい。なお，**A**は最初，**F**は最後である。

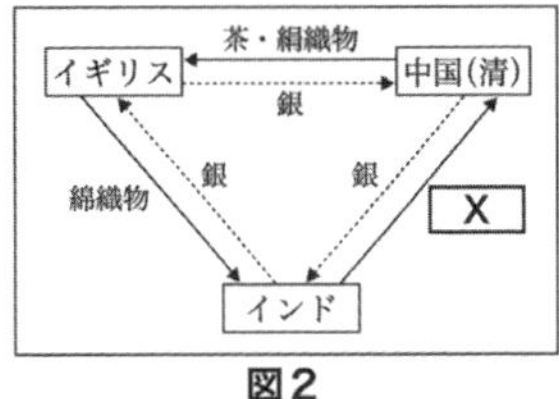

図2

4　次の文を読み，**1**から**6**までの問いに答えなさい。

明治時代に殖産興業をかかげた政府は，ⓐ産業を主導するようになった。政府が建設した官営の大規模な工場としては，フランスの技術を取り入れた富岡製糸場や八幡製鉄所が有名である。ⓑ軽工業や重工業の産業革命がおき，産業の発展などにより日本は国際社会での地位を確立して，ついにⓒ国際連盟の常任理事国となった。その後，第二次世界大戦後の経済の民主化により，それまでⓓ日本の経済を支配し，政治にも関与していた企業は解体され，日本の産業は各分野で自由化が図られた。1950年代半ばには，戦争前の水準まで経済が回復し，重化学工業が発展したⓔ1960年代は，ⓕ高度経済成長により大きく経済が成長した。高度経済成長が終わると，自動車や電気機械の産業が発達し，貿易額が増えた。

1　下線部ⓐに関して，産業の発展に必要な交通網の整備において，日本で初めて開通した鉄道の路線として正しいのはどれか。
ア　神戸・大阪間　　イ　大阪・京都間　　ウ　小樽・札幌間　　エ　新橋・横浜間

2　下線部ⓑに関して，この時期の日本の産業の状況として正しいのはどれか。
ア　問屋が農民に織機やお金を貸して製品をつくらせ，それを買い取る問屋制家内工業が行われた。
イ　北海道に開拓使という役所が置かれ，農地の開墾や鉄道や道路の建設が進められた。
ウ　紡績業や製糸業では，多くの女性が長時間低賃金の労働に従事していた。
エ　急激な経済発展により，四大公害病などが発生し，社会問題となった。

3　下線部ⓒのできごと以後におきた次のできごとを，年代の古い順に並べ替えなさい。
ア　学徒出陣により，文系の大学生が戦地へ向かうようになった。
イ　五・一五事件がおこり，犬養毅首相が暗殺された。
ウ　第二次護憲運動がおき，加藤高明内閣が成立すると，普通選挙法が出された。
エ　初めて女性に参政権が与えられた。

4　下線部ⓓのような企業を何というか。

5　下線部ⓔの時期の世界のできごととして正しいのはどれか。
ア　アジア・アフリカ会議が開催された。　　イ　ベトナム戦争が終結した。
ウ　ベルリンの壁が崩壊した。　　エ　日本と韓国の国交が回復した。

6　下線部ⓕに関して，**図**は，高度経済成長期の石炭国内生産量と石油輸入量を示している。この時期に日本のエネルギー事情はどのような変化をしたか，**図**を参考に，「依存」の語を用いて簡潔に書きなさい。

	石炭国内生産量(百万t)	石油輸入量(百万kl)
1965年	51	88
1973年	27	289

図(「資源・エネルギー統計年報・月報」などにより作成)

5　次の**1**から**6**までの問いに答えなさい。

1　持続可能な社会を実現するための取り組みとして**適切でない**のはどれか。
ア　魚介類を漁獲できる期間や漁獲可能な大きさを定める。
イ　伝統文化に触れる機会を設け，後継者を育てる援助を行う。
ウ　食料品を生産予定量より大量に生産し，余った分を廃棄処分にする。
エ　公園を増やし，災害時に避難できる場所を増やす。

2　**図1**について述べた，次の文中の□に当てはまる語を書きなさい。

図1は，ヨーロッパでつくられた航空機を示しており，部品別に各国で生産されていることが分かる。これは，競争力の強いものを自国で生産し，競争力の弱いものは他国から輸入し，一つの製品をつくり上げる□の代表的な例と言える。

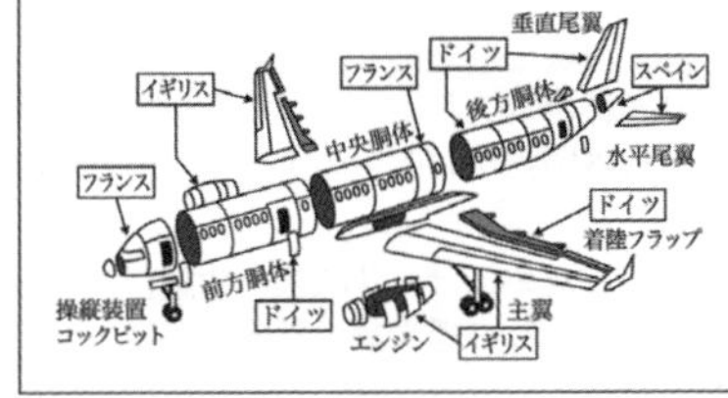

図1

3 **図2**は，日本の年中行事を示している。「端午の節句」が当てはまるのはどれか。

4 日本のあるハンバーガーチェーン店がインドネシアに進出するときに，インドネシアの文化に配慮して行った工夫として正しいのはどれか。

ア 日曜日は全店休店にした。
イ 肉にはすべて魚を使用した。
ウ 豚肉を使用するメニューを牛肉に替えた。
エ 牛肉を使用するメニューを豚肉に替えた。

1月	初詣(はつもうで)	7月	お盆(盂蘭盆会(うらぼんえ))
2月	ア，節分	8月	
3月	ひな祭り，春祭り	9月	ウ
4月	花祭り(灌仏会(かんぶつえ))	10月	エ，秋祭り
5月	イ，田植え祭り	11月	七五三
6月	更衣	12月	大掃除(すすはらい)

図2

5 次の文中の Ⅰ ， Ⅱ に当てはまる語の組み合わせとして，正しいのはどれか。

> 情報化が進展したことで，私たちには情報を正しく活用する力である Ⅰ を身に付けることが求められている。また，インターネットをうまく利用できれば，普段ふれる機会の少ない北海道や樺太(サハリン)，千島列島の先住民族だった Ⅱ 民族の文化にもふれることができるなど，インターネットを通して多様な文化にふれる機会も増えた。

ア Ⅰ－情報モラル　Ⅱ－琉球　**イ** Ⅰ－情報モラル　Ⅱ－アイヌ
ウ Ⅰ－情報リテラシー　Ⅱ－琉球　**エ** Ⅰ－情報リテラシー　Ⅱ－アイヌ

6 多数決の特徴について述べているものとして，正しいものを**二つ**選びなさい。

ア 決定に時間がかかることがある。　**イ** 少数意見が反映されにくい。
ウ 全員が納得できる。　**エ** 短時間で決まる。

6

ゆいさんと先生の会話文を読み，**1**から**6**までの問いに答えなさい。

> ゆい：「人は誰でも基本的人権をもっていると学習しました。ⓐ人権はこれまで，どういった考え方がされてきたのですか。」
> 先生：「近代で最初に主張されたのがⓑ自由権とⓒ平等権です。20世紀にはⓓ社会権が認められました。ⓔ日本国憲法ではそれ以外にも参政権などが保障されています。」
> ゆい：「しかし，時代とともに，社会も変わりますよね。」
> 先生：「その通りです。社会の変化に伴って，ⓕ新しい人権も必要となってきています。」

1 下線部ⓐに関して，**図1**は，人権の歴史において活躍した思想家についてまとめたものの一部である。 Ⅰ ， Ⅱ に当てはまる人物名の組み合わせとして正しいのはどれか。

人物	国	内容
Ⅰ	フランス	「法の精神」で三権分立の必要性を説いた。
Ⅱ	イギリス	「統治二論」で抵抗権を唱えた。

図1

ア Ⅰ－ロック　Ⅱ－モンテスキュー　**イ** Ⅰ－ルソー　Ⅱ－ロック
ウ Ⅰ－モンテスキュー　Ⅱ－ロック　**エ** Ⅰ－モンテスキュー　Ⅱ－ルソー

2 下線部ⓑに関して，自由権について述べた，次の文中の □ に当てはまる語は，あとの**ア**，**イ**，**ウ**のどれか。

> 自由権の中でも，住む場所や移転，職業を選ぶ自由は □ の自由に含まれる。

ア 経済活動　**イ** 精神(精神活動)　**ウ** 身体(生命・身体)

3 下線部ⓒに関して，男女が対等な立場であらゆる社会活動に参加し，利益と責任を分かち合う社会の実現を目指して，1999年に制定された法律を何というか。

4 下線部ⓓに関して，社会権について述べた，次の文中の Ⅰ ， Ⅱ に当てはまる語の組み合わせとして正しいのはどれか。

> 社会権は，私たちが人間らしい豊かな生活を送る権利のことである。この権利が初めて制定されたのは， Ⅰ のワイマール憲法で，現在では日本国憲法でも保障されている。社会権の中でも基本的な権利が生存権で，日本国憲法では「 Ⅱ な最低限度の生活を営む権利」として規定している。

ア Ⅰ－フランス　Ⅱ－多様で創造的　**イ** Ⅰ－ドイツ　Ⅱ－多様で創造的
ウ Ⅰ－ドイツ　Ⅱ－健康で文化的　**エ** Ⅰ－フランス　Ⅱ－健康で文化的

5 下線部ⓔに関して，日本国憲法の改正の手続きについて述べた，次の文中の □ に当てはまる語を書きなさい。

> 日本国憲法を改正するためには，各議院の総議員の3分の2以上の賛成を得た後， □ を行い，有効投票総数の過半数の賛成を得ると，改正案が成立し，天皇が国民の名において公布する。

問題 R3　186　187　188　189　【社会】第187回

解答・解説 P298・P301

6 下線部ⓕに関して，**図2**についてのゆいさんと先生の会話文中の［　　　］に当てはまる文を，「個人情報」の語を用いて簡潔に書きなさい。

先生：「**図2**は，インターネットでの人権侵害事件数の推移と内容を示しています。これは新しい人権で保護すべき内容です。」
ゆい：「最も多くなっている内容が，プライバシーの侵害ですね。」
先生：「はい。情報化の進展によって［　　　］ことなどが多くなり，プライバシーの権利の必要性が高まりました。」

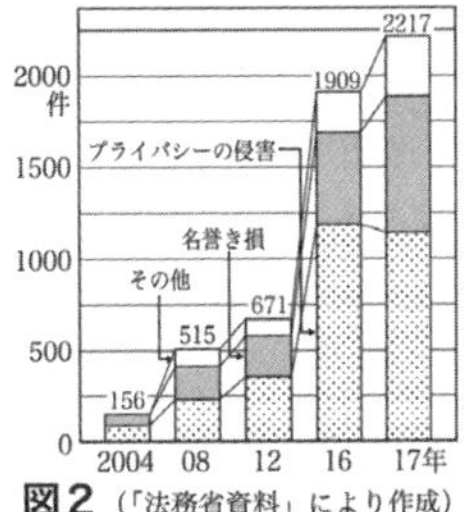

図2（「法務省資料」により作成）

7 たかしさんは，栃木県と国際交流のある国や地域について**図1**にまとめた。これを見て，**1**から**5**までの問いに答えなさい。

中国(浙江省(せっこうしょう))	1993年に正式にⓐ国際交流を開始。人口が栃木県より多く，茶の生産量が中国国内でも多い。
フランス(ヴォークリューズ県)	面積は栃木県の半分程度で，ⓑさくらんぼなどの農産物の生産が多い。
ⓒアメリカ(インディアナ州)	ⓓアメリカの五大湖に接する州。自動車産業が盛んで，有名な自動車レースも行われている。
ⓔ台湾(高雄市)	面積は栃木県の半分程度で，金属産業や造船業が盛んである。

図1

1 下線部ⓐに関して，次の文中の［　　　］に当てはまる語を書きなさい。

グローバル化が進んだ結果，多くの外国人が日本を訪れるようになった。その中で，外国人であることや言語・性別，障がいの有無などに関わらず，誰もが利用しやすいように工夫した［　　　］の製品やサービスを生み出すことが重要視されている。

2 下線部ⓑに関して，**図2**は国内のさくらんぼ(おうとう)の収穫量と総収穫量に占める割合の高い道県を示している。［X］に当てはまる県はどれか。

ア 岐阜県　**イ** 青森県
ウ 山形県　**エ** 愛媛県

(2020年)

	さくらんぼ(おうとう)収穫量(t)	総収穫量に占める割合(%)
X	13,000	76
北海道	1,310	8
山梨県	974	6

図2（「農林水産省資料」により作成）

3 下線部ⓒに関して，アメリカの独立宣言を調べていたたかしさんは，アメリカの独立宣言と日本国憲法第13条は似ている言葉が使われていることに気付き，**図3**でそれぞれの条文を比較してみた。**図3**中の［Y］に当てはまる語はどれか。

【独立宣言】我々は以下のことを自明の真理であると信じる。～中略～その中には，生命，自由，幸福の追求がふくまれていること，である。

【日本国憲法第13条】すべて国民は，個人として尊重される。生命，自由及び幸福追求に対する国民の権利については，［Y］に反しない限り，立法その他の国政の上で，最大の尊重を必要とする。

図3

ア 投票の秘密　**イ** 公共の福祉　**ウ** 法の下の平等　**エ** 両性の本質的平等

4 下線部ⓓに関して，アメリカの五大湖周辺で自動車産業が発達した理由を，**図3**を参考にして，「鉄鋼」の語を用いて簡潔に書きなさい。

図3（「Goode's World Atlas2010」ほかにより作成）

5 下線部ⓔに関して，台湾について述べた次の文中の［Ⅰ］，［Ⅱ］にそれぞれ共通して当てはまる語の組み合わせとして正しいのはどれか。

第二次世界大戦後，中国国内では中国［Ⅰ］と中国［Ⅱ］による争いが再びおこった。争いの結果，中国［Ⅰ］が勝利し，中国［Ⅱ］は台湾にのがれた。そのため台湾は独自の体制で統治されている。

ア Ⅰ－国民党　Ⅱ－共産党　**イ** Ⅰ－労働党　Ⅱ－国民党
ウ Ⅰ－共産党　Ⅱ－労働党　**エ** Ⅰ－共産党　Ⅱ－国民党

令和3年
11月7日実施

第187回 下野新聞模擬テスト
数　学

1　次の1から14までの問いに答えなさい。

1　$(-9)+(+5)$　を計算しなさい。

2　$\frac{1}{4}x\times(-8y^2)$　を計算しなさい。

3　$a=2$，$b=-4$のとき，$\frac{a^3}{b^2}$　の値を求めなさい。

4　x^2-64　を因数分解しなさい。

5　$m=\frac{1}{2}(a+b)$　をaについて解きなさい。

6　次の**ア**，**イ**，**ウ**，**エ**のうちから，内容が正しいものを1つ選んで，記号で答えなさい。

ア　0以上の整数を自然数という。
イ　aを整数，bを0でない整数としたとき，無理数は$\frac{a}{b}$の形で表すことができない。
ウ　循環小数は有理数ではない。
エ　$\sqrt{16}$は無理数である。

7　右の図で，△ABCは∠Cを頂角とする直角二等辺三角形，△ACDは正三角形であるとき，∠xの大きさを求めなさい。

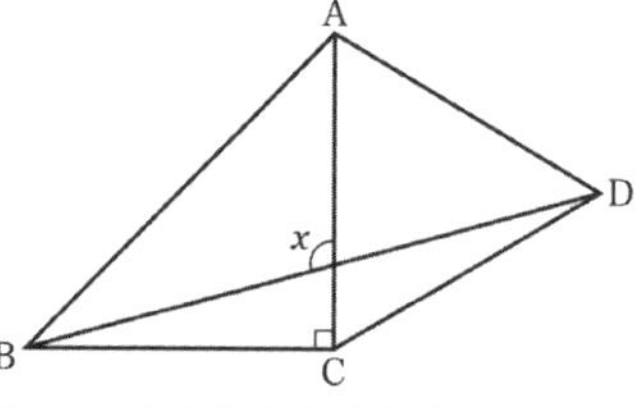

8　関数　$y=3x-1$　について，xの増加量が2であるときのyの増加量を求めなさい。

9　右の図は，ある円柱の投影図を表したものである。この円柱の体積を求めなさい。ただし，円周率はπとする。

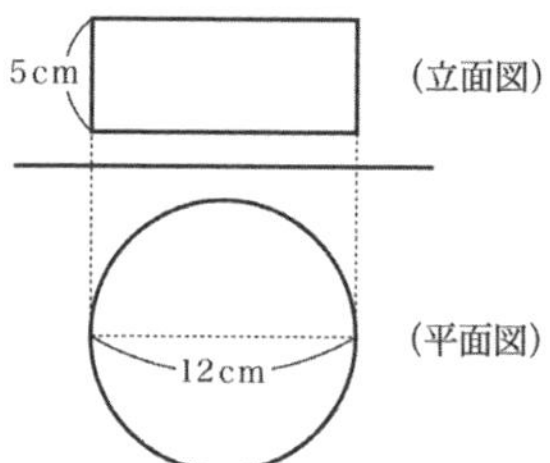

10　$\sqrt{15}\times\sqrt{10}$　を計算しなさい。

11　2次方程式　$x^2+3x+1=0$　を解きなさい。

12　x円の商品に10％の消費税が加算されると，1000円では買うことができない。この数量の関係を不等式で表しなさい。

13　2つの方程式　$3x+4y=12$　と　$x-2y=4$　のグラフの交点の座標を求めなさい。

14　次の文の(　　　)に当てはまる用語として最も適切なものを，**ア**，**イ**，**ウ**，**エ**のうちから1つ選んで，記号で答えなさい。

右の図のように，平面上で3本の直線が交わっているとき，∠aと∠bの関係を（　　　）という。

ア　対頂角　　**イ**　同位角
ウ　錯角　　**エ**　同側内角

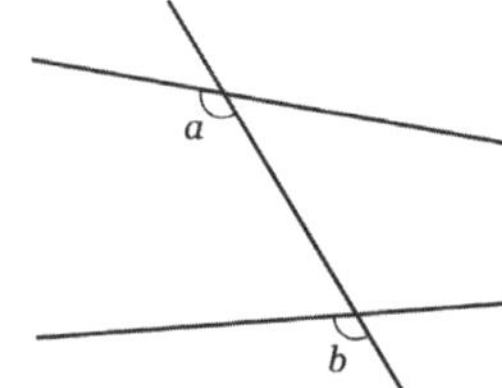

問題 R3
186
187
188
189
【数学】第187回

2 次の**1**，**2**，**3**の問いに答えなさい。

1 右の図のような線分ABと点Oがある。線分ABを，点Oを回転の中心として180°回転移動させた線分PQを作図によって求めなさい。ただし，作図には定規とコンパスを使い，また，作図に用いた線は消さないこと。

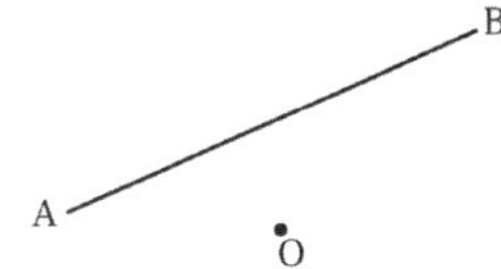

2 SさんとTさんの2人が，1から6までの目があるさいころをそれぞれ1回ずつ振り，出た目の数によって，次のようなルールで得点をつけるものとする。

Sさん：奇数が出たら5点，偶数が出たら1点とする。 Tさん：出た目の数をそのまま得点とする。

Sさんの得点の方がTさんの得点よりも高くなる確率を求めなさい。ただし，さいころのどの目が出ることも同様に確からしいものとする。

3 右の図のように，関数 $y = ax^2$ のグラフがある。2点A，Bは関数 $y = ax^2$ のグラフ上にあり，点Aの座標は$(-4,\ 4)$，点Bのx座標は2である。

次の文は，aの値を求める手順と，xの変域が$-4 \leqq x \leqq 2$のときのyの変域について述べたものである。文中の①，②に当てはまる数をそれぞれ求めなさい。

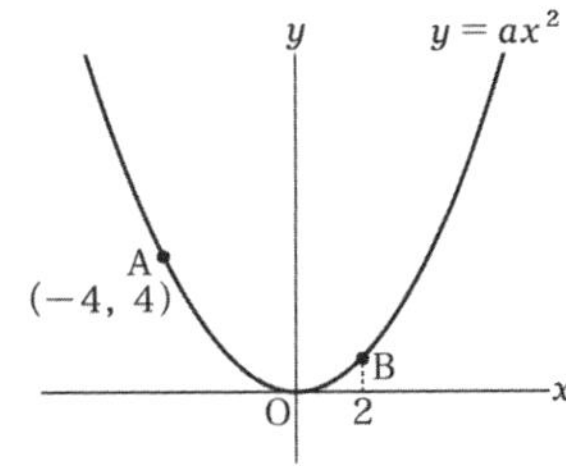

点A$(-4,\ 4)$が関数 $y = ax^2$ のグラフ上の点であることから，$a =$ (①) であることが求められる。また，xの変域が$-4 \leqq x \leqq 2$であるとき，yの変域は (②) $\leqq y \leqq 4$である。

3 次の**1**，**2**の問いに答えなさい。

1 今日11月3日は，鈴木先生と明さんの誕生日である。来年の誕生日には，鈴木先生の年齢は明さんの年齢のちょうど4倍になり，今日から6年後の誕生日には，鈴木先生の年齢は明さんの年齢のちょうど3倍になる。今日の鈴木先生の年齢をx歳，明さんの年齢をy歳として連立方程式をつくり，今日の鈴木先生と明さんの年齢をそれぞれ求めなさい。ただし，途中の計算も書くこと。

2 下の15個の整数は，1から50までの間にある素数を小さい方から順に並べたもので，この15個の整数を1つの資料とする。

2	3	5	7	11	13	17	19	23	29	31	37	41	43	47

このとき，次の(1)，(2)，(3)の問いに答えなさい。

(1) 分布の範囲(レンジ)を求めなさい。

(2) 次の文の①，②に当てはまる数をそれぞれ求めなさい。

第2四分位数は資料における中央値(メジアン)のことだから，(①) である。また，第1四分位数は (②) になる。

(3) 四分位範囲を求めなさい。

4 次の**1**，**2**の問いに答えなさい。

1 右の図のような，∠A＝90°，AB＜ACの直角三角形ABCがある。∠Bの二等分線と辺ACとの交点をDとし，点Dから辺BCに引いた垂線と辺BCとの交点をEとするとき，△ABD≡△EBDであることを証明しなさい。

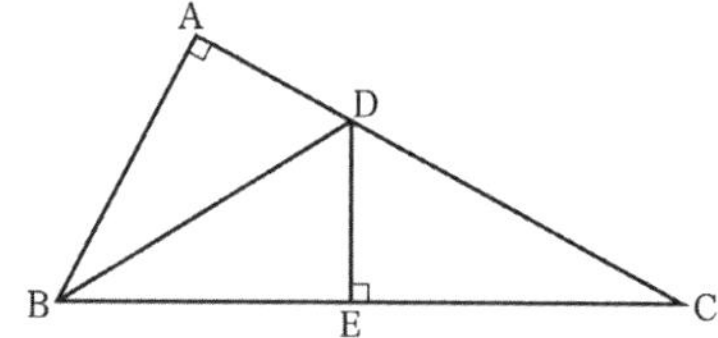

2 AB＝10cm，AC＝8cm，BC＝6cm，∠ACB＝90°の△ABCを底面とする三角柱ABC－DEFがあり，その高さは7cmである。右の図のように，この三角柱の辺CF上にCP＝5cmとなる点Pをとり，三角錐P－DEFを切り離した。

このとき，次の(1)，(2)の問いに答えなさい。

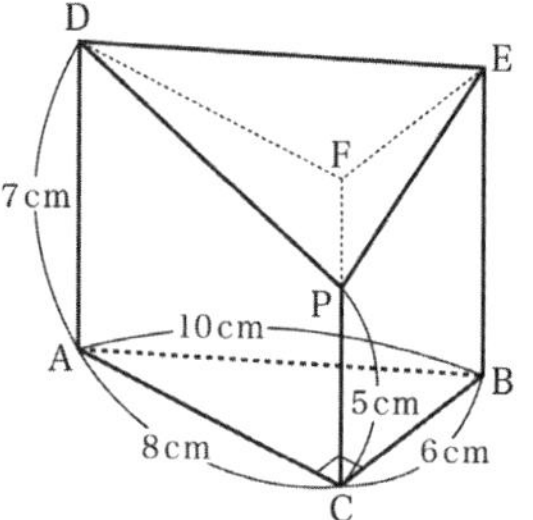

(1) 三角錐P－DEFの体積を求めなさい。

(2) 三角錐P－DEFと立体ABC－DEPの表面積で，大きい方から小さい方をひいた差を求めなさい。

5 図1のように，兄の太郎さんと妹の花子さんの家から720m離れたところにバス停がある。太郎さんは，9時ちょうどに家を出発し，9時13分に発車するバスに乗るため，ある一定の速さでバス停に向かって歩いた。また，花子さんは，9時5分に家を出発し，太郎さんとは異なる一定の速さでバス停に向かって歩き始めた。

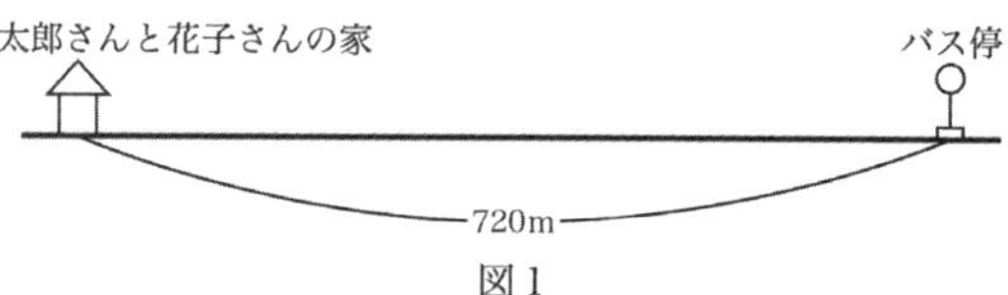

図1

図2は，太郎さんが家を出発してからの時間をx分，$0 \leqq x \leqq 5$の範囲では，家から太郎さんがいる地点までの距離をym，$x \geqq 5$の範囲では，太郎さんと花子さんの距離をymとして，xとyの関係を表したグラフの一部である。

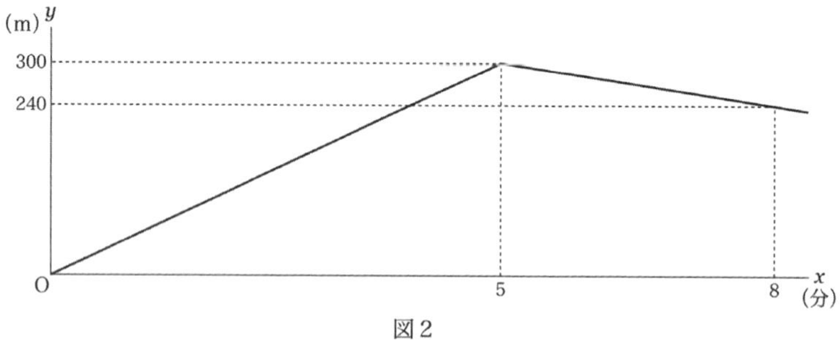

図2

このとき，次の**1**，**2**，**3**の問いに答えなさい。

1 太郎さんが歩いた速さは毎分何mか。

2 図2で，$5 \leqq x \leqq 8$の範囲において，xとyの関係を式で表しなさい。

3 太郎さんがバス停に着いたとき，花子さんはバス停の手前のP地点にいた。太郎さんと同じく9時13分に発車するバスに乗るためには，花子さんはP地点からバス停まで，毎分何m以上の速さで走ればよいか。ただし，花子さんがバスに乗り込むための時間は考えないものとする。

 解答・解説 P299・P306

6 下の図のように，長方形の形をしたテーブルを並べていき，そのまわりに椅子を並べていく。ただし，３番目の並べ方においては，椅子はかかれていない。

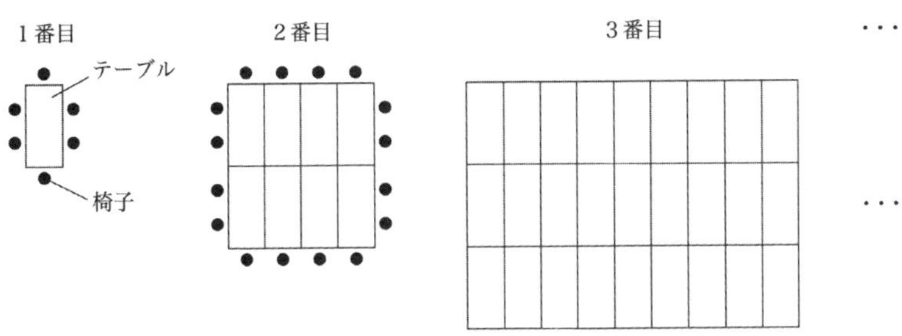

また，下の表は，１番目，２番目，３番目，…の並べ方における，テーブルの縦の列数，横の列数，総数，および椅子の数(３番目以降は省略)をまとめたものである。

並べ方		1番目	2番目	3番目	…
テーブル	縦の列数〔列〕	1	2	3	…
	横の列数〔列〕	1	4	9	…
	総数〔台〕	1	8	27	…
椅子の数〔脚〕		6	16		

このとき，次の**1**，**2**，**3**の問いに答えなさい。

1 次の文の①，②に当てはまる数をそれぞれ求めなさい。

> ３番目の並べ方における椅子の数は（ ① ）脚である。また，４番目の並べ方において，テーブルの横の列数は（ ② ）列である。

2 n番目の並べ方におけるテーブルの総数を，nを用いた最も簡単な式で表しなさい。

3 椅子の数が198脚になるのは何番目の並べ方か。ただし，途中の計算も書くこと。

問題 R3
186
187
188
189
【数学】第187回

令和3年
11月7日実施

第187回 下野新聞模擬テスト
理　科

制限時間 45分

1 次の**1**から**8**までの問いに答えなさい。

1 次のうち，溶岩のねばりけが最も小さい火山はどれか。
ア 雲仙普賢岳　**イ** 桜島　**ウ** 昭和新山　**エ** マウナロア

2 次のうち，アンモニアの性質として当てはまらないものはどれか。
ア 水に溶けやすい。　**イ** 水溶液は中性を示す。
ウ 特有の刺激臭がある。　**エ** 空気よりも密度が小さい。

3 次のうち，だ液に含まれていて，デンプンの消化に関わっている消化酵素はどれか。
ア アミラーゼ　**イ** ペプシン　**ウ** リパーゼ　**エ** トリプシン

4 次のうち，圧力の単位として用いられているものはどれか。
ア N　**イ** g/cm^3　**ウ** Pa　**エ** J

5 右の図は，地震計によって記録された，ある地震によって引き起こされた２種類のゆれのようすを表したものである。ゆれXを伝える波を何波というか。何の部分を**アルファベット１字**(大文字)で書きなさい。

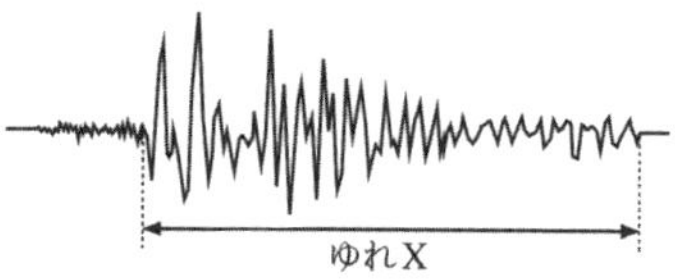

6 右の図は，「S」，「Cu」という元素記号(原子の記号)で表される２種類の原子が１：１の個数の割合で結びついた物質を，原子のモデルを使って表したものである。この物質は何という物質か，名称を書きなさい。

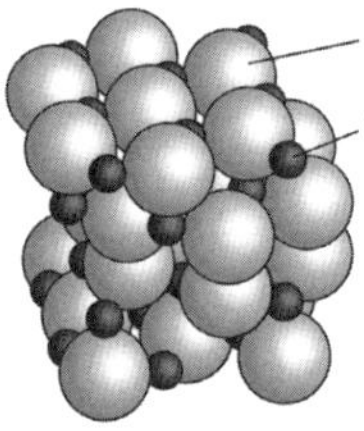

7 右の図は，ツツジの５枚の花弁のようすを表したものである。このような形状の花弁をしている花を何というか。

8 右の図は，コンピュータの画面に表示された音の波形で，横軸は時間を，縦軸は振幅を表している。横軸の１目盛りが0.005秒に相当するものとすると，この音の振動数は何Hzか。

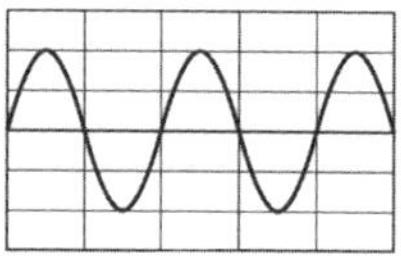

2 右の表は，マグマが冷え固まってできた岩石を，冷え方のちがいによって深成岩と火山岩に分類し，さらに，深成岩と火山岩を，含まれる有色鉱物と無色鉱物の割合をもとに，それぞれ３種類ずつに分類したものである。

深成岩	斑れい岩	岩石X	花こう岩
火山岩	玄武岩	岩石Y	流紋岩
含まれる鉱物の割合 ■有色鉱物 □無色鉱物	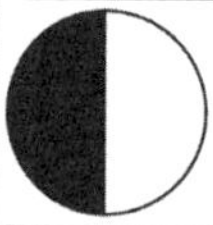	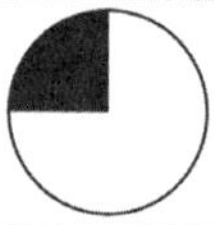	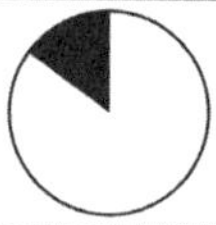

このことについて，次の**1**，**2**，**3**の問いに答えなさい。

1 火山岩は，マグマがどのような冷え方をすることでできたか。冷えた場所と冷えるまでにかかった時間にふれて簡潔に書きなさい。

2 次の□内の文章は，表中の岩石について述べたものである。①，②に当てはまる語をそれぞれ（　）の中から選んで書きなさい。

> 表中の岩石のうち，色合いが白っぽくて等粒状組織をしているものは ①(斑れい・花こう・玄武・流紋) 岩である。また，岩石Xは ②(安山・凝灰・せん緑・石灰) 岩である。

3　表中の６種類の岩石すべてに含まれていて，主に白色やうす桃色で柱状や短冊状の鉱物は，次のうちどれか。

ア　チョウ石　　**イ**　セキエイ　　**ウ**　クロウンモ　　**エ**　カンラン石

3　化学変化における質量の関係について調べるために，次の実験(1)，(2)，(3)を順に行った。

(1)　うすい塩酸30mLを入れたビーカー全体の質量をはかったところ，135.0gであった。

(2)　(1)のビーカーに0.5gの粉末の炭酸カルシウムを加えたところ，炭酸カルシウムが溶けて気体が発生したので，反応がおさまってから再びビーカー全体の質量をはかった。

(3)　(2)のビーカーに炭酸カルシウムを0.5gずつ，合計の質量が2.5gになるまで追加していき，(2)と同様の操作を行った。下の表は，これらの結果をまとめたものであるが，加えた炭酸カルシウムの合計の質量が2.0gと2.5gのときには，炭酸カルシウムが少し溶け残っていた。

加えた炭酸カルシウムの合計の質量〔g〕	0.5	1.0	1.5	2.0	2.5
反応後のビーカー全体の質量〔g〕	135.3	135.6	135.9	136.4	136.9

このことについて，次の**1**，**2**，**3**の問いに答えなさい。

1　実験(2)で発生した気体は，どのような化学式によって表されるか。

2　表より，加えた炭酸カルシウムの合計の質量が1.0gのとき，何gの気体が発生したことがわかるか。また，このように，実験の結果から発生した気体の質量を求めることができるのは，化学変化に関する何の法則とよばれる法則が成り立つからか。

3　実験(3)において，加えた炭酸カルシウムの合計の質量が2.5gのとき，溶け残っていた炭酸カルシウムを完全に反応させるためには，実験で使用したうすい塩酸をさらに何mL以上加える必要があるか。

4　酸素と二酸化炭素の出入りをともなう，植物の葉が行っている二つのはたらきについて調べ，これらをはたらきX，Yとして，右の図のように模式的に表した。

このことについて，次の**1**，**2**，**3**の問いに答えなさい。

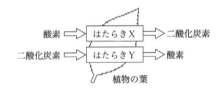

1　次の□内の文は，図のはたらきX，Yについて述べたものである。①，②に当てはまる語をそれぞれ書きなさい。

> 酸素と二酸化炭素の出入りのようすから，はたらきXは（　①　）というはたらきで，はたらきYは（　②　）というはたらきであることがわかる。

2　図のはたらきに関係する酸素と二酸化炭素は，主に植物の葉に分布している何というすき間を通って出入りしているか。

3　一般に，日光が十分に当たっている昼間と，日光がまったく当たらない夜間におけるはたらきX，Yによる気体の放出量の大小関係を，不等号や等号を用いて表しているものは，それぞれ次のうちどれか。

ア　(はたらきXによる気体の放出量)＞(はたらきYによる気体の放出量)＞0

イ　(はたらきXによる気体の放出量)＞(はたらきYによる気体の放出量)＝0

ウ　(はたらきYによる気体の放出量)＞(はたらきXによる気体の放出量)＞0

エ　(はたらきYによる気体の放出量)＞(はたらきXによる気体の放出量)＝0

5 圧力を小さくした空間を電流が流れる現象について調べるために，内部の圧力を非常に小さくしたクルックス管を用いて，次の実験(1)，(2)を順に行った。

(1) クルックス管の二つの電極がそれぞれ陽極と陰極になるように，これらの電極をある器具に接続した。
(2) 下線部の器具によって電極に電圧を加えたところ，右の図のように，陽極側のガラス壁が黄緑色に光り，十字形の金属板の影ができた。

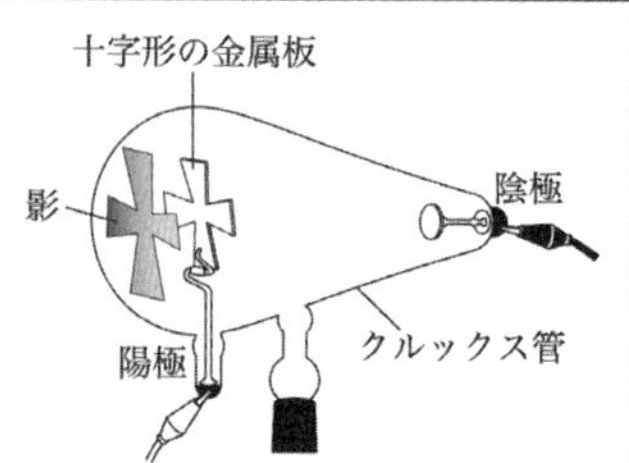

このことについて，次の**1**，**2**，**3**の問いに答えなさい。

1 実験(2)より，陰極から何らかの粒子が出ていることがわかった。この粒子を何というか。

2 クルックス管の二つの電極を接続した，実験(1)の下線部の器具は，次のうちどれか。また，下線部の器具に接続した理由は何か。「電圧」という語句を用いて簡潔に書きなさい。

ア オシロスコープ　**イ** 真空ポンプ　**ウ** 手回し発電機　**エ** 誘導コイル

3 実験を行ったことで，クルックス管の内部の空間を電流が流れたことが確認できた。このように，圧力を小さくした空間を電流が流れる現象を何というか。**漢字4字**で書きなさい。

6 空気中の水蒸気の変化や湿度について調べるために，理科実験室で，次の実験(1)，(2)，(3)を順に行った。

(1) 銅製の容器に水と温度計を入れ，一昼夜そのままにしておいた。
(2) 翌日，実験を始める直前に容器の水の中に入れておいた温度計を見たところ，25℃を示していた。
(3) 右の図のように，氷のかたまりを容器の水の中に入れ，ガラス棒で静かにかき混ぜていったところ，温度計が19℃を示したときに容器の表面がくもり始めた。次に，資料集を用いて飽和水蒸気量について調べ，19℃から25℃までの気温に対する飽和水蒸気量を，下の表のようにまとめた。

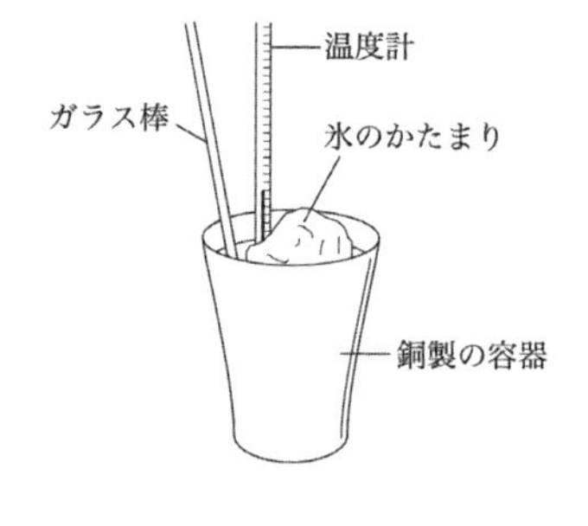

気温〔℃〕	19	20	21	22	23	24	25
飽和水蒸気量〔g/m³〕	16.3	17.3	18.3	19.4	20.6	21.8	23.1

このことについて，次の**1**，**2**，**3**，**4**の問いに答えなさい。

1 実験(1)において，容器に入れた水を一昼夜そのままにしておいた理由を述べているものは，次のうちどれか。

ア 水に溶けている塩素などを追い出すため。
イ 水の温度を変化しやすくするため。
ウ 水の中にいる目に見えない生物を死滅させるため。
エ 水の温度を理科実験室の気温と同じにするため。

2 実験(3)で，容器の表面がくもり始めたときの水温(19℃)を，理科実験室内の空気の何というか。

問題 R3 186 187 188 189 【理科】第187回

解答・解説 P299・P307

3　実験を行ったときにおける，理科実験室内の空気の湿度の値に最も近いものは，次のうちどれか。

ア　65％　　**イ**　71％　　**ウ**　76％　　**エ**　82％

4　理科実験室内の空気中に含まれている水蒸気の量はそのままで，気温だけが25℃から23℃まで下がったとする。このとき，理科実験室内の空気中には，あと何gの水蒸気を含むことができる状態になっているか。ただし，理科実験室の容積を180 m^3とし，室内と室外との間での空気の出入りはないものとする。

7　うすい塩酸，およびうすい水酸化ナトリウム水溶液が示す性質について調べるために，次の実験(1)，(2)，(3)，(4)を順に行った。

(1)　ガラス板上に食塩水(または硝酸カリウム水溶液)をしみ込ませたろ紙を置き，両端を目玉クリップではさんで固定した。次に，赤色リトマス紙の小片A，B，青色リトマス紙の小片C，Dをろ紙の上にのせてから，ろ紙の中央付近にうすい塩酸をしみ込ませた糸を置いた。

(2)　(1)の直後に，下の図のように，それぞれの目玉クリップを電極として電源装置につないで電圧を加えたところ，4枚のリトマス紙の小片のうちの1枚だけがもとの色から別の色へと変化した。

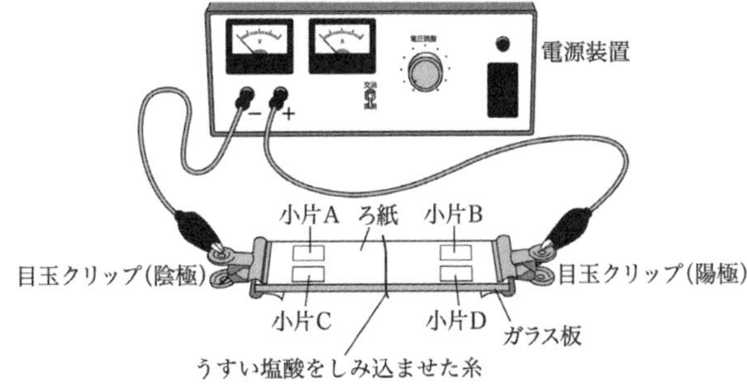

(3)　(1)でつくったものと同じものをもう1組つくった。ただし，ろ紙の中央付近には，うすい塩酸のかわりにうすい水酸化ナトリウム水溶液をしみ込ませた糸を置いた。

(4)　(2)と同様に電圧を加えたところ，この場合も，4枚のリトマス紙の小片のうちの1枚だけがもとの色から別の色へと変化した。

このことについて，次の**1**，**2**，**3**，**4**の問いに答えなさい。

1　実験(1)で，ろ紙に食塩水(または硝酸カリウム水溶液)をしみ込ませたのはなぜか。「電極間」という語を用いて簡潔に書きなさい。

2　実験(2)で，電圧を加えた後に色が変化したのはどのリトマス紙の小片か。小片A，B，C，Dのうちから一つ選び，記号で書きなさい。また，その小片は，もとの色から何色へと変化したか。

3　実験(4)で，4枚のリトマス紙の小片のうちの1枚の色を変化させる原因となったイオンは何か。そのイオンを表す化学式を書きなさい。

4　うすい塩酸とうすい水酸化ナトリウム水溶液を混ぜ合わせたときに生成する，水以外の物質は何か。その具体的な名称を書きなさい。

下野模擬問題(第187回)◆理科

8 エンドウの種子の形状という形質に関する遺伝の規則性について，次の(1)，(2)のようなことを調べた。

(1) エンドウの種子の形状には，「丸」であるものと「しわ」であるものの２種類のみの形質がある。

(2) エンドウの種子の形状に関して，親の代から子の代，さらには子の代から孫の代への遺伝のようすを，下の図のように模式的に表した。なお，親の代のエンドウは，形状が「丸」のものも「しわ」のものも純系であり，形状を「丸」にする遺伝子をA，「しわ」にする遺伝子をａと表記するものとする。

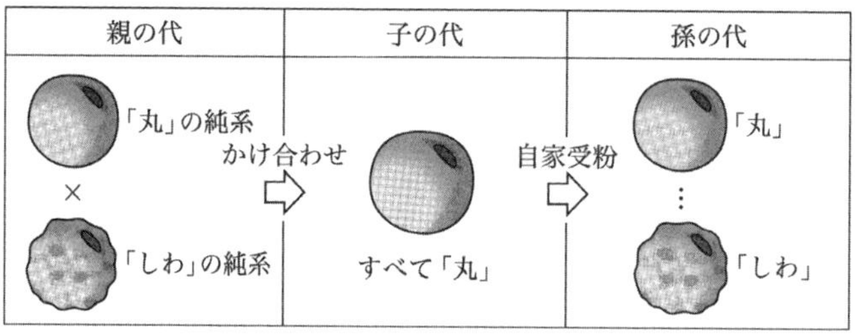

親の代	子の代	孫の代
「丸」の純系 × 「しわ」の純系	かけ合わせ ⇨ すべて「丸」	自家受粉 ⇨ 「丸」 ⋮ 「しわ」

このことについて，次の**1**，**2**，**3**，**4**の問いに答えなさい。ただし，種子の形状の遺伝に関しては，メンデルによって発見・提唱された法則が常に成り立つものとする。

1 (1)より，エンドウの種子の形状は，「丸」か「しわ」のいずれかしか現れない。この種子の形状のように，２種類のうちの一方しか現れない形質どうしを何形質というか。

2 次の□内の文章は，エンドウの種子の形状という形質について述べたものである。①，②に当てはまる語をそれぞれ書きなさい。

> 図のように，種子の形状が「丸」の純系と「しわ」の純系の親のかけ合わせからできた子の代では，種子の形状は「丸」のものだけが現れ，「しわ」のものは現れなかった。このことから，種子の形状が「丸」である形質のことを，形状が「しわ」である形質に対して（ ① ）形質という。また，種子の形状が「しわ」である形質のことを，形状が「丸」である形質に対して（ ② ）形質という。

3 孫の代でできたすべての種子の遺伝子の組み合わせのうち，理論上，最も数が多いと考えられるものの組み合わせは，Aやａを用いてどのように表記されるか。

4 孫の代でできた種子のうち，形状が「しわ」であるものの個数をn個とする。このとき，孫の代でできたすべての種子の個数をnを用いて表しているものとして最も近いものは，次のうちどれか。

ア $2n$個　　**イ** $3n$個　　**ウ** $4n$個　　**エ** $5n$個

解答・解説 P299・P307

9　物体の運動について調べるために，次の実験(1)，(2)，(3)，(4)を順に行った。

(1) 斜面と水平面をなめらかにつないだコースを組み立てた。
(2) 斜面上のA点に小球を手で支えて静止させた後，静かに小球から手を離した。
(3) (2)の後に小球が行った運動について，1秒間に10回発光するストロボスコープを用いて，図1のようなストロボ写真を撮影した。

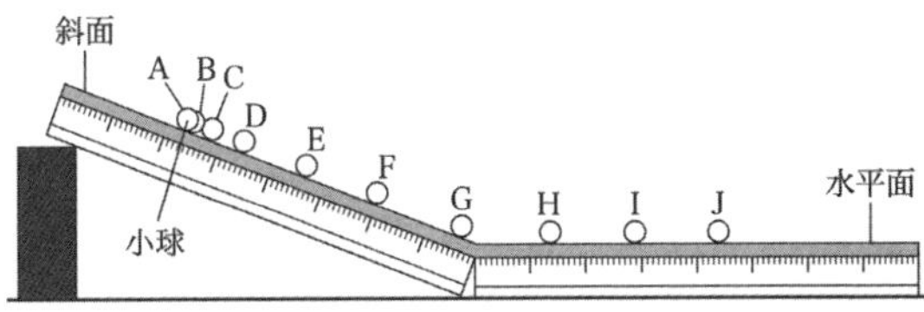

図1

(4) (3)のストロボ写真をもとに，隣り合う点の間の距離(区間の距離)を調べ，下の表のようにまとめた。

区間	A−B	B−C	C−D	D−E	E−F	F−G	G−H	H−I	I−J
距離〔cm〕	1.2	3.6	6.0	8.4	10.8	13.2	14.9	15.1	15.1

このことについて，次の**1**，**2**，**3**，**4**の問いに答えなさい。ただし，空気の抵抗や摩擦については考えないものとする。

1 図2は，斜面上を運動している小球にはたらいている重力を，矢印を用いて表したものである。この重力を斜面に平行な向きと垂直な向きに分解した二つの分力のうち，斜面上で小球を運動させる原因となっている方の分力を，解答用紙に矢印を用いてかき入れなさい。ただし，もう一方の分力については何もかき入れないこと。

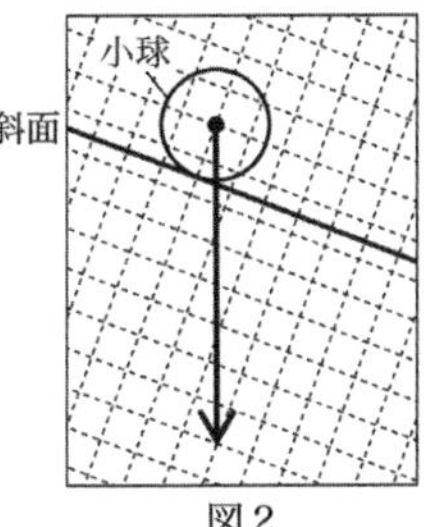

図2

2 運動を始めてからC点を通過するまでにおける，小球の平均の速さは何cm/sか。

3 最初に小球を静止させる位置を，A点よりも少し高い位置に変更して実験と同様のことを行ったとする。運動を始めてから0.3秒後の小球の瞬間の速さは，実験のときと比べてどのようになっていると考えられるか。簡潔に書きなさい。

4 次の［　　］内の文章は，水平面上での小球の運動について述べたものである。①，②に当てはまる語をそれぞれ書きなさい。

> 図1と表から，水平面上での小球は（　①　）という運動を行っていたことがわかる。また，このときの小球にはたらいている重力は，同じく小球にはたらいている（　②　）という力とつり合っている。

第187回 下野新聞模擬テスト
英　語

1 これは聞き方の問題である。指示に従って答えなさい。

1〔英語の対話とその内容についての質問を聞いて，答えとして最も適切なものを選ぶ問題〕

(1) ア　イ　ウ　エ

(2) ア　イ　ウ　エ

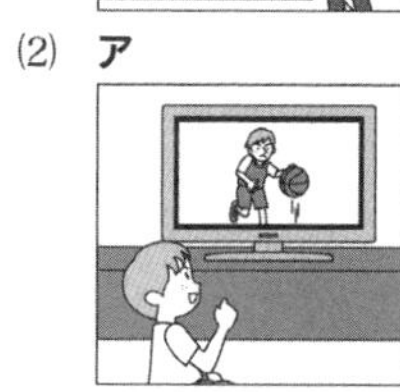

(3) ア　イ　ウ　エ

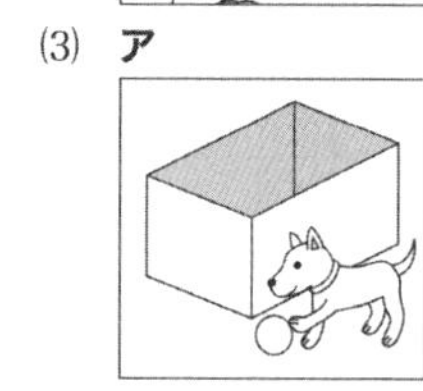
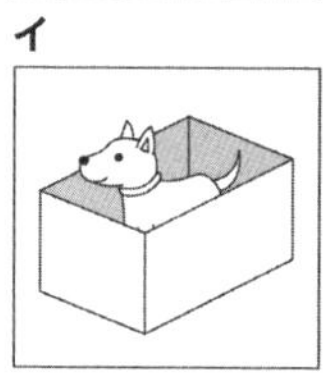

2〔英語の対話とその内容についての質問を聞いて，答えとして最も適切なものを選ぶ問題〕

(1) ① ア Because she will wait for her family there.
　　イ Because she will go to school there.
　　ウ Because she will meet her friend there.
　　エ Because she will have dinner there.

② ア 11:10.　　イ 11:20.　　ウ 11:30.　　エ 11:40.

(2)

		Day	15	16	17	18	19	20
			Monday	Tuesday	Wednesday	Thursday	Friday	Saturday
Utsunomiya	Weather		☀	☀	☁	☂	☀	☀
	℃	Highest	15.4℃	17℃	14.7℃	14.9℃	15.1℃	15℃
		Lowest	5.2℃	5.3℃	4.6℃	4.4℃	4℃	4.5℃
Osaka	Weather		☀	☁	☂	☁	☂	☂
	℃	Highest	17.4℃	17.6℃	16.9℃	17.2℃	16.7℃	17℃
		Lowest	10℃	9.8℃	9℃	9.5℃	9.3℃	9.1℃

① ア Monday.　　イ Tuesday.　　ウ Friday.　　エ Saturday.
② ア Three days.　　イ Four days.　　ウ Five days.　　エ Six days.

3〔ホワイト先生(Ms. White)からの英語の授業で行う活動についての説明を聞いて，メモを完成させる問題〕

For next Wednesday's special class
・Saturday and Sunday : find my (1)(　　　) thing
　　don't choose any (2)(　　　)
　　write about it in English
・Monday : bring Ms. White my (3)(　　　)
・Tuesday : Ms. White will give it back to me
　　(4)(　　　) talking a lot in English

解答・解説 P298・P302

2 次の**1**，**2**の問いに答えなさい。

1 次の英文中の (1) から (6) に入る語句として，下の(1)から(6)の**ア**，**イ**，**ウ**，**エ**のうち，それぞれ最も適切なものはどれか。

Friday, May 7

Today, I *made a speech in English class. I (1) a good job! In class, Mr. Hill told us some important things when we made a speech. First, we shouldn't (2) too fast or too *slowly. Second, we should (3) to the people (4) are listening to our speeches. Third, we (5) use difficult English. Easy English is enough. I will remember (6) things.

〔注〕*make a speech＝スピーチをする　*slowly＝ゆっくりと

(1) **ア** do　**イ** does　**ウ** did　**エ** done

(2) **ア** speak　**イ** read　**ウ** watch　**エ** hear

(3) **ア** play　**イ** talk　**ウ** listen　**エ** like

(4) **ア** which　**イ** who　**ウ** when　**エ** what

(5) **ア** have to　**イ** has to　**ウ** don't have to　**エ** doesn't have to

(6) **ア** my　**イ** our　**ウ** this　**エ** these

2 次の(1)，(2)，(3)の(　　)内の語を意味が通るように並べかえて，(1)と(2)は**ア**，**イ**，**ウ**，**エ**，(3)は**ア**，**イ**，**ウ**，**エ**，**オ**の記号を用いて答えなさい。ただし，文頭にくる語も小文字で示してある。

(1) I think baseball (**ア** popular　**イ** than　**ウ** is　**エ** more) basketball in Japan.

(2) (**ア** been　**イ** you　**ウ** ever　**エ** have) to Hokkaido?

(3) It's (**ア** easy　**イ** me　**ウ** to　**エ** for　**オ** not) get up early every day.

3 次の英文は，オーストラリアからの留学生のジャック(Jack)と高校生の英太(Eita)との対話の一部である。また，右の図はそのとき二人が見ていたチラシ(leaflet)の一部である。これらに関して，**1**から**6**までの問いに答えなさい。

Jack: Hi, Eita. What is that leaflet?

Eita: Hi, Jack. This leaflet is about the fall festival. We have it every year at Asahi Park.

Jack: The fall festival? What do you do at the festival?

Eita: Look at the leaflet. This picture shows the *fireworks at the festival last year. The man in the leaflet says that ＿＿＿(1)＿＿＿ the fireworks.

Jack: Oh, it's very beautiful. Eita, there are other pictures. In this picture, some girls ＿＿＿(2)＿＿＿. They look very happy.

Eita: We can enjoy some shows at the festival. This year, the shows will start at 5:30.

Jack: When will you [A] the festival?

Eita: It's going to be held on Saturday, November 20. Do you want to come with my family?

Jack: Of course. I want to go, but ....

Eita: Oh, do you have anything to do?

Jack: Yes. (3)I will be busy until 5:00. I practice *kendo* every Saturday afternoon.

Eita: Don't worry. If you arrive at the park by 6:00, you can enjoy *wadaiko* show and see the fireworks, too.

Jack: What is *wadaiko*?

Eita: It is the "traditional Japanese *drum." We can join the *wadaiko* class there.

Jack: It must be [B]. In Australia, I was in a *brass band and played the drum. But I've never heard of *wadaiko*.

Eita: My brother is a member of the *wadaiko* team. You can learn how to play it. Do you want to join his class?

Jack： Sure. Where shall we meet?

Eita： Let's meet at Kitayama Station. There is a *bus service every twenty minutes for Asahi Park. It ＿＿＿(4)＿＿＿ from Kitayama Station to Asahi Park.

Jack： OK. So which bus should we take from Kitayama Station?

Eita： Well .... Let's take the 5:40 bus. We'll arrive before the *wadaiko* show starts. How about (5)<u>this plan</u>?

Jack： Sounds great. Eita, like the fall festival, we also have some interesting events at our school, right? (6)<u>What school event do you like the best? Can you introduce one of them to me?</u>

〔注〕*fireworks＝花火　*drum＝太鼓，ドラム　*brass band＝ブラスバンド
*bus service＝バスの運行

第21回 あさひ公園秋祭り

◆開催日　11月20日（土曜日）

◆日程
5:00　開会式
5:30　ダンスショー
6:00　和太鼓(わだいこ)ショー
（演奏後，和太鼓体験教室があります。）
7:00～8:30　花火大会

◆会場　あさひ公園　北山駅からバスで10分です

◆臨時バス時刻表
北山駅発⇒あさひ公園行き
4:20　4:40　5:00　5:20　5:40　6:00　6:20
あさひ公園発⇒北山駅行き
8:20　8:40　9:00　9:20

1　上のチラシを参考に，二人の対話が成り立つよう，下線部(1)，(2)，(4)に適切な英語を書きなさい。ただし，数字も英語で書くこと。

2　二人の対話が成り立つよう，［　A　］に入る適切な英語**1語**を書きなさい。

3　下線部(3)とジャックが言った理由は何か。解答用紙の書き出しに続けて，日本語で書きなさい。

4　本文中の［　B　］に入る語として，最も適切なものはどれか。

ア　healthy　　イ　exciting　　ウ　early　　エ　dangerous

5　次の［　　］内の英文は，下線部(5)の内容を表している。①，②に入る適切な英語を，本文から**1語**ずつ抜き出して書きなさい。

> Jack will go to the fall festival at Asahi Park with Eita's (　①　). They will meet at Kitayama Station and take the 5:40 bus for Asahi Park. They will see the *wadaiko* show and after the show, they will (　②　) the way to play the *wadaiko*. They will enjoy the fireworks, too.

6　下線部(6)について，一つの例を挙げ，ジャックに紹介する内容をつながりのある**4文から6文程度**の英語で書きなさい。ただし，紹介する内容の一部をローマ字で書いてもよい。

4 智子(Tomoko)がカナダ(Canada)でのホームステイで体験したことについての次の英文を読んで，**1**から**5**の問いに答えなさい。

Last summer I visited Canada and stayed with a host family for a month. My host family lived in a small town with a lot of mountains. When I met my host father, he said, "Welcome to our town, Tomoko. Please enjoy your stay." I said, "Thank you, Mr. Green. I'm from a small town near a mountain in Tochigi, Japan. I'm (**A**) because this town looks like my town in Japan." During my stay in Canada, Jane, my host sister, often took me to some interesting places in her town. I enjoyed doing many things with her.

One day Jane and I went to a beautiful forest. We saw some people there. They were working in the forest. I asked Jane, "What are they doing?" Jane said, "They are taking care of trees. They *weed and *plant young trees to *grow the forest." I saw some boys and girls. They were working with other *adult people. I said, "There are some children here. Are they working, too?" Jane said, "Yes. They are helping the adult people as volunteers. I also sometimes help them." I thought they were great. Then Jane *added, "They are planting young trees now. Today you can plant some young trees and help them. Do you want to try? I'm sure you'll enjoy it." I became (**B**) to hear that.

I tried to plant a young tree with Jane. It was my first experience. Planting a tree was a little difficult for me, but I enjoyed it very much. After planting the tree, Jane asked me, "What do Japanese people do for forests?" I could not answer <u>her question</u> because I didn't know anything about forests. Then Jane said, "Forests are important to us. Forests give us *fresh air, a lot of water and other important things. They also protect us from *natural disasters. So in Canada, people plant young trees every year to grow forests." I learned many things about forests from Jane.

After coming back to Tochigi, I talked with my friends about forests. But they didn't know much about them. I talked with my father, too. He said, "Many people lived in our town to work in the mountains before. But now, there aren't so many people that work in the mountains here." I think young Japanese people need to know more about forests. I'm sure we can do something for them in our country.

〔**注**〕*weed＝草刈りをする　*plant＝植える　*grow＝育てる　*adult＝大人の
*add＝つけ加える　*fresh air＝新鮮な空気　*natural disaster＝自然災害

1 本文中の(**A**)，(**B**)に入る智子の気持ちを表している語の組み合わせとして，最も適切なものはどれか。

ア **A**：happy — **B**：sorry　　**イ** **A**：excited — **B**：sad
ウ **A**：sad — **B**：sorry　　**エ** **A**：happy — **B**：excited

2 下線部の指す内容は何か。具体的に日本語で書きなさい。

3 次の**質問**に答えるとき，**答え**の[　　]に入る適切な英語**2**語を，第3段落(I tried to ～. で始まる段落)から抜き出して書きなさい。

質問：Why do people in Canada grow forests?
答え：Because they think forests are [　　] them.

4 次の[　　]は，カナダでの体験を通して見られる智子の考えの変化についてまとめたものである。(①)と(②)に適切な日本語を書きなさい。

智子は，以前は日本の森のことについて，(　　①　　)が，日本の若い人たちは森についてもっと知る必要があり，自国の森のためにきっと(　　②　　)と考えるようになった。

5 本文の内容と一致するものはどれか。

ア Tomoko stayed in a small town with a lot of mountains in Canada for one week last summer.

イ One day Tomoko went to a beautiful forest with Jane to help Mr. Green with taking care of trees.

ウ To help volunteers, Tomoko planted a young tree in the forest for the first time.

エ After coming back to Tochigi, Tomoko learned something about forests from her friends at school.

5 介護ロボット（Nursing Care Robot）について書かれた次の英文を読んで，**1**，**2**，**3**，**4**の問いに答えなさい。

Today, some *nursing homes have already started to use robots to take care of *elderly people. They are [A] Nursing Care Robots. What can they do for elderly people? Let's see some examples.

There are many difficult things to do when we take care of elderly people. For example, it is very hard to take elderly people to their beds or to the *restroom. Some Nursing Care Robots can help *caregivers when they do the work. The robots have more power, so caregivers [B]. If this kind of robots are used more often, caregivers' work will become easier. Then elderly people's life will become easier, too.

Many elderly people often cannot walk well. Some other Nursing Care Robots can help them with <u>their problem</u>. When elderly people use these robots, they can do many things without caregivers' help. For example, the robots can help elderly people when they want to walk to the restroom *by themselves. Some elderly people feel sorry when they ask a caregiver for help. This kind of robots can make such people happy.

Some people do not think that using Nursing Care Robots in nursing homes is good. They think people should be taken care of by people. In Japan today, however, there are more and more elderly people, so we will need more caregivers. Nursing Care Robots will be very useful for both caregivers and elderly people. If we use them at the right time and in the right place, we will *be able to make elderly people's life much better.

〔注〕*nursing home＝介護施設　*elderly people＝お年寄り　*restroom＝トイレ
*caregiver＝介護者　*by themselves＝自分で　*be able to 〜＝〜できる

1 本文中の[A]に入る語として，最も適切なものはどれか。

ア used　イ called　ウ needed　エ made

2 本文中の[B]に入るものとして，最も適切なものはどれか。

ア cannot live with elderly people　イ can easily take care of elderly people
ウ can be helped by elderly people　エ cannot give elderly people food

3 下線部について，具体的にどのような問題か。日本語で書きなさい。

4 次の[　　]内の英文は，筆者が伝えたいことをまとめたものである。（　　）に入る最も適切なものはどれか。

> In Japan, more caregivers are needed, so Nursing Care Robots are useful. Elderly people's life will be better and easier (　　　).

ア if we work harder as caregivers
イ if we do not use robots to take care of them
ウ if we use robots in the right way
エ if we must work without robots' help

（注1）家督を譲る＝経営者としての地位や権利を引き渡す。
（注2）粳米＝粘り気の少ないふつうの米。餅や赤飯には粘り気の多い糯米を使う。

1 □に入る語として最も適当なものはどれか。

ア 振り　**イ** かしげ　**ウ** もたげ　**エ** 落とし

2 (1)犬なりに、二三とは格別の間柄であることをわきまえているらしい　とあるが、この表現からわかることとして最も適当なものはどれか。

ア くろと二三には特別な縁があるので、くろが二三には逆らわないということ。
イ くろと二三は特別な生い立ちなので、くろが二三には素直に甘えるということ。
ウ くろと二三は特別に仲が良いので、だれもくろと二三の間には入れないということ。
エ くろは二三には特別な恩義を感じているので、くろは二三には従順であるということ。

3 (2)よしは、毎年一家五人では食べきれないほどの柏餅を拵えた　とあるが、よしの気持ちの説明として最も適当なものはどれか。

ア 端午の節句に柏餅を食べるという、一家繁栄を祈願する大切な行事に責任を感じる気持ち。
イ 一人前に成長した亮太を子どもあつかいできるのは今日だけだと、さみしく思う気持ち。
ウ 端午の節句にこどもたちのすこやかな成長を祝い、一家の先祖代々の労苦に感謝する気持ち。
エ 一家の代々の繁栄を祈願し、跡取りの亮太にたくさん柏餅を食べさせてやりたいという気持ち。

4 (3)二三は、わざと顔をしかめた　とあるが、このときの二三の気持ちを、「気づかう」という語を用いて、十五字以上二十字以内で書きなさい。

5 (4)花を落としたあとには、菜種が実を結んでいる　とあるが、この表現から感じとれる家族の様子を、「家業」「跡取り」という語を用いて、二十字以上三十字以内で書きなさい。

6 本文の内容に合うものとして最も適当なものはどれか。

ア 亮助は、村の農家の女房に亮太が一人前だとうらやましがられるのはうれしいが、さらに成長してほしいと思っている。
イ 二三は、一家の仕事を直接手伝えるほど成長していないが、早く大きくなって自分も家族の手伝いをしたいと考えている。
ウ 亮助とよしは、亮太や家族がすこやかでいられることが何よりだと思い、そのことに喜びを感じている。
エ 亮太とみさきは、二三がくろと遊んでばかりいるのは、まだ子どもだからやむを得ないことだと思っている。

5

「自分にとって将来最も役に立つと思う教科」について、あなたの考えを国語解答用紙(2)に二百四十字以上三百字以内で書きなさい。
なお、次の《条件》に従って書くこと。

《条件》
（Ⅰ）二段落構成とすること。
（Ⅱ）各段落は次の内容について書くこと。

第一段落
・あなたが現在大切だと思っている教科、得意だと思っている教科、好きだと思っている教科などについて具体的に説明しなさい。

第二段落
・第一段落で書いたことを踏まえて、あなたが「自分にとって将来最も役に立つと思う教科」について書きなさい。第一段落で書いた教科とは別の教科でもよい。

6　段落の関係について説明したものとして最も適当なものはどれか。

ア　③段落は、②段落までで説明した内容をまとめた上で、次の段落以降の発展的主張への導入の役割をしている。

イ　④段落は、前段までの内容をまとめて自分の身近な話題に関連させて具体的に述べることで、前半の結論を述べている。

ウ　⑤段落は、④段落の内容と対立する内容を含みながら前の段落と関連する内容で、最終段落につないでいる。

エ　⑥段落は、⑤段落で提起した問題の答えとなる内容を述べながら、全体のまとまりとなる結論を述べている。

4

次の文章を読んで、**1**から**6**までの問いに答えなさい。

天保五（一八三四）年五月五日。朝から空は青く晴れ上がり、五ツ（午前八時）を過ぎると二三が遊ぶ庭にも陽光が届いていた。

「くろ、そっちに行ったら駄目だって」

庭を駆け回る犬を、二三が呼び止めた。走っていた犬が立ち止まり、二三に振り返った。

くろは二三の誕生に先駆けて、父親の亮助が浜の漁師からもらった犬だ。

「犬は安産のお守りだからよう」

二三誕生の数日前にもらってきた子犬は、二三の誕生までは名なしだった。が、鼻が真っ黒で黒目の大きい子犬を見た亮太とみさきは、勝手にくろと呼んでいた。

丈夫な二三が誕生したあと、子犬はくろと命名された。

二三と同い年の四歳だが、くろはもはや成犬である。それでも(1)犬なりに、二三とは格別の間柄であることをわきまえているらしい。まだこどもの二三には、ことのほか従順だった。

「柏の葉っぱを踏んだら、おかあちゃんに叱られるでしょ」

大きな犬が、子犬のようにクウンと鼻声で鳴いた。

「ほんとうに分かったのかなあ」

二三は首を□ながら、くろのあたまを撫でた。

今日は端午の節句である。亮太はもう十二歳で、しっかりと菜種作りの家業を手伝っていた。

「亮太はほんまによう働くのう。亮助さんが、うらやましいがね」

村の農家の女房は、亮太の働きぶりをうらやましがった。周りからは一人前だとみなされている亮太だが、端午の節句の柏餅を、だれよりも楽しみにしていた。

柏は、新しい葉が出ると、古い葉を落とす。そのさまは、あたかも跡継ぎができたのを見定めて、(注1)家督を譲るかのようである。

端午の節句に柏餅を食べるのは、この柏の葉のありさまに、代々の一家繁栄祈願を重ね合わせて祝うのが、興りのひとつとされた。

とはいえ、亮太が柏餅をだれよりも喜ぶのは、甘い物好きだからである。が、たとえそうであっても跡取りがすこやかに育っているのは、亮助とよしにはこのうえない喜びだった。

それゆえ(2)よしは、毎年一家五人では食べきれないほどの柏餅を拵えた。庭に干してあるのは、これから餅をくるむ柏の葉である。

この朝早く、よしは庭にむしろを敷き、百枚の葉を並べた。家族と一緒に、くろも甘い餅にありつくことができた。干された葉が、柏餅に使われることも知っているのだろう。

二三に何度叱られても、くろは葉が気になって仕方がないようだ。

母親のよしは、台所であずきの餡を拵えている。七歳のみさきが、台所の隅で糝粉を練っていた。(注2)粳米を水に浸けて柔らかくしたあと、風で乾かしてから粉にしたものが糝粉である。これをよく練ったものを、柏餅の生地に使うのだ。

亮太の好物を拵えるのは、よしとみさきの仕事だった。あずきの餡が、出来上がりつつある。甘い香りが、庭にまで漂っていた。

二三とくろが、一緒に鼻をひくひくさせた。

「お昼過ぎには、柏餅ができるんだって。お前も楽しみでしょう？」

ワン、ワンと続けて吠えて、くろが尻尾を振った。(3)二三は、わざと顔をしかめた。

「おかあちゃんが蒸かしてくれるのは、おにいちゃんとおとうちゃんが、畑から帰ってきてからだよ。ちょっと畑を見に行ってみようか」

立ち上がった二三が、先に駆け出した。くろがあとを追い始めた。

小さな坂道を登った先には、一面の菜の花畑が広がっている。五月五日のいまは、花はすっかり落ちていた。(4)花を落としたあとには、菜種が実を結んでいる。

（山本一力「菜種晴れ」〈中央公論新社〉から）

投げかけているからこそ成立することです。□「その人」が私に腹だたしい「まなざし」を投げかけている場合と、親しみに満ちた「まなざし」を投げかけている場合とでは、私の「その人」に対する認識は変わってくるでしょう。つまり、自分が「あの人」をとらえるというような一方通行のかたちで認識はおこなわれているのではなく、「あの人」からのベクトル(注2)が私に向けられているからこそ、私は「その人」を認識できるのです。

④　ときどき私はこんなことを考えたりします。たとえば自己紹介をすることになったとします。普通は私は何年生まれとか、いまどこに勤めているのかといったことを言うことになるでしょう。たいていのケースではそれでよいのですが、しかしこの自己紹介は「私はどんな人間なのか」をその本質にまで迫るかたちで語っているわけではありません。きわめて表面的なことを二、三伝えているにすぎません。では(3)私の本質まで伝えられるような自己紹介をしようとしたら、そんなことは可能なのでしょうか。先ほど述べたように「私が知っている私」も「私が認識している私」にすぎないのですから、その「私」が正確な「私」だとはかぎりません。

⑤　ところがひとつだけ「本物の私」を伝える方法があると私は思っています。それは「私はどんな関係のなかで暮らしているのか」を可能なかぎりていねいに伝えるという方法です。私は半分は上野村(注3)で暮らしていますから、上野村の自然とはどんな関係を結んで暮らしているのか、自分の畑や山とはどんな関係をつくっているのか、村人とはどんな関係を結んでいるのか。さらに東京では地域とどんな関係をもっているのか、家族との関係は、仕事はどんな関係をとおしておこなっているのか……。そういうことを手当たり次第に話していけば、おそらく聞いている人は「この人はこんな人なのだろう」と、「私なるもの」を認識しはじめるでしょう。

⑥　それは何を意味しているのかというと、(4)「私は私がつくりだしている関係の総和」という存在だということです。つまり人間の本質とか実態というものは固有のものとしてつくられているのではなく、関係の総和としてつくられているということなのです。私は人間の本質を関係としてとらえています。そしてそうだとするなら、関係をつくり、コミュニティを生みだしながら自分たちの存在の場所を形成していくことは、たんなる手段ではなく、人間の本質に属することのはずなのです。

（内山節「内山節のローカリズム原論　新しい共同体をデザインする」〈農文協〉から）

（注1）カント＝一七二四－一八〇四年。ドイツの哲学者。
（注2）ベクトル＝大きさと向きをもつ量。
（注3）上野村＝群馬県の南西部にある村。

1　(1)「本物のあの人」はどこかにいるはずなのに、それは「認識できないあの人」でありつづける　とあるが、その理由として最も適当なものはどれか。

ア　「本物のあの人」がどこにいるのか知ることはできないから。
イ　自分が本物であるかどうかもわからず認識しているから。
ウ　認識された人が「本物のあの人」である保証が得られないから。
エ　「本物のあの人」という存在がいるかどうかはわからないから。

2　(2)自分の意識が対象を認識していると思ってしまうこと自体に問題があったのではないか　とあるが、その説明として最も適当なものはどれか。

ア　認識は自分の意識によって主体的におこなわれるのではなく、相手の働きかけによっているのではないかということ。
イ　認識は単なる自己による認識なのではなく、対象の反応によって自己の感情が変化するのではないかということ。
ウ　認識は、自分が認識していることが相手にも認められることによって成立する行為なのではないかということ。
エ　認識は自己による一方通行の行為なのではなく、自己と対象との間で行われる相互作用なのではないかということ。

3　□に入る語として最も適当なものはどれか。

ア　たとえば　**イ**　それで　**ウ**　しかし　**エ**　なぜなら

4　(3)私の本質まで伝えられるような自己紹介　とあるが、それはどのような自己紹介か。「～自己紹介。」につながる部分を本文中から三十六字で抜き出し、初めと終わりの五字を書きなさい。

5　(4)「私は私がつくりだしている関係の総和」という存在　とあるが、筆者は人間にとっての「関係」をどのように考えているか。三十字以上四十字以内で書きなさい。

解答・解説　P298・P300

下野模擬問題(第187回)◆国語

2

次の文章を読んで、1から5までの問いに答えなさい。

何某村に、昼盗(注1)の入りしを主人はるかに見て、(1)棒を提げ其の跡を追ひゆき、今市といふ町を過ぐるにも声をかけず、町を一町ばかりもすぎて(注2)、「待てよ盗人。町を過ぐる時声をかけなば、わかきものどもの棒ちぎり(注3)木にて馳せ集り、汝を害せんも計りがたし。ここにて呼びかけしは汝をたすくるの一計なり。盗みし物をことごとく返さば外に望みはなし。いかにいかに」と(2)近よりしに、盗人土に手をつき詫言して、取りしものはことごとく返して去りけるが、其の後一年ばかりすぎて、(2)この盗人よき脇指をもて来りて、「過ぎし昼、盗みしてゆるされし命の恩をむくいん」といひしかば、主人、「汝が物をとらんとならば、其の時其の儘にてかへさんや」と叱りたれば、盗人涙をおとして辞し去りぬとぞ。

(「筆のすさび」から)

(注1) 昼盗の入りしを＝昼間盗人が入ったのを。
(注2) 一町ばかりもすぎて＝百メートルほど過ぎて。
(注3) 棒ちぎり＝棒を持って。

1 追ひゆき は現代ではどう読むか。現代かなづかいを用いて、すべてひらがなで書きなさい。

2 ①見て ②近よりし について、それぞれの主語にあたる人物の組み合わせとして適当なものはどれか。

ア ① 主人 ② 主人　イ ① 主人 ② 盗人
ウ ① 盗人 ② 盗人　エ ① 盗人 ② 主人

3 (1)今市といふ町を過ぐるにも声をかけず の理由として最も適当なものはどれか。

ア 声をかけると自分の身に害がおよぶと思ったから。
イ 声をかけると自分の身分が明らかになると思ったから。
ウ 声をかけると盗人が逃げてしまうと思ったから。
エ 声をかけると盗人の身が危うくなると思ったから。

4 (2)この盗人よき脇指をもて来りて とあるが、盗人はなぜ「よき脇指」をもってきたのか。二十字以上三十字以内の現代語で書きなさい。

5 本文の内容と合うものはどれか。

ア 主人は盗まれたものを惜しいとも思わず盗人に与えたので、盗人は感動してのちに立派な人物になり、あいさつに来た。
イ 主人は盗人をわかものたちが捕らえようとするのを引き止め、盗人を逃がしたので、盗人は改心して主人に謝罪した。
ウ 盗人は盗んだものをわかものたちに奪われ、主人に命を助けられたので謝罪をしたが、悔しさのあまり涙があふれた。
エ 盗人は自分が盗みをしたのに、主人にとがめられず助けられたばかりか、少しも見返りを求めない態度に感動した。

3

次の文章を読んで、1から6までの問いに答えなさい。①～⑥は形式段落の番号である。

① 古代ギリシアの時代から、「認識された現実」と「本物の現実」が同じものなのかどうかは難しい問題でした。たとえば私たちは「あの人はこういう人だ」というかたちで他の人を認識します。しかしそれは「私がとらえたあの人」であって、それが「本物のあの人」である保証はないばかりか、おそらく違っているでしょう。とすると「本物のあの人」はどこにいるのでしょう。じつは人間たちが知りえるのは、「認識されたあの人」でしかないのです。「自分がとらえている自分」でさえ、「自分が認識している自分」にすぎないのです。(1)「本物のあの人」はどこかにいるはずなのに、それは「認識できないあの人」でありつづけることになります。

② とすると、人間たちは物事の本質を認識することはできるのでしょうか。カント(注1)は、認識できたと思った瞬間に人間は通常の意識のなかでとらえられてしまうから、それは本物の物自体ではない、と述べている。つまり認識できるけれど、認識できたととらえることのできないものが本質だということなのです。

③ 二十世紀に入ると、(2)自分の意識が対象を認識していると思ってしまうこと自体に問題があったのではないかという提起が生まれてくることになります。認識とは単なる自己による認識ではなく、自己と対象との相互作用のなかでおこなわれているのではないかという発想です。たとえば私がある人に出会ったとします。私は「この人はこんな人だろう」と認識します。しかしその認識は自分の行為としてのみ実現しているのではなく「その人」が私に「まなざし」を

令和3年11月7日実施

第187回 下野新聞模擬テスト

国語

制限時間 50分

1 次の1から3までの問いに答えなさい。

1 次の――線の部分の読みをひらがなで書きなさい。

(1) 細菌を<u>培養</u>する。　(2) 転んで足を<u>打撲</u>する。
(3) 発言を<u>控</u>える。　(4) ぞうきんを<u>絞</u>る。
(5) 息子に旅を<u>させ</u>る。

2 次の――線の部分を漢字で書きなさい。

(1) 事件の<u>インガ</u>関係。　(2) 大試合の緊張に<u>ナ</u>れる。
(3) <u>キョウリ</u>に暮らす母。　(4) 暑さで果物が<u>イタ</u>む。
(5) 社長に<u>シュウニン</u>する。

3 次は、生徒たちが短歌について話している場面である。これについて、(1)から(5)までの問いに答えなさい。

> A 街をゆき子供の傍(そば)を通る時
> 蜜柑(みかん)の香(か)せり（ ① ）がまたくる
> B 足ぶみする子供の力寄り集(あつま)り
> とどろとどろと廊下が鳴るも
> 木下利玄(きのしたりげん)

中村さん 「この歌人には子供の歌がとても多いそうだよ。内容も^ア親しみやすいものがたくさんあるね。」

山田さん 「そうだね。Aの歌は、子供が食べている蜜柑の香りから（ ① ）^イの訪れを感じ取っている歌だね。」

中村さん 「Bの歌は、幼稚園児の様子が（ ② ）ね。子供たちの足ぶみの<u>③たどたどしさ</u>が初句と第三句の（ ④ ）の技法から伝わってくるよ。」

山田さん 「それと（ ⑤ ）という音の表現も子供たちの様子を^ウ生き生きと伝えているね。」

中村さん 「他にも子供を詠(よ)んだ歌が^エないか調べてみようと思うよ。」

(1) （ ① ）に共通して入る季節として正しいものはどれか。

ア 春　イ 夏　ウ 秋　エ 冬

(2) （ ② ）に入る慣用句として最も適当なものはどれか。

ア 舌を巻く　イ 目に浮かぶ
ウ 手に負えない　エ 胸を打つ

(3) <u>③たどたどしさ</u>と同じ品詞である語は～～～部アからエのどれか。

(4) （ ④ ）に入る表現技法として最も適当なものはどれか。

ア 字余り　イ 掛詞(かけことば)　ウ 反復法　エ 句切れ

(5) （ ⑤ ）に入る語として最も適当なものはどれか。

ア 足ぶみする
イ 子供の力寄り集り
ウ とどろとどろと
エ 廊下が鳴るも

解答・解説 P298・P300

第188回 下野新聞模擬テスト
社　会

制限時間 
45分

1 **図1**は，世界を六つの州に区分したときのGDP(国内総生産)の州別上位2位までの国(2018年，日本を除く)を，**図2**は，ロンドンを中心とした距離と方位が正しい地図を示している。これを見て，**1**から**7**までの問いに答えなさい。

図1

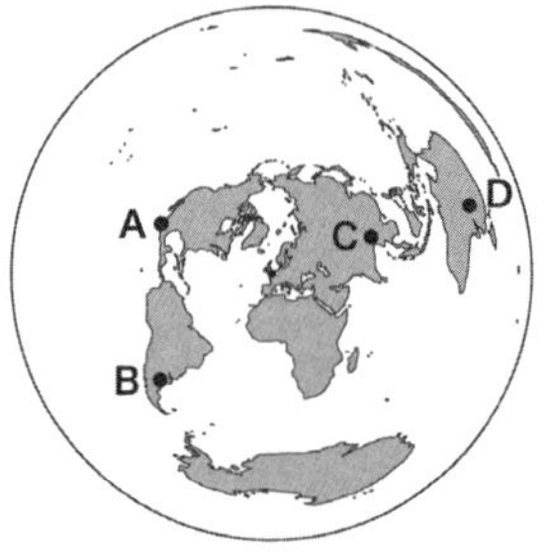

図2

1 **図1**中の**ア**，**イ**，**ウ**，**エ**の地点のうち，ロンドンから東へ行くと通過する地点はどれか。**図2**を参考にして答えなさい。

2 南緯30度，東経140度の地点を示しているのは，**図2**中の**A**，**B**，**C**，**D**のどれか。

3 **図3**中のa，b，cには，カナダ，ナイジェリア，インドのいずれかが当てはまる。a，b，cに当てはまる国の組み合わせとして正しいのはどれか。

	主な宗教	主な言語
a	イスラム教，キリスト教	英語，ハウサ語
b	キリスト教	英語，フランス語
c	ヒンドゥー教，イスラム教	ヒンディー語，英語

図3

ア　a－ナイジェリア　b－インド　c－カナダ
イ　a－インド　b－カナダ　c－ナイジェリア
ウ　a－ナイジェリア　b－カナダ　c－インド
エ　a－インド　b－ナイジェリア　c－カナダ

4 ドイツの農業について述べた，次の文中の□に当てはまる語を書きなさい。

> ドイツでは，小麦や大麦といった穀物栽培と，豚や牛を中心とした家畜の飼育を組み合わせた□農業が行われている。

5 **図4**は，**図5**のようにアメリカを区分したときの工業生産額の割合の変化を示している。**図5**中の「南部」が当てはまるのは，**図4**中の**ア**，**イ**，**ウ**，**エ**のどれか。

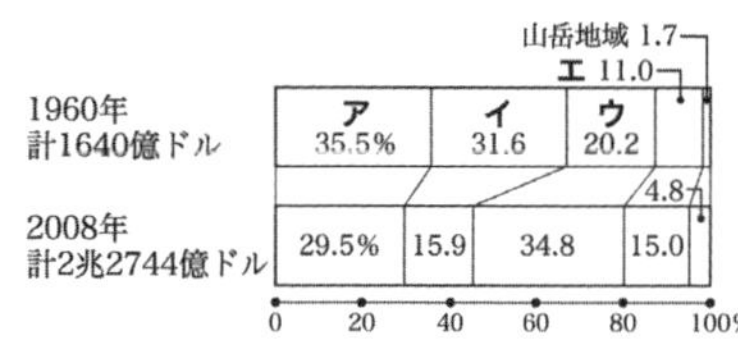

図4（「現代アメリカデータ総覧」により作成）

太平洋岸
山岳地域
中西部
北東部
南部

※ハワイ，アラスカは含まない。
図5（「現代アメリカデータ総覧」により作成）

6 次の文は，**図1**中の▬で示したある国について述べている。ある国とはどこか。

> 首都の1月の平均気温は20.8度で，7月の平均気温は5.8度となり温帯に属するが，国土の大半は乾燥帯である。人口の多くは，国の南東部から東部，南西部に集中している。GDP(国内総生産)が高い国々の中でも，鉄鉱石や石炭といった原料を多く輸出していることは珍しく，日本にも多く輸出している。

7　**図6**は，ブラジル，中国，オーストラリア，インドの発電エネルギー源別割合と総発電量1kWh当たり二酸化炭素排出量を示している(2017年)。**図6**から読み取れるブラジルの特色を「再生可能エネルギー」の語を用いて，簡潔に書きなさい。

	発電エネルギー源別割合(%)				総発電量1kWh当たり二酸化炭素排出量(g-CO_2)
	水力	火力	原子力	地熱・新エネルギー	
ブラジル	62.9	27.0	2.7	7.3	117
中国	17.9	71.9	3.7	6.4	623
オーストラリア	6.3	85.7	0.0	8.0	743
インド	9.3	83.2	2.5	5.0	718

図6（「世界国勢図会」により作成）

2　**図1**は，たろうさんが，現在のプロ野球チームの本拠地とされる球場が位置する都道府県についてまとめたものである。これを見て，次の**1**から**5**までの問いに答えなさい。

1　北海道の気候について述べた，次の文中の[Ⅰ]，[Ⅱ]に当てはまる語の組み合わせとして正しいのはどれか。

> **図2**で，稚内市よりも南に位置する釧路市の方が平均気温が低い理由は，夏の[Ⅰ]が寒流の[Ⅱ]によって冷やされ，濃霧が発生するからである。

(℃)

	7月平均気温	8月平均気温
稚内市	16.8	19.6
釧路市	15.3	18.0

(注)数値は1981年から2010年までの平均値

図2（「理科年表」により作成）

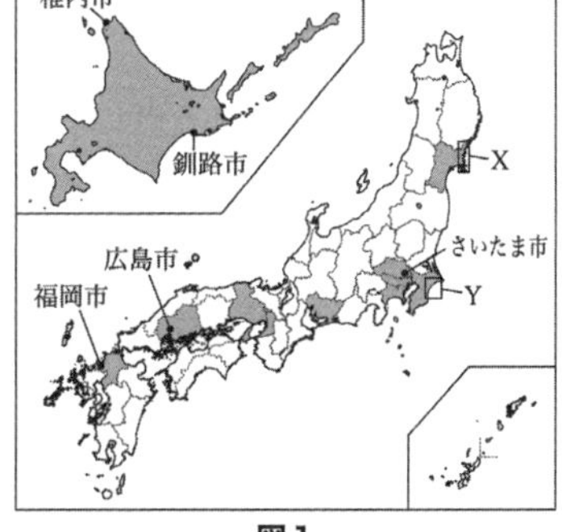

図1

ア　Ⅰ－季節風　Ⅱ－親潮（千島海流）　**イ**　Ⅰ－季節風　Ⅱ－リマン海流
ウ　Ⅰ－偏西風　Ⅱ－親潮（千島海流）　**エ**　Ⅰ－偏西風　Ⅱ－リマン海流

2　たろうさんは，プロ野球の試合で大漁旗が振られていたことに興味を持ち，**図3**の資料を集めた。宮城県が当てはまるのは**資料1**のa，bのどちらか，記号を書き，それが宮城県と判断できる理由を，**資料2**，**資料3**から読み取れることを含め，簡潔に書きなさい。なお，**資料2**は**図1**中のXの海岸線，**資料3**はYの海岸線の拡大図である。

【資料1】 宮城県と千葉県の養殖漁業（2018年）

	a	b
養殖漁業の産出額(億円)	226	26
養殖漁業の収穫量(t)	81,173	7,261

(注)数値については海面養殖業の数値（「県勢」により作成）

【資料2】　**【資料3】**

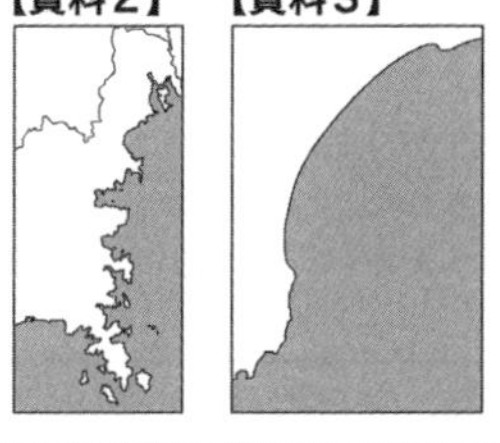

図3

3　関東地方の工業について，(1)，(2)の問いに答えなさい。

(1)　関東地方の内陸部に点在する，高速道路のインターチェンジ付近などに計画的に工場を集めた地域を何というか。

(2)　**図4**は，東京都，大阪府，北海道，愛知県の輸送用機械器具，金属製品，食料品，印刷関連業の製造品出荷額を示している。印刷関連業はどれか。

(2019年)(億円)

	東京都	大阪府	北海道	愛知県
ア	7,368	13,112	22,310	17,439
イ	3,150	17,073	3,214	16,548
ウ	14,874	15,142	3,771	269,549
エ	7,816	4,634	1,085	3,132

図4（「県勢」により作成）

4　兵庫県の農業について述べた，次の文中の[　　]に当てはまる語を書きなさい。

> 兵庫県では，大都市への近さを利用して，たまねぎや生花，いちじくなど，新鮮さを求められる農産物を大都市に向けて出荷している。このような農業を[　　]農業といい，京都府や千葉県でも盛んに行われている。

下野模擬問題(第188回)◆社会

5　**図5**は，さいたま市，広島市，福岡市の面積，人口，製造品出荷額を示している。**図5**を読み取った文として，正しいものを**二つ**選びなさい。

ア　福岡市の人口密度は，広島市よりも高いが，さいたま市よりも低い。
イ　広島市の製造品出荷額は，さいたま市と福岡市の製造品出荷額の合計より少ない。
ウ　人口が多い市の順に，面積が広い。
エ　すべての市は，政令指定都市に認定されている。

	面積(km²)	人口(人)	製造品出荷額(億円)
さいたま市	217.43	1,314,145	8,896
広島市	906.68	1,195,775	31,667
福岡市	343.46	1,554,229	5,773

(注) 面積は2019年，人口は2020年，製造品出荷額は2018年の数値。

図5(「県勢」により作成)

3　次の古代から近世までの戦いや武具について述べた**A**から**F**の文を読み，**1**から**8**までの問いに答えなさい。

A	古墳から馬具や鉄製の武器，農具などが出土しており，古墳の埋葬者がどのような人物であったかが分かる。
B	一時期を除き，大きな戦乱はなかった。藩では，武士に学問や武術を教えるため藩校が開かれ，幕府もⓐ昌平坂学問所などのⓑ教育機関をつくる一方，刀は武士のほこりとされていた。
C	執権の北条時宗が，元の使者を退けたため，元は高麗の軍勢も合わせて日本に攻めてきた。元軍の集団戦法や火薬を使った武器に幕府軍は苦しみながらも，何とか退けた。
D	弓や刀を持った武士が力を持つようになり，武士団をつくり戦いで活躍した。ⓒ後白河天皇と崇徳上皇の天皇と上皇の対立をもとにした戦いでは，武士団の源氏と平氏が活躍している。
E	守護大名どうしの戦いである応仁の乱では，足軽という軽装で，機動力の高い雇われ兵士が活躍した。
F	ポルトガル人によって日本に鉄砲が伝えられた。ⓓ織田信長がそれを有効に活用した戦いで勝つなど，戦いの方法も大きく変わっていった。

1　**A**の時期のできごととして当てはまるのはどれか。
ア　青銅器や鉄器などが日本に伝わった。　**イ**　倭の五王が中国に使いを送った。
ウ　仮名文字がつくられた。　**エ**　千歯こきや唐みが使われた。

2　下線部ⓐをつくった人物が行った政策について述べた，次の文中の□に当てはまる語を書きなさい。

> 昌平坂学問所では，朱子学以外の学問を教えることを禁止した。また，旗本や御家人の借金を帳消しにし，各地に倉を設けて米をたくわえさせるなどした，□の改革を実施した。

3　下線部ⓑに関連して，**B**の時期に庶民が読み・書き・そろばんなどの実用的な知識や技能を学んだ教育機関を何というか。

4　**C**のできごとの後の状況について，正しく述べているのはどれか。
ア　国ごとに守護，荘園や公領ごとに地頭が置かれた。
イ　御成敗式目が定められ，政治の判断の基準とされた。
ウ　摂政や関白の役職に就いた人物が政治を行うようになった。
エ　困窮した御家人を救うため，徳政令が出されるなどしたが，効果は薄かった。

5　下線部ⓒの戦いを何というか。

6　**E**のできごとと最も近い時期の文化はどれか。
ア　東山文化　**イ**　北山文化　**ウ**　桃山文化　**エ**　天平文化

7　**図**は，下線部ⓓの人物が行った政策を示している。**図**中の下線部の座とはどのような団体か，「独占」の語を用いて，簡潔に書きなさい。

> 一　この安土の町は楽市としたので，いろいろな座は廃止し，様々な税や労役は免除する。
> (一部要約)

図

8　**A**から**F**を，年代の古い順に並べ替えなさい。なお，**A**が最初，**B**が最後である。

問題R3　186　187　188　189　【社会】第188回

4 略年表を見て，1から6までの問いに答えなさい。

時代	主なできごと
明治	ⓐ自由党と立憲改進党が結成される
	日露戦争がおこる ↕A
大正	第一次世界大戦がおこる
	ⓑ原敬内閣が成立する
昭和	ⓒ小作争議の件数が急増する
	ⓓ文科系大学生が軍隊に召集される ↕B
	非核三原則が発表される
	日中平和友好条約が結ばれる

1 下線部ⓐについて述べた，次の文中の[I]，[II]に当てはまる語の組み合わせとして正しいのはどれか。

> 自由民権運動が広がり，政党が結成された。自由党は[I]を党首とし，立憲改進党は[II]を党首として結成された。

ア I－伊藤博文 II－板垣退助
イ I－板垣退助 II－大隈重信
ウ I－板垣退助 II－伊藤博文
エ I－大隈重信 II－板垣退助

2 Aの時期におきたできごとを年代の古い順に並べ替えなさい。
ア ロシア革命がおこる。 イ 韓国を併合する。
ウ 米騒動がおこる。 エ ポーツマス条約を結ぶ。

3 下線部ⓑについて述べた，次の文中の[ ]に当てはまる語を書きなさい。

> 原敬内閣は，陸・海軍と外務大臣以外のすべての大臣を，最も議席獲得数が多い政党であった立憲政友会の議員が務める，本格的な[ ]であった。この流れは，犬養毅首相が暗殺されるまで続いた。

4 下線部ⓒについて，図は，主な農産物の生産価格の変化(1929年を100とする)を示している。小作争議の件数が急増した理由を，図から読み取れることをふまえ，「生活」の語を用いて簡潔に書きなさい。

年	米	麦	まゆ	果実
1929	100	100	100	100
1930	70.5	75.0	46.4	87.6
1931	57.6	57.2	42.1	76.8
1932	77.9	58.3	45.3	80.5
1933	90.5	81.8	76.4	93.1
1934	87.4	94.7	31.1	87.3
1935	101.7	101.5	53.6	97.2

図(「本邦農業要覧」により作成)

5 下線部ⓓのことを何というか。

6 Bの時期におきたできごととして**当てはまらない**のはどれか。
ア アメリカとソ連が冷戦の終結を宣言したのち，ソ連が崩壊した。
イ 佐藤栄作内閣がアメリカ政府との交渉を進め，沖縄が日本に返還された。
ウ テレビ，洗濯機，冷蔵庫などの電化製品が普及した。
エ アジアで初めてのオリンピック・パラリンピックが，東京で開催された。

5 はなこさんは，社会科の授業で現代社会と日本国憲法の関わりについて発表した。次の文はその発表原稿の一部である。これを読み，1から5までの問いに答えなさい。

> 現代社会は，ⓐグローバル化や情報化，少子高齢化などが進んでいます。1946年に公布されたⓑ日本国憲法は，ⓒ基本的人権を保障していますが，現代社会の進展にともなって，条文には直接規定されていないⓓ新しい人権が主張されるようになっています。
> 少子高齢化にともない，労働力の確保が必要となってきました。現在，外国人就労者をどれだけ受け入れるかなど，新しく労働力をつくりだすための環境整備やⓔ労働基本権の保障について議論されています。

1 下線部ⓐについて述べた文として**当てはまらない**のはどれか。
ア アメリカやヨーロッパが不況になっても，日本の経済に与える影響は少なくなっている。
イ ある製品について国際競争が激しくなると，価格が安くなる傾向がある。
ウ 安い外国産の食料品を大量に輸入しているため，日本は食料自給率が約38％と低い。
エ 自動車の部品を海外でつくり，日本に輸入して組み立てる国際分業が行われている。

2 下線部ⓑに関して，図は，日本国憲法の三つの基本原理を示している。図中の[ ]に当てはまる語を書きなさい。

日本の政治		
国民主権	基本的人権の尊重	[ ]
日本国憲法		

図

3 下線部ⓒに関して，基本的人権の一つである参政権に関する次の文I，II，IIIの正誤の組み合わせとして，正しいのはどれか。

Ⅰ　満18歳以上の国民に選挙権と被選挙権の両方が認められている。 Ⅱ　国や地方の役所に直接要望を訴える権利を請願権という。 Ⅲ　外国に住んでいても，日本の国籍を持っていれば選挙権を有す。

ア　Ⅰ－正　Ⅱ－正　Ⅲ－誤　**イ**　Ⅰ－正　Ⅱ－誤　Ⅲ－正　**ウ**　Ⅰ－正　Ⅱ－誤　Ⅲ－誤
エ　Ⅰ－誤　Ⅱ－正　Ⅲ－正　**オ**　Ⅰ－誤　Ⅱ－正　Ⅲ－誤　**カ**　Ⅰ－誤　Ⅱ－誤　Ⅲ－正

4　下線部ⓓに関して，(1)，(2)の問いに答えなさい。

(1)　知る権利について述べた，次の文中の□に当てはまる語を書きなさい。

政治について判断するためには，国や地方がどのような政治を行っているかという情報を手に入れる必要がある。そのために「知る権利」が認められている。また国や地方には□制度が設けられており，人々の要請に応じて必要な情報を提供する。

(2)　自己決定権に関わる内容を述べているものとして正しいのはどれか。

ア　大規模な開発を行う場合に，事前に環境への影響を調査する。
イ　住所や電話番号，他人が写っている写真などを公開しない。
ウ　医療現場において，インフォームド・コンセントが実施されている。
エ　自分の意見を，公の場で発表する。

5　下線部ⓔに関して，労働基本権のうち労働者が要求を実現するために，ストライキなどを行う権利のことを何というか。

6　次の**1**から**5**までの問いに答えなさい。

1　日本の選挙について，(1)，(2)の問いに答えなさい。

(1)　選挙の基本原則について述べた，次の文中の□に当てはまる語を書きなさい。

選挙においては四つの基本原則が必要だと言われている。そのうちの一つである□選挙は，選挙の際にどの政党や候補者に投票したかを他人に知られないようにすることである。

(2)　**図1**は，比例代表制で選挙を行ったと仮定したときの，模擬投票結果を示している。これについて述べた，次の文中の Ⅰ ， Ⅱ に当てはまる語の組み合わせとして正しいのはどれか。

A党	B党	C党	D党
96票	74票	58票	42票

図1

図1の選挙区の比例代表制で5人が当選する場合，**A**から**D**の政党のうち，当選者が1人のみの政党は Ⅰ つある。このことから，比例代表制は Ⅱ の意見を取り入れやすい制度といえる。

ア　Ⅰ－二　Ⅱ－大きな政党　**イ**　Ⅰ－三　Ⅱ－大きな政党
ウ　Ⅰ－二　Ⅱ－小さな政党　**エ**　Ⅰ－三　Ⅱ－小さな政党

2　**図2**は，衆議院と参議院のしくみの一部を示している。衆議院は参議院と比べて，国会の議決において権限を少し強めた衆議院の優越が認められている。その理由を，**図2**を参考にし，「意見」の語を用いて簡潔に書きなさい。

	衆議院	参議院
議員定数	465人	245人
任期	4年(解散あり)	6年(解散なし)

(注) 参議院の定数は2022年の選挙で248人に増える予定

図2

3　内閣について，正しく述べているのはどれか。

ア　国会から提案された予算案について，審議や議決を行う。
イ　内閣不信任決議が可決すると，10日以内に衆議院の解散を行うか，総辞職しなければならない。
ウ　内閣総理大臣は，野党の党首が就任することが多い。
エ　議会と連帯して責任を負う大統領制とは違い，議会(国会)と完全に分離・独立している。

4　裁判所について述べた，次の文中の下線部の内容が正しいものを<u>二つ</u>選びなさい。

例えば，地方裁判所から始まったある民事裁判で，判決が不服であれば高等裁判所へ**ア**<u>上告</u>，高等裁判所の判決が不服であれば最高裁判所へ**イ**<u>控訴</u>することができる。これを三審制といい，慎重に議論して，**ウ**<u>間違った判決を出さないようにする</u>ために設けられた制度である。 司法権の独立を確保するため，最高裁判所の裁判官は，心身の病気や国会の**エ**<u>弾劾裁判</u>，国民による**オ**<u>国民投票</u>などを除いて，辞めさせることはできない。

解答・解説 P308・P311

5 地方財政について述べた，次の文中の[　　]に当てはまる語を書きなさい。

> 地方公共団体の収入には，地方公共団体が独自に集める自主財源と，国などから支払われる依存財源がある。依存財源のうち，教育や道路の整備といった特定の仕事の費用を国が一部負担する財源のことを[　　]という。

7 **図1**は，2015年の国連総会で採択された「持続可能な開発のための2030アジェンダ」の開発目標の一部を示している。**図1**を見て，**1**から**5**までの問いに答えなさい。

> 2．飢餓に終止符を打ち，食料の安定確保と栄養状態の改善を達成するとともに，ⓐ持続可能な農業を推進する。
> 4．すべての人々に包摂(ほうせつ)的かつ公平で質の高いⓑ教育を提供し，生涯学習の機会を促進する。
> 5．ⓒ性別による差や社会的区別の平等を達成し，すべての女性と女児の能力強化を図る。
> 12．持続可能なⓓ消費と生産のパターンを確保する。
> 16．持続可能な開発に向けて平和で不平等でない社会を推進し，すべての人々にⓔ司法へのアクセスを提供するとともに，あらゆるレベルにおいて効果的で責任ある制度を構築する。

(注) 包摂的…一定の範囲につつみこむこと。　**図1**

1 下線部ⓐに関して，持続可能な農業を推進させるうえで，日本が抱える農業の課題について，正しく述べているのはどれか。

ア 人口爆発にともなって，食料生産量も増加させなければならないため，生産効率を向上させつつ人口の抑制も図らなければならない。

イ 農業に従事する人口や後継者も減っているため，農家数が減り，農村では荒れた土地が増えている。

ウ 放牧や耕作する土地を拡大しすぎているため，もともと自生していた森林が伐採され，砂漠化が進行している。

エ 輸出品における，農産物の割合が大きすぎるため，その年の気候や取引価格の影響を大きく受けてしまう。

2 下線部ⓑについて述べた，次の文中の[　　]に当てはまる語を書きなさい。

> 日本の教育は，様々な制度によって整備されてきた。とくに，明治時代に入り，満6歳になった男女はすべて，小学校で授業を受けさせるよう義務化した[　　]が制定されて以後，学校制度の改善が続けられてきている。

3 下線部ⓒに関して，**図2**は，育児休業の取得率の推移を示している。1991年に制定された育児・介護休業法について，この法律を制定することによる労働力確保の視点から見た利点を，簡潔に書きなさい。また，**図2**から，今後改善すべき課題を，簡潔に書きなさい。

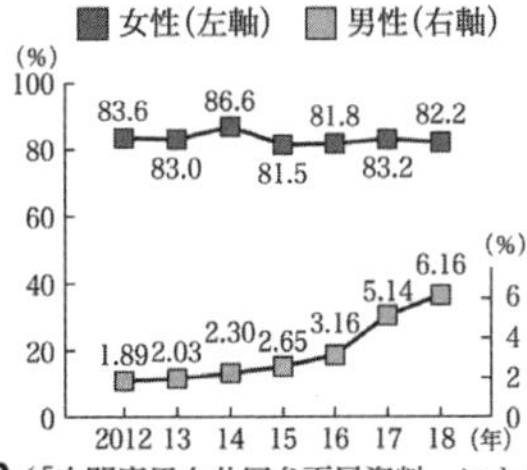

図2(「内閣府男女共同参画局資料」により作成)

4 下線部ⓓに関して，**図3**は，アメリカ，中国，サウジアラビア，日本の原油の産出量と国内供給量を示している。サウジアラビアはどれか。

5 下線部ⓔに関して，国民が刑事裁判に参加し，被告人が有罪か無罪かの判断や有罪の場合の刑罰の内容を決める制度のことを何というか。

(2017年)(万t)

	産出量	国内供給量
ア	49,642	14,533
イ	46,127	81,575
ウ	18	15,695
エ	19,151	59,347

図3(「世界国勢図会」により作成)

令和3年
12月5日実施

第188回 下野新聞模擬テスト
数学

1 次の1から14までの問いに答えなさい。

1 $8+(-2)$ を計算しなさい。

2 $-4a^3b\times3ab^2$ を計算しなさい。

3 $a=-2$，$b=3$のとき，$a-b^2$ の値を求めなさい。

4 $x^2+10x+25$ を因数分解しなさい。

5 $V=\frac{1}{3}Sh$ をhについて解きなさい。

6 関数 $y=ax^2$ のグラフについて，次の**ア**，**イ**，**ウ**，**エ**のうちから，内容が誤っているものを1つ選んで，記号で答えなさい。

ア 原点を頂点とするグラフになる。
イ aの値の絶対値が大きいほど，グラフの開き方は小さい。
ウ y軸について，$y=-ax^2$のグラフと線対称である。
エ $a>0$のときは，グラフは上に開いた形になる。

7 右の図は，正十角形の一部を表している。1つの外角である，$\angle x$の大きさを求めなさい。

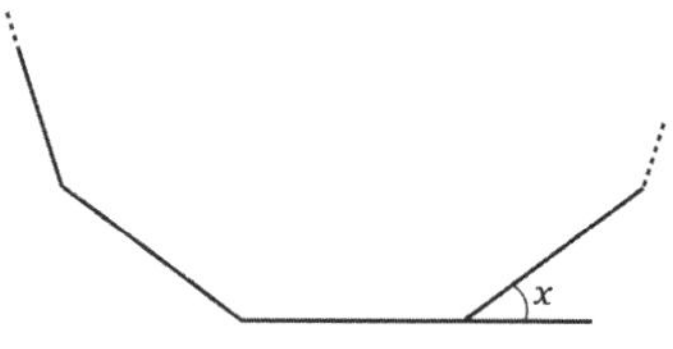

8 関数 $y=\frac{12}{x}$ について，xの値が3倍になると，yの値は何倍になるか。

9 右の図のような，点Oを中心とする半径3cmの球がある。この球の表面積を求めなさい。ただし，円周率はπとする。

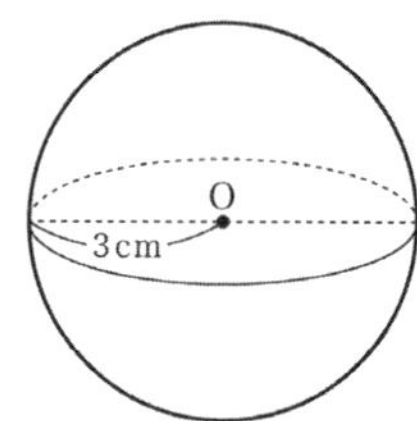

10 $\sqrt{48}-\sqrt{3}$ を計算しなさい。

11 2次方程式 $x^2-81=0$ を解きなさい。

12 縦の長さが$a$cm，横の長さが$b$cmの長方形があり，その周の長さはℓcmである。この数量の関係を等式で表しなさい。ただし，等式の右辺はℓにすること。

13 右の図で，ℓ//m//nであるとき，aの値を求めなさい。

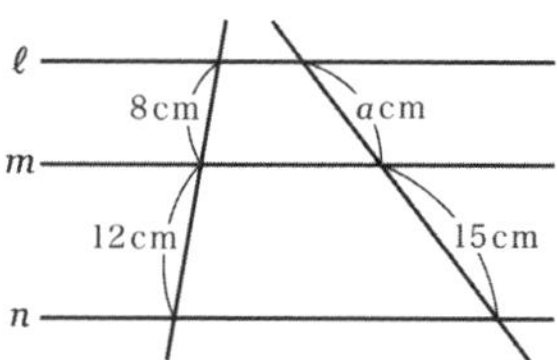

14 次の文の(　　)に当てはまる条件として最も適切なものを，**ア**，**イ**，**ウ**，**エ**のうちから1つ選んで，記号で答えなさい。

右の図において，(　　)という条件が加わると，△ACDと△BCDの面積が等しくなる。

ア AB＝CD　　**イ** AB//CD
ウ AC＝BD　　**エ** AC//BD

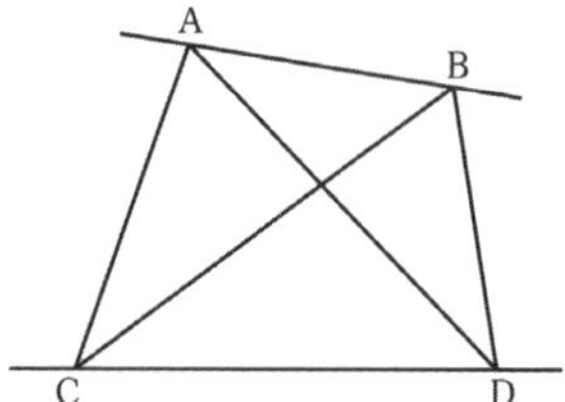

2 次の**1**，**2**，**3**の問いに答えなさい。

1 右の図のような円Oがあり，線分OPは円Oの半径である。点Pを通る直線のうち，OP⊥ℓとなるような直線ℓを作図によって求めなさい。ただし，作図には定規とコンパスを使い，また，作図に用いた線は消さないこと。

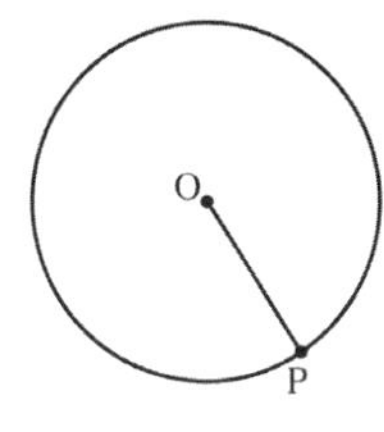

2 右の図のように，箱Aには1，2，3，4，6の数字が1つずつ書かれた5枚のカードが入っている。また，箱Bには0，2，3，4の数字が1つずつ書かれた4枚のカードが入っている。それぞれの箱からカードを1枚ずつ取り出し，箱Aから取り出したカードに書かれた数を十の位の数，箱Bから取り出したカードに書かれた数を一の位の数として2けたの整数をつくる。

次の文は，この方法でつくった2けたの整数は，3の倍数になりやすいか，それとも5の倍数になりやすいかについて説明したものである。文中の①に当てはまる数を求めなさい。また，②には3か5のどちらかの数を書きなさい。ただし，どのカードが取り出されることも同様に確からしいものとする。

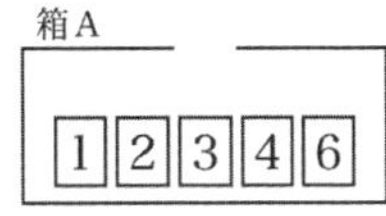

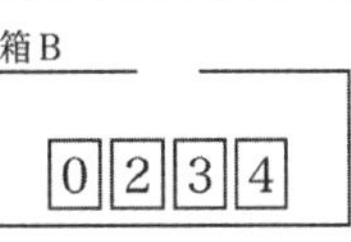

> 2けたの整数が3の倍数になる確率は（　①　）である。一方，2けたの整数が5の倍数になる確率は$\frac{1}{4}$である。したがって，2けたの整数は（　②　）の倍数になりやすい。

3 右の図のように，関数$y=\frac{1}{2}x^2$のグラフがあり，2点A，Bはこの関数のグラフ上の点で，点Aのy座標は8，点Bのx座標は-2である。直線ABとy軸との交点をCとするとき，点Cのy座標を求めなさい。ただし，点Aのx座標は正とする。

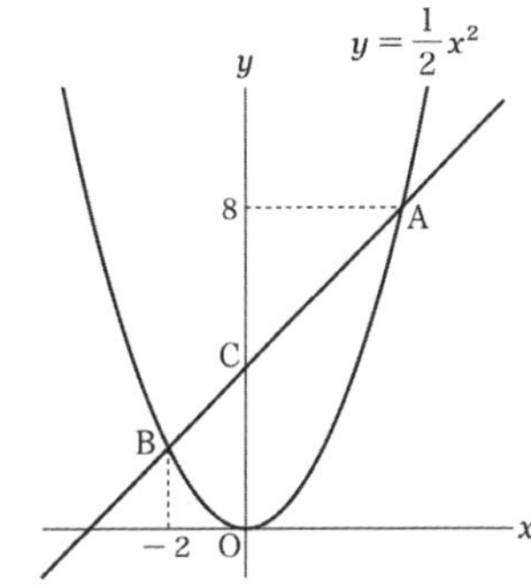

3 次の**1**，**2**の問いに答えなさい。

1 ある自然数を2乗して3を加えるという計算を行うところを，誤って3倍してから2を加えてしまったため，正しい計算の結果よりも11小さくなった。ある自然数をxとして2次方程式をつくり，ある自然数を求めなさい。ただし，途中の計算も書くこと。

2 あるクラスの女子生徒全員が100点満点の数学のテストを受けたが，100点の生徒は1人もいなかった。右の度数折れ線は，このテストの結果をもとに作成しようとしたものであるが，未完成である。

このとき，次の(1)，(2)，(3)の問いに答えなさい。

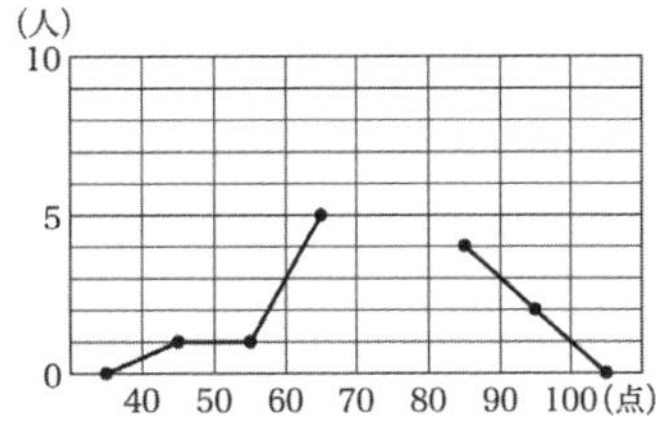

(1) 次の文の①，②に当てはまる数をそれぞれ求めなさい。

> 60点以上70点未満の階級について，その階級値は（　①　）点である。また，最初の階級から60点以上70点未満の階級までの累積度数は（　②　）人である。

(2) テストの点数はすべて整数であったとすると，実際の点数の分布の範囲(レンジ)は，最小で何点であると考えられるか。

(3) 70点以上80点未満の階級の相対度数を求めると，0.35になった。このクラスの女子生徒全員の人数をx人として方程式をつくり，70点以上80点未満の階級の度数を求めなさい。ただし，途中の計算も書くこと。

下野模擬問題(第188回)◆数学

4 次の**1**，**2**の問いに答えなさい。

1 右の図のような長方形ABCDがあり，点Oは対角線BDの中点である。点Oを通る直線を引き，辺AD，BCとの交点をそれぞれE，Fとする。

このとき，四角形EBFDは平行四辺形であることを証明しなさい。ただし，平行四辺形になるための条件は，２本の対角線に関するものを用いること。

2 図１のような，１辺の長さが６cmの立方体ABCDEFGHがある。図２は，図１の立方体から，４つの立体ABCF，ADCH，AEFH，CGFHを切り離してできる立体ACFHを表している。

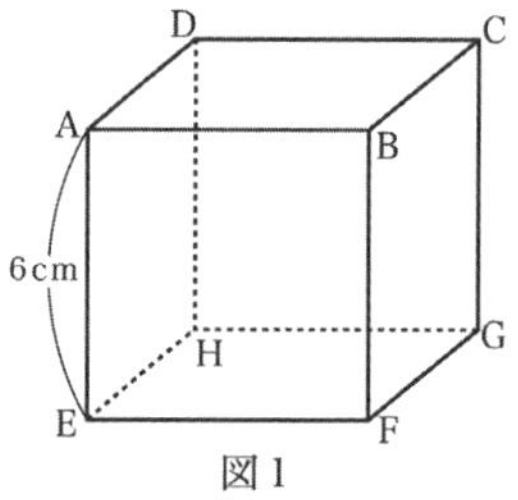

図１

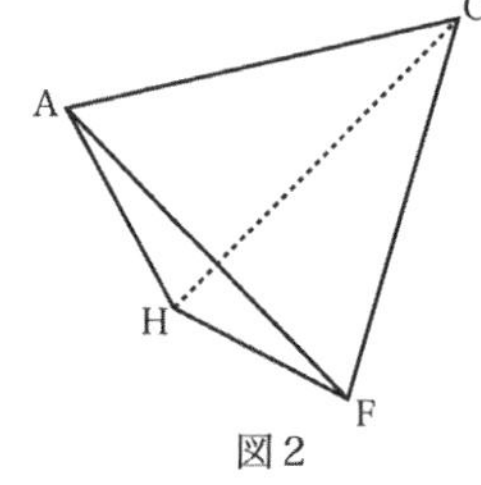

図２

このとき，次の(1)，(2)の問いに答えなさい。

(1) 図１の立方体ABCDEFGHにおいて，対角線AGとねじれの位置にある辺は何本あるか。

(2) 図２の立体ACFHの体積を求めなさい。

5 図１のように，AB＝4cm，AD＝8cmの長方形ABCDと，１辺の長さが8cmよりも長い正方形PQRSがあり，長方形の辺BCと正方形の辺QRはどちらも直線ℓ上にある。また，長方形の頂点Cと正方形の頂点Qは重なっている。

図１の状態から，直線ℓに沿って長方形を矢印の向きに毎秒2cmの速さで15秒間だけ移動させた。図２は，長方形が移動し始めてからの時間をx秒，長方形と正方形が重なった部分の面積をy cm²として，xとyの関係を表したグラフである。

このとき，次の**1**，**2**，**3**の問いに答えなさい。

図１

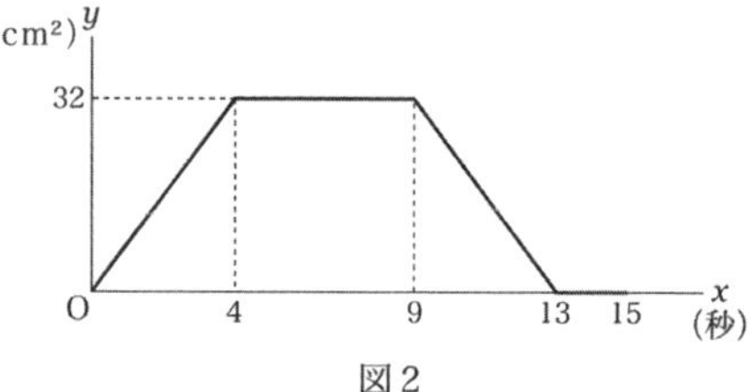

図２

1 長方形が移動し始めてから１秒後の，長方形と正方形が重なった部分の面積を求めなさい。

2 正方形の１辺の長さを求めなさい。

3 点Sと点Dを結んでつくる四角形DCRSの面積が88 cm²になるのは，長方形が移動し始めてから何秒後と何秒後か。ただし，途中の計算も書くこと。

6 下の図のように，黒石１個を１番目の図形とし，１番目の図形の右・下・右下に白石を並べたものを２番目の図形，２番目の図形の右・下・右下に黒石を並べたものを３番目の図形とする。この後も同様に，４番目の図形，５番目の図形，６番目の図形，…と正方形状に黒石と白石を並べていくものとする。

1番目	2番目	3番目	4番目	5番目	…
●	●○ ○○	●○● ○○● ●●●	●○●○ ○○●○ ●●●○ ○○○○	●○●○● ○○●○● ●●●○● ○○○○● ●●●●●	…

また，下の表は，１番目の図形から５番目の図形までにおいて，黒石の個数，白石の個数，黒石の個数と白石の個数の和，黒石の個数から白石の個数を引いた差をまとめたものである。

	1番目	2番目	3番目	4番目	5番目
黒石の個数	1	1	6	6	15
白石の個数	0	3	3	10	10
黒石の個数と白石の個数の和	1	4	9	16	25
黒石の個数から白石の個数を引いた差	1	−2	3	−4	5

このとき，次の**1**，**2**，**3**の問いに答えなさい。

1 ６番目の図形において，黒石の個数から白石の個数を引いた差を求めなさい。

2 ７番目の図形をつくるとき，６番目の図形の右・下・右下に合計何個の黒石を並べればよいか。

3 nを自然数とすると，奇数は$2n-1$と表される。$(2n-1)$番目の図形において，次の(1)，(2)の問いに答えなさい。

(1) 黒石の個数と白石の個数の和を，nを用いた最も簡単な式で表しなさい。ただし，かっこをはずした形で表すこと。

(2) 白石の個数を，nを用いた最も簡単な式で表しなさい。ただし，かっこをはずした形で表すこと。

第188回 下野新聞模擬テスト
理　科

1 次の**1**から**8**までの問いに答えなさい。

1 空気の重さによって生じる圧力を大気圧(気圧)という。次のうち，1気圧のおよその大きさを表しているものはどれか。

ア 10.13 hPa　　**イ** 101.3 hPa　　**ウ** 1013 hPa　　**エ** 10130 hPa

2 次のうち，うすい塩酸に亜鉛を加えたときに発生する気体を表す化学式はどれか。

ア H_2　　**イ** CO_2　　**ウ** Cl_2　　**エ** NH_3

3 次のうち，ゼニゴケやスギゴケなどのコケ植物に見られる，体を地面などに固定させる役割をしている根のようなつくりの名称はどれか。

ア 側根　　**イ** 仮根　　**ウ** ひげ根　　**エ** 主根

4 R〔Ω〕の抵抗の両端にV〔V〕の電圧を加えた。次のうち，この抵抗を流れる電流I〔A〕を求める式を表しているものはどれか。

ア $I=V\times R$　　**イ** $I=V+R$　　**ウ** $I=V\div R$　　**エ** $I=V-R$

5 右の図は，ある海岸に見られる，階段状の地形の断面を表した模式図である。侵食と隆起を繰り返すことによって形成された，このような地形を何というか。

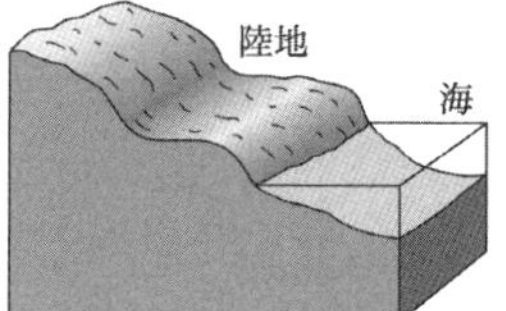

6 あるプラスチック製品には，右の図のようなマークがつけられている。PETという略号(略称)で表記されている，このプラスチックの名称は何か。**カタカナ**で書きなさい。

7 右の図は，あるホニュウ類の頭骨を表したものである。図中に見られる3種類の歯のうち，植物を細かくすりつぶすことに適した歯を何というか。

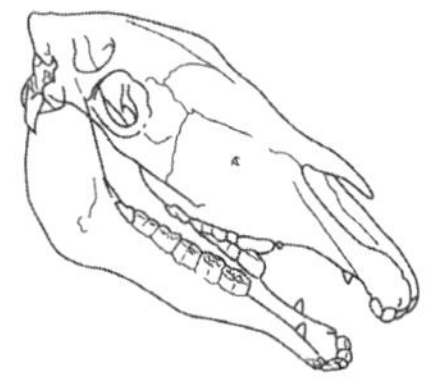

8 右の図は，ある力を矢印を用いて図示したものである。この矢印の長さは，力の三つの要素のうちの力の何を表しているか。

2 ガラスびんの中に少量の水，少しふくらませた風船，<u>線香の煙</u>を入れ，右の図のように，温度計と注射器をとりつけたゴム栓をした。次に，ピストンをすばやく押したり引いたりしたところ，ガラスびんの内部が白くくもったり，そのくもりが消えたりするのが観察され，ガラスびんの内部の気温や風船のようすにも変化が見られた。

このことについて，次の**1**，**2**，**3**の問いに答えなさい。

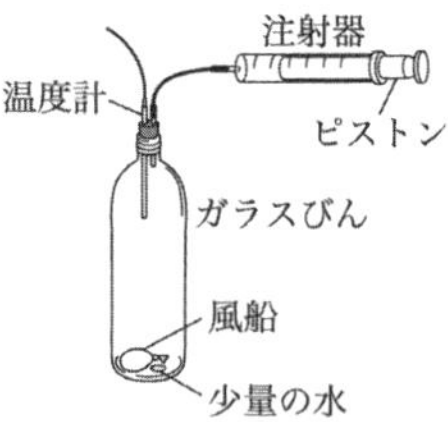

1 ガラスびんの中に下線部の線香の煙を入れた目的は何か。「煙の粒子」，「核」という語を用いて簡潔に書きなさい。

2 次の□内の文章は，ガラスびんの内部で起こったことについて述べたものである。①，②に当てはまる語をそれぞれ(　　)の中から選んで書きなさい。また，ガラスびんの内部が白くくもった瞬間に温度計に表示されていた温度(ガラスびんの内部の気温)を何というか。

解答・解説 P309・P317

ガラスびんの内部が白くくもったのは，注射器のピストンをすばやく ①(押した・引いた) ときであった。このとき，ガラスびんの中に入れておいた風船は，最初の状態に比べて ②(ふくらんで・しぼんで) いた。

3 自然界において，ガラスびんの内部が白くくもったしくみと同様のことが起こり，雲が発生している場所として当てはまるものを，次の**ア**，**イ**，**ウ**，**エ**のうちから**すべて**選び，記号で書きなさい。

ア 温度の異なる２種類の気団どうしが接している前線面の付近。
イ 日本付近を通過している移動性高気圧の中心の上空。
ウ 山を越えてきた風が，山腹に沿って下降しているところ。
エ 夏に，強い日ざしによって熱せられた場所の上空。

3 酸化銀を加熱したときに起こる変化について調べるために，次の実験(1)，(2)を順に行った。

(1) 酸化銀 11.6 g を試験管Aに入れ，右の図のような装置を組み立てて加熱したところ，気体Xが試験管Bに集まった。
(2) 気体Xの発生が見られなくなるまで加熱した後，試験管A内に残った固体Yの質量をはかったところ，10.8 g であった。

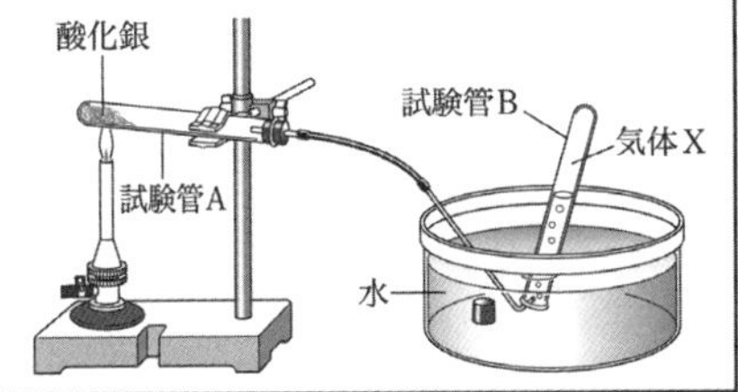

このことについて，次の**1**，**2**，**3**の問いに答えなさい。

1 実験において，加熱によって酸化銀に起こった化学変化を，化学反応式で表しなさい。

2 実験(2)の後，固体Yを薬さじでこすってみたところ，表面が輝いて見えた。このときに固体Yに現れた輝きのことを何というか。**漢字４字**で書きなさい。

3 気体Xは原子Pのみで，固体Yは原子Qのみでできている物質である。このように，１種類の原子のみでできている物質を何というか。また，実験の結果から，１個の原子Pと１個の原子Qの質量比(P：Q)はどのように表されるか。最も簡単な整数比で書きなさい。

4 図１は，カエルの生殖と発生の流れを表したもので，受精によってできた受精卵は，図２のP，Q，R，Sのような過程を経て，カエルの幼生であるおたまじゃくしへと成長していく。ただし，P，Q，R，Sは正しい順には並んでいない。

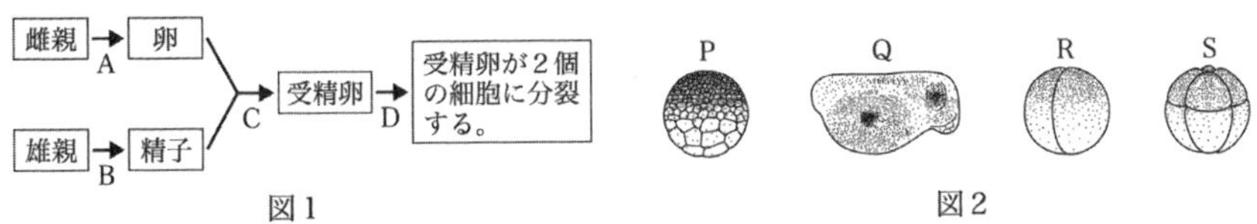

図１　図２

このことについて，次の**1**，**2**，**3**の問いに答えなさい。

1 カエルの親が生殖細胞である卵や精子をつくるときに成り立つ，分離の法則とはどのようなことか。「対」，「生殖細胞」という語を用いて簡潔に書きなさい。

2 図１において，減数分裂が行われているところを示している矢印はどれか。A，B，C，Dのうちから**すべて**選び，記号で書きなさい。

3 図２を，発生の順に正しく並べたとき，３番目にくるものはどれか。P，Q，R，Sのうちから一つ選び，記号で書きなさい。また，カエルのような多細胞生物の動物の場合，図２の過程も含めて，受精卵が細胞分裂を始めてから，自分で食物をとり始める前までの子の期間を何というか。

下野模擬問題(第188回)◆理科

5 電源装置，抵抗器，コイル，電流計，スイッチなどを用いて右の図のような回路を組み立てた後，スイッチを入れて回路に電流を流したところ，方位磁針AのN極が左に振れた状態で静止し，方位磁針BのN極がある向きに振れた状態で静止した。なお，図では，方位磁針Bの針は省略してある。

このことについて，次の**1**，**2**，**3**の問いに答えなさい。ただし，地球の磁界による影響は考えないものとする。

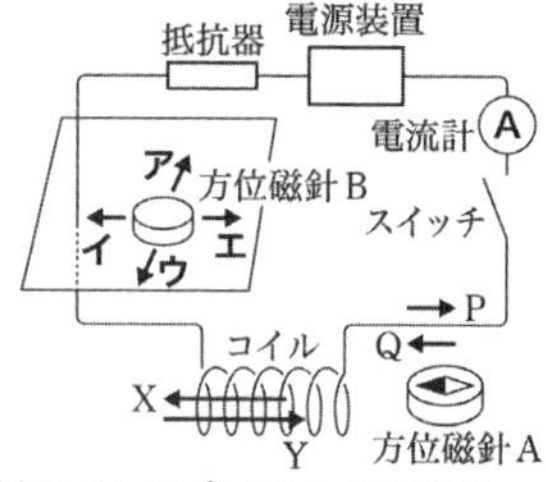

1 次の□内の文章は，導線を流れる電流によってできる磁界について述べたものである。①，②に当てはまる語をそれぞれ書きなさい。

> 電流が流れている導線のまわりにできる磁界は，導線を中心とした（　①　）状の磁力線で表すことができる。また，その磁力線の間隔は，導線に近づくにつれて（　②　）なっている。

2 スイッチを入れた後，コイルの内部にできる磁界の向きと導線を流れる電流の向きは，それぞれどのような向きになっているか。図中のX，YとP，Qのうちからそれぞれ一つずつ選び，記号で書きなさい。

3 回路に電流が流れているとき，方位磁針BのN極はどの向きに振れているか。図中の**ア**，**イ**，**ウ**，**エ**のうちから一つ選び，記号で書きなさい。なお，方位磁針Bは，導線を垂直に通した水平な板の上の，導線の右側に置かれている。

6 ある日の夕方，日本国内で震源の深さがごく浅い地震が発生した。この地震について，次の(1)，(2)，(3)のようなことを調べた。

> (1) 三つの地点A，B，Cにおける，この地震による初期微動が始まった時刻，および主要動が始まった時刻を調べ，下の表のようにまとめた。

	初期微動が始まった時刻	主要動が始まった時刻
地点A	17時59分14秒	17時59分50秒
地点B	17時59分05秒	17時59分29秒
地点C	17時58分59秒	17時59分15秒

> (2) この地震による主要動について，地点Cにおける人の感じ方や周囲のようすは，それぞれ次のようであった。
> ・屋内にいた人の大部分がゆれを感じた。また，歩いていた人の中にもゆれを感じた人がいた。
> ・棚の食器類が音を立てることがあった。また，電線が少しゆれていた。
>
> (3) この地震の発生によって生じたP波は，7 km/sの速さであらゆる方向に伝わっていった。また，S波も一定の速さであらゆる方向に伝わっていったので，三つの地点A，B，Cにおける初期微動継続時間は，それぞれの地点の震源からの距離に比例している。

このことについて，次の**1**，**2**，**3**，**4**の問いに答えなさい。

1 次の□内の文章は，地震に関する基本用語について述べたものである。①，②に当てはまる語をそれぞれ書きなさい。

> 震源の深さを表す基準となる，震源の真上に位置する地表上の地点を（　①　）といい，地震によるゆれの分布などを示す地図上においては，その地点は×印によって示されることが多い。また，地震の規模(地震がもつエネルギーの大きさ)を表す値を（　②　）といい，規模が大きくなるほど，その値は大きくなる。

2 (2)より，地点Cにおける，この地震によるゆれの程度を表す階級(現在の日本で使用されているもの)は，次のうちどれであることがわかるか。

ア 1　　**イ** 3　　**ウ** 5強　　**エ** 7

問題 R3
186
187
188
189
【理科】第188回

解答・解説 P309・P317

3　この地震が発生した時刻は，次のうちどれであったと考えられるか。

ア　17時58分44秒　　**イ**　17時58分47秒
ウ　17時58分50秒　　**エ**　17時58分53秒

4　三つの地点A，B，Cのうちで初期微動継続時間が最も長かった地点は，震源から何km離れたところに位置しているか。

7　アルカリ性の水溶液に酸性の水溶液を加えたときに起こる変化について調べるために，次の実験(1)，(2)，(3)，(4)を順に行った。

(1)　5個のビーカーA，B，C，D，Eを用意し，それぞれに同じ濃度の水酸化バリウム水溶液を10mLずつ入れた後，BTB溶液を数滴ずつ加えた。

(2)　図1のように，こまごめピペットを用いて，うすい硫酸をビーカーAには2mL，Bには4mL，Cには6mL，Dには8mL，Eには10mL加えた。

(3)　ガラス棒でそれぞれのビーカー内の液をかき混ぜ，液の色を調べた。下の表は，その結果をまとめたものである。

(4)　それぞれのビーカーをしばらく放置しておいたところ，どのビーカーの底にも白色の物質Xが沈殿していた。

図1

ビーカー	A	B	C	D	E
加えたうすい硫酸の体積〔mL〕	2	4	6	8	10
ビーカー内の液の色	青色	青色	青色	緑色	黄色

このことについて，次の**1**，**2**，**3**，**4**の問いに答えなさい。

1　次の□内の文章は，実験で起こった化学変化について述べたものである。①，②に当てはまる語をそれぞれ書きなさい。

> 実験では，水酸化バリウム水溶液とうすい硫酸との間に，互いの性質を打ち消し合う化学変化が起こった。この化学変化を（　①　）といい，物質Xの他に（　②　）という物質ができた。

2　実験(4)で，白色の物質Xが沈殿していたのはなぜか。「物質Xは」に続けて簡潔に書きなさい。

3　図2中の●印は，ビーカーAの底に沈殿していた物質Xの質量を表している。表の結果をもとに，加えたうすい硫酸の体積と沈殿した物質Xの質量との関係を表すグラフを，解答用紙に完成させなさい。ただし，新たな●印を記入する必要はない。

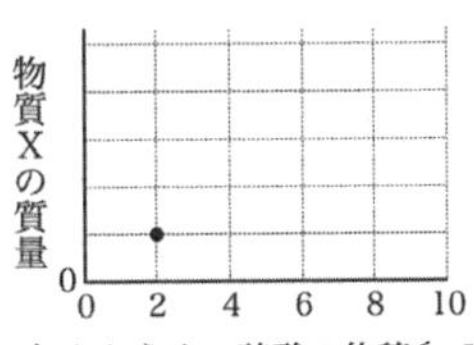

図2

4　ビーカーEの液の色を緑色にするためには，実験で用いた水酸化バリウム水溶液をさらに何mL加えればよいか。

8 デンプンに対するヒトのだ液のはたらきについて調べるために，次の実験(1)，(2)，(3)を順に行った。

(1) デンプンのりを10mLずつ入れた2本の試験管A，Bを用意し，図1のように，試験管Aには水2mLを，試験管Bには水でうすめただ液2mLを加えた。

(2) 図2のように，試験管A，Bを，ビーカーに入れた約40℃の湯の中に10分間ほどつけておいた。

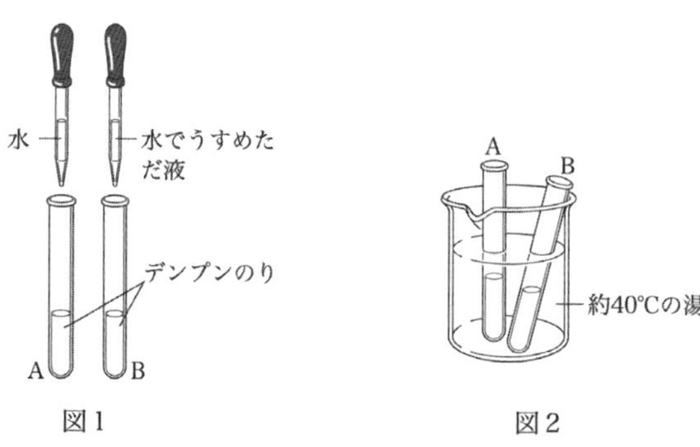

図1　　図2

(3) 試験管A，Bにベネジクト溶液を加えてある操作を行ったところ，試験管Aには特に変化が見られなかったが，試験管Bには赤褐色の沈殿ができた。

このことについて，次の**1**，**2**，**3**，**4**の問いに答えなさい。

1 実験(2)で，試験管A，Bを，ビーカーに入れた約40℃の湯の中につけておいたのはなぜか。「消化酵素」，「体温」という語を用いて簡潔に書きなさい。

2 実験(2)を行ったことで，試験管Bの中のデンプンは，時間がたつにつれて減少していった。このことを確かめるために用いる試薬は何か。また，デンプンが検出された場合のその試薬の色の変化を表しているものは，次のうちどれか。

ア 褐色→黄緑色　　**イ** 褐色→青紫色　　**ウ** 水色→黄緑色　　**エ** 水色→青紫色

3 実験(3)で行った下線部のある操作とは，次のうちどれか。

ア 試験管内の液を加熱した。　　**イ** 試験管内の液をよく振り混ぜた。
ウ 試験管内の液を冷却した。　　**エ** 試験管内の液をしばらく放置した。

4 次の□内の文章は，試験管Bの中のデンプンに起こった変化について述べたものである。①，②に当てはまる語をそれぞれ(　)の中から選んで書きなさい。

実験(3)で得られた結果から，試験管Bの中のデンプンは ①(アミノ酸・モノグリセリド・ブドウ糖) が何分子か結合したものへと変化したことがわかる。この変化に最も関係が深い物質は，②(リパーゼ・アミラーゼ・ペプシン) という消化酵素である。

問題 R3
186
187
188
189
【理科】第188回

 解答・解説 P309・P317

9 物体がされる仕事や仕事率について調べるために，次の実験(1)，(2)を順に行った。

(1) 台車にとりつけた糸の一端をばねばかりにつないだ後，図1のように，台車を水平面から60cmの高さの位置まで3cm/sの速さで真上に引き上げた。このとき，ばねばかりが示す値は，台車が水平面を離れた後は12.0Nで一定であった。

(2) (1)で用いた台車を斜面上の最も下の位置に置いた後，図2のように，台車を斜面に沿ってゆっくりと引き上げたところ，ばねばかりが示す値は，台車が動き始めた後は一定であった。また，台車が斜面に沿って90cm移動したとき，台車の垂直方向の高さが60cm高くなった。

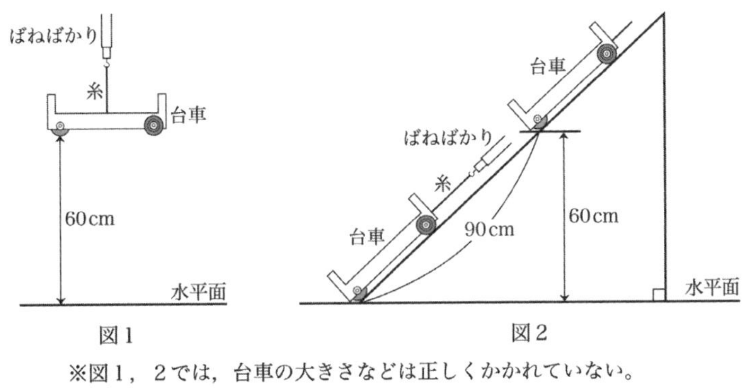

図1　　図2

※図1，2では，台車の大きさなどは正しくかかれていない。

このことについて，次の**1**，**2**，**3**，**4**の問いに答えなさい。ただし，実験に用いたばねばかりや糸の質量，および台車と斜面の間の摩擦については考えないものとする。また，糸はまったくのび縮みしないものとする。

1 実験(1)で，台車を床から60cmの高さの位置まで引き上げたときに台車がされた仕事の大きさは，次のうちどれか。

ア 7.2J　　**イ** 72J　　**ウ** 720J　　**エ** 7200J

2 次の□内の文章は，実験(1)における仕事率について述べたものである。①，②に当てはまる数値をそれぞれ書きなさい。

> 実験(1)で，台車が水平面を離れてから60cmの高さの位置まで真上に引き上げるのに要した時間は（ ① ）秒であった。このことから，台車がされた仕事における仕事率の大きさは（ ② ）Wであったことが求められる。

3 ある物体の高さを高くする仕事において，摩擦などを考えないならば，斜面などの道具を用いない場合の仕事の大きさと用いた場合の仕事の大きさとの間には，ある関係が成り立つ。このことを何というか。

4 実験(2)で，台車が動き始めた後，ばねばかりは何Nを示していたか。

令和3年
12月5日実施

第188回 下野新聞模擬テスト
英　語

制限時間

1 これは聞き方の問題である。指示に従って答えなさい。

1〔英語の対話とその内容についての質問を聞いて，答えとして最も適切なものを選ぶ問題〕

(1) ア

school classroom

イ

ウ

エ

(2) ア
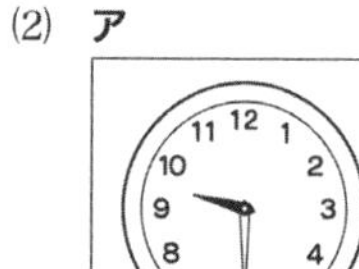

イ

ウ

エ

(3) ア
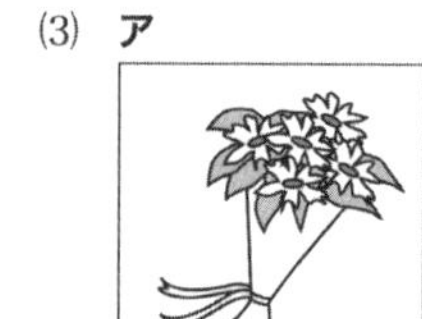

イ
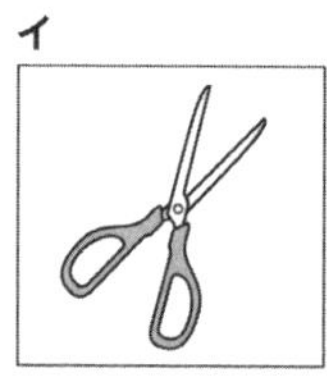

ウ
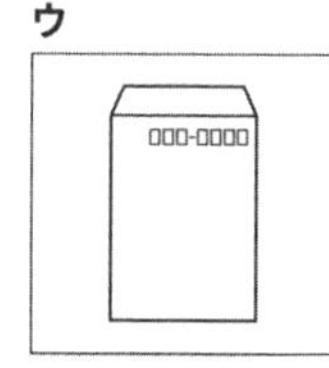

エ

2〔英語の対話とその内容についての質問を聞いて，答えとして最も適切なものを選ぶ問題〕

(1) ①
ア For one day.　　イ For two days.
ウ For three days.　　エ For four days.

②
ア Because he could tell a woman how to go to a temple in Japanese.
イ Because he could talk with Reina about his good experiences during his trip.
ウ Because he could ask a woman about a popular museum in Japan.
エ Because he could visit some famous temples and shrines in Kyoto.

(2)

Work Experience Program

Working Place		Department Store	Library	Post Office	Elementary School
Meeting Place		Station	Bus Stop	School	Park
How to Go		Train	Bus	Foot	Bike
Working Hours	Morning	10:00-12:30	10:00-12:00	8:30-12:00	9:00-12:00
	Afternoon	13:30-16:00	13:00-16:00	13:00-16:00	13:00-16:00

①
ア For two hours.　　イ For two hours and thirty minutes.
ウ For three hours.　　エ For three hours and thirty minutes.

② ア By bus.　　イ By bike.　　ウ By train.　　エ On foot.

3〔ダニエルからの留守番電話のメッセージを聞いて，英語のメモを完成させる問題〕

○ How to get to the museum from my (1)(　　　　) station
　Take the No. 55 bus that goes to the (2)(　　　　).
　Its color is white and (3)(　　　　).

○ From the bus stop to the museum
　It's (4)(　　　　) from the bus stop.
　→Daniel will come there to meet me.

2 次の1，2の問いに答えなさい。

1 次の英文中の (1) から (6) に入る語句として，下の(1)から(6)の**ア**，**イ**，**ウ**，**エ**のうち，それぞれ最も適切なものはどれか。

Dear Erika,

My father teaches Japanese at a college in New York. He has many friends in Japan, and Mr. Kato is one of them. Last summer my parents took me to Japan to spend our holidays.

One day, when we were staying in Tokyo, Mr. Kato invited us to his house. Before visiting, my father said, "Betty, you must take (1) your shoes when you go into the house." Then, my mother said, "In his house, you'll find interesting doors (2) *shoji*. But you don't push or pull them. You *slide them when you go in."

When we arrived (3) Mr. Kato's house, Mr. and Mrs. Kato were waiting for us with (4) daughter, Mikiko. Mrs. Kato and Mikiko were wearing beautiful *kimonos*. I said, "Oh, (5) beautiful they are!" They told me a lot of things about life in Japan. I thought, "Every country has its own way of life. I have (6) many things."

Your friend, Betty

〔注〕*slide＝横に滑らせて動かす

(1) **ア** to　**イ** on　**ウ** in　**エ** off
(2) **ア** call　**イ** calls　**ウ** called　**エ** calling
(3) **ア** by　**イ** at　**ウ** from　**エ** with
(4) **ア** they　**イ** them　**ウ** theirs　**エ** their
(5) **ア** how　**イ** who　**ウ** what　**エ** which
(6) **ア** learn　**イ** learned　**ウ** learning　**エ** to learning

2 次の(1)，(2)，(3)の(　　)内の語句を意味が通るように並べかえて，(1)と(2)は**ア**，**イ**，**ウ**，**エ**，(3)は**ア**，**イ**，**ウ**，**エ**，**オ**の記号を用いて答えなさい。

(1) This is a movie (**ア** that　**イ** you　**ウ** sad　**エ** makes).
(2) Who (**ア** playing　**イ** soccer　**ウ** the boy　**エ** is) with Kevin?
(3) The (**ア** found　**イ** he　**ウ** pen　**エ** there　**オ** which) was mine.

3 次の英文は，高校生のなおき(Naoki)とカナダ(Canada)からの留学生ケイト(Kate)の対話の一部である。また，右の図はそのとき二人がインターネットで見ていた記事(article)の一部である。これらに関して，**1**から**6**までの問いに答えなさい。

Kate: Hello, Naoki. What are you doing?
Naoki: Hi, Kate. I'm reading an article on the Internet.
Kate: Oh, really? What is it about?
Naoki: It's about sleeping. It says sleeping enough is important. I usually go to bed before ten. [　　　] do you usually go to bed?
Kate: I usually go to bed before twelve. However, I went to bed at two last night because I had to finish my homework.
Naoki: Oh, it's too (**A**), Kate. Look at this article. Students sleep more than I thought. Many of them sleep for seven to eight hours.
Kate: About 40 percent of the students (1)<u>do so</u>. How long should we sleep every day?
Naoki: The doctor says that students should sleep for more than eight hours, but only about 25 percent of the students do so.
Kate: I sleep only for about six hours every day. Why do we have to sleep so much?
Naoki: This article says our body makes a lot of *growth hormones *while we are sleeping, so sleeping is very important for children. Also, sleeping cuts down *stress. We need to sleep enough ＿＿＿(2)＿＿＿.
Kate: I understand, but it is difficult for me to go to bed before ten. I don't become sleepy so (**B**).

Naoki：Look at this boy. He gets up at six o'clock. After that, ＿＿(3)＿＿ for his health. Doing sports for a short time like him is very good if you want to sleep well.
Kate：That's a good idea. He can have free time at night, and he goes to bed early.
Naoki：He can do so because ＿＿(4)＿＿ after he comes home.
Kate：I see. He looks at stars in the sky to *relax before going to bed. What do you do to sleep well?
Naoki：I usually read a book before I go to bed. How about you, Kate?
Kate：Well..., I usually play games on my smartphone before going to bed.
Naoki：Oh, you shouldn't do that. I hear that the light is too *bright and it *prevents us sleeping. Also, you shouldn't eat anything late at night. You will have *heartburn, and you won't be able to sleep well. Look at this. We should follow these (5)<u>three rules</u> to sleep well.
Kate：OK, Naoki. I'll try to remember these things. Now, I understand that sleeping is very important for our health. (6)<u>Do you do anything for your health?</u> Many people say eating breakfast is good for our health, so I try to eat breakfast every morning.

〔注〕*growth hormone＝成長ホルモン　*while ～＝～している間に　*stress＝ストレス
*relax＝くつろぐ，リラックスする　*bright＝明るい　*prevent＝妨げる
*heartburn＝胸焼け

問題R3
186
187
188
189
【英語】第188回

学生

私は今，高校1年生なのですが，睡眠時間はどれくらい取るべきなのでしょうか。

医者

中学生や高校生の場合は，毎日8時間より多く眠るようにしましょう。
右のグラフは，中高生100人を対象に行った睡眠時間についてのアンケート結果です。
8時間以下の学生が多いですが，記事を参考にして，十分な睡眠時間を取るように心がけてください。

中高生の睡眠時間についてのアンケート結果

0%　5%　10%　15%　20%　25%　30%　35%　40%　45%
5～6時間　6～7時間　7～8時間　8～9時間　9～10時間

ある男子高校生のライフスタイル

6:00～6:30　起床
6:30～7:00　ランニング（健康のために，公園内を20分間走っています。）
7:00～7:30　シャワー
7:30～8:30　朝食・登校
8:30～16:20　学校
16:20～18:00　帰宅・宿題
18:00～20:00　夕食・入浴
20:00～22:00　自由時間・就寝（リラックスするために，寝る前は，星空を眺めています。）

Very Good!

睡眠はなぜ大切なの？

①睡眠中に子どもにとって重要な成長ホルモンを体がたくさんつくります。

②疲れているときは，十分に眠ることで，疲労回復とストレス軽減に効果があります。

よく眠るための三箇条

一　日中に適度な運動をせよ
二　寝る前の携帯電話やゲームを禁止せよ
三　寝る前の食事を禁止せよ

1　二人の対話が成り立つよう，［　　　］に入る適切な英語**2語**を書きなさい。

2　本文中の（ **A** ），（ **B** ）に入る語の組み合わせとして，最も適切なものはどれか。
ア　**A**：late　**B**：fast　　**イ**　**A**：early　**B**：slowly
ウ　**A**：late　**B**：early　　**エ**　**A**：early　**B**：late

3　下線部(1)が指す具体的な内容は何か。解答用紙の書き出しに続けて，日本語で書きなさい。

4　上の記事を参考に，二人の対話が成り立つよう，下線部(2)，(3)，(4)に適切な英語を書きなさい。ただし，数字も英語で書くこと。

5 次の□内の英文は，下線部(5)の内容をまとめたものである。①，②に入る適切な英語を，本文から**1語**ずつ抜き出して書きなさい。

> First, we should do (①) in the daytime. Second, we should stop using our smartphones and playing games before sleeping. Third, do not (②) anything before you go to bed.

6 下線部(6)の質問に，あなたならどのように答えますか。つながりのある**4文から6文程度**の英語で書きなさい。ただし，本文及び記事に書かれていること以外で書くこと。

4 大介(Daisuke)，彩子(Ayako)，カレン(Karen)についての次の英文を読んで，**1**から**5**の問いに答えなさい。

My name is Daisuke. I'm fifteen years old and go to junior high school. I live in a small town in Tochigi with my family. I have wanted to meet many people from different countries and enjoy talking with them. Two years ago, I met Karen, a girl from Australia. At first, I thought, "It will be difficult for me to talk to her because I can't speak English well." But I changed my mind later.

Karen came to my town two years ago and stayed with my family for three weeks. Soon she became friends with my older sister, Ayako. They often talked about many things. I was always a little (**A**) after Karen talked to me because I didn't know how to communicate with Karen.

One day during Karen's stay in Tochigi, Ayako and I took Karen to a big department store. When we got there, Karen said, "Today I want to buy a T-shirt *as a memory of my stay here." Ayako said, "Oh, that's a good idea, Karen. What kind of T-shirt are you going to buy?" Karen said, "I want a T-shirt with *kanji* on it. Can you help me with looking for a nice one?" Ayako said, "Sure. Let's go and see some clothes shops."

Then, we went into a clothes shop for women. Karen found a T-shirt with a *kanji* on it at the shop. She showed it to us and said, "I like this one." <u>Ayako and I *laughed when we saw it</u>. Ayako said, "Karen, the *kanji* on the T-shirt means 'rice.' We laughed." Karen also laughed and said, "Oh, I didn't know that. I love Japanese rice, but I don't need to buy this T-shirt. I'll look for another one."

About ten minutes later, Ayako and I found a nice T-shirt. We brought it to Karen and said, "Karen, how about this one?" Karen asked, "Well..., the color is nice, but what is the meaning of the *kanjis* on the T-shirt?" I couldn't say anything because it was very difficult for me to *explain it in English. Then, Ayako said, "We read these *kanjis* like '**Tochigi-Ha*'. The word means that you love Tochigi the best of all *prefectures in Japan." Karen said, "Wow! You've found the best one! I love Tochigi and people in Tochigi, so I'll take it. Thanks a lot, Daisuke and Ayako!" We were very (**B**) to hear that.

*Sadly, three weeks passed so fast. Before Karen went back to Australia, she said to us, "I had a good time with you. If you come to my country, my family and I will welcome you. I hope I can see you again in Australia someday." I thought, "I can enjoy communicating with foreign people if I can think of their feelings." I hope I can visit Australia and see Karen and her family someday.

〔注〕*as a memory of 〜＝〜の思い出，記念として　*laugh＝笑う
*explain＝説明する　**Tochigi-Ha*＝栃木派　*prefecture＝都道府県
*sadly＝悲しいことに

1 本文中の(**A**)，(**B**)に入る大介の気持ちを表している語の組み合わせとして，最も適切なものはどれか。

ア **A**：glad — **B**：excited　　イ **A**：sad — **B**：happy
ウ **A**：glad — **B**：surprised　　エ **A**：sad — **B**：sorry

2 下線部の理由は何か。具体的に日本語で書きなさい。

3　次の**質問**に答えるとき，**答え**の[　　　]に入る適切な英語を**2語**で書きなさい。

質問：What did Daisuke and Ayako do for Karen at the department store?

答え：They [　　　] a nice T-shirt together.

4　次の[　　　]は，カレンと一緒に過ごした日々を通して見られる大介の考えの変化についてまとめたものである。(　①　)と(　②　)に適切な日本語を書きなさい。

> 大介は，カレンと出会う前までは，(　　　①　　　)から，外国の人たちとはコミュニケーションを取ることができないと考えていたが，(　　　②　　　)ことができれば，彼らとのコミュニケーションを楽しむことができると考えるようになった。

5　本文の内容と一致するものはどれか。

ア　Daisuke has known Karen since they were two years old.

イ　It took a lot of time for Ayako to become friends with Karen.

ウ　Ayako and Daisuke went to the department store with Karen, and they bought a T-shirt for her.

エ　Daisuke wants to go to Australia to visit Karen and her family in the future.

5　次の英文を読んで，**1**，**2**，**3**，**4**の問いに答えなさい。

I found an interesting *article on the Internet. It said, "Most Japanese work [A] than people in other countries." Japanese people usually work hard, but I have a question. Why do they work until late at night or on holidays? In my town in Australia, people have more free time, and they enjoy many things. For example, some people go to a lake to catch fish or enjoy hiking in the mountains. Others go to the beach almost every weekend. They *rest in the sun and enjoy the *breeze from the sea. People can enjoy their free time as they like.

Many of my Japanese friends say, "Working hard is a good thing." I can agree with them because <u>working is a very important part of our lives</u>. By working hard, people can feel happy and make their family happy. However, I think there is something else *other than working to enjoy our lives. Why don't you move away from your busy lives and start something new in your free time? You can become a member of a sports club or learn foreign languages. Also, you [B].

Finally, I'll tell you one more important thing. When you start something new, you should not be afraid of being different from other people. In my country, it is natural for us to be different. If you know this, you can really enjoy your lives.

〔注〕*article＝記事　*rest＝休息する　*breeze＝そよ風　*other than ～＝～以外の

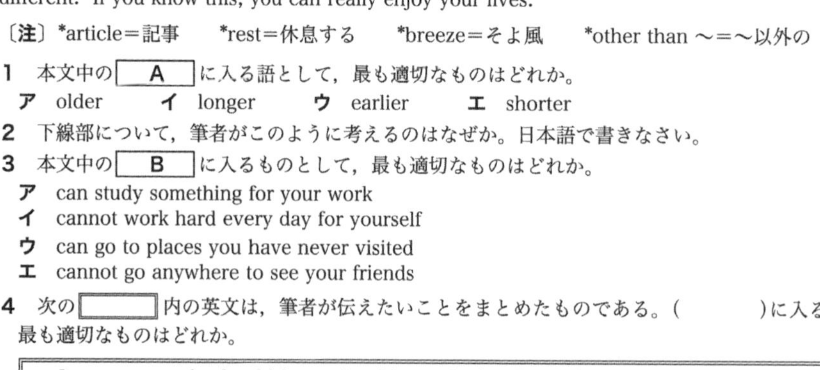

1　本文中の[A]に入る語として，最も適切なものはどれか。

ア　older　**イ**　longer　**ウ**　earlier　**エ**　shorter

2　下線部について，筆者がこのように考えるのはなぜか。日本語で書きなさい。

3　本文中の[B]に入るものとして，最も適切なものはどれか。

ア　can study something for your work

イ　cannot work hard every day for yourself

ウ　can go to places you have never visited

エ　cannot go anywhere to see your friends

4　次の[　　　]内の英文は，筆者が伝えたいことをまとめたものである。(　　　)に入る最も適切なものはどれか。

> Japanese people should learn that it's not bad to be different from other people. Also, they don't have to be afraid of that when (　　　).

ア　they try some new things they have never done

イ　they go to the beach to enjoy the breeze from the sea

ウ　they go to a lake to catch fish or enjoy hiking in the mountain

エ　they have to work until late at night or on holidays

解答・解説 P308・P312

れる音がした。［エ］そして音の方から一頭の茶色い馬が現れた。すると、その後ろから馬の一群が走ってきた。雪を蹴ちらし、ペシペシ小枝をおりながら、馬の群れはどんどん近づいてきた。昭佳は背中がサーッとあわだった。馬たちは、なん十メートルかの距離をたもち、ふぶきの速度に合わせてついてくる。作太郎が馬たちをじっと見ていた。(3)昭佳は胸がしめつけられるような思いで、この光景を見ていた。「ドォ、ドォ。」ふぶきはピタリと止まり、作太郎が雪の上に乾草をまいた。そして、すぐに作太郎はふぶきに乗ると、そこをはなれた。昭佳は、この出来事で、初めて作太郎という人に出会った気がしたのだった。

（最上一平（もがみいっぺい）「広野の馬」〈新日本出版社〉から）

（注1）かいばおけ＝馬に与える餌を入れるおけ。
（注2）南天＝メギ科の常緑低木。

1 ［　］に入る語句として最も適当なものはどれか。

ア おいしい　**イ** とぼしい
ウ あふれる　**エ** 欠かせない

2 (1)これは昭佳にとって、なかなかやっかいな仕事だったとあるが、この仕事に対する昭佳の気持ちとして最も適当なものはどれか。

ア 水が重くて歩くたびにこぼれるので、気が進まないが、じいちゃんの手伝いをしなければならないと思っている。
イ 水は重くてこぼれるので、一人では十分にできないところもあって歯がゆいが、なんとかやりきりたいと思っている。
ウ 自分一人ですべてをこなすのは無理だとわかっているが、馬たちがかわいいのでできるだけ面倒をみたいと思っている。
エ 水を運ぶことはなんとかできても、かいばおけの中には一人で入れられないので、できれば別の仕事をしたいと思っている。

3 (2)作太郎が馬に乗っているところを、昭佳は、その時初めて見たとあるが、このとき作太郎の様子を見て、昭佳が感じていることを、文末が「と感じている。」となるように、三十字以上四十字以内で書きなさい。ただし、文末の言葉は字数に含めない。

4 本文中の［ア］～［エ］のいずれかに、次の一文が入る。最も適当な位置はどれか。

> しかし、昭佳はこの声をきくと体のしんがカッと熱くなった。

5 (3)昭佳は胸がしめつけられるような思いで、この光景を見ていたとあるが、このときの昭佳の気持ちを、「声」「群れ」という語を用いて、三十字以上四十字以内で書きなさい。

6 本文の特徴を説明したものとして最も適当なものはどれか。

ア 昭佳が馬とかかわる作太郎の姿に強く心引かれて馬の世話をするようになった経緯を、現在と過去を融合させて描いている。
イ 昭佳が野生の馬に興味を持つようになったきっかけを、回想の場面をはさみ込むことによって、より強く印象付けている。
ウ 昭佳が馬の世話を進んでする日常の光景に回想の場面をつなぐことによって、その理由が明かされる推理的な構成になっている。
エ 昭佳が作太郎と馬の世話をする日常の光景と、別人のような作太郎を知った回想の場面を、くらによってたくみにつないでいる。

5

「時間を長く感じたり短く感じたりすること」について、あなたの考えを国語解答用紙(2)に二百四十字以上三百字以内で書きなさい。
なお、次の《条件》に従って書くこと。

《条件》
（Ⅰ）二段落構成とすること。
（Ⅱ）各段落は次の内容について書くこと。

［第一段落］
・あなたがどのようなときに「時間を長く感じたり短く感じたりするか」について具体的に説明しなさい。あなたが直接体験したことや見たり聞いたりしたことをもとにしてもよい。

［第二段落］
・第一段落で書いたことを踏まえて、「あなたは今後どのように時間を過ごしていきたいと考えるか」について、理由を含めて具体的に書きなさい。

ウ　年中「胡瓜」を食べることができる便利な社会になったので、若い人が季節感を感じないのも当然だということ。

エ　温室栽培で消費する石油の量はわずかな量であるが、全体で見れば大きな量になるので、すぐにやめるべきだということ。

5　(4)発想の転換　とあるが、現代の「季節感」についていうとどういうことか。四十字以上五十字以内で書きなさい。

6　筆者の考えに合うものとして最も適当なものはどれか。

ア　古くから実感されてきた季節感を持っている季語は、日本人の美意識の象徴でもあるので、大切にすべきである。

イ　俳句について語ることは、現代社会の問題点を明らかにするだけでなく、伝統的な感覚の発見ももたらす。

ウ　季語の季節感の変化について考えることは、物質的に豊かな私たちの生活のあり方を問うことにつながる。

エ　季語は自然と歴史に育まれて磨き上げられてきたものなので、私たちが季節感の歪みに気づく格好の手段である。

4

次の文章を読んで、**1**から**6**までの問いに答えなさい。

〔昭佳(あきよし)は、作太郎(さくたろう)じいちゃんの家に行き、二人でふぶきといかずちという馬の世話をしている。〕

「じいちゃん、ふぶきといかずちに水やってもいいか。」「ああいいとも。頼む。」「うん。」沢から水を引いた井戸が、家の正面にある。昭佳はバケツを持って、井戸に水くみに行った。水をのませるのも、前になん度かやらせてもらっていた。(1)これは昭佳にとって、なかなかやっかいな仕事だった。水は重たいし、チャプチャプこぼれるから注意がいった。両手でふぶきの前までバケツを運ぶと、「ヨッシャ。」といって、作太郎が木の箱から立った。そして、バケツのつるを両わきからふたりで、「セーノ。」と持ち上げ、バケツごとかいばおけ(注1)の中に入れた。ふたりで声をそろえて持ち上げるのは楽しかったが、もう少し背が高いか、もう少し力が強ければ、ひとりでできるのだがと思うと、昭佳は少し残念だった。

ふぶきは、バケツにすぐ鼻をつっこんで、ゴクリゴクリとのんだ。バケツの水かさがスー、スーッと減って、いっぺんにからになった。

「んまいべ。よし、もうなくなったぞ。もう一回くんできてやっから。」ふぶきも、いかずちも、バケツの水を二はいずつのんだ。昭佳はうっすら汗ばんできた。少し疲れたが、ひと仕事したのが得意だった。「まず、ここさすわって休め。」と、作太郎が席をあけてくれた。「じいちゃんすわってろ。おれは、あそこの方がいいや。」昭佳は奥にうずたかく積んである、乾草(ほしくさ)やわらのところに行って腰かけた。乾草のにおいがプーンとした。奥にある台の上にはくらが二つ置いてあった。くらを見ながら、昭佳は乾草によりかかった。疲れがスーッととれていく気がした。それといっしょに、昨年の冬のことが、まるで映画のようにはっきりと、頭の中にうかんできた。

二月の終わりごろだったろうか。雪がふっていた。ふぶきの背中にはくらがついていて、くらの後ろには左右に、乾草の束が積んであった。(2)作太郎が馬に乗っているところを、昭佳は、その時初めて見た。日ごろ、南天のつえ(注2)を手ばなせない作太郎とはうって変わって、馬上の作太郎は別人のようだった。背筋はまっすぐにのび、顔つきがキリリと引きしまってき然としていた。「ハッ。」と、足で合図を送ると、ふぶきは歩きだし、歩速に合わせて作太郎はたくみにリズムをとった。その作太郎の後ろに、昭佳は乗せてもらったのだった。

作太郎の馬は、ふぶきといかずちだけではなかった。山にある昔の放牧場跡には、十数頭の馬が、半分野生になって生きていた。放牧場といっても、今では雑木の林になっているところだった。馬たちは、木の皮や、雪をほりおこし、クマザサやススキを食べて、飢えをしのいでいるのだった。エサの一番□季節になると、作太郎が乾草を持って行き、やっていたのだ。雪の中をふぶきは、作太郎にみちびかれながら進んでいった。「ホッ、ホッ、ホッ。」時どき、作太郎がふぶきをはげますように声をかけた。[ア]昭佳は初めて馬に乗り、落ちそうで作太郎の背中にしがみついていた。三十分もそうやって山を登ると、ふぶきを歩かせながら、作太郎が右手を口にやって叫んだ。「ホーイ、ホーイ、ホーイ、ホーイ。」よく通った声は、四方の山に響いた。[イ]南の斜面に向かって、作太郎はまた叫んだ。「ホーイ、ホーイ、ホーイ。」作太郎の腰にまわした手がしびれるように冷たかった。ほおをなでる風も、切るようにいたい。[ウ]昭佳は、作太郎が馬をよんでいるんだなと、すぐにわかった。

まわりの山ひだを見まわしてみても、雑木の林がつづいているだけで、何も動くものはない。冷たい雪の中で静まりかえっている。「ホーイ、ホーイ、ホーイ。」しばらくすると、ボキボキッとなにかのおどのくらいの人が、「胡瓜」に夏を感じるだろうか。俳句の鑑賞と実作を指導していた授業で、私はアンケートを取ってみた。すると、半数以上の学生は、「胡瓜」には季節を感じないと回答し、春の季語だと回答した者も十五パーセント近くに及んだ。中には冬の季語という回答もあり、いずれにせよ、夏の季語と答えた者は少数派であった。それは無理もないことで、今、「胡瓜」は一年中、店頭に並べられているし、あるいは、暖房の効いた部屋で、冷蔵庫で冷やした「胡瓜」のサラダを食べるのがいちばんおいしいのかもしれない。したがって、プロの俳人の中にも、「胡瓜」はすでに季節感を失っているから、季語から外せという意見の人さえ出て来ている。従来の歳時記の枠に捉われていたら、俳句は時代に取り残されてしまうというのである。しかし、季節感に最も敏感で、四季の移ろいに心情を託すべき俳人が、こんなことを軽々しく発言していいのだろうか。

そもそも、「胡瓜」が夏の季語となったのは、何も、無理に夏に押し込めたわけではない。江戸時代には、真夏にならないと食べられないものだったから、□夏の季語となったのである。今、「胡瓜」に夏の季節感を持たないという人は、一年中栽培される、温室栽培、促成栽培のものに慣らされているからにちがいない。

「胡瓜」が年中出回るようになったのは、品種改良その他、大変な研究の蓄積によるものでもあろうが、最も大きな要因は、石油を大量に使って、大規模な温室栽培をするようになったからであろう。(3)その恩恵で我々は年中、「胡瓜」を口にすることができるようになったのである。その経済効果を考えると、それ自体は、決して悪いとも思わない。が、それが本当に暮らしが豊かになったということなのだろうか。石油の大量消費の結果、地球温暖化という、人類の生存にもかかわる環境の変化が起こっている。「胡瓜」の温室栽培に使用される石油量など、高が知れているのかもしれない。が、それでも石油を燃やし続けていることには変わりはない。二十一世紀にはもっと農業人口が減って、大規模栽培が無人で行われる時代になるだろう。そうなった時、野菜、果物の季節感などは、跡形もなく吹き飛んでしまうことだろう。しかし、果たしてそれが豊かさに結び付くものかどうか。

俳諧、俳句の理念に、「わび」「さび」という言葉がある。その本質を簡単に解くことはむずかしいが、一口で言えば、閑寂美ということであろう。が、言葉からしても、「わび」はわびしい、「さび」はさびしいということとつながっている。わびしさ、さびしさをマイナス評価しないで、そこに美を、楽しみを感じて来たのが俳諧、俳句の歴史なのである。真夏になって初めて、自然に実った、独特の香りと甘さを持った「胡瓜」を口にできた昔の人々の心躍りを、もう我々は取り戻せないのだろうか。

暦通りには行かないにしても、季節の「時序(注3)の正しさ」を、ひたすら願って来た我々の祖先の心を思う時、物質的な豊かさよりも、心の豊かさに重きを置くことができるかどうか、(4)発想の転換が迫られているのではないだろうか。季節を見直すというのは、季節に合わなくなったから、季語の位置を変更せよということでは、決してない。自然暦に沿った季節感に照らして、その歪みをグローバル(注4)な環境の視点から、見直す必要はないかということなのである。

（三村昌義「季節をみなおす」『環境文化を学ぶ人のために』〈世界思想社〉から）

（注1）オーソドックス＝正統的・伝統的であること。
（注2）歳時記＝俳句の季語を分類・整理したもの。
（注3）時序＝時の順序。　（注4）グローバル＝全世界的であること。

1　□に入る語として最も適当なものはどれか。

ア　いわば　**イ**　たやすく　**ウ**　さしずめ　**エ**　おのずと

2　(1)季節感を持った語　とあるが、筆者は季語の季節感についてどのように説明しているか。三十五字以上四十五字以内で書きなさい。

3　(2)「胡瓜」は真夏の季節感を持ったものとされて来ている　とあるが、「胡瓜」の持つ「真夏の季節感」について具体的に述べている部分を五十字以内で抜き出し、初めと終わりの三字を書きなさい。

4　(3)その恩恵で我々は年中、「胡瓜」を口にすることができるようになった　とあるが、その結果について筆者が考えていることとして最も適当なものはどれか。

ア　経済効果としては大きなものがあるが、地球温暖化の問題を引き起こしている大きな原因の一つであるということ。

イ　重大な環境の変化を引き起こすと同時に、野菜や果物などの季節感が失われてしまう可能性もあるのではないかということ。

解答・解説 P308・P310

2

次の文章を読んで、1から5までの問いに答えなさい。

（注1）ある侯かかへの鼓打ち、能勢与左衛門といへる人、侯の舞の鼓打ちしに、舞のうち、鼓にあはざる所ありしを、侯、舞ひ終はりて後、(1)召してとがめたまふに、与左衛門毅然として、「今打ち候ふ鼓においては、いささか（注2）間拍子等の違ひなく候ふ。舞にあはざるは、恐れながら、君の（注3）御しをちなり」とて、(2)少しも屈せず。侯怒りて、「さあらば、今一度さきのごとく舞ふべし。鼓打てよ」とて、舞台に出でて舞ひたまふに、果たして侯の過ちにて、鼓にいささか違ひなし。さすが寛量の君にてましますにより、かへつて大いに賞せられて、事すみぬ。与左衛門、甚だ温孝の人にて、衆と親しみ睦みかりしに、（注4）禄を受くる職分の事においては、君に向ひて直言し、いささか（注5）諂諛する事なき志ありしは、(3)ひとしほ賞すべき事なり。

（「思斉漫録」から）

（注1）ある侯かかへの＝ある領主が雇っている。
（注2）間拍子＝リズム。
（注3）御しをち＝ご失敗。
（注4）禄＝給与。
（注5）諂諛＝へつらうこと。

1　いへる　は現代ではどう読むか。現代かなづかいを用いて、すべてひらがなで書きなさい。

2　(1)召してとがめたまふ　の理由として最も適当なものはどれか。

ア　侯が舞い始めても与左衛門が鼓を打ち始めなかったから。
イ　侯が舞っているときに与左衛門が鼓を打つのをやめたから。
ウ　与左衛門が侯の指示に従わず鼓を合わせなかったから。
エ　与左衛門の鼓が侯の舞と合わないところがあったから。

3　(2)少しも屈せず　とあるが、主語として適当なものはどれか。

ア　ある侯　　イ　能勢与左衛門　　ウ　衆　　エ　筆者

4　(3)ひとしほ賞すべき事なり　とあるが、筆者は侯に対する与左衛門の態度のどのようなところが優れていたと考えているか。二十字以上三十字以内の現代語で書きなさい。

5　本文の内容と合うものはどれか。

ア　与左衛門が自分の鼓に自信を持っていたので、侯に対しても非を認めさせることができたように、芸は身を助けるものである。
イ　与左衛門の侯に対する態度には自分を曲げることのない意思の強さがあったが、侯もまた寛大で度量の大きな人物だった。
ウ　侯は自分の間違いを認めることのない誇り高い人物であったが、与左衛門の言うことだけは受け入れる度量を持っていた。
エ　侯は与左衛門が人々の人望を得ているおかげで、自分も人々に尊敬されていることを知っていたので、与左衛門を重用した。

3

次の文章を読んで、1から6までの問いに答えなさい。

日本の伝統文芸の一つに俳句がある。もちろん、俳句にもいろいろな作り方があるわけだが、その中で最も（注1）オーソドックスで、支持されているのは、有季定型、つまり、十七音の定型の中に、必ず季語を入れるという作り方である。季語とは何か、これもいろいろと定義されてはいるが、ここでは四季という日本の自然の移り変わりの中で、詩語として日本人の美意識の中で磨き上げられて来て、一句の中において核をなす、(1)季節感を持った語というふうに理解してもらっていいと思う。季語の中には、『万葉集』の昔から存在する、古い歴史を持ったものもあるし、文明の利器の急激な発達によって、新たに登場して来たものもある。が、一つの季語がどの季節に分類されているかは、『古今集』以来の伝統的な和歌の季節感を踏まえつつ、江戸時代の「里」、すなわち農業を中心とした生活の中で実感された季節感を基盤としていると言って差し支えないだろう。

さて、ここに「胡瓜」という季語がある。晩夏のものとされている。『初学抄』（寛永一八［一六四一］）、『世話尽』（明暦二［一六五六］）など、江戸初期の（注2）歳時記も同じように分類していて、それ以来、ずっと(2)「胡瓜」は真夏の季節感を持ったものとされて来ている。が、現在、

令和3年12月5日実施

第188回 下野新聞模擬テスト

国語

制限時間 **50**分

1 次の**1**から**4**までの問いに答えなさい。

1 次の——線の部分の読みをひらがなで書きなさい。

(1) 越権行為を指摘する。　(2) 時間に拘束される。

(3) 名優に思い焦がれる。　(4) 責任を伴う仕事。

(5) 木綿のシャツを着る。

2 次の——線の部分を漢字で書きなさい。

(1) 会員のサンピを問う。　(2) 偶然目にトまる。

(3) 担当者がゼンショする。　(4) 頭から水をアびる。

(5) ベンゼツさわやかな人物。

3 次は生徒たちが俳句について話している場面である。これについて、(1)から(4)までの問いに答えなさい。

> 鳴きわたる鶯も杖も雨の中　　原　石鼎

Aさん　「ア この句の季語は『鶯①』だよね。」

Bさん　「そうだね。この句は『鳴きわたる』という表現が印象的だけど、『杖も』というイ表現が少しわかりにくいね。どういう情景を詠んだものなのかな。」

Aさん　「作者が雨の中の庭で杖にすがって、鶯のさえずりを聞きとめたところを詠んだものらしいウよ。」

Bさん　「なるほど。そうすると、（　②　）と詠んだところに、作者も鶯も同じ空間にいるという一体感が込められているんだね。」

Aさん　「俳句は、たいした③もので、十七音で広いエ世界を表現することもできるんだね。私たちもやってみよう。」

(1) この句に用いられている表現技法はどれか。

ア 対句　**イ** 体言止め　**ウ** 擬人法　**エ** 反復法

(2) 鶯①と同じ季節を詠んだ俳句はどれか。

ア ある僧の月も待たずに帰りけり　　正岡子規
イ 涼しさや鐘をはなるるかねの声　　与謝蕪村
ウ とび下りて弾みやまずよ寒雀　　川端茅舎
エ うすぐもり都のすみれ咲きにけり　　室生犀星

(3) （　②　）に入る語として適当なものを、俳句の中から四字で抜き出しなさい。

(4) たいした③と同じ品詞である語は〰〰部**ア**から**エ**のどれか。

4 次の漢文の書き下し文として正しいものはどれか。

花ニ有リ二清香一月ニ有リレ陰（「春夜」）

ア 花に清香有り陰月に有り
イ 清香花に有り月に陰有り
ウ 花に清香有り月に陰有り
エ 清香花に有り陰月に有り

解答・解説　P308・P310

令和4年
1月23日実施

第189回 下野新聞模擬テスト
社　会

1 たくみさんが日本について調べた**図1**，**図2**を見て，**1**から**7**までの問いに答えなさい。

1 次の文に当てはまる県として正しいのは，**図1**，**図2**中の**ア**，**イ**，**ウ**，**エ**のどれか。

> 県名と県庁所在地名が異なり，本州四国連絡橋で瀬戸内海をはさんだ向かい側の県とつながっている。降水量が少ないため，ため池の数が多い。また，小豆島のオリーブや讃岐(さぬき)うどんは，観光資源となっている。

図1

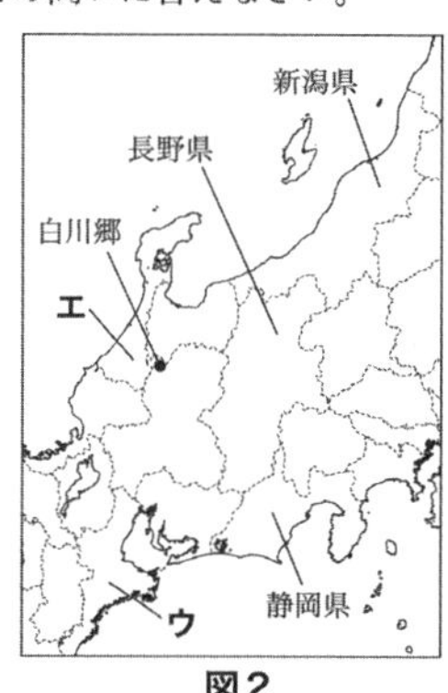

図2

2 静岡県の工業について述べた，次の文中の□に当てはまる語を書きなさい。

> 静岡県の太平洋沿岸は，輸送機械の生産地や豊かな水を利用した製紙・パルプ工業の生産地が位置している。これらの地域は□工業地域とよばれ，太平洋ベルトの一地域として発展している。

3 **A**の島について，正しく述べているのはどれか。

ア 世界遺産に登録された山があり，扇状地が広がる盆地でぶどうや桃が生産されている。
イ 美しい自然や景観が世界遺産に登録されており，晴れた日には海岸から国後島が見える。
ウ この島の名称が海流の名称にも用いられており，朝鮮半島の国からの観光客が多い。
エ 海岸付近は熱帯の植物，山頂付近では冷帯の植物が見られ，島の中央部に縄文杉がある。

4 **図3**は，福岡県，高知県，新潟県，長野県における米，小麦，なす，レタスの収穫量を示している(2019年)。高知県はどれか。

(t)

	米	小麦	なす	レタス
ア	646,100	136	6,040	—
イ	198,400	6,850	4,000	197,800
ウ	158,900	68,900	18,500	17,800
エ	47,900	8	40,800	—

図3（「県勢」により作成）

5 たくみさんと先生の会話文中の□に当てはまる語を書きなさい。

たくみ：「**図4**の長野県の地形図を調べていたのですが，その中に発電所の地図記号がありました。」
先生　：「この地形図は，飛騨山脈の東側にある松本盆地の一部ですよね。」
たくみ：「発電所の立地から考えると，この発電所は□発電所ですか。」
先生　：「私も気になり，調べてみるとその通りでした。ブラジルはこの発電方法の割合が最も多いですね。」

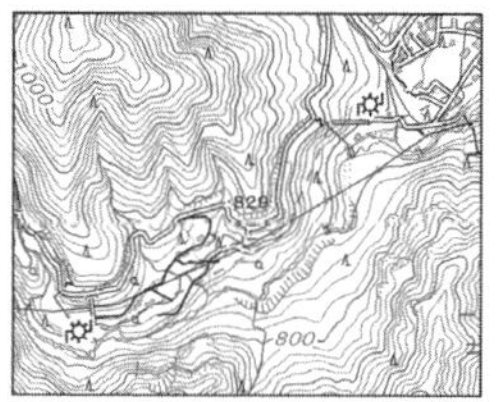

図4
（「国土地理院2万5千分の1地形図」により作成）

6 白川郷の合掌造りは，45度から60度の急傾斜の屋根の建物が特徴的である。これは何のためか，この地域の雨温図を示している**図5**をふまえ，簡潔に書きなさい。

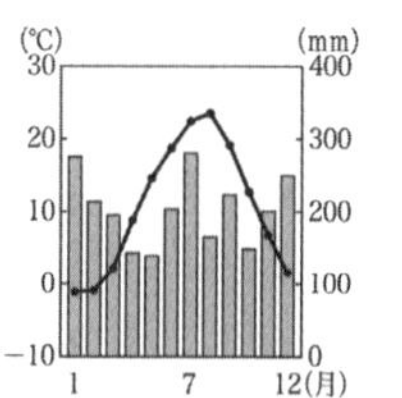

図5（「気象庁ホームページ」により作成）

問題
R3
186
187
188
189
【社会】第189回

解答・解説 P318・P321

7　**図6**は，大分県が全国1位のあることがらを示している。□に当てはまる語はどれか。

□の数上位4道県			
1位 大分県	2位 鹿児島県	3位 静岡県	4位 北海道

図6（「県勢」により作成）

ア　外国人観光客　　**イ**　騒音苦情　　**ウ**　温泉の源泉　　**エ**　スキー場

2　次の**1**から**6**までの問いに答えなさい。

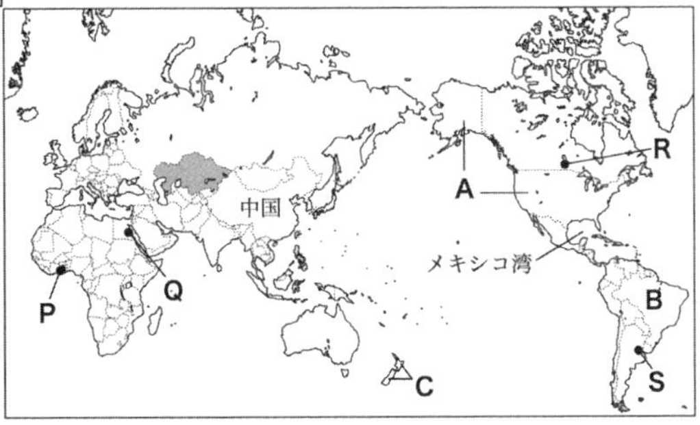

図1

（2018年）

	1月（℃）	7月（℃）	降水量が最も多い月の降水量（mm）
ア	−16.5	19.6	93.7
イ	16.2	34.8	0.7
ウ	26.6	24.8	192.6
エ	24.8	11.0	144.7

図2（「理科年表」により作成）

1　アジア州を細かく区分したとき，⬭で示した国が当てはまるのはどれか。

ア　東南アジア　　**イ**　西アジア　　**ウ**　中央アジア　　**エ**　南アジア

2　メキシコ湾について述べた，次の文中の□に当てはまる語を書きなさい。

> メキシコ湾周辺には，熱帯や温帯が広がっている。この湾周辺では，8月から9月にかけて空気が温められて，台風に似た熱帯低気圧である□が発生し，周辺の都市に大きな被害をもたらすことがある。

3　**図2**は，**図1**中の**P**，**Q**，**R**，**S**の都市における1月と7月の平均気温，降水量が最も多い月の降水量(平均値)を示している。**P**の都市は，**図2**中の**ア**，**イ**，**ウ**，**エ**のどれか。

4　**図3**は，**図1**中の**A**，**B**，**C**の国と日本の牛，豚，羊の家畜頭数を示している。**C**の国はどれか。

5　**図4**は，ある国のＩＣＴ(情報通信技術)産業に関する資料の一部である。**図4**中の□に当てはまる国名を書きなさい。

（2018年）（千頭）

	牛	豚	羊
ア	10,107	287	27,296
イ	213,523	41,444	18,949
ウ	94,289	74,550	5,265
エ	3,842	9,189	15

図3（「世界国勢図会」により作成）

【資料1】□におけるICT（情報通信技術）産業の政策

> □では，生活における様々な分野のデジタル化を図る計画が策定されている。また，ICTのベンチャー企業の発展が目覚ましく，国としてもベンチャー企業の起業を後押ししている。
> この国では，植民地時代に英語が普及していたため，アメリカなどの企業が進出し，ICT産業の従事者数が増え続けている。

【資料2】□のICT販売実績の推移

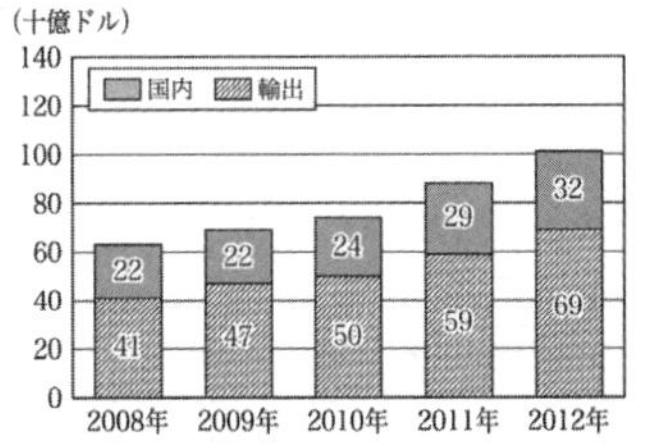

（「総務省ホームページ」により作成）

図4

6　**図5**は，中国の米の生産量と輸入量，それぞれの世界順位を示している（2017年）。**図5**をふまえて，中国の米の生産と輸入における特色を，「消費」の語を用いて簡潔に書きなさい。

米の生産量（千ｔ）	世界順位	米の輸入量（千ｔ）	世界順位
212,676	1位	3,978	1位

図5（「世界国勢図会」により作成）

下野模擬問題(第189回)◆社会

3　次のAからFは，はるかさんが古代から近世までの建築物を，年代の古い順にまとめた資料の一部である。これを読み，1から8までの問いに答えなさい。

A	法隆寺	現存する世界最古の木造建築物で，聖徳太子によって建てられた。ⓐ「日本書紀」に一度焼失したとの記述があり，発掘結果から現在の金堂や五重塔は再建されたものと考えられている。
B	平等院鳳凰堂	ⓑ藤原頼通によって建てられたもので，阿弥陀仏の像が納められている阿弥陀堂が，つばさを広げた鳳凰のような美しい形であることから鳳凰堂とよばれている。
C	東大寺南大門	X らによって彫刻された金剛力士像が安置されている。東大寺の敷地内にあり，武士や貴族，民衆の力を結集して東大寺を再建する際に建てられた。
D	安土城	織田信長によって建てられた豪華な天守をもつ城で，ⓒ武田勝頼を破った戦いの翌年に築城にとりかかった。織田信長は城下町に楽市・楽座の政策を出す一方，ⓓ自治都市や仏教勢力には厳しく対応した。
E	対潮楼(たいちょうろう)	ⓔ対馬藩の宗氏の努力で国交が回復した国からの使節をもてなす建物の宮殿で，「対潮楼」と名付けられた。文化交流の場でもあったこの場所の景観を，使節はおおいにほめたたえた。
F	反射炉	火炎を反射させることで高温を出し，質のよい鉄を製造できる反射炉を，長州藩や肥前藩などがつくって，大砲などを製造した。

1　下線部ⓐと同じ時代に成立した書物として，**当てはまらない**のはどれか。

ア　風土記　**イ**　古今和歌集　**ウ**　古事記　**エ**　万葉集

2　下線部ⓑの人物について述べた，次の文中の□に当てはまる語を書きなさい。

> 藤原頼通や父の藤原道長など，権力をにぎった貴族には，有力者などから多くの土地が寄進されるようになり，これらの人々は，広大な私有地である□を持つようになった。

3　Cの文中の X に当てはまる人物として正しいのはどれか。

ア　雪舟　**イ**　運慶　**ウ**　日蓮　**エ**　道元

4　下線部ⓒの戦いを何というか。

5　下線部ⓓに関して，織田信長が武力で従わせた自治都市について，正しく述べているのはどれか。

ア　刀鍛冶の職人によって鉄砲がつくられていた。
イ　裕福な商工業者である町衆によって，祇園祭が盛大に行われていた。
ウ　日明貿易によって発達した都市の中でも，明との距離が最も近かった。
エ　「将軍のおひざもと」とよばれ，人口が集中していた。

6　下線部ⓔの使節を何というか。

7　CからFの時期に外国でおきたできごとを，年代の古い順に並べ替えなさい。

ア　イギリスで名誉革命がおき，権利章典(権利の章典)が定められた。
イ　カトリック教会でなく，聖書に信仰のよりどころを置くプロテスタントが生まれた。
ウ　ナポレオンが革命の終結を宣言して，皇帝になった。
エ　アメリカがイギリスから独立した。

8　Fに関する会話文中の□に当てはまる文を，**図**の略年表から読みとれることにふれ，「強化」の語を用いて簡潔に書きなさい。

> はるか：「なぜ反射炉をつくって大砲を製造しようとしたのですか。」
> 先生　：「**図**の略年表から分かるように，□必要性があると感じたからです。」
> はるか：「幕末の動乱は，ここから始まったのですね。」

年	できごと
1792	ラクスマンが来航する
1804	レザノフが来航する
1808	フェートン号事件がおこる
1837	モリソン号事件がおこる
1840	アヘン戦争がおこる

図

4 略年表を見て，次の**1**から**6**までの問いに答えなさい。

年	日本と外国の主なできごと
1871	ⓐ廃藩置県が行われる
1910	ⓑ石川啄木が短歌を発表する
1914	ⓒオーストリア皇太子夫妻が暗殺される
1925	ⓓ治安維持法が制定される……… ↑
1954	ⓔ［ X ］運動が広まる　A
1995	阪神・淡路大震災がおこる……… ↓

1 下線部ⓐについて，正しく述べているのはどれか。

ア 藩主に土地と人民を天皇へ返させた。
イ 県令(のちの県知事)・府知事を政府から派遣した。
ウ 親藩，譜代大名，外様大名が全国に配置された。
エ 中央から国司が派遣され，政治を行った。

2 下線部ⓑに関して，**図1**は，石川啄木がこの年に発表した，あるできごとを批判した短歌である。あるできごととは何か。**漢字4字**で書きなさい。

地図の上　朝鮮国に黒々と
墨をぬりつつ　秋風を聴く

図1

3 下線部ⓒに関して，この事件の背景にある「ヨーロッパの火薬庫」とよばれた半島は，**図2**中の**ア**，**イ**，**ウ**，**エ**のどれか。

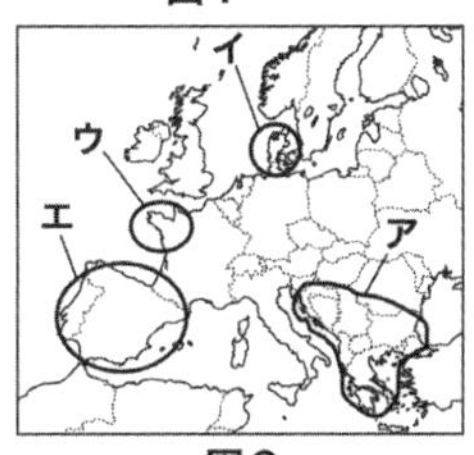

図2

4 下線部ⓓに関して，**図3**は，この法律の内容の一部を示しており，次の文は，この法律を制定するきっかけとなったできごとについて述べている。この法律の目的の一つを，文中の［　　］に当てはまる国名と「共産主義」の二つの語を用いて簡潔に書きなさい。

革命政府は，干渉戦争としてシベリアに出兵してきた軍に勝利し，1922年に［　　］を成立させた。

第1条　国体を変革し又は私有財産制度を否認することを目的として結社を組織し又は情知りてこれに加入したる者は十年以下の懲役又は禁固に処す。

図3

5 下線部ⓔについて述べた，次の文中と略年表中の［ X ］に共通して当てはまる語を書きなさい。

アメリカがビキニ環礁で水爆実験を行ったとき，遠洋まぐろ漁船の第五福竜丸は放射線を出す「死の灰」をあびた。これをきっかけに，［ X ］運動が盛んになった。

6 **A**の時期におきた次のできごとを，年代の古い順に並べ替えなさい。

ア 日本の国民総生産(GNP)が，資本主義国で第二位になる。
イ 経済が第二次世界大戦前の水準まで回復する。
ウ 日本経済を支配していた財閥が解体される。
エ バブル経済が崩壊する。

5 次の**1**から**5**までの問いに答えなさい。

1 被選挙権について述べた，次の文中の［ I ］，［ II ］に当てはまる語の組み合わせとして，正しいのはどれか。

被選挙権は参政権のうちの一つの権利であり，年齢による制限が設けられている。［ I ］などは満30歳以上，［ II ］や市町村の首長などは満25歳以上とされている。

ア I－参議院議員　II－衆議院議員　　**イ** I－参議院議員　II－都道府県知事
ウ I－衆議院議員　II－都道府県知事　　**エ** I－衆議院議員　II－参議院議員

2 **図1**は，2015年に行われた衆議院議員小選挙区における，東京1区と宮城5区の議員一人当たりの有権者数を示している。これについて述べた，次の文中の［　　］に当てはまる語はどれか。

東京1区と宮城5区には，議員一人当たりの有権者数に2倍以上の差がある。これは［　　］の選挙課題を示しており，国会においてもこの課題を解決するために法改正を行っている。

ア 投票率の低下　　**イ** 棄権の増加
ウ 一票の格差　　**エ** 政治の透明性

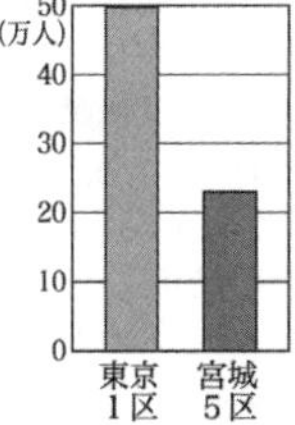

図1

3 衆議院の優越に関する次の文Ⅰ，Ⅱ，Ⅲの正誤の組み合わせとして，正しいのはどれか。

> Ⅰ　内閣不信任決議は衆議院のみが行うことができる。
> Ⅱ　予算は参議院が先議し，衆議院が議決する。
> Ⅲ　内閣総理大臣の指名については，必ず両院協議会で意見を一致させたうえで，衆議院が議決する。

ア　Ⅰ－正　Ⅱ－正　Ⅲ－誤　**イ**　Ⅰ－正　Ⅱ－誤　Ⅲ－正　**ウ**　Ⅰ－正　Ⅱ－誤　Ⅲ－誤
エ　Ⅰ－誤　Ⅱ－正　Ⅲ－正　**オ**　Ⅰ－誤　Ⅱ－正　Ⅲ－誤　**カ**　Ⅰ－誤　Ⅱ－誤　Ⅲ－正

4 最高裁判所について述べたものとして，**誤っている**のはどれか。
ア　三審制で最後の段階の裁判を行う。
イ　国会や内閣が制定する法律や命令などに対する，違憲審査権を持つ。
ウ　高等裁判所から上告された事件を扱う。
エ　最高裁判所長官は国会が指名する。

5 地方自治に関して，(1)，(2)の問いに答えなさい。
(1)　地方自治について述べた，次の文中の［　　］に当てはまる語を書きなさい。

> 公共施設の建設や市町村合併など，地域の重要な問題については，［　　］によって，住民全体の意見を明らかにする動きがある。

(2)　**図2**は，ある市の年齢別人口を示している。この市で条例の制定を住民が直接請求する場合，最低限必要な署名人数として正しいのはどれか。
ア　20,000人　　**イ**　1,200人
ウ　25,000人　　**エ**　1,500人

80歳～	7,000人
60歳～79歳	18,000人
40歳～59歳	19,000人
18歳～39歳	16,000人
0歳～17歳	15,000人
全人口	75,000人

図2

6 しゅんきさんのクラスでは，班別に与えられた内容について，疑問点を出し合い，次のテーマを決めた。これを見て，**1**から**5**までの問いに答えなさい。

	内容	テーマ
1班	企業	・ⓐ株式会社はどのような会社で，なぜ最も多い形態なのか
2班	市場経済	・ⓑ商品の価格はどのように決まるのか
3班	景気	・ニュースで見た「ⓒ下落する物価」について
4班	財政	・財政の状況と今後の課題
5班	経済の持続可能性	・現状の地域経済にはどのような課題があるか

1 下線部ⓐについて述べた，次の文中の下線部の内容が正しいものを，**すべて**選びなさい。

> 株式会社は，株式を発行することで得た資金でつくられた企業である。株式を購入した人を株主といい，株主は，企業が利潤を出したとき，**ア**配当を受け取ることができる。また，株主は**イ**取締役会に出席し，議決に参加することもできる。
> 株式は，**ウ**証券取引所で売買することができ，売買を通して株価が決まる。一般的に会社の利潤が増える見通しになると，株を購入する人が**エ**増えて，株価が**オ**下がる。

2 下線部ⓑに関して，**図1**は，ある商品における需要量と供給量と価格の関係を示している。ある商品の価格を，**X**に設定するとおきる現象として，正しいのはどれか。
ア　需要量が供給量を上回り，品不足が発生する。
イ　需要量が供給量を上回り，売れ残りが発生する。
ウ　供給量が需要量を上回り，品不足が発生する。
エ　供給量が需要量を上回り，売れ残りが発生する。

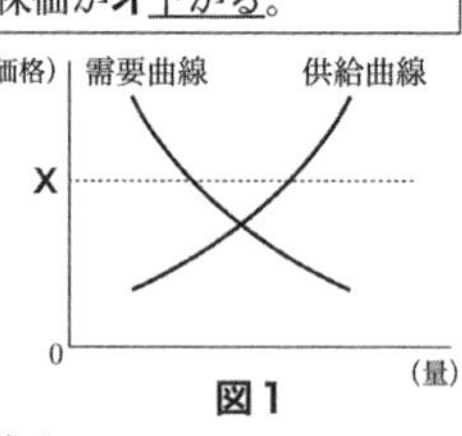

図1

3 下線部ⓒに関して，景気変動において物価が下がる現象を何というか。

4 4班のテーマに関して，(1)，(2)の問いに答えなさい。
(1)　間接税の特色について，正しく述べているのはどれか。
ア　納税者と担税者が同じである。
イ　所得が低い人ほど，所得に占める税金の割合が高くなる。
ウ　所得が高い人ほど，支払う税金の割合が高くなる。
エ　日本では，国の歳入に占める間接税の割合が，直接税より多い。

解答・解説 P318・P321

(2) **図2**は，日本の税収，歳出，国債発行額の推移を示している。**図2**をふまえて，日本の財政の今後の課題を，「利子や元金」「将来の世代」の語を用いて簡潔に書きなさい。

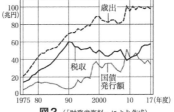

図2（「財務省資料」により作成）

5　5班のテーマに関して，過疎地域に見られる地域経済について，**誤っている**のはどれか。

ア　人口の減少により，地方財政が衰退している。
イ　地域おこしにより，魅力ある地域づくりに力を入れる地方公共団体もある。
ウ　人口が減少している地域では，一人当たりの労働生産性を減少させることが課題である。
エ　雇用を生み出し，人をよび込むことが課題の一つとされている。

7　のぶかさんと先生の会話文を読み，**1**から**5**までの問いに答えなさい。

のぶか：「先日，新一万円札の肖像画になるⓐ<u>渋沢栄一</u>の出身地のⓑ<u>埼玉県</u>深谷市へ行ってきました。」
先生　：「渋沢栄一といえば，日本最古のⓒ<u>銀行</u>を創立したことで有名な方ですね。」
のぶか：「はい。深谷市に行く前に，渋沢栄一について調べたのですが，実業家としても有名ですし，女子教育やⓓ<u>福祉</u>事業，国際交流にも力を発揮している方でした。」
先生　：「男女平等の実現や国際交流の強化は，今後の持続可能な開発のための目標としても挙げられています。そう考えると，先進的な考え方をしていた方だったのですね。」

1　下線部ⓐに関して，**図1**は，のぶかさんが江戸時代の渋沢栄一についてまとめたメモを示している。メモ中の［　　］に当てはまる語を書きなさい。

○第15代将軍の徳川慶喜に仕えていた
○パリ万国博覧会を視察した
○慶喜が土佐藩のすすめで［　　］を行い，幕府がほろんだため，新政府にフランスからの帰国を命じられた

図1

2　下線部ⓑに関して，**図2**は，埼玉県，神奈川県，愛知県，北海道の鉄道，海上，自動車の貨物輸送量を示している。埼玉県はどれか。

（万t）

	鉄道	海上	自動車
ア	147	10,366	29,161
イ	255	4,154	29,112
ウ	463	7,417	17,968
エ	103	—	24,059

(注) 鉄道は2017年，海上と自動車は2018年の数値。
—は皆無または当てはまる数値のないことを示す。

図2（「県勢」により作成）

3　下線部ⓒに関して，好況時に日本銀行が行う金融政策について，正しく述べているのはどれか。

ア　一般の銀行の貸し出しが増えるように，一般の銀行から国債などを買い取る。
イ　一般の銀行の貸し出しが減るように，一般の銀行に国債などを売る。
ウ　公共投資を増やし，減税を行う。
エ　公共投資を減らし，増税を行う。

4　下線部ⓓに関して，日本の社会保障制度について述べた，次の文中の［ Ⅰ ］，［ Ⅱ ］に当てはまる語の組み合わせとして，正しいのはどれか。

社会保障は，社会保険，公的扶助，社会福祉，公衆衛生の四つを基本的な柱としている。このうち，社会保険は［ Ⅰ ］歳以上の国民全員が加入する介護保険や，一定の年齢になったり，障がいがあったりした場合にお金を給付する［ Ⅱ ］などがある。

ア　Ⅰ－40　Ⅱ－年金保険
イ　Ⅰ－40　Ⅱ－医療保険
ウ　Ⅰ－20　Ⅱ－年金保険
エ　Ⅰ－20　Ⅱ－医療保険

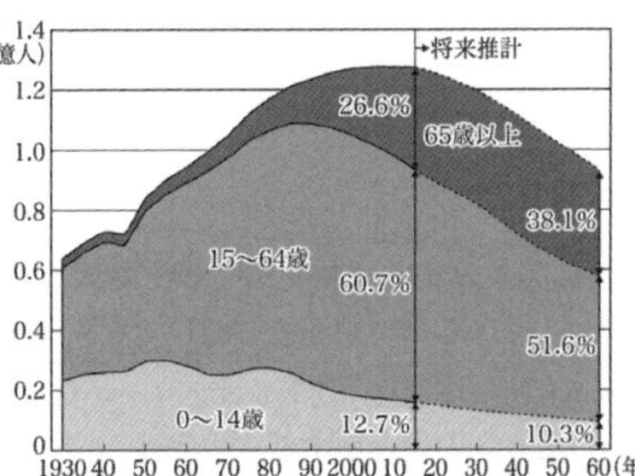

図3（「日本統計年鑑」により作成）

5　**図3**は，日本の年代別人口とその割合の推移を，**図4**は，高齢者関係の社会保障給付費の推移を示している。**図3**と**図4**をふまえて，日本の社会保障の課題を，「給付費」「保険料収入と税収」の語を用いて簡潔に書きなさい。

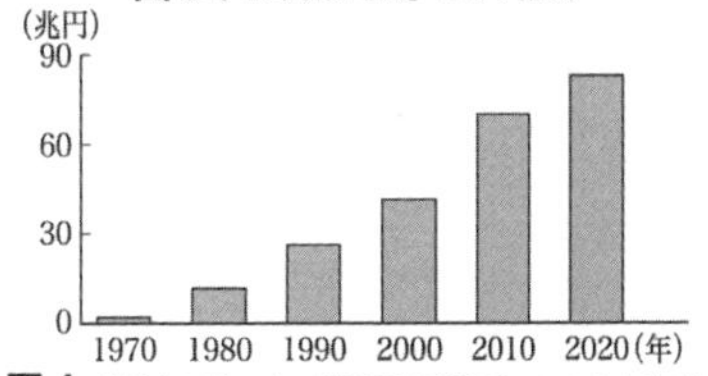

図4（「社会保障・人口問題研究所資料」ほかより作成）

令和4年
1月23日実施

第189回 下野新聞模擬テスト
数学

1 次の**1**から**14**までの問いに答えなさい。

1 $-5+(-1)$ を計算しなさい。

2 $2ab\times 3a^2b$ を計算しなさい。

3 $a=1$，$b=-2$のとき，$3a^2-b^2$ の値を求めなさい。

4 x^2+6x+8 を因数分解しなさい。

5 $S=2\pi rh$ をhについて解きなさい。

6 関数 $y=\dfrac{a}{x}$ について，次の**ア**，**イ**，**ウ**，**エ**のうちから，内容が誤っているものを1つ選んで，記号で答えなさい。

ア xの値が2倍，3倍，…になると，それに対応するyの値は$\dfrac{1}{2}$倍，$\dfrac{1}{3}$倍，…になる。
イ グラフはy軸を対称の軸とする。
ウ xの値とyの値の積は一定になる。
エ グラフの曲線を双曲線という。

7 右の図のように，線分ABを直径とする半円Oと線分PQが，$\overset{\frown}{AB}$上の点Cで接している。$\angle QCB=63°$であるとき，$\angle x$の大きさを求めなさい。

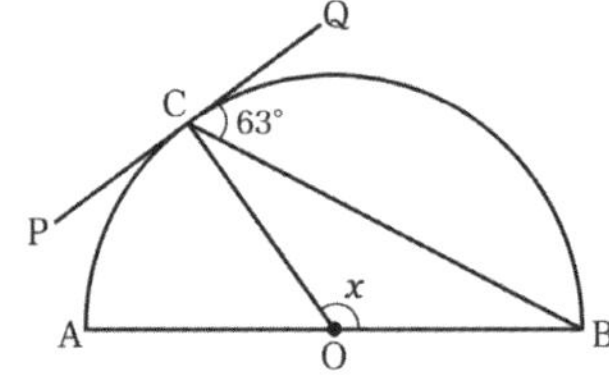

8 関数 $y=2x^2$ について，xの変域が $-1\leqq x\leqq 2$ のときのyの変域を求めなさい。

9 右の図のような，底面の半径が3cm，高さが4cmの円柱がある。この円柱の体積を求めなさい。ただし，円周率はπとする。

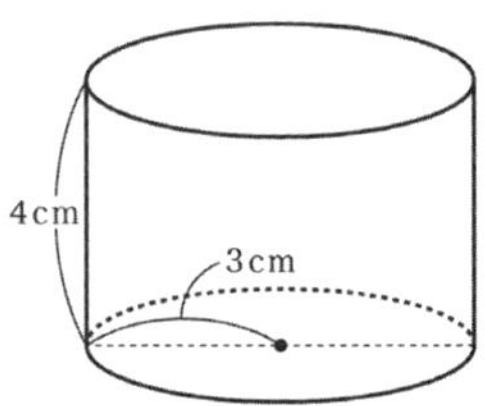

10 $\dfrac{6}{\sqrt{2}}-\sqrt{2}$ を計算しなさい。

11 2次方程式 $x^2-5x=0$ を解きなさい。

12 aをbで割ると，商がcで余りがdになる。この数量の関係を等式で表しなさい。ただし，等式の左辺はaにすること。

13 右の図のような，AB＝AC＝6cm，BC＝4cmの△ABCがある。この△ABCの面積を求めなさい。

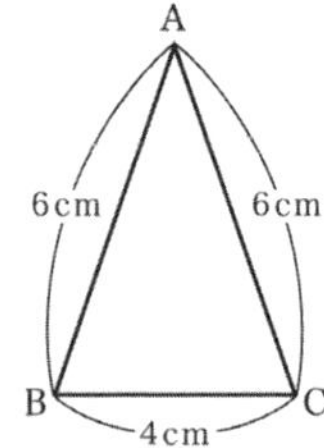

14 次の文の(　　)に当てはまる立体として最も適切なものを，**ア**，**イ**，**ウ**，**エ**のうちから1つ選んで，記号で答えなさい。

> 右の図の立方体ABCD-EFGHにおいて，6つの面の中心(対角線の交点)を6個の頂点とする立体は(　　)である。

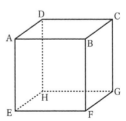

ア 正四面体　　**イ** 正六面体
ウ 正八面体　　**エ** 正十二面体

2 次の**1**，**2**，**3**の問いに答えなさい。

1 右の図のような平行四辺形ABCDの辺AD，BC上にそれぞれ点P，Qをとって，点P，Qを頂点とするひし形PBQDを作図によって求めなさい。ただし，作図には定規とコンパスを使い，また，作図に用いた線は消さないこと。

2 1枚の硬貨を投げ，表向きになったら白の碁石(ごいし)を，裏向きになったら黒の碁石を並べていくものとする。例えば，硬貨を続けて3回投げ，1回目と2回目が裏向きに，3回目に表向きになったときには，碁石は右の図のように並ぶ。

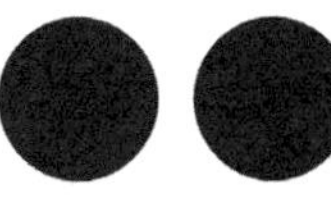

1回目　　2回目　　3回目

硬貨を続けて4回投げた結果において，表向きと裏向きが2回ずつあり，黒の碁石が2個連続して並ぶ確率を求めなさい。ただし，硬貨は表と裏のどちら向きになることも同様に確からしいものとする。また，硬貨が側面を下にして立つことはないものとする。

3 右の図のように，関数$y=\frac{1}{3}x^2$のグラフがあり，このグラフ上の2点A，Bを通る直線がある。点Cは直線ABとy軸との交点で，点Mは線分ABの中点である。

次の文は，点A，Bのx座標がそれぞれ-3，6であるときに，原点Oと2点A，Mを結んでできる△OAMの面積を求める手順について述べたものである。文中の①，②に当てはまる式や数をそれぞれ求めなさい。

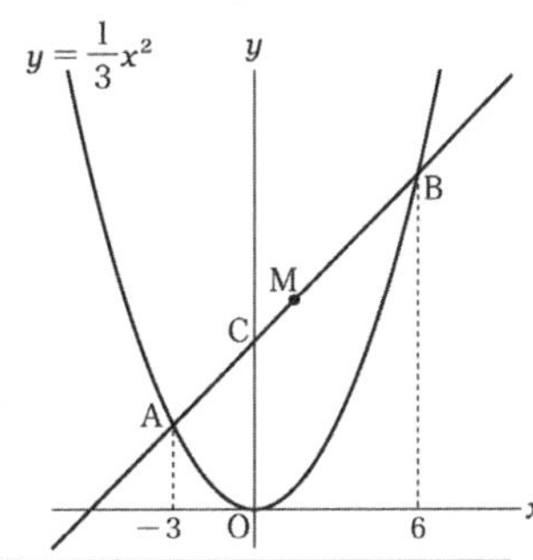

> まず，$y=\frac{1}{3}x^2$に$x=-3$，6をそれぞれ代入することで，2点A，Bの座標を求める。次に，2点A，Bの座標から，直線ABの式が$y=$（ ① ）であることが求められる。また，点Mは線分ABの中点であることから，その座標が求められる。最後に，△OAMを線分OCを共通の底辺とする△OACと△OMCに分割することで，△OAMの面積は（ ② ）であることが求められる。

3 次の**1**，**2**の問いに答えなさい。

1 右の図のように，正方形ABCDの辺AB，BC上にそれぞれ点E，Fをとり，正方形ABCDの内部に1辺の長さが9cmの正方形EBFGをつくった。次に，頂点AとC，頂点CとEをそれぞれ結んで△AECをつくったところ，△AECの面積が18cm^{2}になった。線分AEの長さを$x$cmとして2次方程式をつくり，線分AEの長さを求めなさい。ただし，途中の計算も書くこと。

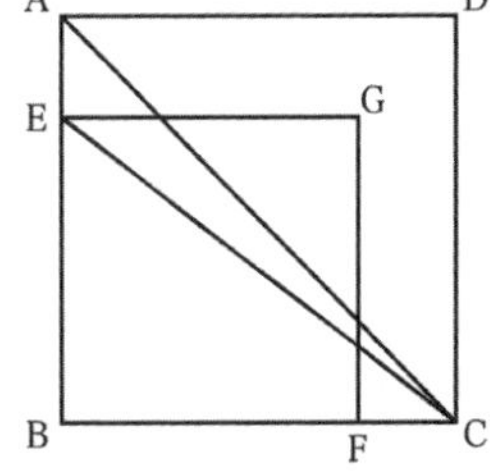

2 右の度数分布表は，ある連続した10日間におけるテレビの視聴時間を，2種類の階級の幅によって分類しようとしたものであるが，未完成である。

このとき，次の(1)，(2)，(3)の問いに答えなさい。

(1) 視聴時間が90分以上120分未満の階級までの累積相対度数を求めなさい。

階級〔分〕			度数〔日〕	
以上		未満	分類A	分類B
0	～	30		
30	～	60		
60	～	90	3	4
90	～	120	1	
120	～	150	0	1
150	～	180	1	
計			10	10

問題 R3
186
187
188
189
【数学】第189回

(2) 次の文の①, ②に当てはまる数をそれぞれ求めなさい。

分類Bについて, 階級の幅は (①) 分になっている。また, 分類Bにおける最頻値(モード)は (②) 分である。

(3) 分類Bから求められる視聴時間の平均値を求めなさい。

4 次の**1**, **2**の問いに答えなさい。

1 右の図のような△ABCがあり, 辺AB上に点Dを, 辺AC上に点Eを, ∠BDC＝∠BECとなるようにとり, 頂点Bと点E, 頂点Cと点Dをそれぞれ結んだ。

このとき, △ABE∽△ACDであることを証明しなさい。

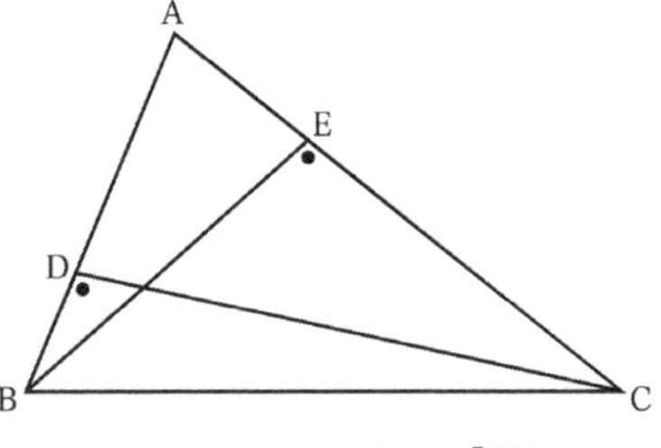

2 図1のような, ∠ADC＝∠BCD＝90°, AD＝5cm, BC＝8cm, CD＝6cmの台形ABCDを底面とし, 側面が正方形と長方形である四角柱ABCD-EFGHがあり, CG＝8cmである。

このとき, 次の(1), (2)の問いに答えなさい。

(1) 図1の四角柱の辺BC上に, DP＋PFの長さが最も短くなるような点Pをとる。次の文の①, ②に当てはまる数をそれぞれ求めなさい。

点Pは, BP＝ (①) cmとなる位置にとればよい。また, このとき, DP＋PFの長さは (②) cmになる。

(2) 図2のように, 3点A, C, Fを通る平面で四角柱ABCD-EFGHを切断して2つの立体に分け, 辺BFを含む立体の体積をVcm^3, 辺DHを含む立体の体積をWcm^{3}とする。このとき, 2つの立体の体積の比V : Wを最も簡単な整数の比で表しなさい。

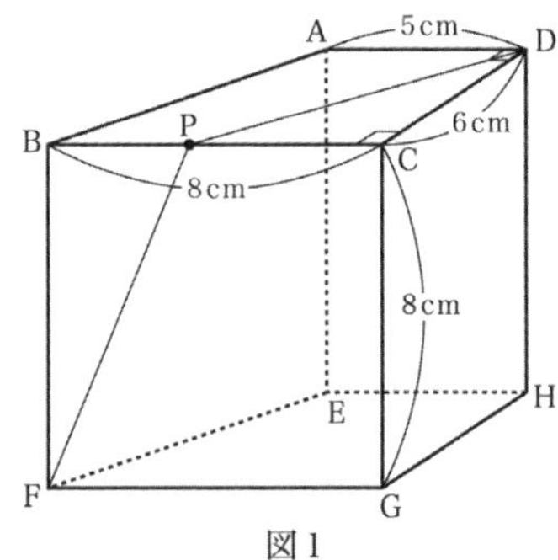

図1

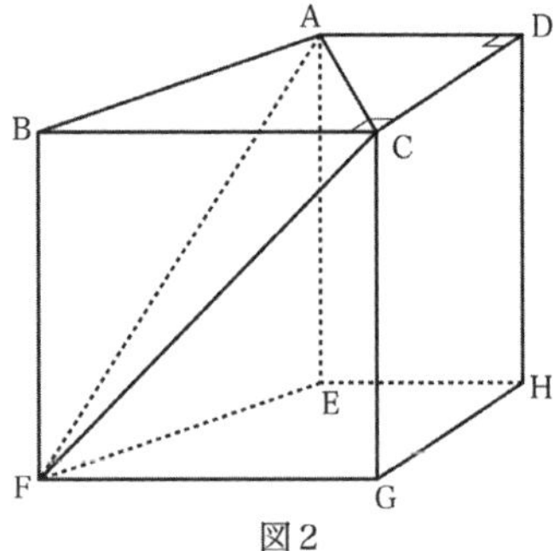

図2

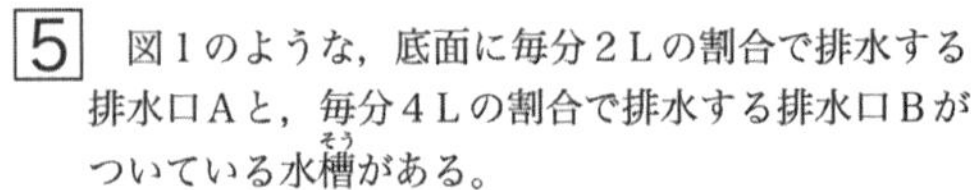

5 図1のような, 底面に毎分2Lの割合で排水する排水口Aと, 毎分4Lの割合で排水する排水口Bがついている水槽(そう)がある。

この水槽を満水にしてから, 最初の8分間は排水口Aのみから排水し, 次の5分間は排水口A, Bの両方から排水し, その後は排水口Bのみから排水したところ, 排水を始めてから19分後に水槽は空(から)になった。

図2は, 排水を始めてからの時間をx分, 水槽内に残っている水の量をyLとして, xとyの関係を表したグラフである。

このとき, 次の**1**, **2**, **3**の問いに答えなさい。

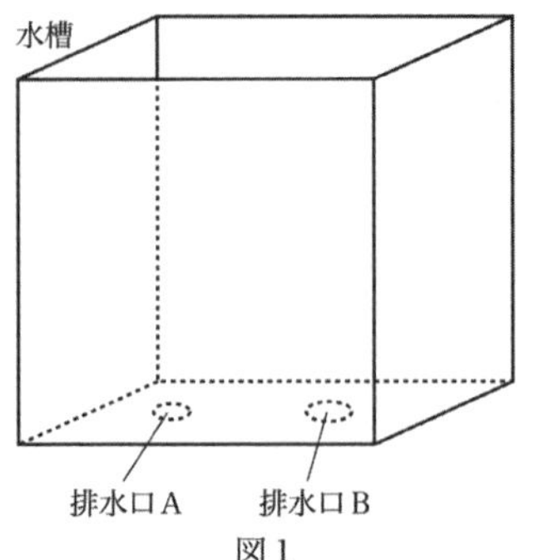

図1

問題 R3
186
187
188
189
【数学】第189回

解答・解説 P319・P326

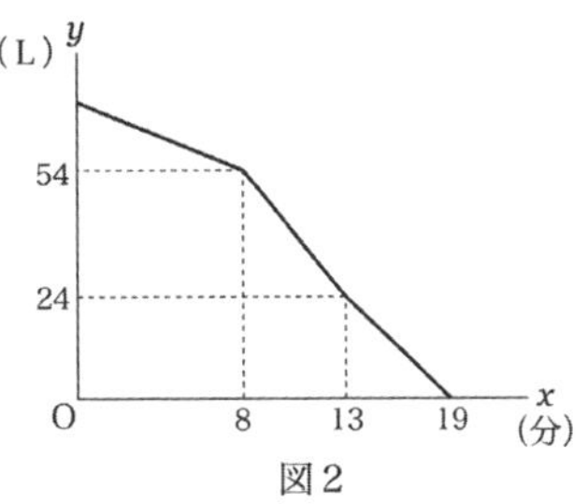

図2

1　排水をする前に水槽に入っていた，満水の状態の水の量は何Lか。

2　排水を始めてから，8分後から13分後までのxとyの関係を式で表しなさい。

3　満水の状態から，最初の9分間は排水口Bのみから排水し，次の数分間は排水口A，Bの両方から排水し，その後は排水口Aのみから排水したところ，排水を始めてから17分30秒後に水槽は空になった。排水口A，Bの両方から排水したのは何分何秒間であったか。ただし，途中の計算も書くこと。

6　図1のような，正方形の黒いタイルと長方形の白いタイルがあり，白いタイルを2枚並べると，黒いタイルと同じ大きさの正方形ができる。これらのタイルを，図2の1番目の図形，2番目の図形，3番目の図形，4番目の図形のように並べ，この後も同様の並べ方を繰り返し，5番目の図形，6番目の図形，…と順につくっていくものとする。

図1

1番目　2番目　3番目　4番目　…

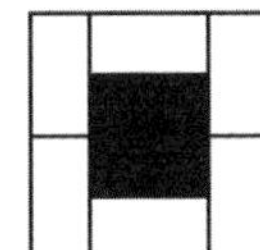

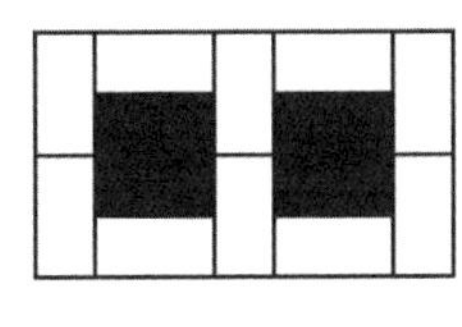

…

図2

また，1番目の図形，2番目の図形，3番目の図形，4番目の図形をつくるのに使用した黒いタイルと白いタイルの枚数を，下の表のように整理した。

	1番目	2番目	3番目	4番目
黒いタイルの枚数〔枚〕	1	1	2	2
白いタイルの枚数〔枚〕	0	6	6	10

このとき，次の**1**，**2**，**3**の問いに答えなさい。

1　次の文は，5番目の図形と6番目の図形について述べたものである。文中の①，②に当てはまる数をそれぞれ求めなさい。

> 5番目の図形をつくるのに使用する黒いタイルの枚数は（　①　）枚である。また，6番目の図形をつくるのに使用する白いタイルの枚数は（　②　）枚である。

2　nを自然数とする。$2n$番目の図形をつくるのに使用するすべてのタイルの枚数を，nを用いた最も簡単な式で表しなさい。

3　使用するすべてのタイルの枚数が353枚になるのは何番目の図形か。

令和4年
1月23日実施

第189回 下野新聞模擬テスト
理　科

1 次の**1**から**8**までの問いに答えなさい。

1 次の科学者のうち，遺伝に関するさまざまな規則性を19世紀に発見した人物はどれか。

ア ドルトン　　**イ** メンデル　　**ウ** パスカル　　**エ** ダーウィン

2 次のうち，炭酸水素ナトリウムを熱分解することによって得られる固体の物質はどれか。

ア 塩化ナトリウム　　**イ** 硫酸ナトリウム
ウ 水酸化ナトリウム　　**エ** 炭酸ナトリウム

3 右の図は，スクリーンにはっきりした像ができるときの，物体，凸レンズ，スクリーンを真横から見た位置関係を，模式的に表したものである。この凸レンズの焦点距離は，次のうちどれか。ただし，方眼の1目盛りを5cmとする。

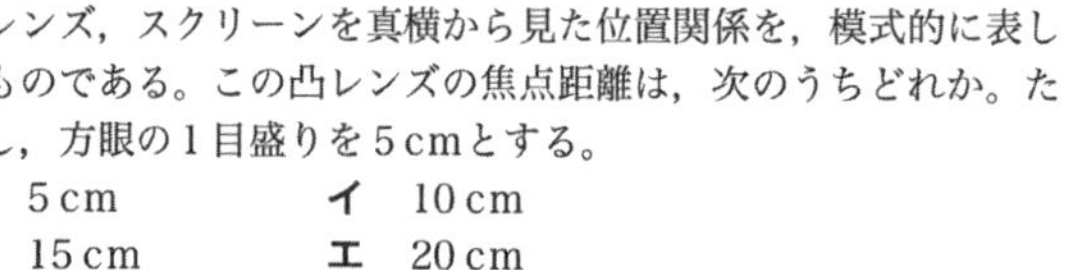

ア 5cm　　**イ** 10cm
ウ 15cm　　**エ** 20cm

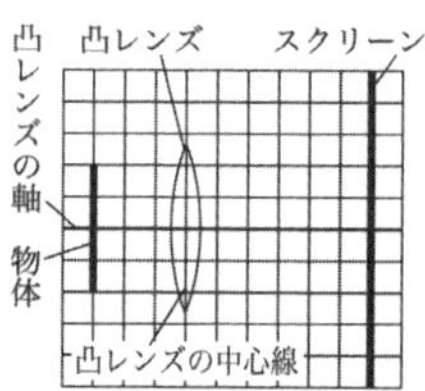

4 次のうち，火山の噴火によって噴出した火山灰などが堆積して固まってできた岩石はどれか。

ア 石灰岩　　**イ** 泥岩　　**ウ** 凝灰岩　　**エ** チャート

5 右の図は，植物の葉に見られる気孔を表している。気孔をとり囲んでいる，一対の三日月形の細胞を何細胞というか。

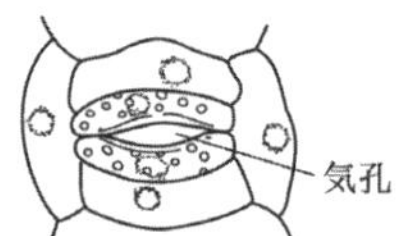

6 右の図のように，化学式でMnO_2と表記される黒色の物質Xにオキシドール(うすい過酸化水素水)を加えることで，酸素を発生させた。物質Xは何という物質か。

7 右の図は，抵抗値が30Ωの電熱線の両端に接続している電圧計のようすを表したものである。このとき，電熱線を何Aの電流が流れているか。

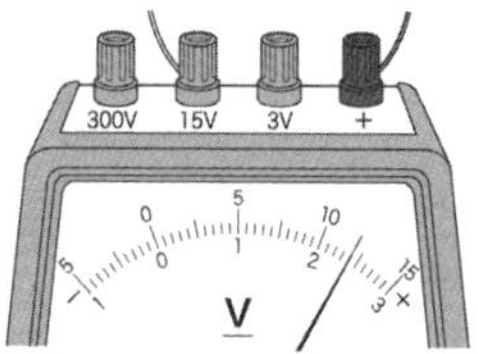

8 右の図は，ある前線を表す記号である。この前線ができるもととなった2種類の前線のうち，一般に進む速さが速い方の前線を何前線というか。

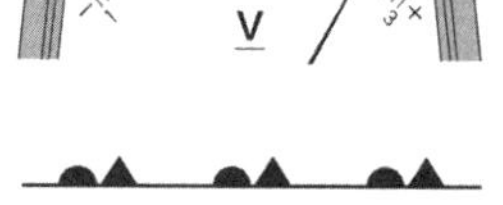

2 右の図は，6種類のセキツイ動物における，前あしやそれに相当する部分の骨格のようすを表したものである。

このことについて，次の**1**，**2**，**3**の問いに答えなさい。

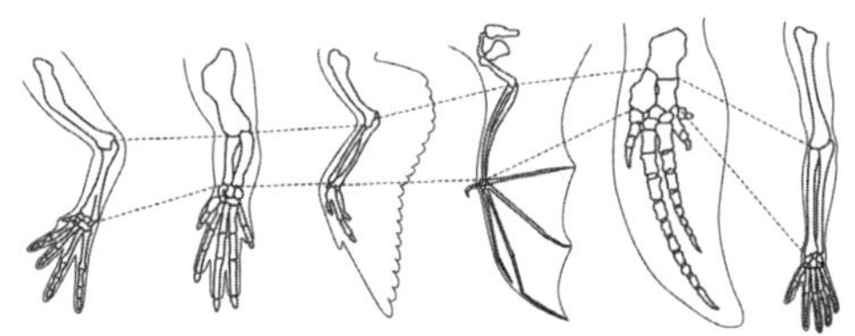

1 図の6種類の動物のうちの数種類は変温動物である。変温動物とはどのような動物のことをいうか。「外界」，「体温」という語を用いて簡潔に書きなさい。

2 次の□内の文章は，図のような器官と，現在見られるセキツイ動物について述べたものである。①，②に当てはまる語をそれぞれ書きなさい。

図のように，現在の形やはたらきは異なっていても，基本的なつくりには共通点があり，もとは同じものから変化したと考えられる器官を（　①　）器官という。また，生物の体の特徴が，長い年月をかけて代を重ねる間に変化することを（　②　）といい，現在見られるセキツイ動物は，基本的な体のつくりが同じである過去のセキツイ動物が，長い年月の間に（　②　）することで出現したと考えられている。

3　図の6種類の動物が属するなかまの中で，地球上に出現した年代が最も古いと考えられているなかまは，次のうちどれか。

ア　ホニュウ類　　**イ**　両生類　　**ウ**　ハチュウ類　　**エ**　鳥類

3　60℃の水100gに固体の物質Xを50g加えてかき混ぜたところ，物質Xはすべて水に溶けた。次に，この水溶液の温度を20℃まで下げたところ，水溶液の中に物質Xの結晶が出てきたので，ろ過を行ってその結晶をとり出した。右の図は，水の温度と物質Xが100gの水に溶ける質量(限度の質量)との関係を表したグラフである。

このことについて，次の**1**，**2**，**3**の問いに答えなさい。ただし，固体の物質Xに水分は含まれていないものとする。

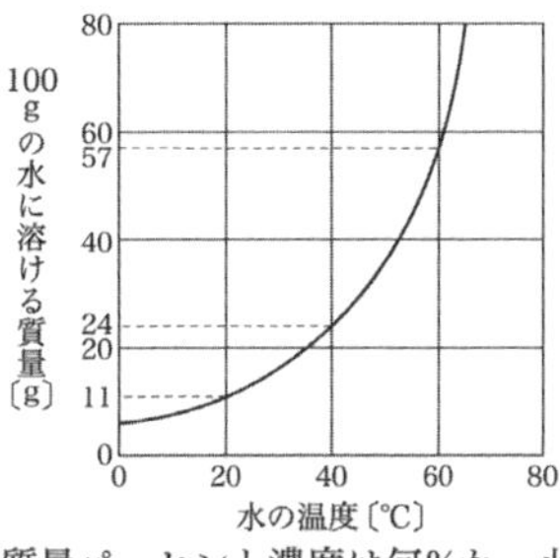

1　60℃の水100gに物質Xを50g加えてつくった水溶液の質量パーセント濃度は何%か。小数第2位を四捨五入して，小数第1位までの数で書きなさい。

2　水溶液の温度を20℃まで下げたとき，出てきた物質Xの結晶は何gであったか。

3　次の□内の文は，60℃の水100gに物質Xを50g加えてつくった水溶液を，沈殿物のない飽和水溶液にする方法について述べたものである。①，②に当てはまる数値をそれぞれ(　)の中から選んで書きなさい。

水溶液の温度を約 ①(41・58)℃まで下げるという方法や，水溶液の温度を60℃に保ったまま水だけを約 ②(12・17) g蒸発させるという方法などが考えられる。

4　コイルの内部の磁界が変化することによって得られる電流について調べるために，次の実験(1)，(2)を順に行った。

(1)　右の図のように，コイルに検流計をつないだ装置を組み立てた後，上方からコイルの上端にN極を下向きにした棒磁石をすばやく近づけたところ，検流計の針が右側に振れた。

(2)　コイルに対する棒磁石の極や動きなどをいろいろと変え，そのつど検流計の針の振れ方を調べた。

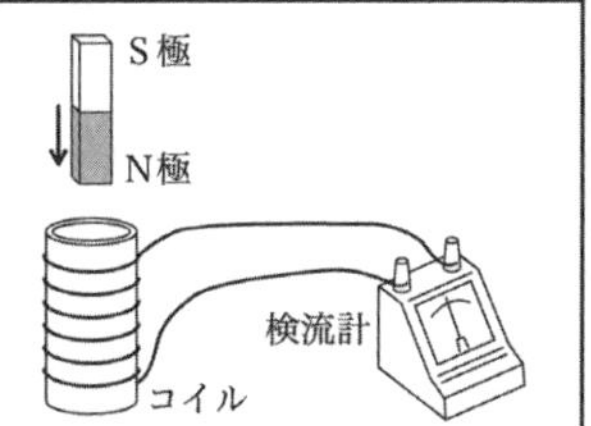

このことについて，次の**1**，**2**，**3**の問いに答えなさい。

1　実験(1)では，コイルに電圧が生じて電流が流れるという現象が起こった。このような現象を何というか。

2　実験(2)で，「S極を下向きにした棒磁石を，空中に保持したコイルの上端側から落下させてコイルの中を通過させる」という操作を行った。この操作における，検流計の針の振れ方を正しく述べているものは，次のうちどれか。

ア　右側に2回振れた。　　**イ**　左側に2回振れた。
ウ　右側に振れた後，左側に振れた。　　**エ**　左側に振れた後，右側に振れた。

3　コイルの中の中央付近に，実験で用いた棒磁石よりも磁力の強い棒磁石のN極を静止させた場合，検流計の針はどのようになると考えられるか。その理由も含めて，「磁界」という語を用いて簡潔に書きなさい。

下野模擬問題(第189回)◆理科

5 晴れた日の昼間には，右の図のように，海に面した地域では海風とよばれる風がふくことが多くなる。

このことについて，次の**1**，**2**，**3**の問いに答えなさい。

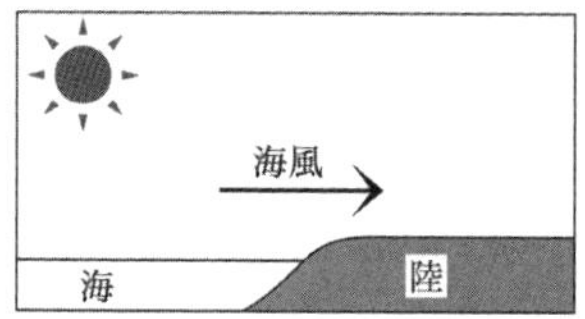

1 次の□内の文章は，海風がふく原因について述べたものである。①，②に当てはまる語をそれぞれ(　　)の中から選んで書きなさい。

> 晴れた日の昼間は，陸上の空気の方が海上の空気よりも ①(高温・低温) になり，陸上の方が気圧が ②(高く・低く) なる。このことによって空気の流れが発生し，海上から陸上に向かって海風がふく。

2 海に面した地域を，東アジアに位置する日本の周辺という広い範囲に置き換えると，海風，および海に面した地域で夜間に陸上から海上に向かってふく陸風は，まとめて何とよばれる風に相当するか。

3 **2**で答えた風のうち，海風と陸風に相当する風の風向は，それぞれ次のうちどれか。

ア 北西　　**イ** 南西　　**ウ** 北東　　**エ** 南東

6 陸上に生育する身近な5種類の植物について調べるために，次の分類(1)，(2)，(3)，(4)を順に行った。

> (1) 5種類の植物を，「種子をつくる」ものと「種子をつくらない」ものとに分けた。
> (2) 「種子をつくる」ものについては，「胚珠が子房の中にある」ものと「胚珠がむき出しである」ものとに，「種子をつくらない」ものについては，「維管束がある」ものと「維管束がない」ものとに分けた。
> (3) 「胚珠が子房の中にある」ものについて，「子葉が2枚」のものと「子葉が1枚」のものとに分けた。
> (4) (1)，(2)，(3)の分類のようすを，図1のようにまとめた。 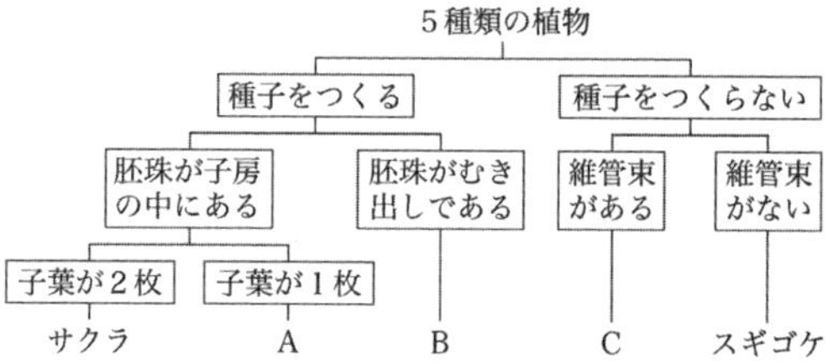
>
> 5種類の植物
> - 種子をつくる
>   - 胚珠が子房の中にある
>   - 子葉が2枚 ― サクラ
>   - 子葉が1枚 ― A
>   - 胚珠がむき出しである ― B
> - 種子をつくらない
>   - 維管束がある ― C
>   - 維管束がない ― スギゴケ
>
> 図1

このことについて，次の**1**，**2**，**3**，**4**の問いに答えなさい。

1 次の□内の文は，「胚珠が子房の中にある」植物について述べたものである。①，②に当てはまる語をそれぞれ書きなさい。

> 「胚珠が子房の中にある」植物のなかまを（　①　）植物といい，この植物のうち，「子葉が1枚」のなかまを（　②　）類という。

2 「子葉が2枚」のなかまは，花弁のようすから，さらに2種類のなかまに分類することができるが，サクラの場合，花弁はどのようになっているか。簡潔に書きなさい。

3 図2は，スギゴケの2種類の株のうちの一方をスケッチしたものである。Xで示した部分でつくられるものは何か。また，Yで示した部分を何というか。

図2

4 図1で，A，B，Cに当てはまる植物を正しく組み合わせているものはどれか。次の**ア**から**ク**のうちから一つ選び，記号で書きなさい。

ア A：アブラナ　B：トウモロコシ　C：ソテツ
イ A：アブラナ　B：トウモロコシ　C：ゼンマイ
ウ A：アブラナ　B：イチョウ　C：ソテツ
エ A：アブラナ　B：イチョウ　C：ゼンマイ
オ A：ツユクサ　B：トウモロコシ　C：ソテツ
カ A：ツユクサ　B：トウモロコシ　C：ゼンマイ
キ A：ツユクサ　B：イチョウ　C：ソテツ
ク A：ツユクサ　B：イチョウ　C：ゼンマイ

解答・解説 P319・P327

7 化学変化を利用して電流をとり出す装置の一種である，ダニエル電池とよばれる電池について調べるために，次の実験(1)，(2)，(3)，(4)を順に行った。

(1) 硫酸亜鉛水溶液を入れたビーカーに亜鉛板をひたした。

(2) 図1のように，硫酸銅水溶液にひたした銅板が入っているセロハンチューブ(下の端を結んで閉じている)を，(1)のビーカーに入れた。

(3) 図2のように，亜鉛板と銅板をプロペラつきモーターにつないだところ，電流が流れてモーターが回転し始めた。

(4) しばらくプロペラつきモーターを回転させてから，亜鉛板と銅板の表面のようすをそれぞれ観察した。

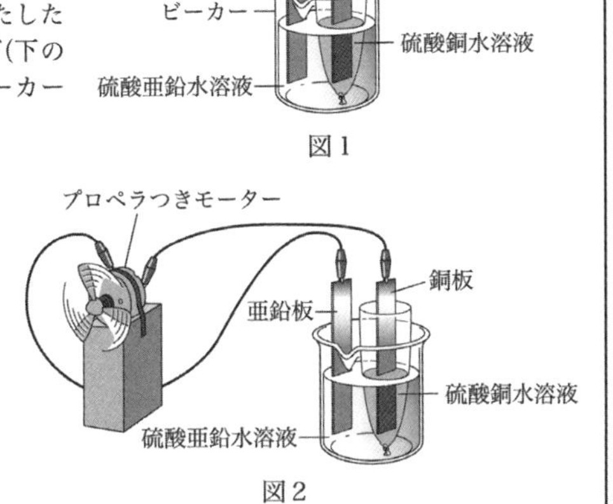

図1

図2

このことについて，次の**1**，**2**，**3**，**4**の問いに答えなさい。

1 実験(1)でビーカーに入れた硫酸亜鉛水溶液，および実験(2)でセロハンチューブに入れた硫酸銅水溶液の中には，ある共通するイオンが生じている。そのイオンを表す化学式を書きなさい。

2 実験(3)，(4)で，プロペラつきモーターが回転していたときに，亜鉛板の表面で起こっていた変化を表している化学反応式は，次のうちどれか。なお，e^-は1個の電子を表している。

ア $Zn + e^- \rightarrow Zn^+$
イ $Zn + 2e^- \rightarrow Zn^{2+}$
ウ $Zn \rightarrow Zn^+ + e^-$
エ $Zn \rightarrow Zn^{2+} + 2e^-$

3 実験(4)で見られた，亜鉛板と銅板の表面のようすを正しく組み合わせているものは，次のうちどれか。

ア 亜鉛板：黒っぽくボロボロになっていた。　銅板：黒っぽくボロボロになっていた。
イ 亜鉛板：黒っぽくボロボロになっていた。　銅板：赤色の物質が付着していた。
ウ 亜鉛板：赤色の物質が付着していた。　銅板：黒っぽくボロボロになっていた。
エ 亜鉛板：赤色の物質が付着していた。　銅板：赤色の物質が付着していた。

4 ダニエル電池で＋極となるのは亜鉛板，銅板のどちらか。また，アルカリ乾電池やマンガン乾電池，リチウム電池のような，充電ができない使いきりタイプの電池を何電池というか。

8 物体の運動，および物体がもつエネルギーについて調べるために，次の実験(1)，(2)，(3)を順に行った。

(1) レールと木片を用いて，図1のような，二つの斜面と一つの水平面からなるコースを組み立てた。なお，斜面ACの傾きは，斜面DEの傾きよりも大きくなっている。

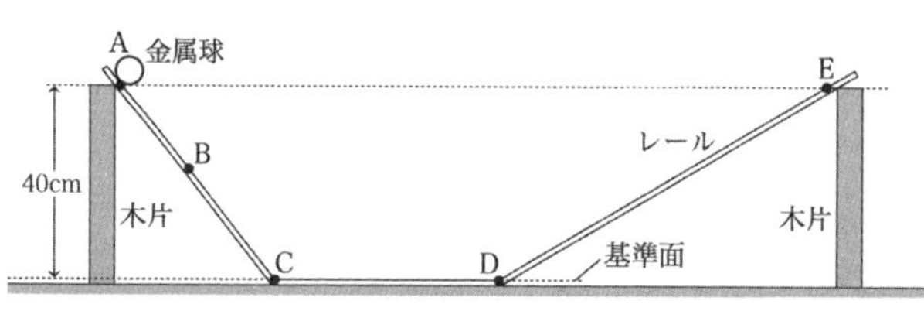

図1

(2) 基準面からの高さが40 cmのA点に金属球を静止させた後，斜面ACに沿って金属球を静かに転がしたところ，金属球はB点，C点，D点を通過した後，斜面DE上のE点(A点と同じ高さ)まで移動した。

(3) (2)で，金属球がA点からD点まで移動する間における，金属球の位置と金属球がもつ位置エネルギーの変化のようすを，図2のようなグラフに表した。

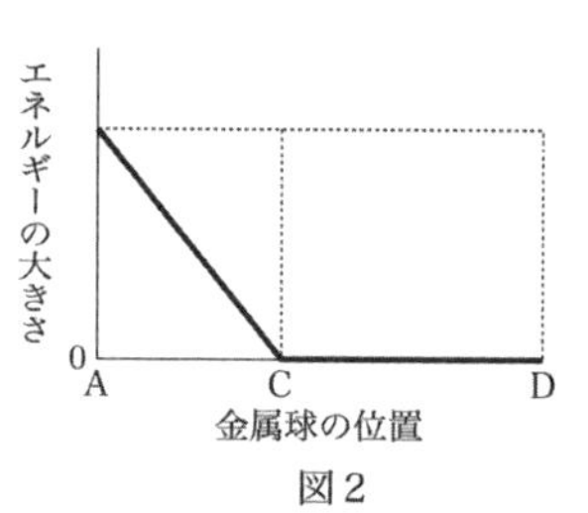

図2

このことについて，次の**1**，**2**，**3**，**4**の問いに答えなさい。ただし，空気の抵抗や摩擦については考えないものとする。また，物体の質量が等しい場合，位置エネルギーの大きさは基準面からの高さに比例するものとする。

1 一般に，位置エネルギーや運動エネルギーの大きさを表す単位として使用されているものは，次のうちどれか。

ア V　　**イ** J　　**ウ** W　　**エ** Hz

2 金属球がもつ位置エネルギーと運動エネルギーの和を何というか。

3 図3は，図2の位置エネルギーの変化を表すグラフを消去したものである。実験(2)で，金属球がA点からD点まで移動する間における，**2**で答えたエネルギーの大きさを表すグラフを，解答用紙に実線でかき入れなさい。

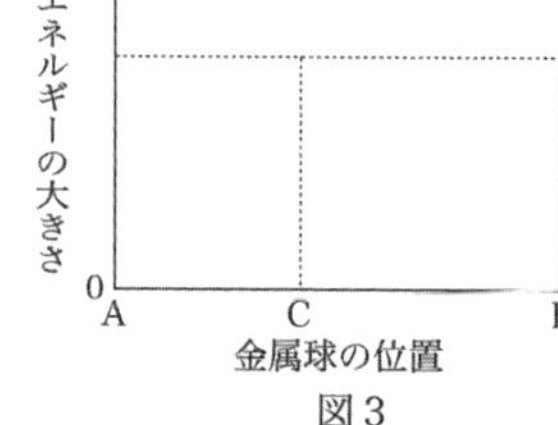

図3

4 実験(2)で，図1のB点を通過した瞬間に金属球がもっていた位置エネルギーの大きさをx，運動エネルギーの大きさをyとすると，$x : y = 3 : 2$であった。このことから，B点の基準面からの高さは何cmであることがわかるか。

9 日本のある地点で，星座の見え方について調べるために，次の観測(1)，(2)と調査(3)を順に行った。

(1) ある日の午前0時に南の空を見たところ，図1のように，ほぼ真南の方角の空におとめ座が見られた。

(2) 午前0時以降も観測を続けたところ，図1のおとめ座は，時間の経過とともにある向きへと移動していった。

(3) おとめ座と太陽，および地球との位置関係を調べ，太陽のまわりを公転している地球のようすとともに，図2のように模式的に表した。なお，図2は地球の北極側から見たものである。

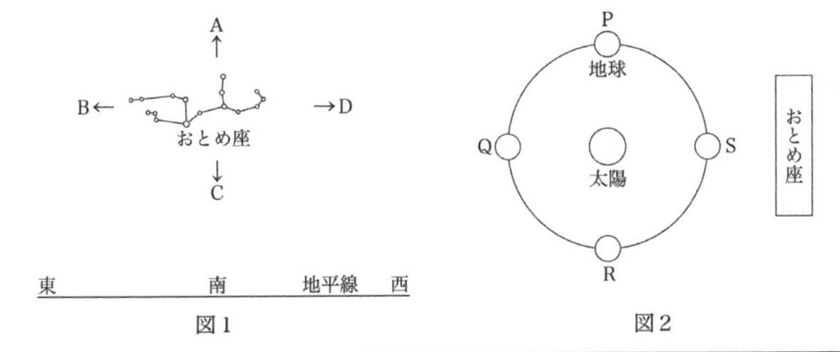

図1　　図2

このことについて，次の**1**，**2**，**3**，**4**の問いに答えなさい。

1 おとめ座などのいろいろな星座を形づくる星のように，自ら光を放っている天体を何というか。**漢字2字**で書きなさい。

2 観測(2)において，午前0時以降，おとめ座はどの向きへと移動していったか。図1のA，B，C，Dのうちから一つ選び，記号で書きなさい。

3 次の□内の文章は，観測(2)において，おとめ座が**2**で答えた向きへと移動していった理由について述べたものである。①，②に当てはまる数値や語をそれぞれ書きなさい。

> 地球は，自転という回転運動を行っている。そのため，時間の経過とともに天体は，1時間に約（ ① ）度の割合で天球上を動いていくように見える。このような天体の見かけの動きを，その天体の（ ② ）運動という。

4 観測を行った日，地球は太陽やおとめ座に対してどのような位置にあったか。図2のP，Q，R，Sのうちから，最も適当なものを一つ選び，記号で書きなさい。また，観測を行った日からちょうど半年後には，おとめ座を見ることは一晩中ほぼできなくなる。この理由を，「地球」，「太陽」，「おとめ座」という語を用いて簡潔に書きなさい。

令和4年
1月23日実施

第189回 下野新聞模擬テスト
英　語

1 これは聞き方の問題である。指示に従って答えなさい。

1〔英語の対話とその内容についての質問を聞いて，答えとして最も適切なものを選ぶ問題〕

(1) **ア**　**イ**　**ウ**　**エ**

科学コーナー

(2) **ア**　**イ**　**ウ**　**エ**

BUS

(3)
ア Other 3, Blue 4, Red 8, Pink 20
イ Other 3, Red 4, Pink 8, Blue 20
ウ Other 4, Blue 8, Pink 8, Red 15
エ Other 3, Blue 4, Pink 8, Red 20

2〔英語の対話とその内容についての質問を聞いて，答えとして最も適切なものを選ぶ問題〕

(1) ① **ア** They were interesting.　　**イ** They were difficult.
　　ウ They were boring.　　**エ** They were easy.

② **ア** To talk with his friends in Japanese and write letters in Japanese.
　イ To read Japanese comics and watch some Japanese movies.
　ウ To watch some Japanese movies and write letters in Japanese.
　エ To read Japanese comics and talk with his friends in Japanese.

(2)

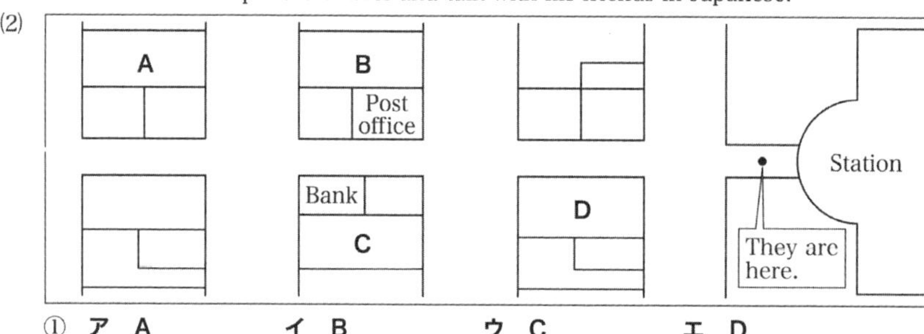

① **ア** A　　**イ** B　　**ウ** C　　**エ** D

② **ア** Because she wants to work at the hospital as a nurse.
　イ Because she wants to go out with her son after meeting in front of the hospital.
　ウ Because she wants to see her son who works at the hospital as a doctor.
　エ Because she wants to see her sick son who is in the hospital.

3〔英会話クラブの部員会議でのブラウン先生の連絡を聞いて，英語のメモを完成させる問題〕

Day
・Meet on (1)(　　　　) and Friday

Activities
・Talk in English
・Read books written in English in the (2)(　　　　)
・Write and (3)(　　　　) e-mails to students in Australia

Next Friday
・Have a party for the new club members
・Write a (4)(　　　　) to the new members and give it to them

2 次の1，2の問いに答えなさい。

1 次の英文中の (1) から (6) に入る語句として，下の(1)から(6)のア，イ，ウ，エのうち，それぞれ最も適切なものはどれか。

Dear Emily,
How are you? I'm writing this e-mail in the (1) . I broke my left leg last Friday, and my father took me here. At first, it *hurt so much that I couldn't (2) up.
My parents come to see me every day. Ryota, my brother, brought me some popular books yesterday. My mother brings me some of my favorite food. Everyone is so nice to me, but am I really happy or not? I don't know. Life in the hospital is not very (3) because I have to keep quiet in bed all day. And I have to go to sleep earlier than usual, but my leg still hurts. It is very (4) to go to sleep at night. I wish I (5) strong legs.
In just four days, I can go home. I will still have a *cast on my left leg, but my (6) will take it off in about a month. I'm looking forward to seeing you at school again.

〔注〕*hurt(過去形：hurt)＝痛む　*cast＝ギプス

	ア	イ	ウ	エ
(1)	house	school	hospital	park
(2)	make	wake	stay	stand
(3)	interesting	safe	important	dangerous
(4)	easy	exciting	interested	difficult
(5)	has	have	had	will have
(6)	friends	doctor	parents	teacher

2 次の(1)，(2)，(3)の(　　)内の語を意味が通るように並べかえて，(1)と(2)はア，イ，ウ，エ，(3)はア，イ，ウ，エ，オの記号を用いて答えなさい。ただし，文頭にくる語も小文字で示してある。

(1) Do you (ア when　イ met　ウ we　エ remember) for the first time?
(2) They (ア tennis　イ been　ウ have　エ playing) for about an hour.
(3) (ア him　イ how　ウ asking　エ to　オ about) carry these boxes?

3 次の英文は，中学生の友香(Yuka)とオーストラリアからの留学生ボブ(Bob)との対話の一部である。また，右の図はそのとき二人が見ていたポスター(poster)の一部である。これらに関して，1から6までの問いに答えなさい。

Bob: What is this poster, Yuka?
Yuka: It's about the language study abroad programs during the summer vacation.
Bob: Oh, that will be a good chance to learn English. Are you interested in the programs?
Yuka: Yes, I want to join one of them.
Bob: Can you tell me about the programs?
Yuka: Sure. Each program has some good points. In Program A, I can study English at a language school five days a week, but I can stay only for ten days.
Bob: I think that's too [A].
Yuka: I think so, too. Program B is about a month long, but it's for high school students, not for junior high school students.
Bob: Then, do you want to join Program C?
Yuka: Yes. I can study English at a language school in Sydney and ＿＿(1)＿＿ weeks.
Bob: Oh, that's good. How many students can join it?
Yuka: Twenty-five students can. I really want to join it. I've wanted to go to Australia since I was a child.
Bob: I'm glad to hear that. I think there are many things you don't know about my country. For example, "How many people live in Australia?" or "What foods do they often eat?"
Yuka: Well..., you're right.
Bob: I think it's important for you to learn about Australia before going there.

Yuka：OK. I'll try to do (2)so.
Bob：[B] can *apply for it?
Yuka：Students who are interested in studying at a language school and homestay can. Also, ＿＿(3)＿＿ the *orientation meeting.
Bob：I see. Well..., what's this graph?
Yuka：It shows the answers to the question, "What countries do you want to visit?" All the students in our school answered. Australia is the ＿＿(4)＿＿.
Bob：Oh, that's good. About sixty girls answered so. I have a Japanese friend who lives in Tsutsuji City, and we often *exchange e-mails. I'll ask him in an e-mail, "(5)What countries do you want to visit?"
Yuka：Oh, that's a good idea.

〔注〕*apply for ～＝～に申し込む　*orientation meeting＝事前説明会
*exchange＝交換する

20XX年5月25日

みどり中学校　英語だより　第76号

みどり市語学留学プログラムのお知らせ

プログラム	プログラムA	プログラムB	プログラムC
滞在国(都市)	イギリス(ロンドン)	アメリカ(ニューヨーク)	オーストラリア(シドニー)
期間(日数)	8月1日～8月10日(10日間)	7月28日～8月26日(30日間)	7月31日～8月20日(21日間)
語学学校	週5日	週3日(月・水・金)	週2日(火・金)
募集人数	10人	40人	25人
対象学年	中学3年生	高校生	中学3年生～高校生
参加資格	語学学校での勉強とホームステイに興味がある生徒		
備考	語学学校がない日は，自由時間，またはホストファミリーと過ごすことになります。		

事前説明会
日付：6月20日
時刻：午後4時20分
場所：みどり中学校体育館
<注意>すべての参加希望者は，事前説明会に参加する必要があります。

英語コラム　～全校生徒を対象に行ったアンケートの結果発表～
行きたい国に関するアンケート結果（複数回答可）

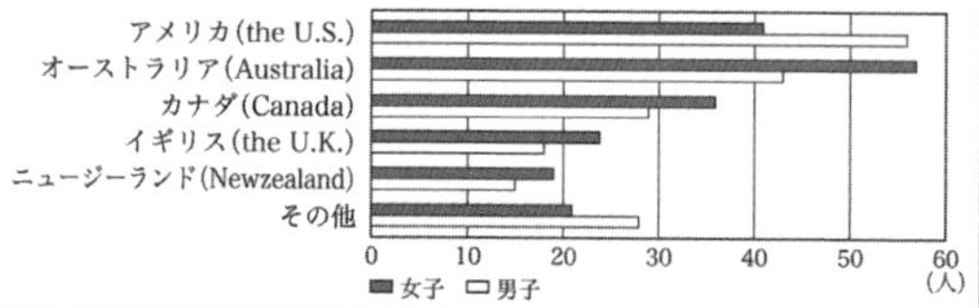

1　本文中の[A]に入る語として，最も適切なものはどれか。
ア　early　イ　short　ウ　fast　エ　long

2　上のポスターを参考に，二人の対話が成り立つよう，下線部(1)，(3)，(4)に適切な英語を書きなさい。ただし，数字も英語で書くこと。

3　下線部(2)が指す内容は何か。具体的に日本語で書きなさい。

4　二人の対話が成り立つよう，[B]に入る適切な英語**1語**を書きなさい。

5　次の[　　]内の英文は，語学留学プログラムの内容について簡単にまとめたものである。①，②に入る適切な英語を，上のポスターを参考に**1語**ずつ書きなさい。ただし，数字も英語で書くこと。

> Ten students can join in Program A, and they can study at a language school almost every day. (　①　) students can join in Program B, but it's for only high school students. Twenty-five students can join in Program C, and both junior high school students and high school students can join. When they don't have any classes at a language school, they'll have (　②　) time or spend time with their host family.

6　下線部(5)について，あなたならどのように答えますか。その理由も含めて，つながりのある**4文から6文程度**の英語で書きなさい。

解答・解説 P318・P322

4 かなこ(Kanako)と西先生(Mr. Nishi)についての次の英文を読んで，**1**から**5**の問いに答えなさい。

I go to junior high school in Tochigi. One day, in my English class, I learned about volunteers. I thought they were really great. After that, I became interested in working as a volunteer. Now I work with a volunteer group. The group does many things to help poor children in foreign countries. For example, it opens *bazaars to send money to them.

One day in September, Mr. Nishi, my English teacher, said to us in his class, "There is an English speech contest at the *civic hall next month. If you want to join it, please tell me." When I heard that, I thought, "We need more volunteers who help our work. It may be a good chance to tell many people about our volunteer work through my speech." So I decided to join the contest. Mr. Nishi looked happy when he learned that I wanted to join it.

After that, I began to practice for the contest. Mr. Nishi helped me a lot. First, I wrote my speech in Japanese and then put it into English. Then, I practiced my speech again and again, but I could not *pronounce some English words well. Soon, I was beginning to lose *confidence. Mr. Nishi said to me, "Don't worry about that, Kanako. The most important thing in a speech is to try to tell people about the things you really want to." I said with a smile, "Thank you for your advice, Mr. Nishi."

Finally, the day of the contest came. After I got to the hall, I asked Mr. Nishi, "How many people are there in the hall?" He said, "There are about three hundred people, but you don't have to be (**A**)." I said, "All right, Mr. Nishi. I try to think they will be interested in my speech."

About an hour later, my *turn came. I began to talk about why we need to do volunteer work. When I saw a lot of people in front of me, I suddenly became *frightened and my voice became weak. Then, I remembered Mr. Nishi's advice during my practice. I said in a (**B**) voice, "There are a lot of poor children who need our support all over the world. We really want to help them. Our volunteer group needs your help. Why don't you join us?"

I could not get a *prize in the contest, but something wonderful happened later. The next week, about thirty young people who *were impressed with my speech visited our volunteer group. They wanted to join us and work for poor children as volunteers. I thought, "I'm really glad I joined the contest and made a speech."

〔注〕*bazaar＝バザー(慈善事業の資金を得るために開催する即売会)
*civic hall＝市民ホール　*pronounce＝発音する　*confidence＝自信
*turn＝順番　*frightened＝怖がって，恐れて　*prize＝賞
*be impressed with ～＝～に感銘を受ける

1 本文中の(**A**)，(**B**)に入る語の組み合わせとして，最も適切なものはどれか。

ア **A**：excited — **B**：worried　**イ** **A**：special — **B**：cute
ウ **A**：full — **B**：hard　**エ** **A**：afraid — **B**：strong

2 次の[　　]は，下線部の指す内容についてまとめたものである。(　　　)に適切な日本語を書きなさい。

スピーチで最も大切なことは，(　　　　　) である。

3 次の**質問**に答えるとき，**答え**の[　　]に入る適切な英語**3語**を，本文中から抜き出して書きなさい。

質問：Why did Kanako start working as a volunteer?
答え：Because she [　　] it after she learned about volunteers.

4 次の[　　]は，かなこがスピーチコンテストに参加した後に起きたことについて，まとめたものである。(　①　)と(　②　)に適切な日本語を書きなさい。

かなこのスピーチに感銘を受けた (　　　①　　　) が，ボランティアグループを訪ねて来て，グループに加わり，ボランティアとして (　　　②　　　) ことを希望した。

問題 R3 186 187 188 189

【英語】第189回

5　本文の内容と一致するものはどれか。

ア　Bazaars are often held by poor children in foreign countries and the volunteer group.

イ　Kanako joined the speech contest because she wanted many people to know about the volunteer work.

ウ　Mr. Nishi told Kanako to practice her speech hard because she couldn't pronounce any English words well.

エ　Kanako made a great speech and made many people happy at the contest, so she got a prize.

5　地球温暖化(global warming)について書かれた次の英文を読んで，1，2，3，4の問いに答えなさい。

The earth is getting hotter and hotter now. This summer, it was around 35℃ on many days in most parts of Japan and some people died. It was near 40℃ in some cities in Japan. It is because of global warming.

We see many changes in nature around the world because of global warming. The ice on the *North and South Poles is *melting, and the *sea level is rising, for example. The *glaciers of the high mountains in the world are melting, too. We may also [A] many beaches, islands, some kinds of animals and plants living in such places.

One of the reasons is that we use too much *oil. Thousands of years ago, people found oil, and they [B]. Now, we use oil when we use cars, ships and planes. We also need oil even when we use lights and play video games. We use a lot of oil, and then we *release *carbon dioxide at the same time. So, the earth is getting hotter. Many countries are trying to cut down on carbon dioxide, but some countries are not. They are still using a lot of oil for cars and *factories and releasing carbon dioxide. This is a big problem.

How can we stop global warming? How can we use less oil? It is a very difficult problem for us. However, there are some small things we can do in our daily lives. For example, we should use bikes, buses, and trains more often than our family cars. Also, we should use *fans in summer and *kotatsu* in winter more often than *air conditioners. Then, we will not use too much oil. You may think they are small things, but when we all do these things together, global warming can be stopped in the future.

〔注〕*North and South Poles＝北極と南極　*melt＝溶ける　*sea level＝海面
*glacier＝氷河　*oil＝石油　*release＝放出する　*carbon dioxide＝二酸化炭素
*factory＝工場　*fan＝扇風機　*air conditioner＝エアコン

1　本文中の[A]に入る語として，最も適切なものはどれか。

ア　enjoy　イ　buy　ウ　lose　エ　swim

2　本文中の[B]に入るものとして，最も適切なものはどれか。

ア　learned that it was very useful
イ　didn't learn that it kept the earth clean
ウ　learned that it was good for animals
エ　didn't learn that it could reduce carbon dioxide

3　下線部について，具体的にどのような問題か。日本語で書きなさい。

4　次の[　　]内の英文は，筆者が伝えたいことをまとめたものである。(　　　)に入る最も適切なものはどれか。

> We should do something for the earth. For example, we shouldn't use cars and air conditioners too much. If many people in the world try them, (　　　).

ア　we will be able to learn about many changes because of global warming
イ　we will be able to see many trees in nature
ウ　we will be able to get much oil
エ　we will be able to stop global warming

問題 R3 186 187 188 189
【英語】第189回

 解答・解説 P318・P322

浮かした。洪作は三人の少年たちの海を何とも思っていない動作が、まぶしく感じられた。きらきらしたものが飛び込み台の上にやってきては、あっという間にそこからいなくなっている。

洪作は飛び込み台から下へ降りると、そこにあったボートに乗り移り、飛び込み台の脚にくくりつけてあった縄を解いた。洪作はボートへ乗ったことはあったが、オールを手にすることは初めてであった。こげるかどうか、自信は全くなかったが、(5)三人の救援者たちに対して、ボートもこげないとは言えなかった。

（井上靖「夏草冬濤」〈新潮社〉から）

（注）四年生＝旧制中学の四年生。現在の高校一年。

1 □に入る語句として最も適当なものはどれか。

ア 見回す　**イ** 見返す　**ウ** 見下げる　**エ** 見守る

2 (1)若サマハ　ココニイラシッタ　(2)ドウレ　デハ、オ助ケ申ソウカ　という表現からわかることとして最も適当なものはどれか。

ア 三人の少年が一つの命令に従って動いていること。
イ 多少からかいながらも、本心では同情していること。
ウ 演技性を示すことで、自分たちの役割を楽しんでいること。
エ 洪作にとりいることで、取り引きをしようとしていること。

3 (3)飛び込みはさっきやった　とあるが、この発言から洪作のどのような様子がわかるか。次の文の□に入る言葉を、「見栄」という語を用いて、十五字以上二十字以内で書きなさい。

自分から飛び込んだわけではないのに、□様子。

4 (4)この方は、途中で体を一回転させて、その上で頭から潮の中へはいっていった　とあるが、少年たちの飛び込みの様子からわかることとして最も適当なものはどれか。

ア 洪作が頑張っても地元の少年たちのようにはなれないこと。
イ 仲間であるためには飛び込めるのは当たり前であること。
ウ 泳げない洪作に対してわざと嫌がらせをしていること。
エ 洪作を助けに来た合間にも飛び込みを楽しんでいること。

5 (5)三人の救援者たちに対して、ボートもこげないとは言えなかった　とあるが、少年たちに対する洪作の気持ちを、四十字以上五十字以内で書きなさい。

6 本文の特徴を説明したものとして最も適当なものはどれか。

ア 控えめな性格の洪作が少年たちの海での自由自在な動きに圧倒されていく様子が、一人称の視点で生き生きと描かれている。
イ おっとりした様子の洪作と自然の中で生き生きとした動きを見せる少年たちとの交流が、洪作の視点に寄り添って描かれている。
ウ 泳ぎに自信のない洪作が、少年たちとの出会いをきっかけに泳ぐことに興味を抱いていく様子が、多様な視点から描かれている。
エ 自然に対する距離感の違いが心理に影響する様子が、洪作と少年たちの交流を通して、客観的な視点で描かれている。

5

「人とコミュニケーションをとる上で心がけたいと思うこと」について、あなたの考えを国語解答用紙(2)に二百四十字以上三百字以内で書きなさい。

なお、次の《条件》に従って書くこと。

《条件》

（Ⅰ）二段落構成とすること。

（Ⅱ）各段落は次の内容について書くこと。

第一段落

・あなたが「人とコミュニケーションをとる上で心がけたいと思うこと」について、理由を含めて具体的に説明しなさい。あなたが直接体験したことや見たり聞いたりしたことをもとにしてもよい。

第二段落

・第一段落で書いたことを踏まえて、人とコミュニケーションをとることを、今後どのように生かしていきたいかについて、あなたの考えを書きなさい。

解答・解説 P318・P320

5 その対話を自分一人でもできるようにする(4) とあるが、それは「考える」ことにおいて、どのような理由があるからか。「視点」という語を用いて、四十字以上五十字以内で書きなさい。

6 本文における筆者の考えとして最も適当なものはどれか。

ア アイディアを出し合う対話は、思考力を高めるためによい訓練であるが、相手の弱点を指摘することは逆効果である。

イ 自分の中にもう一人の自分を置いて現実を冷静に見ることで、さらによいアイディアを生み出すことができる。

ウ 考える力は対話によって身につけることができるが、その際様々な角度から意見を積み重ねることが大切である。

エ 考えているときには、自分と対話しているものなので、実際の相手を想定しなくても対話の訓練をすることができる。

4

次の文章を読んで、**1**から**6**までの問いに答えなさい。

（洪作は一人で伯母の家に下宿している。泳げない洪作は、沼津の中学に転校して来て二年目に、初めて水泳の講習会に参加したが、上級生である岡のいたずらで飛び込み台の櫓に一人取り残されていた。）

そのうちに水泳場の浜に三つの小さい人影が現れた。洪作はそれに目を当てていた。三人とも裸である。彼らは浜を横切ってボートの置いてあるところへ行くと、その一そうを押し出し、次々にそれに飛び乗った。洪作はほっとした。だれかが自分を連れに来てくれるのであろうと思った。海面は夕立のために、見違えるほど生き生きとして波立っていた。ボートは体を大きく波に揺られながら、見る見るうちに近づいてきた。二人がこいでおり、一人が突っ立っている。「おおい」洪作は叫んだ。すると、ボートからも返事があった。「おう」突っ立っているのが、手を上げて叫んだ。ボートは体を飛び込み台の脚につけると、一人の少年が飛び込み台の上に上がってきた。少年は台の上に立つと、洪作の頭のてっぺんからつま先までしげしげと見わたしてから、「泳げないのか」と聞いた。「うん」「岡のやつに、ここへ持ってこられて、置いていかれたのか」「うん」「ほう」ひどく感心したように洪作の顔を見入っていたが、飛び込み台の下のボートの方に、(1)「若サマハ　ココニイラシッタ」と、そんなことを奇妙な口調で言った。すると、(2)「ドウレ　デハ、オ助ケ申ソウカ」そんな声が返ってきた。まもなく、もう一人の少年が上がってきた。これも洪作の顔を見守っていたが、この方は何とも言わず、「ケッ、ケッ、ケッ」と、サルの鳴き声のまねをすると、いきなり飛び込み台の上で体を跳躍させた。瞬間、少年の体はみごとなフォームで宙を切っていた。一人が飛び込むと、もう一人も飛び込んだ。この方もみごとなフォームである。二人の少年たちは潮の中で、それぞれ思い思いの方角へクロールで泳いでいったが、途中からまた飛び込み台の方へ引き返してきた。

ボートに残っていた他の一人の少年が、飛び込み台の上に上がってきた。この少年の顔を見た時、洪作は自分より一年上の(注)四年生だなと思った。洪作はこの四年生の顔と名前を知っていた。金枝という少年で、成績がいいらしく級長をしており、朝礼の時、いつも歯切れのいいよくとおる声で号令をかけている。金枝もまた洪作を、頭のてっぺんからつま先まで□ようにしていたが、「岡のやつに、ここに置いていかれたんだって」と言った。物を言う時、目が笑っていて、それが優しい感じだった。「災難だな」と言った。「泳げないのか、全然」「少しは泳げる」「どのくらい」「四メートルや五メートルは泳げる」すると、「四メートルや五メートル泳げれば、あとはいくらでも泳げるよ。泳げると思って泳げば泳げる。泳げないと思ったら、すぐだめになる。飛び込みだって同じだ。怖いと思ったら飛び込めやあしない。それにしても災難だったな」金枝は笑った。(3)「飛び込みはさっきやった」洪作が言うと、「どこで」「ここで」「じゃ、泳げるじゃないか」「泳げないが、突き落とされて、飛び込んだんだ」「そして、どうした」「浮き上がってきたんで、すぐ櫓の脚につかまった」「ふーむ」金枝は感心したようにうなずいた。そこへ、さっきの二人の少年が上がってきて、色のまっ黒な、見るからに敏捷そうな小柄な少年が言った。「夕暮レモ迫ッテマイリマシタレバ、ソロソロ帰参イタストシテハ、イカガデゴザル」すると、他の一人の、ずんぐりした体つきの、何となく不敵なものを顔に浮かべている少年が言った。「デハ、若君ヲソロソロ、ボートニオ移シ申ソウカ」それから、洪作に、「こげるか」「うん」「それなら、おまえ、こいでいけ。おれたちは泳いでいく」寒いのか、ぶるぶると顔をふるわせていたが、やがて、ずんぐりした方は、ひとつ跳躍すると、いきなり頭を下にして、海面へ突きささっていった。続いてもう一人の小柄な少年が飛び込み台を離れた。(4)この方は、途中で体を一回転させて、その上で頭から潮の中へはいっていった。「ボートへ乗って帰れよ」金枝は洪作に言うと、彼もまた飛び込み台の上で二、三回跳躍し、それからこれもまたみごとなフォームで宙に体をや(注2)ディスカッションのレベルだろう。しかし、そんなことで時間を取っていても仕方がない。

まず、アイディアを出して、その考えがよくないと思ったら、(2)どんどん違うアイディアを出して乗り越えていくということを、全員がやるようにする。

これを積み重ねていくと、言葉によって現実をよくしていこうという感覚が生まれてくる。また、相手が話していて、それを聞いてその刺激を受けながら、自分も考えるようになり、思考が進みやすい状態になっていく。

「考える」とは通常は一人でやる作業だと思われているが、本来は、「対話」が考えを進めるのにはいちばんいい。

「考える力」をつけるには、スパーリングパートナー(注3)のような人をつくり、徹底して延々とディスカッションすると効果的だ。対話は、「考える力」を伸ばす王道である。

相手が言ったことに対して「あぁ、そうですね。ごもっともです」などと、ただ同調していても、対話にはならない。

自分に対して新しい問いかけを行う力がない人が、自分に同調ばかりする人を相手に話していても、同じところをくるくる回るだけで、どこへも行き着かない。そうならないためには、自分と実力が同レベルの対話ができる(3)スパーリングパートナーをもつ必要がある。

試合ではなくスパーリングだから、ディベート(注4)とは違い、相手の考えを否定して潰すためのものではない。あくまでも、お互いの考えを引き出すためのものだ。

ディベートは、自分の考えでなくても、主張の立場を変えてもやれるのがよさでもある。ディベートのように、立場を交換しても、それなりに話ができるということを活用する方法もある。

ただし、アイディアを出し合う対話の場合、ディベートのような、「そこはおかしいだろう」「いまそう言ったが」といった、相手の揚げ足を取るような形の攻め方は反則にしておくべきだ。

むしろアイディアに弱点がある場合でも、その真意をとらえて、それに対して、どういう点に欠点があるのか、どうすればさらによくなるかなど、違う角度から意見を積み重ねていく対話が、思考力を高めるためのポイントである。

そして、それができるようになったら、(4)その対話を自分一人でもできるようにする。対話で訓練して、二人でつくった状況を自分の中に組み込んでいき、自分の頭の中で対話を行うようにするのだ。(中略)

「これはありえない。バツ、バツ……」「これはありだな。マル」などと、メモしていく。それができるのも、二人での対話を積み重ねてきた成果だと思う。他の人が自分の中に内在化されて、内側に組み込まれているのだ。二人で対話することによって、二人で言い合っている感覚が、一人になっても耳の中に残る。そこで、自分が言って自分が答えるような構造ができあがる。すると、考えも進む。

「考える」ことにおいては、視点をずらす、視点移動ということが非常に重要である。あるところから考えようとしても、攻め入ることができなかったら、ちょっとずらして考える。角度を変える。角度を変えて切ってみて、その切り口を見てみる。その「角度」と「切り口」が、「考える力」にとってはキーワードとなる。

(齋藤孝「アイディアを10倍生む考える力」〈大和書房〉から)

(注1) プレゼンテーション＝自分の意見や考えを発表すること。
(注2) ディスカッション＝討論、議論。
(注3) スパーリングパートナー＝ボクシングの練習で打ちあう相手。
(注4) ディベート＝あるテーマで賛否二つのグループに分かれて行う討論。

1 □に入る語として最も適当なものはどれか。

ア 無論　**イ** 論外　**ウ** 極論　**エ** 論点

2 (1)四人一組になって、一人ずつ企画のプレゼンテーションをするという授業 とあるが、この授業の目的はどのようなことだと筆者は述べているか。四十字以上五十字以内で書きなさい。

3 (2)どんどん違うアイディアを出して乗り越えていく とあるが、その結果どのようなことが生じるか。本文中から二十八字と十六字で二か所抜き出し、それぞれ初めの五字を書きなさい。

4 (3)スパーリングパートナーをもつ必要がある とあるが、本文における「スパーリングパートナー」の説明として最も適当なものはどれか。

ア ディスカッションが上手で、感情的にならずに相手の真意をとらえて、よい考えを引き出す対話の相手。

イ 相手の立場を考えて意見を言い合うことができ、相手の考えを否定せずに、意欲を高め合うことのできる相手。

ウ 新しい問いかけをし合うことができ、相手に同調するだけでなく、耳の痛い厳しい指摘もできるような対話の相手。

エ 互いにアイディアを出し合うことができ、相手のアイディアに弱点があっても、さらによくする視点で対話できる相手。

解答・解説 P318・P320

2

次の文章を読んで、**1**から**5**までの問いに答えなさい。

挙周朝臣(たかちかあそん)(注1)、重病をうけて、(1)たのみすくなく見えければ、母赤染右衛門(あかぞめゑもん)、住吉(注2)に①まうでて、七日籠(こも)りて、「このたびたすかりがたくは、すみやかにわが命にめしかふべし。」と申して、七日に満ちける日、御幣(ごへい)(注3)のしでに書きつけ侍(はべ)りける、

かはらんと祈る命は惜しから(注4)でさても別れんことぞかなしき

かくよみてたてまつりけるに、神感(じんかん)(注5)やありけん、挙周が病よくなりにけり。母下向(げかう)(注6)して、(2)喜びながらこの様を語るに、挙周いみじく歎(なげ)きて、「われ生きたりとも、母を失ひては何のいさみ(注7)かあらん。かつは(注8)不孝の身なるべし。」と思ひて、住吉に②まうでて申しけるは、「母われにかはりて命終(をは)るべきならば、すみやかにもとのごとくわが命をめして、母をたすけさせ給へ。」と泣く泣く祈りければ、神あはれみて御たすけやありけん、母子ともに事ゆゑなく侍りけり。

（「古今著聞集(ここんちょもんじゅう)」から）

（注1）朝臣＝姓名につける敬称。
（注2）住吉＝住吉神社。
（注3）御幣のしで＝お供え物の紙。
（注4）惜しからで＝惜しくはないが。
（注5）神感＝神のご加護。
（注6）下向して＝お参りからもどって。
（注7）いさみ＝生きがい。
（注8）かつは＝また。

1 かはらんと は現代ではどう読むか。現代かなづかいを用いて、すべてひらがなで書きなさい。

2 ①まうでて ②まうでて について、それぞれの主語にあたる人物の組み合わせとして適当なものはどれか。

ア ① 母　② 挙周　　**イ** ① 母　② 母
ウ ① 挙周　② 母　　**エ** ① 挙周　② 挙周

3 (1)たのみすくなく見えければ の意味として最も適当なものはどれか。

ア 頼るところも少ないように見えたので。
イ お祈りが足りないように思われたので。
ウ 治る見込みが少ないように見えたので。
エ あきらめきれないように思われたので。

4 (2)喜びながら とあるが、母はなぜ喜んだのか。その理由を二十字以上三十字以内の現代語で書きなさい。

5 本文の内容と合うものはどれか。

ア 母は自分の命にかえても挙周の命を助けたいと思っていたが、神はその願いを聞き入れなかった。
イ 母は挙周の命が助からないのなら、自分の命にかえてほしいと神に願ったので、挙周の代わりに病気になった。
ウ 挙周は自分の命は惜しくはないが、母と別れることはつらいと和歌を詠んだので、二人の命が助かった。
エ 挙周と母の、自分の命を顧みずに互いを助けようとする気持ちの深さに、神があわれみを感じて二人の命を助けた。

3

次の文章を読んで、**1**から**6**までの問いに答えなさい。

私は大学で、(1)四人一組になって、一人ずつ企画のプレゼンテーション(注1)をするという授業をする。聞いている三人には、それをもとに、「その企画をよくする具体的なアイディアを出す」ことを求める。「それでいいんじゃないですか」のようなコメントや、ただの批評・批判は不要だといっている。

一人が企画のプレゼンテーションを行っている間に、聞いている側は、それをよくする具体的なアイディアを思いつかなければならない。「この企画を実行に移すとなったら、どうすればいいのか」「どうすればもっとよくなるか」という視点を持ってプレゼンテーションを聞かなければならない。

そして、四人で順番にプレゼンテーションしていき、最終的に、だれがいちばん他人の企画に対してアイディアを出せたかを投票する。アイディアを出すことが場に対する貢献であるということを学ぶのが、この授業の目的である。

コメントがないというのは□だが、コメントを言っていても、ほめたり弱点を突いたりするケースがある。一般的には、それが会議

令和4年1月23日実施

第189回 下野新聞模擬テスト

国語

制限時間 50分

1

次の1から4までの問いに答えなさい。

1 次の――線の部分の読みをひらがなで書きなさい。

(1) 寡黙な人物に会う。 (2) 滑稽なしぐさをする。

(3) 拙いが味わいがある作品。 (4) 乏しい予算でやり繰りする。

(5) 犯人が行方をくらます。

2 次の――線の部分を漢字で書きなさい。

(1) 滋養のホウフな海藻。 (2) 丘の上から大海原をノゾむ。

(3) 先生にサイケツを仰ぐ。 (4) イキオい余って転ぶ。

(5) シンテンの手紙が届く。

3 次は、生徒たちが短歌について話している場面である。これについて、(1)から(4)までの問いに答えなさい。

> A 向日葵（ひまはり）は金の油を身にあびてゆらりと高し日のちひささよ
>
> B 子供等は土手にひそまり空をみるまたひとりきてならびたるかも
>
> 前田夕暮（まえだゆうぐれ）

山村さん 「Aの歌はとても絵画的な和歌だね。向日葵と太陽がとても印象的に対比されているよ。」

中田さん 「そうだね。何といっても『金の油を身にあびて』（①）という表現が強烈で、いかにも（ア・イ）（ ② ）の光景という感じだね。」

山村さん 「それと『ゆらりと高し』という表現にも（ウ）季節感を強調する意図が感じられるよ。それに対して、Bの歌はあまり季節の感じがはっきりしないね。」

中田さん 「『土手にひそまり』という表現や『またひとりきて』という表現に何かしら（③）（ ④ ）が感じられるね。」

山村さん 「同じ歌人の和歌でも並べてみると楽しい（エ）ね。」

(1) ①金の油を身にあびてに用いられている表現技法はどれか。

ア 擬人法　イ 倒置法　ウ 体言止め　エ 直喩

(2) （ ② ）に入る季節として正しいものはどれか。

ア 春　イ 夏　ウ 秋　エ 冬

(3) ③何かしらと同じ品詞である語は～～～部アからエのどれか。

(4) （ ④ ）に入る語として正しいものはどれか。

ア 明るさ　イ 苦しさ　ウ 楽しさ　エ さみしさ

4 次の漢文の書き下し文として正しいものはどれか。

子（し）ハ非（あら）ズレ魚（うを）ニ。安（いづ）クンゾ知（し）ランヤ二魚之（の）楽（たの）シムヲ一。（「荘子」）

ア 安くんぞ魚の楽しむを知らんや。子は魚にあらず。

イ 安くんぞ魚の楽しむを知らんや。子はあらず魚に。

ウ 子は魚にあらず。安くんぞ魚の楽しむを知らんや。

エ 子は魚にあらず。安くんぞ知らんや魚の楽しむを。

解答・解説 P318・P320

MEMO

2021・2022

［令和6年高校入試受験用］

詳しく理解しやすい 解答・解説

解答・解説編

令和４年度

10月　2日実施　第192回
11月　6日実施　第193回
12月　4日実施　第194回
1月22日実施　第195回

令和３年度

10月　3日実施　第186回
11月　7日実施　第187回
12月　5日実施　第188回
1月23日実施　第189回

MEMO

2021・2022

[令和6年高校入試受験用]

解答・解説編

令和4年度

10月 2日実施 第192回
11月 6日実施 第193回
12月 4日実施 第194回
1月22日実施 第195回

第192回 下野新聞模擬テスト

国語・社会・英語 【解 答】

国 語

① 1 (1) ちゅうしゅつ〔2点〕 (2) かくぜつ〔2点〕 (3) かか（げる）〔2点〕
(4) めずら（しい）〔2点〕 (5) かいめつ〔2点〕
2 (1) 検討〔2点〕 (2) 冷（やす）〔2点〕 (3) 熱湯〔2点〕
(4) 減（らす）〔2点〕 (5) 腹筋〔2点〕
3 (1) **イ**〔2点〕 (2) **ウ**〔2点〕 (3) （又）わき出でし〔2点〕 (4) **イ**〔2点〕 4 **エ**〔2点〕

② 1 おうように（ひらがなのみ可）〔2点〕 2 **ウ**〔2点〕 3 **ア**〔2点〕
4〔例〕円浄房と別れようと思ったが、雨が降っていてどこへも行けなかったから。〔2点〕 5 **ウ**〔2点〕

③ 1 **イ**〔3点〕 2 不誠実な人〔3点〕 3 **エ**〔3点〕 4 **イ**〔3点〕
5〔例〕身体に感情と言葉をくぐらせるように同調させてセリフを言う、身体感覚のようなもの。〔4点〕
6 **ア**〔4点〕

④ 1 「バスケ〔3点〕 2〔例〕想像〔4点〕 3 **イ**〔3点〕 4 **エ**〔3点〕
5〔例〕新しい扉を開けると新しい景色が見えるだろうという思いと、自分も同じ立場にあるということ。〔4点〕
6 **ウ**〔3点〕

⑤〔例〕私の家には古いLPレコードと、レコードプレーヤーがあって、今でも聴くことができます。父のものですが、私もクラシックやジャズを時々聴くことがあり、音がいいなと思います。新しいものでは、洋服やシューズなどを買いましたが、新しいものを身につけると気持ちがいいです。
新しいものは私の気持ちを元気にさせてくれるので、自分にとって必要なものを選びながら、どんどん取り入れていきたいと思います。一方でレコードプレーヤーなどのように、古いものでも自分にとって大切なものができると、自分の気持ちの支えになると思うので、古いものも大事にしながらつき合っていきたいと思います。
〔20点〕

社 会

① 1 (1) **ウ**〔2点〕 (2) **エ**〔2点〕 (3) **ア**〔2点〕
2 **X**：アルパカ〔2点〕 **Y**：〔例〕標高によって気温の差がある〔2点〕
3 ヒンドゥー(教)〔2点〕 4 (3月) 14 (日) 午後4 (時) (完答)〔2点〕 5 **ア**〔2点〕

② 1 3 (つ)〔2点〕 2 北洋漁業〔2点〕 3 **ウ**〔2点〕 4 **ウ**〔2点〕
5 本州四国連絡橋〔2点〕 6〔例〕化石燃料のほとんどを海外からの輸入に依存〔4点〕

③ 1 (1) 適地適作〔2点〕 (2) **ウ**〔2点〕 (3) **イ**〔2点〕 2 パンパ〔2点〕
3 ブラジル：**A** 小麦：**C** (完答)〔2点〕 4 メスチーソ(メスチソ)〔2点〕 5 **ウ**〔2点〕
6 **X**：〔例〕世界の人口が増加〔2点〕
Y：〔例〕漁獲の継続が可能なレベルにある資源の割合が減っている〔2点〕

④ 1 **ア**〔2点〕 2 院政〔2点〕 3 道元〔2点〕
4〔例〕六波羅探題を設置して，朝廷を監視した。〔4点〕 5 **エ**〔2点〕 6 **ウ**〔2点〕

⑤ 1 東廻り航路〔2点〕 2 **エ**〔2点〕 3 **ア**〔2点〕
4 西南戦争〔2点〕 5 **エ→イ→ウ→ア** (完答)〔2点〕 6 **イ**〔2点〕

⑥ 1 (1) **ア**〔2点〕 (2) **エ**〔2点〕 (3) 財閥〔2点〕 2 吉田茂〔2点〕
3 Ⅰ：〔例〕輸出超過となり，貿易摩擦が深刻化〔2点〕 Ⅱ：**ア**〔2点〕 4 **イ**〔2点〕

⑦ 1 持続可能〔2点〕 2 **ウ**〔2点〕
3〔例〕紙の出版に比べて，市場規模が増加傾向にあり，その要因には情報機器の普及率の向上がある。〔4点〕
4 (1) **ア**〔2点〕 (2) 2.8 (%)〔2点〕

英 語

① 1 (1) **ア**〔2点〕 (2) **エ**〔2点〕 (3) **ウ**〔2点〕 (4) **イ**〔2点〕
2 (1) **エ**〔3点〕 (2) **イ**〔3点〕 (3) **ア**〔3点〕
3 (1) Wednesday〔3点〕 (2) seven〔3点〕 (3) fifth〔3点〕

② 1 (1) **ウ**〔2点〕 (2) **エ**〔2点〕 (3) **イ**〔2点〕 (4) **エ**〔2点〕 (5) **イ**〔2点〕 (6) **ア**〔2点〕
2 (1) **エ→ア→ウ→イ** (完答)〔2点〕 (2) **ウ→ア→エ→イ** (完答)〔2点〕
(3) **エ→ア→ウ→オ→イ** (完答)〔2点〕

③ 1 (1)〔例〕very expensive (for most people)〔3点〕 (3)〔例〕It is used by[It's popular among]〔3点〕
(5)〔例〕we should have one at home(.)〔3点〕
2 **ウ**〔3点〕 3 **イ**〔3点〕
4〔例〕父親から，「新聞を毎日読めば，世界についての多くの情報を得ることができる」と言われたから。〔4点〕
5〔例〕Shall[Why don't] we〔3点〕
6〔例〕I don't think spending too much time on the Internet is good for us. There are many bad websites on the Internet. My grandparents have lived for many years without using the Internet, so I think that we can live without it. We can learn many things by reading books. Also, using a computer and the Internet for a long time is bad for our eyes.〔6点〕

④ 1〔例〕(おじの授業で,) 生徒たちの前で日本について話してほしいということ。〔3点〕
2 have[need] to (完答)〔2点〕
3〔例〕私たちがお互いに何かを一生懸命に伝えようとすれば，お互いを理解できるということ。〔3点〕
4 was written (完答)〔3点〕 5 **エ**〔3点〕

⑤ 1 **エ**〔3点〕
2〔例〕(ペットの世話をすることで,) 子どもがペットへの愛情を感じ，命がとても大切であることを学ぶことができるから。〔4点〕
3 **エ→ア→ウ→イ** (完答)〔4点〕 4 **ウ**〔3点〕

第192回 下野新聞模擬テスト

数学・理科 【解　答】

数　　学

① **1**　-4〔2点〕　**2**　$\frac{11}{10}a$〔2点〕　**3**　x^2+5x+6〔2点〕　**4**　$x=5,\ 6$〔2点〕

5　$-8 \leqq y \leqq -2$〔2点〕　**6**　$\frac{9}{2}\pi\,\text{cm}^2$〔2点〕　**7**　132度〔2点〕　**8**　**エ**〔2点〕

② **1**　4個〔4点〕

2〔例〕最初に買う予定であった商品Aの個数をx個，商品Bの個数をy個とすると，

$$\begin{cases} 220x+330y=5720 & \cdots\cdots① \\ 330x+220y=5720-440 & \cdots\cdots② \end{cases}$$

①，②の両辺を110で割ると，

$$\begin{cases} 2x+3y=52 & \cdots\cdots③ \\ 3x+2y=48 & \cdots\cdots④ \end{cases}$$

③×3－④×2より，

$$\begin{array}{rr} & 6x+9y=156 \\ -) & 6x+4y=\ \ 96 \\ \hline & 5y=\ \ 60 \end{array},\quad y=12$$

これを③に代入して，$2x+3\times12=52$

$2x=16,\quad x=8$

よって，最初に買う予定であった商品Aは8個，商品Bは12個となり，問題に適している。

答え（ 商品A　8個，商品B　12個 ）〔7点〕

3　$n=6,\ 10$（完答）〔4点〕

③ **1**　$\frac{3}{10}$〔3点〕　**2**　$7.865 \leqq x < 7.875$〔3点〕

3　(1)　男子の中央値　90点以上100点未満の階級〔2点〕，女子の最頻値　75点〔2点〕

(2)〔例〕例えば，男子の最小値が79点，最大値が120点であるなら，
得点の範囲は$120-79=41$(点)となる。
また，女子の最小値が60点，最大値が109点であるなら，
得点の範囲は$109-60=49$(点)となる。
$41<49$だから，この場合の得点の範囲は，男子の方が女子よりも小さくなる。〔6点〕

④ **1**　右の図〔4点〕　**2**　(1)　$144\pi\,\text{cm}^2$〔3点〕　(2)　$\frac{2}{3}$倍〔4点〕

3（証明）〔例〕

△AOEと△COFにおいて，
長方形の対角線はそれぞれの中点で交わるから，
AO＝CO　……①
対頂角は等しいから，∠AOE＝∠COF　……②
AD//BCより平行線の錯角は等しいから，
∠OAE＝∠OCF　……③
①，②，③より，1組の辺とその両端の角がそれぞれ等しいから，
△AOE≡△COF
合同な図形の対応する辺は等しいから，EO＝FO　……④
①，④より，対角線がそれぞれの中点で交わるから，四角形AECFは平行四辺形である。〔7点〕

④1

⑤ **1**　(1)　$a=2,\ b=-8$（完答）〔2点〕　(2)　36〔3点〕

(3)〔例〕△ABCの面積は$\frac{1}{2}\times6\times8=24$だから，△ABP＝24になればよい。

線分PBを△ABPの底辺とすると，

$\frac{1}{2}\times\text{PB}\times\text{AO}=24$

$\frac{1}{2}\times\text{PB}\times(4-0)=24,\quad \text{PB}=12$

したがって，点Pのy座標は$12-8=4$である。　答え（ 4 ）〔6点〕

2　(1)　$8000\,\text{cm}^3$〔2点〕　(2)　Ⅰ　10〔2点〕　Ⅱ　10〔2点〕　Ⅲ　42〔2点〕　(3)　$y=5x-20$〔3点〕

⑥ **1**　Ⅰ　16〔2点〕　Ⅱ　$4n$〔2点〕　**2**　n^2+3n本〔3点〕　**3**　154本〔6点〕

理　　科

① **1**　**エ**〔2点〕　**2**　**ア**〔2点〕　**3**　**ウ**〔2点〕　**4**　**ウ**〔2点〕

5　南南西〔2点〕　**6**　磁界(の向き)〔2点〕　**7**　孔辺(細胞)〔2点〕　**8**　21.6(g)〔2点〕

② **1**　柱状図〔2点〕　**2**　名称：しゅう曲〔2点〕　力：(例) 地層を両側から押す力。〔3点〕

3　**イ**〔2点〕

③ **1**　**イ**〔2点〕　**2**　電子線(陰極線)〔3点〕　**3**　①　－　②　下（完答）〔3点〕

④ **1**　X：カバーガラス〔2点〕　Y：スライドガラス〔2点〕　**2**　**イ**〔2点〕

3　①　近づける　②　下げ（完答）〔3点〕

⑤ **1**　溶解度〔2点〕　**2**　ビーカー：B〔2点〕　質量：26.4(g)〔2点〕

3　①　加熱　②　溶媒（完答）〔3点〕

⑥ **1**　(例) 等圧線どうしの間隔が最もせまくなっているのでBである。〔3点〕

2　①　シベリア〔2点〕　②　西高東低〔2点〕　**3**　季節風〔3点〕　**4**　**ア**〔2点〕

⑦ **1**　実像〔3点〕　**2**　光軸上の点：焦点〔2点〕　距離：**ア**〔2点〕

3　右図〔3点〕　**4**　①　短く　②　小さく（完答）〔3点〕

⑧ **1**　①　純系〔2点〕　②　DNA〔2点〕　**2**　顕性(形質)〔3点〕

3　**イ**〔2点〕　**4**　(例) 親の代とまったく同じ形質が現れる。〔3点〕

⑨ **1**　**エ**〔2点〕　**2**　①　電解質　②　電離（完答）〔3点〕

3　$CuCl_2 \rightarrow Cu^{2+}+2Cl^-$〔3点〕　**4**　名称：塩素〔2点〕　性質：**イ**〔2点〕

⑦3

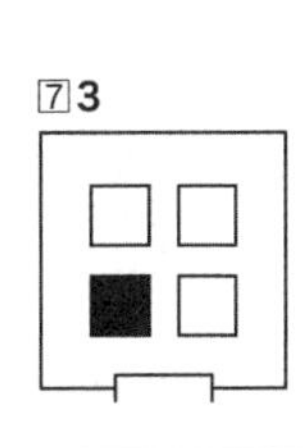

第192回 下野新聞模擬テスト

国語 【解 説】

国　語〔解説〕

1　**3**　(1)「渡り鳥」という名詞で終わっているため、**イ**「体言止め」が正しい。
(2)「小鳥」「渡り鳥」はどちらも秋の季語である。
(3) 第二句の「又わき出でし」という表現には、作者の驚きの気持ちが込められている。
(4)「捕らえる」と**イ**「出(る)」は下一段活用。**ア**は上一段活用、**ウ**は五段活用、**エ**はサ行変格活用。

4「何ノ亡ボシレ国ヲ敗ルコトカレ家ヲ之レ有ラン。」は「１３２５４６７。」の順で読む。

2　**1**　助詞と語頭以外の「はひふへほ」は「わいうえお」に直す。「やう」は「よう」となる。

2　**アイエ**は「円浄房」、**ウ**は「やせたる法師」が主語にあたる人物である。

3「年ごろ」という古語は「長年」という意味になる。「悲しければ」は仮定条件(〜ば)ではなく、確定条件(〜ので)になる。

4「『長年お側におりましたが、追い払いなさったので、お別れします』と言って、雨に降られてどこへも行けず、泣いている」とある部分に着目する。

5　**ア**「弟子に模範を見せる」「助けることを教えた」が合わない。**イ**「養うために」「ひどく寂しい思いをした」が合わない。**ウ** 円浄房は弟子の僧と年若い僧とともに貧窮を追い払ったこと、雨に降りこめられてどこへも行けない貧窮に同情したことと合っている。**エ**「親しくしていた貧窮殿」が合わない。

〈口語訳〉

尾張国に、円浄房という僧がいた。暮らし向きが貧しくて、年齢も五十歳になったが、弟子の僧一人と、年若い僧がいた。「長年とても貧しいことが悲しいので、貧窮を、今は追い払おうと思う」と言って、大みそかの夜、桃の枝を、自分も持ち、弟子にも、年若い僧にも持たせて、呪文を唱えて、家の中から次第にものを追うように打ちつけて、「今は貧窮殿、出ていかれよ、出ていかれよ」と言って、門まで追って、門を閉めてしまった。

その後の夢に、やせた法師一人が、古堂に座って、「長年お側におりましたが、追い払いなさったので、お別れします」と言って、雨に降られてどこへも行けず、泣いていると(夢に)見て、円浄房が語ることには、「この貧窮は、どれほどつらいことだろうか」と、泣いたことこそ、情けのあることだと思われる。

それより後、暮らし向きは不自由なく過ごした。

3　**1**「同じ言葉をリピートしてしまう」理由は、「言葉に感情を乗せないと、疲れない」からであるという文脈なので、とくに意識せずにという意味の、**イ**「無意識」が適当。

2　傍線部(3)の前の段落に「こんな癖のある相手(＝同じ言葉をリピートする人)に、人は好感」を持たないどころか、「不誠実な人」だと見られると述べている。

3　傍線部(2)の直後に「相手の言葉を遮りたい、相手から自分を守りたいという意図が一つ」とあり、さらに次の段落に、「もう一つが一言一言の重みをわざと軽くしていくという意図」とあるので、この二つが正しく説明されているものを選ぶ。**ア**は二つ目だけが説明されている。**イ**は関係ない内容を含み、二つ目が少しだけ説明されている。**ウ**は関係ない内容を含み、一つ目が少しだけ説明されているので**エ**が適当である。

4　傍線部(3)の次の段落に、「それで結局、顧客をもっと怒らせることになってしまう」とあるので、「気持ちが伝わらず逆効果になる」とある**イ**が適当。

5　最後から三つ目の段落に「身体に、感情と言葉をくぐらせるように同調させて、セリフを言われている。その身体感覚のようなものを、身近で感じて本当に感動しました。」とあるので、「身体感覚」に着目して、制限字数内にまとめる。

6　**ア** 本文で繰り返されている「感情と言葉の一体化」の内容に合っており、とくに最後の段落の内容と合っている。**イ**「できるだけ間をおいて表現する必要がある」とは述べられていない。**ウ** 坂東玉三郎さんの例は述べられているが、「全身を使って表現する練習をする必要がある」とは述べられていない。**エ**「なるべく言葉を軽快なものにして相手を傷つけないようにする必要がある」が誤り。

4　**1**「オレ」はバスケ部のキャプテンなので、「宮本剣」がバスケ部の見学に来ていたことが気になっていたのである。

2「オレ」がバスケ部に興味があるのかと聞いても、宮本は二度とも答えなかった。それで、「オレ」は「東山」から聞いたことを伝えたところで、「風に吹かれて揺れている」花壇の花へと場面が変わっている。宮本の反応が気になるところで間を置いて、読者に宮本の反応を想像させている。

3　傍線部(3)のあとに、もし宮本が本気だったら、いろいろ対応しなければならないことを「覚悟」していたとある。それをあっさり否定されて気持ちが「ズッコけ」たのである。

4　傍線部(4)の前に「ぼくは運動神経いいし、スポーツ、やり続けられるって思ったんですよ。逆にスポーツ続けなきゃ、って思いこんでいるようなところもあった」と述べている。

5　何部なのかも知らないのに「いいんじゃないか」と言うことで、「新しい扉」を開けると「新しい景色」が見えるということと、自分も同じ立場だということを伝えたかったのである。

6　**ア**「逆に励まされてバツの悪さを感じている」が合っていない。**イ**「不快に思っていた」が合っていない。また、「しだいに心を開いて」という様子でもない。**ウ**「転校するのがイヤでイヤで」たまらなかったが、「その選択、きっといいんじゃないか？」と言った時点で気持ちが前向きになっていることが読み取れる。**エ**「対等な口をきいて」はいない。

5
- 形式　氏名や題名を書かず、二百四十字以上三百字以内で書いているか。二段落構成で、原稿用紙の正しい使い方ができているか。
- 表現　文体が統一されているか、主述の関係や係り受けなどが適切か、副詞の呼応や語句の使い方が適切か、など。
- 表記　誤字や脱字がないか。
- 内容　第一段落では、「古いものの良さ」と「新しいものの良さ」についてそれぞれ具体的な例を挙げて書いているか。第二段落では、第一段落の内容を踏まえて、「古いものや新しいもの」にどのように関わっていこうと思うかについての自分の考えを具体的に書いているか。

といった項目に照らし、総合的に判断するものとする。

第192回 下野新聞模擬テスト

社会 【解説】

社　　会〔解説〕

1 1(1) Aの国はオマーンである。アラビア半島に位置するすべての国は，西アジアに属する。
(3) Qの地点は，夏は南西の湿った季節風，冬は北東の乾いた季節風がふきつけるため，乾季と雨季があるサバナ気候になる。1月の平均気温が低い**イ**は**S**，一年中乾燥している**ウ**は**R**，一年中気温が高く，降水量の多い**エ**は**P**である。
2 Y 標高が高くなるほど気温が下がる。とくに，ペルー中部のアンデス山脈が通る地域では，標高が低い所で熱帯の作物，標高が高くなるにつれ，その場所の気温に適応する作物を栽培し，4,000m以上の農業に不向きな土地ではリャマやアルパカの放牧を行っている。
4 東京の標準時子午線は東経135度で，シアトルとは255度の経度差がある。経度15度につき，1時間の時差が生じるため，東京とシアトルの時差は255÷15＝17時間となる。東京の日時から17時間戻すと，シアトルの日時が求められる。

2 **1** 道府県庁所在地は，仙台市(宮城県)，大阪市(大阪府)，大分市(大分県)である。
3 気温が最も低い**ア**は苫小牧市，苫小牧市に次いで気温が低い**エ**は仙台市，降水量が少ない**イ**は大阪市である。
4 仙台市は東北地方で最も人口が多いため，食料消費量が多く，食料品の製造が多い。製造品出荷額が最も多く，輸送用機械を多く製造している**ア**は，愛知県に位置する豊田市，輸送用機械と鉄鋼を製造している**イ**は，大分県に位置する大分市，京浜工業地帯に位置するため製造品出荷額が2番目に多い**エ**は，神奈川県に位置する川崎市である。
6 火力発電で使用される，石油・石炭・天然ガスなどの資源を化石燃料という。日本は，これらの自給率が低く，海外からの輸入に依存しているため，その運び込みに便利な沿岸部に火力発電所が設置される。また，大消費地が沿岸部に多いことも理由として挙げられる。

3 **1**(1) 広大な国土を持つアメリカは，地域によって土壌や気候が大きく異なる。その自然環境に合わせた農業を，企業が中心となって大規模に行い，生産物を世界中に輸出している。
(2) ルール工業地域で盛んな鉄鋼業は，ドイツの自動車産業を支えている。**ア**はロシア，**イ**はオーストラリア，**エ**はフランスについて述べている。
3 ブラジルやアルゼンチンは，大豆やさとうきび，とうもろこしの生産量が多い。オーストラリアでは，乾燥帯が広い範囲を占めているため，乾燥にも強い小麦が栽培されている。
5 **ウ**の地点は，アルプス山脈からヒマラヤ山脈を通って，インドネシア東部にいたる造山帯(変動帯)に位置している。**ア**，**イ**，**エ**はいずれも，地殻が安定している土地である。
6 アジア州やアフリカ州の人口爆発にともなって，世界で食料消費量が増加している。しかし，**図6**から魚介類の資源量にも限りがあり，近年は乱獲などによって，資源が減少していることが分かる。そのため，育てる漁業として養殖業や栽培漁業が注目されている。

4 **1** **ア**は公地・公民の制度について述べている。**イ**は聖徳太子による冠位十二階，**ウ**は聖武天皇の政策，**エ**は天武天皇の皇后(天皇の妻)であった，持統天皇の政策について述べている。
4 下線部ⓒを承久の乱といい，この乱の結果，幕府の勢力は朝廷や西国にもおよんだ。この乱に勝利した幕府は，六波羅探題を設置して朝廷を監視し，乱で朝廷に従った西国の武士を統率するようになった。
5 足利尊氏は，後醍醐天皇とともに鎌倉幕府をたおしたが，後醍醐天皇の建武の新政に不満を持つようになり，対立するようになった。

5 **1** 河村瑞賢は東廻り航路だけでなく，東北地方から関門海峡を通って，大阪まで年貢などを届ける西廻り航路も開いた。
5 **エ**1914年に第一次世界大戦が始まると，欧米列強のアジアへの影響力が弱くなり，日本が参戦を宣言して，**イ**中国に二十一か条の要求を示した。第一次世界大戦後の民族主義の中，朝鮮では日本からの独立を目指した**ウ**三・一独立運動が1919年におきた。しかし，再び戦争への気運が高まると，1931年に関東軍が**ア**満州事変をおこした。
6 衆議院の議席の多くを占める政党が組織する内閣を，政党内閣という。

6 **1**(1) 第二次世界大戦後は，選挙権を得る性別が男性のみから男女となり，年齢制限は満25歳以上から満20歳以上に引き下げられた。
3 1973年の石油危機(オイル・ショック)により，日本の高度経済成長は終わったが，その後も安定成長を続け，1980年代にアメリカなどとの貿易摩擦が最も深刻化した。そのため，ジャパンバッシングとよばれる運動もおきた。
4 1960年は，アフリカ州の多くの国が独立したため，「アフリカの年」といわれる。

7 **2** 国際分業は，競争力のあるものを生産し，競争力のないものについては輸入することをいう。日本の小麦の自給率は16％，米の自給率は97％(2019年)となっている。
3 **図1**から，紙の出版による市場規模は現在も大きいが，少しずつ縮小していることが読み取れる。一方電子出版の市場規模は拡大しており，その要因に，**図2**の情報機器の普及率の向上があると分かる。
4(2) **図4**中の「夫婦のみ」「親と子ども」が核家族に当たる。

第192回 下野新聞模擬テスト
英語 【解説】

英　　語 〔解説〕

1 リスニング台本と解答を参照。

2 **1** (1) <would like to＋動詞の原形>「～したい」

(2) <one of the＋最上級＋複数名詞>「最も～な…のひとつ」

(3) <take a picture>で「写真を撮る」。この文は過去のことなので，take の過去形の took を選ぶ。

(4) <You can ～.>という肯定文を，付加疑問文にするときは，文末に，<～, can't you?>を付ける。

(5) 「(数が) 多い」という意味で複数名詞に付く many を選ぶ。

(6) <have a ～ time>「～な時間を過ごす」

2 (1) <have[has] been to ～>で「～に行ったことがある」という意味。<have[has] never ～>とすると，「一度も～したことがない」という意味になる。

(2) <It is[It's] … (for＋A)＋to＋動詞の原形>「(Aにとって) ～するのは…です」の疑問文は，be 動詞の is を it の前に置く。

(3) playing tennis with Rika が後ろから the boy を修飾して，「リカとテニスをしている少年」という意味になる。(現在分詞の形容詞的用法)

3 **1** (1) 女の子の一つ目の吹き出しを参照。「テレビはほとんどの人にとって，とても高価なものでした」の部分を英語にする。

(3) 「2022年におけるマスメディアの利用状況(年齢別)」のグラフを参照。インターネットは，多くの若者によって利用されていると分かる。よって，<be 動詞＋過去分詞>「～され(てい)る」という意味の受け身の文を用いて，It is used by ～.「～によって利用されている」などのように表現するとよい。

(5) 女の子の二つ目の吹き出しを参照。「一家に一台は持っておくべきです」の部分を英語にする。

2 女の子の一つ目の吹き出しを参照。「仕事中によくラジオを聞いていたそうです」と書かれているので，「～の間」という意味の前置詞である during を選択し，during their work「彼らの仕事中に」とする。while も「～の間」という意味だが，この意味の while は接続詞で，後ろには<主語＋動詞～>が続くので，ここでは誤り。

3 本文訳参照。下線部を含む文と，続く文がヒントになる。

4 本文訳参照。下線部の直後で，父親から言われたことがきっかけだったと分かる。

5 「～しませんか」という意味の<Shall[Why don't] we＋動詞の原形～?>を使って，買い物に誘う場面である。

6 this idea (インターネットに長い時間を費やすのは良くないという考え) に対して，理由を含めて，自分の考えを述べる。理由を述べるときは，because や so を用いるとよい。英作文は，設問文に書かれている指示をよく読んで解くこと。

4 **1** 本文訳参照。下線部を含む文の直前の文で，ミズホのおじが，ミズホに頼み事をしていると分かるので，この内容をまとめる。

2 本文訳参照。<don't have[need] to＋動詞の原形～>「～する必要はない」。緊張しているミズホに，おじが，「完璧にする必要はない」と励ます場面である。

3 本文訳参照。第5段落に，「私はその日，大切なことを学びました」という一文がある。その直後の一文の内容をまとめる。

4 was written を入れると，「それ(＝手紙)はすべて日本語で書かれていました」という意味の受け身の文になる。

5 **ア**…第1段落を参照。この夏のミズホのオーストラリアへの訪問が，初めての外国への訪問だと書かれているので，選択肢の後半の「そこ(＝オーストラリア)を何回も訪れたことがある」の部分が誤り。

イ…第4段落の後半を参照。ミズホは，日本食，学校，そしていくつかの他のことについて，英語で話したと書かれているので，選択肢の後半の「ミズホは，彼らに日本語でのみ話した」の部分が誤り。

ウ…第4段落の最終文を参照。「それ(＝ミズホの話)は15分くらいでしたが，2時間くらいに感じました」と書かれている。ミズホが実際に話をした時間は，約15分間なので，誤り。

エ…第5段落を参照。同じ内容を読み取ることができるので，正しい。

5 **1** 本文訳参照。空所を含む文の前後で，ペットが人間に与えてくれる良いことについて書かれている。よって，「大切な友達」という意味の important friends が入ると分かる。

2 本文訳参照。下線部を含む文に続く二文目(However ～以下)の内容をまとめる。

3 本文訳参照。挿入する英文を並べかえる問題では，接続詞や代名詞に着目して考えるとよい。

4 本文訳参照。英文全体が，「ペットを飼うことの良い点→悪い点→悲しい話→ペットに対する心構え」という流れで，最終段落で，「私たちは，ペットを友達や家族だと考えるべきです」と締めくくっているので，**ウ**「私たちの生活の中でペットを飼うということ」が適切。

第192回 下野新聞模擬テスト

英語 【解説】

〔本文訳〕

3 夏奈：私はスピーチの準備をしているの。これらのグラフを見て。1955年と2022年における最も人気のマスメディアがわかるわ。
サム：へぇ，君のテーマはおもしろそうだね。ええと…，1955年に，テレビはどうしてそれほど人気がなかったのかな。
夏奈：当時，テレビはほとんどの人にとって，とても高価だったから，お金持ちの人だけが買うことができたのよ。
サム：なるほど。1955年に，ラジオ放送は新聞よりも人気だったのかな。
夏奈：ええ，そうなの。当時の私たちの市には，農場経営者が多かったそうよ。彼らが仕事中に，よくラジオを聞いていたの。
サム：そうなんだね。右のグラフは，2022年において，インターネットとテレビが人気であることを示しているね。でも，インターネットが一番人気じゃないんだね。
夏奈：そうなのよ。もう一つのグラフを見て，サム。それは，2022年における年齢別の人気のマスメディアを示しているの。
サム：どれが一番人気なのかな。
夏奈：もちろん，テレビよ。すべての年代の多くの人が，テレビを見ているわ。
サム：インターネットはどうなのかな。
夏奈：それは多くの若い人によって使われているわね。彼らはそれをとても便利だと思っているわ。でも，60代の人たちは，そんなに頻繁にインターネットを使っていないわ。
サム：インターネットは，僕に最新のニュースを与えてくれるから，僕はインターネットでニュースをチェックしているよ。新聞はどうなのかな。
夏奈：年齢が上の人のほうが，より多く新聞を読んでいるわ。
サム：僕は新聞を読まないんだよね。君はどうなの。
夏奈：私は毎日，新聞を読むようにしているわ。昨年，お父さんが私に，「毎日新聞を読めば，世界についての多くの情報を得ることができるよ」と言ったの。その後，私は新聞を読み始めたの。
サム：そうなんだ。多くのことを注意深く考えるべきときには，新聞を読むのがいいかもしれないね。でも，2022年に，ラジオを聞くことはすべての年代の間で人気がないね。
夏奈：現在，私たちは頻繁にはラジオを聞かないわね。でも，それぞれのメディアには利点があることを理解すべきで，ラジオ放送にはラジオ放送の利点があるのよ。ラジオは，地震のような大災害のときにおいて，とても役に立つわ。だから，私たちは，一家に一台は持っておくべきよ。あなたはラジオを持っているの。
サム：いや，持ってないよ。
夏奈：あら，それはよくないわ。今度の週末にラジオを買いにお店へ行きましょうか。
サム：うん，ぜひとも。ラジオを手に入れるのにいくらぐらい必要かな。
夏奈：たぶん，2,000円くらいね。私がインターネットで値段を調べて，後であなたにメッセージを送るわ。
サム：ありがとう，夏奈。インターネットは本当に便利だね。
夏奈：私もそう思うの。でも，インターネットの使いすぎは私たちにとってよくないと思う人もいるわ。あなたはこの考えについてどう思うかしら。

4 今年の夏，私はオーストラリアを訪れました。私のおじがオーストラリアに住んでいて，彼が私を家に招待してくれました。それは私の初めての外国訪問だったので，とてもワクワクしていました。

私のおじは，中学生に日本語を教えています。オーストラリアでは，日本語は，人気のある言語で，多くの学生が日本語を勉強しています。私はそれを聞いて驚き，おじの日本語の授業に興味を持ちました。

オーストラリアでの三日目に，おじが私に，「ミズホ，私の授業に来て，私の生徒たちの前で，日本について話してくれないかな」と言いました。私が最初に彼の言葉を聞いたとき，私は何も言えませんでした。私は彼の授業を見に行きたかったのですが，私はたくさんの生徒の前で話すことができないと思いました。彼は，「心配しないで。私の生徒たちは日本に興味があるんだ。君は日本について少し話してくれるだけでいいんだ。そんなに難しくないよ」と言いました。私の話を通じて，彼の生徒たちが日本について学ぶことができるかもしれないと思ったので，私は彼に，「分かりました。喜んでお手伝いします」と言いました。

二日後，私はおじと学校へ行きました。教室まで歩いていたとき，私は緊張しました。おじは，「完璧にする必要はないよ。私の生徒たちのために，日本について話すだけだよ」と言いました。私が教室に入って行くと，彼ら全員が私を見ていることに気づきました。生徒たちは静かで，私はとても緊張しました。そのとき，ひとりの生徒がほほ笑んで，「こんにちは，ミズホ。はじめまして。私はケイトといいます。私たちはあなたに会えてうれしいです。私たちはあなたの話を聞きたいです」と言いました。みんながほほ笑んでくれて，私はずいぶんと落ち着きました。それから私は，日本食，学校，そしていくつかの他のことについて，英語で話しました。すべての生徒が私の話に耳を傾けていました。それは15分くらいでしたが，2時間くらいに感じました。

私が話し終えた後，彼らは私にたくさんの質問をしました。彼らの質問のいくつかは難しかったですが，それらすべての質問に答えるように努めました。生徒たちが私を理解してくれたことが分かって，私はうれしかったです。私はその日，大切なことを学びました。私たちがお互いに何かを一生懸命に伝えようとすれば，お互いを理解できるのです。

授業の後，ケイトが私のところに来て，「私はもっと日本について知りたいの」と言いました。ケイトは，日本の文化にとても興味を持っていました。彼女はすでに日本についてたくさんのことを知っていたので，私は驚きました。私たちはその日，お互い会話を楽しみました。

その後，私たちは何回も会って，親友になりました。私のオーストラリアでの最後の日に，ひとつうれしいことが起きました。ケイトが私に手紙をくれたのです。彼女はそれをすべて日本語で書いていました。私は驚きましたが，彼女からすてきな手紙をもらえて，私はとてもうれしくもありました。その日から，私たちは文通を始めました。いつの日か彼女にまた会いに行けたらいいなと思います。

5 なぜ人々はペットを飼いたがるのでしょうか。第一に，ペットと生活することは，人々を幸せにします。ペットは私たちにとって，とても大切な友達です。第二に，ペットは家族内のコミュニケーションをとりやすいものにしてくれます。私たちはペットと一緒に遊び，ペットについて話すことを楽しむことができます。第三に，ペットの世話をすることは，子どもにとってよいことです。ペットの世話は大変だという人がいて，それは本当です。しかし，それをすることで，子どもはペットへの愛情を感じることができ，命がとても大切だということを学ぶでしょう。だから，ペットの世話は，子どもにとってよい経験になるでしょう。

ペットはまた，病気の人々やお年寄りにとって，とても役に立ちます。たとえば，イヌと歩くことは，彼らにとってよいのです。ボールで遊んでいるネコを見ると，彼らはほほ笑みます。ペットと一緒に時間を過ごしていると，彼らはしばしばうれしく感じます。

しかし，それと同時に，ペットに関して悪いこともあります。ときどき多くの大きな騒音を出す動物もいれば，子どもやお年寄りの両方にとって危険な動物もいるのです。また，動物が好きではない人もいることを，私たちは覚えておく必要があります。

エ 私たちは，ペットに関する悲しい話をしばしば耳にします。 **ア** ペットを飼い始めたとき，ほとんどの人は彼らのペットに愛情を注ぎます。 **ウ** しかし彼らの一部は，自分のペットの世話をもうこれ以上したくなくなったときに，ペットを捨ててしまうのです。 **イ** このような人々は，ペットの命が自分たちの命と同じくらい大切であるということを理解していません。

ペットはしばしば私たちを幸せにしてくれるので，私たちもペットにとってのよい友達になる必要があります。私たちは，ペットを友達や家族の一員だと考えるべきです。そうすれば，私たちもペットも，幸せになれるでしょう。

第192回 下野新聞模擬テスト

英語 【解　説】

英語問題 1 〔リスニング台本〕

台　本	時　間
これから中学3年生　第192回　下野新聞模擬テスト　英語四角**1**番，聞き方のテストを行います。 なお，練習はありません。 （ポーズ約5秒） これから聞き方の問題に入ります。問題用紙の四角で囲まれた**1**番を見なさい。問題は**1**番，**2**番，**3**番の三つあります。 最初は**1**番の問題です。問題は(1)から(4)まで四つあります。英語の対話とその内容についての質問を聞いて，答えとして最も適切なものを**ア**，**イ**，**ウ**，**エ**のうちから一つ選びなさい。対話と質問は2回ずつ言います。 では始めます。 (1)の問題です。　*A*：Wow!　It's so cute! *B*：Thank you.　I use this when I go shopping. *A*：You should take it to school. *B*：It's too small.　I can't carry my notebooks in it. 質問です。　*Q*：What are they talking about?　（約5秒おいて繰り返す。）（ポーズ約5秒） (2)の問題です。　*A*：Get up, Naoki!　You have baseball practice this morning, right? *B*：Umm…, that's right, Mom.　What time is it now? *A*：It's already 7 o'clock. *B*：Oh, really?　I only have thirty minutes before it starts! 質問です。　*Q*：What time will the baseball practice start?　（約5秒おいて繰り返す。）（ポーズ約5秒） (3)の問題です。　*A*：Jane, is this a picture of your family? *B*：Yes.　It was taken last year. *A*：Is this boy your older brother? *B*：No, he is my younger brother.　His name is Paul. 質問です。　*Q*：Who is Paul?　（約5秒おいて繰り返す。）（ポーズ約5秒） (4)の問題です。　*A*：Have you finished your homework, Brian? *B*：No, I haven't.　I'll go to the library after school to do my homework.　Can you come with me, Sara? *A*：Sorry, but I have a piano lesson at home every Thursday.　After that, I'm going to go shopping with my sister. *B*：I see.　Have a good time. 質問です。　*Q*：What will Brian do after school?　（約5秒おいて繰り返す。）（ポーズ約5秒）	（**1**番） 約**5**分
次は**2**番の問題です。英語の対話とその内容についての質問を聞いて，答えとして最も適切なものを**ア**，**イ**，**ウ**，**エ**のうちから一つ選びなさい。質問は(1)から(3)まで三つあります。対話と質問は2回ずつ言います。 では始めます。 *George*：What are you looking at, Yuka? *Yuka*：This is a website for a ski tour in Hokkaido.　I'll go skiing with my family for the first time. *George*：Oh, that's nice.　I hear many people enjoy skiing in Hokkaido in winter.　I like skiing very much, too.　I often went skiing with my family in Canada. *Yuka*：Skiing is a very popular sport in Canada, right?　How often did you go skiing when you were in Canada? *George*：I went skiing about ten times every year. *Yuka*：Wow!　You went skiing many times!　You can ski well, right?　Can you join the tour with us and teach us how to ski well?　I think my family will be happy if you come. *George*：Yes, I want to go to Hokkaido and enjoy skiing with you!　It will be my first visit to Hokkaido.　When will we go there? *Yuka*：Look at this website, George.　We'll leave Tochigi for Hokkaido on Tuesday, March 21.　It will take about five hours. *George*：All right.　How much do I need for the tour? *Yuka*：Look here, George.　I'm fifteen years old, so I need 25,000 yen, but you are fourteen years old, right? *George*：Yes, and my birthday is March 29.　So, I'm really lucky!　I hope we have a good time in Hokkaido. (1)の質問です。　Has George ever been to Hokkaido to ski?　（ポーズ約3秒） (2)の質問です。　How much does George need to join the tour?　（ポーズ約3秒） (3)の質問です。　Which is true for [A] in the picture?　（約5秒おいて繰り返す。）（ポーズ約5秒）	（**2**番） 約**4**分
次は**3**番の問題です。あなたは，オーストラリアでの留学中に，滞在している市の図書館を訪れ，館内放送を聞いています。その館内放送を聞いて，英語で書いたメモを完成させなさい。英文は2回言います。 では始めます。 Thank you for coming to the city library.　Our library has a long history.　It was built in 1961.　We have more than eight thousand books.　Our library opens at 9:00 in the morning and closes at 7:00 in the evening.　It is closed every Wednesday.　You can borrow one to five books for a week.　In the library, you can't eat or talk loudly with anyone.　If you have any questions, please visit the information room.　It is on the fifth floor.　Thank you. （約5秒おいて）繰り返します。（1回目のみ）　（ポーズ約5秒） これで聞き方の問題を終わります。では，ほかの問題を始めなさい。	（**3**番） 約**2**分

第192回 下野新聞模擬テスト

数　学　【解　説】

数　学　〔解説〕

1　**1**　$12\div(-3)=-(12\div 3)=-4$

2　$\frac{1}{2}a+\frac{3}{5}a=\frac{5}{10}a+\frac{6}{10}a=\frac{11}{10}a$

3　$(x+2)(x+3)=x^2+(2+3)x+2\times 3=x^2+5x+6$

4　左辺を因数分解して，$(x-5)(x-6)=0$より，$x=5$，6

5　$y=-2x$に$x=1$を代入して，$y=-2$　$x=4$を代入して，$y=-8$　よって，$-8\leqq y\leqq -2$

6　$\pi\times 6^2\times\frac{45}{360}=\frac{9}{2}\pi\,(\mathrm{cm}^2)$

7　正六角形の内角の和は$180°\times(6-2)=720°$だから，１つの内角の大きさは$720°\div 6=120°$であり，正五角形の内角の和は$180°\times(5-2)=540°$だから，１つの内角の大きさは$540°\div 5=108°$である。したがって，$\angle x=360°-120°-108°=132°$

8　**ア**…２組の辺とその間の角がそれぞれ等しくなる。
イ…直角三角形の斜辺と他の１辺がそれぞれ等しくなる。
ウ…直角三角形の斜辺と１つの鋭角がそれぞれ等しくなる。
エ…３組の角がそれぞれ等しくなる。
選択肢**ア**は三角形の合同条件が成り立ち，**イ**と**ウ**は直角三角形の合同条件が成り立つ。

2　**1**　$\sqrt{29}$，n，$\sqrt{97}$はいずれも正の数だから，２乗しても大小関係は変わらない。よって，
$\sqrt{29}<n<\sqrt{97}$より，$29<n^2<97$
n^2は平方数(ある整数を２乗した数)であり，29より大きく97より小さい平方数は
$36\,(=6^2)$，$49\,(=7^2)$，$64\,(=8^2)$，$81\,(=9^2)$
の４個である。

2　220円の商品Aをx個，330円の商品Bをy個買う予定であったが，実際には商品Aをy個，商品Bをx個買ってしまった。

3　左辺のx^2+nx+9が因数分解できるためには，かけて9，たしてnになる２つの整数の存在が必要である。かけて９になる２つの整数の組み合わせは，１と９，-1と-9，３と３，-3と-3であり，
１と９のとき，$n=1+9=10$　　-1と-9のとき，$n=-1-9=-10$
３と３のとき，$n=3+3=6$　　-3と-3のとき，$n=-3-3=-6$
ただし，nは自然数だから，$n=6$，10

3　**1**　黒玉をB_1，B_2，B_3，白玉をW_1，W_2とすると，取り出す２個の玉の組み合わせは
B_1とB_2，B_1とB_3，B_1とW_1，B_1とW_2，
B_2とB_3，B_2とW_1，B_2とW_2，
B_3とW_1，B_3とW_2，
W_1とW_2
の10通りで，２個とも黒玉であるのはB_1とB_2，B_1とB_3，B_2とB_3の３通りである。
したがって，求める確率は$\frac{3}{10}$

2　小数第３位を四捨五入して7.87になる数xは7.865以上7.875未満の数だから$7.865\leqq x<7.875$

3　(1)　中央値(メジアン)とは，値を小さい順に並べたときの中央の値(度数の合計が偶数の場合は中央の２つの値の平均値)のことである。試合数は26試合だから，$26\div 2=13$より，男子の得点の中央値は小さい方から13番目と14番目の得点の平均値となり，これは90点以上100点未満の階級に含まれる。また，ヒストグラムで，最頻値(モード)とは，度数が最も多い階級の階級値のことである。女子では，70点以上80点未満の階級の度数が10試合で最も多いから，女子の得点の最頻値は$(70+80)\div 2=75$(点)

(2)　ヒストグラムより男子の得点の範囲(レンジ)は41点以上59点以下であり，女子の得点の範囲は31点以上49点以下であることがわかる。

4　**1**　辺AB，BCから等しい距離にある点は，∠ABCの二等分線上にある。
したがって，求める点Pは，∠ABCの二等分線と辺ACとの交点になる。
【作図法】①　頂点Bを中心とする円をかく。
②　①でかいた円と辺ABとの交点を中心とする円をかく。
③　①でかいた円と辺BCとの交点を中心とする円(②の円と等しい半径)をかく。
④　頂点Bと，②，③でかいた円の交点を通る直線をひく。
⑤　④でひいた直線と辺ACとの交点が点Pである。

4 1

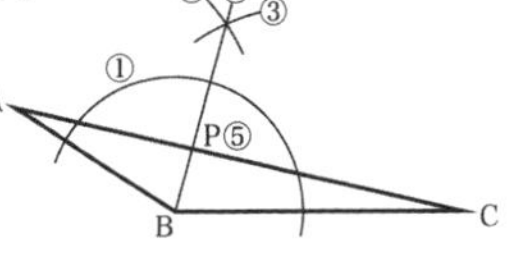

2　(1)　球の半径は6cmだから，その表面積は$4\pi\times 6^2=144\pi\,(\mathrm{cm}^2)$

(2)　円柱の底面の半径は6cm，高さは12cmだから，その表面積は$2\pi\times 6\times 12+\pi\times 6^2\times 2=216\pi\,(\mathrm{cm}^2)$
したがって，$144\pi\div 216\pi=\frac{2}{3}$(倍)

3　△AOE≡△COFより，EO＝FOであることを導き，平行四辺形になるための条件「対角線がそれぞれの中点で交わる」を利用する。(AE＝CF，AE//FCも利用できる。)

第192回 下野新聞模擬テスト

数学 【解　説】

⑤ **1** (1) 点B(0，−8)より，グラフの切片は−8だから，$b=-8$

また，グラフは点A(4，0)，B(0，−8)を通るから，$a=\dfrac{0-(-8)}{4-0}=2$

(2) 点Eは関数$y=2x-8$のグラフ上の点で，x座標が6だから，$y=2x-8$に$x=6$を代入して，

$y=2\times6-8=4$

より，点E(6，4)である。また，点Eは関数$y=\dfrac{1}{2}x+m$のグラフ上の点でもあるから，$y=\dfrac{1}{2}x+m$に$x=6$，$y=4$を代入して，$4=\dfrac{1}{2}\times6+m$より，$m=1$

よって，$y=\dfrac{1}{2}x+1$である。これに$y=0$を代入して，$0=\dfrac{1}{2}x+1$より，$x=-2$

したがって，点C(−2，0)である。

△BCEの面積は△ABCの面積と△AECの面積の和になるから，線分ACをこれらの底辺とすると，

AC＝4−(−2)＝6

(△ABCの高さ)＝0−(−8)＝8

(△AECの高さ)＝4−0＝4

である。以上より，$\triangle BCE=\triangle ABC+\triangle AEC=\dfrac{1}{2}\times6\times8+\dfrac{1}{2}\times6\times4=36$

(3) 右の図のように，線分PBを△ABPの底辺，線分AOを△ABPの高さとして，△ABP＝24であることから線分PBの長さを求める。または，点Cを通り直線ABに平行な直線をひくことで，等積変形を利用しても求められる。

⑤1(3)

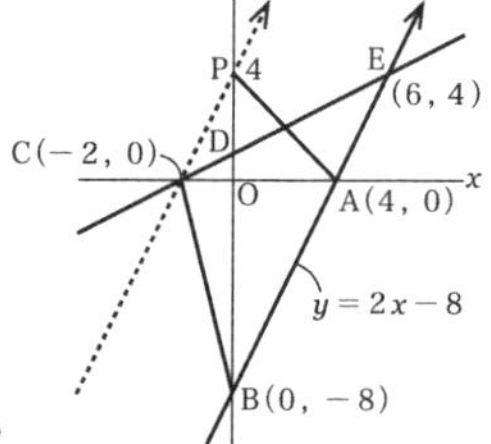

2 (1) 左側の部分の水位を1分間に10cmずつ高くするから，

$40\times20\times10=8000\,(\text{cm}^3)$

(2) Ⅰ　右側の部分の底面積は左側の部分の底面積と等しいから，右側の部分の水位も1分間につき10cmの割合で高くなっていく。

Ⅱ，Ⅲ　右側の部分に水が入り始めてから$27\div10=\dfrac{27}{10}$(分)＝2(分)42(秒)かかる。したがって，水を入れ始めてから8(分)＋2(分)42(秒)＝10(分)42(秒後)である。

(3) 右側の部分の水位が40cmになるのは，水を入れ始めてから8＋40÷10＝12(分後)であり，満水になるのは，それから(60−40)÷(10÷2)＝4(分後)の16分後だから，2点(12，40)，(16，60)を通る直線の式を求めればよい。求める直線の式を$y=ax+b$と表し，

$x=12$，$y=40$を代入して，$40=12a+b$ ……①

$x=16$，$y=60$を代入して，$60=16a+b$ ……②

①，②を連立方程式として解いて，$a=5$，$b=-20$

したがって，求める直線の式は，$y=5x-20$

⑤2(3)

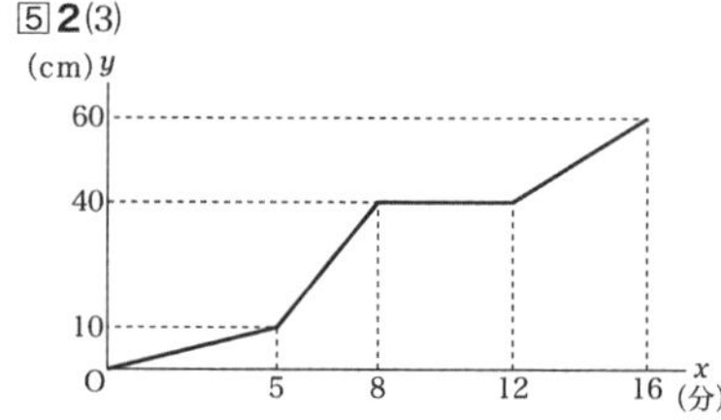

⑥ **1** Ⅰ，Ⅱ　最も外側のマッチ棒の本数は，

1番目の図形では4本，2番目の図形では8本，3番目の図形では12本

だから，n番目の図形では$4n$本と表される。よって，4番目の図形では4×4＝16(本)である。

2 内部のマッチ棒の本数は，

1番目の図形では0＝2×0(本)

2番目の図形では2＝2×1(本)

3番目の図形では6＝2＋4＝2×(1＋2)(本)

だから，n番目の図形では$2\times\{1+2+3+\cdots+(n-1)\}$(本)と表される。{　　}内は1から$(n-1)$までの$(n-1)$個の自然数の和になるから，

$2\times\{1+2+3+\cdots+(n-1)\}=2\times\dfrac{1}{2}\times(n-1)\times\{(n-1)+1\}=n^2-n$(本)

となる。n番目の図形をつくるときに使うマッチ棒の本数は，最も外側のマッチ棒の本数と内部のマッチ棒の本数の和になるから，$4n+(n^2-n)=n^2+3n$(本)

3 頭薬が下向きのマッチ棒の本数は，

1番目の図形では1本，2番目の図形では3＝1＋2(本)，3番目の図形では6＝1＋2＋3(本)

だから，p番目の図形では$1+2+3+\cdots+p$(本)と表され，1からpまでのp個の自然数の和になるから，

$1+2+3+\cdots+p=\dfrac{1}{2}p(p+1)$(本)

となる。これが66本であることから，$\dfrac{1}{2}p(p+1)=66$，$(p+12)(p-11)=0$，$p=-12$，11となるが，$p>0$であるから，$p=-12$は問題に適していない。$p=11$は問題に適している。

したがって，11番目の図形をつくるときに使うマッチ棒の本数は，**2**より，

$p^2+3p=11^2+3\times11=154$(本)

第192回 下野新聞模擬テスト

理　科　【解　説】

理　科 〔解説〕

1　**1**　現在(1996年10月以降)の日本で用いられている震度階級は，0，1，2，3，4，5弱，5強，6弱，6強，7の10階級に分けられている。

3　スギの花粉は空気中を飛散して雌花の胚珠まで運ばれる。このような，風によって花粉が運ばれる花を風媒花という。

4　炭素原子は「C」，酸素原子は「O」，水素原子は「H」という元素記号で表される。

5　風向とは風がふいてくる方角のことで，風向計はその方角を指し示す。

6　導線に電流を流したとき，電流が流れていく向きに向かって右回り(時計回り)の磁界が同心円状にできる。

8　物体の体積は$2\,cm \times 2\,cm \times 2\,cm = 8\,cm^3$なので，質量は$2.7\,g/cm^3 \times 8\,cm^3 = 21.6\,g$である。

2　**2**　地層が波打つように曲げられたものをしゅう曲といい，地層を両側から押す力が作用することでできる。

3　柱状図より，れき岩の層の上端の地表からの深さは，標高70mの地点Aで22m，標高50mの地点Cで2mであることから，その標高は70m－22m＝48m(50m－2m＝48m)である。また，れき岩の層の下端の地表からの深さは，地点Cで18mであることから，その標高は50m－18m＝32mである。よって，標高60mの地点Bでは，れき岩の層の上端，下端の地表からの深さは，それぞれ60m－48m＝12m，60m－32m＝28mとなる。

3　**1**　誘導コイルを用いることで，数千V～数万Vの電圧を加えることができる。

2　電子線は電子という粒子の流れである。

3　電子は－の電気をもつ粒子なので，＋極である電極Q側に引かれて曲がる。

4　**2**　最初は最も低い倍率で観察し始める。接眼レンズは筒が長い方が倍率が低く，対物レンズは筒が短い方が倍率が低い。

3　対物レンズがプレパラートにぶつかると，カバーガラスが破損する恐れがある。したがって，ステージ上下式の顕微鏡の場合，対物レンズとプレパラートを近づけておいてから，調節ねじを回してステージを下げながらピントを合わせるようにする。

5　**2**　200gの水に対しては，100gの水に溶ける限度の質量の2倍溶ける。このことから，表の値の2倍よりも多い物質を加えたビーカーBでは，物質Yが50g－11.8g×2＝26.4gだけ溶け残っている。

3　物質Xは物質Yのように温度による溶解度の差は大きくないので，高温の水に溶かして冷却する方法では多くの物質Xをとり出せない。水に溶ける物質の限度の質量は，水の量に比例するので，加熱して水(溶媒)を蒸発させればよい。

6　**1**　隣り合う等圧線どうしの間隔がせまいところほど，強い風がふいていると考えられる。

2　冬には，シベリア気団によってできる高気圧が日本列島の西側に，低気圧が東側に位置する，西高東低の気圧配置になることが多くなる。

3　空気は高圧部から低圧部に向かって流れるので，西高東低の気圧配置になると，日本列島には北西の季節風がふく。

4　シベリア気団からの空気の流れが日本海上で大量の水蒸気を含むことにより，日本海側は大雪になることが多くなる。その後，山脈を越えてきた乾燥した空気の流れにより，太平洋側は晴天の日が多くなる。

7　**1**　凸レンズによって，光が実際に集まってできる像を実像という。

2　凸レンズでは，焦点距離の2倍の位置に物体を置いたとき，反対側の焦点距離の2倍の位置に物体と同じ大きさの実像ができる。したがって，実験(3)より，使用した凸レンズの焦点距離は24cm÷2＝12cmである。

3　凸レンズによってできる実像は，同じ側から見ると，物体とは上下左右が反対になっている。青色のセロハンは右上にはられているので，スクリーンにできる実像の左下が青色になる。

4　焦点距離よりも遠い範囲で，凸レンズと物体の距離を長くしていくと，凸レンズから実像までの距離は短くなっていき，実像の大きさは小さくなっていく。

8　**1**　遺伝子の本体はデオキシリボ核酸という物質で，一般にはDNAという略号で表記される。

2　異なる形質をもつ純系どうしの交配において，子に現れる形質を顕性形質，子に現れない形質を潜性形質という。

3　「ふくれ」を現す遺伝子をA，「くびれ」を現す遺伝子をaとすると，子の代の遺伝子の組み合わせはすべてAaと表され，孫の代の遺伝子の組み合わせはAA：Aa：aa＝1：2：1の割合で現れる。このうち，AAとAaのものには「ふくれ」の形質が，aaのものには「くびれ」の形質が現れるので，
「ふくれ」：「くびれ」＝(1＋2)：1＝3：1となる。

4　無性生殖の場合，親の代がもつ遺伝子がそのまま子の代に伝わるので，子の代には親の代とまったく同じ形質が現れる。

9　**1**　塩化銅水溶液の青色は，水溶液中に生じている銅イオンの色である。

2　電解質の水溶液に電流が流れるのは，水溶液中に陽イオンと陰イオンとが生じているからである。

3　塩化銅は$CuCl_2 \rightarrow Cu^{2+} + 2Cl^-$のように電離するので，塩化銅水溶液中に生じている銅イオン(Cu^{2+})と塩化物イオン(Cl^-)の個数は，Cu^{2+}：Cl^-＝1：2の割合になっている。

4　塩化銅水溶液に電圧を加えると，陽極からは気体の塩素が発生し，陰極には金属の銅が付着する。

第193回 下野新聞模擬テスト

国語・社会・英語 【解 答】

国 語

1 1 (1) きょしゅつ〔2点〕 (2) こうきゅう〔2点〕 (3) すべ(る)〔2点〕
(4) おもむき〔2点〕 (5) せいがん〔2点〕
2 (1) 背泳〔2点〕 (2) 案(じる)〔2点〕 (3) 採択〔2点〕
(4) 供(える)〔2点〕 (5) 吸収〔2点〕
3 (1) **ア**〔2点〕 (2) **ウ**〔2点〕 (3) **エ**〔2点〕 (4) **イ**〔2点〕 4 **ウ**〔2点〕

2 1 かえしぬ(ひらがなのみ可)〔2点〕 2 **ア**、**エ**(順不同・完答)〔2点〕 3 **ウ**〔2点〕
4〔例〕暇を出されても紙屋の主に世話になった恩を忘れなかったから。〔2点〕 5 **イ**〔2点〕

3 1 初め：本を読むお 終わり：いるのだ。〔3点〕 2 **ア**〔3点〕 3 **エ**〔3点〕 4 **イ**〔3点〕
5〔例〕子どもと意味の世界、作者や言語社会とのあいだでなりたつ抽象的な共同関係。〔4点〕
6 **ウ**〔4点〕

4 1 **イ**〔3点〕 2 **ア**〔3点〕 3 **ウ**〔3点〕 4 **ウ**〔3点〕
5〔例〕雨降りで約束を守らなかった者を見下したりせず、約束についてごく自然に振る舞っている様子。〔4点〕
6 **エ**〔4点〕

5〔例〕自分の思いや考えを伝える時には、大事なことであればあるほど、気を使うものだと思います。私は、友達との約束を忘れてしまって、謝る時にメールで済ませたことがあります。私は軽い気持ちだったのですが、相手は腹を立てたようで、しばらく口をきいてくれませんでした。
この経験から、これからは、直接会って話すようにしようと思いました。その方が、自分が言ったことを相手がどのように受け取ったか、言葉だけでなく表情からもわかるからです。簡単な連絡や確認であれば、メールや電話でも大丈夫だと思いますが、その時その時の様子によって使い分けることが大切だと思います。〔20点〕

社 会

1 1 秋田県〔2点〕 2 (1) 再開発〔2点〕 (2) ヒートアイランド(現象)〔2点〕
3 **エ**〔2点〕 4 **ア**〔2点〕 5 **ウ**〔2点〕
6 Ⅰ：〔例〕ビニールハウスなどを用いた促成栽培〔2点〕
Ⅱ：〔例〕ピーマンの出荷量が少なく，価格が高い〔2点〕

2 1 (1) **イ**〔2点〕 (2) **ア**〔2点〕 (3) アボリジニー(アボリジニ)〔2点〕
(4)〔例〕内陸部の人が，沿岸部の都市に出かせぎに来ている〔4点〕
2 バチカン市国〔2点〕 3 **エ**〔2点〕

3 1 冠位十二階〔2点〕 2 **ア**→**ウ**→**イ**→**エ**(完答)〔2点〕 3 **エ**〔2点〕
4 御成敗式目(貞永式目)〔2点〕 5 **イ**，**エ**(順不同・完答)〔2点〕 6 **ウ**〔2点〕
7 百姓代〔2点〕 8〔例〕アヘン戦争で清がイギリスに敗北したから。〔4点〕

4 1 **イ**〔2点〕 2 樺太・千島交換(条約)〔2点〕 3 津田梅子〔2点〕
4 Ⅰ：**ア**〔2点〕 Ⅱ：〔例〕米の買い占めがおきた〔2点〕 5 **イ**〔2点〕 6 **ウ**〔2点〕

5 1 **ア**〔2点〕 2 多数決〔2点〕 3 **ウ**〔2点〕 4 **エ**〔2点〕
5 三権分立(権力分立)〔2点〕 6 **イ**〔2点〕

6 1 (1) 非核三原則〔2点〕 (2) **ウ**〔2点〕 2 **ア**〔2点〕 3 (満)18(歳)〔2点〕
4 記号：**エ**〔2点〕 目的：〔例〕政治の透明性を高めるため。〔2点〕 5 **ア**〔2点〕

7 1 (1) AI(人工知能)〔2点〕 (2) 個人情報保護(制度)〔2点〕 2 **エ**〔2点〕
3〔例〕銅関連の輸出品の割合が多いモノカルチャー経済であるため，安定した収入が得られない。〔4点〕
4 **ウ**〔2点〕

英 語

1 1 (1) **イ**〔2点〕 (2) **エ**〔2点〕 (3) **ア**〔2点〕 (4) **ウ**〔2点〕
2 (1) **ウ**〔3点〕 (2) **イ**〔3点〕 (3) **イ**〔3点〕
3 (1) difficult[hard]〔3点〕 (2) problems〔3点〕 (3) needed〔3点〕

2 1 (1) **エ**〔2点〕 (2) **イ**〔2点〕 (3) **ウ**〔2点〕 (4) **イ**〔2点〕 (5) **ウ**〔2点〕 (6) **ア**〔2点〕
2 (1) **ウ**→**イ**→**エ**→**ア**(完答)〔2点〕 (2) **ア**→**エ**→**ウ**→**イ**(完答)〔2点〕
(3) **オ**→**エ**→**ウ**→**ア**→**イ**(完答)〔2点〕

3 1 (1)〔例〕leaving this town[leaving here]〔3点〕 (3)〔例〕want to talk with young people (.)〔3点〕
(4)〔例〕bring their favorite pictures〔3点〕
2 **ア**〔3点〕 3 **ウ**〔3点〕 4 **エ**〔3点〕
5〔例〕町の写真を集めて，イベントでお年寄りの方々と話すためにそれらを使うこと。〔4点〕
6〔例〕I want to cook with old people because I like cooking very much. I want to learn about some traditional Japanese foods, too. They are good for our health. Also, I want to hear some interesting old stories from them.〔6点〕

4 1〔例〕夜遅くまでテレビを見ることをやめて，早く寝ること。〔3点〕
2〔例〕翔太が公園で待っていること。〔3点〕 3〔例〕朝食前に走る〔3点〕
4〔例〕He started to go to soccer practice early (.)〔2点〕 5 **イ**〔3点〕

5 1 **ウ**〔3点〕 2 **イ**→**エ**→**ウ**→**ア**(完答)〔4点〕
3〔例〕自分たちの仕事を，人工知能に奪われるかもしれないと考えているから。〔4点〕 4 **イ**〔3点〕

第193回 下野新聞模擬テスト

数学・理科 【解 答】

数 学

1 **1** -24〔2点〕 **2** $\frac{9}{4}a$〔2点〕 **3** x^2-49〔2点〕 **4** $x=\frac{-5\pm\sqrt{21}}{2}$〔2点〕

5 16〔2点〕 **6** $15\pi\,\mathrm{cm}^3$〔2点〕 **7** 79度〔2点〕 **8** **エ**〔2点〕

2 **1** $n=14$〔3点〕

2〔例〕A地点からB地点までの道のりをxm，B地点からC地点までの道のりをymとすると，

$$\begin{cases} x+y=2000 & \cdots\cdots① \\ \frac{x}{60}+\frac{y}{40}=\left(\frac{y}{60}+\frac{x}{40}\right)+5 & \cdots\cdots② \end{cases}$$

②の両辺に120をかけて，

$2x+3y=2y+3x+600$

$-x+y=600$ ……②′

①+②′より，
$x+y=2000$
$+)\ -x+y=\ 600$

$2y=2600$，$y=1300$

これを①に代入して，$x+1300=2000$，$x=700$

よって，A地点からB地点までの道のりは700m，B地点からC地点までの道のりは1300mとなり，問題に適している。

答え（A地点からB地点までの道のり 700m / B地点からC地点までの道のり 1300m）〔7点〕

3 $p=64$〔5点〕

3 **1** $\frac{1}{10}$〔3点〕

2 逆 ∠BAC＝70°ならば，∠ABC＝50°，∠BCA＝60°である。〔3点〕 真偽 ×〔2点〕

3 (1) Ⅰ 2〔2点〕 Ⅱ 69〔2点〕 (2) 38点〔3点〕

4 **1** 右の図〔4点〕

4 1

A B C O Q R P

2 (1) $540\,\mathrm{cm}^2$〔3点〕 (2) $250\,\mathrm{cm}^3$〔4点〕

3（証明）〔例〕

△BCEと△DCGにおいて，

四角形ABCD，CEFGは正方形だから，BC＝DC ……①

CE＝CG ……②

∠BCE＝∠BCD＋∠DCE＝90°＋∠DCE ……③

∠DCG＝∠ECG＋∠DCE＝90°＋∠DCE ……④

③，④より，∠BCE＝∠DCG ……⑤

①，②，⑤より，2組の辺とその間の角がそれぞれ等しいから，

△BCE≡△DCG〔7点〕

5 **1** (1)（2，4）〔2点〕 (2) $0\leqq y\leqq 9$〔3点〕

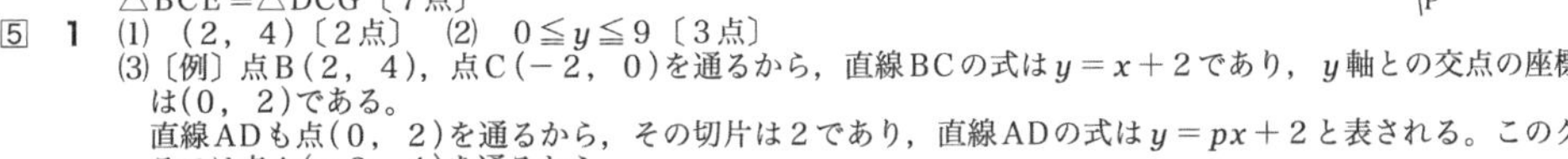

(3)〔例〕点B(2，4)，点C(−2，0)を通るから，直線BCの式は$y=x+2$であり，y軸との交点の座標は(0，2)である。

直線ADも点(0，2)を通るから，その切片は2であり，直線ADの式は$y=px+2$と表される。このグラフは点A(−2，4)を通るから

$4=-2p+2$，$p=-1$

よって，直線ADの式は$y=-x+2$となり，この直線上にある点Dのx座標は3だから，そのy座標は

$y=-3+2=-1$

関数$y=ax^2$のグラフは点D(3，−1)を通るから，

$-1=a\times3^2$，$a=-\frac{1}{9}$

答え$\left(a=-\frac{1}{9}\right)$〔6点〕

2 (1) 1680m〔2点〕 (2) $y=-75x+675$〔3点〕

(3) Ⅰ 22〔2点〕 Ⅱ 24〔2点〕 Ⅲ 33〔2点〕

6 **1** Ⅰ 16〔2点〕 Ⅱ 20〔2点〕 **2** 9番目の図形〔4点〕 **3** 19900枚〔6点〕

理 科

1 **1** **ウ**〔2点〕 **2** **イ**〔2点〕 **3** **ア**〔2点〕 **4** **ア**〔2点〕

5 胚珠〔2点〕 **6** 還元〔2点〕 **7** 大気圧〔2点〕 **8** 電磁誘導〔2点〕

2 **1** 器官：卵巣〔2点〕 期間：(例) 自分でエサをとり始める前まで。〔3点〕

2 B(→)D(→)A(→)C（完答）〔2点〕 **3** ① 多い ② 大きい（完答）〔3点〕

3 **1** 記号：D 理由：(例) 水よりも密度が小さい。(完答)〔3点〕

2 2.7$(\mathrm{g/cm^3})$〔3点〕 **3** 7875(Pa)〔3点〕

4 **1** **イ**〔3点〕 **2** ① 浅かった ② 示相化石（完答）〔3点〕

3 (例) 流水によって運ばれるときに角が削られたから。〔3点〕

5 **1** **エ**〔2点〕 **2** ① 音源〔2点〕 ② 振動〔2点〕 **3** 952(m)〔3点〕

6 **1** 光合成〔2点〕 **2** (例) 葉に日光を当てないようにするため。〔3点〕

3 ① デンプン〔2点〕 ② 青紫〔2点〕 **4** D〔2点〕

7 **1** $NaOH\rightarrow Na^{+}+OH^{-}$〔3点〕 **2** ① 中和〔2点〕 ② 水〔2点〕

3 右図〔3点〕 **4** **ウ**〔2点〕

7 3

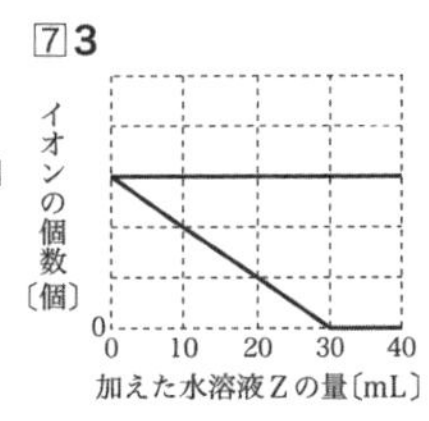

8 **1** **イ**〔3点〕 **2** 71(%)〔3点〕 **3** **ア**〔3点〕

4 ① 高くなる ② 変化しない（完答）〔3点〕

9 **1** (運動の) 向き〔3点〕 **2** **イ**〔3点〕 **3** 17(cm/s)〔3点〕 **4** **エ**〔3点〕

第193回 下野新聞模擬テスト

国語 【解説】

国語〔解説〕

1 **3** (1) 第三句「わたつ海(うみ)の」が六音で字余りである。
(2) 「草木の色が変わる」季節なので、「秋」が適当。
(3) 「象」と**エ**「善」が十二画。**ア**「郵」十一画、**イ**「蒸」十三画、**ウ**「航」十画。
(4) 「聞く」の謙譲語は「お聞きする」「うかがう」。尊敬語が「お聞きになる」「聞かれる」。
4 「林尽キ二水源一、便チ得タリ二一山ヲ一。」は「１４２３５８６７。」の順で読む。

2 **1** 助詞と語頭以外の「はひふへほ」は「わいうえお」に直す。「へ」は「え」となる。
2 **ア**と**エ**は「永田佐吉」、**イ**は「朋輩の者」、**ウ**は「主」である。
3 「誰ともなく仏佐吉と呼びならした」ということなので、「皆から自然に思われていた」とある**ウ**が適当。
4 佐吉が「朋輩の者」のありもしない悪口によって、暇を出されても、主を心配して尋ねたのは、主に世話になった「旧恩を忘れ」ていなかったためである。
5 **ア**「過分な俸給」を受けてはいない。**イ** 本文に「人に交じるに誠あれば」「買ふ時は買ふ人に任せ、売る時は売る人に任す」とあるのと合っている。**ウ**「紙屋で一緒だった仲間にねたまれても、主を最優先した」から、「誰からも信用されるようになった」のではない。**エ**「文字を学び勉学に励んだ」ので、「商売で成功することができた」のではない。

〈口語訳〉
永田佐吉は、美濃の国羽栗郡竹ヶ鼻の人で、親につくすことにおいて他に比較できないほど立派だった。また、仏を信じていた。大抵貧しい人を気の毒に思い、総じて人と交わるのに誠意があったので、誰ともなく仏佐吉と呼びならしていた。幼い時、尾張名古屋の、紙屋某の家に召し使われていたが、休暇がある時には砂で文字を習い、また四書を習い読んだ。仕事の仲間がねたんで、読書を口実にして、悪い所で遊ぶなどとうそを言いふらしたので、主も疑って竹ヶ鼻に返した。けれども(佐吉は)古くからの恩を忘れず、道中で機会があれば必ず寄って訪ね無事かどうかを尋ねた。年月が経って後、その家が大いに衰えたので、またおりおりに物を贈ったとかいうことである。主に暇を出されて後は、綿の仲買という仕事をしていたが、秤というものを持たず、買う時は買う人に任せ、売る時は売る人に任せる。後には佐吉が正直なことを知って、売る人は気を配って重くし、買う人は気を配って軽くしてはかったので、いくらも経たないうちに豊かに暮らすようになった。

3 **1** ②段落で、「幼児にとってのことばの共同性」について説明されているが、幼児の立場から述べている部分は「本を読むおとなの声に耳をかたむけるなかで、幼児は空想世界に身をゆだねるとともに、おとなとのもっともゆたかなコミュニケーションを交しているのだ。」である。
2 傍線部(2)はおとなが「空想の世界を楽しむ」様子であることに注意する。「空想に陶然と身をゆだねる子どもの表情に思わず引きこまれ…無邪気な童話の世界にみずからもたゆたう」とある部分に着目すると**ア**が適当である。
3 傍線部(3)の後に「まだ本の読めない幼児にとっては、ひとに読んでもらうというのが本との本来のつきあいかたなのだ」とある。この「本来のつきあいかた」を「無視した考え」とある**エ**が適当。**ア**「本と紙芝居」の「楽しみ方」の問題ではない。**イ**・**ウ**は本文には述べられていない。
4 空欄の後に「ふつうの意味での直接の対他関係」とあることから、「自分の肉声」を客観的にとらえようとする**イ**「他人の声」が適当である。
5 傍線部(4)の後で述べられている、「子どもと意味の世界とのあいだ」「子どもと作者のあいだ」「子どもと言語社会とのあいだ」に着目して、「意味」「作者」「言語社会」の三つの語と「抽象的」という語を用いてまとめるようにする。
6 **ア**は「全体の主張となる結論」を「最初に」示してはいない。**イ**「①段落の主張の理由となる具体的な例」ではなく、①段落の主張の具体的な例である。**ウ** ②段落で述べられている傍線部(1)「幼児にとってのことばの共同性」についての説明を前提として、幼児の本を読む意欲についての主張について再確認し、④段落の結論へとつないでいることと合っている。**エ** ③段落で「仮説」は示されていない。

4 **1** 「信夫」に対して「貞行の声がきびしかった」とあり、それに対して「信夫」が言い訳をしている場面なので、**イ**「おずおず」が適当である。他は「信夫」の態度として不自然である。
2 傍線部(1)の直前に「(約束というものは、こんなにまでして守らなければならないものだろうか)」とあり、信夫が約束をしたことを後悔していることがわかる。よって**ア**が適当。
3 校庭にたどりついて「無気味なしずけさ」の中で「誰だ」と声をかけられた場面が「ぎくりとした」様子として適当である。よって **ウ** が適当。
4 「淡々と」していて、「大人っぽく」ひびく「吉川の言葉」をつぶやいてみたことで、吉川が自分のものとしている約束という言葉の持つ「ずしりとした重さ」が「信夫」に伝わったのである。
5 「吉川」が約束を守らなかった者を見下していないばかりか、約束に対して自然に振る舞っているという二つのポイントをまとめること。
6 **ア**「つらくあたっている」わけではない。**イ**「結果的に吉川と同じく約束を守る立場の人間になれたことを感謝している」が合っていない。**ウ**「だれもくるはずがないと思っていた」のは「吉川」ではなく「信夫」である。**エ**「信夫」は「約束」に振り回されているが、「約束」に対して自然に振る舞う「吉川」を「えらい」と感じている。

5 ・形式　氏名や題名を書かず、二百四十字以上三百字以内で書いているか。二段落構成になっているか。原稿用紙の正しい使い方ができているか。
・表現　文体が統一されているか、主述の関係や係り受けなどが適切か、副詞の呼応や語句の使い方が適切か、など。
・表記　誤字や脱字がないか。
・内容　第一段落では、「思いや考えを伝える手段」について具体的な例を挙げて書いているか。第二段落では、第一段落の内容を踏まえて、今後、「思いや考え」をどのように伝えていこうと思うかについて自分の考えを具体的に書いているか。
といった項目に照らし、総合的に判断するものとする。

第193回 下野新聞模擬テスト
社会 【解説】

社　会 〔解説〕

1 2(1) 過密により，都心部では渋滞や騒音などがおこるようになり，人口を分散させるため，郊外にニュータウンがつくられた。現在は，沿岸部の埋立地や鉄道施設の跡地で再開発が行われているため，人口が再び都心に集まる都心回帰現象がおきている。
(2) 都心部ではヒートアイランド現象がおきやすいため，熱帯夜が多くなる。
3 山梨県や福島県は，ももの栽培が盛んである。**ア**のりんごは青森県，**イ**のみかんは和歌山県や愛媛県，**ウ**のさくらんぼは山形県で栽培が盛んである。
4 大阪府の沿岸部では，1970年代に工場の集中によって，工業用水が不足し，地下水を多量に使用するようになったため，地盤沈下などの公害が発生した。現在は，工業用水にリサイクル水を使用して，環境に配慮する工夫がされている。
5 地点**A**は，静岡県の牧ノ原台地周辺を示しており，ここでは茶の栽培が盛んである。**ア**は滋賀県の琵琶湖，**イ**は信濃川が流れる，新潟県の越後平野で見られる風景で，**エ**は東北地方の奥羽山脈のことを述べている。
6 宮崎県や高知県では，温暖な気候とビニールハウスなどを利用した促成栽培が盛んである。ピーマンは本来夏に出荷時期をむかえるが，促成栽培を行うことで，他の地域の出荷量が少なく価格が高い時期に出荷できる。

2 1(1) スペインは地中海性気候が広がっており，夏に乾燥し，暑くなるため，伝統的な住居は壁を石灰で白くぬるなどの工夫がされている。
(2) **図2**は，米の輸出量が多い上位3か国を示している。南アジア，東南アジア，東アジアなどの温暖で降水量が多い地域では，米が主食とされている。
(4) **図3**からは，沿岸部に比べ，内陸部の方が1人当たりの総生産額が少ないことが分かる。高い収入や働く場所を求めて，内陸部の人々が，経済的に発展している沿岸部の都市へ出かせぎに出るので，**図4**のように，中国の都市人口割合は年々増加している。
3 地熱発電は，地殻の変動が激しく，火山などが活発に活動する造山帯(変動帯)に位置する国で行われている。インドネシアは，アルプス・ヒマラヤ造山帯の一部であるため，地熱発電量が多い。

3 **2** **ア**は816年，**ウ**は1016年，**イ**は1086年，**エ**は1159年のできごとである。
3 **P**は平将門の乱，**Q**は保元の乱(平清盛が後白河天皇の味方をした争い)がおきた場所，**R**は日宋貿易のために整備した兵庫(神戸市)の港を示している。
5 **ア**は1221年，**エ**は1333年〜1336年，**イ**は1575年，**ウ**は1635年のできごとである。
8 アヘン戦争で清がイギリスに敗れたことは，幕府にとって欧米の軍事力を知るきっかけとなった。そのため，幕府は異国船打払令を撤回し，反対に燃料や食料を与える法令を出した。

4 **2** 千島列島が日本の領土になっていることに注目する。この後，ポーツマス条約で樺太の南半分を領有した。
4 ロシア革命により，共産主義の勢力が拡大することを脅威に感じた資本主義国は，シベリア出兵を行った。このとき，シベリア出兵をみこした米の買い占めにより，米価が急上昇したため，富山県の漁村の騒動を発端として，米の安売りを求める米騒動が全国に拡大した。
5 日本がサンフランシスコ平和条約により独立を果たした後も，沖縄や小笠原諸島はアメリカ軍の統治下に置かれていた。佐藤栄作は，アメリカと粘り強く交渉し，沖縄返還を実現した。また，非核三原則の方針を打ち出すなどの功績もあったため，ノーベル平和賞を受賞している。
6 日中共同声明は1972年に発表された。**ウ**は1950年代後半から1960年代にかけてのできごとである。

5 **1** 合計特殊出生率とは，一人の女性が一生の間に生む子どもの平均人数のことである。日本は，急速な高齢化と合計特殊出生率の低下がおきている。**イ**はノルウェー，**ウ**はブラジル，**エ**はアルジェリアである。
4 ワイマール憲法は，世界で初めて社会権が認められた憲法である。社会権は，人間らしい豊かな生活を送るための権利で，生存権などが含まれる。
6 憲法は，法の構成において最も高い効力を持つものである。また，権力者の政治活動を制限するものでもある。

6 1(2) 日本国憲法は，国民主権，基本的人権の尊重，平和主義の三つを基本原理としている。
2 **イ**は経済活動の自由，**ウ**は精神の自由のうちの信教の自由，**エ**は教育を受ける権利について述べている。
4 国民が政治活動を行う上で，政治について判断する情報が必須であり，それを確保するために知る権利がある。情報公開制度によって，国民は政治の透明性や公正さを判断することができる。また，マスメディアは，国民の知る権利を支える大きな役割を果たしている。

7 1(2) 情報化の進展により，個人情報が漏洩(ろうえい)したり，悪用されたりしている。
2 1人当たりGDPが低く，イスラム教を信仰しているため豚の頭数が皆無の**エ**はサウジアラビアである。**ア**はシンガポールで，面積が約730㎢と，東京23区とほぼ同じ大きさである。そのため，人口密度が高く，牧畜をするほどの面積がない。また，金融業や流通業などが盛んで，東南アジアの国々の中でも，1人当たりGDPが最も高い。羊の頭数が2番目に多い**イ**はニュージーランド，人口密度が低く，牛・羊の頭数が最も多い**ウ**はオーストラリアである。
3 **図2**から，チリは銅関連の輸出が48.5％を占めるモノカルチャー経済であることが読み取れる。一つの輸出品の割合が多いと，その輸出品の価格が**図3**のように上下した時，国の収入が不安定になる。

第193回 下野新聞模擬テスト

英語 【解説】

英　語 〔解説〕

□1 リスニング台本と解答を参照。

□2 **1** (1) visit「～を訪れる」。ここでは過去のことを述べているので，過去形の visited を選ぶ。「～へ行く」という意味で go を用いるときは，前置詞の to を使い，＜go to＋場所＞という形にする必要がある。

(2) 主語になる動名詞(動詞の～ing 形)は単数扱い。ここでは過去のことを述べているので，was を選ぶ。

(3) loved を選び，＜be 動詞＋動詞の過去分詞形(＋by …)＞「(…によって)～され(てい)る」という意味の受け身の文にすると意味が通る。

(4) told by her が，後ろから直前の the story を修飾している。told は tell の過去分詞で，過去分詞の形容詞的用法が使われた文。

(5) enjoy に続く動詞は，～ing 形にする。

(6) 「～なので」という意味の接続詞である because を入れると意味が通る。

2 (1) 「日本で一番高い山は何ですか」という意味。＜What is the＋最上級＋名詞～?＞の語順。

(2) 「～だから僕は何台かの電車の写真を撮るために駅にいました」という意味。目的・理由を表す不定詞の副詞的用法が用いられた文。

(3) 「あなたは，あの大きな窓のあるレストランへ行ったことがありますか」という意味。＜Have you been to ～？＞「あなたは～へ行ったことがありますか」。この場合の which は主格の関係代名詞で，＜which＋動詞～＞が，ものを表す名詞(that restaurant)を後ろから修飾している。

□3 **1** (1) 図1の男の子の吹き出しを参照。＜leave A for B＞「Aを去ってBへ行く」

(3) 図3のグラフを参照。約60パーセントのお年寄りが，「若者と話をしてみたい」と回答している。この部分を，＜want to＋動詞の原形～＞「～したい」や，＜talk with ～＞「～と話す」などを使って表現する。

(4) 図4の「ヒストリーピン」の説明文を参照。「お気に入りの写真を持ち寄り」の部分を，bring「～を持って来る」などを使って表現する。

2 本文訳参照。直後のアリスの発言を参照。

3 本文訳参照。weak「弱い」，strong「強い」。若者と高齢者の関係性について触れている。

4 本文訳参照。＜show＋(もの)＋to＋(人)＞「(人)に(もの)を見せる」

5 本文訳参照。直前のアリスの発言を参照。この内容をまとめる。

6 高齢者の方々から学んでみたいことについて，理由を含めて，自分の考えを述べる。理由を述べるときは，because や so を用いるとよい。英作文は，設問文に書かれている指示をよく読んで解くこと。

□4 **1** 本文訳参照。直後の翔太の母親の発言を参照。この内容をまとめる。

2 本文訳参照。翔太が直樹に，「僕は，君(直樹)が，ここ(公園)で待っていると思ったから，起きることができた」と言ったことに対して，直樹が「僕も同じことを思ったから，起きることができた」と言っている。直樹が思った同じこととは，「翔太が公園で待っていること」である。

3 本文訳参照。第5段落の第1文を参照。この内容をまとめる。

4 質問は，「翔太が新聞で，自分のお気に入りのサッカー選手について読んだ後，彼は何をし始めましたか」という意味。第8段落の最終文を参照。「サッカーの練習に早く行き始めた」と書かれている。

5 **ア**…第6段落と第7段落を参照。翔太は実際に早起きしてみて，早起きがすばらしいと初めて思ったので，選択肢の「早起きができなかった」の部分が誤り。

イ…第2段落を参照。同じ内容を読み取ることができるので，正しい。

ウ…第3段落を参照。直樹も，「(早起きは)僕にとっても難しい」と言っているので，誤り。

エ…最終段落を参照。翔太は，自分が一番の選手だとは思っていないので，誤り。

□5 **1** 本文訳参照。say を入れて，「人工知能を持ったスマートフォンに，～と言えば…」という意味にする。

2 本文訳参照。挿入する英文を並べかえる問題では，接続詞や代名詞に着目して内容のつながりを考えるとよい。

3 「将来に対する不安」の理由をたずねている。本文訳参照。直前の内容を参照し，これらの内容をまとめる。

4 本文訳参照。最終段落で，人々は近い将来，人工知能とより多くの時間を過ごすようになるので，人工知能についてもっとよく理解する必要があり，A I との共生について考えるべきだと書かれている。この内容を言い換えた，**イ**「私たちは，人工知能との将来について考える必要がある」が適切。

第193回 下野新聞模擬テスト

英語 【解 説】

〔本文訳〕

3 圭太：2020年には，僕たちの町の約29パーセントの世帯が，ひとり世帯だったんだ。
アリス：なるほどね。ほとんどの世帯が，核家族かひとり世帯なのね。
圭太：一部の若者がこの町を去って他の市へ流出していることは知っているかな。それが理由の一つらしいよ。図2のグラフを見て。それはひとり暮らしのお年寄りの数が増えていることを示しているんだ。
アリス：2000年は，約700人のお年寄りがひとり暮らしだったけど，2020年は，そのような人が約2,400人いたのね。
圭太：実は，僕の祖母がひとり暮らしで，僕は祖母と話す時間があまりないんだ。若者とお年寄りの間の関係が弱くなっているのではと僕は恐れているよ。
アリス：それは今日の日本社会の問題の一つなんでしょう。私たちは，若者とお年寄りの間の関係をより強くする方法を見つけるべきよ。
圭太：君に同意するよ。図3を見て。
アリス：ええと，それは約60パーセントのお年寄りが，若者と話をしたがっていることを示しているわね。
圭太：お年寄りの方々は，多くのことを知っていて，すばらしい経験がある。でも，僕たち若者は，彼らと話をする機会があまり多くない。だから，もし僕たちがお年寄りの方々と共同作業をすれば，僕たちは彼らからたくさん学ぶことができると僕は思うんだ。
アリス：その通りね，圭太。私がイギリスにいたとき，「ヒストリーピン」と呼ばれるイベントがあったわ。若者やお年寄り，多くの人がそのイベントに参加するの。若者もお年寄りも，自分たちのお気に入りの写真を持って来て，一緒にそれらについて話すの。
圭太：それはおもしろそうだね。若者とお年寄りは，彼らの間に新しい関係を作るための手段として，お気に入りの写真を使うんだよね。
アリス：そうよ。私の祖父もそれに参加して，自分の昔の思い出について，若者と話したの。
圭太：なるほど。僕の祖母がときどき昔の写真を僕に見せて，彼女の思い出について話してくれるんだ。彼女の話はいつもおもしろいんだよ。写真と話を通して，僕は彼女の人生について学ぶことができるんだ。
アリス：(一緒に)この町の写真を集めて，イベントでお年寄りの方々と話すためにそれらを使うのはどうかしら。
圭太：それはいい考えだね。それは，僕たちの町の若者とお年寄りの間に新しい関係を作るためのいい機会になるね。
アリス：私もそう思うわ。お年寄りの方々から何かを学びたがっている若者はいるから，彼らの多くが来てくれるでしょう。

4 僕は昨年の朝，早起きをすることができませんでした。僕はサッカー部の部員で，毎日熱心に練習しました。家に帰ると，僕はとても疲れていましたが，長時間テレビを見ました。僕はしばしばかなり夜遅くに寝ました。もちろん，僕は午前中眠たかったです。
ある日の英語の授業で，僕の先生が，「翔太，調子がよくなさそうね。大丈夫なの」と言いました。僕は，「大丈夫です，ブラウン先生。僕はただ，眠たいだけです。昨晩遅くまで，テレビでサッカーの試合を見たんです」と言いました。先生は，「翔太，私はあなたのことが心配よ。早寝早起きをすることは，あなたの健康のために，とても大切なのよ」と言いました。
授業の後で，親友の直樹が僕に，「翔太，君は早寝早起きをするべきだよ」と言いました。僕は，「分かっているけど，僕にとって難しいよ」と言いました。直樹は，「僕にとっても難しいよ。でも僕はいいテニス選手になりたいんだ。もし僕が早起きをしたら，テニスをもっとたくさん練習することができる。翔太，僕と早寝早起きに挑戦しようよ」と言いました。
家に帰った後，僕は母にブラウン先生の英語の授業のことを話しました。僕は，「早起きするために何かいい方法はないかな」と尋ねました。母は，「あなたは夜遅くまでテレビを見てるわよね。あなたはそれをやめて早く寝るべきよ」と言いました。僕は，「わかった。そうしてみるよ」と言いました。
翌日，直樹と僕は，朝食の前に走ることに決めました。「明日の朝6時に公園で会おうよ」と僕は言いました。直樹は，「わかったよ。遅れないでね」と言いました。
翌朝，僕はとても眠たかったのですが，直樹の言葉を思い出しました。僕は，「直樹が公園で僕を待っている。すぐに彼に会いに行かなくちゃ」と思いました。僕は起きて，公園まで走りました。直樹はそこにいました。僕は，「おはよう。君がここで待っていると思ったから，起きることができたよ」と言いました。彼は，「僕も同じことを思ったから，起きることができたよ」と言いました。
ランニングから戻った後，僕は朝食を楽しみました。僕は新聞も読みました。僕は初めて，早起きすることはすばらしいと思いました。
数日後，僕は自分のお気に入りのサッカー選手について新聞で読みました。彼は，「私は物事を早くするように努めています。もし私が練習に遅刻したら，チームメイトは私を信用してくれないでしょう」と言っていました。その後，僕はサッカーの練習に早く行き始めました。
直樹と僕は，今も朝に一緒に走っています。僕は今，サッカー部のキャプテンです。僕は自分が最も上手な選手だと思いませんが，チームのメンバーは僕を信用してくれています。僕はチームのメンバー全員の中で，一番早く練習に行きます。僕はときどき，ブラウン先生の言葉を思い出します。僕の生活は大きく変わりました。僕はブラウン先生と直樹に感謝しています。

5 あなたは人工知能について学んだことはありますか。私たちは今，人工知能を持ったスマートフォンを手に入れることができます。人工知能は，物事をよりよくやるために良い方法を見つけてくれます。もしあなたが何かについて知りたいとき，人工知能はそれに関するたくさんの情報をあなたに教えることができます。例えば，もしあなたが人工知能を持ったスマートフォンに，「この辺でいいレストランを私に教えて」と言えば，いくつかのレストランが画面に表示されるでしょう。

今日，多くの機械やロボットは人工知能を搭載(とうさい)しています。それらは，人々がするように，たくさんのことができます。人工知能は新しいものを作り出すことはできませんが，人々の考えを学習して，それらを使いこなすことができます。例を挙げましょう。それは自動運転の車です。おそらくあなたはテレビでそれを見たことがあるでしょう。それのカメラが通りで何か危険なものを見つけたとき，それは自動的に止まることができます。完璧な自動運転の車はまだありませんが，私たちは近い将来，運転をしなくてよくなるでしょう。

イ 人工知能を持った機械やロボットは，私たちの生活をよりよくしてくれます。 **エ** しかし，そのような機械やロボットは人々から仕事を奪うかもしれません。 **ウ** だから，人工知能が自分たちの生活の中であまりすばらしいものではないと思う人もいます。 **ア** この問題は重要で，それについて研究する人もいます。 アメリカでは，ある有名な教授が，700種類の異なる仕事について研究しました。彼は，人工知能によって将来は，約50パーセントの仕事が奪われるだろうと言っています。例えば，タクシーとバスの運転手は仕事を失うでしょう。また，レストランの接客係も仕事を失うことでしょう。だから，そのような人々は，自分たちの将来について心配しているのです。
人々は人工知能が原因で仕事を失うかもしれないので，自分たちの生活に人工知能は必要ないと考えている人もいます。しかし教授は，人々はこれからは，人工知能とだんだん多くの時間を過ごすようになるだろうと言います。だから，私たちは人工知能について理解を深める必要があり，それと共生していくことについて考えるべきなのです。

第193回 下野新聞模擬テスト

英　語　【解　説】

英語問題 1 〔リスニング台本〕

台　　本	時　間
これから中学3年生　第193回　下野新聞模擬テスト　英語四角**1**番，聞き方のテストを行います。 なお，練習はありません。 （ポーズ約5秒） これから聞き方の問題に入ります。問題用紙の四角で囲まれた**1**番を見なさい。問題は**1**番，**2**番，**3**番の三つあります。 最初は**1**番の問題です。問題は(1)から(4)まで四つあります。英語の対話とその内容についての質問を聞いて，答えとして最も適切なものを**ア**，**イ**，**ウ**，**エ**のうちから一つ選びなさい。対話と質問は2回ずつ言います。 では始めます。 (1)の問題です。　*A* : What do you want to do in high school? *B* : I want to try a sport. *A* : Oh, that's good. What sport? *B* : I want to play table tennis. 質問です。　*Q* : What does the girl want to do in high school?　（約5秒おいて繰り返す。）（ポーズ約5秒） (2)の問題です。　*A* : When is your birthday? *B* : It's May 4. How about you, Nick? *A* : My birthday is the same day, but it's the next month. *B* : Oh, really? Then, it's easy to remember your birthday. 質問です。　*Q* : When is Nick's birthday?　（約5秒おいて繰り返す。）（ポーズ約5秒） (3)の問題です。　*A* : My friend Susan will visit us this evening. Can you help me, Tom? *B* : Sure, Mom. What can I do for you? *A* : Clean the living room after lunch, please. I'll go shopping for dinner. *B* : OK. I will. 質問です。　*Q* : What will Tom do after lunch?　（約5秒おいて繰り返す。）（ポーズ約5秒） (4)の問題です。　*A* : Good morning, Nick. *B* : Good morning, Alice. Today is a beautiful day. *A* : Yes, but it's snowing a lot in Tokyo. My sister there told me that by e-mail this morning. *B* : Oh, really? I didn't know that. I didn't have time to watch the news on TV. 質問です。　*Q* : How did Alice know about the weather in Tokyo this morning? （約5秒おいて繰り返す。）（ポーズ約5秒）	（**1**番） 約**5**分
次は**2**番の問題です。英語の対話とその内容についての質問を聞いて，答えとして最も適切なものを**ア**，**イ**，**ウ**，**エ**のうちから一つ選びなさい。質問は(1)から(3)まで三つあります。対話と質問は2回ずつ言います。 では始めます。 *Risa* : Let's go to Midori Family Park this Saturday. *Pat* : That sounds nice, Risa. Oh, there is a big sports area in the park! We can play soccer, tennis and basketball. Can you play tennis with me? *Risa* : Sure, Pat. There is a plants area in the park, too. I want to see many kinds of plants there. *Pat* : Sounds interesting! I'd like to do both. How much do we need? *Risa* : We need 600 yen for both of us. Then, we can enjoy playing tennis and seeing many kinds of plants. *Pat* : OK. What time does the park open? *Risa* : It opens at nine, but we have to remember next Saturday is November. *Pat* : Oh, it closes at four thirty. *Risa* : That's right. But I want to leave the park by four o'clock because I have to cook dinner. *Pat* : I see. We can have fun there until four. Which do you want to do first, play tennis or see the plants? *Risa* : Umm..., I want to see the plants first. Let's meet in front of the east gate at nine. Is that OK? *Pat* : All right. Thank you, Risa. (1)の質問です。　What will they do first and second at the park next Saturday?　（ポーズ約3秒） (2)の質問です。　Which gate will they meet at next Saturday?　（ポーズ約3秒） (3)の質問です。　Which is true for [A] in the picture?　（約5秒おいて繰り返す。）（ポーズ約5秒）	（**2**番） 約**4**分
次は**3**番の問題です。あなたは，お気に入りの本について，アメリカからの留学生ジム(Jim)と対話をしています。その対話を聞いて，英語で書いたメモを完成させなさい。対話は2回言います。 では始めます。 *You* : Jim, can you tell me about your favorite book? *Jim* : Sure. The name of the book is *The Happiest Elephant*. A Japanese woman wrote it. It's a picture book for Japanese children, so it was easy for me to read it. *You* : I see. I want to hear about the story. *Jim* : OK. An elephant tries to work with people, but many problems are waiting for him. But he never stops working with people. Finally, he starts working with children. The children are happy because they can play with the elephant. I think it means that everyone is needed. *You* : Sounds interesting. I'll read it, too. Thank you, Jim. （約5秒おいて）繰り返します。（1回目のみ）　（ポーズ約5秒） これで聞き方の問題を終わります。では，ほかの問題を始めなさい。	（**3**番） 約**2**分

第193回 下野新聞模擬テスト

数学 【解説】

数学 〔解説〕

□1 **1** $8\times(-3)=-(8\times3)=-24$

2 $2a+\frac{1}{4}a=\frac{8}{4}a+\frac{1}{4}a=\frac{9}{4}a$

3 $(x+7)(x-7)=x^2-7^2=x^2-49$

4 2次方程式の解の公式 $x=\frac{-b\pm\sqrt{b^2-4ac}}{2a}$ に $a=1$，$b=5$，$c=1$ を代入して，

$x=\frac{-5\pm\sqrt{5^2-4\times1\times1}}{2\times1}=\frac{-5\pm\sqrt{25-4}}{2}=\frac{-5\pm\sqrt{21}}{2}$

5 $x=1$ のとき，$y=2\times1^2=2$　　$x=3$ のとき，$y=2\times3^2=18$
よって，y の増加量は $18-2=16$

6 $\frac{1}{3}\times\pi\times3^2\times5=15\pi\,(\mathrm{cm}^3)$

7 右の図より，平行線の錯角は等しいから，$\angle x=31°+48°=79°$

□1 **7**

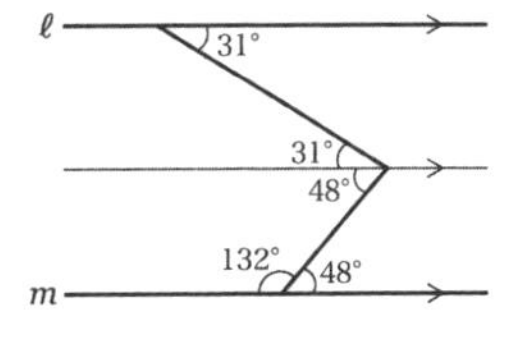

8 **エ**…正六角形の1つの外角は360°÷6＝60°だから，
1つの内角は180°－60°＝120°である。
(または，内角の和が180°×(6－2)＝720°だから，
1つの内角は720°÷6＝120°である。)

□2 **1** $\sqrt{56n}=\sqrt{2\times2\times2\times7\times n}=2\sqrt{2\times7\times n}$ より，$\sqrt{56n}$ が整数となるような最小の自然数 n は
$n=2\times7=14$ である。

2 道のりの和に関する式と，所要時間のちがいに関する式をつくる。なお，$(時間)=\frac{(道のり)}{(速さ)}$ である。

3 左辺が $(x-a)^2$ の形に変形できればよい。$(x-a)^2=x^2-2ax+a^2$　これが $x^2-16x+p$ に等しいから，
x の項の係数より，$-16=-2a$，$a=8$　　定数項より，$p=a^2=8^2=64$

□3 **1** 1枚目と2枚目の取り出し方は5×4＝20(通り)で，2枚とも偶数になるのは
(1枚目，2枚目)＝(□2，□4)，(□4，□2)の2通りだから，確率は $\frac{2}{20}=\frac{1}{10}$

2 「●●●ならば△△△」ということがらについて，「ならば」の前の部分「●●●」を仮定，「ならば」のあとの部分「△△△」を結論という。あることがらの仮定と結論を入れかえたものを，そのことがらの逆といい，正しいことがらの逆はいつでも正しいとはかぎらない。

3 (1) 最小値は39点，最大値は100点，第1四分位数は49点，第2四分位数(中央値)は69点，第3四分位数は87点である。

(2) 四分位範囲は第3四分位数と第1四分位数の差であるから，87－49＝38(点)である。なお，範囲(レンジ)は最大値と最小値の差であるから，100－39＝61(点)である。

□4 **1** 180°の回転移動を点対称移動といい，頂点Aに対応する頂点Pは直線AO上にあってAO＝OP，頂点Bに対応する頂点Qは直線BO上にあってBO＝OQ，頂点Cに対応する頂点Rは直線CO上にあってCO＝ORとなる。

【作図法】① 2点A，Oを通る直線AOをひく。
② コンパスでAO＝OPとなる点Pを定める。
③ 2点B，Oを通る直線BOをひく。
④ コンパスでBO＝OQとなる点Qを定める。
⑤ 2点C，Oを通る直線COをひく。
⑥ コンパスでCO＝ORとなる点Rを定める。
⑦ ②，④，⑥で定めた点P，Q，Rをそれぞれ結んで△PQRを作図する。

□4 **1**

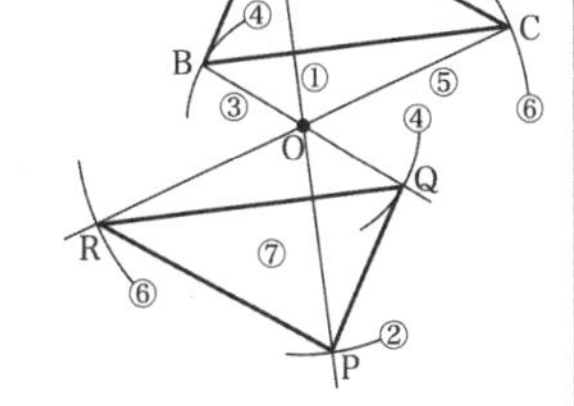

2 (1) 2つの底面積の和は $\frac{1}{2}\times10\times24\times2=240\,(\mathrm{cm}^2)$ で，側面積は $5\times(10+24+26)=300\,(\mathrm{cm}^2)$ だから，求める表面積は $240+300=540\,(\mathrm{cm}^2)$

(2) 6点A，B，D，E，P，Qを頂点とする立体を，右の図のように四角錐P－ARSDと三角柱BEQ－RSPに分けると，

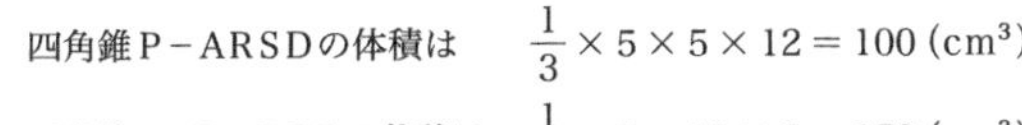

四角錐P－ARSDの体積は　$\frac{1}{3}\times5\times5\times12=100\,(\mathrm{cm}^3)$

三角柱BEQ－RSPの体積は　$\frac{1}{2}\times5\times12\times5=150\,(\mathrm{cm}^3)$

だから，求める体積は $100+150=250\,(\mathrm{cm}^3)$

□4 **2**(2)

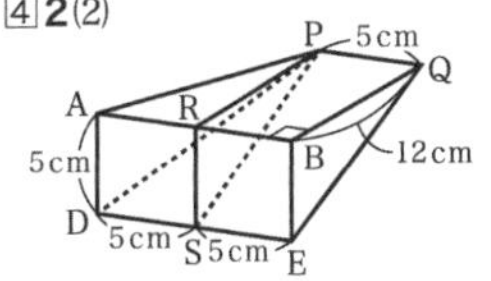

3 ∠BCD＝∠ECG＝90°であることより，∠BCE＝90°＋∠DCE＝∠DCGであることを導き，三角形の合同条件「2組の辺とその間の角がそれぞれ等しい」を利用する。

第193回 下野新聞模擬テスト

数 学 【解 説】

⑤ **1** (1) 点Aのx座標が-2であることから，$y=x^2$に$x=-2$を代入して，

$y=(-2)^2=4$

より，点Aの座標は$(-2,\ 4)$である。

線分ABはx軸に平行であることから，点Bは，y軸を対称の軸として点Aと線対称の位置にある。したがって，点Bの座標は$(2,\ 4)$である。

(2) xの変域が$-3\leqq x\leqq 1$で，その変域に$x=0$を含んでいるから，

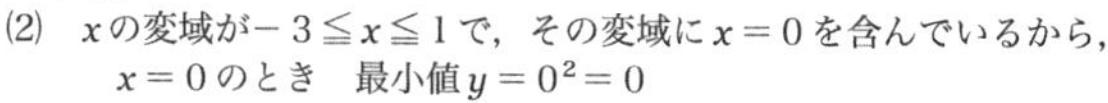

$x=0$のとき　最小値$y=0^2=0$

である。また，-3の方が1よりも絶対値が大きいから，

$x=-3$のとき　最大値$y=(-3)^2=9$

である。以上より，xの変域が$-3\leqq x\leqq 1$のときのyの変域は，

$0\leqq y\leqq 9$

⑤**1**(3)

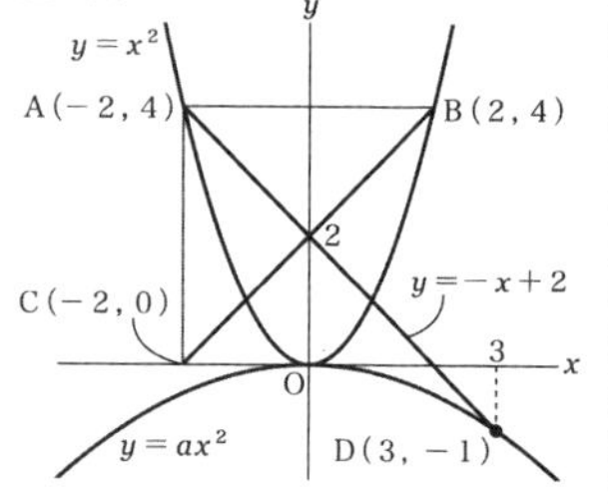

(3) 直線ADと直線BCとの交点はy軸上にあるから，直線BCの式の切片は，直線ADの式の切片と等しい。

2 (1) 姉は毎分60mの速さで歩き続けて午後5時28分にスタジアムに着いたことから，2人の家からスタジアムまでの道のりは，$60\times 28=1680$ (m)

(2) 妹がスマートフォンを忘れていることに気づいた地点は家から300m離れているから，この地点にいたのは，最初に家を出発してから$300\div 60=5$ (分後)である。また，9分後に家に着いているから，求める直線の式を$y=ax+b$と表し，$x=5$，$y=300$を代入して　$300=5a+b$　……①

$x=9$，$y=0$を代入して　$0=9a+b$　……②

①，②を連立方程式として解いて，$a=-75$，$b=675$　よって，$y=-75x+675$

(3) 妹は，午後5時11分に再び家を出発してからは毎分75mの速さで進んだことから，

$1680\div 75=22.4$ (分後) $=22$ (分) $+0.4\times 60$ (秒後) $=22$ (分) 24 (秒後)

の午後5時33分24秒にスタジアムに着いた。

⑤**2**(3)

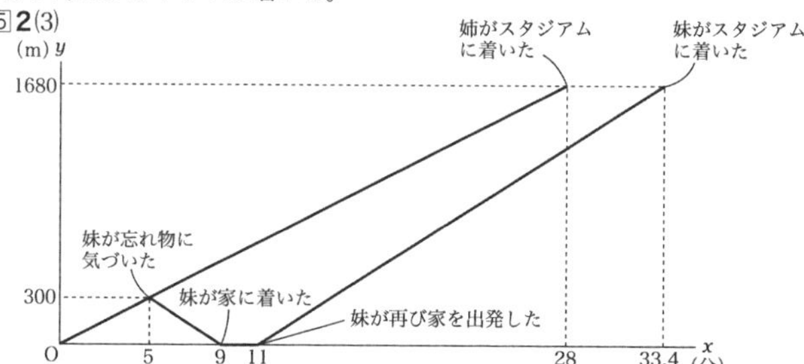

⑥ **1** Ⅰ 並んでいる白いタイルの枚数は，1番目の図形では$1\ (=1^2)$枚，2番目の図形では$4\ (=2^2)$枚，3番目の図形では$9\ (=3^2)$枚だから，n番目の図形ではn^2枚と表される。よって，4番目の図形では$4^2=16$ (枚)

Ⅱ 並んでいる黒いタイルの枚数は，1番目の図形では$8\ (=4\times 1+4)$枚，2番目の図形では$12\ (=4\times 2+4)$枚，3番目の図形では$16\ (=4\times 3+4)$枚だから，n番目の図形では$(4n+4)$枚と表される。よって，4番目の図形では$4\times 4+4=20$ (枚)

2 求める図形をx番目の図形とすると，白いタイルの枚数はx^2枚，黒いタイルの枚数は$(4x+4)$枚と表される。並んでいる白いタイルの枚数が黒いタイルの枚数より41枚多くなることから

$x^2=(4x+4)+41$

$x^2-4x-4-41=0$

$x^2-4x-45=0$

$(x+5)(x-9)=0$，$x=-5,\ 9$

xは自然数だから，$x=-5$は問題に適していない。$x=9$は問題に適している。

したがって，9番目の図形である。

3 並んでいる白いタイルのうち，▽の向きのものは，

2番目の図形……1枚

3番目の図形……$3=1+2$ (枚)

4番目の図形……$6=1+2+3$ (枚)

だから，200番目の図形では，$1+2+3+\cdots+199$ (枚)である。

ここで，$S=1+2+3+\cdots+199$とすると，

$$\begin{array}{rl} S= & 1+2+3+\cdots+199 \\ +)\ S= & 199+198+197+\cdots+1 \\ \hline 2S= & 200+200+200+\cdots+200 \\ 2S= & 200\times 199 \\ S= & 100\times 199=19900 \end{array}$$

したがって，19900枚である。

第193回 下野新聞模擬テスト

理科 【解説】

理科 〔解説〕

1 **1** 軟体動物の外とう膜は，筋組織を含む膜である。
2 原子核の中にある陽子は＋の電気をもっていて，原子核のまわりを回っている電子は－の電気をもっている。
3 初期微動が始まってから主要動が始まるまでの時間を初期微動継続時間という。
4 1h＝3600sなので，10m/s×3600＝36000m/h＝36km/hとなる。
5 図は雌花のりん片で，むき出しになっている胚珠は，受粉後に成長すると種子になる。
6 溶鉱炉では，鉄鉱石(酸化鉄)を還元して鉄をとり出している。このとき，コークス(炭素)は酸化されるので，二酸化炭素が発生する。
7 空気の重さによって生じる圧力を大気圧(気圧)といい，1気圧は約1013hPaである。
8 電磁誘導によって得られる電流を誘導電流という。

2 **1** 雌の生殖細胞を卵，雄の生殖細胞を精子といい，これらはそれぞれ，卵巣，精巣という器官でつくられる。また，動物の発生における胚とは，受精卵が分裂を始めてから自分でエサをとり始める前までの期間の子のことをいう。
2 胚は細胞分裂を繰り返し，B→D→A→Cの順に変化していく。
3 AよりもCの方が段階が後なので，細胞の数はCの方が多く，1個の細胞の大きさはAの方が大きい。

3 **1** 水の密度は$1.00\,g/cm^3$であり，これよりも密度が小さい物体は水に浮き，大きい物体は水に沈む。
2 密度は質量を体積で割ることで求められるので，物体Aの密度は$170.1\,g \div 21.6\,cm^3 = 7.875\,g/cm^3$，物体Bは$51.1\,g \div 18.9\,cm^3 = 2.703\cdots g/cm^3$，物体Cは$57.2\,g \div 6.4\,cm^3 = 8.937\cdots g/cm^3$，物体Dは$12.9\,g \div 14.2\,cm^3 = 0.908\cdots g/cm^3$である。
3 立方体Xの質量は$7.875\,g/cm^3 \times 1000\,cm^3 = 7875\,g$なので，圧力は$\frac{78.75\,N}{0.010\,m^2} = 7875\,Pa$である。

4 **1** 凝灰岩は，火山噴出物である火山灰や軽石などが堆積した後，押し固められてできた。
2 サンゴは，浅くてあたたかい，水の澄んだ海にしか生育できない。

5 **1** 花火が開くのと同時に音も光も出るが，音が空気中を伝わる速さが約340m/sであるのに対し，光が伝わる速さは約30万km/sであるため，音の方が遅れて届く。
2 音が伝わるのは，空気の振動があらゆる向きに波のように伝わっていく現象によるものであり，空気が移動して伝わっていくわけではない。
3 光は瞬間的に届くため，地点Aと花火が開いた場所との距離は340m/s×2.80s＝952mである。

6 **1** 植物は光合成を行うことで，生命活動に必要な養分(有機物)をつくり出している。
2 光合成を行うためには日光などの光が必要である。アルミニウムはくでおおった部分には日光が当たらないので，光合成を行うことができない。
3 デンプンによってヨウ素溶液が青紫色に染まる反応を，ヨウ素デンプン反応という。
4 光合成を行うためには光エネルギーが必要なので，アルミニウムはくでおおった部分では光合成は行われない。また，光合成は細胞内の葉緑体で行われているので，葉緑体がないふの部分では光合成が行われない。

7 **1** 水酸化ナトリウムのように，水溶液中で電離する物質を電解質という。
2 酸性の水溶液中に存在する水素イオンと，アルカリ性の水溶液中に存在する水酸化物イオンが結びつくと，水ができる。この反応を中和といい，$H^+ + OH^- \rightarrow H_2O$と表される。
3 水溶液Zを加える前は，水素イオンの個数は塩化物イオンの個数と等しい。水溶液Zを加えると，水素イオンは加えられた水酸化物イオンと結びついて水になってしまうので，30mLまでは減少し続け，その後は0のままである。
4 20mLの水溶液X，40mLの水溶液Y，30mLの水溶液Zの中に生じているイオンの個数は等しい。その個数をa個とすると，例えば120mLの水溶液Yと水溶液Zの中に存在するイオンの個数の比は，
$a \times \frac{120\,mL}{40\,mL} : a \times \frac{120\,mL}{30\,mL} = 3 : 4$となるので，120mLの水溶液Yと水溶液Zの中に溶けている溶質の比も3：4である。したがって，水溶液Yと水溶液Zの質量パーセント濃度の比も3：4である。

8 **1** 空気を冷やしていったとき，空気中に含まれる水蒸気が飽和する温度を露点といい，気温が露点を下回ると水蒸気が凝結して水滴が生じる。
2 露点が20℃なので，空気$1\,m^3$中には，20℃での飽和水蒸気量である，17.3gの水蒸気が含まれていた。
26℃の飽和水蒸気量は$24.4\,g/m^3$なので，湿度は$\frac{17.3\,g/m^3}{24.4\,g/m^3} \times 100 = 70.9\cdots$%である。
3 16℃での飽和水蒸気量は$13.6\,g/m^3$なので，空気$1\,m^3$につき17.3g－13.6g＝3.7gの水滴が生じる。
4 気温が下がるにつれて湿度が高くなっていき，露点である20℃まで下がったときに湿度が100%になる。露点以下の気温では，湿度は100%のままである。

9 **1** 物体の運動のようすは，運動の向きと速さによって決定する。
2 記録タイマーは1秒間に50打点するので，一つの打点間隔は1s÷50〔打点〕＝0.02sを表している。したがって，5打点を一つの区間として切りとった1本の紙テープは，0.02s×5〔打点〕＝0.1sを表している。
3 0.2秒間に1.3cm＋2.1cm＝3.4cm運動しているので，その平均の速さは3.4cm÷0.2s＝17cm/sである。
4 台車にはたらく重力の大きさは変化しないので，斜面上の台車にはたらく重力を斜面に平行な向きと垂直な向きに分解したときの分力の大きさについても，どちらも変化しない。

第194回 下野新聞模擬テスト
国語・社会・英語 【解 答】

国　語

1 1 (1) しゅしょう〔2点〕 (2) きょうじゅん〔2点〕 (3) はか（る）〔2点〕
(4) あお（ぐ）〔2点〕 (5) ちょうじ〔2点〕
2 (1) 増刷〔2点〕 (2) 閉（ざす）〔2点〕 (3) 早晩〔2点〕
(4) 拝（む）〔2点〕 (5) 穀倉〔2点〕
3 ア〔2点〕 4 ア〔2点〕 5 イ〔2点〕 6 エ〔2点〕 7 ウ〔2点〕
2 1 おもおえたれども（ひらがなのみ可）〔2点〕 2 イ〔2点〕 3 ア〔2点〕 4 ウ〔2点〕
5〔例〕月の光は同じはずなので、人の心も同じだ〔2点〕
3 1〔例〕小説は、直接、読者に作者の声を伝えるが、演劇は、原作者、演出家、演者、さらに観客の解釈を経て、伝えられる。〔4点〕
2 エ〔3点〕 3 エ〔3点〕
4 (I) 改変〔3点〕 (II)〔例〕作者は作品の成否を舞台を成立させる関係者に委ね、享受者には解釈の自由が大きく許されているということ。〔4点〕
5 イ〔3点〕
4 1 エ〔3点〕 2 イ〔3点〕 3 芽が潰されかねない〔3点〕 4 ア〔3点〕 5 イ〔4点〕
6〔例〕廉太郎が延との重奏に時を忘れる程夢中になり、手応えを感じていること。〔4点〕
5〔例〕(1)は(a)「明るみになる」と(b)「明るみに出る」がほぼ同じ割合で、(2)は(b)「寸暇を惜しんで」という本来の言い方よりも、(a)「寸暇を惜しまず」という言い方の方が高い割合になっている。これらのように、慣用表現の使い方は、表現によって紛らわしいものがあることがわかる。
　自分の場合、これらの表現は、ふだんの会話の中で聞いたとしても、聞き流してしまっているような気がする。自分はなるべく正しい表現を使うように心がけたいと思うが、多くの人の中で使い方が分かれる表現は、時代とともに変わっていくものではないかと思うので、今後どのような使われ方をしていくのか注目したいと思う。
〔20点〕

社　会

1 1 択捉(島)〔2点〕 2 ウ〔2点〕
3〔例〕標高が高い位置から短い距離を流れるため，川の流れが速い〔4点〕
4 抑制(栽培)〔2点〕 5 ア〔2点〕 6 エ〔2点〕 7 500(m)〔2点〕
2 1 (1) フィヨルド〔2点〕 (2) ア〔2点〕 (3) ウ〔2点〕 (4) 焼畑(農業)〔2点〕 2 エ〔2点〕
3〔例〕パイプラインで運ばれてきた原油や天然ガスをタンカーに積み込み，世界中に輸出するため。〔4点〕
3 1 渡来人〔2点〕 2 ア〔2点〕 3 徳政令〔2点〕 4 エ〔2点〕
5 安土〔2点〕 6 エ→ウ→ア→イ（完答）〔2点〕 7 イ〔2点〕
8〔例〕通商を求めてきたロシアを警戒したから。〔4点〕
4 1 リンカン(大統領)〔2点〕 2 自由民権運動〔2点〕 3 エ〔2点〕 4 エ〔2点〕
5〔例〕戦争に向けて，武器や兵器の生産が盛んになったから。〔4点〕 6 ウ〔2点〕
5 1 全会一致〔2点〕 2 ウ〔2点〕 3 集団的自衛権〔2点〕
4 男女共同参画社会基本法〔2点〕 5 (1) イ〔2点〕 (2) イ〔2点〕
6 1 ア〔2点〕 2 (1) 議院内閣制〔2点〕 (2) ウ〔2点〕 3 検察官〔2点〕
4 P：〔例〕地方税による収入が減少〔2点〕 Q：〔例〕住民の意見が反映されにくくなる〔2点〕
5 イ〔2点〕
7 1 (1) ア〔2点〕 (2) 勘合〔2点〕 2 地方分権〔2点〕
3〔例〕公共交通機関は二酸化炭素排出量が少なく，地球温暖化の防止につながるから。〔4点〕
4 イ〔2点〕

英　語

1 1 (1) ウ〔2点〕 (2) エ〔2点〕 (3) ア〔2点〕 (4) エ〔2点〕
2 (1) ウ〔3点〕 (2) イ〔3点〕 (3) イ〔3点〕
3 (1) popular〔3点〕 (2) holds[has]〔3点〕 (3) before〔3点〕
2 1 (1) エ〔2点〕 (2) ウ〔2点〕 (3) ア〔2点〕 (4) イ〔2点〕 (5) ア〔2点〕 (6) イ〔2点〕
2 (1) ウ→イ→ア→エ（完答）〔2点〕 (2) エ→ア→ウ→イ（完答）〔2点〕
(3) オ→ウ→イ→ア→エ（完答）〔2点〕
3 1 イ〔3点〕
2〔例〕一年生と二年生に，もっと頻繁に図書室を訪れてもらい，もっと多くの本を借りてもらいたいということ。
〔4点〕
3 (3)〔例〕borrow one[a] book〔3点〕 (4)〔例〕reads more books than〔3点〕
(5)〔例〕I don't (think I) need to read books(.)〔3点〕
4 エ〔3点〕 5〔例〕what book(s)〔3点〕
6〔例〕Books teach us a lot of things. For example, books often tell us important things to think about in our lives. Also, if we read a book, we can sometimes talk about the book with our friends. So, I think that reading books makes our lives better. We can also become smarter by reading many books.〔6点〕
4 1〔例〕(彼女が)カレンからの質問にうまく答えることができなかったから。〔2点〕 2 ア〔2点〕
3 ①〔例〕そこに住んでいる人たち〔2点〕 ②〔例〕(地元の)食べ物について学び，料理をする〔2点〕
4 to be a cooking teacher（完答）〔3点〕 5 エ〔3点〕
5 1 エ→ア→ウ→イ（完答）〔4点〕 2 イ〔3点〕
3〔例〕ひな鳥が自分の親鳥を呼ぶために特別な歌を歌うので，親鳥はその歌を聞いて，自分のひな鳥を見つける。
〔4点〕
4 ウ〔3点〕

第194回 下野新聞模擬テスト
数学・理科 【解 答】

数　　学

1　**1**　3〔2点〕　**2**　$3a^2b^3$〔2点〕　**3**　$x^2+10x+25$〔2点〕　**4**　$x=0,\ 9$〔2点〕
5　$y=-6$〔2点〕　**6**　$36\,\mathrm{cm}^3$〔2点〕　**7**　$x=\frac{5}{2}$〔2点〕　**8**　ウ〔2点〕

2　**1**　$\sqrt{19}-4$〔3点〕
2〔例〕イベントの参加者をx人とすると，余った25個のキャンディーについて，
$25-2x=-3$より，$x=14$
最初に参加者の14人にキャンディーを5個ずつ配ると25個余ったことから，ケースの中に入っていたキャンディーの個数は，$5\times14+25=95$(個)となり，問題に適している。　答え（ 95個 ）〔6点〕
3　pの値：$p=4$〔3点〕　qの値：$q=-8$〔3点〕

3　**1**　$\frac{3}{5}$〔3点〕　**2**　7個〔3点〕　**3**　(1)　Ⅰ　5〔2点〕　Ⅱ　12.5〔2点〕　(2)　0.725〔3点〕

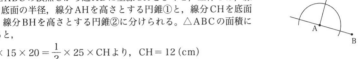

4　**1**　右の図〔4点〕
2　(1)　$1500\pi\,\mathrm{cm}^3$〔3点〕
(2)〔例〕△ABCの頂点Cから辺ABに垂線CHをひくと，立体Yは，線分CHを底面の半径，線分AHを高さとする円錐①と，線分CHを底面の半径，線分BHを高さとする円錐②に分けられる。△ABCの面積に着目すると，

$\frac{1}{2}\times15\times20=\frac{1}{2}\times25\times\mathrm{CH}$より，$\mathrm{CH}=12$ (cm)
よって，立体Yの表面積は，円錐①，②の側面積の和より，
$\pi\times12\times20+\pi\times12\times15=240\pi+180\pi=420\pi\ (\mathrm{cm}^2)$
答え（ $420\pi\,\mathrm{cm}^2$ ）〔6点〕

4 1

ℓ P A B

3（証明）〔例〕
△ABEと△DFAにおいて，
仮定より，∠ABE＝∠DFA＝90°　……①
AE＝DA　……②
AD//BCより，平行線の錯角は等しいから，∠AEB＝∠DAF　……③
①，②，③より，直角三角形の斜辺と1つの鋭角がそれぞれ等しいから，△ABE≡△DFA
合同な図形の対応する辺は等しいから，BE＝FA〔7点〕

5　**1**　(1)　mの値：$m=\frac{5}{2}$〔2点〕　nの値：$n=-2$〔2点〕　(2)　$p<-1$〔3点〕　(3)　$\left(-3,\ \frac{9}{2}\right)$〔4点〕
2　(1)　61 L〔2点〕
(2)〔例〕1回目について，排水を始めて5分後から10分後までのグラフの傾きは，$\frac{15-55}{10-5}=-8$であるから，xとyの関係の式は$y=-8x+b$と表される。グラフは点(10，15)を通るから，
$15=-8\times10+b$，$b=95$
したがって，求める式は$y=-8x+95$　答え（ $y=-8x+95$ ）〔6点〕
(3)　Ⅰ　5〔2点〕　Ⅱ　30〔2点〕

6　**1**　Ⅰ　C〔2点〕　Ⅱ　24〔2点〕　**2**　61〔4点〕　**3**　$n=56$〔5点〕

理　　科

1　**1**　ア〔2点〕　**2**　ア〔2点〕　**3**　ウ〔2点〕　**4**　イ〔2点〕　**5**　主要動〔2点〕
6　炭素（漢字のみ可）〔2点〕　**7**　栄養(生殖)〔2点〕　**8**　60(Hz)〔2点〕
2　**1**　クロウンモ〔3点〕　**2**　イ〔2点〕　**3**　①　深成岩〔2点〕　②　等粒状組織〔2点〕
3　**1**　ウ〔2点〕　**2**　①　上方置換法〔2点〕　②　小さい〔2点〕　**3**　エ〔2点〕
4　**1**　花粉管〔2点〕　**2**　①　精細胞　②　卵細胞（完答）〔3点〕　**3**　減数分裂〔3点〕
5　**1**　電力〔2点〕　**2**　1.5(A)〔3点〕　**3**　①　540〔2点〕　②　78〔2点〕
6　**1**　曲線：等圧線〔2点〕　間隔：イ〔2点〕　**2**　①　低気圧　②　17.2（完答）〔3点〕
3　右図〔3点〕　**4**　エ〔2点〕
7　**1**（例）電流を流さなくてもリトマス紙の色が変化すること。〔3点〕
2　①　水素〔2点〕　②　酸〔2点〕
3　ア〔2点〕　**4**　リトマス紙：$\mathrm{R_1}$〔2点〕　イオン：$\mathrm{OH^-}$〔2点〕
8　**1**　①　道管〔2点〕　②　気孔〔2点〕
2（例）枝の切り口に食用油がつかないようにするため。〔3点〕　**3**　ウ〔2点〕
4　表側：1.2(mL)〔2点〕　裏側：3.6(mL)〔2点〕
9　**1**　3(J)〔3点〕　**2**　①　1.2〔2点〕　②　3.6〔2点〕　**3**　ウ〔2点〕
4（例）一定のままであった。〔3点〕

6 3

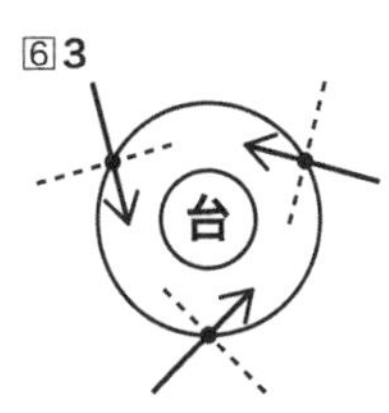

第194回 下野新聞模擬テスト

国語 【解説】

国語 〔解説〕

1 3 「心温まる物語が世界中で読まれる。」とア「抜かれる」が受け身、イ「話される」が尊敬、ウ「行かれる」が可能、エ「思い出される」が自発の意味。

4 「お…になる」は尊敬語、「お…する」は謙譲語の形。

5 「のびのびと健やかに」とイ「東京や大阪などの」は並立の関係。ア「白い飛行機雲が」、ウ「プールで泳ぐだろう」は修飾・被修飾の関係。エ「文化祭なので楽しみだ」は接続の関係。

6 エ「夕食」が「訓と音」、ア「絵巻」は「音と訓」、イ「系統」は「音と音」、ウ「姿見」は「訓と訓」。

7 「わが宿は…」は窓から差し込む月の光が四角である様子、「菜の花や…」は東の空に月が見え、西の空に夕日が沈む雄大な様子を詠んだ俳句。

2 1 助詞と語頭以外の「はひふへほ」は「わいうえお」に直す。「ほ」は「お」となる。

2 イは「かの国人」、他は「阿倍の仲麻呂」が主語である。

3 「飽かずやありけむ」は本来、「物足りなく思ったのであろうか」という意味であるが、ここでは、阿倍の仲麻呂などの国人が別れを惜しんでいる場面なので、「なごりがつきない」という意味である。

4 「まじく」は現代語の「まい」に当たり、打ち消しの推量の意味である。

5 本文の最後に「月の影は同じことなるべければ、人の心も同じことにやあらむ」とあることに着目し、「月の光は同じはずなので、人の心も同じだ」などのように空欄に当てはまるようにまとめる。

〈口語訳〉

昔、阿倍仲麻呂といった人は、中国に渡って、(日本に)帰って来ようとする時に、船に乗るべき所で、あちらの国の人が、送別の会をして、別れを惜しんで、あちらの漢詩を作ったりしていた。なごりがつきないように思ったのであろうか、月が出てくるまでそこにいた。その月は、海から昇ってきた。これを見て、仲麻呂は、わが国に、このような歌を、このように別れ惜しみ、喜んだり、悲しんだりする時にはよむと言って、よんだ和歌は、

青い海原のはるかに遠くを仰ぎ見ると春日にある三笠の山に出ていた月と同じ月だなあ

とよんだのだった。あちらの国の人は聞いても分からないだろうと、思われたが、和歌の意味を、日本の言葉を理解している人に、説明して伝えたところ、気持ちを理解することができたのだろうか、とても意外なことに、感心したということだった。中国と日本とは、言葉が異なるものだが、月の光は同じはずなので、人の心も同じことなのだろう。

3 1 傍線部(1)の次の段落の最後に、小説は「直接、作者の声を伝える」とあり、その後の三つの段落で演劇の伝達について、原作者、演出家、演者、観客の解釈が加わることを指摘している。

2 「無署名的である」とは、誰の作品であるかは重視されないという意味。傍線部(2)の次の段落に「演劇は作者の主観、思想、意図をそのまま伝える様式」ではなく、参加者、観客を含めたすべての人が「めいめいの意図、解釈を集約してつくり上げる芸術である」とある。よってエが適当。

3 空欄の前にさまざまな「解釈を集約してつくり上げる」とあるので、エ「複雑」が適当。二つ前の段落に「複雑な総合性」とあることにも着目する。

4 (I) 〈A〉の文章の最後から二つ目の段落に「多様な改変の要素をきらう」、その次の段落に「複雑な総合性のゆえに、芸術的価値を減ずる傾向にある」とあるので「改変」が適当である。

(II) 本文最後の段落に「こういう演劇様式の性格はもっとも原初的な形をとどめている」とあるので、その前の「演劇様式」についての内容と、「つまり、…」以降の享受者の「解釈の自由」についての内容をまとめる。

5 〈A〉では、演劇の本来的な性質から演劇の不振を招いているという現状を述べ、〈B〉では、演劇の本来的な性質を補足的に説明しなおすことによって、肯定的に述べている。よってイが適当である。アは「反対する立場」、ウは「結論を踏まえて」、エは「発展させる立場」がそれぞれ適当ではない。

4 1 「日本の西洋音楽を牽引するあの幸田延」に対して、軽々しく返事ができないという意味で、エ「軽々に」が適当。

2 自分の演奏を褒めてくれているらしいとは感じても、ピアノの演奏に対する評価として、なぜ「体を動かすのが上手い」という言葉が出てくるのかがわからなかったことが、そのあとの「まさか、こんなところで活きてくるとは思わなかった」という表現からわかる。延の褒め方が今まで経験したことがないものだったという意味なので、イが適当。

3 傍線部(2)の後の延の会話に「あの子に巻き込まれてしまっては、君の芽が潰されかねないと思って」とある。廉太郎がバイオリニストとしてやっていけるか不安を感じたのである。

4 延は西洋音楽への理解が薄い国に対して不満があり、「現状を打破するために」「有望な人材に活躍して」もらいたいと考えているが、容易ではないことを承知しているのである。イ〜エには、延の発言の内容に含まれる気持ちが含まれていないため、適当ではない。

5 突然重奏を提案された廉太郎は「面食らっ」たが、延は「肩をすくめ」て、西洋流の身振り手振りで、重奏をするように促している様子をとらえる。よってイが適当である。ウ「提案の理由が分からなかった」わけではない。

6 廉太郎は延との重奏が終わって外を眺めたときに初めて「上野の景色」が「夕暮れに染まってい」ることに気づいていることから、それ程、重奏に夢中になっていたことがわかる。また、「体中に心地いい疲労がのしかかっている」とあることから、充実した手応えを感じていることもわかる。それらの内容を字数に注意してまとめる。

5 ・形式 氏名や題名を書かず、二百四十字以上三百字以内で書いているか。二段落構成で、原稿用紙の正しい使い方ができているか。

・表現 文体が統一されているか、主述の関係や係り受けなどが適切か、副詞の呼応や語句の使い方が適切か、など。

・表記 誤字や脱字がないか。

・内容 第一段落では、【資料】から気づいたことについて具体的に書いているか。第二段落では、自分の体験を踏まえて、「言葉」を使用する際に心がけたいことについて具体的に書いているか。

といった項目に照らし、総合的に判断するものとする。

第194回 下野新聞模擬テスト
社 会 【解 説】

社 会 〔解説〕

□1 **1** 北方領土は，択捉島，国後島，色丹島，歯舞群島から構成されており，最も北に位置する島は択捉島である。

2 関東地方は，冬に北西の乾いた風が吹きつけるため，晴天の日が多くなる。**エ**のやませは，夏に東北地方の太平洋側で吹く，北東の冷たく湿った風である。

3 常願寺川は世界の主な川に比べ，標高が高い位置から，短い距離を流れている。そのため，川の流れが急である。

5 東京都は，印刷・同関連業の製造品の出荷額が多い。また，民営事業所数は日本で最も多い。

6 栃木県は，北関東工業地域の一部が広がっており，第二次産業の割合が多い。促成栽培が盛んな高知県は，第一次産業の割合が多くなる。

7 2万5千分の1の縮尺の地形図上の2cmは，2(cm)×25000＝50000(cm)＝500(m)となる。

□2 **1**(2) 気温の高さや降水量の多さから，熱帯の雨温図と判断する。アメリカ南東部のフロリダ半島には，熱帯の気候が広がっている。**イ**は乾燥帯，**エ**は温帯の都市である。**ウ**もフロリダ半島と同様に熱帯の都市であるが，南半球であるため，気温が下がる時期が6月～9月ごろとなる。

(3) ケニアは，かつてイギリスの植民地支配を受けた国で，当時茶のプランテーションが開かれた。**ア**はアルゼンチン，**イ**はポルトガルやブラジルなど，**エ**はインドやアメリカなどについて述べている。

2 アメリカでは，スペイン語を話す移民であるヒスパニックが増加している。とくにメキシコからの移民が多く，不法に入国させないため，アメリカは対策を行っている。

3 サウジアラビアをはじめとして，ペルシア湾の沿岸国は原油や天然ガスの輸出量が多い。産出された原油や天然ガスは，パイプラインで世界の各地やペルシア湾沿岸の港に運ばれる。港では，タンカーにそれらを積み込み，世界中に輸出される。

□3 **2** 寝殿造の様式の建物がつくられ始めたのは平安時代で，**ア**は10世紀初頭に成立した書物である。**イ**，**ウ**は鎌倉時代，**エ**は奈良時代の書物である。

3 下線部ⓑは元寇のことを示している。この頃，御家人の生活は苦しくなっており，中には土地を手放す者もいた。これらの御家人を救うため，永仁の徳政令が出された。徳政令とは，借金などを取り消しにする法律である。

4 **エ**は源頼朝が行ったことがらである。

6 **エ**は奈良時代，**ウ**は室町時代，**ア**，**イ**は江戸時代で，問屋制家内工業は18世紀ごろから，工場制手工業は19世紀ごろから発達した。

8 1792年にラクスマンが通商を求めて根室に来航した。これをきっかけに，幕府はロシアに近い蝦夷地(北海道)や樺太を警戒するようになり，間宮林蔵などの探検家に北方を調査させた。

□4 **2** 自由民権運動に対して，政府は集会を制限するなどして取り締まりを強化した。

3 帝国議会において，**Y**は国民の選挙を受けているため衆議院であることが分かる。そのため，**X**は貴族院である。**ア**は枢密院，**イ**は陸海軍，**ウ**は明治時代初期に設置されていた太政官について述べている。

4 (第一次)石油危機は，1973年におきた。

5 1932年の五・一五事件以降，政党政治が途絶え，軍部が勢いを増してきた。さらに日中戦争が始まり，これが長期化すると国家総動員法が制定された。そのため，武器や兵器を中心とした重化学工業の生産が大幅に増えた。

□5 **1** 提案**A**は，反対が1名で否決されているが，提案**B**は全員賛成で成立となっている。このことから，参加者全員の賛成が得られないと提案が成立しない，全会一致で採択されていると判断する。

5(1) 比例代表制は，各政党が得た得票数を，1，2，3…の整数で順に割り，得られた商の多い順に当選者を決めていくドント方式が採られている。**図2**では，a党が3名，b党が2名，c党が1名の当選者を出す。

(2) 小選挙区制では，一つの選挙区で1人の議員が当選する。そのため，議員1人当たりの有権者数の違いは，有権者が投じる一票の価値の違いになり，一票の価値に2倍以上の差がつくこともある。この状態に対し，最高裁判所が「違憲状態」と判決を下したこともある。

□6 **2**(2) 臨時会(臨時国会)は，内閣が必要と認めたとき，または，参議院，衆議院のいずれかの議院の総議員の4分の1以上の要求があった場合に召集される。

3 刑事裁判では，検察官が被疑者を裁判所に訴える(起訴)。その際，被疑者は被告人となる。

4 過疎化が進むと，地方税などによる収入が減り，財政が悪化する。地方公共団体の財政の健全化や仕事の効率化のため，平成時代には「平成の大合併」が行われた。この時，地方自治の対象となる範囲が大きくなりすぎると，住民の意見が反映されにくくなるとして，合併を拒否した地方公共団体もあった。

□7 **1**(2) 明は，北のモンゴル民族，南の倭寇の対応に苦しめられた。そのため，足利義満が貿易を求めた際には，倭寇の禁止を条件とし，貿易船には勘合を持たせる勘合貿易を行った。

3 **図3**から，自家用乗用車は，航空，バス，鉄道よりも二酸化炭素排出量が多いことが読み取れる。二酸化炭素は地球温暖化の大きな原因の一つとされており，これを減らすための取り組みが，世界中で行われている。

4 **ア**は対馬海流，**ウ**は黒潮(日本海流)，**エ**は親潮(千島海流)である。

第194回 下野新聞模擬テスト
英語 【解説】

英語〔解説〕

1 リスニング台本と解答を参照。

2 **1** (1) <who＋動詞〜>が，人を表す名詞を後ろから修飾している。who が主格の関係代名詞。「〜を訪れていた」という意味の was visiting が適切。

(2) 過去分詞の spoken が「話され(てい)る」という意味で，spoken in English が直前の speech を説明している。過去分詞の形容詞的用法。

(3) 音楽家が話すことをやめて，通訳者が翻訳したという流れなので，stop の過去形 stopped が適切。

(4) 生徒たちが驚いたのは，音楽家のやや長いスピーチを，通訳者がすぐに短い言葉で翻訳したからである。よって，選択肢の中で最も短い時間である half a minute「30 秒」が適切。

(5) 音楽家が，自分のやや長いスピーチをどのように短い日本語にしたのかと，通訳者に尋ねた場面。

(6) (4) の後の，通訳者が訳し終えた後の生徒たちの反応を示している Most of us 〜の部分を参照。

2 (1) <It is[It's]…＋for＋(人)＋to＋動詞の原形〜>「(人)にとって〜することは…である」。否定文は，is の後に not を置く。

(2) <Do I have to＋動詞の原形〜？>「(私が)〜しなければなりませんか」

(3) 主格の関係代名詞の which は，<which＋動詞〜>の形で，ものを表す名詞を後ろから修飾する。

3 **1** 本文訳参照。最初のさくらの発言を参照。

2 本文訳参照。直前のリー先生の発言を参照。

3 (3) **図2**の「本を借りる・・・1ポイント(1冊につき)」の部分を参照。この部分を英語にする。

(4) **図3**のグラフ全体を参照。小学生が中高生より多くの本を読んでいることを，比較級を用いて表現する。

(5) **図4**の「本を読む必要があると思わない」を参照。この部分を英語にする。

4 本文訳参照。<bring＋A＋to＋B>「BにAを連れて来る」

5 **図4**の「どんな本を読むべきか分からない」の部分を参照。「何を〜する(べき)か」は，<what to＋動詞の原形>で表すが，「どんな〜を」と言うときは，<what＋名詞＋to＋動詞の原形>の形になる。

6 本を読む利点について自分の考えを述べる。理由を述べるときは，because や so を用い，具体例を述べるときは，for example を用いるとよい。設問文に書かれている指示をよく読んで英文を作成すること。

4 **1** 本文訳参照。直後のミエコの発言を参照。この内容をまとめる。

2 本文訳参照。「樋口先生(Ms. Higuchi)は英語を少し話すことができる」→「彼女があなたを大いに助けることができると思う」という流れになると分かる。

3 本文訳参照。直前のカレンの発言を参照。この内容をまとめる。

4 第4段落の最終文を参照。ミエコの将来の夢について書かれている。

5 **ア**…第2段落の第1文を参照。カレンの滞在期間は，二週間なので，誤り。

イ…第3段落の第1文を参照。樋口先生がミエコの家に来たという記載はなく，ミエコが母親とカレンと共に樋口先生の料理教室に行っているので，誤り。

ウ…第4段落の半ばを参照。樋口先生は，日本食が世界中で人気が出ていることを知っていたと分かるので，誤り。

エ…最終段落を参照。同じ内容を読み取ることができるので，正しい。

5 **1** 本文訳参照。挿入する英文を並べかえる問題では，接続詞や代名詞に着目しながら，空所の前後との話のつながりを考えるとよい。

2 本文訳参照。inside を入れて，「群れの中はとても暖かい」という意味の文にすると前後の内容と合う。

3 本文訳参照。直後の内容を参照。これらの内容をまとめる。

4 **ア**…第1段落を参照。「ペンギンは海での暮らしのために完璧にできている」と書かれているので，誤り。

イ…第2段落を参照。「ネコやキツネは，可能なときにペンギンを食べる」と書かれており，クジラについても「空腹のときだけペンギンを食べる」とは書かれていないので，誤り。

ウ…第3段落の最終文を参照。同じ内容を読み取ることができるので，正しい。stay with their group friends for many years＝don't change the group to be with for a long time

エ…最終段落を参照。ほとんどのペンギンが二個の卵を産むが，多くの場合，育つ卵は一つだけであると書かれており，全ての卵が安全だとは書かれていないので，誤り。

第194回 下野新聞模擬テスト

英語 【解説】

〔本文訳〕

3 リー先生：私が図書室を訪れると，いつも多くの三年生を見かけます。彼らはそこで多くの本を借りていますね。
さくら：そうなんです，リー先生。図1を見てください。それは生徒が図書室から借りた本の数を示しています。4月は，三年生だけが200冊より多くの本を借りました。5月は，彼らが借りた本の数は変わりませんでした。そして二年生に借りられた本の数は下がりました。彼らは6月に120冊の本を借りました。
リー先生：なるほど。一年生と二年生が，もっと頻繁に図書室を訪れて，もっと多くの本を借りてくれることを願います。
さくら：私たちはそのことについてよく話し合って，ポイントシステムを思いつきました。
リー先生：ポイントシステム。それは何ですか。
さくら：生徒が図書室を訪れると，それぞれが1ポイントもらえます。それから，生徒が1冊の本を借りると，それぞれもう1ポイントもらえます。生徒が50ポイント集めると，どの生徒も特製の栞がもらえます。
リー先生：おもしろそうですね。あなたたちのアイデアが多くの生徒を図書室に連れて来ることを願います。最近，日本の多くの学生は本を読むのが好きではありません。
さくら：図3を見てください。そのグラフから何が言えますか。
リー先生：毎年，小学生の方が中高生よりも多くの本を読んでいますね。
さくら：その通りです。小学生は月に約10冊の本を読んでいますが，中学生は約4冊の本しか読んでいません。そして，高校生は1冊か2冊の本しか読んでいません。
リー先生：中高生は，月に数冊の本しか読まないのですね。それはどうしてでしょう。
さくら：図4を見てください。約60パーセントの生徒が，「本を読む必要があると思わない」と回答しました。50パーセントを超える生徒が，「勉強や部活動で本を読む時間がない」と回答しました。三番目の理由は，「どんな本を読むべきか分からない」です。私は多くの生徒が今よりもっと頻繁に本を読んでくれることを願います。この状況を改善するために，何かアイデアはありませんか。
リー先生：彼らが本を読む利点を知れば，本を読むようになるだろうと思います。
さくら：おっしゃる通りですね。私たちはそのことについて考えてみます。ありがとうございます，リー先生。

4 僕はサトルです。僕は料理が大好きです。僕の叔母のミエコは，外国から来た学生に，栃木の郷土料理の作り方を教えています。僕はよく叔母から料理を学びます。また，料理の後に，僕はよく叔母と話します。これは叔母から聞いた話のひとつです。
僕の叔母が中学生のとき，カナダから少女が叔母の家へ来て，二週間滞在しました。彼女の名前はカレンでした。彼女は日本の食べ物にとても興味がありました。カレンが叔母の家に初めて来たとき，彼女は多くの質問をしました。たとえば，「栃木では，どんな食べ物が人気ですか」「いただきますとはどんな意味ですか」といった質問です。叔母はそれらに答えようとしましたが，できませんでした。その夜，叔母が自分の部屋で，一人で座っていたとき，叔母のお母さんが来て，「あなたは悲しそうに見えるわよ。何があったの」と言いました。叔母は，「カレンが私に質問をしてくれたのに，私はうまく答えることができなかったの」と言いました。すると，叔母のお母さんは，「あなたが知っているように，私はときどき公民館の料理教室に行っているわ。私たちの講師の樋口先生は，私たちに栃木の郷土料理の作り方を教えてくれるの。彼女は少し英語を話すことができるわ。彼女はきっとあなたを大いに助けてくれると思う。カレンと一緒に参加したいかしら」と言いました。叔母はほほ笑んで，「もちろん」と言いました。
翌日，叔母は，お母さんとカレンと料理教室へ行きました。樋口先生が来て，彼女たちに，「私たちの郷土料理を作って楽しんでくださいね。私がそれらのうちのひとつの作り方を説明します。カレン，あなたはカナダのご家族やお友達に，それを紹介できますよ」と言いました。叔母とカレンは，一緒に料理を楽しみました。彼女たちが料理をしていたとき，みんなはとてもうれしそうに見えました。カレンが質問をしたときは，樋口先生がそれらすべてに答えました。料理教室の他の女性たちも，彼女たちを手伝いました。彼女たちは栃木に関する多くのことについて話しました。
掃除の後に，カレンは叔母に，「私はあなたと一緒にとてもいい時間を過ごしました。栃木の郷土料理について学べてとてもうれしいです」と言いました。それから，樋口先生が彼女たちに，「あなたたちは何を学びましたか」と尋ねました。カレンは，「郷土料理は，そこに住んでいる人たちにとって大切だということを学びました。私たちは，地元の食べ物を料理し，その食べ物を学ぶことによって，地元の歴史について学ぶこともできます」と答えました。樋口先生は，「はい，その通りです。あなたたちは今日，栃木についてたくさん学びましたね。日本食は，世界中で人気が出ています。それについてもっと学んでみてはどうですか」と言いました。カレンは，それを聞いてとてもうれしそうでした。カレンの言葉を聞いた後に，叔母は，「私は郷土料理について知っていると思っていたけど，そうじゃなかったわ。私もそれについてもっと学びたい。将来，私は樋口先生のような料理の先生になって，郷土料理の作り方を外国の学生に教えたい」と思いました。
僕の叔母は，僕にこの話をしてくれて，その料理教室で撮影された一枚の写真を僕に見せてくれました。叔母のとなりでひとりの女の子がほほ笑んでいました。「彼女の名前はカレンで，私の親友なの。彼女のおかげで，私は郷土料理の大切さに気付いたの。私は自分の夢も見つけたのよ」と叔母はうれしそうに言いました。

5 ペンギンは，その一生のほとんどを海の中で過ごすので，水の近くにいる必要がある。ペンギンの体は海での暮らしのために完璧にできている。速く泳ぐために，滑らかな体形をしている。強みはもう一つある。それは彼らの大きな黄色い足だ。彼らは速く走ったり，歩き回ったりできるのだ。
ペンギンは大量の魚を食べる。彼らはえさを捕まえるのに役立つくちばしを持っている。**エ** ［だから，水中で動いている魚を捕まえるのは彼らにとって困難なことではない。］ **ア** ［しかし，ペンギンの子どもにとって，自分でえさを捕るのはとても難しい。］ **ウ** ［彼らは親によってえさを与えられる。］ **イ** ［えさと一緒に，ペンギンの子どもは塩水も飲んでしまう。でも心配ない。］ ペンギンは海水から塩分をきれいにする(＝取り除く)ことができる。彼らは飲むための新鮮な(＝無塩の)水を得て，塩分を海に返すことができるのだ。ペンギンは食事中，気をつけなくてはならない。というのも，彼らをえさとして捕らえようとする動物もいるからだ。ペンギンは，ヒョウアザラシやクジラの大好物である。ウミワシのような鳥もペンギンを食べる。ネコやキツネでさえも，可能なときはペンギンを食べる。
陸上では，ほとんどのペンギンが数千羽，またはもっと多くの他のペンギンたちと大きな集団を作り，その中で暮らす。気温がとても低いなら，彼らは寄り集まる。保温するためにペンギンはいつも動いているので，群れの中はとても暖かい。ペンギンは巣まで行くのに集団で歩く。彼らは仲間を見つけるために，呼びかけたり，踊ったり，歌ったりする。大半のペンギンが自分の群れの仲間と何年も一緒に過ごす。
ほとんどのペンギンが二個の卵を産むが，多くの場合，育つ卵は一つだけである。彼らはすぐに両脚の間に卵をはさんで温める。ひな鳥が卵の外に出てくると，親鳥はひな鳥を保温しておこうとして，えさを運んで来る。待っている間，ワシやその他の動物たちが常にひな鳥を捕まえようと狙っている。また，親鳥は他の多くのひな鳥の中から自分のひな鳥を見つけなくてはならない。彼らはどのようにしてそれをするのだろうか。ひな鳥は自分の親を呼ぶために，特別な歌を歌うのだ。親鳥がその歌を聞いて，自分のひな鳥を見つけるのである。

第194回 下野新聞模擬テスト
英語 【解説】

英語問題 1 〔リスニング台本〕

<table>
<tr><th>台本</th><th>時間</th></tr>
<tr><td>
これから中学3年生　第194回　下野新聞模擬テスト　英語四角1番，聞き方のテストを行います。
なお，練習はありません。
（ポーズ約5秒）
これから聞き方の問題に入ります。問題用紙の四角で囲まれた1番を見なさい。問題は1番，2番，3番の三つあります。
最初は1番の問題です。問題は(1)から(4)まで四つあります。英語の対話とその内容についての質問を聞いて，答えとして最も適切なものをア，イ，ウ，エのうちから一つ選びなさい。対話と質問は2回ずつ言います。
では始めます。
(1)の問題です。　A：Mom, I'm going to go to the park to play tennis this morning.
B：OK, Eric. Can you go to the supermarket to buy some eggs after playing tennis? I want to make a cake.
A：Sure, Mom. I'll go there in the afternoon. Can I buy a notebook at the supermarket, too?
B：Yes, you can.
質問です。　Q：Where will Eric go in the afternoon?　（約5秒おいて繰り返す。）（ポーズ約5秒）

(2)の問題です。　A：What should we get Mom for her birthday?
B：She will be happy if we give her something to wear.
A：That's a good idea. Let's get her some new clothes.
B：Yes, let's.
質問です。　Q：What will they give to their mother?　（約5秒おいて繰り返す。）（ポーズ約5秒）

(3)の問題です。　A：Have you finished the English homework?
B：No, I haven't. I visited my grandparents' house yesterday. How about you?
A：I have already finished it. I can help you after school today.
B：Oh, really? Thank you very much.
質問です。　Q：What are they talking about?　（約5秒おいて繰り返す。）（ポーズ約5秒）

(4)の問題です。　A：I went to the summer festival yesterday evening.
B：How was it, Alice?
A：There were so many people, so I got very tired.
B：Oh, that's too bad.
質問です。　Q：Why did Alice get tired yesterday evening?　（約5秒おいて繰り返す。）（ポーズ約5秒）
</td><td>（1番）
約5分</td></tr>
<tr><td>
次は2番の問題です。英語の対話とその内容についての質問を聞いて，答えとして最も適切なものをア，イ，ウ，エのうちから一つ選びなさい。質問は(1)から(3)まで三つあります。対話と質問は2回ずつ言います。
では始めます。
Mike：I want to join this Summer Volunteer Program. Do you want to join it with me, Rina?
Rina：Yes, of course. Mike, look at this website. It says that we need to join a meeting.
Mike：Which day shall we go?
Rina：Let me see.... We need to choose one of the four days. Today is June 11th, Thursday. I want to go next week.
Mike：I'm sorry, but I can't go next Tuesday because I have something to do in the evening.
Rina：How about going on Saturday next week?
Mike：OK. Let's go on that day. Also, we need to choose the place for the meeting.
Rina：Volunteer Center is far from our houses. City Hall is near Kita Station, so it's better for us. We can walk there in ten minutes from the station.
Mike：Then, we should go to City Hall.
Rina：Right. In this program, there are four kinds of activities. Which activity do you want to do?
Mike：I want to clean the river. I sometimes enjoy fishing at the river, so I want to make it clean. How about you?
Rina：I like growing flowers in our garden. So, I want to plant flowers.
Mike：Good. Only five people can do it, so I hope you get chosen.
(1)の質問です。　Why does Mike want to make the river clean as a volunteer?　（ポーズ約3秒）
(2)の質問です。　Which day will they join the meeting?　（ポーズ約3秒）
(3)の質問です。　Which is true for [A] in the picture?　（約5秒おいて繰り返す。）（ポーズ約5秒）
</td><td>（2番）
約4分</td></tr>
<tr><td>
次は3番の問題です。あなたは，英語の授業で，ホワイト先生(Mr. White)のスピーチを聞いています。そのスピーチを聞いて，英語で書いたメモを完成させなさい。英文は2回言います。
では始めます。
I'll tell you about sports in my country. Among many kinds of sports, people in my country like soccer very much. A lot of people enjoy playing it or watching games on TV. People in my country like tennis, too. I like tennis the best. A famous tennis tournament is held in my town every year. People from other countries come to watch it. Some people like walking. My parents walk in the park before eating breakfast. On weekends they often go walking in the mountains. I also like walking with them. I feel good after walking. Sports are a lot of fun.
（約5秒おいて）繰り返します。(1回目のみ)　（ポーズ約5秒）
これで聞き方の問題を終わります。では，ほかの問題を始めなさい。
</td><td>（3番）
約2分</td></tr>
</table>

第194回 下野新聞模擬テスト

数　学　【解　説】

数　　学 〔解説〕

1 **1** $-1-(-4)=-1+4=+(4-1)=3$
2 $ab^2\times 3ab=a\times b\times b\times 3\times a\times b=3a^2b^3$
3 $(x+5)^2=x^2+2\times x\times 5+5^2=x^2+10x+25$
4 $x^2-9x=0$ の左辺を因数分解して，$x(x-9)=0$ より，$x=0$，9
5 $y=\dfrac{a}{x}$ と表し，$x=-3$，$y=8$ を代入して，$8=\dfrac{a}{-3}$ より，$a=-24$
$y=-\dfrac{24}{x}$ に $x=4$ を代入して，$y=-\dfrac{24}{4}=-6$
6 立体は右の図のような三角錐で，体積は，$\dfrac{1}{3}\times\dfrac{1}{2}\times 6\times 6\times 6=36\,(\text{cm}^3)$

1 **6**

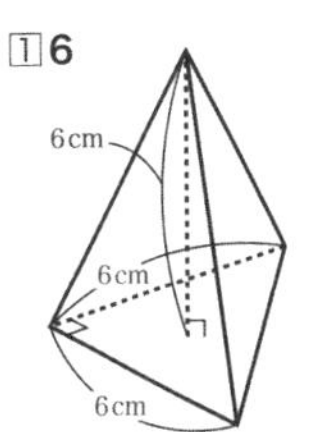

7 △ADE∽△ABCより，AE：AC＝DE：BCだから，$5:(x+5)=8:12$，$5:(x+5)=2:3$
これより，$2(x+5)=15$ を解くと，$x=\dfrac{5}{2}$
8 **ウ**…4個の頂点を通る3通りの平面で切断すると，切り口の四角形ABFD，ACFE，BCDEはいずれも合同な正方形になる。よって，3本の線分AF，BD，CEの長さはすべて等しい。

2 **1** $\sqrt{16}<\sqrt{19}<\sqrt{25}$ より，$4<\sqrt{19}<5$ だから，$\sqrt{19}=4.\cdots$　よって，$\sqrt{19}$ の整数部分は4である。したがって，$\sqrt{19}$ の小数部分は $\sqrt{19}-4$
2 余った25個と参加者の関係についての方程式をつくる。
3 $x^2+px-32=0$ に解の1つである $x=4$ を代入して，$16+4p-32=0$ より，$p=4$
$x^2+4x-32=0$ を解くと，$(x+8)(x-4)=0$ より，$x=-8$，4　したがって，$q=-8$

3 **1** $a>b$ となる a，b の組み合わせは，
$(a,\ b)=(2,\ 1)，(3,\ 1)，(4,\ 1)，(5,\ 1)，(3,\ 2)，(4,\ 2)，(5,\ 2)，(4,\ 3)，(5,\ 3)，(5,\ 4)$
の10通りである。また，$a-b$ の値が奇数になるのは，a，b のうちの一方が奇数でもう一方が偶数の場合となる。
$(a,\ b)=(2,\ 1)，(4,\ 1)，(3,\ 2)，(5,\ 2)，(4,\ 3)，(5,\ 4)$
の6通りである。したがって，求める確率は，$\dfrac{6}{10}=\dfrac{3}{5}$
2 数直線上で，ある数に対応する点と原点との距離を，その数の絶対値という。絶対値が4未満の整数は，右の図より，
$-3，-2，-1，0，+1，+2，+3$ の7個

3 **2**
−10　−4　0　+4　+10

3 (1) Ⅰ　階級は5分ごとに区切られている。
Ⅱ　度数が最も多い10分以上15分未満の階級の階級値を求めて，$(10+15)\div 2=12.5$（分）
(2) 0分以上5分未満，5分以上10分未満，10分以上15分未満，15分以上20分未満の階級の相対度数はそれぞれ
$2\div 40=0.050$，$8\div 40=0.200$，$10\div 40=0.250$，$9\div 40=0.225$
だから，15分以上20分未満の階級の累積相対度数は
$0.050+0.200+0.250+0.225=0.725$　または，$(2+8+10+9)\div 40=0.725$

4 **1** ∠BAP＝90°となるような点Pは，点Aを通って直線ABと垂直に交わる直線上にある。
【作図法】① 半直線BAをひく。
② 点Aを中心とする円をかく。
③ ②でかいた円と半直線BAの2つの交点を中心とする，等しい半径の円をかく。
④ ③でかいた2つの円どうしの交点と点Aを通る直線をひく。
⑤ ④でひいた直線と直線 ℓ との交点が，求める点Pである。

4 **1**
④　③　③　⑤P　ℓ　①　②　A　B

2 (1) 立体Xは，底面の半径が15 cm，高さが20 cmの円錐だから，その体積は $\dfrac{1}{3}\times\pi\times 15^2\times 20=1500\pi\,(\text{cm}^3)$
(2) △ABCの頂点Cから辺ABに垂線CHをひくと，立体Yは，右の図のように，線分CHを底面の半径，線分AHを高さとする円錐①と，線分CHを底面の半径，線分BHを高さとする円錐②に分けられる。

4 **2**(2)

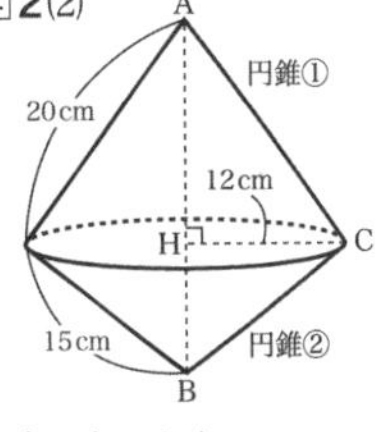

3 平行線の錯角は等しいから∠AEB＝∠DAFであることを導き，直角三角形の合同条件「斜辺と1つの鋭角がそれぞれ等しい」を利用する。

5 **1** (1) 2点A，Bの x 座標より，$x=1$，4をそれぞれ $y=\dfrac{1}{2}x^2$ に代入して，

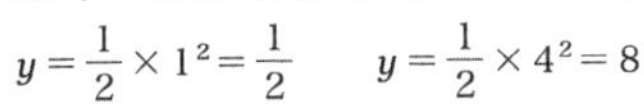

$y=\dfrac{1}{2}\times 1^2=\dfrac{1}{2}$　　$y=\dfrac{1}{2}\times 4^2=8$

よって，$A\left(1,\ \dfrac{1}{2}\right)$，$B(4,\ 8)$ であり，これらの点は関数 $y=mx+n$ のグラフ上にあるから，
$x=1$，$y=\dfrac{1}{2}$ と $x=4$，$y=8$ をそれぞれ $y=mx+n$ に代入して，
$\dfrac{1}{2}=m+n$ …①　　$8=4m+n$ …②　　①，②を連立方程式として解くと，$m=\dfrac{5}{2}$，$n=-2$
(2) 直線APの傾きは，$p=-1$ のときに0になり，$p<-1$ のときには負に，$-1<p<1$，$1<p$ のときには正になる。

第194回 下野新聞模擬テスト

数学 【解説】

発展的内容 $p=1$でないときの直線APの傾きは，$\dfrac{\frac{1}{2}\times 1^2-\frac{1}{2}\times p^2}{1-p}=\dfrac{(1+p)(1-p)}{2(1-p)}=\dfrac{1+p}{2}$

よって，$\dfrac{1+p}{2}<0$より，$p<-1$

(3) △OABと△OAQにおいて，共通な辺であるOAを底辺としたときの高さが等しくなればよい。よって，右の図のように，点Bを通って辺OAに平行な直線をひくと，この直線と関数$y=\dfrac{1}{2}x^2$のグラフとの交点が点Qであり，直線OAの傾きは$\dfrac{1}{2}$だから，点Bを通って辺OAに平行な直線の式を$y=\dfrac{1}{2}x+b$と表し，点Bの座標より$x=4$，$y=8$を代入して，

$8=\dfrac{1}{2}\times 4+b$ より，$b=6$　よって，$y=\dfrac{1}{2}x+6$

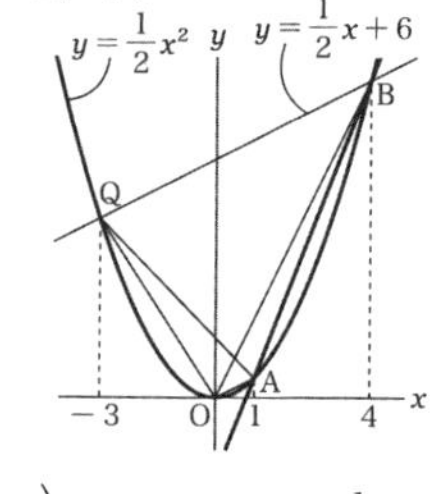

点Qは関数$y=\dfrac{1}{2}x^2$のグラフ上の点だから，$Q\left(t,\ \dfrac{1}{2}t^2\right)$と表すことができる。また，点Qは直線$y=\dfrac{1}{2}x+6$のグラフ上の点でもあるから，$Q\left(t,\ \dfrac{1}{2}t^2\right)$より$x=t$，$y=\dfrac{1}{2}t^2$を$y=\dfrac{1}{2}x+6$に代入して，$\dfrac{1}{2}t^2=\dfrac{1}{2}t+6$

これを2次方程式として解くと，$t^2-t-12=0$

$(t+3)(t-4)=0$より，$t=-3$，4

ただし，$t<0$だから，$t=-3$　　したがって，$Q\left(-3,\ \dfrac{9}{2}\right)$

(別解)　$y=\dfrac{1}{2}x^2$を$y=\dfrac{1}{2}x+6$に代入して，

$\dfrac{1}{2}x^2=\dfrac{1}{2}x+6$，$x^2-x-12=0$，$(x+3)(x-4)=0$，$x=-3$，$4$　$x<0$より$x=-3$

$y=\dfrac{1}{2}\times(-3)^2=\dfrac{9}{2}$　したがって，$Q\left(-3,\ \dfrac{9}{2}\right)$

2 (1) 最初は排水口Aのみを開いて排水するから，3分間に$3\times 3=9$(L)排水される。よって，

$70-9=61$(L)

(2) 2点(5，55)，(10，15)を通る直線の式を求める。求める式を$y=ax+b$と表して，この式に$x=5$，$y=55$と$x=10$，$y=15$をそれぞれ代入することで，a，bについての連立方程式を解いて求めてもよい。

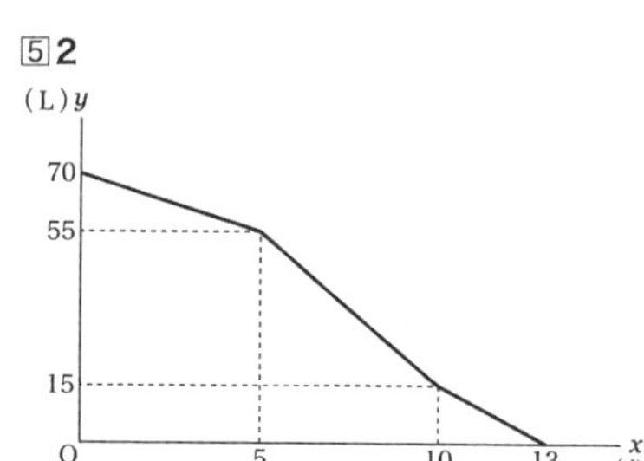

(3) 1回目に水そうが空になるのは，排水を始めてから

$10+15\div 5=13$(分後)

だから，2回目に水そうが空になるのは，排水を始めてから

$13-1.5=11.5$(分後)

排水口A，Bの両方を開いて排水した時間をt分間とすると，排水口Aのみを開いて排水した時間は

$11.5-4-t=7.5-t$(分間)

と表されるから，

$5\times 4+3\times(7.5-t)+(3+5)\times t=70$

$20+22.5-3t+8t=70$

$5t=27.5$より，$t=5.5$

この時間は5.5(分間)＝5(分)＋0.5×60(秒間)＝5(分)30(秒間)と表される。

6 **1** Ⅰ　C列には，3，6，9，12，……と3の倍数が順に書き入れられている。

Ⅱ　8行目のC列に書き入れられている自然数は，小さい方から8番目の3の倍数であり，

$3\times 8=24$

2 C列を基準にすると，G列に書き入れられている自然数はC列の自然数より4だけ大きくなっている。19行目のC列に書き入れられている自然数は

$3\times 19=57$

だから，19行目のG列に書き入れられている自然数は

$57+4=61$

3 それぞれの行に書き入れられている自然数の和は，

1行目　…　$1+2+3+4+5+6+7=28=7\times 4$
2行目　…　$4+5+6+7+8+9+10=49=7\times 7$
3行目　…　$7+8+9+10+11+12+13=70=7\times 10$
4行目　…　$10+11+12+13+14+15+16=91=7\times 13$

で，これらは中央のD列に書き入れられている自然数の7倍になっている。n行目のC列に書き入れられている自然数は$3n$と表されるから，n行目のD列に書き入れられている自然数は$3n+1$と表される。よって，

$7(3n+1)=1183$

$3n+1=169$

$3n=168$より，$n=56$

(別解) n行目のA列からG列までに書き入れられている自然数の和は

$(3n-2)+(3n-1)+3n+(3n+1)+(3n+2)+(3n+3)+(3n+4)=3n\times 7+7$

と表されるから，$3n\times 7+7=1183$，$n=56$

第194回 下野新聞模擬テスト

理　科　【解　説】

理　　科　〔解説〕

1
1　乱層雲は，穏やかな雨を広い範囲に長時間降らせることが多い。
2　物質が状態変化すると，その物質をつくる粒子の運動のようすや，粒子どうしの間隔が変化する。
3　カメは脊椎動物のは虫類で，カニ，クモ，アリは無脊椎動物の節足動物である。
4　光が異なる物質どうしの境界を斜めに進むときには，その境界で折れ曲がって進む。この現象を屈折という。
5　最初の小さなゆれである初期微動は，P波によって伝えられる。一方，後からの大きなゆれである主要動は，S波によって伝えられる。
6　二酸化炭素から酸素がうばわれて炭素ができる。
7　栄養生殖は無性生殖の一種なので，親とまったく同じ形質をもつ子が得られる。
8　1秒間に3600〔回〕÷60 s＝60〔回〕変化するので，その周波数は60 Hzである。

2
1　有色鉱物であるクロウンモは，黒色の六角形をしていて，うすくはがれる特徴がある。
2　下線部Ⓧはチョウ石，下線部Ⓨはセキエイという無色鉱物である。チョウ石は，花こう岩だけでなく，すべての火成岩に最も大きな割合で含まれている。
3　マグマが地下深くでゆっくりと冷え固まってできる火成岩は深成岩とよばれ，地表や地表付近で急速に冷え固まってできる火成岩は火山岩とよばれる。深成岩は等粒状組織を，火山岩は斑状組織をしている。

3
1　アンモニアは，塩化アンモニウムと水酸化バリウムをよく混ぜ合わせることによっても発生する。
2　アンモニアは水に非常によく溶け，空気よりも密度が小さい。したがって，上方置換法で集める。また，特有の刺激臭があり，水溶液（アンモニア水）はアルカリ性を示す。
3　1個のアンモニア分子はNH_3という化学式で表される。

4
1　被子植物では，受粉が行われると，花粉から花粉管が胚珠に向かってのびる。一方，裸子植物の場合は，風によって運ばれてきた花粉は，むき出しになっている胚珠に直接つく。
2　受精後に，子房は果実，胚珠は種子，卵細胞（受精卵）は胚へと成長していく。
3　生殖細胞がつくられるときには，染色体の数が半分になる減数分裂が行われる。

5
1　電力〔W〕は，電圧〔V〕と電流〔A〕の積で求める。
2　規格が「6 V－9 W」の電熱線に実際に6.0 Vの電圧を加えているので，9 W÷6.0 V＝1.5 Aの電流が流れていた。
3　電熱線から1分間あたりにつき発生した熱量は9 W×60 s＝540 Jである。また，水の上昇温度が1分間あたりにつき1.1℃なので，水が受けとった熱量は$4.2\,\mathrm{J}\times\frac{100\,\mathrm{g}}{1\,\mathrm{g}}\times\frac{1.1℃}{1℃}=462\,\mathrm{J}$である。したがって，540 J－462 J＝78 Jの熱量が水の温度を上昇させること以外に使われたことがわかる。

6
1　一般的な天気図においては，等圧線は1000 hPaを基準として4 hPaごとに引かれ，20 hPaごとに太線で引かれている。また，気圧を詳細に表すために，2 hPa間隔の点線を引く場合もある。
2　風の強さを表す風力階級においては，風速17.2 m/sは風力8に相当する。
3　台風は北半球における低気圧の一種であるため，中心付近の地表（海面）では，温帯低気圧と同じく，風は周囲から中心部に向かって反時計回りに吹き込んでいる。ただし，温帯低気圧とは異なり，台風の等圧線はほぼ同心円状になっていて，寒冷前線・温暖前線・閉塞前線などの前線はともなわない。
4　高気圧とは，中心に向かって周囲よりも気圧が高くなっているところをいい，その中心には下降気流が生じていて，中心付近の地表では，周囲に向かって右回り（時計回り）に風が吹き出している。

7
1　酸性やアルカリ性の水溶液をしみ込ませると，電圧を加えなくてもろ紙にのせたリトマス紙の色が変化してしまう。
2　硫酸の溶質は，水溶液中で$H_2SO_4 \rightarrow 2H^+ + SO_4^{2-}$のように電離している。このように，水に溶かすと水素イオンH^+が生じる硫酸や塩酸，炭酸水などをまとめて酸という。
3　pHの値は，中性の場合が7で，酸性の場合は7より小さな値を，アルカリ性の場合は7より大きな値を示す。
4　水酸化バリウム水溶液の溶質は，水溶液中で$Ba(OH)_2 \rightarrow Ba^{2+} + 2OH^-$のように電離している。電圧を加えると，アルカリ性の性質を示す陰イオンである水酸化物イオンOH^-は陽極側へ移動する。そのため，陽極側の赤色リトマス紙R_1が青色に変化する。

8
1　植物の根から吸い上げられた水が大気中に放出される現象を蒸散という。蒸散においては，水は水蒸気の状態で気孔から放出されている。
2　茎の切り口に食用油がつくと，道管をふさいでしまうことがあるので，正確な測定ができなくなる。
3　枝Aでの水の減少量50.0 mL－46.1 mL＝3.9 mLは葉の裏側と茎から，枝Bでの水の減少量50.0 mL－48.5 mL＝1.5 mLは葉の表側と茎から，枝Cでの水の減少量50.0 mL－44.9 mL＝5.1 mLは葉の表側と裏側と茎から放出された水の量である。したがって，枝BとCでの水の減少量の差は，葉の裏側から放出された水の量を表している。
4　葉の表側から放出された水の量は枝AとCでの水の減少量の差5.1 mL－3.9 mL＝1.2 mLとなり，葉の裏側から放出された水の量は枝BとCでの水の減少量の差5.1 mL－1.5 mL＝3.6 mLとなる。

9
1　質量600 gの物体を引き上げるのに必要な力の大きさは$1\,\mathrm{N}\times\frac{600\,\mathrm{g}}{100\,\mathrm{g}}=6\,\mathrm{N}$なので，50 cm（0.5 m）の高さに引き上げられる間にされた仕事は6 N×0.5 m＝3 Jである。
2　図2より，ばねののびが5 cmのときに物体が床から離れたので，ばねを1 cmのばすのに必要な力は$6\,\mathrm{N}\times\frac{1\,\mathrm{cm}}{5\,\mathrm{cm}}=1.2\,\mathrm{N}$である。また，ばねののびが2 cmになったとき，物体は上向きに$1.2\,\mathrm{N}\times\frac{2\,\mathrm{cm}}{1\,\mathrm{cm}}=2.4\,\mathrm{N}$の力で引かれている。よって，物体は床から6 N－2.4 N＝3.6 Nの垂直抗力を受けていた。
3　図2より，最初の10秒間でばねを5 cmのばしたので，モーターが糸を巻きとる速さは5 cm÷10 s＝0.5 cm/sである。よって，電流を流し始めてから物体が50 cmの高さに引き上げられるまでにかかった時間は，10 s＋50 cm÷0.5 cm/s＝110 sである。
4　床を離れた後の物体は真上の向きに等速直線運動をしているので，運動エネルギーの大きさは一定である。ただし，物体の高さはしだいに高くなっていくので，位置エネルギーの大きさは大きくなっていく。よって，運動エネルギーと位置エネルギーの和である力学的エネルギーの大きさは，しだいに大きくなっていく。

第195回 下野新聞模擬テスト

国語・社会・英語 【解答】

国語

1 1 (1) じゅんかん〔2点〕 (2) すきま〔2点〕 (3) た（えない）〔2点〕
(4) ぬぐ（う）〔2点〕 (5) しんちょく〔2点〕
2 (1) 至福〔2点〕 (2) 唱（える）〔2点〕 (3) 奮戦〔2点〕
(4) 燃（やす）〔2点〕 (5) 朗報〔2点〕
3 ア〔2点〕 4 エ〔2点〕 5 ウ〔2点〕 6 エ〔2点〕 7 イ〔2点〕

2 1 あたえずして（ひらがなのみ可）〔2点〕 2 ウ〔2点〕 3 イ〔2点〕 4 エ〔2点〕
5〔例〕利益をむさぼったりしない賢明な人〔2点〕

3 1〔例〕電子出版なら自分の硬い本も少しは売れて、出版社の顔も立ち、本のファンも増えるかもしれないから。〔4点〕
2 エ〔3点〕 3 ア〔3点〕
4 (I) 文化〔3点〕
(II)〔例〕紙の本として出版されることは、長く読まれる価値がある本だということになるから。〔4点〕
5 イ〔3点〕

4 1 変わらない味〔3点〕 2 ウ〔3点〕
3 樋口さんのは、きちんと出汁が取れてうまかった〔4点〕 4 ア〔3点〕
5〔例〕二年ぶりに菜っ葉だけの味噌汁を飲んで、奥さんの作った味噌汁やその時のことを懐かしく思い出したということ。〔4点〕
6 エ〔3点〕

5〔例〕【資料】からは、年齢が上になるほど「自分の考えをはっきり相手に伝えることができる」に「あてはまる・どちらかといえばあてはまる」と考える人が増えていますが、「いまの自分自身に満足している」人は年齢が上になるほど減っています。これには、年齢が上がると自分に対しても問題意識が高くなることが関連しているのだと思います。

「自分の考えを相手に伝えること」はとても大事なことで、私はまだ十分に伝えることができているとは思えません。問題意識を高めて自分の考えを明確にすることは、とても大切ですが、それとともに自分自身にも批判的になりすぎず、心のバランスがとれるようになれたらいいなと思います。〔20点〕

社会

1 1 (1) 奥羽(山脈)〔2点〕 (2) ア〔2点〕 (3) 酪農〔2点〕 (4) エ〔2点〕
(5) Y：〔例〕津波による被害を軽減する〔2点〕
Z：〔例〕低地を住めない区域にし，住居地を高台に集団移転〔2点〕
2 ウ〔2点〕 3 エ〔2点〕 4 ア〔2点〕

2 1 永久凍土〔2点〕 2 イ〔2点〕 3 エ〔2点〕
4〔例〕赤道周辺の標高が低い場所は暑いが，標高が高い場所は涼しいため。〔4点〕
5 ア〔2点〕 6 ウ〔2点〕 7 イ〔2点〕

3 1 桓武(天皇)〔2点〕 2 エ〔2点〕 3 イ〔2点〕 4 エ〔2点〕
5 (1) イ〔2点〕 (2) ウ→イ→ア→エ（完答）〔2点〕 6 井原西鶴〔2点〕
7〔例〕世直しを求めて一揆や打ちこわしなどをおこしたため，幕府の権威は低下〔4点〕

4 1 征韓論〔2点〕 2 エ〔2点〕 3 エ→イ→ウ→ア（完答）〔2点〕
4 (1) ヨーロッパの火薬庫〔2点〕
(2)〔例〕日英同盟を理由に第一次世界大戦に参戦し，ドイツが持つ山東省を占領〔4点〕
5 ウ〔2点〕 6 エ〔2点〕

5 1 差別〔2点〕 2 (1) 弾劾裁判〔2点〕 (2) イ〔2点〕
3 (1) ア〔2点〕 (2)〔例〕衆議院の議決が国会の議決〔4点〕 4 イ〔2点〕 5 エ〔2点〕

6 1 45,000（円）〔2点〕 2 ア〔2点〕 3 製造物責任法（PL法）〔2点〕
4 ウ〔2点〕 5 イ〔2点〕 6 ア〔2点〕
7〔例〕企業がお金を借りやすくするため，一般の銀行の国債を買う。〔4点〕

英語

1 1 (1) ウ〔2点〕 (2) エ〔2点〕 (3) ウ〔2点〕 (4) イ〔2点〕
2 (1) ア〔3点〕 (2) ア〔3点〕 (3) エ〔3点〕
3 (1) September〔3点〕 (2) four〔3点〕 (3) live〔3点〕

2 1 (1) ウ〔2点〕 (2) イ〔2点〕 (3) エ〔2点〕 (4) エ〔2点〕 (5) ア〔2点〕 (6) ウ〔2点〕
2 (1) ウ→ア→イ→エ（完答）〔2点〕 (2) エ→イ→ウ→ア（完答）〔2点〕
(3) イ→ア→オ→エ→ウ（完答）〔2点〕

3 1 ア〔3点〕
2 ①〔例〕健康のために運動をすることが大切〔3点〕 ②〔例〕十分な運動をしていない〔3点〕
3 (3)〔例〕there are not many good places to do exercise(.)〔3点〕
(4)〔例〕enjoy meeting each other〔3点〕
(5)〔例〕people to support our idea(.)〔3点〕
4 ウ〔3点〕
5〔例〕I think walking is good. Walking is not too hard for many people, so everyone can enjoy it. Soccer comes next. We know many popular soccer players. Also, we need only a soccer ball to play it. It's easy!〔6点〕

4 1 イ〔3点〕 2〔例〕私たちの牛乳を飲んでくれている多くの人たちを幸せにする〔4点〕
3 people working hard（完答）〔3点〕 4 twice[two times]〔2点〕 5 ウ〔3点〕

5 1 ウ〔3点〕 2 エ→イ→ウ→ア（完答）〔4点〕
3〔例〕（旅行で砂漠を訪れた）人々が，車で砂漠を走り回ること。〔4点〕 4 イ〔3点〕

第195回 下野新聞模擬テスト

数学・理科 【解　答】

数　　学

□1 **1**　-8〔2点〕　**2**　$3a^2b$〔2点〕　**3**　x^2+3x-4〔2点〕　**4**　$x=\pm 2\sqrt{2}$〔2点〕
5　$0\leqq y\leqq 12$〔2点〕　**6**　26倍〔2点〕　**7**　32度〔2点〕　**8**　**エ**〔2点〕

□2 **1**　54.77〔3点〕
2〔例〕線分APの長さを$x$cmとすると，PB＝PR＝$(15-x)$cmと表され，
QR＝AP＝DQ＝$x$cmと表される。
四角形PBTRは1辺が$(15-x)$cmの正方形で，四角形QDSRは1辺が$x$cmの正方形だから，
$(15-x)^2+x^2=137$
$225-30x+x^2+x^2=137$
$2x^2-30x+88=0$
$x^2-15x+44=0$
$(x-4)(x-11)=0$より，$x=4,\ 11$
ただし，$0<x<\frac{15}{2}$だから，$x=4$は問題に適している。
$x=11$は問題に適していない。　答え（　4cm　）〔7点〕
3　aの値：$a=3$〔3点〕　bの値：$b=-5$〔3点〕

□3 **1**　$\frac{2}{9}$〔3点〕　**2**　0.5g〔3点〕
3　(1)　ⅠとⅡ：Ⅰ　10　Ⅱ　11（順不同・完答）〔2点〕　Ⅲ　5〔2点〕　(2)　50分〔3点〕

□4 **1**　右の図〔4点〕
2　(1)　$\frac{6}{5}$cm〔2点〕　(2)　①　72〔2点〕　②　$4\sqrt{3}$〔2点〕
3（証明）〔例〕△BCDと△BAEにおいて，
弧BDに対する円周角は等しいから，
∠BCD＝∠BAE　……①

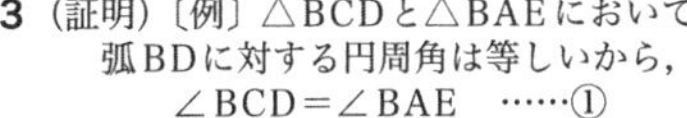

弧CDと弧ACの長さは等しく，等しい弧に対する円周角は等しいから，
∠CBD＝∠ABE　……②
①，②より，2組の角がそれぞれ等しいから，
△BCD∽△BAE〔6点〕

□4 1

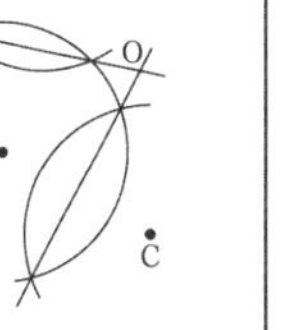

□5 **1**　(1)　aの値：$a=\frac{1}{2}$〔2点〕　bの値：$b=6$〔2点〕
(2)　Ⅰ（-2，2）〔3点〕　Ⅱ　$\frac{7}{8}x+\frac{15}{4}$〔3点〕　(3)　2〔3点〕
2　(1)　625m〔3点〕
(2)〔例〕弟がスタート地点から1325m歩くのにかかる時間は
$1325\div 60=\frac{265}{12}$分$=22\frac{1}{12}$分$=22$分$+\frac{1}{12}\times 60$秒$=22$分5秒
である。よって，午前9時よりも22分5秒前の
午前8時37分55秒にスタートした。　答え（　午前8時37分55秒　）〔4点〕
(3)　午前9時37分30秒〔5点〕

□6 **1**　①　9〔3点〕　②　10〔3点〕　**2**　(1)　n^2-2n+2〔4点〕　(2)　6119〔4点〕

理　　科

□1 **1**　**エ**〔2点〕　**2**　**ウ**〔2点〕　**3**　**エ**〔2点〕　**4**　**イ**〔2点〕　**5**　2.4（N）〔2点〕
6　風化〔2点〕　**7**　空気〔2点〕　**8**　消費者（漢字のみ可）〔2点〕

□2 **1**　①　オーム〔2点〕　②　反比例〔2点〕　**2**　5：3〔2点〕　**3**　1350（J）〔3点〕

□3 **1**　（例）煙の粒子を，水蒸気が凝結するときの核にするため。〔3点〕
2　①　引いた　②　低く（完答）〔3点〕　**3**　500（m）〔3点〕

□4 **1**　CO_2〔2点〕　**2**　（例）ガラス管の先を石灰水から出す。〔3点〕
3　①　塩化コバルト紙〔2点〕　②　水〔2点〕

□5 **1**　①　小さい　②　右心房（完答）〔3点〕　**2**　管X：輸尿管(尿管)〔2点〕　袋Y：ぼうこう〔2点〕
3　①　肝臓　②　尿素（完答）〔3点〕

□6 **1**　0.06（J）〔2点〕
2　①　運動〔2点〕
②　力学的エネルギーの保存（力学的エネルギー保存の法則）〔2点〕
3　右図〔3点〕　**4**　8（cm）〔3点〕

□7 **1**　（例）日の出の位置が真東よりも南寄りだから。〔3点〕
2　∠MOB（∠BOM）〔3点〕　**3**　①　西から東　②　自転（完答）〔3点〕
4　11（時）48（分）〔3点〕

□8 **1**　$ZnSO_4\rightarrow Zn^{2+}+SO_4{}^{2-}$〔3点〕　**2**　**エ**〔2点〕
3　①　亜鉛イオン〔2点〕　②　硫酸イオン〔2点〕　**4**　一次電池〔3点〕

□9 **1**　**ア**〔2点〕　**2**　①　呼吸　②　二酸化炭素（完答）〔3点〕
3　（例）オオカナダモが行ったはたらき。〔2点〕
4　はたらき：光合成〔2点〕　つくり：葉緑体〔2点〕

□6 3

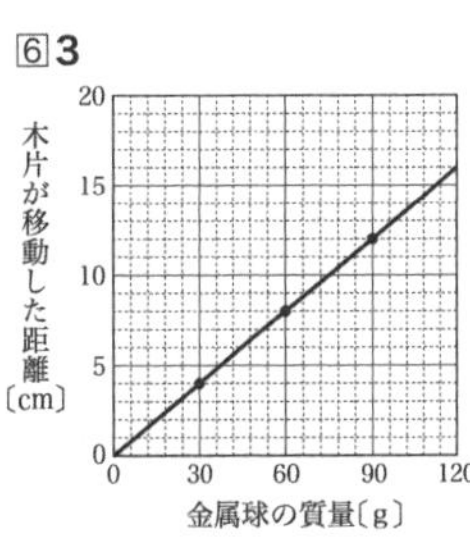

第195回 下野新聞模擬テスト

国　語　【解　説】

国　　語 〔解説〕

1　**3**　「明日も、雨は降らないと思う。」と**ア**「準備しない」は助動詞である。**イ**「きりがない」は形容詞、**ウ**「うれしくない」は補助形容詞、**エ**「あどけない」は形容詞の一部。

4　「いただく」は「もらう」の謙譲語。AのBへの敬意を表している。

5　「とりあえず」は副詞で〈さしあたって〉の意味。用言の**ウ**「施されて」を修飾している。

6　**エ**「一進一退」は進んだり退いたりするという意味で、空欄にあてはまる。**ア**は喜んだり心配したりすること、**イ**は一つ一つの動作や振る舞い、**ウ**は長所もあるが短所もあること。

7　「春の夜の…」は夢がはかなくとぎれる様子を、「夏草や…」は夏草が茂る光景に武士たちの戦いの跡を重ね合わせて表現している。

2　**1**　助詞と語頭以外の「はひふへほ」は「わいうえお」に直す。「へ」は「え」となる。

2　**ウ**のみ「子」、他はすべて「ある俗(＝かの俗)」が主語である。

3　「いふ所当たれり」は「言うことが当たっている」という意味であるが、直前に『共に賢人なり』とあるので、どちらも言うことが正しい(理にかなっている)という意味になる。

4　「ある俗、……世財を争はん」までが「大覚連和尚」の発言なので、「まのあたり見聞きし」たのは和尚であることをとらえる。また、「まのあたり」は直接、実際に、という意味。

5　「共に賢人なり」、「世俗塵労の俗士、なほ利養を貪らず」とあることに着目して、「利益をむさぼったりしない賢明な人」などのようにまとめる。

〈口語訳〉

中国の育王山の僧二人が布施を争って騒いでいたので、その寺の長老の大覚連和尚がこの僧二人を戒めて言うには、「ある世俗の人が、他人の銀を百両預かって置いていたところ、かの主が死んで後、その子にこれを与えた。子はこれを取らなかった。『親はすでに(私に)与えずに、あなたに寄付した。あなたのものである。』と言う。その世俗の人は、『私はただ預かっただけである。譲り得たわけではない。親の物は子の物となるべきだ。』と言って、また返した。互いに争って取らない、結局は公の役所に判断を仰ぐと、『共に賢人である』と。『どちらも言うことが理にかなっている。ぜひともお寺に寄付して、死者の菩提を助けなさい。』と判断した。この事は、直接見聞きしたことである。俗世間で生活する人が、やはり利益をむさぼらない。欲望や執着を断ち切って僧になり、修行する人が、どうして金銭や品物を争うのだろう」と言って、寺の決まりに従って(二人を)追放した。

3　**1**　傍線部(1)と同じ段落に「宇宙論の硬い本だから売れ行きが悪い」、「出版社の顔を少しは立てられるかもしれない」、「ファンが少しは増えるかもしれない」とあることを踏まえて、「電子出版なら自分の硬い本も、……本のファンも増えるかもしれないから。」といった内容でまとめる。

2　傍線部(2)と同じ段落に「ページを何度も行き来するうちに理解が深まり、いつ手にとっても新しい発見がある」、「科学の古典として自分と重ね合わせることができる」、「アナログ的に内容が頭の書庫に並べられる」とある。これらの点を踏まえた**エ**が適当。

3　筆者は自分の考えた「電子書籍」と「紙の本」の棲み分けは可能なように思ったが、空欄の後では可能というよりも、それしかない(＝必然である)と思い返しているという文脈をとらえる。

4　(I)　電子出版に対する筆者の考えとして、第一段落に「電子出版なんて文化を貶めるもの」、最後の段落に「それこそが省資源となり文化の継承を確実なものとする」とあることに着目する。

(II)　本文最後の段落に「始めは両方で出版し、生き残ったものだけが紙の本として継続されることになる」とあるので、「紙の本として出版されることは、長く読まれる価値がある本だということになるから。」といった内容でまとめる。

5　〈A〉では筆者の電子書籍に対する否定的な考えと「電子出版」を勧められて動揺したことが述べられ、〈B〉では電子書籍を認めた上で紙の本との棲み分けについて思考を広げて述べている。つまり、〈A〉を導入として〈B〉で考えをまとめているので**イ**が適当である。**ア**は「具体的な事例を更に発展させて」、**ウ**は「反対意見に対して」、**エ**は「問題点を絞り込んで」がそれぞれ適当ではない。

4　**1**　まりあが食べている「羽二重餅」は、岡本が持参した、味を改良中のものだが、本文後半の内容から、「変わらない味」の大切さに気づいたという文脈をとらえる。

2　傍線部(3)の後に、「羽二重餅と小松菜の味噌汁とがどうつながっていくのかわからないまま」とあるため、**ウ**が適当。

3　「杞憂」は(注2)にあるように「無用な心配」という意味。つまり、岡本がまりあの作った味噌汁を気に入っていることがわかる部分を探す。

4　岡本が「気づいたんだ。うまいもんを作るだけじゃだめなんだって」と言った後に、米田が「たしかにそうだな」と続けているが、まりあはまだ話の流れをつかめていないことを読み取る。

5　「二年ぶりに菜っ葉だけの味噌汁を飲んだ」、「それを食べれば、記憶の中の味が甦る。甦るのは味だけじゃない」とある部分を設問の内容に合うようにまとめる。

6　傍線部(6)の直前で岡本が「くたくたでよかった」と言っていることを踏まえて、「インスタントのダシ」にすれば、より奥さんの味噌汁に近づきますよ、と冗談のように言うことで笑いを誘っているという内容をとらえる。

5　・形式　氏名や題名を書かず、二百四十字以上三百字以内で書いているか。二段落構成で、原稿用紙の正しい使い方ができているか。

・表現　文体が統一されているか、主述の関係や係り受けなどが適切か、副詞の呼応や語句の使い方が適切か、など。

・表記　誤字や脱字がないか。

・内容　第一段落では、【資料】から気づいたことについて具体的に書いているか。第二段落では、自分の体験を踏まえて、「自分の考えを相手に伝えること」について、自分の意見や考えを具体的に書いているか。

といった項目に照らし、総合的に判断するものとする。

第195回 下野新聞模擬テスト
社 会 【解 説】

社 会 〔解説〕

1 1(2) 雨温図は，冬の降水量が多く，日本海側の気候の特色を示している。**イ**は一年間の気温差が大きく，比較的年降水量が少ない中央高地(内陸)の気候の都市，**ウ**は季節風が中国山地と四国山地にはばまれるため，年降水量が少ない瀬戸内の気候の都市，**エ**は気温が高く，熱帯の気候に近い南西諸島の気候の都市である。

(4) 静岡県は沿岸部に東海工業地域が広がっており，輸送用機械の製造額が多い。福岡県にも北九州工業地域(地帯)が位置しているが，東海工業地域の方が製造業が盛んである。また，福岡県は，九州地方の地方中枢都市である福岡市があるため，情報通信業が発達している。

(5) 石巻市を含む，東北地方の太平洋沿岸は，東日本大震災が発生したときに大きな津波の被害にあった。そのため，津波による被害を減らすためのまちづくりが行われている。

3 岡山県が位置する中国地方は，中央部に中国山地がのびており，これらの山間部に位置する市町村は，人口が減少している。

4 農業就業者を含む第一次産業では，担い手の高齢化や後継ぎがいないことが課題となっている。

2 **1** **X**の地点が位置するシベリアは，冷帯(亜寒帯)に属しており，この地域には，永久凍土が広がっている。

2 会話文から，けんさんがいる地点は「日本と時間・季節が逆であること」が分かる。このことから，**イ**の地点であると判断する。**ア**，**エ**は日本と季節が同じであり，**ウ**は日本と季節が逆だが，時差が1時間しかない。

4 赤道の近くの地域は，気温が高い。しかし，標高が高くなるほど気温が下がるため，赤道周辺の標高が高い場所は快適な気温となる。

6 マレーシアは，近年になって外国企業の進出により工業化が進み，機械類を多く輸出するようになった。それまでは，ゴムやあぶらやし(パーム油のもととなる木)のプランテーション農業が行われており，あぶらやしは，現在も盛んに栽培されている。

7 **ア**APEC(アジア太平洋経済協力会議)は，太平洋地域の国々が加盟している国際機関，**ウ**AUはアフリカ連合で，アフリカの国々が加盟している国際機関である。**エ**はイギリスについて述べている。

3 **1** 桓武天皇は，朝廷に反抗する蝦夷がいる東北地方に朝廷の勢力を広げるため，坂上田村麻呂を征夷大将軍に任命し，大軍を送った。また，この時期，平安京の造営にも力を入れていた。

3 元寇の1度目を文永の役，2度目を弘安の役という。元軍は，対馬や博多湾などに押し寄せた。

4 **ア**は関ヶ原の戦い，**イ**は応仁の乱，**ウ**は桶狭間の戦いについて述べている。

5(1) 京都所司代は，江戸幕府において朝廷や西国の大名を監視するために設置された。**ア**は鎌倉幕府における朝廷や西国の武士の監視機関，**ウ**は律令体制における太政官の長，**エ**は室町幕府における将軍の補佐役である。

(2) **ウ**は17世紀後半から18世紀初頭，**イ**は1742年，**ア**は1841年から1843年，**エ**は1860年のできごとである。

6 井原西鶴は元禄文化を代表する浮世草子の作者である。元禄文化が栄えた時期には，松尾芭蕉や近松門左衛門なども活躍している。

7 開国による混乱の中，民衆は一揆や打ちこわしを行い，さらに「ええじゃないか」という騒ぎもおこした。このように社会が混乱したため，幕府の権威はさらに低下した。

4 **2** 新聞紙条例が制定された1875年は，自由民権運動が盛んになっていた時期である。**図1**の「政府をたおし，国家をくつがえすような言論～禁獄1年から3年」などから，政府は自由民権運動をおさえようとしていたことが読み取れる。

3 井上馨による欧化政策の中で，**エ**鹿鳴館が1883年に建てられたがうまくいかず，1886年におきた**イ**ノルマントン号事件により領事裁判権の撤廃の声が，民衆からあがるようになった。そのため，1894年に**ウ**領事裁判権が撤廃され，1911年には**ア**関税自主権が完全に回復した。

4(2) 日本はロシアとの戦争に備えて，1902年に日英同盟を結んでいた。イギリスが第一次世界大戦に参戦しているため，日本は日英同盟を理由に参戦し，イギリスの敵国であったドイツが持っていた山東省を攻め，占領した。

5 **2**(1) 裁判官は，国会が行う弾劾裁判と心身の病気，最高裁判所の裁判官は国民審査以外の理由で辞めさせられることはない。これは，司法権の独立を確保するためである。

(2) 2009年に裁判員制度が始まった。これは，一般の国民が裁判員として重大な刑事裁判に参加し，裁判官とともに被告人が有罪か無罪か，有罪であればどのような刑罰を与えるかを決める制度である。裁判員が参加するのは，地方裁判所で行われる第一審のみである。

3(2) 条約の承認など，一定の事項については衆議院の優越が認められている。

4 衆議院議員の被選挙権を得るには，満25歳以上であることが条件である。

6 **1** **図1**中では，税金と社会保険料が非消費支出にあたる。

3 製造物責任法(PL法)は，欠陥商品で消費者が被害を受けたときの企業の責任について定めた法律である。

4 **ア**株式は証券取引所を通して売買される。**イ**企業の経営方針などは，株主総会で決められる。**エ**株式を求める人が増えると，一般的に株価は上がる。

5 **図3**は寡占状態の市場であり，このような市場では，企業同士が協力して価格を設定し，価格競争がおきにくくなる。

6 1ドルを手に入れるために，より多くの円が必要になっているということは，円の価値が下がっている(円安)ということである。そのため，外国からの輸入品の仕入れ価格が上がる。

7 **図5**から，対前年度比の経済成長率が下がっていることが分かる。この状況は，景気が悪くなっていると考えられるため，企業の収入が減り，経済活動が縮小しがちになる。このとき日本銀行は，一般の銀行の国債を買い，一般の銀行が持つお金の量を増やし，企業などへの貸し出しをしやすくする。

第195回 下野新聞模擬テスト

英語 【解説】

英　語 〔解説〕

1 リスニング台本と解答を参照。

2 **1** (1) <Have you ever been to ～?>「あなたは今までに～へ行ったことがありますか」

(2) surprise は，「～を驚かせる」という意味なので，「驚く」は，be surprised という受け身の形にする。

(3) 窓「からの」眺めという意味になるよう，from を選ぶ。

(4) 主格の関係代名詞を用いて，「すてきなドーナッツを売っている有名な店」という意味にする。先行詞が the famous shop という人間以外のものなので，which を選ぶ。

(5) nervous は，「緊張して」という意味。

(6) 「そのときに私たちは～と思いました」という意味になるよう，think の過去形である thought を選ぶ。

2 (1) <too … to＋動詞の原形>「…すぎて～できない」

(2) <would like＋to＋動詞の原形～>「～したい(のですが)」。<want＋to＋動詞の原形>「～したい」よりも丁寧な言い方。

(3) 疑問詞の how much が，I don't remember ～の文中に入り込む形の間接疑問文になっている。間接疑問文は，<疑問詞＋主語＋動詞～>の語順になることに注意する。

3 **1** 本文訳参照。下線部を含む文に続く一文を参照。運動不足だと感じている人は，「大いに当てはまる」「当てはまる」と回答したものと考える。

2 本文訳参照。下線部を含む文の直前の二文を参照。

3 (3) **図2**の「3位：運動をするためのよい場所があまりない」の部分を参照。この部分を英語にする。<There is[are] ～.>「～がある」の文や，不定詞の形容詞的用法を用いるとよい。

(4) **図3**の「人との交流」の部分を参照。この部分を英語にする。「人との交流」は，「お互いに会うこと」や「人と会って話すこと」などのように読みかえるとよい。

(5) **図4**の「人々に自分たちのアイデアを支援してくれるように頼む」の部分を参照。この部分を英語にする。<ask＋(人)＋to＋動詞の原形>「(人)に～するように頼む」。

4 本文訳参照。collect「～を集める」を入れると，前後の流れに合う。

5 誠とエマが話しているスポーツイベントを自分が開催するとしたら，どのような運動やスポーツを選ぶか答える。理由を述べるときは，because や so を用いるとよい。英作文は，設問文に書かれている指示をよく読んで解くこと。

4 **1** 本文訳参照。牛の乳しぼりは簡単そうに思えたが，やってみたら難しかったという流れになると分かる。

2 本文訳参照。直前の遙香の叔父の発言を参照。この内容をまとめる。

3 本文訳参照。下線部を含む文の直前の文を参照。「遙香の叔母や叔父のように，一生懸命に働いている人たちのおかげで，私たちは毎日何かを食べたり飲んだりすることができます」という意味の文になる。

4 第2～3段落を参照。遙香は2日目の午前と午後に，牛の乳を1回ずつしぼったと分かる。twice[two times]「2回」。

5 **ア**…第1段落の前半を参照。遙香は手伝うように言われたからではなく，自分が手伝いたいから叔母と叔父のところを訪ねたので，誤り。

イ…第1段落の後半を参照。新鮮な牛乳がおいしいことを知って驚いたのは遙香なので，誤り。

ウ…第4段落を参照。同じ内容(＝叔母が乳牛をよく観察する理由)を読み取ることができるので，正しい。

エ…最終段落を参照。遙香が牛乳を飲むときに思い浮かべるのは，彼女の叔母と叔父であり，叔母と叔父の(乳牛の)牛乳を必要としている人たちを思い浮かべるわけではないので，誤り。

5 **1** 本文訳参照。主語が「種」なので，stay を入れて，「種は地中にとどまり～」という意味にすると，前後の流れに合う。

2 本文訳参照。挿入する英文を並べかえる問題では，接続詞や代名詞に着目して考えるとよい。

3 本文訳参照。直前の内容を参照し，その内容をまとめる。

4 **ア**…第1段落を参照。「砂漠では，五年間も雨が降らないことがある」と書かれているが，ほぼ毎日雨が降る砂漠があるという内容は本文中に書かれていないので，誤り。

イ…第3段落の後半を参照。同じ内容(＝どこに雨が降るか知っている人たちのこと)を読み取ることができるので，正しい。

ウ…最終段落を参照。砂漠で食べ物を育てることができる可能性について言及されているので，誤り。

エ…本文全体を参照。砂漠に大量の雨が降ったときに，ほとんどの動物たちが砂漠から離れて行くという内容は本文中に書かれていないので，誤り。

第195回 下野新聞模擬テスト

英語 【解説】

〔本文訳〕

③ 誠：僕は昨日，市内に住んでいる人たちの運動習慣について調べたよ。図1を見て。僕たちの市の約80パーセントの人たちが十分な運動をしていないんだ。君はこのことについてどう思うかな。
エマ：彼らは健康のためにもっと運動をするべきだと思うわ。
誠：僕もそう思うよ。図3を見て。ほとんどの人たちが，健康のために運動をすることが大切だと理解しているんだ。でも実際は，図1が示すように，彼らは十分な運動をしていない。君はこのことについてはどう思うかな。
エマ：彼らの健康のために私たちができることを何か見つけるべきだと思うわ。
誠：君に同意するよ。図2を見て。多くの人たちが，運動をすることが楽しいと思っておらず，ひとりで運動をしたくないと思っている。それに，運動をするためのよい場所があまりないと思っている。僕たちはこの状況を何とかするべきだ。それで，みんなが運動を楽しめるようにね。この市に住んでいる人たちが参加できるスポーツイベントを開催するのはどうかな。
エマ：おもしろそうね。
誠：図3をもう一度見てよ。それは約50パーセントの人たちが，運動を通じて，お互いに交流を楽しみたいと思っていることも示しているんだ。だから，僕たちが楽しくてわくわくするスポーツイベントを開催すれば，多くの人たちがそれに参加してくれる。
エマ：なるほどね。もし私たちがそのようなイベントを開催したら，(地域の)人々は，そこで運動を楽しんだり新しい友達を作ったりする機会を得られるでしょうね。でも，私たちはどうしたらそんな大きなイベントを開催できるかしら。
誠：僕たちは何か大きなことをしなければならないね。例えば，僕たちは有名なスポーツ選手を招くことができる。彼らが運動や，みんなが楽しむことができるスポーツを教えてくれたら，多くの人たちがそのイベントにもっと興味を持つだろうね。彼らがそれに参加して，一緒に運動を楽しむと，彼らの中にはもっと運動をし始める人もいるかもしれないよ。
エマ：あなたの考えは理解できるけれど，そんな大きなイベント(の開催)には大金が必要になるでしょう。私たちはどうやってこのスポーツイベントのためにお金を集めることができるの。
誠：僕に良い考えがある。クラウドファンディングに挑戦してみるのはどうだろう。インターネットで，僕たちは人々に自分たちのアイデアを支援してくれるように頼むことができるんだ。もし彼らが僕たちに寄付してくれれば，有名なスポーツ選手を招待できる。
エマ：すごいわね。それは大変かもしれないけれど，挑戦してみるべきね。
誠：実は，クラウドファンディングのやり方について叔父さんから聞いたんだ。彼は昨年，自分のイベントのためにそれに挑戦したんだよ。彼ならきっと僕たちを助けてくれるよ。
エマ：それはよかったわ。私たちのイベントには，どんな運動やスポーツを選ぶべきかしら。
誠：それはとても重要な点だから，他のメンバーとそれについてもっと話し合おう。
エマ：ええ，そうしましょう。

④ 夏休みの間，私は叔母と叔父の家を訪れて，そこに三日間滞在しました。彼女たちはたくさんの乳牛を飼育しています。彼女たちの乳牛を世話することで彼女たちを助けたかったので，私は彼女たちを訪ねました。彼女たちの家に着いたとき，叔母が私に牛乳をくれました。その牛乳はおいしかったです。「私はこのようにおいしい牛乳を飲んだことがないわ。どうしてそんなにおいしいの」と叔母に尋ねました。彼女は，「それが新鮮な牛乳だからよ。私たちは牛の乳をちょうどしぼったところだったの」と答えました。私はそれを聞いて驚きました。彼女は私に，「明日私たちと牛の乳しぼりに挑戦してみたいかしら」と尋ねました。私は，「もちろん」と答えました。
翌朝，叔母と私が六時に牛舎に着いたとき，叔父はすでにそこにいました。彼は毎朝五時にその場所の掃除を始めます。彼は，「もし私たちが牛舎を掃除しないと，乳牛たちがストレスを感じて，牛乳を作らなくなってしまうんだ。それじゃあ，乳牛たちにご飯をあげようか」と言いました。乳牛たちは食事している間，とてもうれしそうでした。
その後，叔父が私に牛の乳しぼりのやり方を教えてくれて，「私たちは午前に一回，午後に一回，牛の乳をしぼるんだよ」と言いました。彼が牛の乳をしぼっている間，それは簡単そうに見えました。でも，それをやったとき，本当に難しかったのです。私が牛の乳をしぼっているとき，牛乳が生きている動物から作られているということを実感しました。午後に，私は叔母，叔父ともう一度，牛の乳しぼりに挑戦しました。
翌朝，私は叔母，叔父と牛舎を掃除しました。叔母は掃除している間，乳牛たちを注意深く見ていました。私は彼女に，「どうして乳牛たちをそんなに注意深く見ているの」と尋ねました。彼女は，「乳牛たちは，自分たちが必要なものを私たちに伝えることができないから，私たちが乳牛たちを注意深く見る必要があるのよ」と答えました。
夕方，叔父が私に，「乳牛たちを世話することについてどう思ったかな」と尋ねました。私は，「それをとても楽しんだけど，疲れちゃった。毎日乳牛のために早起きして働くことは大変でしょう」と言いました。彼は，「そうだね。でも私たちは乳牛たちが大好きで，おいしい牛乳を，毎日たくさんの人たちに飲んでほしいんだ」と言いました。また，叔父は私に一通の手紙を見せました。「おいしい牛乳をありがとうございます」と，その手紙に書かれていました。叔父は，「私たちの家の近くに住んでいる一人の男の子が，これを私たちにくれたんだよ。私たちの牛乳を飲む多くの人たちを幸せにするために，私たちは一生懸命に働いているんだよ」と言いました。叔母と叔父は本当にすごいなと思いました。
叔母と叔父は，乳牛たちが大好きで，朝から晩まで世話をしているから，多くの人たちが毎日牛乳を飲むことができます。お店で牛乳を買うことは簡単ですが，乳牛たちから牛乳を手に入れることはそれほど簡単ではないということを私は学びました。今では，私が牛乳を飲むときは，いつも叔母と叔父のことを考えます。また，お店で売られている食べ物を見るときは，私たちの食べ物を生産するために，一生懸命に働いている人たちについて考えます。私たちが毎日食べたり飲んだりするときは，これを思い出すべきです。

⑤ 砂漠とはどんな所か。あなたが思い浮かべるのは，水のない場所かもしれない。砂漠では，雨が十分に降らないと思っているかもしれない。ところが，どんな砂漠にも生命は存在するのである。そこでは，植物，動物が生息し，人間も生活している。いったいどうして，こんなことが起こるのか。砂漠では，五年間も雨が降らないことがある。そのうちある日，嵐がやってきて，大量の雨が降る。その後，砂漠は緑でおおわれる。数多くの種類の植物や小さな花々を目にすることができる。それらはすぐに成長する。一週間のうちに，種から花に成長して，(再び)種に戻る。それから，種はもう五年間，地中にとどまって雨を待つ。
砂漠の植物は，とても一生懸命に水を見つけようとする。根を地中深くに伸ばすものもあれば，茎から根をずっと遠くまで張るものもある。また，茎や葉に水をたくわえる植物もある。
砂漠の動物もまた，生きるために体の中に雨水を保つ。その中には水をたくわえ，7日間から9日間生きるものもいる。**エ** それらの動物は水の見つけ方も知っている。 **イ** 砂漠でそれらを所有している人間は，そのことを知っている。 **ウ** そして彼らは自分たちの動物を使うことで水たまりを見つけることができる。 **ア** このようにして人間は，ごくわずかの水で生きる術(すべ)を身に付けてきた。
砂漠に生きる人々の中には，どこで雨が降るのかを知っているように見える者もいる。彼らは急いでその場所へ行く。運がよければ，そこに雨が降る。
今日，旅行で砂漠を訪れた人々は，砂漠を車で走り回りたがる。しかしながら，これは，しばしばとても危険なことである。時によっては，水たまりが100マイルも離れて(点在して)いることがある。砂漠では，飲むための水がないと，人はおよそ14時間で死んでしまうかもしれないのだ。砂漠は，生きるには大変な場所である。植物にも，動物にも，人間にとっても，水は必須だ。
生きるために砂漠に水をもたらそうと，人間は努力を重ねてきた。例えば，近くの川からパイプで水を引き始めた人もいる。もしかすると，いつの日にか，砂漠に水を運ぶための新しいさらに良い方法が発見されるかもしれない。そうなれば，いつか人々は砂漠で十分な食料を育てられるようになるだろう。

第195回 下野新聞模擬テスト
英語 【解説】

英語問題 1 〔リスニング台本〕

<table>
<tr><th>台　本</th><th>時　間</th></tr>
<tr><td>これから中学3年生　第195回　下野新聞模擬テスト　英語四角1番，聞き方のテストを行います。
なお，練習はありません。
（ポーズ約5秒）
これから聞き方の問題に入ります。問題用紙の四角で囲まれた1番を見なさい。問題は1番，2番，3番の三つあります。
最初は1番の問題です。問題は(1)から(4)まで四つあります。英語の対話とその内容についての質問を聞いて，答えとして最も適切なものをア，イ，ウ，エのうちから一つ選びなさい。対話と質問は2回ずつ言います。
では始めます。
(1)の問題です。　A : Hi, Kenta. Do you know what I saw yesterday?
B : Umm..., I have no idea. What did you see, Emma?
A : I saw some fish-like things. They were flying above a house.
B : Oh, I see. May 5th is coming soon.
質問です。　Q : What did Emma see yesterday?　（約5秒おいて繰り返す。）（ポーズ約5秒）

(2)の問題です。　A : Look at this. English is the most popular in our class. Thirteen students like it the best.
B : That's good. Do you like English, too?
A : Yes, but I like math better than English.
B : Oh, do you? There are eight students who like math the best in our class.
質問です。　Q : Which graph shows their class?　（約5秒おいて繰り返す。）（ポーズ約5秒）

(3)の問題です。　A : What are you going to do this Sunday, Daisuke?
B : I'm going to watch a soccer game with my brother. How about you, Emily?
A : My sister is going to come to see me from America. We want to have dinner together Sunday evening.
B : Oh, that sounds nice.
質問です。　Q : What is Emily going to do Sunday evening?　（約5秒おいて繰り返す。）（ポーズ約5秒）

(4)の問題です。　A : Hello. This is Nami. Can I speak to Davis?
B : I'm sorry, he is out. He went to the library to do his homework.
A : Could you tell him to call me back? I want to borrow some books from him.
B : All right. I'll tell him.
質問です。　Q : Why did Nami call Davis?　（約5秒おいて繰り返す。）（ポーズ約5秒）</td><td>（1番）
約5分</td></tr>
<tr><td>次は2番の問題です。英語の対話とその内容についての質問を聞いて，答えとして最も適切なものをア，イ，ウ，エのうちから一つ選びなさい。質問は(1)から(3)まで三つあります。対話と質問は2回ずつ言います。
では始めます。
Aya : Jack, welcome to my house. Let's talk about the things you'll do during your stay. My family and I made plans for you. We'll have a welcome party at our school gym this evening. Many people will come to the party. Can you talk about yourself there?
Jack : Sure. I'll be nervous, but I'll do my best. I hope they'll be interested in my story.
Aya : I'm sure they will be interested. After the party, let's watch the stars in the sky at night. Is there anything you want to do tomorrow morning?
Jack : Well..., you're good at playing basketball, right? I'd like to play it with you.
Aya : I'm afraid it's going to rain then. How about visiting a museum? You can see many Japanese pictures there. We can play basketball on the morning of the third day.
Jack : All right. Oh, you have the autumn festival on the third day.
Aya : Right. Let's go to the festival together. On the last day, we want to go to the mountain in our city.
Jack : That sounds nice. You said the mountain is very beautiful.
Aya : Right. In the evening, my family and I are going to have a goodbye party for you. Let's go shopping before the party. You can ask my mother to buy anything you want to eat.
Jack : Oh, really? Then, I want to try sushi.
Aya : Good. I hope you will enjoy your stay!
(1)の質問です。　What does Aya want Jack to do at the welcome party?　（ポーズ約3秒）
(2)の質問です。　Which day will they watch the stars at night?　（ポーズ約3秒）
(3)の質問です。　Which is true for [A] and [B] in the picture?　（約5秒おいて繰り返す。）（ポーズ約5秒）</td><td>（2番）
約4分</td></tr>
<tr><td>次は3番の問題です。あなたは，英語で学級新聞を作るために，カナダから来た留学生のケイト（Kate）にインタビューをしています。そのインタビューを聞いて，英語で書いたメモを完成させなさい。対話は2回言います。
では始めます。
You : Can you tell me about your school life in Canada?
Kate : OK. In my country, the school year starts in September and ends in June. My school starts at nine o'clock. We have two classes in the morning. Then, after lunch, we have two classes in the afternoon. Every class is seventy-five minutes long. Students living far from school can take a school bus. Some of my friends take the bus every day, and it takes them more than thirty minutes to come to school. In winter, we have a lot of snow, but we often enjoy playing outside.
（約5秒おいて）繰り返します。（1回目のみ）　（ポーズ約5秒）
これで聞き方の問題を終わります。では，ほかの問題を始めなさい。</td><td>（3番）
約2分</td></tr>
</table>

第195回 下野新聞模擬テスト

数　学　【解　説】

数　学 〔解説〕

□1 **1**　$-6+(-2)=-6-2=-(6+2)=-8$

2　$6a^3b^2 \div 2ab=\dfrac{6a^3b^2}{2ab}=3a^2b$

3　$(x-1)(x+4)=x^2+(-1+4)x+(-1)\times 4=x^2+3x-4$

4　左辺の-8を移項して，$x^2=8$より，$x=\pm 2\sqrt{2}$

5　xの変域に$x=0$を含むから，yの最小値は0である。また，-2の方が1よりも絶対値が大きいから，yの最大値は$x=-2$のときの$y=3\times(-2)^2=12$となる。よって，$0 \leqq y \leqq 12$

6　切り離す前の立体と立体Aは相似な円錐で，その相似比は，

(切り離す前の立体)：(立体A)$=6:2=3:1$

切り離す前の立体の体積をV，立体Aの体積をV_A，立体Bの体積をV_Bとすると，相似な立体では，体積比は相似比の3乗に等しいから，

$V:V_A=3^3:1^3=27:1$

よって，$V_A:V_B=V_A:(V-V_A)=1:(27-1)=1:26$

したがって，立体Bの体積は立体Aの体積の$26\div 1=26$(倍)である。

7　△ABDの内角と外角の関係より，$\angle \mathrm{BAD}=95^\circ-42^\circ=53^\circ$

∠CADの大きさも53°であるから，△ACDの内角より，$\angle x=180^\circ-95^\circ-53^\circ=32^\circ$

8　**エ**…線分AB，ADを底辺と考えたとき，△AOBと△AODの高さが等しくなる場合(弧AB＝弧ADである場合)のみ**エ**が成り立つ。

□2 **1**　$\sqrt{3000}=\sqrt{30\times 100}=10\sqrt{30}=10\times 5.477=54.77$

2　四角形PBTRは1辺が$(15-x)$cmの正方形になり，四角形QDSRは1辺が$x$cmの正方形になることから，これらの正方形の面積の和についての2次方程式をつくる。また，AP＜BPより，$0<x<\dfrac{15}{2}$である。

3　$x=4$，$y=b$をそれぞれの式に代入して，$4a+b=7$　……①　$4-b=9$　……②

②より，$b=-5$　これを①に代入して，$4a-5=7$より，$a=3$

□3 **1**　Aを1つの頂点とする二等辺三角形は，△ABF，△ACE，△ABC，△AFEである。

△ABFができる場合は，(1回目，2回目)＝(1，1)，(5，5)の2通り

△ACEができる場合は，(1回目，2回目)＝(2，2)，(4，4)の2通り

△ABCができる場合は，(1回目，2回目)＝(1，4)，(2，5)の2通り

△AFEができる場合は，(1回目，2回目)＝(5，2)，(4，1)の2通り

だから，求める確率は，$\dfrac{2+2+2+2}{6\times 6}=\dfrac{2}{9}$

6，⑥ A　5，① F　1，⑤ B　2，④ C　E 4，②　D 3，③

2　測定値が3.27×10^2と表されているから，有効数字は3けたであることがわかる。

また，

$3.27\times 10^2=3.27\times 100=327$

だから，上から4桁目である小数第1位を四捨五入したことがわかる。

したがって，真の値の範囲は326.5以上327.5未満であり，誤差の絶対値は最大で$327-326.5=0.5$(g)

3　(1)　Ⅰ，Ⅱ　$20\div 2=10$より，中央値は10番目と11番目の値の平均値となる。

Ⅲ　10番目も11番目も80分以上100分未満の階級に含まれ，この階級の階級値は90分である。また，ヒストグラムから求められる平均値は

$(30\times 2+50\times 3+70\times 4+90\times 5+110\times 2+130\times 3+150\times 1)\div 20$

$=1700\div 20=85$(分)だから，$90-85=5$(分)異なっている。

(2)　データを小さい順に並べると，

30，30，50，50，50，70，70，70，70，90，

90，90，90，90，110，110，130，130，130，150

だから，第2四分位数は　$(90+90)\div 2=90$(分)

第1四分位数は　$(50+70)\div 2=60$(分)

第3四分位数は　$(110+110)\div 2=110$(分)

となり，四分位範囲は$110-60=50$(分)

□4 1

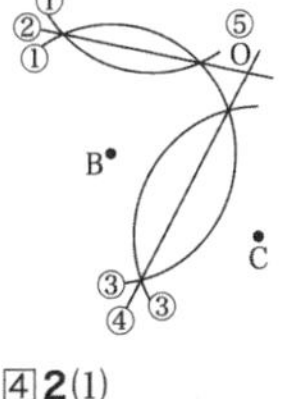

□4 **1**　3点A，B，Cは円周上にあるから，線分AB，BCは弦になる。円の中心Oは，弦の垂直二等分線上にあるから，弦AB，BCの垂直二等分線の交点を求めればよい。

【作図法】①　点A，Bを中心とする，等しい半径の円をかく。

②　①の円の2つの交点を通る直線をひく。

③　点B，Cを中心とする，等しい半径の円をかく。

④　③の円の2つの交点を通る直線をひく。

⑤　②，④でひいた直線どうしの交点が，求める円の中心Oである。

□4 2(1)

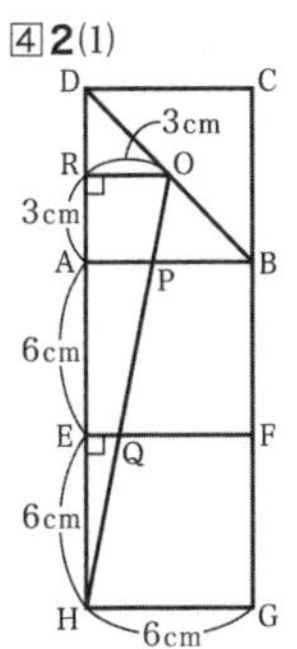

2　(1)　右の図のような，面ABCD，ABFE，EFGHのみの展開図において，点Oから辺ADに垂線ORをひくと，△ORHと△QEHは，

∠OHR＝∠QHE(共通の角)　　∠ORH＝∠QEH＝90°

だから，2組の角がそれぞれ等しいことより，△ORH∽△QEH

したがって，RO：EQ＝RH：EHが成り立つ。ここで，

$\mathrm{RO}=6\div 2=3$(cm)，$\mathrm{RH}=(6\div 2)+6+6=15$(cm)，EH＝6cm

だから，3：EQ＝15：6より，$\mathrm{EQ}=\dfrac{6}{5}$(cm)

第195回 下野新聞模擬テスト

数　学　【解　説】

(2) ① 三角錐BDEGは立方体ABCD－EFGHから4つの三角錐ABDE，CBDG，FBEG，HDEGを除いたものだから，その体積は$6^3-\frac{1}{3}\times\frac{1}{2}\times6\times6\times6\times4=72\,(\text{cm}^3)$

② △BDEは1辺が$6\sqrt{2}$ cmの正三角形だから，$\text{BM}=6\sqrt{2}\times\frac{\sqrt{3}}{2}=3\sqrt{6}\,(\text{cm})$

よって，$\triangle\text{BDE}=\frac{1}{2}\times6\sqrt{2}\times3\sqrt{6}=18\sqrt{3}\,(\text{cm}^2)$

線分GNの長さが最も短くなるとき，GN⊥BMだから，GNは面BDEを底面としたときの三角錐BDEGの高さになる。したがって，$\frac{1}{3}\times18\sqrt{3}\times\text{GN}=72$より，$\text{GN}=4\sqrt{3}\,(\text{cm})$

3 同じ弧に対する円周角は等しいことと，等しい長さの弧に対する円周角は等しいことより，三角形の相似条件「2組の角がそれぞれ等しい」を利用する。

5 **1** (1) 点A，Bは関数$y=\frac{1}{4}x^2$のグラフ上にある点だから，$x=-4$，6を$y=\frac{1}{4}x^2$にそれぞれ代入して，

$y=\frac{1}{4}\times(-4)^2=4$　$y=\frac{1}{4}\times6^2=9$

よって，A(－4，4)，B(6，9)である。点A，Bの座標より$y=ax+b$に$x=-4$，$y=4$と$x=6$，$y=9$をそれぞれ代入して，$4=-4a+b$，$9=6a+b$

これらを連立方程式として解いて，$a=\frac{1}{2}$，$b=6$

(2) Ⅰ 四角形ADOEは正方形で，正方形は特別な平行四辺形である。平行四辺形の面積を二等分する直線は，その平行四辺形の対角線の交点を通ればよい。平行四辺形の対角線はそれぞれの中点で交わるから，A(－4，4)，O(0，0)を両端とする線分AOの中点を求めると，$\frac{-4+0}{2}=-2$，$\frac{4+0}{2}=2$より，(－2，2)

Ⅱ 線分AOの中点とB(6，9)を通る直線の式を$y=mx+n$と表し，$x=-2$，$y=2$と$x=6$，$y=9$をそれぞれ代入して，$2=-2m+n$，$9=6m+n$

これらを連立方程式として解いて，$m=\frac{7}{8}$，$n=\frac{15}{4}$

したがって，求める直線の式は$y=\frac{7}{8}x+\frac{15}{4}$

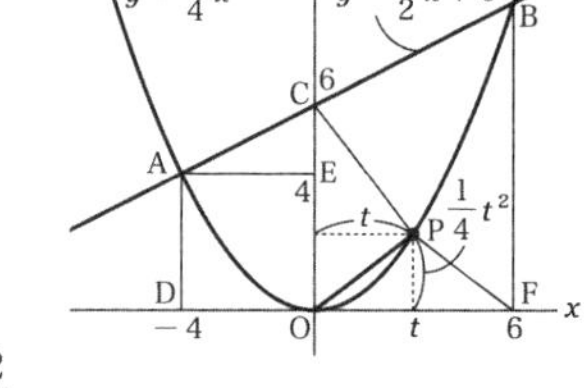

(3) 右の図のように，点Pのx座標をtとすると，y座標は$\frac{1}{4}t^2$と表される。△PCOは底辺が6，高さがtで，△PFOは底辺が6，高さが$\frac{1}{4}t^2$だから，$\frac{1}{2}\times6\times t+\frac{1}{2}\times6\times\frac{1}{4}t^2=9$

$t^2+4t-12=0$，$t=-6$，2　ただし，$0<t<6$だから，$t=2$

2 (1) 兄は10分だけ進んでいるから，130×10＝1300(m)の地点に，弟は1325＋60×10＝1925(m)の地点にいる。よって，1925－1300＝625(m)離れている。

(2) 午前9時には，弟はスタートしてから1325m進んでいる。8時59分60秒－22分5秒＝8時37分55秒

(3) 午前9時30分には，兄は2600m，弟は1325＋60×30＝3125(m)の地点に，午前9時40分には，兄は2600＋130×10＝3900(m)の地点に，弟は3125＋60×10＝3725(m)の地点にいるから，午前9時30分から午前9時40分までの間に2人が進んだ道のりが最初に等しくなることがわかる。この間の兄のグラフの式は$y=130x-1300$，弟のグラフの式は$y=60x+1325$であることから，これらを連立方程式として解いて，

$x=\frac{75}{2}$，$y=3575$　$\frac{75}{2}$分$=37\frac{1}{2}$分$=37$分$+\frac{1}{2}\times60$秒$=37$分30秒だから，午前9時37分30秒。

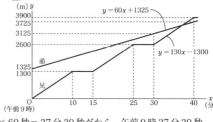

6 **1** ① 並べたボールの個数は，1列目…1個，2列目…3個，3列目…5個，4列目…7個だから，n列目…$(2n-1)$個と表される。よって，5列目では2×5－1＝9(個)

② 最大の数と最小の数の差は，1列目…0，2列目…2，3列目…4，4列目…6だから，n列目…$2(n-1)$と表される。よって，6列目では2×(6－1)＝10

2 (1) 右下の角に並んでいるボールに書かれている数は，その列の最小の数である。つまり，1つ前の列である$(n-1)$列目の最大の数に1を加えたものになる。ここで，最大の数は，1列目…1，2列目…4，3列目…9，4列目…16だから，$(n-1)$列目…$(n-1)^2$と表される。よって，n列目の右下の角に並んでいるボールに書かれている数は，$(n-1)^2+1=n^2-2n+2$

(2) (1)を利用して，$n^2-2n+2=197$，$(n+13)(n-15)=0$，$n=-13$，15　ただし，$n>0$だから，$n=15$　15列目の最大の数は$15^2=225$であり，並べたボールの個数は2×15－1＝29(個)である。ここで，最小の数と最大の数の平均値は$\frac{197+225}{2}=211$であり，15列目の29個の数の和は，211を29個加えた値と等しい。したがって，197＋198＋…＋211＋…＋224＋225＝211×29＝6119

なお，211は15列目の15番目に並ぶ数である。

第195回 下野新聞模擬テスト

理　科　【解　説】

理　　科　〔解説〕

1　**1**　放射線を出す物質を放射性物質といい，放射性物質が放射線を出す能力を放射能という。
2　太陽に近い順に，水星，金星，地球，火星，木星，土星，天王星，海王星の８個の惑星がある。
3　選択肢**エ**のアンモニアは分子からできているが，**ア**の塩化ナトリウム，**イ**の硫化銅，**ウ**の酸化銀は分子からできておらず，２種類の原子が切れ目なく規則的に並んでいる。
4　接眼レンズは筒が長い方が倍率が低く，対物レンズは筒が長い方が倍率が高い。
5　直方体の体積の半分で5.0N－3.7N＝1.3Nの浮力を受けているので，全体では1.3N×２＝2.6Nの浮力を受ける。したがって，ばねばかりは5.0N－2.6N＝2.4Nを示す。
6　岩石が雨水や流水のはたらきで削りとられることは侵食という。
7　Aで示したねじは空気調節ねじ，Aのすぐ下のねじはガス調節ねじである。
8　有機物に対する役割から，植物を生産者，動物を消費者，菌類・細菌類などの微生物を分解者という。

2　**1**　電熱線を流れる電流の大きさは，電熱線に加わる電圧の大きさに比例する。この関係をオームの法則といい，電圧が一定ならば，電熱線を流れる電流の大きさは，電熱線の抵抗の大きさに反比例する。
2　並列回路なので，どちらの電熱線にも９Vの電圧が加わり，電熱線Xを流れる電流は９V÷12Ω＝0.75A，電熱線Yを流れる電流は９V÷18Ω＝0.5Aになるので，I_1＝0.75A＋0.5A＝1.25A，I_2＝0.75Aである。よって，I_1：I_2＝1.25A：0.75A＝５：３と表される。
3　電熱線Yは９V×0.5A＝4.5Wの電力を消費するので，５分間では4.5W×300s＝1350Jの熱量を発生する。

3　**1**　線香の煙の粒子を核(凝結核)とすることで，水蒸気が水滴に変化しやすくなる。自然界では，空気中の細かいちりやほこりなどを凝結核としている。
2　ピストンを強く引くと，丸底フラスコの中の空気が膨張するため，気圧が下がって気温が下がる。気温が露点を下回ると，白いくもりが生じる。
3　気温が26℃で湿度が75％なので，空気1 m^3中に24.4g×0.75＝18.3gの水蒸気を含んでおり，露点は21℃である。よって，空気が$100\,m \times \frac{26℃-21℃}{1℃} = 500\,m$上昇したとき，雲ができ始める。

4　**1**　炭酸水素ナトリウムを加熱すると，$2NaHCO_3 \rightarrow Na_2CO_3 + CO_2 + H_2O$という化学反応式で表される熱分解が起こり，気体の二酸化炭素が発生する。
2　先にガスバーナーの火を消すと，試験管Aが冷えて内部の気圧が下がるため，石灰水が試験管A内に逆流して試験管Aが割れる恐れがある。
3　試験管Aの口付近の内側についていた液体は水である。

5　**1**　血管Pは静脈で，じん臓で不要物をこし出した直後の血液が流れている。
2　血液中からこし出された不要物は，尿として，輸尿管を通ってぼうこう内に一時ためられ，体外に排出される。
3　尿素などの不要物は，じん臓で血液中からこし出されて尿になる。

6　**1**　質量30g(重さ0.3N)の金属球の高さを20cm(0.2m)だけ高くしたので，その仕事の大きさは0.3N×0.2m＝0.06Jである。
2　物体がもつ位置エネルギーと運動エネルギーの和を力学的エネルギーといい，摩擦などがない場合，力学的エネルギーの大きさは一定に保たれる。
3　図３より，金属球を離した高さを20cmにした場合，質量30g，60g，90gのときに木片が移動した距離は，それぞれ4cm，8cm，12cmであったことがわかる。
4　木片が移動した距離は，金属球の質量と高さに比例している。質量30gの金属球を20cmの高さから離したときに木片が移動した距離は4cmであり，これに対して質量が$40\,g \div 30\,g = \frac{4}{3}$〔倍〕，高さが$30\,cm \div 20\,cm = \frac{3}{2}$〔倍〕になるので，$4\,cm \times \frac{4}{3} \times \frac{3}{2} = 8\,cm$になると考えられる。

7　**1**　春分の日(３月下旬)と秋分の日(９月下旬)は，日の出の位置が真東(点C)，日の入りの位置が真西(点D)になり，昼間と夜間の長さがほぼ同じになる。観察を行った日は，日の出の位置Pが真東よりも南寄り，日の入りの位置Qが真西よりも南寄りであり，昼間の長さの方が夜間の長さよりも短い冬の時期である。
2　太陽が真南の空にくることを南中といい，そのときの高度を南中高度という。
3　地球の自転の割合は，１時間に約15°である。
4　図２より，２時間(120分)の間隔が6.0cmなので，2.4cmは$120\,min \times \frac{2.4\,cm}{6.0\,cm} = 48\,min$に相当する。したがって，11時から48分後が南中時刻である。

8　**1**　硫酸亜鉛は$ZnSO_4 \rightarrow Zn^{2+} + SO_4{}^{2-}$のように，硫酸銅は$CuSO_4 \rightarrow Cu^{2+} + SO_4{}^{2-}$のように電離している。
2　水溶液中の銅イオンが銅板から電子を受けとって，銅原子になっている。
3　硫酸亜鉛水溶液側では陽イオン(亜鉛イオン)が増加し続け，硫酸銅水溶液側では陽イオン(銅イオン)が減少し続けるので，電池のはたらきが低下する。そのため，セロハンにあいている穴を通って，硫酸亜鉛水溶液側で増加している亜鉛イオンが硫酸銅水溶液へ移動していき，銅イオンの減少によって余った硫酸イオンが硫酸銅水溶液側から移動してくる。
4　一次電池に対して，鉛蓄電池やリチウムイオン電池のような，充電が可能な電池を二次電池という。

9　**1**　BTB溶液は，酸性で黄色，中性で緑色，アルカリ性で青色になる。アルカリ性のBTB溶液に息をふき込むと，液中に二酸化炭素が溶けるので，BTB溶液は中性を経て酸性になろうとする。
2　ペットボトルXのオオカナダモには日光が当たっていないので，呼吸のみを行い，二酸化炭素を放出した。
3　確かめたいこと以外の条件をすべて同じにして行う実験を対照実験という。ペットボトルXとYでは日光，YとZではオオカナダモという条件が異なっている。
4　光合成は，細胞内に見られる葉緑体という緑色のつくりの中で，無機物である水と二酸化炭素を材料として，有機物であるデンプンをつくり出すはたらきである。このとき，無機物である酸素もできる。

MEMO

2021・2022

[令和6年高校入試受験用]

解答・解説編

令和3年度

10月　3日実施　第186回
11月　7日実施　第187回
12月　5日実施　第188回
1月23日実施　第189回

第186回 下野新聞模擬テスト
国語・社会・英語 【解 答】

国 語

1 1 (1) かくう〔2点〕 (2) はんらん〔2点〕 (3) しいた（げる）〔2点〕
(4) しか（られる）〔2点〕 (5) たび〔2点〕
2 (1) 看護〔2点〕 (2) 勤（める）〔2点〕 (3) 酸味〔2点〕
(4) 誤（る）〔2点〕 (5) 痛快〔2点〕
3 (1) **イ**〔2点〕 (2) 顔洗ふ間をだに〔2点〕 (3) **ア**〔2点〕 (4) **ウ**〔2点〕 4 **ア**〔2点〕

2 1 おりける（ひらがなのみ可）〔2点〕 2 **イ**〔2点〕 3 **ウ**〔2点〕
4〔例〕自分たちの漢詩をまちがっていると言う尼を面白いと思ったから。〔2点〕 5 **ア**〔2点〕

3 1 **エ**〔3点〕
2〔例〕実験の技術開発によって仮説が実証され、新たな知見が得られたり、新現象が発見されたりするものだから。〔4点〕
3 **ウ**〔3点〕 4 科学であろ〔3点〕 5 **ア**〔3点〕 6 **ウ**〔4点〕

4 1 **イ**〔3点〕 2 **イ**〔3点〕 3 **ア**〔3点〕 4 **ア**〔3点〕
5〔例〕絵から木が好きだというつぶやきや思いを聞き取り、あったかい絵だと言ってくれてうれしく思う気持ち。〔4点〕
6 **ウ**〔4点〕

5〔例〕メールは書き直しが簡単で、送ったり受け取ったりするのも手間がかからずとても便利です。手書きの手紙は、筆跡からその人自身が感じられるところが長所だと思います。また、同じ人の筆跡でもその時どきの違いによって、その人の気持ちが表れているように感じられるところがとても優れていると思います。
　メールは手書きの手紙にくらべて、手軽に使えるので、ふだんはメールで済ませることがほとんどですが、少し改まった気持ちになりたいときや、大事なことを伝えたいときは手紙を手書きしてみようと思います。いきなり書くのは大変なので、ふだんから手書きでメモをとる習慣もつけたいと考えています。〔20点〕

社 会

1 1 (1) **B**〔2点〕 (2) **イ**〔2点〕 (3) 内陸国〔2点〕 2 (1) **イ**〔2点〕 (2) 季節風〔2点〕
3〔例〕医療の発達により死亡率が下がった〔4点〕 4 **ア**，**エ**（順不同・完答）〔2点〕

2 1 **イ**〔2点〕 2 プランテーション（カタカナのみ可）〔2点〕 3 **エ**〔2点〕
4 メキシコ：**A** アメリカ：**C**（完答）〔2点〕 5 **ア**〔2点〕
6〔例〕人口に対する穀物生産量の割合が低いから。〔4点〕

3 1 (1) 知床（半島）〔2点〕
(2)〔例〕主業農家の割合が高く，農業従事者一人当たりの耕地面積が広い。〔4点〕
2 **ウ**〔2点〕 3 中京（工業地帯）〔2点〕 4 **エ**〔2点〕 5 七夕（まつり）〔2点〕
6 東（アジア）〔2点〕 7 **イ**〔2点〕

4 1 調〔2点〕 2 **エ**〔2点〕 3 下剋上〔2点〕 4 **ウ**〔2点〕
5〔例〕武士の慣習を無視し，貴族を重視する政治だったから。〔4点〕
6 (**A**)→**D**→**B**→**E**→**C**（完答）〔2点〕

5 1 外様（大名）〔2点〕 2 **ア**〔2点〕 3 版籍奉還〔2点〕
4 **イ**〔2点〕 5 **エ**〔2点〕 6 **ウ**〔2点〕

6 1 マッカーサー〔2点〕 2 朝鮮戦争〔2点〕 3 **イ**〔2点〕
4 (1) 日米安全保障条約〔2点〕 (2) **イ**〔2点〕
5〔例〕植民地支配を受けていた国の多いアフリカ州の国々が独立したから。〔4点〕

7 1 リテラシー（カタカナのみ可）〔2点〕
2 (1) **イ**〔2点〕 (2)〔例〕外国産の果実の価格の方が安いから。〔4点〕
3 **ア**〔2点〕 4 **ウ**〔2点〕

英 語

1 1 (1) **ア**〔2点〕 (2) **ウ**〔2点〕 (3) **ウ**〔2点〕
2 (1) ① **エ**〔3点〕 ② **イ**〔3点〕 (2) ① **ア**〔3点〕 ② **ウ**〔3点〕
3 (1) eleven〔2点〕 (2) words〔2点〕 (3) world〔2点〕 (4) through〔2点〕

2 1 (1) **エ**〔2点〕 (2) **イ**〔2点〕 (3) **ウ**〔2点〕 (4) **ウ**〔2点〕 (5) **ア**〔2点〕 (6) **エ**〔2点〕
2 (1) **エ**→**ウ**→**ア**→**イ**（完答）〔2点〕 (2) **イ**→**エ**→**ウ**→**ア**（完答）〔2点〕
(3) **エ**→**ア**→**ウ**→**オ**→**イ**（完答）〔2点〕

3 1 visited[been to]〔2点〕
2 (1)〔例〕what is the woman doing〔3点〕 (2)〔例〕we can learn about life〔3点〕
(4)〔例〕get a letter from the museum〔3点〕
3 **エ**〔2点〕 4〔例〕(俊が,) 自分はチケットが必要ない（と言ったから。）〔3点〕
5 ① buy〔3点〕 ② after〔3点〕
6〔例〕Have you ever had *ramen*? It's my favorite food. *Ramen* makes me warm when it is cold outside. I know a good *ramen* restaurant in my town. Their *ramen* is delicious. Let's go there and try it together someday.〔6点〕

4 1 **イ**〔3点〕 2 to clean（完答）〔2点〕
3〔例〕ゴミの中にある，もう一度使うものを見つけること。〔3点〕
4 ①〔例〕環境のために大きなこと〔3点〕 ②〔例〕たくさんの小さなこと〔3点〕 5 **ウ**〔3点〕

5 1 **イ**〔2点〕 2 **エ**〔3点〕
3〔例〕白い明かりを使うのをやめて，現在のように「進め」には緑色の明かりを使うこと。〔3点〕
4 **ウ**〔3点〕

第186回 下野新聞模擬テスト

数学・理科 【解答】

数学

①
1 3〔2点〕 2 $-3ab^2$〔2点〕 3 8〔2点〕 4 $(x-3)^2$〔2点〕
5 $b=2a-3m$〔2点〕 6 ウ〔2点〕 7 32度〔2点〕 8 -32〔2点〕
9 $36\pi\,\mathrm{cm}^3$〔2点〕 10 $-2\sqrt{2}$〔2点〕 11 $x=-4,\ -7$〔2点〕
12 $z=1000x-3y$〔2点〕 13 ひし形〔2点〕 14 ア〔2点〕

②
1 右図〔4点〕 2 $\dfrac{3}{4}$〔4点〕 3 ① 0〔2点〕 ② 36〔2点〕

②1

③
1 行きにかかった時間は2時間，帰りにかかった時間は2時間16分であったことから，

$$\begin{cases} \dfrac{x}{3}+\dfrac{y}{5}=2 & \cdots① \\ \dfrac{y}{3}+\dfrac{x}{5}=2\dfrac{16}{60} & \cdots② \end{cases}$$

①より，$5x+3y=30\cdots①'$ ②より，$3x+5y=34\cdots②'$

①′×5－②′×3より，

$$\begin{array}{rl} 25x+15y &=150 \\ -)\ \ 9x+15y &=102 \\ \hline 16x \quad\quad &=48,\ x=3 \end{array}$$

$x=3$を①′に代入して，$5\times3+3y=30$，$y=5$

以上より，A地点からP地点までの道のりは3km，P地点からB地点までの道のりは5kmとなり，問題に適している。

したがって，A地点からB地点までの道のりは$3+5=8$(km)である。 答え（8km）〔7点〕

2 (1) 12分以上16分未満の階級〔2点〕 (2) ① 0.25〔2点〕 ② 24〔2点〕 (3) 5人〔3点〕

④
1（証明）

△ABDと△BCEにおいて，

仮定より，BD＝CE …①

△ABCは正三角形だから，AB＝BC …②

∠ABD＝∠BCE＝60° …③

①，②，③より，2組の辺とその間の角がそれぞれ等しいから，

△ABD≡△BCE〔8点〕

2 (1) 面FEB〔3点〕 (2) $288\,\mathrm{cm}^3$〔4点〕

⑤
1 $6\,\mathrm{cm}^2$〔3点〕 2 $y=-\dfrac{15}{2}x+\dfrac{405}{2}$〔5点〕 3 23秒後〔5点〕

⑥
1 ① 160〔2点〕 ② 32〔2点〕 2 $2n^2$枚〔5点〕

3 n番目の大きな図形の1辺の長さは$10\times n=10n$(cm)だから，

その周の長さpは$p=10n\times4=40n$(cm)

また，n番目の大きな図形に並んでいるタイルの枚数qは$q=2n^2$(枚)だから，

$2n^2-40n=138$

$n^2-20n-69=0$，$(n+3)(n-23)=0$ これを解くと，$n=-3,\ 23$

nは自然数だから，$n=-3$は問題に適さず，$n=23$は問題に適する。

よって，$q-p=138$になるのは，23番目の大きな図形である。 答え（23番目）〔7点〕

理科

①
1 ウ〔2点〕 2 ウ〔2点〕 3 エ〔2点〕 4 ア〔2点〕
5 61(%)〔2点〕 6 誘導電流〔2点〕 7 甲殻（類）〔2点〕 8 二酸化炭素〔2点〕

②
1 ア〔3点〕 2 ① 西側 ② 積乱雲（完答）〔3点〕 3 移動性（高気圧）〔3点〕

③
1 実像〔3点〕 2 ① 小さかった ② 逆の向き（完答）〔3点〕 3 イ〔3点〕

④
1 2（枚）〔2点〕 2 名称：師管（漢字のみ可）〔2点〕 役割：〔例〕葉でつくられた養分を運ぶ。〔3点〕
3 ① 葉緑体 ② 光合成（完答）〔3点〕

⑤
1 S〔3点〕 2 発熱（反応）〔3点〕 3 ① 簡A ② 化合物（完答）〔3点〕

⑥
1 〔例〕火山の噴火が起こった。〔3点〕 2 南（漢字のみ可）〔3点〕 3 15(m)〔3点〕
4 ① 恐竜 ② 中生代（完答）〔3点〕

⑦
1 並列（つなぎ）〔2点〕 2 電流：1(A)〔2点〕 抵抗：エ〔2点〕
3 16(W)〔3点〕 4 ① X ② Y（完答）〔3点〕

⑧
1 〔例〕胚珠が子房に包まれている植物。〔3点〕 2 花粉管〔2点〕
3 ① 受精卵〔2点〕 ② Q〔2点〕 4 右図〔2点〕

⑧4

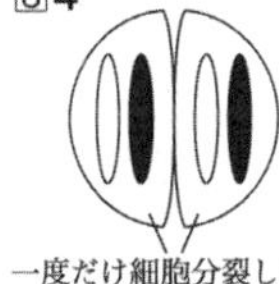

⑨
1 ① 塩化水素〔2点〕 ② 電離〔2点〕
2 〔例〕塩素は水に溶けやすいから。〔3点〕
3 エ〔2点〕 4 $2HCl \rightarrow H_2+Cl_2$〔3点〕

第186回 下野新聞模擬テスト

国　語　【解　説】

国　　　語　〔解説〕

1　**3**　⑴　第二句「子は立てりけり」と切れ字「けり」のところで切れている。
⑵　副助詞の「だに」(類推)が用いられていることに着目する。「顔洗ふ間」さえも気になってしかたがない様子を読み取る。
⑶　「聞く」の謙譲語は、「お聞きする」、「うかがう」という形になる。
⑷　「新鮮な」が自立語で、形容動詞の連体形である。
4　一二点は二字以上返って読む。「問政於孔子」は「４１□２３」の順で読む。「於」は読まない。「孔子に政を問う」と読まないように注意する。

2　**1**　「を」は「お」と読み、現代かなづかいでは、助詞以外の「を」は「お」と書く。
3　「ある人」が詠んだ「月はのぼる百尺の楼」という漢詩を、人々が声を合わせて、何度も繰り返して口ずさんでいる場面であることをとらえる。
4　みすぼらしい身なりの尼に自分たちの詠んだ漢詩を「僻事(まちがい)」だと言われて、「興ある尼かな(面白い尼であることよ)」と言っていることから考えてまとめる。
5　**ア**「『月にはのぼる』とぞ故三位殿は詠じたまひし」の部分は「僻事」の具体的な内容である。**イ**「よく考えずに信用してしまい」が適当ではない。**ウ**「すぐれている」のではなく「まちがい」と言っている。また、「信用しなかった」の部分も適当ではない。**エ**「尼が詠んだ」のではない。
〈口語訳〉
二条より南、京極より東は菅三位の屋敷である。三位が亡くなってのち、何年か経って、月の明るい夜、しかるべき人々が昔をしのんで、屋敷跡に集まって、月を見て和歌や漢詩を詠んで楽しむことがあった。終わりごろに、ある人が「月はのぼる百尺の楼」と口ずさんだところ、人々は、声を合わせて口ずさむことを何度も繰り返したが、荒れ果てた中門の、人目につかない蓬の中に、みすぼらしい身なりの老いた尼が、露に濡れながら、夜の間ずっとそこに居たが、「今夜の遊興はとてもすばらしくて、涙もとまらないのですが、この詩は、至らぬ耳にもまちがいを口ずさんでいらっしゃる、とお聞きしました」と言う。人々は笑って、「面白い尼であることよ。どこがまちがいだというのか」と言うと、「そう思われるのも当然です。しかし、私が思いますには、月はどうして楼にのぼるでしょうか。『月に誘われて楼にのぼる』と故三位殿はお詠みになりました。私は、仕える身としてたまたまお聞きしたのです」と言ったので、人々は恥じ入って、みな立ち去ってしまった。

3　**1**　「必要は発明の母」というように「必要」があって「発明」があるという本来の順が逆になっている理由は、「発明品を改良して……必要であったと錯覚させ、消費を加速したのである」という部分に述べられている。**ア**〜**ウ**には「発明」によって生じる「必要」の説明がない。
2　傍線部⑵のあとの二文から、「実験」「知見」「新現象」に着目して、「実験によって仮説が実証」「新たな知見が得られ」「新現象が発見され」という三つの内容をまとめる。
3　偽物と本物を区別するために必要な、「科学的な」ことは何かを考える。実際に調べて真偽を確かめるのであるから、**ウ**の「検証」が適当である。
4　傍線部⑶の直後の「それ」とは「本物と偽物が堂々と共存するように」なったことを指している。それが「科学的真実に対する態度」として表現されているのが、「科学であろうと非科学であろうと、おもしろければそれでいいと。」という一文である。
5　傍線部⑷の段落に現代人について、「手続きを踏むことを省略するようになってしまった」、「一足飛びに結論を得ることを望む」と述べられている。「アルキメデス」の例は、これとは逆にあれこれ試行錯誤しながら、科学的な思考の手続きを踏んで、偽物を見破ることができたことを示している。
6　「発明は必要の母」という標語によって、問題意識を喚起し、現代科学の物質優先の態度を批判的に述べているのと**ウ**が合っている。**ア**「科学的な真偽の見分け方」、**イ**「歴史的な経過をたどって詳述」、**エ**「克服するために取るべき態度について」が適当ではない。

4　**1**　「つぼみ」の新鮮な様子を描写している場面なので、**イ**「ういういしく」が適当。
2　傍線部⑴の前に「ミーミ先生が」という表現も見られるが、そのあとで丁寧に説明しているので、**ア**「先生気取り」なわけではなく、**イ**「きちんと説明しよう」としていることがわかる。
3　本文の最初の部分で、ミーミがヒッキーの絵について説明しながら、「この木が好きなんだっていう声が聞こえてくるようだった」と言ったとき、ヒッキーが、自分が実際に言っていたことをミーミが聞いていたように感じている場面が、「おどろいた」にあてはまるので、**ア**が適当。
4　ヒッキーの「ぶつぶつと言いながらかいてたおぼえがある」と言ったことに対して「まちがってなかったんだ」という意味で、「そうなんだ」と言っていることを押さえる。ミーミがヒッキーの絵から感じたことが、正しかったことを確認しているのである。
5　「この木が好きなんだっていう声」「ヒッキーの中の言葉にならない思い」「あの絵、とっても、あったかかった」などの内容を中心に「……うれしい気持ち。」などのようにまとめる。
6　**ウ**「あの絵さ、どこがいいんだろうな」「あったかいから好きだというミーミの言葉が、やさしい風のように……」などと合っている。**ア**「ぶつぶつ言いながら絵をかいていることを自覚」している、**イ**「自分のことのように」「自信を深めている」、**エ**「気を入れて絵をかいていなかった」「本気でかいてみよう」の部分がそれぞれ適当ではない。

5　・形式　氏名や題名を書かず、二百四十字以上三百字以内で書いているか。二段落構成で、原稿用紙の正しい使い方ができているか。
・表現　文体が統一されているか、主述の関係や係り受けなどが適切か、副詞の呼応や語句の使い方が適切か、など。
・表記　誤字や脱字がないか。
・内容　第一段落では、メールと手書きの手紙のそれぞれのよさについて具体的に書いているか。第二段落では、第一段落の内容を踏まえて、「メールと手紙の使い分け」について書いているか。
といった項目に照らし、総合的に判断するものとする。

第186回 下野新聞模擬テスト

社会 【解説】

社　会〔解説〕

1 1(1) 東京が1月20日午前10時の時，1月19日午後8時の都市とは，14時間の時差がある。経度15度につき1時間の時差が生じるので，経度差は210度となる。東経135度から西に経度210度分(**図1**の経線14本分)進んだ西経75度を標準時子午線とする**B**の都市が，東京と14時間の時差がある都市になる。

(2) **X**の都市は，アルゼンチンのブエノスアイレスで，温暖(温帯)湿潤気候に属している。南半球と北半球は季節が反対となることに注意する。

2(2) 瀬戸内の気候は，年降水量が少ないことが特徴である。そのため，水不足が発生しやすく，ため池が多く造られている。

3 アジア州やアフリカ州は，もともと出生率と死亡率が高い発展途上国が多かった。医療の発達により，死亡率は以前と比べ下がったが，出生率は高いままのため人口爆発の状態となっている。

4 **ア**左折している。**エ**2万5千分の1地形図において，250mは地形図上で1cmである。

2 **1** アジア州には人口が多い国が多いため，河川周辺や沿岸の住みやすい地域は人口密度が高くなる。ガンジス川やインダス川沿岸，中国沿海部はとくに人口密度が高い。

3 中国は石炭生産量が世界の約半分を占めるため**a**，ロシアは寒冷地に多い針葉樹の伐採高が高い**b**，木材伐採高が高く，世界中に熱帯の木材を輸出しているブラジルが**c**である。

4 メキシコは，NAFTA(北米自由貿易協定)により，アメリカとの貿易が盛んである。

5 中国の自動車生産台数は，2000年以降急激に上昇している。**イ**はアメリカ，**ウ**はインド，**エ**は日本である。

6 アフリカ州の国々では，人口に対して穀物生産量が少ないため，飢餓が発生している。

3 **1**(2) 北海道は全国と比べ，農業を主たる収入としている農家が多い。また，土地が広いため，農業従事者一人当たりの耕地面積は，全国に比べて広くなっているため，大型の機械を導入している農家もある。

2 航空機で運び出される輸出品目は，軽量で高価なものが適している。

4 大阪府は，周辺の府県からの通勤・通学者が多いため，昼間人口が夜間人口よりも多くなる。

6 福岡は「アジアの玄関口」ともよばれ，韓国や中国などの東アジアの国からの訪日外国人の割合が多い。

7 **イ**の巨大なカルデラは，阿蘇山(熊本県)で見られる光景で，カルデラの範囲は世界最大級の広さとなっている。

4 **2** **ア**は平城京，**イ**は室町幕府，**ウ**は大宰府の立地について述べている。

4 **D**の資料は，「玉葉」の一文で平安時代末から鎌倉時代初期に成立した資料である。**ア**は9世紀初頭，**イ**は8世紀半ば，**エ**は正長の土一揆で1428年のできごとである。

5 後醍醐天皇による建武の新政は，武士の慣習を無視し，貴族を重視した政策であったため，武士を中心に批判が続出した。そのため，約2年ほどで建武の新政は終わった。

6 **A**は奈良時代，**D**は平安時代末から鎌倉時代初期，**B**は鎌倉時代，**E**は鎌倉時代が終わった直後，**C**は室町時代の資料である。

5 **1** 江戸幕府は大名配置を行う際，関ヶ原の戦いより後に従った外様大名を江戸から遠い位置に配置した。参勤交代の制度により，外様大名は多大な出費を強いられることになり，藩の財政を苦しめた。

2 田沼意次は米の増産だけでなく，株仲間を奨励してそこから得られる営業税や長崎貿易での利益拡大に目をつけた。

4 日露戦争後のポーツマス条約により，日本は韓国での優越権を認められ，本格的に大陸に進出した。**ア**は日露戦争前にイギリスと結んだ同盟，**ウ**は日清戦争のきっかけ，**エ**は日清戦争で得た遼東半島を返還するようロシア・ドイツ・フランスに迫られたことを示している。

5 国際連盟は，アメリカの提案により発足したが，アメリカは国内の議会の反対により不参加であり，後にドイツ・イタリアも脱退したことから，国際的な影響力を持つことができなかった。

6 **3** 冷戦下では，朝鮮戦争やベトナム戦争など，アメリカとソ連が直接戦争をしない代わりに，他の国や地域での戦争を激化させた。

4(2) 日韓基本条約は1965年に調印された。

5 1960年から1970年までにアフリカ州の多くの国々が，植民地支配から脱却し，独立した。とくに1960年は，アフリカ州の国の多くが独立したため「アフリカの年」とよばれる。

7 **2** 日本の食料自給率は40％未満である。米の自給率は，高い状態を維持しているが，小麦の自給率はとくに低い。食料自給率の低下の理由は，貿易の自由化により外国産の安い農産物が輸入されているからである。

3 **エ**の核家族とは，親と子どもまたは，夫婦のみの世帯のことである。

4 **ア**は「少子化」でなく「高齢化」，**イ**は「高齢化」でなく「少子化」にすると正しい文となる。**エ**は「上昇」を「減少」とすると正しい文となる。

第186回 下野新聞模擬テスト

英　語　【解　説】

英　語　〔解説〕

□1 リスニング台本と解答を参照。

□2 **1** (1) since ～と practicing があることから現在完了進行形の文だとわかるので，have been を選ぶ。

(2) 「初めて」という意味になるよう for を選ぶ。

(3) 過去の文なので，過去形の practiced を選ぶ。

(4) 「～よりもじょうずに」という意味になるよう better を選ぶ。better は well の比較級。

(5) 「速く(泳ぐ)」という意味になるよう fast を選ぶ。

(6) 「～を連れていく」という意味になるよう take を選ぶ。

2 (1) <call＋A＋B>「AをBと呼ぶ」の形を受け身にした文にする。

(2) has があるので，現在完了の疑問文にする。yet を文末に置く。

(3) take care of ～「～の世話をする」を had to ～「～しなければならなかった」に続ける形にする。

□3 **1** Have you ～? で始まっているので，現在完了の疑問文。「今までに～へ行ったことがありますか」という文にする。「～へ行ったことがある」は have[has] visited または have[has] been to ～で表す。

2 (1) ニックはチラシの中の絵について話している。直後に俊は「彼女は何かを料理していると思います」と答えているので，ニックは「その女性は何をしていますか」と質問したと考えられる。what is the woman doing などとする。

(2) チラシの中の女性のセリフを表す。we can learn about life などとする。

(4) チラシの中の「歴史博物館会員のご案内」の二つめの項目から，get a letter from the museum などとする。

3 本文訳参照。この文の主語である「日本語を読むことは」につながるよう，difficult「難しい」を選ぶ。

4 本文訳参照。俊は直前で「実は，僕はチケットが必要ありません」と言っている。

5 本文訳参照。ニックの最後から2番目の発話の内容をまとめなおす。①buy，②after ともニックのその発話内にある。

6 下線部は「僕はどんな食べ物を食べたらいいですか」という意味。ニックにすすめる日本の食べ物を具体的に紹介して，それを食べる時，場所やそれについての自分の感想などを書くとよい。

□4 **1** 本文訳参照。**A**は真理と父が遊園地の特別プログラムへの参加を決めた部分。excited「わくわくした」を入れるのが適切。**B**はプログラムの仕事を終えた部分。tired「疲れた」を入れるのが適切。

2 質問は「真理はなぜ特別プログラムに参加したかったのですか」という意味。第2段落4～5行目を参照。

3 本文訳参照。下線部の直後の文の内容をまとめる。

4 本文訳参照。最終段落3～5行目の真理の発言の内容をまとめる。

5 **ア**…第1段落1行目参照。真理は家族と休日を楽しむためにハッピーパークへ行ったとあるので誤り。

イ…第3段落3行目参照。スタッフの加藤さん(Mr. Kato)は「約1,000人の人々が毎日遊園地へ来ます」と言っているので誤り。

ウ…最終段落1行目参照。再利用について，同じ内容を読み取ることができるので正しい。

エ…最終段落7行目参照。「より一生懸命に働く」と言ったのはスタッフの加藤さんなので誤り。

□5 **1** 本文訳参照。「夜に列車を運転するために」となるよう night を選ぶ。

2 本文訳参照。<make＋A＋B(形容詞)>で「AをB(の状態)にする」という意味を表す。

3 本文訳参照。後続の二つの文の内容をまとめる。明かりの色を変えて対応したことが書かれている。

4 当初，白い明かりが「進め」を意味したが，今日では緑色の明かりがそのために使われているということが，どんな例といえるかを考える。選択肢はそれぞれ次のような意味。

ア…「私たちはよい社会を築くためにルールを変えるべきではありません」

イ…「私たちは未来のための新しいルールを作るために社会を変えるべきです」

ウ…「ルールが社会のために役立っていないとき，私たちはそれらを変えるべきです」

エ…「新しいルールは役に立たないので，私たちはそれらを作るべきではありません」

第186回 下野新聞模擬テスト

英語 【解　説】

〔本文訳〕

③　俊：何をしてるの，ニック。
ニック：僕は歴史博物館に関するチラシを見ているんだよ。日本滞在中に僕は日本の歴史についてもっと知りたいんだ。きみはこの博物館に行ったことはあるかい。
俊：うん。僕は先月そこに行ったよ。それは本当におもしろい博物館なんだ。来週の日曜日に行くなら，きみと一緒に行けるよ。
ニック：きみが僕と一緒に来てくれたらうれしいな，俊。この絵を見て。それは浮世絵だよね。それはきれいでおもしろいね。この絵では，その女性は何をしているのかな。
俊：僕は，彼女は何かを料理していると思うよ。
ニック：なるほどね。日本語を読むことは僕にとって難しいので，それを一緒に読んでくれないかな。
俊：いいよ。これは特別展示会についてのお知らせだね。昔の日本の生活についてのものだ。チラシの中の女性は，江戸時代の生活について浮世絵から学ぶことができると言っているね。
ニック：わあ，おもしろそうだね。その展示会を見たいな。
俊：きみは学生だから，チケットを買う必要があるね。それは800円だよ。
ニック：もちろん。
俊：実は，僕はチケットが必要ないんだ。
ニック：どういう意味だい。こどもはお金を払う必要はないって知っているけれど，きみは僕のように学生だよね。
俊：僕は博物館の会員なんだ。会員はどんな展示会も無料で見られるから，会員になるために3,000円払ったんだよ。
ニック：ああ，なるほど。会員になったら，何ができるんだい。
俊：ここを見て。毎月，会員は博物館からの手紙を受け取ることができるよ。そして，会員限定の歴史についての特別講座もあるんだ。
ニック：それはすばらしいね。ええと，俊，僕たちは博物館で昼食をとることができるのかな。
俊：うん。博物館にはレストランがあるよ。ミュージアムショップで買い物をすることもできる。展示会用の特別な商品もいくつか販売しているよ。
ニック：それはいいね。僕は自分の国にいる家族のために，それらの商品をいくつか買いたいな。まず買い物をしたい。その後で昼食をとるのはどうかな。
俊：それはいい考えだね。それでは，朝の9時に博物館で会おう。
ニック：わかった。俊，もう一つ聞きたいことがあるんだ。僕は日本の食べ物も食べてみたい。どんな食べ物を食べたらいいかな。

④　先週の日曜日，私の家族は休日を楽しむために「ハッピーパーク」に行きました。そこは私たちの街の近くにある人気の遊園地です。天気のよい日で，遊園地にはたくさんの人がいました。彼らは楽しそうに見えました。
　レストランで昼食をとったとき，遊園地での特別プログラムについてのポスターを見ました。そのポスターによれば「このプログラムでは，遊園地のスタッフと一緒に働いて，遊園地について多くを学ぶこともできる」というのです。プログラムにはいくつかの種類の仕事がありました。仕事の一つは遊園地を掃除することでした。私は父に「この遊園地はきれいね。私は遊園地を掃除する仕事について知りたいな。このプログラムに参加してもいいかな」と言いました。「もちろん。私は真理と一緒に参加するよ」と父は言いました。私たちはそれに参加することにして，私はわくわくしました。
　私たちはスタッフの事務所へ行きました。スタッフの一人が「こんにちは，ハッピーパークへようこそ」と言いました。その人の名前は加藤さんでした。最初に，彼はハッピーパークについて説明しました。それは10年前に建てられ，いまだにとても人気があります。毎日約1,000人の人々がこの遊園地にやってきます。私は加藤さんに「あなたのお仕事について教えていただけませんか」と尋ねました。彼は「いいですよ。ここには他に約50人のスタッフがいます。私たちは遊園地の通りを掃除し，ゴミ箱のゴミを集めます」と言いました。私は「そうですか。私はその仕事をやってみたいです。お手伝いできますか」と尋ねました。「もちろんです」と彼は言いました。
　ゴミを集めるのは大変な仕事でした。たくさんの人が食べたり飲んだりして楽しんでいたので，遊園地にはたくさんのゴミがありました。加藤さんは「私たちにとってこれだけが仕事ではないのです。この後，別の仕事があります。ゴミの中には，もう一度使うものがあるので，それらを見つけるのも私たちの仕事です。さて，一緒にやりましょう」と言いました。父と私はスタッフたちとこの仕事をしました。私たちが仕事を終えたとき，父は「この仕事もとても大変だったね」と言いました。「私もそう思う」と私は言いました。仕事はおもしろかったですが，私はとても疲れました。
　加藤さんは「これらのペットボトルは，私たちの制服を作るのに使われています。この制服を見てください」と言いました。私は「すてきですね。私は好きです」と言いました。彼は「遊園地では，たくさんのものをもう一度使うようにしています。それぞれは小さなことですが，それらをすることが私たちの環境に役立つことを願っています」と言いました。私は「私たちは自分たちの環境のために大きなことをすることはできませんが，たくさんの小さなことはできます。私はこのプログラムからそれを学びました」と言いました。父は「ああ，真理，きみは大切なことを学んだね」と言いました。私は加藤さんに「今日はありがとうございました。私は学校で環境のために何かを始めたいと思います」と言いました。彼は「それを聞いてうれしいです。私もより一生懸命に働きます」と言いました。父と私はその遊園地で楽しい時間を過ごしました。

⑤　今日，私たちは信号が緑色のときに進むことができます。これは私たちの社会における基本的なルールの一つです。でも，最初は「進め」に違う色が使われていたことを知っていますか。
　約160年前，最初の交通信号が使用されました。それは列車のためのものでした。夜に列車を運転するために，鉄道会社は交通信号として明かりをつけました。それは白色の明かりでした。列車の運転士は，すべての色の中で「白」を最もよく見ることができたので，「進め」に白が使われたのです。また，「止まれ」と「注意」のために，他に二つの色が必要とされました。それらには赤と緑色が使われました。
　当時，明かりを赤や緑色にするためには，色付きのガラスが明かりの前に置かれていました。色付きのガラスが壊れたとき，列車の運転士は，交通信号が赤や緑色ではなく，「進め」を意味する白だと思ってしまいました。これは大きな問題でした。
　そのころ，駅のまわりに多くの人が家を持ち始め，暗くなると白い明かりが多くありました。運転士は正しいものを見つけることができませんでした。これがもう一つの問題になりました。
　鉄道会社はこれらの問題について考えました。彼らは白い明かりを使うのをやめることにしました。そして，彼らは今日と同じように「進め」に緑色の明かりを使い始めたのです。
　私たちはふつう，ルールは決して変わらないと考えていますが，ときにはルールを変更する必要があります。私たちが社会の中で生活するときにはルールが必要とされますが，私たちの社会は変化しているのです。

第186回 下野新聞模擬テスト
英語【解説】

英語問題 1 〔リスニング台本〕

台本	時間
これから中学3年生　第186回　下野新聞模擬テスト　英語四角1番，聞き方のテストを行います。 なお，練習はありません。 （ポーズ約5秒） これから聞き方の問題に入ります。問題用紙の四角で囲まれた1番を見なさい。問題は1番，2番，3番の三つあります。 最初は1番の問題です。問題は(1)から(3)まで三つあります。英語の対話とその内容についての質問を聞いて，答えとして最も適切なものをア，イ，ウ，エのうちから一つ選びなさい。対話と質問は2回ずつ言います。 では始めます。 (1)の問題です。　*A*：Today is Friday, right? *B*：No. Today is October thirteenth. It's Wednesday. *A*：Oh, you're right. 質問です。　*Q*：Which picture shows this?　（約5秒おいて繰り返す。）（ポーズ約5秒） (2)の問題です。　*A*：I'd like to buy a present for Tom. He likes horses. *B*：How about this cup? *A*：He has a cup. Oh, I'll buy this cap. It has a picture of a horse. 質問です。　*Q*：Which will the boy buy?　（約5秒おいて繰り返す。）（ポーズ約5秒） (3)の問題です。　*A*：How about having lunch at my house? *B*：Thanks. Your house is by the flower shop, right? *A*：No. My house is by the bookstore and has a big tree. 質問です。　*Q*：Which is the girl's house?　（約5秒おいて繰り返す。）（ポーズ約5秒）	（1番） 約3分
次は2番の問題です。問題は(1)と(2)の二つあります。英語の対話とその内容についての質問を聞いて，答えとして最も適切なものをア，イ，ウ，エのうちから一つ選びなさい。質問は問題ごとに①，②の二つずつあります。対話と質問は2回ずつ言います。 では始めます。 (1)の問題です。　*Mary*：Sho, I heard you went to Hokkaido. *Sho*：Yes, Mary. I visited my uncle in Hokkaido with my family last winter. *Mary*：That's great! What did you do there? *Sho*：On the first day, we went skiing on a mountain near my uncle's house. *Mary*：Did you go skiing on the second day, too? *Sho*：My parents and sister did, but I didn't. My uncle and I visited a big park and saw many kinds of birds. I had a good time. *Mary*：Good. Sho, I know there is a popular zoo in Hokkaido. Did you visit it? *Sho*：No, I didn't. On the third day, we had plans to visit it, but it was too cold. *Mary*：I see. What did you do that day? *Sho*：We visited a museum. That was great, too. ①の質問です。　Where did Sho visit the second day?　（ポーズ約3秒） ②の質問です。　Why did Sho's family change their plan for the third day?　（約5秒おいて繰り返す。）（ポーズ約5秒） (2)の問題です。　*Emi*：What are you doing, Bob? *Bob*：Hi, Emi. I'm shopping on the internet. I want two T-shirts. *Emi*：I see. Oh, there are three styles on this website. Which style do you want? *Bob*：Style One looks cool, and there are many colors. I like red or yellow, but this style is the most expensive of the three. *Emi*：Then how about Style Two? It also has those colors. *Bob*：Let's see .... OK, I'll buy the red and yellow Style Two T-shirts. *Emi*：Bob, now I want a T-shirt from this shop. Can I see the website? *Bob*：Of course. Which one is your favorite? *Emi*：I also like Style Two, but it doesn't have my favorite color. *Bob*：What is your favorite color? *Emi*：It's white, so I'll buy this style. I want one in a size small. *Bob*：OK. I'll send you the address of this website soon. ①の質問です。　How much will Bob pay?　（ポーズ約3秒） ②の質問です。　Which T-shirt will Emi buy?　（約5秒おいて繰り返す。）（ポーズ約5秒）	（2番） 約5分
次は3番の問題です。あなたは，英語の授業でクラスメイトのスピーチを聞いています。ジェニー(Jennie)が「私の夢」というテーマで行ったスピーチを聞いて，その内容をまとめた英語のメモを完成させなさい。英文は2回言います。 では始めます。 Hi, everyone. I'm going to talk about my dream. When I was eleven, I came to Tochigi from Canada with my family. At first, I didn't understand Japanese. But my cousin Hana was a good Japanese teacher, so I began to understand it. When I didn't understand Japanese well, I began to take pictures. I enjoyed showing my pictures to my friends and teachers. I like taking pictures because pictures can tell us something without words. I often go to many places in Tochigi to take pictures with Hana. I think Nikko is the most beautiful place in Tochigi. In the future, I want to take pictures around the world. I hope many people will enjoy famous places through my pictures. That's my dream. Thank you for listening. （約5秒おいて）繰り返します。（1回目のみ）　（ポーズ約5秒） これで聞き方の問題を終わります。では，ほかの問題を始めなさい。	（3番） 約3分

第186回 下野新聞模擬テスト
数　学　【解　説】

数　　学 〔解説〕

[1] **1** $-2+5=+(5-2)=3$

2 $-6a^2b^3\div 2ab=-6a^2b^3\times\dfrac{1}{2ab}=-3ab^2$

3 $a^2+b^3=(-3)^2+(-1)^3=9+(-1)=8$

4 $x^2-6x+9=x^2-2\times x\times 3+3^2=(x-3)^2$

5 $m=\dfrac{2a-b}{3}$の両辺に3をかけて，$3m=2a-b$，$b=2a-3m$

6 **ア**…$a=0$であっても$b<0$だから，$a+b$の値は必ず負の数になる。
イ…aの絶対値の方がbの絶対値より大きいならば，$a-b$の値は負の数になる。**エ**…$a=0$のときには$a\div b$の値は0になり，$a<0$のときには$a\div b$の値は正の数になる。

7 右の図で，平行線の錯角は等しいから，
$\angle ABQ=\angle BAP=31°$
$\angle BCE=\angle CBQ=\angle ABC-\angle ABQ=79°-31°=48°$
△CDEの内角と外角の関係より，
$\angle x=\angle BCE-\angle CED=48°-16°=32°$

[1]7

8 $y=\dfrac{a}{x}$で，$xy=a$　xyの値が比例定数になるから，$4\times(-8)=-32$

9 球の半径は3cmだから，体積は$\dfrac{4}{3}\times\pi\times 3^3=36\pi\,(\text{cm}^3)$

10 $\sqrt{2}-\sqrt{18}=\sqrt{2}-3\sqrt{2}=-2\sqrt{2}$

11 $x^2+11x+28=0$，$(x+4)(x+7)=0$，$x=-4$，-7

12 xL$=1000x$mLだから，$z=1000x-3y$

13 右の図のように，切り口は辺GHの中点Nも通る。また，△AEM≡△BCM≡△GCN≡△HENより，EM＝CM＝CN＝ENだから，切り口はひし形(対角線CEとMNの長さは異なるから正方形ではない)になる。

[1]13

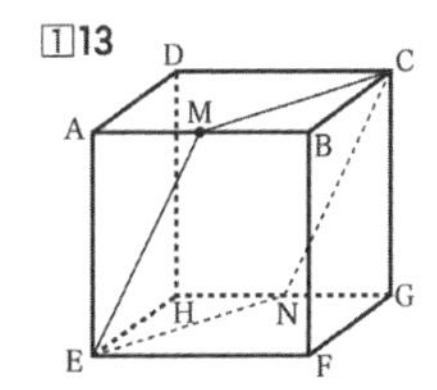

14 右の図で，㋐の部分と㋑の部分は半径2cm，中心角45°のおうぎ形で面積が等しいから，求める面積は△ACDの面積に等しい。$\dfrac{1}{2}\times 2\times 2=2\,(\text{cm}^2)$

[1]14

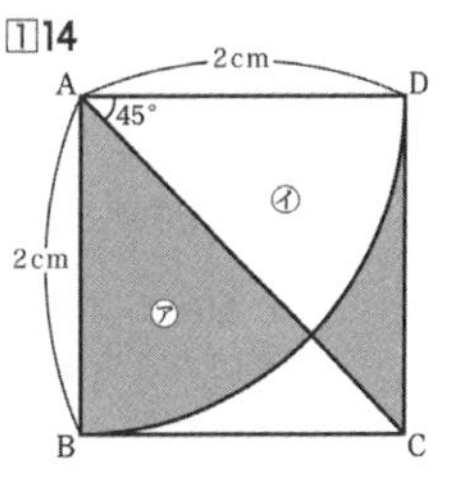

[2] **1** ある線分の両端を中心とする円の2つの交点を通る直線は，その線分と垂直に交わる。
【作図法】① 頂点Cを中心，辺ACを半径とする円をかく。
② すでにかかれている円と①でかいた円の交点を求め，その交点と頂点Aを通る直線を引く。
③ ②で引いた直線と辺BCとの交点がHである。

[2]1

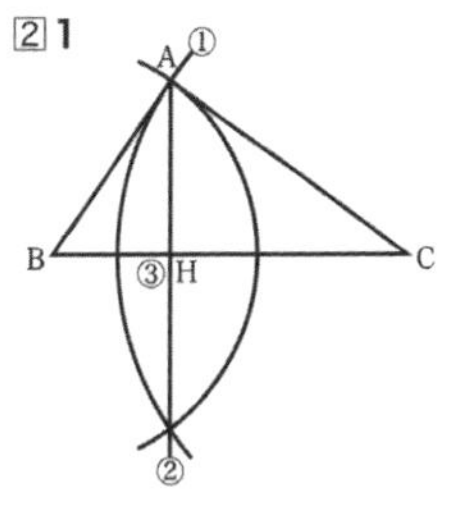

2 1回目，2回目ともに，「黒の状態」と「白の状態」の2通りずつが考えられるから，場合の数は$2\times2=4$(通り)である。少なくとも1回は「黒の状態」になるということは，2回とも「白の状態」にならなければよい。4通りの場合の数のうち，2回とも「白の状態」になる場合の数は1通りのみだから，求める確率は

$\dfrac{4-1}{4}=\dfrac{3}{4}$

1回目	白	白	黒	黒
2回目	白	黒	白	黒

3 点Bは$y=ax+4$のグラフとy軸との交点だから，点Bのx座標は0，y座標は4である。また，点Cは$y=-3x+24$のグラフとx軸との交点だから，点Cのy座標は0である。したがって，$y=-3x+24$に$y=0$を代入して点Cのx座標は8であることが求められる。
△OBAは底辺が4，高さが6であり，△OCAは底辺が8，高さが6であるから，
四角形OBAC＝△OBA＋△OCA$=\dfrac{1}{2}\times4\times6+\dfrac{1}{2}\times8\times6=36$

なお，$y=ax+4$に$x=6$，$y=6$を代入することで，$a=\dfrac{1}{3}$であることが求められるが，この問題では不要である。

[3] **1** 行きはA地点からP地点までの$x$kmを毎時3kmの速さで歩き，P地点からB地点までの$y$kmを毎時5kmの速さで歩いた。また，帰りはB地点からP地点までの$y$kmを毎時3kmの速さで歩き，P地点からA地点までの$x$kmを毎時5kmの速さで歩いた。なお，2時間16分は$2\dfrac{16}{60}$時間$=2\dfrac{4}{15}$時間$=\dfrac{34}{15}$時間と表される。

2 (1) $(28+25+1)\div2=27$(番目)の生徒は，12分以上16分未満の階級に属する。
(2) 階級値が6分である階級の度数は7人だから，その相対度数は$7\div28=0.25$である。また，通学時間が最も短かった生徒は4分以上で，最も長かった生徒は28分未満だから，分布の範囲は$28-4=24$(分)未満である。

第186回 下野新聞模擬テスト

数学 【解説】

(3) 通学時間が4分だけ短くなった生徒をx人，4分だけ長くなった生徒をy人とすると，
人数について$x+y=7$…①，25人の平均値が0.48分だけ短くなるから，

$\frac{-4x+4y}{25}=-0.48$，$-4x+4y=-0.48\times25$，$x-y=3$…②

①，②を連立方程式として解いて，$x=5$，$y=2$

④ **1** 正三角形の3辺は等しいことと，3つの内角はすべて60°で等しいことを利用する。

2 (1) 正八面体において，互いに平行な面は4組ある。正八面体ABCDEFでは，面ABCと面FDE，面ACDと面FEB，面ADEと面FBC，面ABEと面FDCが平行な面である。

(2) 正八面体は，どの4つの頂点を通る平面で切っても，その切り口は合同な正方形になる。右の図のように，4点A，B，F，Dを通る平面で切った切り口において，対角線AFとBDの交点をMとすると，AM＝FM＝$\frac{1}{2}$AF

また，AF＝BD＝12cmだから，AM＝FM＝6cmである。

以上より，(正八面体ABCDEF)＝(四角錐A－BCDE)×2

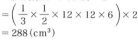

$=\left(\frac{1}{3}\times\frac{1}{2}\times12\times12\times6\right)\times2$

$=288\,(\mathrm{cm}^3)$

④**2**(2)

A
6cm
12cm
D
M
B
12cm
F

⑤ **1** 右の図より，点Pが頂点A上にくるのは，頂点Bを出発してから15秒後であり，このときの△PBDの面積は，

$\frac{1}{2}\times(9+6)\times12=90\,(\mathrm{cm}^2)$

である。したがって，△PBDの面積は，1秒間につき$90\div15=6\,(\mathrm{cm}^2)$ずつ増加する。

⑤**1**

(cm²) y
90
点Pが頂点A上にくる
O
15
27
x (秒)

2 点Pが辺AC上にあるとき，BA＋AP＝$x$cmより，

PC＝$15+12-x=27-x$(cm)

と表されるから，

$y=\frac{1}{2}\times(9+6)\times(27-x)=-\frac{15}{2}x+\frac{405}{2}$

3 点Pは，$0\leqq x\leqq15$のときには辺AB上，$15\leqq x\leqq27$のときには辺AC上にあるが，点Pが辺AB上にあるときには，△PABができない。よって，$15\leqq x\leqq27$の範囲において考察すればよい。
点Pが辺AC上にあるとき，AP＝$x-15$(cm)，PC＝$27-x$(cm)と表されるから，

△PAB＝$\frac{1}{2}\times(x-15)\times9=\frac{9}{2}(x-15)$ (cm²)

△PCD＝$\frac{1}{2}\times(27-x)\times6=3(27-x)$ (cm²)

と表される。△PABの面積が△PCDの面積の3倍になることから，

$\frac{9}{2}(x-15)=3(27-x)\times3$，$x-15=2(27-x)$，$3x=69$，$x=23$

$x=23$は$15\leqq x\leqq27$を満たす。したがって，23秒後である。

⑥ **1** 1番目，2番目，3番目の大きな図形の1辺の長さはそれぞれ
10cm，$10\times2=20$(cm)，$10\times3=30$(cm)

となるから，4番目の大きな図形の1辺の長さは$10\times4=40$(cm)である。したがって，その周の長さは$40\times4=160$(cm)になる。
また，例えば3番目の大きな図形において，右の図のように見ると，1段目から3段目のいずれの段にも$3\times2=6$(枚)のタイルが並んでいて，このことは1番目，2番目の大きな図形においても同様である。
したがって，4番目の大きな図形では，1段目から4段目のいずれの段にも$4\times2=8$(枚)のタイルが並んでいることになる。よって，並んでいるすべてのタイルの枚数は$8\times4=32$(枚)である。

⑥**1**

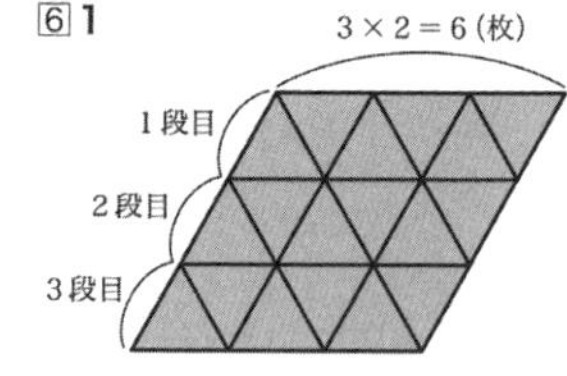

2 **1**より，n番目の大きな図形では，1段目からn段目のいずれの段にも$n\times2=2n$(枚)のタイルが並んでいることになる。よって，並んでいるすべてのタイルの枚数は$2n\times n=2n^2$(枚)である。

3 **1**より，n番目の大きな図形の1辺の長さは$10\times n=10n$(cm)だから，その周の長さpは$p=10n\times4=40n$(cm)である。また，n番目の大きな図形に並んでいるタイルの枚数qは$q=2n^2$(枚)だから，

$2n^2-40n=138$，$2n^2-40n-138=0$，$n^2-20n-69=0$，$(n+3)(n-23)=0$，$n=-3$，23

nは自然数だから，$n=-3$は問題に適さず，$n=23$は問題に適する。
よって，$q-p=138$になるのは，23番目の大きな図形である。

第186回 下野新聞模擬テスト

理　科　【解　説】

理　　科 〔解説〕

□1 **1** 日本で用いられている震度階級は，0，1，2，3，4，5弱，5強，6弱，6強，7の10段階に分けられている。
2 「1kWh」の「h」は，英語のhour(時間)の頭文字である。
3 1回の分裂につき個体数は2倍になるので，5回目の分裂の直後には$1 \times 2^5 = 32$〔匹〕になっている。
4 金属をたたくとうすく広がる。この性質を展性という。
5 乾球の示度が17℃，乾球と湿球の示度の差が$17 - 13 = 4$〔℃〕であることから，表でこれらの数値が交わる61％が湿度である。
6 磁界の変化によってコイルに電圧が生じ，電流が流れる現象を電磁誘導という。
7 図のミジンコは，節足動物の甲殻類に分類される。
8 化学反応式では，$2HCl + CaCO_3 \rightarrow CaCl_2 + H_2O + CO_2$と表される。

□2 **1** 温帯低気圧の中心からほぼ南東にのびる前線Aを温暖前線，ほぼ南西にのびる前線Bを寒冷前線という。
2 寒冷前線の西側のせまい区域には，積乱雲によって激しい雨が降っていることが多い。また，温暖前線の東側の広い区域には，乱層雲によって穏やかな雨が降っていることが多い。
3 日本の春や秋には，偏西風の影響で移動性高気圧と温帯低気圧が交互に日本付近を通過する。そのため，この時期は周期的に天気が変化する傾向がある。

□3 **1** 凸レンズを通過する光が集まることによってできる像を実像という。
2 凸レンズの中心からろうそくまでの距離の方が，凸レンズの中心からついたてまでの距離よりも長いので，実像の大きさは実物のろうそくよりも小さくなる。また，実像の向きは，実物とは上下が(左右も)逆の向きになる。
3 焦点は凸レンズの中心からろうそくまでの間にあることから，焦点距離は40cmよりも短いことがわかる。また，同じく焦点は凸レンズの中心からついたてまでの間にあることから，焦点距離は24cmよりも短いことがわかる。ただし，凸レンズの中心からろうそくまでの距離が24cmではないので，焦点距離は12cmではない。

□4 **1** 葉脈が網目状に広がっていることから，ホウセンカは被子植物の双子葉類に属する植物であることがわかる。双子葉類は，発芽時に2枚の子葉が出る。
2 葉の維管束である葉脈内では，葉の表側寄りを道管が，裏側寄りを師管が通っている。
3 葉緑体の中では，水と二酸化炭素を材料として，光合成によりデンプンなどの栄養分と酸素をつくり出している。

□5 **1** 鉄は鉄原子が，硫黄は硫黄原子が多数集まってできている単体であるため，それぞれの元素記号(原子の記号)であるFe，Sが，そのまま化学式になる。
2 化学変化によって熱が発生して温度が上がる反応を発熱反応といい，鉄と硫黄が化合する反応は発熱反応の一つである。一方，化学変化によって熱を吸収して温度が下がる反応を吸熱反応という。
3 筒Aの中にできた化合物(硫化鉄)は鉄とは異なる物質なので，磁石に引き寄せられない。一方，筒Bの中には鉄がそのまま残っているので，磁石に引き寄せられる。

□6 **1** 凝灰岩は，火山灰や軽石などの火山噴出物が堆積することでできた堆積岩である。
2 A，B，C地点における凝灰岩の層の上端の標高は，それぞれ$75 - 5 = 70$〔m〕，$80 - 10 = 70$〔m〕，$70 - 10 = 60$〔m〕なので，この地域の地層は南に向かって低くなるように傾斜していることがわかる。
3 P地点における凝灰岩の層の上端の標高は，C地点と同じく60mである。したがって，$75 - 60 = 15$〔m〕の深さのところにある。
4 約5.42億年前～約2.51億年前を古生代，約2.51億年前～約0.66億年前を中生代，約0.66億年前～現在を新生代という。ビカリアは新生代，フズリナは古生代に栄えて絶滅した生物である。

□7 **1** 図2のようなつなぎ方を並列つなぎ，図3のようなつなぎ方を直列つなぎといい，並列つなぎになっている回路を並列回路，直列つなぎになっている回路を直列回路という。
2 電球XやYのみを100Vのコンセントにつなぐと，100〔W〕÷100〔V〕＝1〔A〕の電流が流れる。同様に，電球PやQのみを100Vのコンセントにつなぐと，25〔W〕÷100〔V〕＝0.25〔A〕の電流が流れる。したがって，電球X，Yの抵抗は100〔V〕÷1〔A〕＝100〔Ω〕で，電球P，Qの抵抗は100〔V〕÷0.25〔A〕＝400〔Ω〕である。
3 図3の回路全体の抵抗は100＋400＝500〔Ω〕なので，電球Y，Qには100〔V〕÷500〔Ω〕＝0.2〔A〕の電流が流れ，電球Yには100〔Ω〕×0.2〔A〕＝20〔V〕の電圧が加わり，電球Qには400〔Ω〕×0.2〔A〕＝80〔V〕の電圧が加わる。よって，電球Yは20〔V〕×0.2〔A〕＝4〔W〕の電力を，電球Qは80〔V〕×0.2〔A〕＝16〔W〕の電力を消費していた。
4 電球X，Pには100Vの電圧が加わるので，表示通りに電球Xは100Wの電力を，電球Pは25Wの電力を消費していた。消費する電力が大きいものほど明るく点灯するので，明るい方から順に並べると，電球X，電球P，電球Q，電球Yとなる。

□8 **1** 種子植物のうち，胚珠が子房に包まれているものを被子植物といい，子房がなく胚珠がむき出しになっているものを裸子植物という。
2 花粉がめしべの先端部分(柱頭)につくことを受粉といい，受粉後に花粉から花粉管がのびる。
3 受精後，子房は果実，胚珠は種子(図2のP)，受精卵は胚(図2のQ)になる。
4 体細胞の染色体数を$2n$本とすると，減数分裂によって生殖細胞がつくられるので，精細胞や卵細胞の染色体数はn本である。これらが合体して受精卵になるので，受精卵の染色体数は$2n$本である。受精後の細胞分裂は体細胞分裂なので，どちらの細胞も$2n$本ずつの染色体数になる。

□9 **1** 塩化水素は，水溶液中で$HCl \rightarrow H^+ + Cl^-$のように電離し，水素イオンと塩化物イオンとが生じている。
2 うすい塩酸に電流を流すと，陽極からは塩素が，陰極からは水素が発生する。これらの気体は同じ体積ずつ発生するが，塩素は水に溶けやすく水素は水に溶けにくいので，集まる塩素の体積は水素に比べて極端に少ない。
3 水素にマッチの炎を近づけると，音を立てて水素が燃える。選択肢**ア**は塩素の確認法で，塩素の脱色作用(漂白作用)により，赤インクの色が消える。
4 塩化水素に起こった電気分解は，$2HCl \rightarrow H_2 + Cl_2$と表され，塩化水素2分子から水素分子と塩素分子が1分子ずつ生じる。

第187回 下野新聞模擬テスト
国語・社会・英語 【解　答】

国　語

1 1 (1) ばいよう〔2点〕 (2) だぼく〔2点〕 (3) ひか(える)〔2点〕
(4) しぼ(る)〔2点〕 (5) むすこ〔2点〕
2 (1) 因果〔2点〕 (2) 慣(れる)〔2点〕 (3) 郷里〔2点〕
(4) 傷(む)〔2点〕 (5) 就任〔2点〕
3 (1) エ〔2点〕 (2) イ〔2点〕 (3) イ〔2点〕 (4) ア〔2点〕 (5) ウ〔2点〕

2 1 おいゆき(ひらがなのみ可)〔2点〕 2 ア〔2点〕 3 エ〔2点〕
4〔例〕一年前の昼に盗みをして許された命の恩に報いようとしたから。〔2点〕 5 エ〔2点〕

3 1 ウ〔3点〕 2 エ〔3点〕 3 ア〔3点〕
4 初め:「私はどん 終わり:いに伝える(完答)〔3点〕
5〔例〕人間にとって関係をつくることは手段ではなく、本質に属することであると考えている。〔4点〕
6 ウ〔4点〕

4 1 イ〔3点〕 2 ア〔3点〕 3 エ〔3点〕
4〔例〕畑で働いている兄と父を気づかう気持ち。〔3点〕
5〔例〕家業がうまくいき、跡取りも順調に育っている様子。〔4点〕
6 ウ〔4点〕

5〔例〕自分が今一番好きな教科は英語です。英語は、日本語のように最後まで聞いたり、読んだりしないと何を言いたいのかわからないということがなく、はっきりしている感じが好きです。多分それは、英語では主語のあとに動詞が来るという形になっていることと関係があるのかなと思っています。

自分にとって将来最も役に立つと思う教科は、歴史です。これは英語とも共通しますが、世界のグローバル化はこれからもっと進むと思うので、交流する人々の国の歴史を知ることはとても大切なことだと思います。人々の背景にある歴史をふまえた上でコミュニケーションをとれれば、そこで英語も役立てられるのではないかと思います。〔20点〕

社　会

1 1 (1) エ〔2点〕 (2) ウ〔2点〕 (3) ウ〔2点〕 (4) エ〔2点〕 2 ブラジル〔2点〕
3 イ〔2点〕 4〔例〕ドイツの方が一時間当たりの賃金が高い〔4点〕

2 1 ア〔2点〕 2 エ〔2点〕 3 原子力〔2点〕 4 ウ〔2点〕 5 琵琶湖〔2点〕
6〔例〕外国産の価格の安い果実を大量に輸入しているから。〔4点〕

3 1 エ〔2点〕 2 建武の新政〔2点〕
3 記号:ウ〔2点〕 目的:朝廷を監視するため。(西国の武士を統率するため。)〔4点〕
4 島原・天草一揆〔2点〕 5 ア〔2点〕 6 アヘン〔2点〕
7 (A)→E→C→B→D→(F)(完答)〔2点〕

4 1 エ〔2点〕 2 ウ〔2点〕 3 ウ→イ→ア→エ(完答)〔2点〕 4 財閥〔2点〕
5 エ〔2点〕 6〔例〕国内の石炭生産量が減り,エネルギー源を石油の輸入に依存するようになった。〔4点〕

5 1 ウ〔2点〕 2 国際分業〔2点〕 3 イ〔2点〕 4 ウ〔2点〕
5 エ〔2点〕 6 イ,エ(順不同・完答)〔2点〕

6 1 ウ〔2点〕 2 ア〔2点〕 3 男女共同参画社会基本法〔2点〕 4 ウ〔2点〕
5 国民投票〔2点〕 6〔例〕個人情報が勝手に公開される〔4点〕

7 1 ユニバーサルデザイン〔2点〕 2 ウ〔2点〕 3 イ〔2点〕
4〔例〕五大湖周辺では自動車生産に必要な鉄鋼の原料となる,石炭と鉄鉱石が得やすいから。〔4点〕
5 エ〔2点〕

英　語

1 1 (1) イ〔2点〕 (2) エ〔2点〕 (3) エ〔2点〕
2 (1) ① ウ〔3点〕 ② ア〔3点〕 (2) ① イ〔3点〕 ② ア〔3点〕
3 (1) favorite〔2点〕 (2) food〔2点〕 (3) notebook〔2点〕 (4) practice〔2点〕

2 1 (1) ウ〔2点〕 (2) ア〔2点〕 (3) イ〔2点〕 (4) イ〔2点〕 (5) ウ〔2点〕 (6) エ〔2点〕
2 (1) ウ→エ→ア→イ(完答)〔2点〕 (2) エ→イ→ウ→ア(完答)〔2点〕
(3) オ→ア→エ→イ→ウ(完答)〔2点〕

3 1 (1)〔例〕this festival is famous for〔3点〕 (2)〔例〕are dancing (on the stage)〔3点〕
(4)〔例〕takes[will take] ten minutes by bus〔3点〕
2 hold[have]〔2点〕 3〔例〕毎週土曜日の午後に剣道をけいこ(練習)するから〔3点〕
4 イ〔2点〕 5 ① family〔3点〕 ② learn〔3点〕
6〔例〕I like the chorus contest the best. Last October, our class sang two songs at the contest. At first, I could not sing well, so I practiced hard. We didn't win the contest, but I enjoyed singing with my friends. I thought it was fun to do something with my friends.〔6点〕

4 1 エ〔3点〕 2〔例〕日本の人たちは,森のために何をしているのかということ。〔3点〕
3 important to(完答)〔2点〕
4 ①〔例〕何も知らなかった〔3点〕 ②〔例〕自分たちにも何かできることがある〔3点〕
5 ウ〔3点〕

5 1 イ〔2点〕 2 イ〔3点〕
3〔例〕多くのお年寄りは,うまく歩けないことがよくあるということ。〔3点〕 4 ウ〔3点〕

第187回 下野新聞模擬テスト

数学・理科 【解　答】

数　学

1　**1**　4〔2点〕　**2**　$-2xy^2$〔2点〕　**3**　$\frac{1}{2}$〔2点〕　**4**　$(x+8)(x-8)$〔2点〕
5　$a=2m-b$〔2点〕　**6**　**イ**〔2点〕　**7**　105度〔2点〕　**8**　6〔2点〕
9　$180\pi\,\text{cm}^3$〔2点〕　**10**　$5\sqrt{6}$〔2点〕　**11**　$x=\frac{-3\pm\sqrt{5}}{2}$〔2点〕
12　$\frac{11}{10}x>1000$〔2点〕　**13**　(4，0)〔2点〕　**14**　**イ**〔2点〕

2　**1**　右図〔4点〕
2　$\frac{1}{3}$〔4点〕
3　①　$\frac{1}{4}$〔2点〕　②　0〔2点〕

2 1

3　**1**　今日の鈴木先生の年齢をx歳，明さんの年齢をy歳とすると，

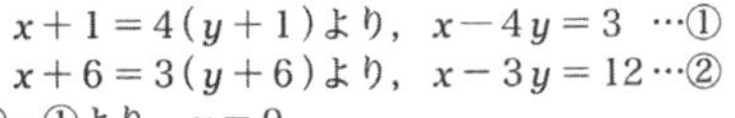

$x+1=4(y+1)$より，$x-4y=3$　…①
$x+6=3(y+6)$より，$x-3y=12$…②
②−①より，$y=9$
これを①に代入して，$x-4\times9=3$，$x=39$
この解は問題に適している。　答え（鈴木先生39歳，明さん9歳）〔7点〕

2　(1)　45〔2点〕　(2)　①　19〔1点〕　②　7〔1点〕　(3)　30〔3点〕

4　**1**（証明）
△ABDと△EBDにおいて，
仮定より，∠BAD＝∠BED＝90°　…①
∠ABD＝∠EBD　…②
共通な辺だから，BD＝BD　…③
①，②，③より，直角三角形の斜辺と1つの鋭角がそれぞれ等しいから，
△ABD≡△EBD〔8点〕

2　(1)　$16\,\text{cm}^3$〔3点〕　(2)　$140\,\text{cm}^2$〔4点〕

5　**1**　毎分60m〔3点〕　**2**　$y=-20x+400$〔5点〕　**3**　毎分160m以上の速さ〔7点〕

6　**1**　①　30〔2点〕　②　16〔2点〕　**2**　n^3台〔5点〕
3　椅子は，両端のテーブル1台につき，縦に2脚ずつ，横に1脚ずつ並んでいる。また，x番目の並べ方においては，テーブルの縦の列数はx列，横の列数はx^2列になるから，椅子の数が198脚になるときの並べ方をx番目とすると，
$2\times x\times2+1\times x^2\times2=198$
これを解くと，$2x^2+4x-198=0$
$x^2+2x-99=0$
$(x+11)(x-9)=0$より，$x=-11$，9
ただし，xは自然数だから，$x=-11$は問題に適さない。
$x=9$は問題に適する。　答え（9番目）〔7点〕

理　科

1　**1**　**エ**〔2点〕　**2**　**イ**〔2点〕　**3**　**ア**〔2点〕　**4**　**ウ**〔2点〕
5　S(波)（アルファベットのみ可）〔2点〕　**6**　硫化銅〔2点〕　**7**　合弁花〔2点〕
8　100(Hz)〔2点〕

2　**1**　〔例〕地表や地表付近で急速に冷え固まってできた。〔3点〕
2　①　花こう　②　せん緑（完答）〔3点〕　**3**　**ア**〔3点〕

3　**1**　CO_2〔2点〕　**2**　質量：0.4(g)〔2点〕　法則：質量保存(の法則)〔2点〕　**3**　20(mL)〔3点〕

4　**1**　①　呼吸〔2点〕　②　光合成〔2点〕　**2**　気孔〔2点〕　**3**　昼間：**ウ**〔2点〕　夜間：**イ**〔2点〕

5　**1**　電子〔2点〕　**2**　器具：**エ**〔2点〕　理由：〔例〕高い電圧を加えるため。〔3点〕
3　真空放電（漢字のみ可）〔2点〕

6　**1**　**エ**〔3点〕　**2**　露点〔3点〕　**3**　**イ**〔3点〕　**4**　774(g)〔3点〕

7　**1**　〔例〕電極間に電流を流しやすくするため。〔3点〕
2　小片：C〔2点〕　色：赤(色)〔2点〕
3　OH^-〔2点〕　**4**　塩化ナトリウム〔3点〕

8　**1**　対立(形質)〔2点〕　**2**　①　顕性〔2点〕　②　潜性〔2点〕
3　Aa〔2点〕　**4**　**ウ**〔3点〕

9　**1**　右図〔3点〕　**2**　24(cm/s)〔2点〕　**3**　〔例〕等しくなっている。〔3点〕
4　①　等速直線運動〔2点〕　②　垂直抗力〔2点〕

9 1

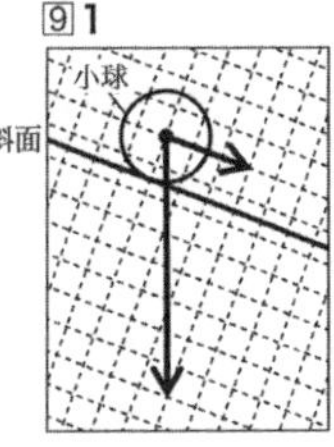

第187回 下野新聞模擬テスト

国　語　【解　説】

国　語　〔解説〕

1　3 (1) 「蜜柑」は冬の季語である。
(2) ありありと感じられるという意味で、**イ**「目に浮かぶ」が適当である。
(3) 「たどたどしさ」は形容詞「たどたどしい」の語幹に「さ」がついて名詞化したもの。**イ**「訪れ」は動詞「訪れる」の連用形から名詞化したもの。
(4) 初句「足ぶみする」と第三句「寄り集り」はどちらも字余りになっている。
(5) 子供たちの足ぶみで廊下が鳴る音を「とどろとどろと」と表している。

2　**1** 助詞と語頭以外の「はひふへほ」は「わいうえお」に直す。「ひ」を「い」に変える。
2 昼間盗人が入ったのを主人が遠くから見たという文脈なので、①「見て」の主語は「主人」、「待てよ盗人。……いかにいかに」と近寄ったのも「主人」であるから、**ア**が適当である。
3 「町を過ぐる時声をかけなば、わかきものどもの棒ちぎり木にて馳せ集り、汝を害せんも計りがたし」とある部分に着目する。主人は盗人を助けようとしたということをつかむ。
4 直後に「過ぎし昼、盗みしてゆるされし命の恩をむくいん」とあることに着目して、盗みを許された命の恩に報いようとしたということをつかむ。
5 **ア**主人は「盗まれたもの」を盗人に与えてはいない。**イ**主人はわかものたちを「引き止め」てはいない。また、「改心して」という内容は本文にない。**ウ**「わかものたちに奪われ」てはいない。**エ**盗人は盗んだものを返すこと以外は何も求められなかったという本文の内容と合っている。

〈口語訳〉

なんとかという村に、昼間盗人が入ったのを主人が遠くから見て、棒を提げてそのあとを追ってゆき、今市という町を過ぎるときには声をかけず、町を百メートルほど過ぎて、「待てよ盗人。町を過ぎるときに声をかけたなら、わかものたちが棒を持って急いで集まってきて、お前にどれほどの危害を加えたかもわからない。ここで呼びかけたのはお前を助けるための一計である。盗んだものをすべて返したなら他に何も求めない。どうだ。どうだ」と近寄ると、盗人は土に手をついて謝り、取ったものはすべて返して去ったが、その後一年ほど過ぎて、この盗人は立派な脇指を持ってきて、「かつての昼に盗みをして許された命の恩に報いたい」と言ったところ、主人は、「お前の物をとろうというのなら、その時そのままお前を帰したりしようか」と叱ったところ、盗人は涙を落としてその場を立ち去ったということである。

3　**1** 少し前に「それは『私がとらえたあの人』であって、それが『本物のあの人』である保証はない」とある。「認識されたあの人」は「本物のあの人」にはなり得ないという文脈である。
2 直後に「認識とは単なる自己による認識ではなく、自己と対象との相互作用のなかでおこなわれているのではないかという発想です」と説明されていることに着目する。
3 空欄のあとでは、「まなざし」の具体的な例を挙げて、「まなざし」の様子によって「私の『その人』に対する認識」が変化することを述べているので、**ア**「たとえば」が適当である。
4 ⑤段落の最初で「ひとつだけ『本物の私』を伝える方法がある」と述べ、「それは『私はどんな関係のなかで暮らしているのか』を可能なかぎりていねいに伝えるという方法です。」と続けている。「『私はどんな関係のなかで暮らしているのか』を可能なかぎりていねいに伝える」の部分が答えとして適当である。
5 本文の最後に「関係をつくり、コミュニティを生みだしながら自分たちの存在の場所を形成していくことは、たんなる手段ではなく、人間の本質に属することのはず」とあることに着目して、「関係をつくることが、手段ではなく本質に属することである」という内容でまとめる。
6 **ア** ③段落は①・②段落の内容から次の段階へ進んでいる。**イ** ④段落は前段までの内容をまとめる内容ではないため，適当ではない。**ウ** ⑤段落は「ところが」で始めて、筆者の考える「『本物の私』を伝える方法」について述べている。また、④〜⑥段落は、筆者の考えという点で共通しているため適当である。**エ** 後半の問題提起は、④段落の「私の本質まで伝えられるような自己紹介をしようとしたら、そんなことは可能なのでしょうか」とある部分であるため適当ではない。

4　**1** 「ほんとうに分かったのかなあ」と疑問に思う様子なので、**イ**「かしげ」が適当。
2 くろは二三が生まれるときに、「安産のお守り」としてもらわれてきた犬で、傍線部(1)の直後に「二三には、ことのほか従順だった」とあるので、**ア**が適当。
3 傍線部(2)の前に「この柏の葉のありさまに、代々の一家繁栄祈願を重ね合わせて祝う」「亮太が柏餅をだれよりも喜ぶのは、甘い物好きだからである」とあるので、この二つの内容が含まれている**エ**が適当。
4 傍線部(3)のあとに、「おかあちゃんが蒸かしてくれるのは、おにいちゃんとおとうちゃんが、畑から帰ってきてからだよ」とあるので、兄と父に遠慮して気づかっていることがわかる。
5 「菜種作り」は「家業」なので、「菜種が実を結んでいる」という表現からは、家業がうまくいっていることがわかる。また、花が落ちて菜種が実を結んでいる様子は，跡取りが順調に育っていることを比喩的に表現している。この二つの内容をまとめる。
6 **ア**「一人前だとうらやましがられるのはうれしい」、**イ**「早く大きくなって自分も家族の手伝いをしたい」、**エ**「まだ子どもだからやむを得ない」とは本文にない。**ウ**「跡取りがすこやかに育っているのは、亮助とよしにはこのうえない喜びだった」と本文にあることから合っていると判断できる。

5　・形式　氏名や題名を書かず、二百四十字以上三百字以内で書いているか。二段落の構成になっているか。原稿用紙の正しい使い方ができているか。
・表現　文体が統一されているか、主述の関係や係り受けなどが適切か、副詞の呼応や語句の使い方が適切か、など。
・表記　誤字や脱字がないか。
・内容　第一段落では、現在大切だと思っている教科、得意だと思っている教科、好きだと思っている教科について具体的に説明しているか。第二段落では、第一段落の内容を踏まえて、「自分にとって将来最も役に立つと思う教科」について書いているか。

といった項目に照らし、総合的に判断するものとする。

第187回 下野新聞模擬テスト

社　会　【解　説】

社　会　〔解説〕

1　1(2)　**ウ**は温暖湿潤気候の都市。南半球に位置するため北半球と季節が反対で，6月から9月にかけて冬が訪れる。**ア**は西岸海岸性気候の都市，**イ**はサバナ気候の都市を示している。

(3)　**Q**はアフリカ州で，北部と中南部で宗教や言語の特徴が大きく変わる。北部はイスラム教の影響を受けて，アラビア語を話し，イスラム教を信仰する国が多い。中南部は現地の言語や宗教が信仰されている反面，植民地化の影響を受け，ヨーロッパの言語を公用語とし，キリスト教を信仰する国が多い。

3　**イ**の説明は，南アメリカ大陸に位置するアンデス山脈の様子。アンデス山脈の中でも，赤道付近では標高の違いに伴う気候の違いにより，育てる農作物を変えている。標高4,000m以上の農作物が育たない場所では，リャマやアルパカを飼育している。

4　EUでは，西ヨーロッパと東ヨーロッパの経済格差が大きいため，東ヨーロッパ出身の労働者が西ヨーロッパに移住している。そのため，賃金の高い西ヨーロッパの国の国民が失業するなどの問題がおきている。

2　1　日本の標準時子午線は東経135度の経線で，兵庫県明石市を通る。

2　高知城が位置する高知市は，夏の降水量が多い太平洋側の気候である**エ**。**ア**は一年を通じて降水量の少ない瀬戸内の気候で，備中松山城が位置している高梁市，**イ**は年降水量が少なく，気温の差が大きな内陸性の気候の松本市。**ウ**は気温が低い弘前市。

4　愛知県は中京工業地帯の自動車産業が盛んであるため，第2次産業の人口割合が多い**ウ**。**ア**は促成栽培が盛んで第1次産業の割合が多い高知県，**イ**は阪神工業地帯の影響を受けて，第2次産業の割合が多い兵庫県，**エ**は果実栽培が盛んで，第1次産業の割合が多い青森県である。

6　**資料1**からは，加工・生鮮の両方において輸入量の割合が多いことが読み取れる。その原因として**資料2**からは，国産より価格の安い外国産を輸入していることが分かる。

3　1　桓武天皇は，平安京の造営とともに東北地方の蝦夷にたびたび大軍を送った。

3　後鳥羽上皇は，鎌倉幕府をたおそうと兵をあげ，幕府はこれに対して御家人を集結させ，京都へ大軍を送った(承久の乱)。幕府はこれに勝利したので，朝廷を監視し，西日本の武士を統率するため，六波羅探題を設置した。

6　**図2**は，イギリス・インド・中国(清)における三角貿易を示している。インドから中国に輸出されたアヘンをめぐってイギリスと中国の間でアヘン戦争がおき，イギリスが勝利した。

7　**A**は奈良時代，**E**は平安時代中頃，**C**は鎌倉時代，**B**は鎌倉時代末から室町時代，**D**は江戸時代前半，**F**は江戸時代後半の人物。

4　2　**ア**は江戸時代中期，**イ**は明治時代初期，**エ**は第二次世界大戦後の昭和時代について述べている。

3　**ウ**は大正デモクラシーの動き。第二次世界大戦について，**イ**が大戦前，**ア**が大戦中，**エ**が大戦後のできごと。

5　**エ**日本と韓国の国交が回復したのは1965年。**ア**は1955年，**イ**は1975年，**ウ**は1989年のできごと。

6　**図**から石炭国内生産量が減り，石油輸入量が多くなっていることが分かる。高度経済成長期には，エネルギー源が石炭から石油に変わるエネルギー革命がおき，輸入される石油に対する依存度が高まった。

5　2　グローバル化が進んだことで，商品や製品の貿易がしやすくなった。EUでは，製品の輸出入時に関税がかからないため，国際分業が進んでいる。また，世界中でも同様の現象がおきている。

4　インドネシアは，国民の約9割がイスラム教徒である。イスラム教では，豚肉を食べることが禁止されている。

6　**ア**と**ウ**は，全会一致の特徴である。

6　1　ロックの「統治二論」，ルソーの「社会契約論」，モンテスキューの「法の精神」は，イギリスやアメリカ，フランスの市民革命に大きな影響を与えた。

3　男女の平等な雇用について規定された男女雇用機会均等法と混同しないように注意する。

5　憲法改正の手続きにおいては，各議院の総議員の「3分の2以上」や国民投票において「過半数」などの数値の違いも覚えておくこと。

6　プライバシーの権利とは，私生活に関する情報を公開されない権利のことで，住所や名前などの個人情報が代表的なものとして挙げられる。情報化の進展に伴い，これらの情報が勝手に公開されたり，流出したりする危険性が出ている。

7　2　さくらんぼの国内収穫量は，8割近くを山形県が占めている。

3　社会の利益となる場合，個人の権利が制限されることがある。これを公共の福祉という。

4　五大湖周辺の北側には，鉄鉱石の産出地，南側のアパラチア山脈には石炭の産出地がある。鉄鉱石と石炭は鉄鋼を生産するために必要な原料で，これで自動車を生産し，五大湖から水運で輸出されている。

第187回 下野新聞模擬テスト

英　語　【解　説】

英　語　〔解説〕

□1 リスニング台本と解答を参照。

□2 **1** (1) 前後の文の動詞が過去形なので，「～をする」という意味の do の過去形 did を選ぶ。

(2) スピーチの話題なので，「話す」という意味の speak を選ぶ。

(3) 「～に語りかける」という意味になるよう talk を選ぶ。

(4) 「スピーチを聞いている人たち」という意味になるよう関係代名詞 who を選ぶ。

(5) 直後に「簡単な英語で十分です」とあるので，don't have to を選ぶ。「第三に，私たちは難しい英語を使う必要はありません」という意味の文にする。

(6) things と複数の語が続くので，these「これらの」を選ぶ。

2 (1) ＜more＋形容詞の原級＋than ～＞「～よりも…です」の形にする。popular は more をつけて比較級にする。

(2) ＜Have[Has]＋主語＋ever＋過去分詞～?＞の現在完了の疑問文にする。「～へ行ったことがありますか」。

(3) ＜It is ～ (for＋(人))＋to＋動詞の原形＞の否定文の形にする。「(人が)…するのは～ではありません」という意味を表す。

□3 **1** (1) チラシの中の男性のセリフを表す。「～で有名な」は be famous for ～で表す。

(2) ジャックは何人かの女の子が写っている写真について言っている。are dancing (on the stage)などとする。

(4) チラシの中の「北山駅からバスで 10 分です」という説明から，takes ten minutes by bus などとする。

2 英太は「それは～に開催される予定です」と答えているので，ジャックは「そのお祭りはいつ開催するのですか」とたずねたと考えられる。 hold は「開催する」→受け身の形で be held は「開催される」。hold の過去分詞は held。

3 本文訳参照。ジャックは「僕は毎週土曜日の午後に剣道のけいこをします」と言っている。

4 本文訳参照。「それ(＝和太鼓体験教室)は～に違いない」につながるよう，exciting「わくわくする，楽しい」を選ぶ。

5 本文訳参照。英太とジャックが秋祭りに行くときの予定をまとめなおす。① family は英太の 4 番目の発言内，② learn は英太の 8 番目の発言内にある。

6 下線部は「あなたはどの学校行事がいちばん好きですか。僕にそのうちの一つを紹介してくれますか」という意味。いちばん好きな学校行事を具体的に紹介して，開催された時期や，そのときにしたこと，それについての自分の感想などを書くとよい。

□4 **1** 本文訳参照。**A**はホームステイ先の町が自分の町のようだと言っている場面。happy「うれしい」を入れるのが適切。**B**は苗木を植える作業をやってみようと誘われた場面。excited「わくわくした」を入れるのが適切。

2 本文訳参照。下線部直前のジェーン(Jane)の発言内容をまとめる。

3 質問は「カナダの人々はなぜ森を育てるのですか」という意味。第 3 段落 4 ～ 6 行目を参照。

4 本文訳参照。第 3 段落 3 ～ 4 行目と最終段落の最後の 2 文の内容をまとめる。

5 **ア**…第 1 段落 1 行目参照。智子はカナダに一か月間滞在したとあるので，誤り。

イ…第 2 段落参照。智子はジェーンと森に行ったが，そこではグリーンさん(Mr. Green)には会っていないので，誤り。

ウ…第 2 ～ 3 段落参照。同じ内容を読み取ることができるので，正しい。

エ…最終段落 1 ～ 2 行目参照。智子の友だちは森についてあまり知らなかったとあるので，誤り。

□5 **1** 本文訳参照。「それらは介護ロボットと呼ばれています」となるよう called を選ぶ。

2 本文訳参照。take care of ～で「～の世話をする」という意味を表す。

3 本文訳参照。直前の文の内容をまとめる。

4 最終段落最後の文参照。筆者はお年寄りの介護のために，ロボットを適切な時に適切な場所で使えば，お年寄りの生活はよりよくなると言っている。

第187回 下野新聞模擬テスト

英　語　【解　説】

〔本文訳〕

③ ジャック：やあ，英太。そのチラシは何ですか。
英太：やあ，ジャック。このチラシは，秋祭りについてのものだよ。秋祭りは毎年，あさひ公園で行われるんだ。
ジャック：秋祭り？　そのお祭りでは何をするの。
英太：チラシを見て。この写真は昨年のお祭りでの花火だよ。チラシの男性は，この祭りは花火で有名ですと言っているよ。
ジャック：ああ，とても美しいね。英太，別の写真があるよ。この写真では，何人かの女の子が舞台で踊っている。彼女たちはとても楽しそうに見えるよ。
英太：このお祭りではいくつかのショーを楽しめるよ。今年は5時30分に始まるよ。
ジャック：お祭りはいつ開催するの。
英太：11月20日の土曜日に開催されるよ。僕の家族と一緒に行くかい。
ジャック：もちろん。行きたいけど……。
英太：ああ，何かすることがあるの。
ジャック：うん。5時まで忙しい。毎週土曜日の午後に剣道のけいこをするんだ。
英太：心配しないで。6時までに公園に着けば，和太鼓ショーや花火を楽しむことができるよ。
ジャック：和太鼓とは何なの。
英太：それは「伝統的な日本のドラム」だよ。僕たちはそこで和太鼓体験教室に参加できるんだ。
ジャック：わくわくするに違いないね。オーストラリアでは，僕はブラスバンドに所属していて，ドラムを演奏していたんだ。でも和太鼓のことは聞いたことがないよ。
英太：僕の兄は和太鼓チームの一員なんだ。君はそれを演奏するやり方を習うことができるよ。彼のクラスに参加したいかい？
ジャック：もちろん。僕たちはどこで会おうか。
英太：北山駅で会おう。あさひ公園行きのバスの運行が20分おきにあるんだ。北山駅からあさひ公園までバスで10分かかるよ。
ジャック：わかったよ。では，北山駅からどのバスに乗ったらいいの。
英太：ええと……。5時40分のバスに乗ろう。僕たちは和太鼓ショーが始まる前に到着するよ。この計画でどうかな。
ジャック：すばらしいね。英太，僕たちの学校でも秋祭りのように，いくつかおもしろい行事があるよね。君はどの学校行事がいちばん好きなの。僕にそのうちの一つを紹介してくれるかい。

④ 昨年の夏，私はカナダを訪れ，一か月間ホストファミリーのもとに滞在しました。ホストファミリーは山の多い小さな町に住んでいました。私がホストファーザーに会ったとき，彼は「私たちの町へようこそ，智子。滞在を楽しんで」と言いました。私は「ありがとうございます，グリーンさん。私は日本の栃木にある山の近くの小さな町から来ました。この町は日本の私の町みたいなので，私はうれしいです」と言いました。私がカナダに滞在している間，ホストシスターのジェーンはよく私を町にあるいくつかのおもしろい場所に連れて行ってくれました。私は彼女とたくさんのことをして楽しみました。

ある日，ジェーンと私は美しい森に行きました。私たちはそこで何人かの人を見かけました。彼らは森で働いていました。私はジェーンに「彼らは何をしているの」と尋ねました。ジェーンは「彼らは木の世話をしています。彼らは森を育てるために草を刈って，苗木を植えているの」と言いました。私は男の子や女の子を何人か見かけました。彼らは他の大人たちと一緒に働いていました。私は「ここには子どもが何人かいるね。彼らも働いているの」と言いました。ジェーンは「ええ。彼らはボランティアとして大人たちを手伝っているの。私もときどき，彼らを手伝うのよ」と言いました。私は彼らはすばらしいなと思いました。それからジェーンは「彼らは今，苗木を植えているの。今日，あなたはいくつかの苗木を植えることで手伝いができるよ。やってみたい？　きっと楽しめると思うよ」とつけ加えました。私はそれを聞いてわくわくしました。

私はジェーンと一緒に苗木を植えてみました。それは私の初めての経験でした。木を植えることは少し大変でしたが，とても楽しかったです。木を植えた後で，ジェーンは私に「日本の人たちは森のために何をしているの」と尋ねました。私は森について何も知らなかったので，彼女の質問に答えることができませんでした。するとジェーンは「森は私たちにとって大切です。森は私たちに新鮮な空気やたくさんの水や，その他の大切なものをくれるの。森は私たちを自然災害からも守ってくれるのよ。だからカナダでは，森を育てるために毎年苗木を植えているの」と言いました。私はジェーンから森について多くのことを学びました。

栃木に戻った後，私は友だちと森について話しました。しかし，彼らは森についてあまり知りませんでした。私は父とも話しました。父は「以前は山で働くために多くの人が私たちの町に住んでいたよ。でも今では，ここの山で働く人はそれほど多くないね」と言いました。私は，日本の若い人たちは森についてもっと知る必要があると思います。きっと私たちも自国の森のために何かできると思います。

⑤ 今日，介護施設の中にはお年寄りの世話をするために，すでにロボットを使い始めているところがあります。それらは介護ロボットと呼ばれています。介護ロボットはお年寄りのために何ができるのでしょうか。いくつかの例を見てみましょう。

お年寄りの世話をするときには，難しいことがたくさんあります。たとえば，お年寄りをベッドやトイレに連れて行くのはとても大変です。ある介護ロボットは，介護者が仕事をするときに手助けができます。そのロボットは力がもっとあるので，介護者は簡単にお年寄りを世話することができます。この種類のロボットがより頻繁に使われれば，介護者の仕事はより容易になります。そうすれば，お年寄りの生活もより楽になるでしょう。

多くのお年寄りは，うまく歩けないことがよくあります。別の介護ロボットはお年寄りのもつその問題を手助けすることができます。お年寄りがこれらのロボットを使うと，介護者の助けがなくても多くのことができます。たとえば，それらのロボットは，お年寄りが自分でトイレに歩いて行きたいときに彼らの手助けができます。介護者に助けを頼むとき，申し訳ないと思うお年寄りもいます。この種類のロボットはそのような人々を幸せにすることができます。

介護ロボットを介護施設で使うことをよくないと思う人もいます。彼らは人の世話は人がするべきだと考えています。しかしながら，今日の日本ではお年寄りがだんだん増えているので，より多くの介護者が必要になるでしょう。介護ロボットは，介護者とお年寄りの両方にとってとても役立つでしょう。適切な時に適切な場所で介護ロボットを使用すれば，お年寄りの生活をさらによりよくすることができるでしょう。

第187回 下野新聞模擬テスト

英 語 【解 説】

英語問題 1 〔リスニング台本〕

台　本	時 間
これから中学3年生　第187回　下野新聞模擬テスト　英語四角1番，聞き方のテストを行います。 なお，練習はありません。 (ポーズ約5秒) これから聞き方の問題に入ります。問題用紙の四角で囲まれた1番を見なさい。問題は1番，2番，3番の三つあります。 最初は1番の問題です。問題は(1)から(3)まで三つあります。英語の対話とその内容についての質問を聞いて，答えとして最も適切なものをア，イ，ウ，エのうちから一つ選びなさい。対話と質問は2回ずつ言います。 では始めます。 (1)の問題です。　*A* : Good morning. May I help you? *B* : Yes. I would like to buy this cake. *A* : Sure. Anything else? 質問です。　*Q* : Which picture shows this?　(約5秒おいて繰り返す。)(ポーズ約5秒) (2)の問題です。　*A* : Kyoko, what are you going to do tomorrow? *B* : I'm going to watch a basketball game on TV at home. What are your plans for tomorrow, Tom? *A* : I'm going to go to the stadium to see a soccer game. 質問です。　*Q* : What is Tom going to do?　(約5秒おいて繰り返す。)(ポーズ約5秒) (3)の問題です。　*A* : Shun, look at those dogs. *B* : Oh, they are in a box. Are they yours? *A* : Yes. They are so cute. 質問です。　*Q* : What are they looking at?　(約5秒おいて繰り返す。)(ポーズ約5秒)	(1番) 約3分
次は2番の問題です。問題は(1)と(2)の二つあります。英語の対話とその内容についての質問を聞いて，答えとして最も適切なものをア，イ，ウ，エのうちから一つ選びなさい。質問は問題ごとに①，②の二つずつあります。対話と質問は2回ずつ言います。 では始めます。 (1)の問題です。　*Woman* : Excuse me. This is my first time here. Can you help me? *Man* : Sure. What can I do for you? *Woman* : I want to go to Midori Station. My friend is waiting for me there. Does that yellow train go there? *Man* : Yes. But it stops at every station and will get there at eleven forty. I think you should take another train. *Woman* : Another train? *Man* : Yes. The green train stops at only five stations. *Woman* : That sounds good. *Man* : It will get to Midori Station thirty minutes earlier. It will come in twenty minutes. You can wait for it here. *Woman* : I will take that one then. Thank you very much. *Man* : You're welcome. ①の質問です。　Why does the woman want to go to Midori Station?　(ポーズ約3秒) ②の質問です。　What time will the green train get to Midori Station?　(約5秒おいて繰り返す。)(ポーズ約5秒) (2)の問題です。　*Father* : Ann, what are you looking at? *Ann* : Hi, Dad. I'm looking at the weather news on the internet. Tomorrow, I'm going to go to a park with my teacher and classmates. It will be sunny in Utsunomiya. *Father* : That's good. Ann, tomorrow will be the warmest day this week. Don't forget to take something to drink with you. *Ann* : Of course, Dad. *Father* : Can I check the weather in Osaka this week? I'm going to go there for work. *Ann* : Sure. Oh, Osaka will be warmer than Utsunomiya. *Father* : Really? Let me see .... Oh, no. When I go to Osaka, it will be rainy there. *Ann* : When are you going to come home? *Father* : I'm going to come home on Friday. It will be rainy in Osaka that day, too. *Ann* : I hope you will have a good time in Osaka. ①の質問です。　What day of the week is Ann going to go to a park?　(ポーズ約3秒) ②の質問です。　How many days is Ann's father going to be in Osaka?　(約5秒おいて繰り返す。)(ポーズ約5秒)	(2番) 約5分
次は3番の問題です。あなたは，英語の授業で行う活動についてホワイト先生(Ms. White)による説明を聞いています。説明を聞いて，その内容をまとめた英語のメモを完成させなさい。英文は2回言います。 では始めます。 We'll have a special class on Wednesday next week. Please bring your favorite thing from your house. You will show it to your friends and talk about it in English. So find something this weekend. You must not choose any food. Then please write about it in your notebook in English. On Monday morning, bring me your notebook. I'll read it and give your notebook back to you on Tuesday morning. After that, please practice talking a lot. When you speak in the class, you must not look at your notebook. Do your best and enjoy talking in English! (約5秒おいて)繰り返します。(1回目のみ)　(ポーズ約5秒) これで聞き方の問題を終わります。では，ほかの問題を始めなさい。	(3番) 約3分

第187回 下野新聞模擬テスト

数学 【解説】

数学 〔解説〕

□1 **1** $-9+(+5)=-9+5=-4$

2 $\frac{1}{4}x\times(-8y^2)=-\frac{x\times8y^2}{4}=-2xy^2$

3 $\frac{a^3}{b^2}=\frac{2^3}{(-4)^2}=\frac{8}{16}=\frac{1}{2}$

4 $x^2-64=x^2-8^2=(x+8)(x-8)$

5 $m=\frac{1}{2}(a+b)$の両辺に2をかけて，$2m=a+b$，$a+b=2m$，$a=2m-b$

6 **ア**…自然数は正の整数のことだから0は含まない。**ウ**…循環小数は有理数である。**エ**…$\sqrt{16}=4$だから有理数である。

7 $\angle\mathrm{BCD}=90^\circ+60^\circ=150^\circ$で，BC＝CDだから，

$\angle\mathrm{CBD}=\frac{180^\circ-150^\circ}{2}=15^\circ$である。右の図のように，辺ACと線分BDの交点をEとするとき，△BCEの内角と外角の関係より，

$\angle x=\angle\mathrm{CBE}+\angle\mathrm{BCE}=15^\circ+90^\circ=105^\circ$

□1 7

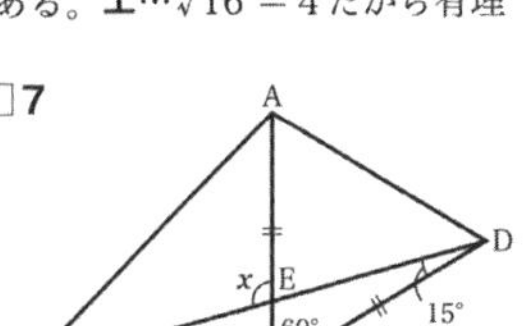

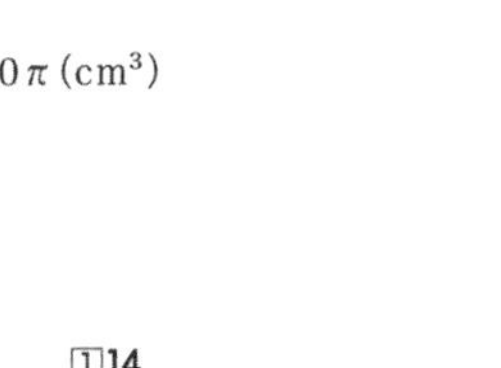

8 (変化の割合)＝$\frac{(y\text{の増加量})}{(x\text{の増加量})}$だから，$3=\frac{(y\text{の増加量})}{2}$より，

(yの増加量)＝6

9 底面の半径が6 cm，高さが5 cmの円柱を表すから，体積は$\pi\times6^2\times5=180\pi\,(\mathrm{cm}^3)$

10 $\sqrt{15}\times\sqrt{10}=\sqrt{3\times5}\times\sqrt{2\times5}=\sqrt{3\times5\times2\times5}=5\sqrt{6}$

11 $x^2+3x+1=0$の左辺は因数分解できないから，解の公式を利用して，

$$x=\frac{-3\pm\sqrt{3^2-4\times1\times1}}{2\times1}=\frac{-3\pm\sqrt{9-4}}{2}=\frac{-3\pm\sqrt{5}}{2}$$

12 x円に10％の消費税が加算されると$\left(1+\frac{10}{100}\right)x=\frac{11}{10}x$(円)になるから，

$\frac{11}{10}x>1000$

13 $3x+4y=12$…①，$x-2y=4$…②

①＋②×2より，$5x=20$，$x=4$　これを②に代入して，$4-2y=4$，$y=0$

したがって，①，②の交点の座標は（4，0）

14 右の図で，対頂角は$\angle a$と$\angle e$，$\angle c$と$\angle g$，$\angle b$と$\angle f$，$\angle d$と$\angle h$，同位角は$\angle a$と$\angle b$，$\angle c$と$\angle d$，$\angle e$と$\angle f$，$\angle g$と$\angle h$，錯角は$\angle a$と$\angle f$，$\angle g$と$\angle d$，同側内角は$\angle a$と$\angle d$，$\angle g$と$\angle f$である。

□1 14

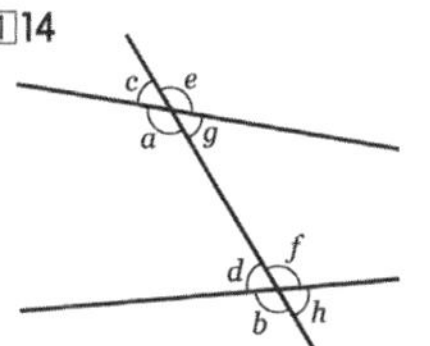

□2 **1** 180°の回転移動だから，点Aに対応する点Pは半直線AO上にあり，AO＝OPである。また，点Bに対応する点Qは半直線BO上にあり，BO＝OQである。

【作図法】① 半直線AOを引く。
② コンパスでAO＝OPとなる点Pを求める。
③ 半直線BOを引く。
④ コンパスでBO＝OQとなる点Qを求める。
⑤ ②，④で求めた点P，Qを両端とする線分PQを引く。

□2 1

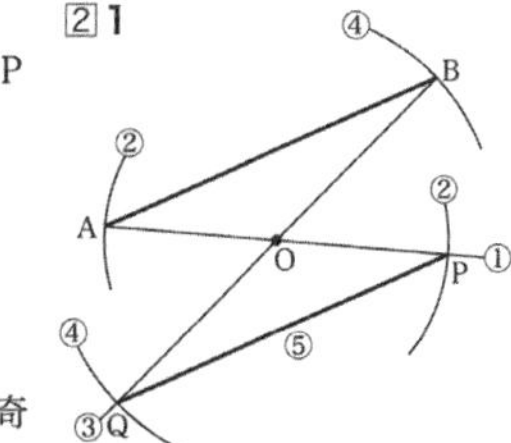

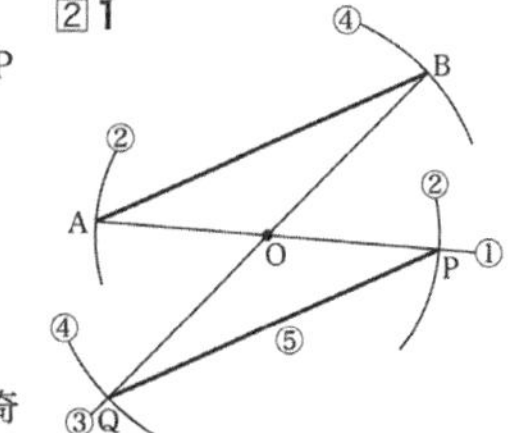

2 Sさんの得点の方がTさんの得点よりも高くなるのは，Sさんの得点が5点(奇数が出たとき)で，Tさんの得点が4点以下になる，次の12通りの場合である。

(Sさん，Tさん)＝(1，1)，(1，2)，(1，3)，(1，4)，(3，1)，(3，2)，(3，3)，(3，4)，(5，1)，(5，2)，(5，3)，(5，4)

2人のさいころの目の出方のすべての場合の数は6×6＝36(通り)だから，

求める確率は$\frac{12}{36}=\frac{1}{3}$である。

3 点Aの座標は$(-4,\ 4)$だから，関数$y=ax^2$に，$x=-4$，$y=4$を代入すると，

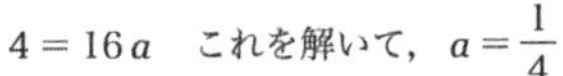

$4=16a$　これを解いて，$a=\frac{1}{4}$

yの変域に関しては，$a>0$であり，xの変域に0が含まれることから，右の図より，yの最小値は0である。また，-4の方が2よりも絶対値が大きいから，$x=-4$のときの$y=4$が最大値である。

□2 3

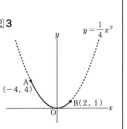

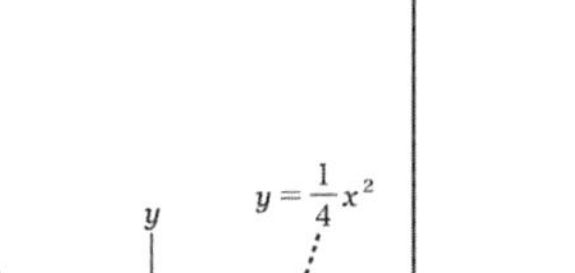

□3 **1** 来年の年齢は今日の年齢より1歳多くなり，6年後の年齢は今日の年齢より6歳多くなる。

2 (1) 資料の最小値は2，最大値は47だから，分布の範囲は$47-2=45$である。

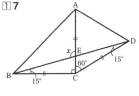

第187回 下野新聞模擬テスト

数　学　【解　説】

⑵　資料の個数は15個だから，中央値は小さい方から8番目の19である。また，第1四分位数は小さい方の7個の資料の中央値だから7である。

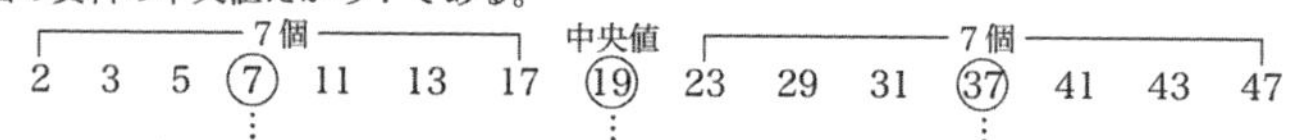

⑶　四分位範囲とは，第3四分位数と第1四分位数の差のことである。第3四分位数は大きい方の7個の資料の中央値だから37であり，四分位範囲は$37-7=30$である。

4　**1**　直角三角形の合同条件を使って証明する。

2　⑴　△DEFを底面とすると，底面積は$\frac{1}{2}\times8\times6=24$(cm²)で，高さ(PF)は$7-5=2$(cm)だから，

三角錐P－DEFの体積は$\frac{1}{3}\times24\times2=16$(cm³)

⑵　切断面である△PDEの面積をScm²とすると，
三角錐P－DEFの表面積は，△DEF，△PDF，△PEF，△PDEの面積の和になるから，

$\frac{1}{2}\times8\times6+\frac{1}{2}\times8\times2+\frac{1}{2}\times6\times2+S=38+S$ (cm²)

また，立体ABC－DEPの表面積は，△ABC，長方形ABED，台形PCAD，台形PCBE，△PDEの面積の和になるから，

$\frac{1}{2}\times8\times6+7\times10+\frac{1}{2}\times(5+7)\times8+\frac{1}{2}\times(5+7)\times6+S=178+S$ (cm²)

したがって，三角錐P－DEFと立体ABC－DEPの表面積の差は，

$(178+S)-(38+S)=140$ (cm²)

5　**1**　図2のグラフより，太郎さんは家を出発してから5分間で300m歩いたことがわかる。よって，その速さは，$300\div5=60$より，毎分60mである。

2　求める式は直線(1次関数)の式だから$y=ax+b$と表せる。5分後の座標が点(5，300)であるから，$x=5$，$y=300$を代入して，$300=5a+b$　…①

また，8分後の座標が点(8，240)であるから，$x=8$，$y=240$を代入して，$240=8a+b$　…②

①，②を連立方程式として解くと，$a=-20$，$b=400$

以上より，求める式は$y=-20x+400$

3　$5\leqq x\leqq8$の範囲で，太郎さんと花子さんの距離は，1分間につき

$(300-240)\div(8-5)=20$ (m)

ずつ縮まっているから，花子さんの歩く速さは太郎さんより毎分20mだけ速い，毎分80mである。

右の図より，太郎さんが家を出発してからバス停に着くまでに

$720\div60=12$ (分)

かかり，このときの時刻である9時12分には，花子さんはバス停から

$720-80\times(12-5)=720-560=160$ (m)

の地点にいることになる。したがって，9時13分に発車するバスに乗るまでの1分間を，

$160\div1=160$

より，毎分160m以上の速さで走ればよい。

5**3**

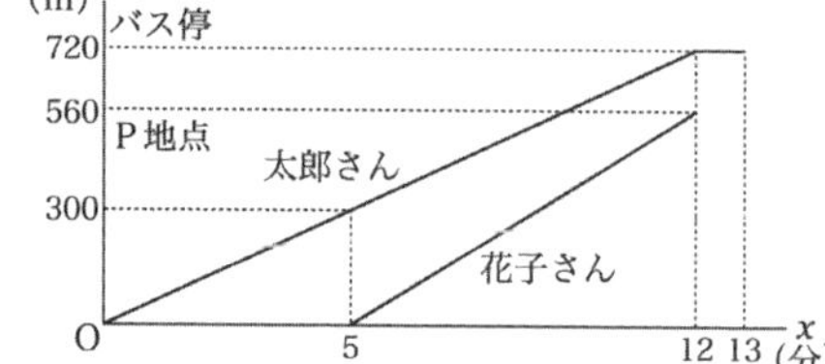

6　**1**　椅子は，両端のテーブル1台につき，縦には2脚ずつ，横には1脚ずつ並んでいる。3番目の並べ方では，テーブルが縦に3列ずつ，横に9列ずつ並んでいるから，椅子の数は，

$2\times3\times2+1\times9\times2=12+18=30$ (脚)

また，図や表より，テーブルの横の列数は，縦の列数の2乗になっていることがわかる。したがって，4番目の並べ方におけるテーブルの横の列数は

$4^2=16$ (列)

2　n番目の並べ方においては，テーブルの縦の列数はn列，横の列数はn^2列になるから，テーブルの総数は，

$n\times n^2=n^3$ (台)

3　**1**の解説より，椅子は，両端のテーブル1台につき，縦には2脚ずつ，横には1脚ずつ並んでいる。また，**2**の解説より，x番目の並べ方においては，テーブルの縦の列数はx列，横の列数はx^2列になるから，椅子の数が198脚になるときの並べ方をx番目とすると，

$2\times x\times2+1\times x^2\times2=198$

これを解くと，$2x^2+4x-198=0$

$x^2+2x-99=0$

$(x+11)(x-9)=0$より，$x=-11$，9

ただし，xは自然数だから，$x=-11$は問題に適さない。

$x=9$は問題に適する。

したがって，9番目の並べ方である。

第187回 下野新聞模擬テスト

理　科　【解　説】

理　　科 〔解説〕

1 **1**　溶岩のねばりけが小さいと穏やかな噴火をする。雲仙普賢岳と昭和新山は激しい爆発的な噴火を，マウナロアは穏やかに溶岩を流し出す噴火をする。なお，桜島はこれらの中間的な噴火をする。
2　アンモニアの水溶液(アンモニア水)はアルカリ性を示す。
3　アミラーゼは，デンプンをブドウ糖が２分子結びついている物質に分解するはたらきをもつ。
4　圧力の単位であるPaはパスカルと読み，力の大きさ〔N〕を面積〔m^2〕で割ることで求められるので，N/m^2という単位を用いることもある。なお，Nは力や重さ，g/cm^3は密度，Jは熱量や電力量を表す単位である。
5　ゆれXを主要動といい，S波によって伝えられる。S波はSecondary Wave(２番目の波)の略である。
6　S(硫黄原子)とCu(銅原子)が１：１の個数の割合で結びついている物質は硫化銅である。
7　花弁が互いにくっついている花を合弁花といい，合弁花をさかせる双子葉類を合弁花類という。
8　横軸の２目盛り分の$0.005 \times 2 = 0.01$〔s〕で１回振動しているので，振動数(１秒あたりの振動の回数)は$1 \div 0.01 = 100$〔Hz〕である。

2 **1**　深成岩は，マグマが地下深くでゆっくりと冷え固まってできた火成岩で，火山岩は，マグマが地表や地表付近で急速に冷え固まってできた火成岩である。
2　花こう岩や流紋岩のように，無色鉱物を多く含んでいるほど白っぽい色になる。また，深成岩は等粒状組織を，火山岩は斑状組織をしていて，岩石Xはせん緑岩，Yは安山岩である。
3　チョウ石はすべての火成岩に高い割合で含まれている。セキエイも無色鉱物であるが，主に無色や白色で不規則な形をしている。

3 **1**　うすい塩酸に石灰石の主成分である炭酸カルシウムを加えると，二酸化炭素が発生する。
2　発生した二酸化炭素は空気中に拡散するので，反応前後の全体の質量の差を求めればよい。このことは，化学変化の前後で，その化学変化に関係する物質全体は変化しないという質量保存の法則による。したがって，発生した二酸化炭素の質量は$1.0 + 135.0 - 135.6 = 0.4$〔g〕である。
3　炭酸カルシウムの質量が1.5gまでは，発生した二酸化炭素の質量は加えた炭酸カルシウムの質量に比例しているが，炭酸カルシウムの質量が1.5g以上では二酸化炭素の質量は一定になっている。よって，30mLのうすい塩酸と過不足なく反応した炭酸カルシウムは1.5gであることがわかる。したがって，溶け残っていた炭酸カルシウムは$2.5 - 1.5 = 1.0$〔g〕なので，これを完全に反応させるためには，$30 \times \frac{1.0}{1.5} = 20$〔mL〕のうすい塩酸が必要である。

4 **1**　酸素を吸収して二酸化炭素を放出しているはたらきXは呼吸で，二酸化炭素を吸収して酸素を放出しているはたらきYは光合成である。
2　気孔は，呼吸や光合成における酸素や二酸化炭素の出入り口であり，蒸散における水蒸気の出口でもある。
3　日光の量には関係なく，呼吸は常に行っていて，日光が十分に当たっている昼間は，呼吸よりも光合成の方を盛んに行っている。また，日光がまったく当たらない夜間には，光合成を行わずに呼吸のみを行っている。

5 **1**　電流の正体は，陰極から陽極へ向かって移動する電子の流れである。
2　電源装置や手回し発電機程度の電圧では，空間に電流を流すことはできない。誘導コイルは，非常に高い電圧を加えることができる器具である。
3　空間を電流が流れる現象を放電といい，実験のように圧力の小さな空間で起こる放電を真空放電，雷のように普通の空間で起こる放電を火花放電という。

6 **1**　気温の変化を水温の変化に置きかえることによる実験なので，気温と水温を同じにしておく必要がある。
2　容器の表面についたくもりは，空気中に含まれている水蒸気が容器の表面にふれて冷やされ，液体の水に変化したものである。このように，空気の温度を下げていったときに，空気中の水蒸気が飽和して水滴に変化し始める温度を露点という。
3　気温25℃，露点19℃における飽和水蒸気量は，それぞれ$23.1g/m^3$，$16.3g/m^3$である。したがって，湿度は$\frac{16.3}{23.1} \times 100 = 70.5\cdots$〔%〕である。
4　空気$1m^3$中には16.3gの水蒸気が含まれていて，気温23℃における飽和水蒸気量は$20.6g/m^3$なので，空気$1m^3$中にあと$20.6 - 16.3 = 4.3$〔g〕の水蒸気を含むことができる。したがって，理科実験室全体では4.3〔g/m^3〕$\times 180$〔m^3〕$= 774$〔g〕の水蒸気を含むことができる。

7 **1**　リトマス紙の色への影響も考慮して，中性の電解質の水溶液をしみ込ませればよい。
2　うすい塩酸の溶質である塩化水素は，水溶液中で$HCl \rightarrow H^+ + Cl^-$のように電離していて，うすい塩酸が示す酸性の性質は，水溶液中に生じている水素イオン(H^+)による。水素イオンは陽イオンなので，電圧を加えると陰極側に移動する。これにより，陰極側の青色リトマス紙が赤色に変化する。
3　うすい水酸化ナトリウム水溶液の溶質である水酸化ナトリウムは，水溶液中で$NaOH \rightarrow Na^+ + OH^-$のように電離していて，うすい水酸化ナトリウム水溶液が示すアルカリ性の性質は，水溶液中に生じている水酸化物イオン(OH^-)による。水酸化物イオンは陰イオンなので，電圧を加えると陽極側に移動する。
4　塩酸と水酸化ナトリウム水溶液は$HCl + NaOH \rightarrow H_2O + NaCl$のように反応し，水と塩化ナトリウムという塩が生成する。

8 **1**　種子の形状の「丸」と「しわ」のように，ある一つの形質について同時に現れない二つの形質が存在するとき，これらの形質どうしを対立形質という。
2　異なる形質をもつ純系どうしをかけ合せたとき，子に現れる形質を顕性形質，現れない形質を潜性形質という。
3　子の代の遺伝子の組み合わせはすべてAaなので，子の自家受粉でできる孫の代の遺伝子の組み合わせはAA，Aa，aaの３種類があり，理論上，AA：Aa：aa＝１：２：１の割合で出現する。
4　遺伝子の組み合わせがAAとAaのものに顕性の形質である「丸」が，aaのものに潜性の形質である「しわ」が現れるので，孫の代でできたすべての種子の個数は，$n \times \frac{1+2+1}{1} = 4n$〔個〕ほどであったと考えられる。

9 **1**　重力を表す矢印を対角線とし，斜面に平行な向きと垂直な向きを隣り合う２辺とする平行四辺形(長方形)を作図することで，重力の二つの分力を求めることができる。これらの分力のうち，斜面に平行な向きの分力によって，斜面上を運動する小球の速さは一定の割合で速くなっていく。
2　A点からC点までの距離は$1.2 + 3.6 = 4.8$〔cm〕であり，この距離を運動するのに0.2秒かかっている。したがって，このときの小球の平均の速さは4.8〔cm〕$\div 0.2$〔s〕$= 24$〔cm/s〕である。
3　斜面上で速さが増加する割合は一定なので，運動を始めてから0.3秒後の瞬間の速さは等しくなる。
4　空気の抵抗や摩擦力を考えないので，水平面上を運動している小球には，その運動の向きには力ははたらいていない。このときの小球には重力と垂直抗力の二つの力がはたらいていて，これらの力はつり合っている。このような場合，運動している物体は慣性により等速直線運動を続けようとする。

第188回 下野新聞模擬テスト
国語・社会・英語 【解 答】

国 語

1 1 (1) えっけん〔2点〕 (2) こうそく〔2点〕 (3) こ(がれる)〔2点〕
(4) ともな(う)〔2点〕 (5) もめん〔2点〕
2 (1) 賛否〔2点〕 (2) 留(まる)〔2点〕 (3) 善処〔2点〕
(4) 浴(びる)〔2点〕 (5) 弁舌〔2点〕
3 (1) **イ**〔2点〕 (2) **エ**〔2点〕 (3) 鶯も杖も〔2点〕 (4) **ア**〔2点〕 **4** **ウ**〔2点〕
2 1 いえる(ひらがなのみ可)〔2点〕 **2** **エ**〔2点〕 **3** **イ**〔2点〕
4〔例〕主君にまっすぐに物を言い、へつらうことがなかったところ。〔2点〕 **5** **イ**〔2点〕
3 1 **エ**〔3点〕
2〔例〕伝統的な和歌の季節感をもとにして、江戸時代の農業を中心とした生活の中で実感したもの。〔4点〕
3 初め:真夏に 終わり:心躍り(完答)〔3点〕 **4** **イ**〔3点〕
5〔例〕季語がもともと持っていた季節感に照らして、私たちが抱いている季節感のずれを見直すこと。〔4点〕
6 **ウ**〔3点〕
4 1 **イ**〔3点〕 **2** **イ**〔3点〕
3〔例〕背筋がまっすぐのび、顔つきも引きしまってき然としており、ふだんと別人のようだ(と感じている。)〔4点〕
4 **ウ**〔3点〕
5〔例〕作太郎のよく通る声の響きに反応して近づいてくる馬の群れの様子に高ぶる気持ち。〔4点〕
6 **エ**〔3点〕
5〔例〕私は自分の好きなことや楽しいことをしているときは時間が経つのを短く感じますが、あまりしたくないことをするときや何かを待っている時間は長く感じます。例えば部活の時間や休み時間は短く感じますが、授業の中でもあまり好きではない教科のときは長く感じられます。
考えてみると、時間が長く感じるのは、自分が前向きになれていないときのような気がします。そのような気持ちで時間を過ごすことは自分のためにならないし、もったいないと思います。ですから、今あまり好きではない時間も、何か楽しみや、興味をもてるところを見つけて、自分にとって充実した時間を過ごせるようにしたいと思います。〔20点〕

社 会

1 1 **イ**〔2点〕 **2** D〔2点〕 **3** **ウ**〔2点〕 **4** 混合(農業)〔2点〕
5 **ウ**〔2点〕 **6** オーストラリア〔2点〕
7〔例〕再生可能エネルギーの割合が多いため，総発電量1kWh当たり二酸化炭素排出量が他の国に比べて少ない。〔4点〕
2 1 **ア**〔2点〕
2 記号:a〔2点〕
理由:〔例〕宮城県は，海岸が複雑に入り組んでいるリアス海岸が広がり，波が穏やかなため養殖漁業がしやすいから。〔2点〕
3 (1) 工業団地〔2点〕 (2) **エ**〔2点〕 **4** 近郊(農業)〔2点〕
5 **ア**，**エ**(順不同・完答)〔2点〕
3 1 **イ**〔2点〕 **2** 寛政(の改革)〔2点〕 **3** 寺子屋〔2点〕 **4** **エ**〔2点〕
5 保元の乱〔2点〕 **6** **ア**〔2点〕 **7**〔例〕営業を独占する権利を認められた同業者の団体。〔4点〕
8 (**A**)→**D**→**C**→**E**→**F**→(**B**)(完答)〔2点〕
4 1 **イ**〔2点〕 **2** **エ**→**イ**→**ア**→**ウ**(完答)〔2点〕 **3** 政党内閣〔2点〕
4〔例〕農産物の価格が下落し，生活が苦しくなったため。〔4点〕 **5** 学徒出陣〔2点〕 **6** **ア**〔2点〕
5 1 **ア**〔2点〕 **2** 平和主義〔2点〕 **3** **エ**〔2点〕
4 (1) 情報公開(制度)〔2点〕 (2) **ウ**〔2点〕 **5** 団体行動権〔2点〕
6 1 (1) 秘密(選挙)〔2点〕 (2) **エ**〔2点〕
2〔例〕衆議院は参議院と比べて，任期が短く，解散する可能性もあるため，国民の意見を反映しやすいと考えられているから。〔4点〕
3 **イ**〔2点〕 **4** **ウ**，**エ**(順不同・完答)〔2点〕 **5** 国庫支出金〔2点〕
7 1 **イ**〔2点〕 **2** 学制〔2点〕
3 利点:〔例〕育児・介護による退職を防ぎ，労働者の確保につながる。〔2点〕
課題:〔例〕男性の育児休業取得率を上げる必要がある。〔2点〕
4 **ア**〔2点〕 **5** 裁判員(制度)〔2点〕

英 語

1 1 (1) **ウ**〔2点〕 (2) **イ**〔2点〕 (3) **エ**〔2点〕
2 (1) ① **ウ**〔3点〕 ② **ア**〔3点〕 (2) ① **ア**〔3点〕 ② **エ**〔3点〕
3 (1) nearest〔2点〕 (2) hospital〔2点〕 (3) green〔2点〕 (4) far〔2点〕
2 1 (1) **エ**〔2点〕 (2) **ウ**〔2点〕 (3) **イ**〔2点〕 (4) **エ**〔2点〕 (5) **ア**〔2点〕 (6) **イ**〔2点〕
2 (1) **ア**→**エ**→**イ**→**ウ**(完答)〔2点〕 (2) **エ**→**ウ**→**ア**→**イ**(完答)〔2点〕
(3) **ウ**→**オ**→**イ**→**ア**→**エ**(完答)〔2点〕
3 1 What time(完答)〔2点〕 **2** **ウ**〔2点〕 **3**〔例〕7時間から8時間寝ている(こと)〔3点〕
4 (2)〔例〕when we are tired〔3点〕 (3)〔例〕he runs in the park for twenty minutes〔3点〕
(4)〔例〕he does his homework soon〔3点〕
5 ① sports〔3点〕 ② eat〔3点〕
6〔例〕Yes, I do. I always eat vegetables when I eat breakfast, lunch and dinner. And I don't eat too much. Also, I often go out with my friends. It makes me happy and more active.〔6点〕
4 1 **イ**〔3点〕
2〔例〕カレンが，漢字の意味を分からないまま「米」と書かれたTシャツを「気に入った」と言ったから。〔3点〕
3 looked for(完答)〔2点〕
4 ①〔例〕英語をうまく話すことができない〔3点〕 ②〔例〕彼らの気持ちを考える〔3点〕
5 **エ**〔3点〕
5 1 **イ**〔2点〕
2〔例〕一生懸命に働くことで，人々は幸せを感じることができ，家族を幸せにすることができるから。〔3点〕
3 **ウ**〔3点〕 **4** **ア**〔3点〕

【国語・社会・英語】第188回 解答

解答 R3
186
187
188
189

第188回 下野新聞模擬テスト

数学・理科 【解 答】

数 学

1 **1** 6〔2点〕 **2** $-12a^4b^3$〔2点〕 **3** -11〔2点〕 **4** $(x+5)^2$〔2点〕
5 $h=\dfrac{3V}{S}$〔2点〕 **6** **ウ**〔2点〕 **7** 36度〔2点〕 **8** $\dfrac{1}{3}$倍〔2点〕
9 $36\pi\,\mathrm{cm}^2$〔2点〕 **10** $3\sqrt{3}$〔2点〕 **11** $x=\pm 9$〔2点〕 **12** $2a+2b=\ell$〔2点〕
13 $a=10$〔2点〕 **14** **イ**〔2点〕

2 **1** 右図〔4点〕
2 ① $\dfrac{7}{20}$〔2点〕 ② 3〔2点〕 **3** 4〔4点〕

2 1

O P ℓ

3 **1** ある自然数をxとすると，
正しい計算の結果はx^2+3と表され，誤った計算の結果は$3x+2$と表されるから，

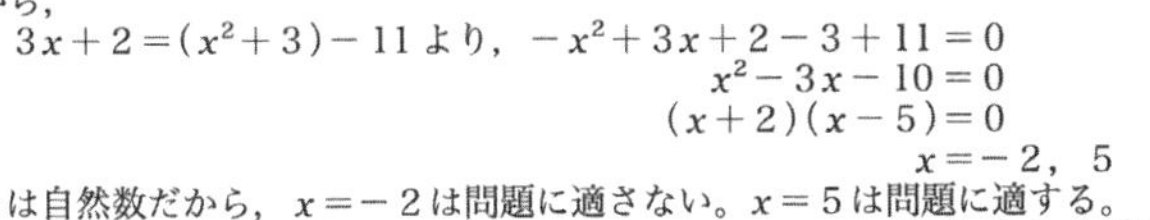

$$3x+2=(x^2+3)-11 \text{ より，} -x^2+3x+2-3+11=0$$
$$x^2-3x-10=0$$
$$(x+2)(x-5)=0$$
$$x=-2,\ 5$$

xは自然数だから，$x=-2$は問題に適さない。$x=5$は問題に適する。
答え（ 5 ）〔7点〕

2 (1) ① 65〔2点〕 ② 7〔2点〕 (2) 41点〔2点〕
(3) 女子生徒全員の人数をx人とすると，70点以上80点未満の階級の度数は$(x-13)$人と表される。この階級の相対度数が0.35になることから，$x-13=0.35x$
$$100x-1300=35x$$
$$65x=1300,\ x=20$$
となり，これは問題に適する。
よって，70点以上80点未満の階級の度数は，$20-13=7$（人） 答え（ 7人 ）〔5点〕

4 **1**（証明）
△DOEと△BOFにおいて，
仮定から，DO＝BO …①
対頂角は等しいから，∠DOE＝∠BOF …②
AD//BCより，平行線の錯角は等しいから，∠ODE＝∠OBF …③
①，②，③より，1組の辺とその両端の角がそれぞれ等しいから，
△DOE≡△BOF
合同な図形の対応する辺は等しいから，EO＝FO …④
①，④より，対角線がそれぞれの中点で交わるから，四角形EBFDは平行四辺形である。〔8点〕
2 (1) 6本〔3点〕 (2) $72\,\mathrm{cm}^3$〔4点〕

5 **1** $8\,\mathrm{cm}^2$〔3点〕 **2** 18 cm〔5点〕
3 辺DCが正方形PQRSの内部にある$0\leqq x\leqq 9$のとき，$\mathrm{CR}=(18-2x)$ cmと表され，
四角形DCRSの面積が$88\,\mathrm{cm}^2$になることから，$\dfrac{1}{2}\times(4+18)\times(18-2x)=88$，$x=5$
$0\leqq x\leqq 9$だから，$x=5$は問題に適する。
辺DCが正方形PQRSの外部にある$9\leqq x\leqq 15$のとき，$\mathrm{CR}=(2x-18)$ cmと表され，
四角形DCRSの面積が$88\,\mathrm{cm}^2$になることから，$\dfrac{1}{2}\times(4+18)\times(2x-18)=88$，$x=13$
$9\leqq x\leqq 15$だから，$x=13$は問題に適する。 答え（ 5秒後，13秒後 ）〔5点〕

6 **1** -6〔2点〕 **2** 13個〔2点〕 **3** (1) $4n^2-4n+1$個〔5点〕 (2) $2n^2-3n+1$個〔5点〕

理 科

1 **1** **ウ**〔2点〕 **2** **ア**〔2点〕 **3** **イ**〔2点〕 **4** **ウ**〔2点〕
5 海岸段丘〔2点〕 **6** ポリエチレンテレフタラート（カタカナのみ可）〔2点〕
7 臼歯〔2点〕 **8**（力の）大きさ〔2点〕

2 **1**〔例〕煙の粒子を水蒸気が凝結するときの核にするため。〔3点〕
2 ① 引いた ② ふくらんで（完答）〔3点〕 温度：露点〔2点〕 **3** **ア**，**エ**（順不同・完答）〔2点〕

3 **1** $2Ag_2O \rightarrow 4Ag + O_2$〔3点〕 **2** 金属光沢（漢字のみ可）〔2点〕
3 物質：単体〔2点〕 質量比：（P：Q＝） 4：27〔2点〕

4 **1**〔例〕対になっている遺伝子が分かれて別々の生殖細胞に入ること。〔3点〕
2 A，B（順不同・完答）〔2点〕 **3** 3番目：P〔2点〕 期間：胚〔2点〕

5 **1** ① 同心円〔2点〕 ② せまく〔2点〕 **2** 磁界：X〔2点〕 電流：P〔2点〕 **3** **ウ**〔2点〕

6 **1** ① 震央〔2点〕 ② マグニチュード〔2点〕 **2** **イ**〔2点〕
3 **イ**〔2点〕 **4** 189（km）〔3点〕

7 **1** ① 中和〔2点〕 ② 水〔2点〕
2（物質Xは）〔例〕水に溶けにくいから。〔3点〕
3 右図〔3点〕 **4** 2.5（mL）〔2点〕

8 **1**〔例〕消化酵素は体温程度の温度で最もよくはたらくから。〔3点〕
2 試薬：ヨウ素溶液〔2点〕 色：**イ**〔2点〕 **3** **ア**〔2点〕
4 ① ブドウ糖 ② アミラーゼ（完答）〔3点〕

9 **1** **ア**〔2点〕 **2** ① 20〔2点〕 ② 0.36〔2点〕
3 仕事の原理〔2点〕 **4** 8.0（N）〔3点〕

7 3

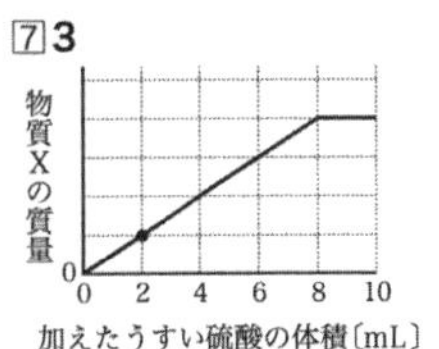

第188回 下野新聞模擬テスト

国語 【解説】

国語 〔解説〕

1 3 (1) 「(雨の)中」が体言止めである。
(2) 「鶯」「すみれ」は春の季語。**ア**「月」…秋。**イ**「涼しさ」…夏。**ウ**「寒雀」…冬。
(3) 「杖も」という表現に作者の存在を感じさせていることをとらえる。
(4) 「たいした」「この」は連体詞。**イ**「少し」…副詞。**ウ**「らしい」…助動詞。**エ**「広い」…形容詞。
4 「花有清香月有陰」は「１４２３５７６」の順で読む。

2 **1** 助詞と語頭以外の「はひふへほ」は「わいうえお」に直す。「へ」を「え」に変える。
2 領主が舞っているときに「鼓にあはざる所」があったので、与左衛門を責めたのである。
3 領主に鼓が合っていないと言われても、与左衛門は、あなたの失敗ですと言って譲らなかったのである。
4 「君に向ひて直言し、いささか諂諛する事なき志ありし」に着目して答える。
5 **ア**「芸は身を助ける」が合わない。**イ** 与左衛門は自分の誤りを認めず、侯も最後は自分の誤りを認めたことが「さすが寛量の君にてまします」とあるのと合っている。**ウ**、**エ** 全体が本文の内容と合っていない。

〈口語訳〉

ある領主が雇っている鼓打ちで、能勢与左衛門という人が、領主の舞の鼓を打っていたが、舞のうちに鼓に合わないところがあったのを、領主が舞い終わって後、(鼓打ちを)お呼びになって、おとがめなさると、与左衛門は毅然として、「今打ちました鼓には、少しのリズムの違いもありません。舞に合わないのは、恐れ多いことですが、ご主君のご失敗でございます。」といって、少しも屈しなかった。領主は怒って、「そういうことなら、もう一度先のように舞おう。鼓を打て」といって、舞台に出て舞いなさったが、やはり、領主の間違いで、鼓に少しも間違いはなかった。さすがに寛大で度量の大きな主君でいらっしゃったので、かえって大いにお褒めになられて事は済んだ。与左衛門はとても温厚な人物で、人々と親しく交際していたが、給与を受け取る仕事においては、主君に向かってまっすぐに物を言い、少しもへつらうことのない志があったのは、いっそうほめるべきことである。

3 **1** 空欄の前に「『胡瓜』が夏の季語となったのは、…無理に夏に押し込めたわけではない…真夏にならないと食べられないものだった」とあるので、自然に「夏の季語」になったのである。
2 同じ段落の最後に「『古今集』以来の伝統的な和歌の季節感を踏まえつつ、江戸時代の『里』、すなわち農業を中心とした生活の中で実感された季節感を基盤としている」とあるのを押さえる。
3 最後から二つ目の段落に「真夏になって初めて、自然に実った、独特の香りと甘さを持った『胡瓜』を口にできた昔の人々の心躍り」と具体的に述べられている。
4 同じ段落の少し後に「石油の大量消費の結果、地球温暖化という、人類の生存にもかかわる環境の変化が起こっている」「野菜、果物の季節感などは、跡形もなく吹き飛んでしまうことだろう」とあるので、**イ**が適当である。**ア**「大きな原因の一つ」、**ウ** 筆者が考えていることではない。**エ**「すぐにやめるべき」が適当ではない。
5 本文の最後に「自然暦に沿った季節感に照らして、その歪みをグローバルな環境の視点から、見直す必要はないか」とあるのを踏まえてまとめる。
6 **ア**「古くから実感されてきた…季語は…大切にすべき」ということではない。**イ**「伝統的な感覚の発見」については述べられていない。**ウ** 筆者が最後の段落で「物質的な豊かさよりも、心の豊かさに重きを置く」ことを強調していることと合っている。**エ**「自然と歴史に育まれて磨き上げられてきた」とは本文にない。

4 **1** 空欄の直前に「馬たちは、…飢えをしのいでいる」とあるので、エサが少ないという意味で、**イ**「とぼしい」が適当である。
2 直後に「水は重たいし…こぼれるから注意がいった」とあり、次の段落に「少し疲れたが、ひと仕事したのが得意だった」とあることから、**イ**が適当。
3 傍線部の直後に「馬上の作太郎は別人のようだった。背筋はまっすぐにのび、顔つきがキリリと引きしまってき然としていた」とある内容を踏まえてまとめる。
4 脱文中の「しかし」と「この声」に着目する。「この声」は作太郎が馬をよぶ声を指している。また、**ウ**の前に「作太郎の腰にまわした手がしびれるように冷たかった。ほおをなでる風も、切るようにいたい」とあり、「体のしんがカッと熱くなった」と反対の内容になっているので、**ウ**が適当である。
5 昭佳は「馬の群れ」が「どんどん近づいて」くる様子に興奮していること、その馬は作太郎のよぶ「声」に反応したものであることをとらえてまとめる。
6 **ア**「馬の世話をするようになった経緯」は過去のことであるので、「現在と過去を融合させて」が不適当。**イ**「野生の馬に興味を持つようになった」「回想の場面をはさみ込む」が不適当。**ウ**「その理由が明かされる推理的な構成」が不適当。**エ**「二月の終わりごろ…」に始まる後半と前半の内容を「くらを見ながら、昭佳は乾草によりかかった。疲れがスーッと、とれていく気がした。…昨年の冬のことが、…頭の中にうかんできた」という文がつないでいる。

5 ・形式　氏名や題名を書かず、二百四十字以上三百字以内で書いているか。二段落構成で、原稿用紙の正しい使い方ができているか。
・表現　文体が統一されているか、主述の関係や係り受けなどが適切か、副詞の呼応や語句の使い方が適切か、など。
・表記　誤字や脱字がないか。
・内容　第一段落では、「時間を長く感じたり短く感じたりすること」について具体的に書いているか。第二段落では、第一段落の内容を踏まえて、今後どのように時間を過ごしていきたいかについて書いているか。
といった項目に照らし、総合的に判断するものとする。

第188回 下野新聞模擬テスト

社　会　【解　説】

社　　会〔解説〕

□1 1　**図2**は正距方位図法で描かれた地図で，中心からの距離と方位は正しいが，面積や形は正しく示されない。

3　aはイスラム教を信仰することからナイジェリア，bは英語とフランス語を話すことからカナダ，cはヒンドゥー教を信仰することからインドと判断する。ナイジェリアとインドは，イギリスの植民地であったことから英語が話され，カナダはイギリス人とフランス人が多く移住した歴史があるため，英語とフランス語が話される。

5　アメリカの工業は，中西部から北東部の五大湖周辺で鉄鋼業や自動車産業が発達した。しかし，近年は北緯37度以南のサンベルトで先端技術産業が発達している。**ア**は中西部，**イ**は北東部，**エ**は太平洋岸が当てはまる。

7　再生可能エネルギーは，水力，地熱，風力，バイオマスなどが当てはまる。ブラジルは，アマゾン川を利用した水力発電量が多いため，総発電量１kWh当たり二酸化炭素排出量が少ない。

□2 2　**図3**の**資料2**が宮城県の海岸線の一部，**資料3**が千葉県の海岸線の一部を示している。宮城県の北部には入り組んだ海岸線のリアス海岸が広がっており，湾内は波が穏やかで養殖漁業に適している。

3(2)　東京都は印刷関連業が集中しているため**エ**，**ア**は北海道が最も多いことから食料品，**イ**は大阪府が最も多いことから金属製品，**ウ**は愛知県が最も多いことから輸送用機械器具が当てはまる。

5　**ア**人口÷面積で人口密度が求められる。さいたま市は約6044人/㎢，広島市は約1319人/㎢，福岡市は約4525人/㎢である。**エ**人口が50万人以上の都市は政令指定都市に認定される。

□3 1　**A**は古墳時代の様子を述べている。**ア**は弥生時代，**ウ**は平安時代，**エ**は江戸時代のできごと。

4　**C**は元寇の様子を述べており，**ア**，**イ**，**ウ**はいずれも元寇以前のできごとである。この時期は，領地の分割相続が行われており，御家人は困窮していた。そこに元寇による出費が重なり，御家人がさらに困窮したため，幕府は徳政令を出したが効果はあまり上がらず，幕府に敵対する悪党などが現れた。

7　同業者ごとに座とよばれた団体をつくり，営業を独占していた。織田信長はこれを廃止することで，自由な商工業を促そうとした。

8　**A**は古墳時代，**D**は平安時代，**C**は鎌倉時代，**E**は室町時代，**F**は室町時代末から安土桃山時代，**B**は江戸時代のできごと。

□4 2　**エ**は1905年，**イ**は1910年，**ア**は1917年，**ウ**は1918年のできごと。日本は，日露戦争の講和条約であるポーツマス条約で朝鮮半島における優越権を手に入れた後，韓国を併合した。また，第一次世界大戦中にロシア革命がおき，シベリア出兵をみこした米の買い占めがおこったため，米騒動が発生した。その影響で寺内正毅内閣がたおれ，原敬内閣が成立した。

4　**図**から，農産物の価格が下がっていることを読み取る。農家の中でも，とくに小作人は収入が少なくなったため，生活が立ち行かず，小作争議をおこした。このとき，昭和恐慌も重なっており，日本経済は不況であった。

6　文科系大学生の召集は第二次世界大戦中のできごとで，日中平和友好条約は1978年のできごと。**イ**は1972年，**ウ**は1950年代，**エ**は1964年のできごとで，**ア**は1991年のできごと。

□5 1　グローバル化により，ヒト・モノ・カネなどが国境を容易に越えるようになった。そのため，外国の経済の動きは，日本にも大きく影響するようになっている。

3　Ⅰ被選挙権については，基本的に満25歳以上，参議院議員と都道府県知事については満30歳以上となっている。

4(2)　**ア**は環境権，**イ**はプライバシーの権利，**エ**は自由権の表現の自由について述べている。

5　労働基本権は，労働組合などをつくる権利である団結権，雇用主などと雇用条件について話し合う権利である団体交渉権，ストライキなどを行う権利である団体行動権から構成される。

□6 1(1)　選挙の基本原則は，一定の年齢以上になると選挙権を誰もが得られる普通選挙，一人一票の平等選挙，代表者を直接選ぶ直接選挙，無記名で投票する秘密選挙から構成される。

(2)　ドント式では各政党の得票数を１，２，３…の整数で割り，商の大きい順に立候補者が当選し，定数に達するまで選ばれる。**図1**では，**A**党は２人，**B**，**C**，**D**党は１人ずつ当選する。得票数の最も少ない**D**党でも当選者がいることから，小さな政党でも当選者を出せる選挙方式で，少数意見の反映のために有効である。

3　**ア**内閣が予算を作成し，国会に提出する。**ウ**内閣総理大臣には第一党である与党の党首が就任することが多い。**エ**内閣は国会に対し，連帯して責任を負う(議院内閣制)。議会と完全に分離・独立しているのは，大統領制である。

4　**ア**と**イ**の語句を反対にし，**オ**を国民審査にすると，正しい文となる。

5　依存財源のうち，地方公共団体間の財政の格差をおさえるためのものが地方交付税交付金である。

□7 1　**ア**人口爆発は，アジア州やアフリカ州の発展途上国でおこっている。**ウ**砂漠化が拡大しているのはサハラ砂漠周辺など，**エ**輸出品が偏るモノカルチャー経済は発展途上国に多い。

3　育児・介護休業法は，男女ともに育児休業や介護休業を取得させることで，育児や介護をしやすい環境を整備しようとするものである。男性の取得率が低いため，育児や介護への男性の参加が促されている。

4　**イ**は産出量も国内供給量も多いアメリカ，産出量が非常に少ない**ウ**は日本，国内供給量が多い**エ**は中国である。

第188回 下野新聞模擬テスト

英 語 【解 説】

英 語 〔解説〕

1 リスニング台本と解答を参照。

2 1 (1) take off ～で，「～を脱ぐ」という意味。

(2) doors called *shoji* で，「障子と呼ばれるドア」という意味になる。called ～が，「～と呼ばれる…」という意味で，直前の名詞 doors を後ろから説明している。過去分詞の形容詞的用法。

(3) arrive at [in] ～で，「～に到着する」という意味。

(4) 「彼らの娘」という意味になるように，所有格の their を選ぶ。

(5) 「何て～なんでしょう！」という意味の感嘆文を完成させる。<How＋形容詞〔副詞〕＋主語＋動詞～ !>と<What＋a [an]＋形容詞＋名詞＋主語＋動詞～ !>の形があるが，本問は How で始まる前者。

(6) <have [has]＋過去分詞>の現在完了形の文になるように，learned を選ぶ。

2 (1) <that＋動詞～>が，ものを表す名詞(この場合は，a movie)を後ろから説明している。主格の関係代名詞 that の問題。<make＋A＋B>は，「AをB(の状態)にする」という意味。

(2) <～ing＋語句>が，「～している…」という意味で，直前の名詞(この場合は，the boy)を後ろから説明している。現在分詞の形容詞的用法の問題。「～とサッカーをしている少年はだれですか」。

(3) <which＋主語＋動詞～>が，ものを表す名詞(この場合は，the pen)を後ろから説明している。目的格の関係代名詞 which の問題。「彼がそこで見つけたペンは私のものでした」。

3 1 直後でケイトが，寝る時刻を答えているので，なおきは，「何時に」という意味の<What time ～?>を使って，寝る時刻をたずねたと分かる。

2 A：本文訳参照。直前でケイトが，昨晩は2時に寝たと言っているので，それを聞いたなおきがケイトに，寝る時刻が「遅い」と言っている場面だと分かる。

B：本文訳参照。ケイトはたいてい12時前に寝ているので，10時前に寝ることは，ケイトにとっては「早い」ので，眠くならないと言っている場面だと分かる。

3 本文訳参照。直前のなおきの発言と，記事のアンケート結果のグラフを参照。

4 (2) 記事の「睡眠はなぜ大切なの？」の内，「疲れているときは」の部分を，接続詞の when を使って英文にする。

(3) 記事の「ある男子高校生のライフスタイル」の内，「公園内を20分間走っています」の部分を英文にする。

(4) 記事の「ある男子高校生のライフスタイル」を参照。帰宅してすぐに宿題をしていることが分かるので，この内容を英文にする。

5 記事の「よく眠るための三箇条」を参照。①「sports」は，なおきの6番目の発話から，②「eat」は，なおきの最後の発話の2行目から，それぞれ抜き出す。

6 下線部は，「あなたは自分の健康のために何かしていますか」という意味。自分が健康のためによいと思ってやっていることを書く。

4 1 A：本文訳参照。大介がカレンとのコミュニケーションの取り方が分からなかったので，カレンが話しかけた後，彼はいつも少し「悲しかった」と分かる。

B：本文訳参照。カレンが，大介と彩子に感謝の言葉を述べたので，それを聞いて彼らは「うれしかった」と分かる。

2 本文訳参照。下線部直後の彩子の発言を参照してまとめる。

3 質問は，「大介と彩子はデパートで，カレンのために何をしましたか」という意味。第3段落後半から，第5段落までの内容を参照。カレンのTシャツ探しを手伝ったと分かる。look for ～で「～を探す」という意味。

4 ①：第1段落の最後から2番目の文を参照。この内容をまとめる。

②：最終段落のI thoughtで始まる文を参照。この内容をまとめる。

5 ア…第1段落の前半の内容を参照。大介がカレンと出会ったのは二年前なので，誤り。

イ…第2段落を参照。彩子は，すぐにカレンと仲良くなり，たくさんのことを話したと書かれているので，誤り。

ウ…第5段落の後半の内容を参照。彩子と大介が，カレンにTシャツを買ってあげたという記載は本文中にない。また，彩子と大介が見つけたTシャツを，カレンが気に入って，I'll take it.「私はそれを買います」と言っていることから，カレンはそのTシャツを自分で買ったと分かるので，誤り。

エ…最終段落の最終文を参照。同じ内容を読み取ることができるので，正しい。

5 1 本文訳参照。空所の後には，日本人が他国の人々よりも働きすぎであるという内容が続いているので，longer を入れて，「ほとんどの日本人は，他国の人々よりも長く働く」という意味にするとうまくつながる。

2 本文訳参照。直後の文の内容をまとめる。

3 本文訳参照。オーストラリア出身の筆者が，働きすぎである日本人に対して，仕事以外の自由な時間を楽しむように勧めている場面であるところから判断する。

4 最終段落を参照。筆者が，「皆さんにもうひとつ大切なことを伝えます」と前置きをした後に，「何か新しいことを始めるときに，他人と違うことを恐れるべきではない」と言っており，このことが，筆者が伝えたいことだと分かる。

第188回 下野新聞模擬テスト

英語 【解説】

〔本文訳〕

3 ケイト：こんにちは，なおき。何をしているの。
なおき：やあ，ケイト。インターネットの記事を読んでいるよ。
ケイト：あら，本当。何についてなの。
なおき：睡眠についてだよ。十分な睡眠をとるのは大切だと言ってる。僕はたいてい10時前に寝るよ。きみはたいてい何時に寝るの。
ケイト：私はたいてい12時前に寝るわ。けれども昨晩は，宿題を終わらせなければならなかったから，2時に寝たわ。
なおき：えっ，それは遅すぎるよ，ケイト。この記事を見て。僕が思っていたより，学生は寝ているんだ。たくさんの学生が7時間から8時間寝ている。
ケイト：およそ40パーセントの学生がそうしているわね。私たちは毎日，どのくらい寝るべきなのかな。
なおき：医者は，学生は8時間より多く寝るべきだと言っているけど，およそ25パーセントの学生しかそうしてないね。
ケイト：私は毎日，およそ6時間だけ寝ているわ。どうして私たちは，そんなに眠らないといけないのかな。
なおき：この記事には僕たちが寝ている間に，僕たちの体はたくさん成長ホルモンをつくっているから，睡眠は子どもにとって，とても大切だと書いてあるよ。あと，睡眠はストレスを減らしてくれるんだ。疲れているときは，十分に眠る必要があるよ。
ケイト：分かったわ。でも，10時前に眠るのは，私には難しいわ。そんなに早く眠くならないもの。
なおき：この少年を見て。彼は6時に起きているよ。その後，彼は健康のために，公園内を20分間走っているよ。よく眠りたいなら，彼のように短い時間の運動をすることは，とてもいいよ。
ケイト：それはいい考えだわ。彼は夜に自由時間があるけど，早く寝ているのね。
なおき：彼がそうできるのは，帰宅してすぐに宿題をしているからだよ。
ケイト：そうなのね。彼はリラックスするために，寝る前に星空を眺めているわ。あなたはよく眠るために何かするの。
なおき：僕はたいてい，寝る前に本を読むよ。ケイト，きみはどうなの。
ケイト：ええと…，私はたいてい，寝る前はスマートフォンでゲームをするわ。
なおき：えっ，それはするべきじゃないよ。光が明るすぎて，僕たちの睡眠を妨げるらしいよ。それと夜遅くには，何も食べるべきじゃない。胸焼けを起こして，よく眠れなくなるよ。これを見て。僕たちはよく眠るために，これらの三箇条を守るべきだね。
ケイト：分かったわ，なおき。これらのことをよく覚えておくようにするわ。健康のために，眠ることがとても大切なことは分かったわ。あなたは自分の健康のために何かしているの。多くの人が朝食を食べることは健康にいいと言ってるから，私は朝食を毎朝食べるようにしているわ。

4 僕の名前は大介です。僕は15歳で，中学校へ通っています。僕は家族と栃木県の小さな町に住んでいます。僕はさまざまな国のたくさんの人と会って，彼らと話すことを楽しみたいと思ってきました。僕は二年前，オーストラリア出身の女の子，カレンと出会いました。最初に僕は，「英語をじょうずに話すことができないから，彼女に話しかけることは僕にとって難しいだろう」と思っていました。でも後で考えが変わりました。

カレンは二年前に僕の町に来て，僕の家族の所に三週間滞在しました。彼女はすぐに，僕の姉の彩子と仲良くなりました。彼女たちはしばしば，たくさんのことについて話していました。僕はカレンとのコミュニケーションの取り方が分からなかったので，カレンが僕に話しかけてきた後は，いつも少し悲しい気持ちでした。

カレンが栃木県に滞在中のある日，彩子と僕は，カレンを大きなデパートへ連れて行きました。僕たちがそこに着いたとき，カレンが，「私は今日，滞在の思い出としてTシャツを買いたいわ」と言いました。彩子は，「あら，それはいい考えね，カレン。どんな種類のTシャツを買う予定なの」と言いました。カレンは，「漢字が印刷されたTシャツがほしいの。いいのを探すのを手伝ってくれるかしら」と言いました。彩子は，「もちろんよ。服屋さんに行きましょう」と言いました。

それから僕たちは，女性向けの服屋に入りました。カレンはそのお店で，漢字が書かれたTシャツを見つけました。彼女は僕たちにそれを見せて，「私はこれを気に入ったわ」と言いました。彩子と僕はそれを見たとき，笑ってしまいました。彩子は，「カレン，そのTシャツの漢字は，「米」という意味よ。笑っちゃったじゃない」と言いました。カレンも笑って，「あら，それは知らなかったわ。日本のお米は大好きだけど，このTシャツを買う必要はないわね。別のを探すわ」と言いました。

およそ10分後，彩子と僕は，すてきなTシャツを見つけました。僕たちは，それをカレンに持って行き，「カレン，これはどうかな」と言いました。カレンは，「そうね…，色はすてきだけど，そのTシャツの漢字はどんな意味なの」と聞いてきました。それを英語で説明することは，僕にとってとても難しかったので，僕は何も言えませんでした。そのとき，彩子が，「『栃木派』と読むのよ。その言葉は，あなたが日本の都道府県のなかで，栃木県が一番好きなことを意味しているのよ」と言いました。カレンは，「あら。あなたたちは最高のものを見つけてくれたのね。私は栃木県と栃木県の人たちが大好きなの。だからこれを買うわ。大介，彩子，どうもありがとう」と言いました。僕たちはカレンの言葉を聞いて，とてもうれしくなりました。

悲しいことに，三週間はあっという間に過ぎました。カレンがオーストラリアに帰る前，彼女は僕たちに，「私はあなたたちと楽しい時間を過ごしたわ。あなたたちが私の国に来るなら，私の家族と私は，あなたたちを歓迎するわ。いつかオーストラリアでまた会えたらいいな」と言いました。僕は，「外国の人たちの気持ちを考えることができれば，彼らとのコミュニケーションを楽しむことができるんだ」と思いました。僕はいつか，オーストラリアを訪れて，カレンと彼女の家族に会えることを願っています。

5 私はインターネットで興味深い記事を見つけました。それには，「ほとんどの日本人は，他国の人々よりも長く働く」と書かれていました。日本人はたいてい熱心に働きますが，一つ疑問があります。彼らはなぜ，休日や夜遅くまで働くのでしょうか。オーストラリアの私の町では，人々はより多くの自由な時間があり，たくさんのことを楽しみます。例えば，魚を捕まえに湖へ行ったり，山でハイキングを楽しむ人もいれば，ほとんど毎週末に海へ行く人もいます。彼らは太陽の下で休息して，海からのそよ風を楽しみます。みんなが好きなように自由な時間を楽しむことができるのです。

日本人の友達の多くは，「一生懸命に働くことはいいことだ」と言います。私は彼らに賛成です。なぜなら私たちの生活において，働くことはとても大切な部分だからです。一生懸命に働くことで，人々は幸せを感じることができ，家族を幸せにすることができます。しかし，人生を楽しむために仕事以外に他の何かがある，と私は考えます。多忙な生活を抜け出して，自由な時間で新しい何かを始めてみてはどうですか。スポーツクラブの会員になることもできますし，外国語を学ぶこともできます。また，一度も訪れたことのない場所へ行くこともできます。

最後に，私は皆さんにもうひとつ大切なことを伝えます。何か新しいことを始めるときに，他人と違うことを恐れるべきではありません。私の国では，違っていることは私たちにとって当然のことです。このことを知っていれば，人生を本当に楽しむことができるでしょう。

第188回 下野新聞模擬テスト
英語 【解 説】

英語問題 1 〔リスニング台本〕

台　本	時 間
これから中学3年生　第188回　下野新聞模擬テスト　英語四角1番，聞き方のテストを行います。 なお，練習はありません。 （ポーズ約5秒） これから聞き方の問題に入ります。問題用紙の四角で囲まれた1番を見なさい。問題は1番，2番，3番の三つあります。 最初は1番の問題です。問題は(1)から(3)まで三つあります。英語の対話とその内容についての質問を聞いて，答えとして最も適切なものを**ア**，**イ**，**ウ**，**エ**のうちから一つ選びなさい。対話と質問は2回ずつ言います。 では始めます。 (1)の問題です。　*A* : This store is open all day long. *B* : Wonderful! Can we buy many kinds of things here? *A* : Sure. I often buy food, drinks and books here. 質問です。　*Q* : Where are they talking?　（約5秒おいて繰り返す。）（ポーズ約5秒） (2)の問題です。　*A* : We should take the next train. What time is it now? *B* : Well..., it's nine thirty. *A* : Then, the next train will come in just ten minutes. 質問です。　*Q* : What time will they take the train?　（約5秒おいて繰り返す。）（ポーズ約5秒） (3)の問題です。　*A* : This is a present for you. *B* : Thank you. Wow! It looks delicious. Let's eat it together! *A* : Yes, let's. I'll help you cut it. 質問です。　*Q* : What did the boy get from the girl?　（約5秒おいて繰り返す。）（ポーズ約5秒）	（1番） 約3分
次は2番の問題です。問題は(1)と(2)の二つあります。英語の対話とその内容についての質問を聞いて，答えとして最も適切なものを**ア**，**イ**，**ウ**，**エ**のうちから一つ選びなさい。質問は問題ごとに①，②の二つずつあります。対話と質問は2回ずつ言います。 では始めます。 (1)の問題です。　*Reina* : Hello, Jack. How was your trip last week? *Jack* : Hi, Reina. It was great. We stayed in Kyoto for three days. *Reina* : What did you do there? *Jack* : On the first day, we went to some museums. We learned about the history of Kyoto there. *Reina* : Sounds interesting. What else did you do? *Jack* : The next day, we visited some famous temples and shrines. All of them were really beautiful. *Reina* : Wow! I hear the old temples and shrines are popular among foreign people. *Jack* : Yes, they are. On the third day, when we were going to the station, a woman asked me how to get to a temple. I was happy because I could tell her in Japanese. *Reina* : Well done, Jack! You had many good experiences in Kyoto. *Jack* : Yes, Reina. I enjoyed the trip a lot. I'd like to visit there again. ①の質問です。　How many days did Jack stay in Kyoto?　（ポーズ約3秒） ②の質問です。　Why was Jack happy on the third day of his trip?　（約5秒おいて繰り返す。）（ポーズ約5秒） (2)の問題です。　*Mike* : Hinako, we are going to have a work experience program next Friday. *Hinako* : Right, Mike. I want to work at the library in the future, so I'm going to work there. *Mike* : That's nice. I hear Nancy will go there, too. *Hinako* : Oh, really? I'll talk to her about that later. How about you, Mike? *Mike* : I wanted to go to the elementary school, but it was too popular to join. So, I changed my plan. *Hinako* : Then, where will you go? *Mike* : I decided to go to the post office. *Hinako* : Why? *Mike* : It's near our school, so I can work there the longest of the four. *Hinako* : I see. We are meeting at the bus stop that day. I need to get up early and go there by bike. *Mike* : Oh, take care, Hinako. ①の質問です。　How long will Hinako work at her work experience place in the morning?　（ポーズ約3秒） ②の質問です。　How is Mike going to go from the meeting place to his work experience place?　（約5秒おいて繰り返す。）（ポーズ約5秒）	（2番） 約5分
次は3番の問題です。あなたは，アメリカの学校に留学しています。友達のダニエル(Daniel)があなたの留守番電話にメッセージを残しました。そのメッセージを聞いて，その内容をまとめた英語のメモを完成させなさい。英文は2回言います。 では始めます。 Hello. This is Daniel. We are going to meet at the museum and visit there together next Sunday, right? I'm sorry, but I forgot to tell you something important. You don't know how to get to the museum, do you? To get to the museum from your nearest station, you need to take the No. 55 bus that goes to the hospital. The color of the bus is white and green. The bus comes every fifteen minutes. The museum is three stops from your station, so get off at the Green Park bus stop. The museum is far from the bus stop, so I'll come to the stop to meet you. （約5秒おいて）繰り返します。（1回目のみ）　（ポーズ約5秒） これで聞き方の問題を終わります。では，ほかの問題を始めなさい。	（3番） 約3分

第188回 下野新聞模擬テスト

数学 【解説】

数　　学 〔解説〕

1 　**1**　$8+(-2)=8-2=6$

2　$-4a^3b\times3ab^2=-4\times3\times a^3b\times ab^2=-12a^4b^3$

3　$a-b^2=(-2)-3^2=-2-9=-11$

4　$x^2+10x+25=x^2+2\times x\times5+5^2=(x+5)^2$

5　$V=\frac{1}{3}Sh$ の両辺に3をかけて，$3V=Sh$，$Sh=3V$，$h=\frac{3V}{S}$

6　**ウ**…y軸ではなく，x軸について，$y=-ax^2$のグラフと線対称である。

7　多角形の外角の和は360°で，正十角形のすべての外角は等しいから，1つの外角$\angle x=360°\div10=36°$

8　yがxに反比例するとき，xの値が2倍，3倍，4倍，…になると，それに対するyの値は$\frac{1}{2}$倍，$\frac{1}{3}$倍，$\frac{1}{4}$倍，…になる。

9　半径rの球の表面積は$4\pi r^2$と表されるから，$4\pi\times3^2=36\pi\,(\mathrm{cm}^2)$

10　$\sqrt{48}-\sqrt{3}=\sqrt{2\times2\times2\times2\times3}-\sqrt{3}=4\sqrt{3}-\sqrt{3}=3\sqrt{3}$

11　$x^2-81=0$，$(x+9)(x-9)=0$，$x=\pm9$
【別解】$x^2-81=0$，$x^2=81$，$x=\pm9$

12　右の図のように，長方形の縦，横に相当する辺は2本ずつあるから，
$2a+2b=\ell$　　問題の指示に従って，等式の右辺はℓにすること。

1 12

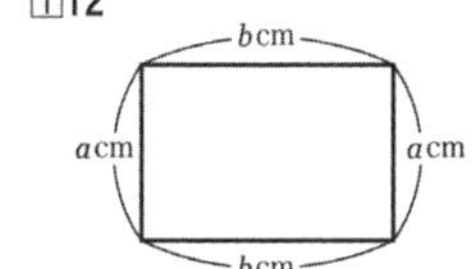

13　$\ell\,/\!/\,m\,/\!/\,n$であるから，
$8:12=a:15$
$12a=8\times15$
$a=10\,(\mathrm{cm})$

14　AB//CDであるときには，線分CDを共通な底辺とすると，△ACDと△BCDの高さが等しくなり，面積が等しくなる。

2 1

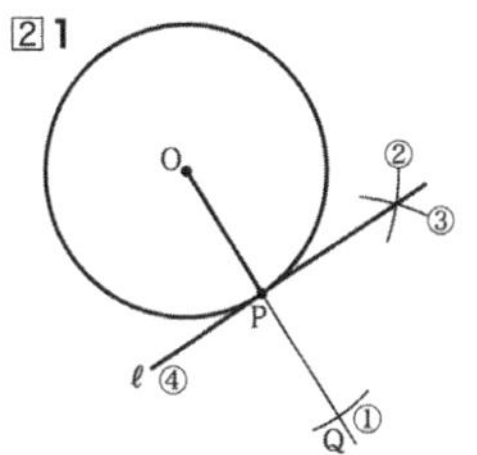

2 　**1**　円周上の点Pを通る直線のうち，半径OPと垂直になる直線は，点Pにおける円Oの接線である。
【作図法】① 半径OPの延長上に，OP＝PQとなるような点Qをとる。
② 点Oを中心とする円(半径はOPより長くする)をかく。
③ 点Qを中心とする円(②でかいた円と同じ半径)をかく。
④ ②，③でかいた円の交点と点Pを通る直線がℓである。

2　箱A，Bからカードを1枚取り出す場合の数は，それぞれ5通り，4通りだから，作ることができる2けたの整数は
$5\times4=20$(通り)
である。このうち，3の倍数は，12，24，30，33，42，60，63の7通りだから，3の倍数になる確率

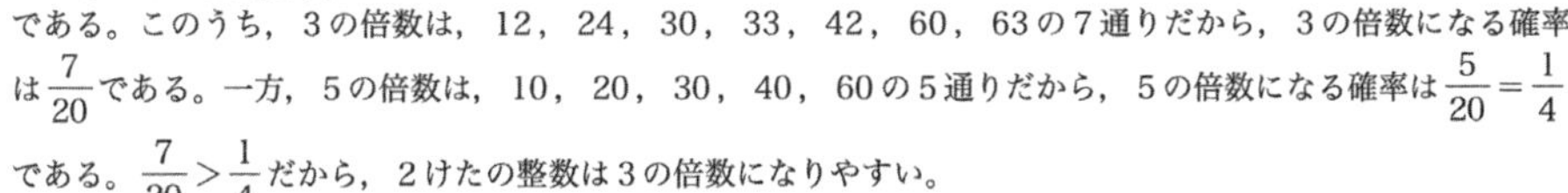

は$\frac{7}{20}$である。一方，5の倍数は，10，20，30，40，60の5通りだから，5の倍数になる確率は$\frac{5}{20}=\frac{1}{4}$である。$\frac{7}{20}>\frac{1}{4}$だから，2けたの整数は3の倍数になりやすい。

3　点Aのy座標は8だから，$y=\frac{1}{2}x^2$に$y=8$を代入すると，$8=\frac{1}{2}x^2$，$x^2=16$，$x=\pm4$
点Aのx座標は正だから，$x=4$　よって，A(4，8)である。
点Bのx座標は-2だから，$y=\frac{1}{2}x^2$に$x=-2$を代入すると，$y=\frac{1}{2}\times(-2)^2=2$
よって，B(−2，2)である。
直線ABの式を$y=ax+b$と表し，点A(4，8)を通ることから$x=4$，$y=8$を代入して，$8=4a+b$…①
点B(−2，2)を通ることから，$x=-2$，$y=2$を代入して，$2=-2a+b$…②
①，②を連立方程式として解くと，$a=1$，$b=4$
したがって，直線ABの式は$y=x+4$となり，このグラフの切片は4だから，点Cのy座標は4である。

3 　**1**　正しい計算の結果と誤った計算の結果をそれぞれxを用いた式で表し，
(誤った計算の結果)＝(正しい計算の結果)－11という関係を表す方程式をつくる。

2　(1)　60点以上70点未満の階級の階級値は，$(60+70)\div2=65$(点)である。また，60点以上70点未満の階級までの累積度数は，$1+1+5=7$(人)である。
(2)　実際の得点の最小値が49点，最大値が90点のときを考えると，範囲は最小で$90-49=41$(点)になる。
(3)　70点以上80点未満の階級の度数は$x-(1+1+5+4+2)=x-13$(人)と表され，その相対度数が0.35であることから方程式をつくる。

第188回 下野新聞模擬テスト

数 学 【解 説】

④ **1** △DOEと△BOFの合同から，対角線がそれぞれの中点で交わることを導く。

2 (1) 対角線AGとねじれの位置にある辺は，辺BC，CD，BF，DH，EF，EHの6本である。

(2) 右の図のように，立体ACFHは正四面体であり，立方体ABCDEFGHから合同な4つの三角錐A-BCF，A-DCH，A-EFH，C-GFHを切り離した立体である。したがって，その体積は，

$$6 \times 6 \times 6 - \left(\frac{1}{3} \times \frac{1}{2} \times 6 \times 6 \times 6\right) \times 4 = 72\ (\text{cm}^3)$$

④2

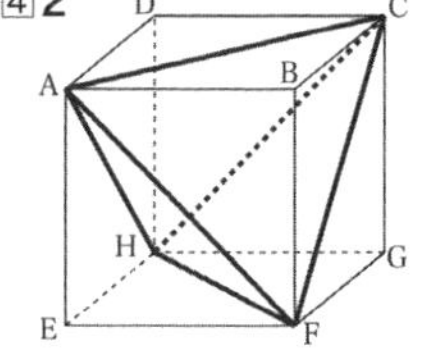

⑤ **1** 長方形が移動し始めてから1秒後は$CQ = 2$ cmだから，長方形と正方形が重なった部分は，縦4 cm，横2 cmの長方形になり，その面積は$4 \times 2 = 8\ (\text{cm}^2)$

2 右の図より，長方形が移動し始めてから4秒後に辺ABと辺PQが重なり，9秒後に辺CDと辺RSが重なる。よって，正方形PQRSの1辺の長さは，$2 \times 9 = 18$ (cm)

⑤2

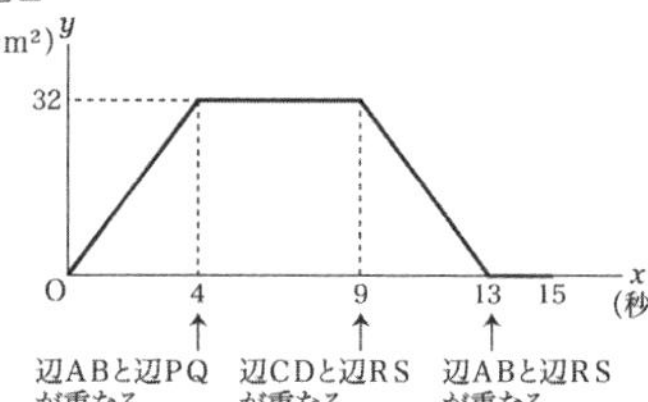

3 右下の図のように，$0 \leqq x \leqq 9$のとき，$CQ = 2x$ cmだから，$CR = QR - CQ = 18 - 2x$ (cm)と表され，四角形DCRSは上底4 cm，下底18 cm，高さ$(18 - 2x)$ cmの台形になる。よって，その面積は，

$$\frac{1}{2} \times (4 + 18) \times (18 - 2x) = 11(18 - 2x)$$

と表される。

また，$9 \leqq x \leqq 15$のとき，$CQ = 2x$ cmだから，$CR = CQ - QR = 2x - 18$ (cm)と表され，四角形DCRSは上底4 cm，下底18 cm，高さ$(2x - 18)$ cmの台形になる。よって，その面積は，

$$\frac{1}{2} \times (4 + 18) \times (2x - 18) = 11(2x - 18)$$

と表される。

⑤3

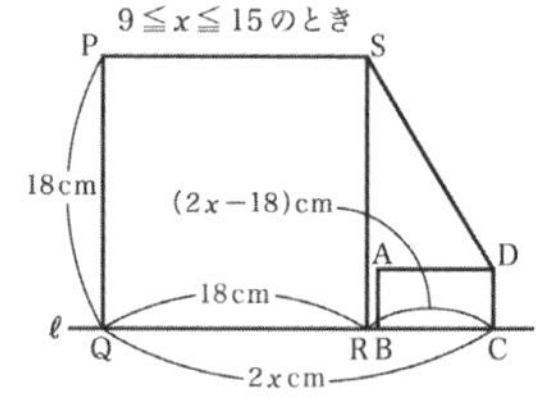

これらの面積がどちらも88 cm²になるから，$11(18 - 2x) = 88$，$11(2x - 18) = 88$という2つの方程式をつくる。

⑥ **1** 表より，黒石の個数から白石の個数を引いた差は，奇数番目では正の数，偶数番目では負の数になっている。また，その数の絶対値は，1，2，3，4，5，…と自然数の列になっている。6は偶数だから，6番目の図形において，黒石の個数から白石の個数を引いた差は-6になる。

2 偶数番目の図形の右端・下端には白石が並んでいる。よって，偶数番目である6番目の図形の次に7番目の図形をつくるときには，6番目の図形の右・下・右下に黒石を並べることになる。6番目の図形の黒石と白石の個数の合計は$6^2 = 36$ (個)，7番目の図形の黒石と白石の個数の合計は$7^2 = 49$ (個)である。したがって，7番目の図形をつくるときには，6番目の図形の右・下・右下に$49 - 36 = 13$ (個)の黒石を加えればよい。

3 (1) 表より，1番目，2番目，3番目，4番目，5番目の図形では，黒石の個数と白石の個数の和は，それぞれ

1個(1^2個)，4個(2^2個)，9個(3^2個)，16個(4^2個)，25個(5^2個)

になっているから，$(2n-1)$番目の図形における黒石の個数と白石の個数の和は，

$(2n-1)^2 = 4n^2 - 4n + 1$ (個)

(2) 黒石の個数をa個，白石の個数をb個，黒石の個数と白石の個数の和をp個，黒石の個数から白石の個数を引いた差をq個とすると，何番目の図形においても，

$a + b = p$ …①，$a - b = q$ …②

が成り立つ。①−②より，$2b = p - q$，$b = \dfrac{p-q}{2}$ …③

$(2n-1)$番目の図形において，黒石の個数と白石の個数の和は(1)より$(4n^2 - 4n + 1)$個である。

また，$(2n-1)$番目は奇数番目だから，黒石の個数から白石の個数を引いた差は$(2n-1)$個である。

よって，これらを③に代入すると，

$$\frac{p-q}{2} = \frac{(4n^2-4n+1)-(2n-1)}{2} = \frac{4n^2-4n+1-2n+1}{2} = \frac{4n^2-6n+2}{2}$$

$$= 2n^2 - 3n + 1\ (\text{個})$$

第188回 下野新聞模擬テスト

理　科　【解　説】

理　　　科 〔解説〕

1
1　1013 hPa＝101300 Pa なので，1 m^2あたりの面が 101300 N の力で押されている。
2　うすい塩酸に亜鉛を加えると水素が発生する。
3　仮根には，水を吸収するはたらきは特にない。
4　電流は電圧に比例し，電流 I〔A〕，電圧 V〔V〕，抵抗 R〔Ω〕が $V=IR$ または $I=\frac{V}{R}$ という式で表されることをオームの法則という。
5　海岸段丘は，上の段丘面ほど古い時代に形成されたものである。
7　草食動物の臼歯は，消化に時間のかかる植物をすりつぶすことに適している。
8　矢印の向きは力の向きに，矢印の始点は力の作用点に相当する。また，矢印の長さは力の大きさに比例させる。

2
1　煙の正体は微細な固体で，その粒子を核とすることで，水滴ができやすくなる。
2　ピストンを引くと，ガラスびんの内部の気圧が低くなり，気温が下がる。そのため，風船の内部の気圧の方が相対的に高くなって風船はふくらむ。また，気温が露点以下にまで下がると，空気中の水蒸気が水蒸気として存在できなくなって水滴に変化する。
3　選択肢**ア**，**エ**は，どちらも上昇気流によって雲が発生する。

3
1　加熱によって，酸化銀が銀と酸素とに分解された。分解のうち，加熱によるものを熱分解という。
2　固体Yは白色の銀で，硬いものでこすると金属光沢が現れる。
3　11.6 g の酸化銀が，10.8 g の銀と 11.6－10.8＝0.8〔g〕の酸素とに分解された。このことと**1**で書いた化学反応式より，0.8 g の酸素と 10.8 g の銀をつくる酸素原子と銀原子の個数の比は，2：4＝1：2になっていることがわかる。したがって，1個の酸素原子と1個の銀原子の質量比は（0.8÷1）：（10.8÷2）＝4：27と表される。

4
2　減数分裂は，染色体の本数が半分になる特別な細胞分裂で，生殖細胞である卵や精子がつくられるときに行われる。
3　図2は，R→S→P→Qの順に進行する。このような胚をつくる細胞は，細胞分裂を繰り返すことによってその数をふやし，初期の段階では一つ一つの細胞の大きさは小さくなっていく。

5
1　導線に近いところほど，磁界の強さが強い。
2　方位磁針Aの針のようすから，コイルの左端がN極になっていることがわかる。よって，コイルの内部にできる磁界の向きはX，右手の法則より，導線を流れる電流の向きはPである。
3　方位磁針Bの左側の導線を電流は下向きに流れているので，右ねじの法則より，上から見ると導線のまわりに時計回りの磁界ができる。

6
1　地震の規模（地震がもつエネルギーの大きさ）を表すマグニチュードの値が1大きくなると，そのエネルギーは約32倍になる。
2　地震によるゆれの程度を表す震度階級は，現在の日本では0，1，2，3，4，5弱，5強，6弱，6強，7の10段階に分けられている。
3　初期微動継続時間が震源からの距離に比例していることより，地点Bと地点Cの震源からの距離の比は
24〔s〕：16〔s〕＝3：2である。よって，
（震源から地点Cまでの距離）：（震源から地点B，Cまでの距離の差）＝2：（3－2）＝2：1となり，初期微動を伝えるP波が震源から地点B，Cまでの距離の差を伝わるのに6秒かかっているので，その2倍の距離である震源から地点Cまでの距離を伝わるのにかかった時間は12秒である。したがって，地震が発生した時刻は，地点Cで初期微動が始まった時刻の12秒前である。
4　初期微動継続時間が最も長かったのは地点Aで，P波が伝わるのに27秒かかっていることから，その震源からの距離は7〔km/s〕×27〔s〕＝189〔km〕である。

7
1　酸とアルカリの間に起こる，互いの性質を打ち消し合う化学変化を中和という。中和では，酸の水溶液中に生じている水素イオンH^+と，アルカリの水溶液中に生じている水酸化物イオンOH^-が結びついて水ができる。この反応は，$H^+ + OH^- \rightarrow H_2O$と表される。
2　物質Xは，水酸化バリウム水溶液中のバリウムイオンBa^{2+}と，うすい硫酸中の硫酸イオン$SO_4{}^{2-}$が結びついてできた，硫酸バリウム$BaSO_4$という，水に溶けにくい塩である。
3　中和は水溶液が中性になるまで起こり，物質Xの質量は加えたうすい硫酸の体積に比例する。また，中性になった後は中和は起こらないので，物質Xの質量は一定になる。
4　ビーカーDより，水酸化バリウム水溶液10 mLとうすい硫酸8 mLとで中性になることがわかる。ビーカーEはビーカーDよりもうすい硫酸が2 mL多いので，これを中性にするためには，$10\times\frac{2}{8}=2.5$〔mL〕の水酸化バリウム水溶液が必要である。

8
1　消化酵素のはたらきは，温度の条件に大きく左右される。体温程度の温度のときに最もよくはたらき，高すぎても低すぎてもはたらきが悪くなる。
2　ヨウ素溶液を加えると，デンプンが検出された場合は青紫色になる。また，その色の濃さで，残っているデンプンの量の多少がわかる。
3　ベネジクト溶液を加えて加熱すると，ブドウ糖や麦芽糖などの糖分が検出された場合は赤褐色の沈殿ができる。
4　リパーゼは脂肪に，ペプシンはタンパク質にはたらきかける消化酵素である。

9
1　12.0 Nの力で60 cm（0.6 m）引き上げたので，台車がされた仕事の大きさは12.0〔N〕×0.6〔m〕＝7.2〔J〕である。
2　3 cm/sの速さで60 cm引き上げたので，要した時間は60〔cm〕÷3〔cm/s〕＝20〔s〕である。したがって，その仕事率の大きさは7.2〔J〕÷20〔s〕＝0.36〔W〕であった。
3　摩擦などを考えないならば，道具を用いても，同じ物体の高さを同じだけ高くする仕事の大きさは変わらない。このことを仕事の原理という。
4　仕事の原理により，実験(1)，(2)で台車がされた仕事の大きさは等しい。斜面に沿って90 cm（0.9 m）移動させたので，台車を引く力の大きさは7.2〔J〕÷0.9〔m〕＝8.0〔N〕である。

第189回 下野新聞模擬テスト
国語・社会・英語 【解　答】

国　語

□1 1 (1) かもく〔2点〕 (2) こっけい〔2点〕 (3) つたな（い）〔2点〕
(4) とぼ（しい）〔2点〕 (5) ゆくえ〔2点〕
2 (1) 豊富〔2点〕 (2) 望（む）〔2点〕 (3) 裁決〔2点〕
(4) 勢（い）〔2点〕 (5) 親展〔2点〕
3 (1) **ア**〔2点〕 (2) **イ**〔2点〕 (3) **イ**〔2点〕 (4) **エ**〔2点〕 **4** **ウ**〔2点〕

□2 1 かわらんと（ひらがなのみ可）〔2点〕 **2** **ア**〔2点〕 **3** **ウ**〔2点〕
4〔例〕自分の祈りが神に通じて、挙周の病がよくなったと思ったから。〔2点〕 **5** **エ**〔2点〕

□3 1 **イ**〔3点〕
2〔例〕プレゼンテーションを聞いて、企画に対するアイディアを出すことが、場に対する貢献であると学ぶこと。〔4点〕
3 言葉によっ・思考が進み〔3点〕（順不同・完答） **4** **エ**〔3点〕
5〔例〕対話を重ね、他者が自分の中に内在化されることで可能となる視点移動が、考えることにおいて重要だから。〔4点〕
6 **ウ**〔3点〕

□4 1 **ア**〔3点〕 **2** **ウ**〔3点〕
3〔例〕さっきやったと表現して、見栄を張っている〔4点〕 **4** **エ**〔3点〕
5〔例〕洪作の目から見ると、少年たちの海での自在な動きがまぶしく輝いて見え、引け目を感じている気持ち。〔4点〕
6 **イ**〔3点〕

□5〔例〕私は人とコミュニケーションをとるとき、話すことと聞くこととのバランスに気をつけるよう心がけたいと思います。その理由は、ふだん人と話していて、自分だけが話し過ぎて相手の話を十分に聞いていないと思うことがあり、そのことを、後々気にしてしまうことが多いからです。

　人と話すことには、単なる情報交換だけでなく自分について新しい発見をしたり、相手のもつ新たな一面にふれたりするという目的があると思います。私は今後、相手についての発見をもっと多く経験して、自分の人間的成長に生かしていきたいです。そのためにまず、相手の話にきちんと耳をかたむけるという意識を持ちたいと思います。〔20点〕

社　会

□1 1 **イ**〔2点〕 **2** 東海（工業地域）〔2点〕 **3** **エ**〔2点〕 **4** **エ**〔2点〕
5 水力（発電所）〔2点〕
6〔例〕冬の降雪により，屋根がつぶれないようにするため。〔4点〕 **7** **ウ**〔2点〕

□2 1 **ウ**〔2点〕 **2** ハリケーン〔2点〕 **3** **ウ**〔2点〕 **4** **ア**〔2点〕 **5** インド〔2点〕
6〔例〕米を世界で最も多く生産しているが，国内で消費する量が多いため，輸入量も多くなっている。〔4点〕

□3 1 **イ**〔2点〕 **2** 荘園〔2点〕 **3** **イ**〔2点〕 **4** 長篠の戦い〔2点〕
5 **ア**〔2点〕 **6** 朝鮮通信使〔2点〕 **7** **イ→ア→エ→ウ**（完答）〔2点〕
8〔例〕外国船がひんぱんに来航するようになり，軍事力を強化する〔4点〕

□4 1 **イ**〔2点〕 **2** 韓国併合（漢字のみ可）〔2点〕 **3** **ア**〔2点〕
4〔例〕ソ連の成立により，共産主義勢力が日本で拡大しないようにするため。〔4点〕
5 原水爆禁止（運動）〔2点〕 **6** **ウ→イ→ア→エ**（完答）〔2点〕

□5 1 **ア**〔2点〕 **2** **ウ**〔2点〕 **3** **ウ**〔2点〕 **4** **エ**〔2点〕
5 (1) 住民投票〔2点〕 (2) **イ**〔2点〕

□6 1 **ア，ウ，エ**（順不同・完答）〔2点〕 **2** **エ**〔2点〕 **3** デフレーション〔2点〕
4 (1) **イ**〔2点〕
(2)〔例〕歳出における国債の利子や元金の支払いの割合が多くなり，将来の世代の負担となる。〔4点〕
5 **ウ**〔2点〕

□7 1 大政奉還〔2点〕 **2** **エ**〔2点〕 **3** **イ**〔2点〕 **4** **ア**〔2点〕
5〔例〕高齢者への給付費が増加する一方，働く世代の減少により保険料収入と税収も減少する。〔4点〕

英　語

□1 1 (1) **ア**〔2点〕 (2) **ウ**〔2点〕 (3) **エ**〔2点〕
2 (1) ① **イ**〔3点〕 ② **エ**〔3点〕 (2) ① **イ**〔3点〕 ② **ウ**〔3点〕
3 (1) Tuesday〔2点〕 (2) library〔2点〕 (3) send〔2点〕 (4) message〔2点〕

□2 1 (1) **ウ**〔2点〕 (2) **エ**〔2点〕 (3) **ア**〔2点〕 (4) **エ**〔2点〕 (5) **ウ**〔2点〕 (6) **イ**〔2点〕
2 (1) **エ→ア→ウ→イ**（完答）〔2点〕 (2) **ウ→イ→エ→ア**（完答）〔2点〕
(3) **イ→オ→ウ→ア→エ**（完答）〔2点〕

□3 1 **イ**〔2点〕
2 (1)〔例〕stay there for three〔3点〕 (3)〔例〕all of them need to join〔3点〕
(4)〔例〕most popular among girls〔3点〕
3〔例〕オーストラリアへ行く前に，そこについて学んでおくこと。〔3点〕
4 Who〔2点〕 **5** ① Forty〔3点〕 ② free〔3点〕
6〔例〕I want to visit Canada with my family. I have an uncle who lives there. So, I'd like to see him again. Also, there are beautiful mountains in Canada. I want to take a lot of pictures of them. And I want to enjoy skiing with my family and uncle.〔6点〕

□4 1 **エ**〔3点〕
2〔例〕自分が本当に伝えたいことを人に伝えようと努力すること〔3点〕
3 became interested in（完答）〔2点〕
4 ①〔例〕およそ30人の若者（たち）〔3点〕 ②〔例〕貧しい子どもたちのために働く〔3点〕
5 **イ**〔3点〕

□5 1 **ウ**〔2点〕 **2** **ア**〔3点〕
3〔例〕多くの国が二酸化炭素の削減に取り組む中で，いまだに車や工場などにたくさんの石油を使って，二酸化炭素を放出している国があること。〔3点〕 **4** **エ**〔3点〕

第189回 下野新聞模擬テスト

数学・理科 【解　答】

数　学

1　**1**　−6〔2点〕　**2**　$6a^3b^2$〔2点〕　**3**　−1〔2点〕　**4**　$(x+2)(x+4)$〔2点〕

5　$h=\dfrac{S}{2\pi r}$〔2点〕　**6**　**イ**〔2点〕　**7**　126度〔2点〕　**8**　$0\leqq y\leqq 8$〔2点〕

9　$36\pi\,\mathrm{cm}^3$〔2点〕　**10**　$2\sqrt{2}$〔2点〕　**11**　$x=0,\ 5$〔2点〕　**12**　$a=bc+d$〔2点〕

13　$8\sqrt{2}\,\mathrm{cm}^2$〔2点〕　**14**　**ウ**〔2点〕

2　**1**　右図〔4点〕

2 1

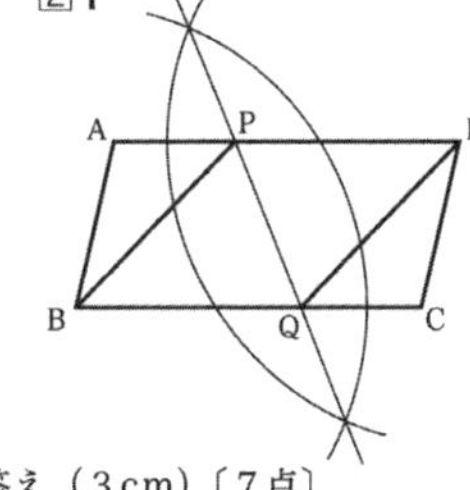

2　$\dfrac{3}{16}$〔4点〕　**3**　①　$x+6$〔2点〕　②　$\dfrac{27}{2}$〔2点〕

3　**1**　線分AEの長さを$x$cmとすると，BC＝AB＝$(x+9)$cmと表され，

△AECの面積は18 cm²だから，

$$\frac{1}{2}\times x\times(x+9)=18 \text{ より，}\quad \frac{1}{2}x(x+9)=18$$
$$x(x+9)=36$$
$$x^2+9x-36=0$$
$$(x+12)(x-3)=0$$
$$x=-12,\ 3$$

$x>0$だから，$x=-12$は問題に適さない。$x=3$は問題に適している。　答え（3cm）〔7点〕

2　(1)　0.9〔2点〕　(2)　①　60〔2点〕　②　30〔2点〕　(3)　66分〔3点〕

4　**1**　(証明)

△ABEと△ACDにおいて，

共通な角だから，∠BAE＝∠CAD　…①

仮定より，∠BEC＝∠BDC　…②

また，　∠AEB＝180°−∠BEC　…③

∠ADC＝180°−∠BDC　…④

②，③，④より，∠AEB＝∠ADC　…⑤

①，⑤より，２組の角がそれぞれ等しいから，

△ABE∽△ACD〔7点〕

2　(1)　①　$\dfrac{32}{7}$〔2点〕　②　$2\sqrt{65}$〔2点〕　(2)　$V:W=8:31$〔5点〕

5　**1**　70 L〔3点〕　**2**　$y=-6x+102$〔5点〕

3　排水口A，Bの両方から排水した時間をa分間とすると，最後に排水口Aのみから排水した時間は，

$$17\frac{30}{60}-9-a=\frac{17}{2}-a\ (\text{分間})$$

と表されるから，$4\times 9+(2+4)\times a+2\times\left(\dfrac{17}{2}-a\right)=70$

$$36+6a+17-2a=70$$
$$4a=17,\quad a=\frac{17}{4}$$

この解は問題に適している。

したがって，$\dfrac{17}{4}$分間＝$4\dfrac{1}{4}$分間＝4分15秒間　答え（ 4分15秒間 ）〔6点〕

6　**1**　①　3〔2点〕　②　14〔2点〕　**2**　$5n+2$ 枚〔5点〕　**3**　141番目の図形〔5点〕

理　科

1　**1**　**イ**〔2点〕　**2**　**エ**〔2点〕　**3**　**イ**〔2点〕　**4**　**ウ**〔2点〕　**5**　孔辺（細胞）〔2点〕

6　二酸化マンガン〔2点〕　**7**　0.4（A）〔2点〕　**8**　寒冷（前線）〔2点〕

2　**1**　〔例〕外界の温度変化にともなって体温も変化する動物。〔3点〕

2　①　相同〔2点〕　②　進化〔2点〕　**3**　**イ**〔2点〕

3　**1**　33.3（%）〔3点〕　**2**　39（g）〔3点〕　**3**　①　58　②　12（完答）〔3点〕

4　**1**　電磁誘導〔3点〕　**2**　**エ**〔3点〕

3　〔例〕磁界が変化していないので，検流計の針は振れない。〔3点〕

5　**1**　①　高温　②　低く（完答）〔3点〕　**2**　季節風〔2点〕　**3**　海風：**エ**〔2点〕　陸風：**ア**〔2点〕

6　**1**　①　被子〔2点〕　②　単子葉〔2点〕

2　〔例〕花弁が1枚ずつ分かれている。〔2点〕

3　X：胞子〔2点〕　Y：仮根〔2点〕　**4**　**ク**〔2点〕

7　**1**　SO_4^{2-}〔3点〕　**2**　**エ**〔3点〕　**3**　**イ**〔2点〕

4　＋極：銅（板）〔2点〕　電池：一次（電池）〔2点〕

8　**1**　**イ**〔3点〕　**2**　力学的エネルギー〔3点〕

3　右図〔3点〕　**4**　24（cm）〔3点〕

8 3

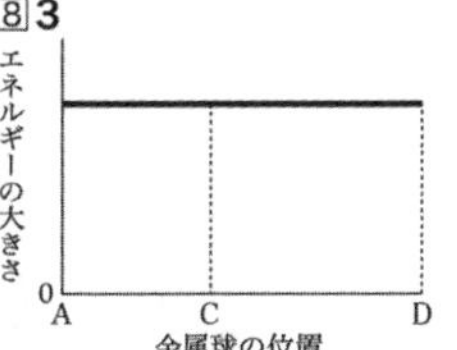

9　**1**　恒星（漢字のみ可）〔2点〕　**2**　D〔2点〕

3　①　15〔2点〕　②　日周〔2点〕

4　位置：S〔2点〕

理由：〔例〕地球から見て太陽と同じ方向におとめ座があるから。〔2点〕

第189回 下野新聞模擬テスト

国　語　【解　説】

国　語 〔解説〕

1 3 (1) 「向日葵」を人にたとえて「身にあびて」と表現しているため、**ア**「擬人法」が正しい。
(2) 「向日葵」や日差しの強烈さから**イ**「夏」が正しい。
(3) 「何かしら」「いかにも」は副詞。**ア**「印象的に」は形容動詞。**ウ**「表現にも」は名詞「表現」＋助詞「に」＋助詞「も」。**エ**「楽しい」は形容詞。
(4) 「ひそまり」や「またひとり」という表現からさみしさが感じられる。

4 「子ハ非ズレ魚ニ。安クンゾ知ランヤ二魚之楽シムヲ一。」は「１３２。４８５６７。」の順で読む。

2 1 助詞と語頭以外の「はひふへほ」は「わいうえお」に直す。「は」を「わ」に変える。

2 ①「母赤染右衛門、住吉にまうでて」、②「挙周いみじく嘆きて、……と思ひて、住吉にまうでて」とある文脈をつかむ。

3 傍線部(1)の前後に、「重病をうけて」、「母赤染右衛門、……『このたびたすかりがたくは、……』と申して」とあることから、治る見込みが少ないことがわかる。

4 傍線部(2)の前の「神感やありけん」とあることから、母は自分の祈りが通じたのだと思っていることがわかる。

5 **ア**「その願いを聞き入れなかった」、**イ**「挙周の代わりに病気になった」が合わない。**ウ**「和歌」を詠んだのは母である。**エ** 母と挙周二人とも「住吉にまうでて」、それぞれ自分の命に代えてお助けくださいと祈ったことに対して、「神あはれみて……事ゆゑなく侍りけり」とあるのと合っている。

〈口語訳〉

挙周朝臣という人が、重病になって、治る見込みが少なそうに見えたので、母の赤染右衛門は、住吉神社にお参りして、七日間籠もって、「この度助かるのが難しければ、速やかに私の命と引きかえてください。」と申し上げて、七日に達した日に、お供え物の紙に書きつけ申し上げたことには、代わろうと祈る命は惜しくはないがそれにしても別れることはかなしいものだ　このように詠みお供えしたところ、神のご加護があったのだろうか、挙周の病気がよくなった。母はお参りからもどって、喜びながらこの様を語ると、挙周はひどく嘆いて、「自分が生きても、母を失っては何の生きがいがあるだろう。また、親不孝な身である。」と思って、住吉神社にお参りして申し上げるには、「母が自分に代わって命を終えることになっているのならば、速やかに元のように自分の命を召して、母をお助けください。」と泣く泣く祈ったところ、神はあわれんでお助けがあったのであろう、母子ともに何事もなかったということだ。

3 1 空欄の前の段落に「アイディアを出すことが場に対する貢献である」とあるので、「コメントがない」というのは、話にならない(＝論外である)という意味であることをつかむ。

2 傍線部(1)の直後の内容と第三段落に「アイディアを出すことが場に対する貢献であるということを学ぶのが、この授業の目的である」とあることに着目してまとめる。

3 傍線部(2)の次の段落に、「これを積み重ねていくと、……また、……になっていく」とあることに着目して、条件に合うように二か所抜き出す。

4 傍線部(3)の三つ後の段落に「アイディアを出し合う対話」、さらに次の段落に「アイディアに弱点がある場合でも、……どうすればさらによくなるか……意見を積み重ねていく」とあるので、**エ**が適当である。**ア～ウ**はそれぞれ本文の内容と合っていない。

5 最後の段落に「『考える』ことにおいては、視点をずらす、視点移動ということが非常に重要である」とあり、そのために、最後から二つ目の段落の「他の人が自分の中に内在化されて」いることが必要だという内容をとらえてまとめる。

6 **ア**「相手の弱点を指摘することは逆効果である」という主張はない。**イ**「現実を冷静に見る」とは述べられていない。**ウ**「対話」と「視点移動」の重要性について述べていることと合っている。**エ** 全体が本文にない内容である。

4 1 傍線部(1)の前に「少年は台の上に立つと、洪作の頭のてっぺんからつま先までしげしげと見わたし」とあり、空欄前後の部分はこの部分を受けていることをとらえる。

2 傍線部(1)(2)の部分や他にもカタカナの会話文が見られるが、カタカナ表現であることからは、少年たちが遊んでいることがわかる。また、「若サマ」「オ助ケ申ソウカ」という表現からは、優しさが感じられる。

3 洪作は「突き落とされて、飛び込んだ」ことを「さっきやった」とまるで自分から飛び込んだかのように表現していることから、見栄を張っていることがわかる。

4 少年たちが三人とも特別な理由もなく飛び込みを繰り返し、そのことによって、洪作に何かを働きかけている様子も見られないことから、飛び込みを純粋に楽しんでいることがわかる。「洪作を助けに来た合間にも飛び込みを楽しんでいる」とある**エ**が適当である。

5 傍線部(5)の前の段落で、洪作が少年たちの動作を「まぶしく感じ」「きらきらしたもの」と感じている様子が描かれていることなどから、引け目を感じていることをとらえてまとめる。

6 **ア**「一人称の視点」が不適当。**イ** 櫓に取り残されても、とり立ててあわてないおっとりした様子や、少年たちの描写が、洪作の視点に寄り添って描かれているのと合っている。**ウ**「泳ぐことに興味を抱いていく」「多様な視点」が不適当。**エ**「自然に対する距離感の違いが心理に影響する様子」「客観的な視点」が不適当。

5
- 形式　氏名や題名を書かず、二百四十字以上三百字以内で書いているか。二段落構成で、原稿用紙の正しい使い方ができているか。
- 表現　文体が統一されているか、主述の関係や係り受けなどが適切か、副詞の呼応や語句の使い方が適切か、など。
- 表記　誤字や脱字がないか。
- 内容　第一段落では、「人とコミュニケーションをとる上で心がけたいと思うこと」について理由を含めて具体的に書いているか。第二段落では、第一段落の内容を踏まえて、人とコミュニケーションをとることを，今後どのように生かしていきたいかについて自分の考えを書いているか。

といった項目に照らし、総合的に判断するものとする。

第189回 下野新聞模擬テスト

社　会　【解　説】

社　　　会 〔解説〕

1　1　**イ**は香川県で，高松市が県庁所在地であり，岡山県と瀬戸大橋でつながっている。**ア**は広島県，**ウ**は三重県，**エ**は石川県である。

3　**A**の島は屋久島で，縄文杉を含む島の約2割が世界自然遺産に登録されている。**ア**は山梨県，**イ**は知床，**ウ**は対馬について述べている。

4　**ア**は新潟県で，冬の降雪の雪解け水を利用して米の生産が多い，**イ**は長野県で，高地の気候を利用した，レタスの生産が多い，**ウ**は福岡県で，筑紫平野で小麦の栽培が盛んである。

5　原料のほとんどを輸入に頼る日本では，海の近くに原子力発電所や火力発電所が立地する。ダムなどの水流を利用する水力発電所は，山間部に立地する。ブラジルは，アマゾン川での水力発電が盛んである。

7　火山が多い地域では，温泉を観光資源としている地域が多い。

2　3　**P**の都市は赤道に近く，年中気温が高い熱帯に位置する。**ア**は1月の平均気温が低い**R**，**イ**はサハラ砂漠に位置し，降水量が少ない**Q**，**エ**は南半球に位置するため，北半球と季節が反対になる**S**である。

4　**C**の国はニュージーランドで，羊が最も多い**ア**，**イ**は**B**のブラジル，**ウ**は**A**のアメリカ，**エ**は日本である。

5　インドは，アメリカやヨーロッパのＩＣＴ関連企業の進出により，ＩＣＴ産業が盛んになっている。この理由には，英語が準公用語であることや，アメリカと標準時が約半日ずれた位置にあることで，アメリカが夜の間に日中のインドで業務を引き継げることなどが挙げられる。

6　中国は世界で最も人口が多いため，その分食料生産量が多くなる。人口の増加に伴って，生産が追いつかなくなり，米の輸入量が増加した。一人っ子政策により人口が抑えられてきたが，現在は，急速な高齢化により一人っ子政策は緩和されている。

3　1　日本書紀は奈良時代の書物。**イ**は平安時代の書物である。

2　奈良時代に土地の私有が認められ，貴族や寺社が新しく土地を開墾したことにより荘園は広げられた。平安時代になると，荘園の所有者が上級の貴族や皇族などから保護を得るため，荘園を寄進するようになった。

5　織田信長が武力で従わせた自治都市は堺(大阪府)で，国友(滋賀県)と並んで，鉄砲が多く生産され，商人が多く集まる都市であった。**イ**は京都，**ウ**は博多，**エ**は江戸時代の江戸について述べている。

7　**イ**は1517年，**ア**は1688年～1689年，**エ**は1776年，**ウ**は1804年のできごと。

8　江戸時代末に外国船が来航するようになったため，海防への意識が高まった。また，アヘン戦争で清がイギリスに敗北したことを知り，幕府は異国船打払令を取りやめたが，肥前藩や長州藩などでは軍備強化のため，大砲などを製造していた。

4　2　日本は1910年に韓国を併合し，朝鮮総督府を設置して，植民地支配を進めた。

3　「ヨーロッパの火薬庫」とよばれたバルカン半島で，オーストリア皇太子夫妻が暗殺された事件をきっかけに，第一次世界大戦が始まった。

4　シベリア出兵の語から，ソ連の成立であることを読み取る。その影響を受けて，日本国内で共産主義の勢力が拡大することを警戒した政府は，治安維持法を制定した。

6　**ウ**は第二次世界大戦直後の1945年，**イ**は特需景気がおこった1950年代，**ア**は高度経済成長期の1968年，**エ**は1991年のできごと。

5　1　被選挙権の制限は，都道府県知事と参議院議員は満30歳以上で，他は満25歳以上である。

3　Ⅱ予算の先議権は衆議院にある。Ⅲ内閣総理大臣の指名については，衆議院の議決の後，参議院が異なった議決を出し，両院協議会で意見が一致しなくても，衆議院の議決が国会の議決となる。

4　最高裁判所長官は内閣が指名する。

5(2)　条例の制定の直接請求には，対象地域の有権者の50分の1以上の署名が必要である。有効とされる署名は，有権者である満18歳以上の者の署名とされている。

6　1　**イ**株主が出席するのは株主総会，**オ**株を購入する人が増えると，一般的に株価は上がる。

2　**X**に設定することは，需要曲線と供給曲線が交わる均衡価格より高い価格設定をすることである。この時，供給量が需要量を上回り，商品をつくりすぎている状態となるため，売れ残りが発生する。

4(1)　**ア**は直接税について，**ウ**は累進課税について述べている。**エ**日本では，歳入に占める直接税の割合の方が多い。

5　**ウ**過疎地域のように，人口が少ない地域で経済を活性化させるためには，一人当たりの労働生産性を上げる必要がある。

7　2　埼玉県は周りを陸に囲まれているため，海上輸送はできない。**ア**は愛知県，**イ**は北海道，**ウ**は神奈川県である。

3　日本銀行は，好況時に景気を引き締めるため，市中に出回る通貨量を減らそうとする。そのため，一般銀行が持つ通貨量を減らすために，国債を売り，一般の銀行の貸し出しをしにくくする。**ウ**，**エ**は政府が行う財政政策について述べている。

5　**図3**から，今後の日本の人口は，老年人口の割合が増え，生産年齢人口の割合が減ることが予想されている。つまり，**図4**の高齢者関係の社会保障費の給付費は増えるが，保険料や税金を支払って社会保障を支える生産年齢人口が減る，という課題があることを示している。

第189回 下野新聞模擬テスト

英語 【解説】

英語 〔解説〕

1 リスニング台本と解答を参照。

2 **1** (1) 直後の文に,「先週の金曜日に左足を骨折して,父が私をここに連れて来てくれた」とあることから,書き手が今いる場所は,hospital「病院」だと分かる。

(2) stand up「立ち上がる,起き上がる」。wake up「目が覚める」。

(3) 「ベッドでは一日中安静にしなければならないので,病院での生活はあまり〜でない」という文なので,空所には interesting「おもしろい」が入る。not very 〜で「あまり〜でない」という意味。

(4) 足がまだ痛むことと,いつもより早く寝なければならないことが書かれているので,difficult「難しい」を入れて,「夜に眠りにつくことがとても難しい」という意味の文にする。

(5) 「強い(じょうぶな)足をもっていればいいのに」という意味の文。このように,現実とは異なる願望を表現するとき,I wish I 〜に続く動詞は過去形になる。この文のことを仮定法過去という。

(6) 「私の〜が,約一か月後にそれ(=ギプス)を外してくれる」という文なので,空所には doctor「医者」が入る。

2 (1) 疑問詞で始まる一般動詞を使った疑問文が文中に入ると,疑問文で主語の前に置く do, does, did はなくなって,<疑問詞+主語+動詞(三単現の s や過去形に戻す場合もある)>の語順になる。間接疑問文の問題。

(2) 「彼らは,約一時間ずっとテニスをしています」という意味。過去のある時点から現在まで継続している動作や出来事を表すときは,現在完了進行形<have[has] been+動詞の ing形>を用いる。

(3) <How about+動詞の ing形〜?>で「〜するのはどうですか」という意味。また,<ask+人+to+動詞の原形>で「(人)に〜するように頼む」という意味。

3 **1** 本文訳参照。ボブが,プログラムAの滞在期間が10日間だと聞いて,「それは短すぎると思う」と言った場面。

2 (1) プログラムCの「期間(日数)」を参照。21日間なので,参加者は三週間滞在できると分かる。

(3) 「事前説明会」を参照。下部の注意書きの部分を参考に英文を考える。

(4) グラフを参照。オーストラリアは,女子生徒の間で一番人気だと分かる。popular の最上級は,前に the most を置く。「〜の間で」は among を使う。

3 本文訳参照。直前のボブの発言を参照。

4 ボブは友香に,だれが申し込みできるのかを聞いている。

5 ① プログラムBの「募集人数」を参照。40人と書かれている。

② プログラムの「備考」を参照。語学学校がない日は,自由時間と書かれている。

6 下線部は,「あなたはどの国を訪れてみたいですか」という意味。理由を含めて書くので,その国でやってみたいことや,会いたい人,行ってみたい場所などについて書くとよい。複数の国を挙げてもよい。

4 **1** **A**:本文訳参照。西先生が,「ホールに約300人いるが,『恐れる』必要はない」と,かなこを励ます場面。

B:本文訳参照。かなこがスピーチの最中に,怖くなって声が弱々しくなってしまったが,西先生のアドバイスを思い出して,再び「力強い」声でスピーチを続ける場面。

2 本文訳参照。第3段落の The most important thing 〜で始まる西先生の発言を参照。

3 質問は,「かなこはなぜボランティアとして働き始めたのですか」という意味。第1段落の前半を参照。答えの文は,「かなこがボランティアについて学んだあと,それ(=ボランティアとして働くこと)に興味をもったからである」という意味。

4 ①② 本文訳参照。いずれも最終段落の内容をまとめる。

5 **ア**…第1段落の後半の内容を参照。かなこが所属しているボランティアグループが,外国の貧しい子どもたちにお金を送るためにバザーを開いていると書かれている。よって,「外国の貧しい子どもたちによってバザーが開催される」という部分が誤り。

イ…第2段落の後半の内容を参照。同じ内容を読み取ることができるので正しい。

ウ…第3段落の後半の内容を参照。西先生は,英語の発音のことを気にする必要はないと言っているので誤り。

エ…最終段落の第1文を参照。かなこはスピーチコンテストで賞をとることはできなかったので誤り。

5 **1** 本文訳参照。第2段落は,地球温暖化の悪影響について書かれている。「〜を失う」という意味の lose を入れると内容がつながる。

2 本文訳参照。直後に石油を使うことの便利さについて書かれていることから判断する。

3 本文訳参照。直前の二つの文の内容をまとめる。

4 筆者が最終段落の冒頭で,「どのようにして地球温暖化を止めることができるか」と問題提起をして,だれにでもできるようなことを紹介していることから判断する。

第189回 下野新聞模擬テスト

英語 【解 説】

〔本文訳〕

3 ボブ：友香，このポスターは何かな。
友香：それは夏休み期間中の語学留学プログラムについてよ。
ボブ：へぇ，それは英語を学ぶいい機会になりそうだね。きみはそのプログラムに興味があるのかい。
友香：ええ，どれか一つに参加したいわ。
ボブ：そのプログラムについて教えてよ。
友香：いいわよ。それぞれのプログラムにいいところがあるの。プログラムＡだと，語学学校で週に５日英語を勉強することができるけど，10日間しか滞在できないの。
ボブ：それは短すぎると思うな。
友香：私もそう思うわ。プログラムＢはほぼ一か月の長さだけど，高校生が対象で，中学生は対象じゃないのよ。
ボブ：それじゃあ，きみはプログラムＣに参加したいの。
友香：うん。シドニーの語学学校で英語を勉強できて，三週間滞在できるの。
ボブ：おお，それはいいね。何人の生徒がそれに参加できるのかい。
友香：25人の生徒よ。私は本当にそれに参加したいわ。子どものときからずっとオーストラリアに行ってみたかったの。
ボブ：それを聞いてうれしいよ。まだきみが僕の国について知らないことがたくさんあると思うな。例えば，「オーストラリアに何人住んでいるか」とか，「彼らがよく食べるものは何か」とかね。
友香：ええと…，あなたの言うとおりね。
ボブ：オーストラリアに行く前に，オーストラリアについて学ぶことはきみにとって大切だと思うよ。
友香：分かったわ。そうするようにするわ。
ボブ：だれがそれに申し込むことができるの。
友香：語学学校での勉強とホームステイに興味がある生徒ができるわ。それと，すべての参加希望者は事前説明会に参加する必要があるわ。
ボブ：なるほど。ええと…，このグラフは何かな。
友香：それは，「あなたはどの国を訪れてみたいですか」という質問への回答を示しているの。全校生徒が回答しているわ。オーストラリアは女子の間で一番人気があるわね。
ボブ：おお，それはよかった。およそ60人の女子がそう答えているね。僕には，つつじ市に住んでいる日本人の友達がいて，僕たちはよく，メールのやりとりをしているんだ。メールで彼に，「きみはどの国を訪れてみたいの」って聞いてみるよ。
友香：あら，それはいいアイデアね。

4 私は栃木の中学校に通っています。ある日の英語の授業で，私はボランティアについて学びました。彼らは本当にすごいなと思いました。その後，私はボランティアとして働くことに興味を持ちました。私は今，あるボランティアグループで働いています。そのグループは，外国の貧しい子どもたちを助けるために，たくさんのことをしています。例えば，その子どもたちにお金を送るために，バザーを開いたりしています。

9月のある日，私の英語の先生である西先生が，授業で私たちに，「来月に市民ホールで，英語のスピーチコンテストがあります。参加したい場合は，私に教えてください」と言いました。それを聞いたとき，「私たちには，仕事を手伝ってくれるもっと多くのボランティアが必要だ。そのコンテストは，自分のスピーチを通して，自分たちのボランティアの仕事について多くの人に伝えるためのいい機会になるかもしれない」と思いました。だから私は，そのコンテストに参加することに決めました。私が参加したがっていることを西先生が知ったとき，先生はうれしそうに見えました。

その後，私はコンテストに向けて練習を始めました。西先生は私をたくさん助けてくれました。私は初めに，自分のスピーチを日本語で書き，それを英語にしました。それから，スピーチを何度も何度も練習しましたが，いくつかの英単語をうまく発音することができませんでした。すぐに私は自信を失い始めていました。西先生は私に，「かなこさん，そのことについて心配する必要はないよ。スピーチで最も大切なことは，きみが本当に伝えたいことを人に伝えようと努力することだよ」と言いました。私はほほえんで，「アドバイスをありがとうございます，西先生」と言いました。

ついに，コンテストの日が来ました。私はホールに着いた後，西先生に，「ホールには何人の人がいますか」と尋ねました。先生は，「約300人いるけど，恐れる必要はないよ」と言いました。私は，「分かりました，西先生。みなさんが私のスピーチに興味を持ってくれると思うようにします」と言いました。

およそ一時間後，私の順番が来ました。私はなぜボランティアの仕事が必要なのかについて話し始めました。目の前のたくさんの人を見たとき，私は突然に怖くなり，弱々しい声になってしまいました。そのとき，練習中の西先生のアドバイスを思い出しました。私は力強い声で，「世界中には，私たちの支援を必要としている貧しい子どもたちがたくさんいます。私たちは本当に彼らを助けたいのです。私たちのボランティアグループには，みなさんの助けが必要です。私たちに加わりませんか」と言いました。

私はコンテストで賞をとることはできませんでしたが，その後すてきなことが起きました。翌週に，私のスピーチに感銘を受けたおよそ30人の若者たちが，私たちのボランティアグループを訪ねて来ました。彼らは私たちに加わって，ボランティアとして貧しい子どもたちのために働きたいと思ったのです。私は，「コンテストに参加してスピーチをして，本当によかった」と思いました。

5 地球は今，ますます暑くなりつつある。今年の夏，日本のほとんどの地域で，摂氏約35度になる日が何日もあり，死者も出た。いくつかの日本の都市では摂氏40度近いこともあった。その原因は地球温暖化である。

私たちは，地球温暖化により，世界中の自然に多く変化が生じているのを目にしている。例えば，北極と南極の氷が溶け，海面が上昇している。世界中の高山の氷河も溶けている。多くの浜辺，島，そのような場所に住んでいるいくらかの種類の動植物も失われるかもしれない。

そうした理由の一つは，私たちが石油を使いすぎることだ。数千年前，人々は石油を見つけ，それがとても役に立つことを知った。現在，私たちが自動車，船，飛行機を使うときに石油を使う。また，私たちは照明を使ったり，テレビゲームをやったりするときでさえ石油が必要だ。私たちはたくさん石油を使い，そして同時に二酸化炭素を放出している。だから，地球はますます暑くなっている。多くの国は二酸化炭素を削減しようとしているが，中にはそうでない国もある。そのような国は，今でも自動車や工場のためにたくさん石油を使い，二酸化炭素を放出している。これは大きな問題だ。

私たちは，どうしたら地球温暖化を止めることができるのだろうか。どうしたら，石油の使用量を少なくできるのだろうか。私たちにとっては，とても難しい問題だ。しかし，日常生活の中には私たちができる小さなことがいくつかある。例えば，自家用車よりも自転車，バス，電車をより頻繁に使った方がよい。また，夏には扇風機を，冬にはこたつを，エアコンよりも頻繁に使った方がよい。そうすれば，石油をあまりたくさん使わなくなるだろう。小さなことと思うかもしれないが，みんなで一緒にこういったことに取り組めば，将来，地球温暖化に歯止めをかけることができるだろう。

第189回 下野新聞模擬テスト

英 語 【解 説】

英語問題 1 〔リスニング台本〕

台本	時間
これから中学3年生 第189回 下野新聞模擬テスト 英語四角1番，聞き方のテストを行います。 なお，練習はありません。 (ポーズ約5秒) これから聞き方の問題に入ります。問題用紙の四角で囲まれた1番を見なさい。問題は1番，2番，3番の三つあります。 最初は1番の問題です。問題は(1)から(3)まで三つあります。英語の対話とその内容についての質問を聞いて，答えとして最も適切なものを**ア**，**イ**，**ウ**，**エ**のうちから一つ選びなさい。対話と質問は2回ずつ言います。 では始めます。 (1)の問題です。 *A* : What did you do last Sunday? *B* : I stayed home all day. I enjoyed reading a book. How about you? *A* : I went to the beach with my family. Next Sunday, I'd like to go to the mountains. 質問です。 *Q* : Where did the girl go last Sunday? (約5秒おいて繰り返す。)(ポーズ約5秒) (2)の問題です。 *A* : Where are you going? *B* : I'm going to the stadium to watch a baseball game. *A* : That's nice. Oh, look! Here comes the bus for the stadium. Have a good time. 質問です。 *Q* : Where are they talking now? (約5秒おいて繰り返す。)(ポーズ約5秒) (3)の問題です。 *A* : My class answered the question, "What color do you like the best?" This shows our answers. *B* : Oh, that sounds interesting. *A* : Twenty students answered they like red. Eight students like pink, and there were four students who like blue. I like green the best, but it's not so popular. 質問です。 *Q* : Which one is the boy's class? (約5秒おいて繰り返す。)(ポーズ約5秒)	(1番) 約3分
次は2番の問題です。問題は(1)と(2)の二つあります。英語の対話とその内容についての質問を聞いて，答えとして最も適切なものを**ア**，**イ**，**ウ**，**エ**のうちから一つ選びなさい。質問は問題ごとに①，②の二つずつあります。対話と質問は2回ずつ言います。 では始めます。 (1)の問題です。 *Erika* : Hi, Nick. Are you enjoying your stay in Japan? *Nick* : Yes, Erika. But I don't think my Japanese is good. *Erika* : Don't worry. Your Japanese is getting better. *Nick* : Thank you. My friend told me to watch Japanese movies, so I tried that. But it was difficult for me to understand them. I want to try something new. *Erika* : How about comics? *Nick* : What do you mean? *Erika* : You can study Japanese by reading comics written in Japanese. *Nick* : That's interesting! I'll try! What else can I do to improve my Japanese? *Erika* : You should talk with your friends in Japanese. I'll help you. *Nick* : Thanks. I'll do that. ①の質問です。 What did Nick think of Japanese movies? (ポーズ約3秒) ②の質問です。 What did Erika tell Nick to do to improve his Japanese? (約5秒おいて繰り返す。)(ポーズ約5秒) (2)の問題です。 *Woman* : Excuse me. I want to go to the hospital to see my son. He is a doctor and works there. *Man* : We have two hospitals around here. *Woman* : I don't remember the name of the hospital. My son said, "It takes about five minutes from the station to my hospital." *Man* : Umm..., both of them are near here. Is it a big hospital? *Woman* : I think so. My son works on the seventh floor. *Man* : OK. Your son works at Kita Hospital. Nishi Hospital is smaller than Kita Hospital. *Woman* : Oh, I see. How can I go there? *Man* : It's easy. Now we are in front of the station. Can you see the post office over there? Walk along this street to the post office and turn right. Then you'll find Kita Hospital on your left. *Woman* : Oh, thank you very much. ①の質問です。 Which is Kita Hospital? (ポーズ約3秒) ②の質問です。 Why does the woman want to go to Kita Hospital? (約5秒おいて繰り返す。)(ポーズ約5秒)	(2番) 約5分
次は3番の問題です。あなたは，学校の英会話クラブの部員です。部員会議でのブラウン先生(Ms. Brown)による連絡を聞いています。連絡を聞いて，その内容をまとめた英語のメモを完成させなさい。英文は2回言います。 では始めます。 This year, we are going to meet on Tuesday and Friday every week. I'd like to do many things with you in the club. We will talk a lot in English, of course. We will go to the library, find some English books and read them together. We will also use the computer room in our school. There we will write and send e-mails to students in Australia. Next Friday, we will have a party for the new club members. I want you to write a message to them in English. You are going to give it to them at the party. That's all. (約5秒おいて)繰り返します。(1回目のみ) (ポーズ約5秒) これで聞き方の問題を終わります。では，ほかの問題を始めなさい。	(3番) 約3分

第189回 下野新聞模擬テスト

数　学　【解　説】

数　学　〔解説〕

① 1　$-5+(-1)=-5-1=-6$

2　$2ab\times3a^2b=2\times3\times ab\times a^2b=6a^3b^2$

3　$3a^2-b^2=3\times1^2-(-2)^2=3-4=-1$

4　$x^2+6x+8=x^2+(2+4)x+2\times4=(x+2)(x+4)$

5　$S=2\pi rh$の両辺を入れかえて，$2\pi rh=S$　両辺を$2\pi r$で割って，$h=\dfrac{S}{2\pi r}$

6　**イ**…x軸やy軸について線対称ではなく，原点について点対称になっている。

7　線分PQは半円Oの接線だから，$\angle\mathrm{OCQ}=90°$であり，$\angle\mathrm{OCB}=90°-63°=27°$となる。線分OB，OCは半径だから，△OBCはOB＝OCの二等辺三角形である。求める$\angle x$は△OBCの頂角だから，
$\angle x=180°-27°\times2=126°$

8　xの変域に0を含んでいるから，yの最小値は$y=0$になる。また，-1よりも2の方が絶対値が大きいから，yの最大値は$x=2$のときの$y=2\times2^2=8$

9　底面の半径が3cm，高さが4cmの円柱の体積は，$\pi\times3^2\times4=36\pi\ (\mathrm{cm}^3)$

10　$\dfrac{6}{\sqrt2}-\sqrt2=\dfrac{6\times\sqrt2}{\sqrt2\times\sqrt2}-\sqrt2=\dfrac{6\sqrt2}{2}-\sqrt2=3\sqrt2-\sqrt2=2\sqrt2$

11　$x^2-5x=0$，$x(x-5)=0$より，$x=0$，5

12　割られる数aは，割る数bと商cの積に余りdをたした数になるから，
$a=bc+d$

13　頂点Aから底辺BCに垂線AHを引くと，△ABHで三平方の定理より，
$\mathrm{AH}^2=\mathrm{AB}^2-\mathrm{BH}^2=6^2-2^2=32$
$\mathrm{AH}>0$だから，$\mathrm{AH}=\sqrt{32}=4\sqrt2$ (cm)
したがって，$\triangle\mathrm{ABC}=\dfrac{1}{2}\times4\times4\sqrt2=8\sqrt2\ (\mathrm{cm}^2)$

①14
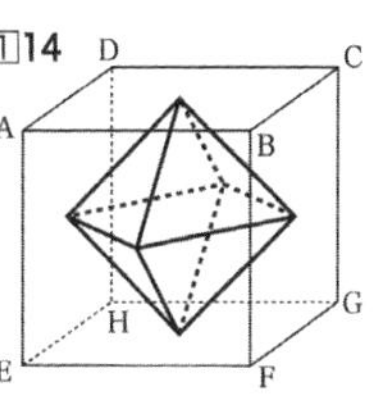

14　立方体の6つの面の中心(対角線の交点)を6個の頂点とする立体は，右の図のような正八面体である。

② 1　ひし形は，2本の対角線が垂直に交わる平行四辺形であるから，ひし形PBQDの頂点P，Qは，平行四辺形ABCDの対角線BDの垂直二等分線と辺AD，BCとの交点になる。

【作図法】① 頂点Bを中心とする円をかく。
② 頂点Dを中心とする，①の円と半径の等しい円をかく。
③ ①，②でかいた円どうしの2つの交点を通る直線を引く。
④ ③で引いた直線と辺ADとの交点が点P，辺BCとの交点が点Qである。
⑤ 頂点Bと点P，頂点Dと点Qを結ぶ線分を引く。

②1
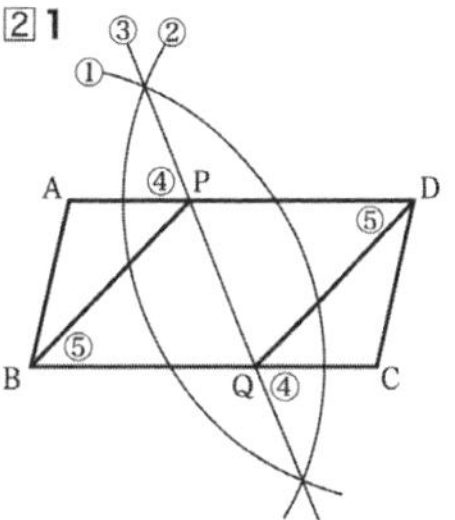

2　白の碁石と黒の碁石の並び方は，右の樹形図によって表される。すべての場合の数は，$2\times2\times2\times2=16$(通り)であり，このうち，＊印をつけた3通りになればよいから，求める確率は，$\dfrac{3}{16}$

②2
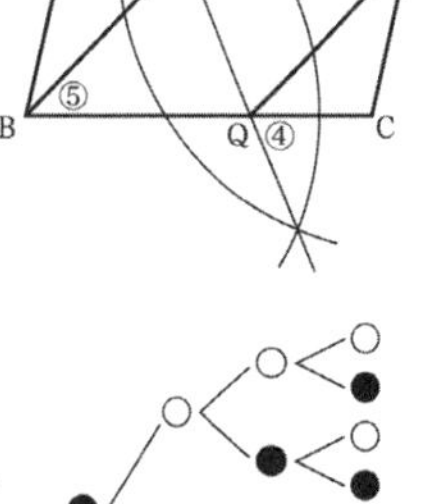
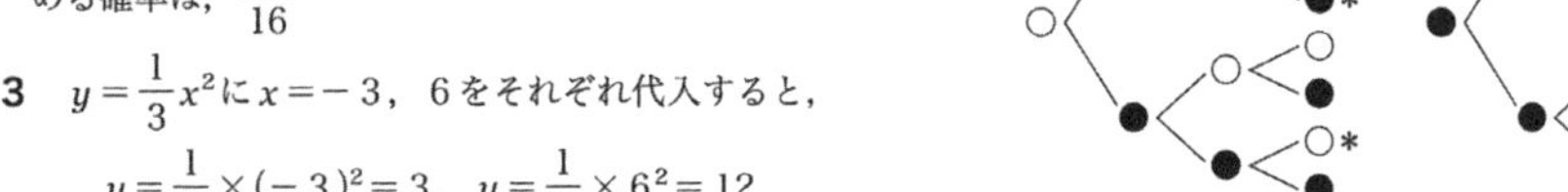

3　$y=\dfrac{1}{3}x^2$に$x=-3$，6をそれぞれ代入すると，
$y=\dfrac{1}{3}\times(-3)^2=3$，$y=\dfrac{1}{3}\times6^2=12$
よって，A$(-3,\ 3)$，B$(6,\ 12)$である。直線ABの式を$y=ax+b$と表し，$x=-3$，$y=3$と$x=6$，$y=12$をそれぞれ代入して，
$3=-3a+b$，$12=6a+b$
これらを連立方程式として解くと，$a=1$，$b=6$であるから，直線ABの式は$y=x+6$である。よって，直線ABの切片である点Cのy座標は6となり，OC＝6である。また，点Mのx座標は$\dfrac{-3+6}{2}=\dfrac{3}{2}$だから，
$\triangle\mathrm{OAM}=\triangle\mathrm{OAC}+\triangle\mathrm{OMC}=\dfrac{1}{2}\times6\times3+\dfrac{1}{2}\times6\times\dfrac{3}{2}=9+\dfrac{9}{2}=\dfrac{27}{2}$

③ 1　線分AEの長さを$x$cmとすると，$\mathrm{BC}=\mathrm{AB}=(x+9)$cmと表されるから，△AECの面積は，
$\dfrac{1}{2}\times x\times(x+9)=\dfrac{1}{2}x^2+\dfrac{9}{2}x\ (\mathrm{cm}^2)$と表される。

2　(1)　90分以上120分未満の階級までの累積度数は$10-1=9$(人)だから，累積相対度数は，$9\div10=0.9$
(2)　階級の幅は，$60-0=60$(分)である。また，0分以上60分未満の階級の度数は$10-4-1=5$(人)であり，これはどの階級の度数よりも多いから，最頻値(モード)はこの階級の階級値である
$(0+60)\div2=30$(分)

第189回 下野新聞模擬テスト

数学 【解　説】

(3) 度数分布表から平均値を求めるときは，各階級に含まれるデータの値がすべてその階級値に等しいとみなす。(階級値×度数)の合計を(度数の合計)で割ると，$(30\times5+90\times4+150\times1)\div10=66$ (分)

④ **1**　三角形の外角が等しいならば，その内角も等しくなることを利用して∠AEB＝∠ADCを導く。

2　(1) 線分DPは面ABCD上に，線分PFは面BCGF上にある。四角柱ABCD-EFGHの展開図の一部を表した右の図において，DP＋PFの長さが最も短くなるとき，線分DPと線分PFは線分DF上にあり，点Pは線分DFと辺BCの交点になる。

△DCP∽△FBPだから，BP＝$x$cmとすると，

DC：FB＝CP：BPより，$6:8=(8-x):x$

これを解いて，$x=\dfrac{32}{7}$ (cm)

また，△DFGで三平方の定理より，

$DF^2=DG^2+FG^2=14^2+8^2=260$

DF＞0だから，$DF=\sqrt{260}=2\sqrt{65}$ (cm)

(2) 四角柱ABCD-EFGHの体積は，

$\dfrac{1}{2}\times(5+8)\times6\times8=312$ (cm³)

で，辺BFを含む立体(三角錐F-ABC)の体積Vは，

$V=\dfrac{1}{3}\times\dfrac{1}{2}\times8\times6\times8=64$ (cm³)であるから，

辺DHを含む立体の体積Wは，

$W=312-64=248$ (cm³)である。

したがって，体積の比は$V:W=64:248=8:31$である。

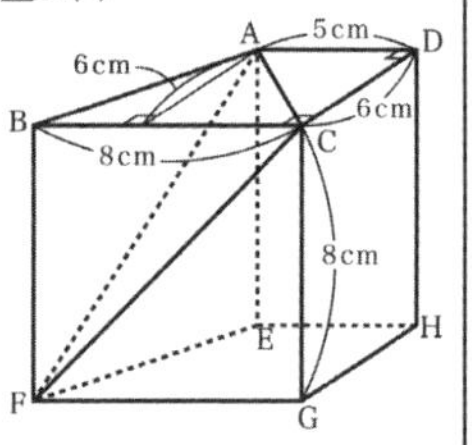

⑤ **1**　最初の8分間に，排水口Aのみから$2\times8=16$ (L)排水する。また，グラフより，排水を始めてから8分後の水の量は54Lだから，満水の状態の水の量は$16+54=70$ (L)

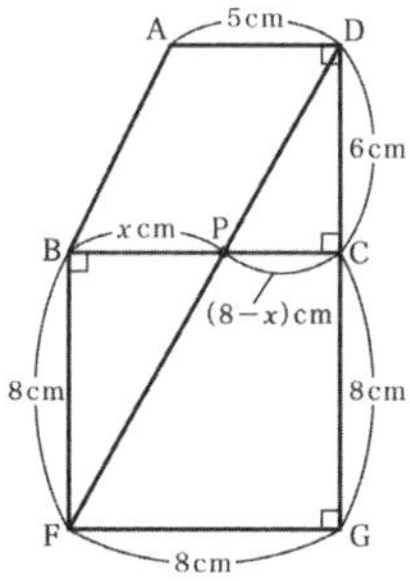

2　右の図より，2点(8，54)，(13，24)を通る直線の式を求める。

$y=mx+n$に$x=8$，$y=54$と$x=13$，$y=24$をそれぞれ代入して，

$54=8m+n$，$24=13m+n$　これらを連立方程式として解くと，

$m=-6$，$n=102$より，$y=-6x+102$

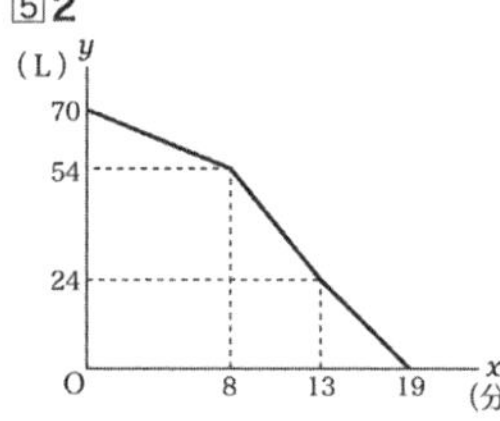

3　排水口A，Bの両方から排水した時間をa分間とすると，最後に排水口Aのみから排水した時間は$\left(\dfrac{17}{2}-a\right)$分間と表されるから，

方程式$4\times9+(2+4)\times a+2\times\left(\dfrac{17}{2}-a\right)=70$を導く。

⑥ **1**　使用する黒いタイルは，奇数番目の図形ごとに1枚ずつ多くなっていき，

1番目〔$(2\times1-1)$番目〕では1枚，3番目〔$(2\times2-1)$番目〕では2枚，5番目〔$(2\times3-1)$番目〕では3枚になる。なお，$(2n-1)$番目ではn枚と表される。

また，使用する白いタイルは，2番目では6枚で，その後は偶数番目ごとに4枚ずつ多くなっていく。

2番目〔(2×1)番目〕では6枚〔$(4\times1+2)$枚〕，4番目〔(2×2)番目〕では10枚〔$(4\times2+2)$枚〕，6番目〔(2×3)番目〕では14枚〔$(4\times3+2)$枚〕になる。なお，$2n$番目では$(4n+2)$枚と表される。

2　**1**の解説より，$2n$番目の図形をつくるのに使用する白いタイルの枚数は$(4n+2)$枚と表され，$2n$番目の図形をつくるのに使用する黒いタイルの枚数は$(2n-1)$番目の図形をつくるのに使用する黒いタイルの枚数と同じだから，n枚と表される。したがって，使用するすべてのタイルの枚数は，

$(4n+2)+n=5n+2$ (枚)

3　偶数番目($2n$番目)であるとすると，**2**の解説より，$5n+2=353$と表されるが，これを方程式として解いてもnの値は整数にならないから，問題に適さない。

奇数番目〔$(2n-1)$番目〕の図形をつくるのに使用するすべてのタイルの枚数は，偶数番目($2n$番目)の図形をつくるのに使用するすべてのタイルの枚数より4枚少ないから，**2**の解説より，$(5n+2)-4=5n-2$ (枚)と表される。ただし，$n\geqq2$である。よって，

$5n-2=353$

これを方程式として解くと，$5n=355$，$n=71$

となるから，問題に適している。したがって，$2n-1=2\times71-1=141$ (番目)

第189回 下野新聞模擬テスト

理　科　【解　説】

理　　科　〔解説〕

□1 **2**　炭酸水素ナトリウムを加熱して分解すると，固体の炭酸ナトリウム，気体の二酸化炭素，液体の水が得られる。
3　物体の１点から出て凸レンズの中心を通る光は，そのままスクリーン上の１点（Ｐ点とする）まで直進する。また，凸レンズの軸に平行に進んできた光は，凸レンズを通過してから反対側の焦点を通ってＰ点に達する。このことから作図すると，焦点は方眼２目盛り分になる。
4　石灰岩やチャートは生物の遺骸などが固まってできたものである。
6　二酸化マンガンにオキシドールを加えると，オキシドールの溶質である過酸化水素が酸素と水とに分解される。
7　使用している－端子と指針のようすから，電熱線には12Ｖの電圧が加わっていることがわかる。したがって，12〔V〕÷30〔Ω〕＝0.4〔A〕の電流が流れている。
8　閉そく前線は，寒冷前線が温暖前線に追いつくことでできる。

□2 **1**　両生類に属するカエル，ハチュウ類に属するワニは，外界の温度変化にともなって体温も変化する変温動物である。一方，鳥類に属するスズメ，ホニュウ類に属するコウモリ，クジラ，ヒトは，外界の温度が変化しても体温をほぼ一定に保つことができる恒温動物である。
2　セキツイ動物の前あしやそれにあたる部分の骨格には，共通点が見られる。
3　セキツイ動物は，魚類→両生類→ハチュウ類→ホニュウ類→鳥類の順に出現したと考えられる。

□3 **1**　質量パーセント濃度は$\frac{50〔g〕}{50〔g〕+100〔g〕}\times 100 = 33.3\cdots$〔%〕である。
2　20℃における物質Ｘの溶解度は11ｇなので，50－11＝39〔g〕の結晶が出てくる。
3　物質Ｘの溶解度が50ｇになる温度は，約58℃である。また，60℃の飽和水溶液においては，57ｇの溶質が100ｇの水に溶けているので，溶質が50ｇの飽和水溶液における水の質量は$100\times\frac{50〔g〕}{57〔g〕} = 87.7\cdots$〔g〕になる。よって，100－88＝12〔g〕ほどの水を蒸発させればよい。

□4 **1**　コイルの内部の磁界が変化すると，コイルに電圧が生じて電流が流れる。このような現象を電磁誘導といい，電磁誘導によって流れる電流を誘導電流という。
2　実験(1)では，コイルの上端にＮ極が近づいている。三つの下線部のうちの一つか三つが反対になると逆向きの誘導電流が流れ，二つが反対になると同じ向きの誘導電流が流れる。最初はコイルの上端にＳ極が近づくので検流計の針は左側に振れ，その後はコイルの下端からＮ極が遠ざかるので検流計の針は右側に振れる。
3　磁力が強い磁石を用いても，磁界が変化しない限り電磁誘導は起こらない。

□5 **1**　水はあたたまりにくく冷めにくいので，日射のある昼間は，陸上の空気の方が高温になる。空気は，温度が高いほど体積が大きくなって密度が小さくなるので，海上よりも陸上の方が低圧部になる。空気は高圧部から低圧部に向かって流れるため，昼間には海上から陸上に向かって海風がふく。
2　日本の周辺では，海が太平洋，陸がユーラシア大陸に相当する。
3　夏には高圧部の太平洋（小笠原気団）からユーラシア大陸に向かって南東の季節風が，冬には高圧部のユーラシア大陸（シベリア気団）から太平洋に向かって北西の季節風がふくことが多くなる。

□6 **1**　「子葉が１枚」のなかまである単子葉類は，葉脈は平行に通っていて，根はひげ根である。
2　「子葉が２枚」のなかまである双子葉類は，花弁が１枚ずつ分かれている離弁花類と，花弁が１枚につながっている合弁花類とに分類することができる。
3　スギゴケやゼニゴケなどのコケ植物のなかまは，雄株と雌株の２種類の株があり，雌株にできる胞子のうの中に胞子がつまっている。また，仮根には水を吸収する役割は特になく，水は体の表面全体から吸収している。
4　Ａは単子葉類，Ｂは裸子植物，Ｃはシダ植物に属する植物であり，選択肢のアブラナは双子葉類，トウモロコシは単子葉類，ソテツは裸子植物に属する植物である。

□7 **1**　水溶液中で，硫酸亜鉛は$ZnSO_4 \rightarrow Zn^{2+} + SO_4{}^{2-}$のように，硫酸銅は$CuSO_4 \rightarrow Cu^{2+} + SO_4{}^{2-}$のように電離している。
2　亜鉛板の表面では，亜鉛板をつくる亜鉛原子が電子を２個放出して亜鉛イオンとなり，水溶液中に溶け出している。一方，銅板の表面では，$Cu^{2+} + 2e^- \rightarrow Cu$のように，水溶液中の銅イオンが銅板から電子を受けとって銅原子になっている。
3　亜鉛板は溶け出すのでボロボロになり，銅板には銅が付着する。
4　電子は亜鉛板からモーターを経由して銅板へと移動していくので，亜鉛板が－極，銅板が＋極である。また，使いきりの一次電池に対して，鉛蓄電池やリチウムイオン電池のような，充電することで繰り返し使用できる電池を二次電池という。

□8 **1**　選択肢**ア**の「V」は電圧，**ウ**の「W」は電力や仕事率，**エ**の「Hz」は振動数や周波数の単位である。
2　位置エネルギーと運動エネルギーは互いに移り変わることができるが，これらの和である力学的エネルギーの大きさは一定に保たれる。このことを力学的エネルギー保存の法則（力学的エネルギーの保存）という。
3　**2**の解説より，力学的エネルギーの大きさは変化しない。
4　Ｂ点でもっていた力学的エネルギーの大きさを３＋２＝５とすると，これはＡ点でもっていた位置エネルギーの大きさに等しい。したがって，Ｂ点の基準面からの高さは$40〔cm〕\times\frac{3}{5} = 24〔cm〕$である。

□9 **1**　恒星どうしの位置関係は変化しないので，地球から見える星座の形も変化しない。
2　星座や太陽は，時間が経過するにつれて，東から西に向かって移動していくように見える。
3　星座や太陽の日周運動の向きが東から西であるのは，地球が西から東の向きに自転しているからである。また，日周運動と自転の割合は，１時間に約15度である。
4　おとめ座が真夜中に南中するときには，地球から見ると，太陽と反対の方向におとめ座が位置している。また，図２において，半年後の地球の位置はＱ付近なので，地球から見ると，太陽と同じ方向におとめ座がある。

高校入試中サポ講座

合格への近道

下野新聞社キャラクター「どっとこちゃん」

下野新聞は、過去40年以上にわたり高校進学を目指す中学生の進学指導を行っており、教育関係者の方々より高い評価を得ています。4月から土曜日と日曜日の週2回、11月からは月・水・金・土・日曜日の週5回**「高校入試中サポ講座」**を新聞紙上に掲載しています。学校の授業内容と並行して出題される問題を通じ、実力アップを図ってください。

令和5年度 日程・出題内容一覧表

◆国語・社会・数学・理科・英語各25回ずつ掲載。基礎からしっかり学べます。

回＼教科	国語	社会	数学	理科	英語
1	4/8(土) 説明的文章、漢字	4/9(日) 地球の姿をとらえよう	4/15(土) 正の数・負の数	4/16(日) 植物の特徴と分類	4/22(土) be動詞(現在、過去)
2	4/23(日) 説明的文章、漢字	4/29(土) 文明のおこりと日本の成り立ち、古代国家の歩みと東アジアの世界	4/30(日) 文字式と式の計算	5/6(土) 動物の特徴と分類	5/7(日) 一般動詞(現在、過去)
3	5/13(土) 文学的文章(小説)、漢字	5/14(日) 日本の姿をとらえよう	5/20(土) 1次方程式とその利用	5/21(日) いろいろな物質、気体の発生と性質	5/27(土) 進行形
4	5/28(日) 説明的文章、漢字	6/3(土) 中世社会の展開と東アジアの情勢、世界の動きと天下統一	6/4(日) 比例と反比例	6/10(土) 水溶液、物質の状態変化	6/11(日) 助動詞、未来表現
5	6/17(土) 古文、小問	6/18(日) 人々の生活と環境	6/24(土) 平面図形と空間図形	6/25(日) 光による現象、音による現象	7/1(土) 名詞、代名詞、冠詞
6	7/2(日) 文学的文章(随筆)、漢字	7/8(土) 近世社会の発展、近代ヨーロッパの世界支配と日本の開国	7/9(日) 連立方程式の基礎	7/15(土) 力による現象	7/16(日) 形容詞、副詞
7	7/22(土) 文学的文章(小説)、漢字	7/23(日) 世界の国々を調べよう	7/29(土) 連立方程式の利用	7/30(日) 火山、地震	8/5(土) 比較
8	8/6(日) 説明的文章、漢字	8/12(土) 近代日本の歩み	8/13(日) 1次関数の基礎	8/19(土) 地層、大地の変動	8/20(日) いろいろな文(命令文、There is～など)
9	8/26(土) 俳句・短歌(和歌)	8/27(日) 世界から見た日本の姿	9/2(土) 1次関数の応用	9/3(日) 物質の成り立ち、さまざまな化学変化	9/9(土) いろいろな疑問文
10	9/10(日) 説明的文章、漢字	9/16(土) 現代社会とわたしたちの生活	9/17(日) 平行と合同 ※反例追加	9/23(土) 化学変化と物質の質量の規則性	9/24(日) 不定詞(1)
11	9/30(土) 文学的文章(随筆)、漢字	10/1(日) 二度の世界大戦と日本、現代の日本と世界	10/7(土) 三角形	10/8(日) 生物の体をつくる細胞、植物の体のつくりとはたらき	10/14(土) 不定詞(2)、動名詞(1)
12	10/15(日) 説明的文章、漢字	10/21(土) 都道府県を調べよう	10/22(日) 平行四辺形	10/28(土) 動物の体のつくりとはたらき、感覚と運動のしくみ	10/29(日) 1・2年の総復習
13	11/1(水) 古文、小問	11/3(金) 人間の尊重と日本国憲法	11/4(土) データの活用と確率 ※箱ひげ図追加	11/5(日) 地球の大気と天気の変化	11/6(月) 受け身
14	11/8(水) 説明的文章、漢字、敬語	11/10(金) 歴史のまとめ(古代～平安時代)	11/11(土) 展開と因数分解	11/12(日) 電流の性質	11/15(水) 現在完了(1)
15	11/17(金) 文学的文章(小説)、漢字	11/18(土) 世界地理のまとめ	11/19(日) 平方根	11/20(月) 電流の正体、電流と磁界	11/22(水) 現在完了(2)、現在完了進行形
16	11/24(金) 説明的文章、漢字	11/25(土) 現代の民主政治と社会	11/26(日) 2次方程式とその利用	11/27(月) 生命の連続性 ※多様性と進化追加	11/29(水) 前置詞、接続詞、連語
17	12/1(金) 古文	12/2(土) 歴史のまとめ(鎌倉～江戸時代)	12/3(日) 関数$y=ax^2$	12/4(月) 力と物体の運動 ※水圧、浮力追加	12/6(水) いろいろな会話(1)、原形不定詞
18	12/8(金) 説明的文章、漢字	12/9(土) 日本地理のまとめ	12/10(日) 関数$y=ax^2$の応用	12/13(水) 仕事とエネルギー	12/15(金) 関係代名詞
19	12/16(土) 文学的文章(小説)、漢字	12/17(日) わたしたちの暮らしと経済	12/18(月) 図形と相似の基礎 ※誤差と有効数字追加	12/20(水) 水溶液とイオン	12/22(金) 分詞、動名詞(2)
20	12/23(土) 文学的文章(随筆)、漢字	12/24(日) 歴史のまとめ(明治時代～現代)	1/5(金) 図形と相似の応用	1/6(土) 酸・アルカリと塩	1/7(日) 間接疑問文
21	1/8(月) 小問、古典総合	1/10(水) 地球社会とわたしたち	1/12(金) 円、三平方の定理の基礎	1/13(土) 地球の運動と天体の動き	1/14(日) いろいろな会話(2)
22	1/15(月) 作文	1/17(水) 地理分野の総合	1/19(金) 三平方の定理の応用	1/20(土) 太陽系の天体、恒星の世界	1/21(日) 仮定法
23	1/22(月) 小問、古文	1/24(水) 公民のまとめ(政治)	1/26(金) 図形の総合問題	1/27(土) 自然と人間	1/28(日) 総合問題(I)
24	1/29(月) 説明的文章総合	1/31(水) 歴史分野の総合	2/2(金) 数式と規則性の総合問題	2/3(土) 総合問題(1)	2/4(日) 総合問題(II)
25	2/5(月) 文学的文章(小説)総合	2/7(水) 公民のまとめ(経済)	2/9(金) 関数の総合問題	2/10(土) 総合問題(2)	2/11(日) 総合問題(III)

※新聞休刊日の変更や紙面の都合上、掲載日程や内容が変わる場合がございます。

2021・2022

[令和6年高校入試受験用]

解答用紙を切り取りましょう。
拡大コピーすると使いやすくなります。

解答用紙

令和４年度

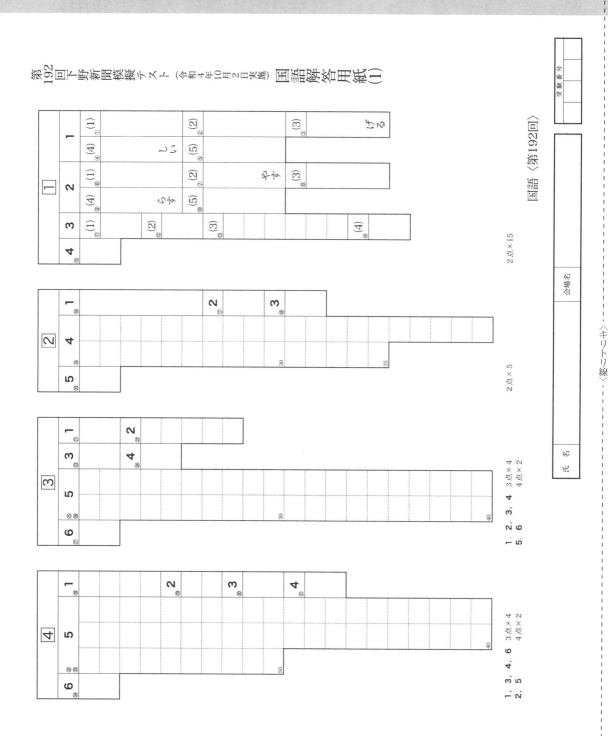

第192回下野新聞模擬テスト

国語 【解答用紙】

第192回下野新聞模擬テスト（令和4年10月2日実施）国語解答用紙(1)

1
- 1 (1) (2) (3)げる (4)しい (5)
- 2 (1) (2)やす (3) (4)らす (5)
- 3 (1) (2) (3) (4)
- 4

2点×15

2
- 1
- 2
- 3
- 4 （30）（35）
- 5

2点×5

3
- 1
- 2
- 3
- 4
- 5 （30）（40）
- 6

1，2，3，4　3点×4
5，6　4点×2

4
- 1
- 2
- 3
- 4
- 5 （40）（50）
- 6

1，3，4，6　3点×4
2，5　4点×2

国語〈第192回〉

受験番号

会場名

氏名

〈キリトリ線〉

第192回下野新聞模擬テスト

国語 【解答用紙】

国語解答用紙(2)

形式 ㉟	表現 ㊱	表記 ㊲	内容 ㊳
/4	/4	/4	/8

5

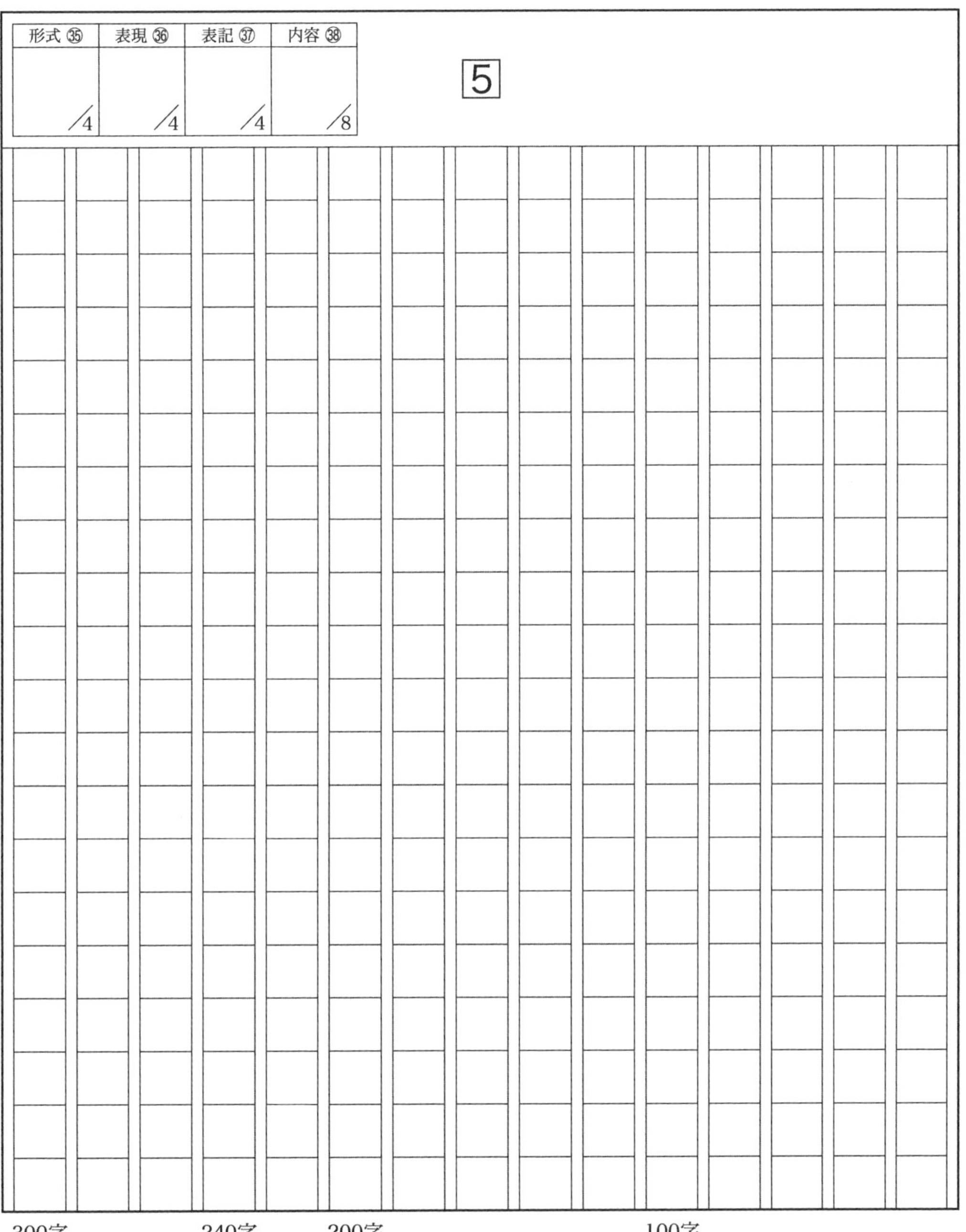

300字　240字　200字　100字

20点

◎氏名と題名は書かないこと。

〈キリトリ線〉

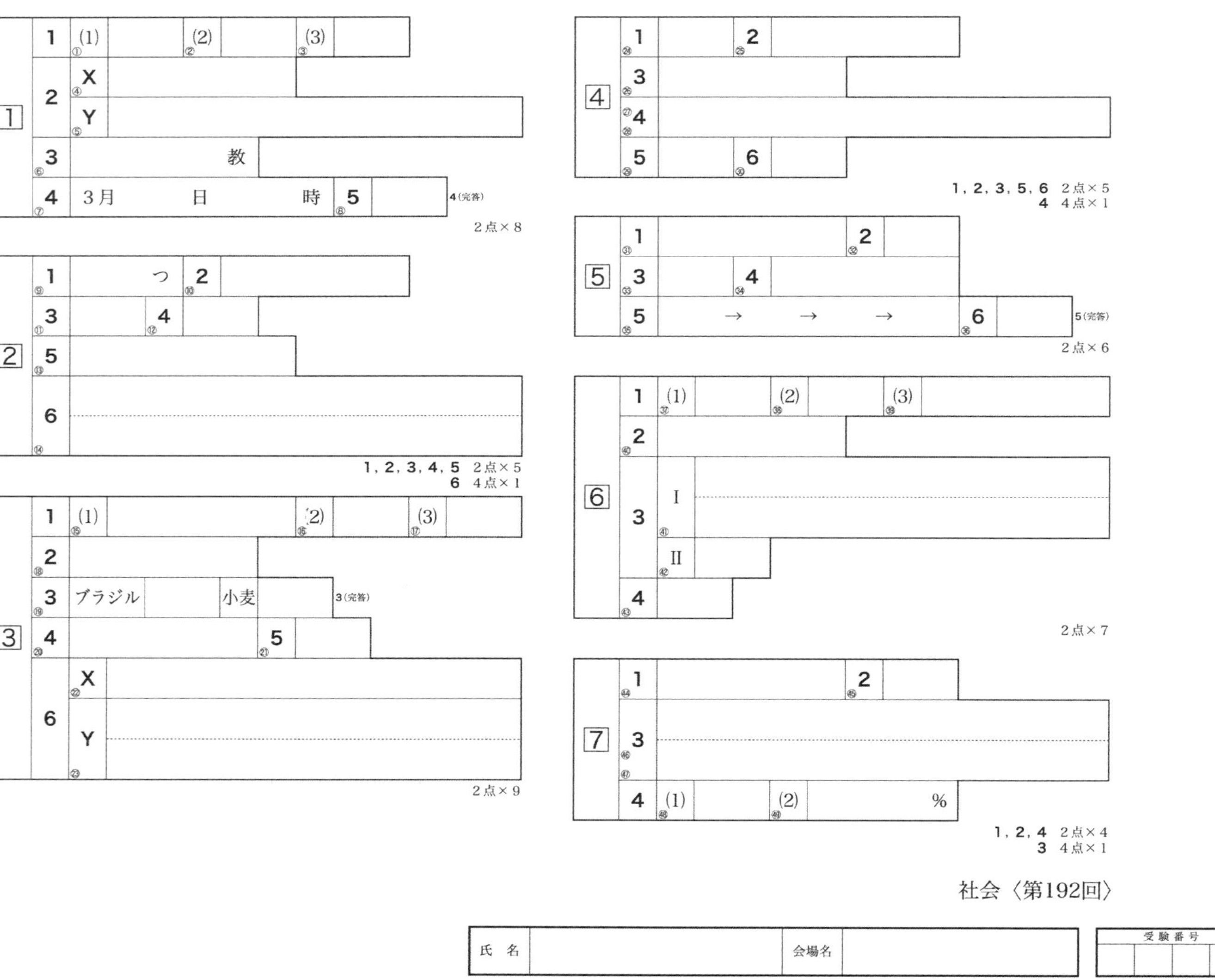
第192回下野新聞模擬テスト（令和4年10月2日実施） 社会解答用紙

1	1 (1)① (2)② (3)③	
	2 X④ Y⑤	
	3⑥	教
	4⑦	3月　日　時
	5⑧ 4（完答）	
	2点×8	
2	1⑨	つ
	2⑩	
	3⑪	
	4⑫	
	5⑬	
	6⑭	
	1, 2, 3, 4, 5 2点×5　6 4点×1	
3	1 (1)⑮ (2)⑯ (3)⑰	
	2⑱	
	3⑲ 3（完答）	ブラジル　小麦
	4⑳	
	5㉑	
	6 X㉒ Y㉓	
	2点×9	
4	1㉔	
	2㉕	
	3㉖	
	4㉗㉘	
	5㉙	
	6㉚	
	1, 2, 3, 5, 6 2点×5　4 4点×1	
5	1㉛	
	2㉜	
	3㉝	
	4㉞	
	5㉟ 5（完答）	→ → →
	6㊱	
	2点×6	
6	1 (1)㊲ (2)㊳ (3)㊴	
	2㊵	
	3 Ⅰ㊶ Ⅱ㊷	
	4㊸	
	2点×7	
7	1㊹	
	2㊺	
	3㊻㊼	
	4 (1)㊽ (2)㊾	%
	1, 2, 4 2点×4　3 4点×1	

社会〈第192回〉

氏名		会場名		受験番号	

〈キリトリ線〉

第192回 下野新聞模擬テスト

社 会 【解答用紙】

第192回 下野新聞模擬テスト

英　語　【解答用紙】

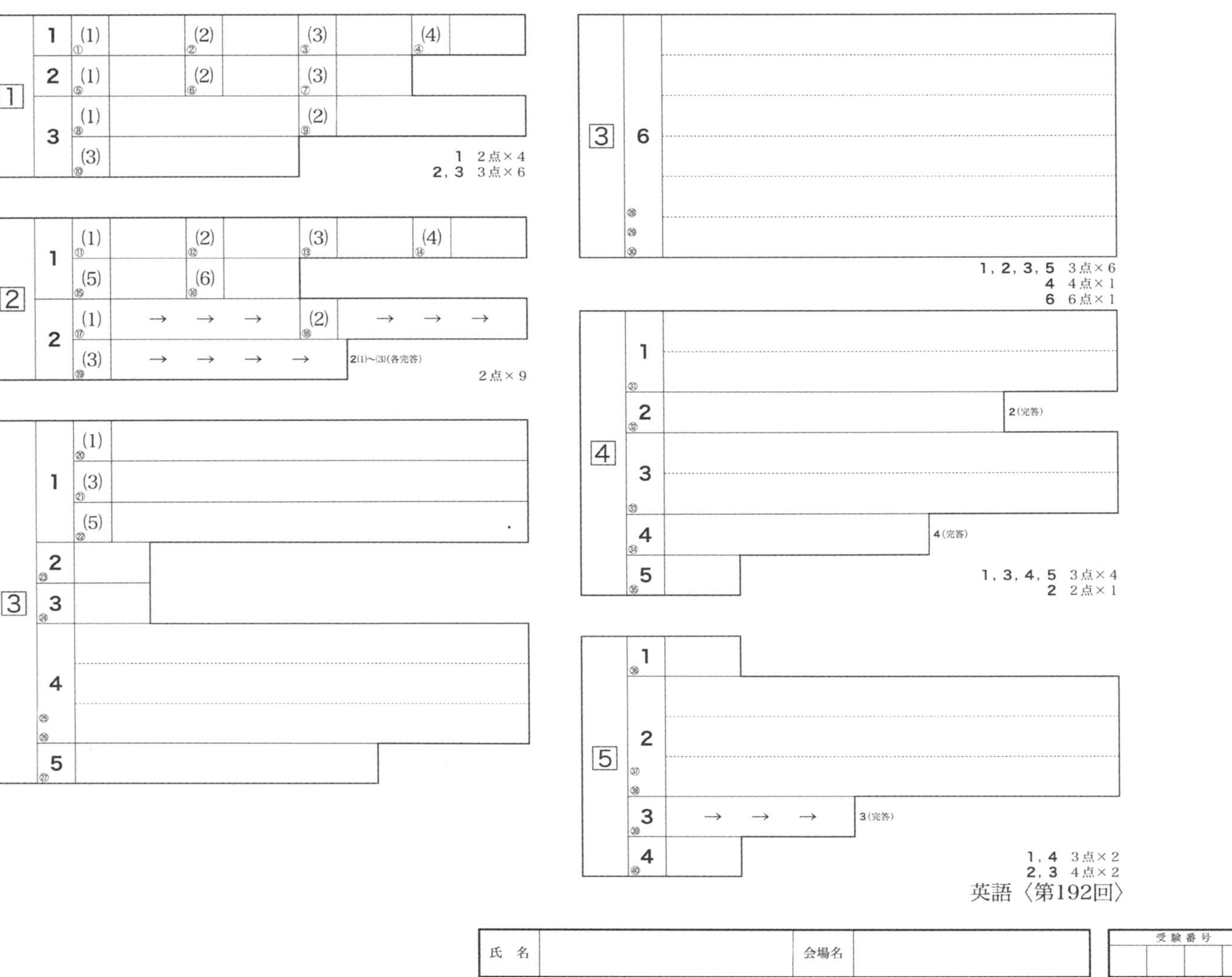
〈キリトリ線〉

第192回下野新聞模擬テスト（令和4年10月2日実施）　英語解答用紙

1	1	①(1)　②(2)　③(3)　④(4)
	2	⑤(1)　⑥(2)　⑦(3)
	3	⑧(1)　⑨(2)　⑩(3)

1　2点×4
2，3　3点×6

2	1	⑪(1)　⑫(2)　⑬(3)　⑭(4)　⑮(5)　⑯(6)
	2	⑰(1) → → →　⑱(2) → → →　⑲(3) → → → →

2(1)～(3)(各完答)
2点×9

3	1	⑳(1)　㉑(3)　㉒(5)
	2	㉓
	3	㉔
	4	㉕㉖
	5	㉗
	6	㉘㉙㉚

1，2，3，5　3点×6
4　4点×1
6　6点×1

4	1	㉛
	2	㉜
	3	㉝
	4	㉞
	5	㉟

2(完答)
4(完答)
1，3，4，5　3点×4
2　2点×1

5	1	㊱
	2	㊲㊳
	3	㊴ → → →
	4	㊵

3(完答)
1，4　3点×2
2，3　4点×2

英語〈第192回〉

氏　名		会場名		受験番号

第192回 下野新聞模擬テスト

数　学　【解答用紙】

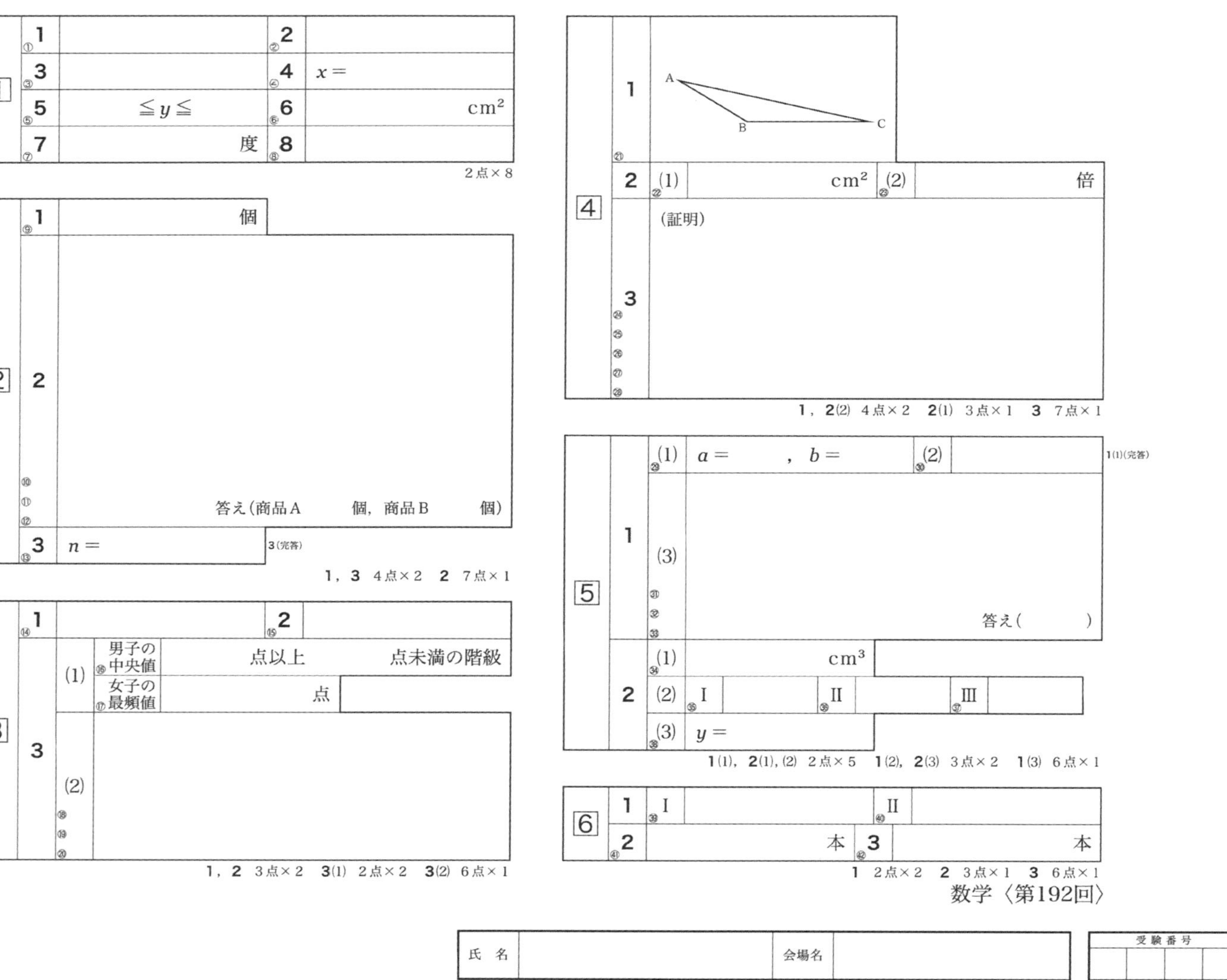

第192回下野新聞模擬テスト（令和4年10月2日実施） 数学解答用紙

1

1		2	
3		4	$x=$
5	$\leqq y \leqq$	6	cm^2
7	度	8	

2点×8

2

1	個
2	答え（商品A　　個，商品B　　個）
3	$n=$

3（完答）

1，3 4点×2　2 7点×1

3

1		2
3	(1) 男子の中央値	点以上　　点未満の階級
	女子の最頻値	点
	(2)	

1，2 3点×2　3(1) 2点×2　3(2) 6点×1

4

1	A B C	
2	(1) cm^2	(2) 倍
3	（証明）	

1，2(2) 4点×2　2(1) 3点×1　3 7点×1

5

1	(1) $a=$　　，$b=$	(2)
	(3) 答え（　　）	
2	(1) cm^3	
	(2) I　　II　　III	
	(3) $y=$	

1(1)（完答）

1(1)，2(1)，(2) 2点×5　1(2)，2(3) 3点×2　1(3) 6点×1

6

1	I	II
2	本	3 本

1 2点×2　2 3点×1　3 6点×1

数学〈第192回〉

氏名　会場名　受験番号

〈キリトリ線〉

第192回 下野新聞模擬テスト

理科 【解答用紙】

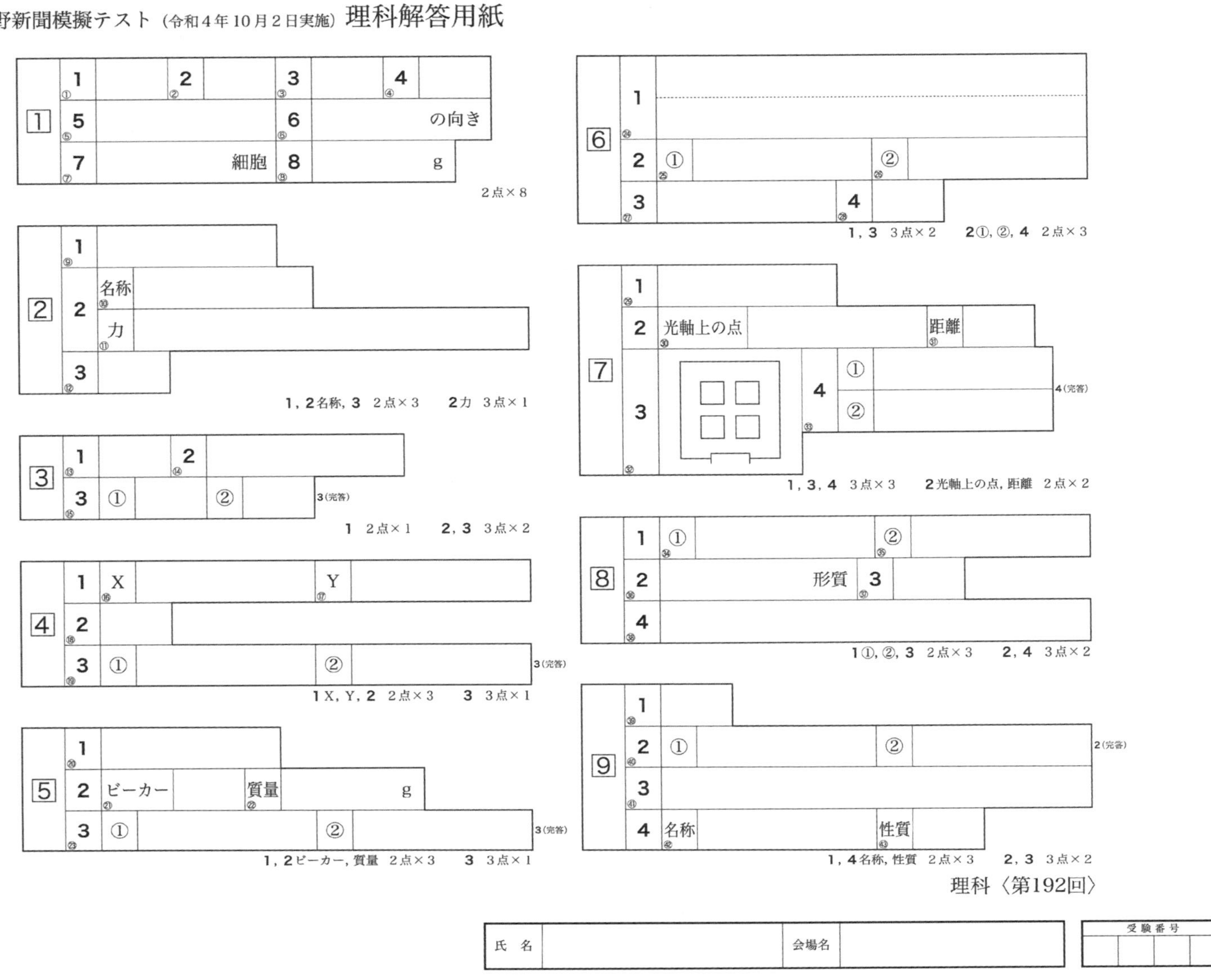

第193回下野新聞模擬テスト

国語 【解答用紙】

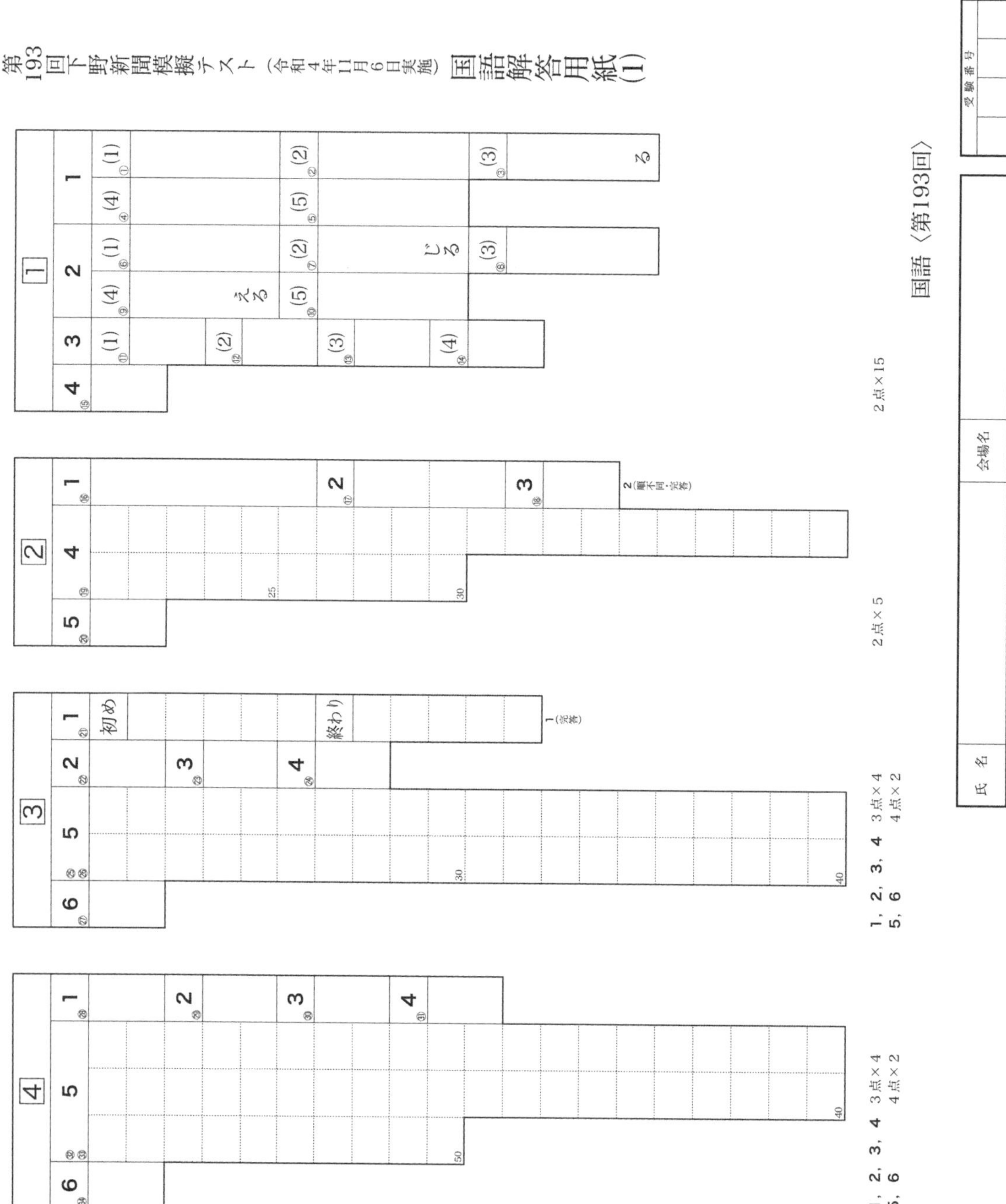

第193回下野新聞模擬テスト（令和4年11月6日実施）国語解答用紙(1)

国語〈第193回〉

受験番号

会場名

氏名

〈キリトリ線〉

1
1 (1)① (2)② (3)③ る (4)④ (5)⑤
2 (1)⑥ (2)⑦ じる (3)⑧ (4)⑨ える (5)⑩
3 (1)⑪ (2)⑫ (3)⑬ (4)⑭
4 ⑮

2点×15

2
1 ⑯ 2 ⑰ 3 ⑱ 2（順不同・完答）
4 ⑲ 25 30
5 ⑳

2点×5

3
1 ㉑ 初め 終わり 1（完答）
2 ㉒ 3 ㉓ 4 ㉔
5 ㉕㉖ 30 40
6 ㉗

1, 2, 3, 4 3点×4
5, 6 4点×2

4
1 ㉘ 2 ㉙ 3 ㉚ 4 ㉛
5 ㉜㉝ 40 50
6 ㉞

1, 2, 3, 4 3点×4
5, 6 4点×2

第193回下野新聞模擬テスト

国語 【解答用紙】

国語解答用紙(2)

◎氏名と題名は書かないこと。

〈キリトリ線〉

形式 ㉟	表現 ㊱	表記 ㊲	内容 ㊳
/4	/4	/4	/8

5

300字　240字　200字　100字

20点

第193回 下野新聞模擬テスト

社 会 【解答用紙】

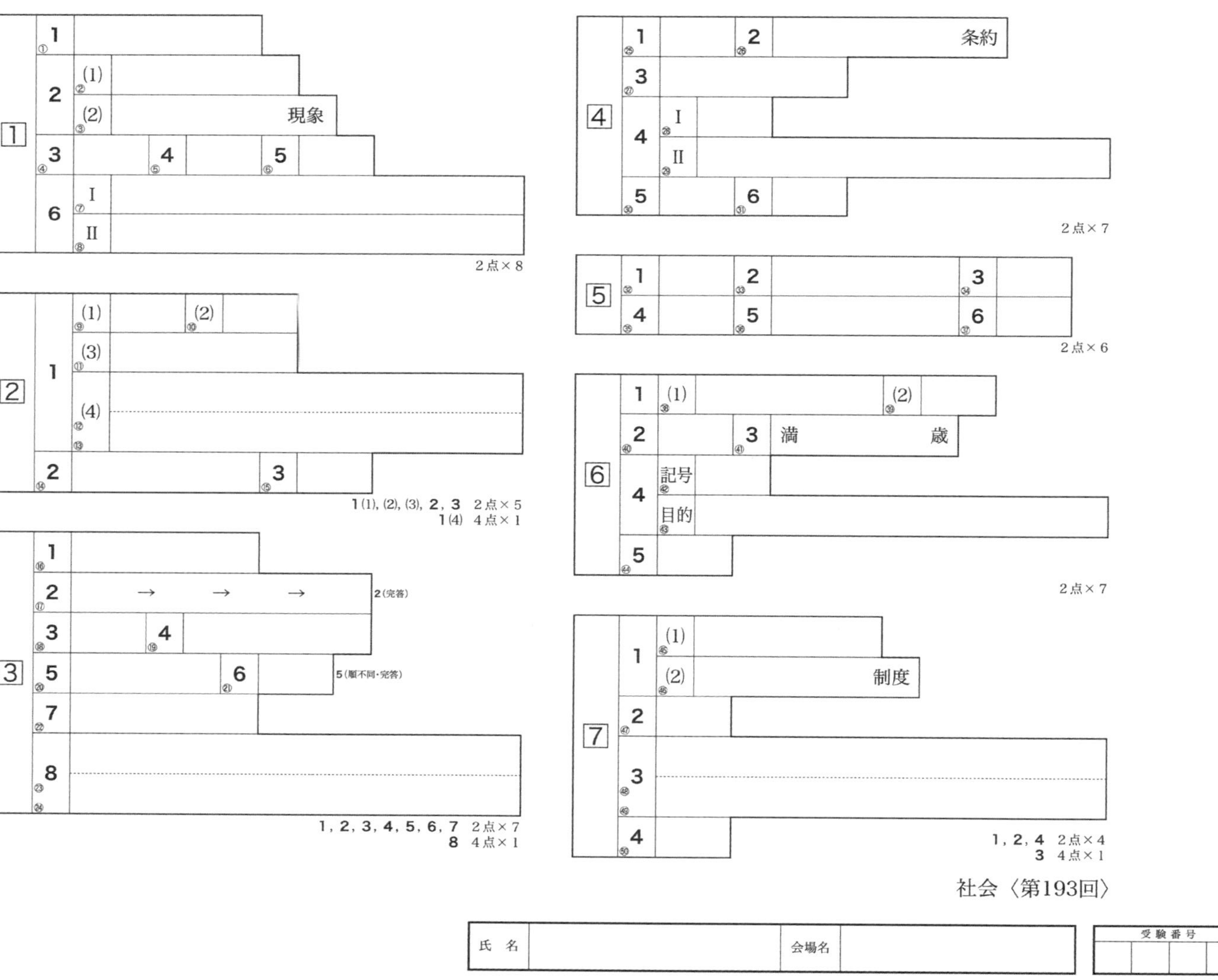

第193回 下野新聞模擬テスト

英語 【解答用紙】

〈キリトリ線〉

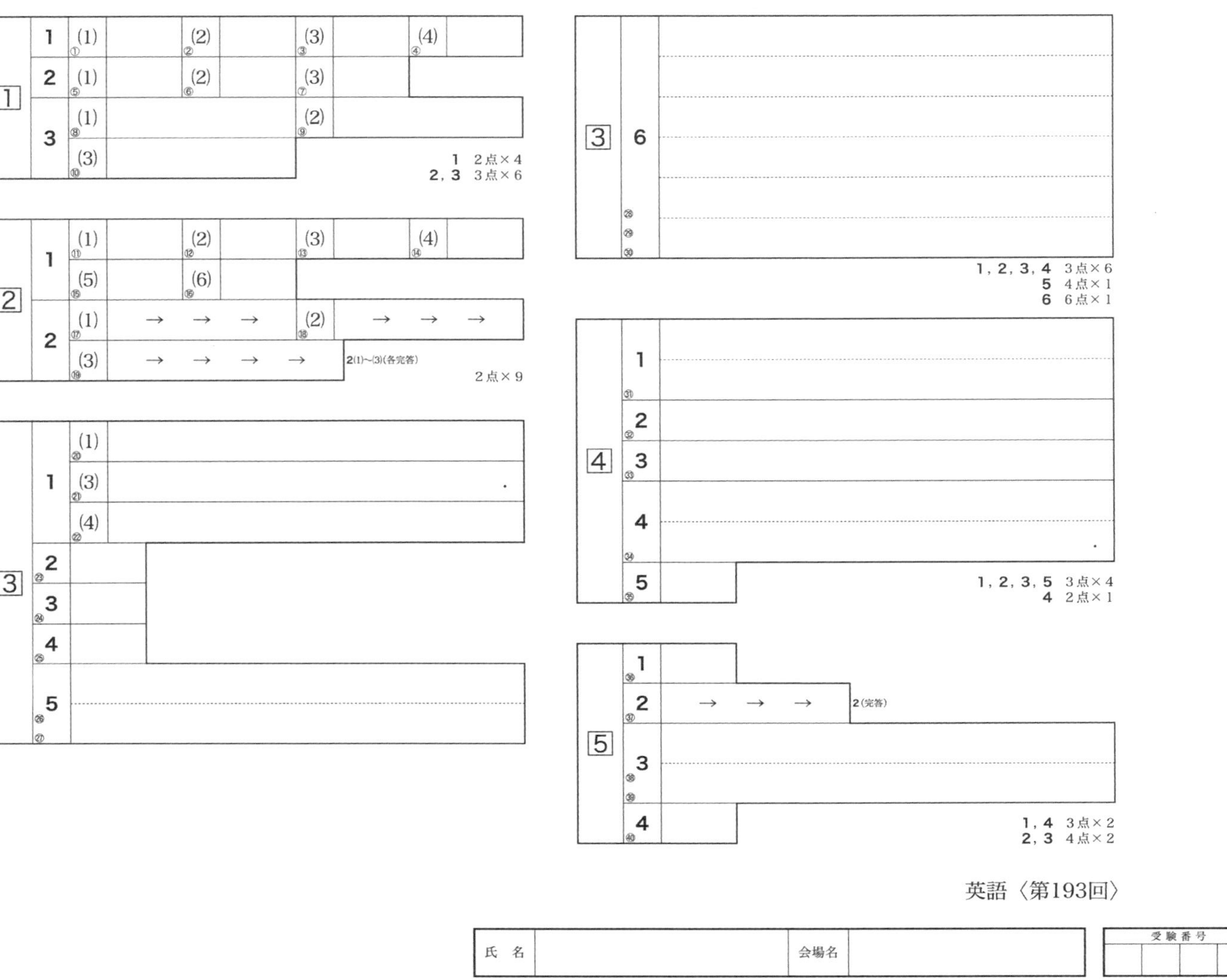
第193回下野新聞模擬テスト（令和4年11月6日実施） 英語解答用紙

1
1 (1) ① (2) ② (3) ③ (4) ④
2 (1) ⑤ (2) ⑥ (3) ⑦
3 (1) ⑧ (2) ⑨ (3) ⑩
1　2点×4
2, 3　3点×6

2
1 (1) ⑪ (2) ⑫ (3) ⑬ (4) ⑭ (5) ⑮ (6) ⑯
2 (1) ⑰ → → → (2) ⑱ → → → (3) ⑲ → → → →
2(1)～(3)(各完答)
2点×9

3
1 (1) ⑳ (3) ㉑ (4) ㉒
2 ㉓
3 ㉔
4 ㉕
5 ㉖ ㉗
6 ㉘ ㉙ ㉚
1, 2, 3, 4　3点×6
5　4点×1
6　6点×1

4
1 ㉛
2 ㉜
3 ㉝
4 ㉞
5 ㉟
1, 2, 3, 5　3点×4
4　2点×1

5
1 ㊱
2 ㊲ → → →
2(完答)
3 ㊳ ㊴
4 ㊵
1, 4　3点×2
2, 3　4点×2

英語〈第193回〉

氏名　会場名　受験番号

第193回 下野新聞模擬テスト

数学 【解答用紙】

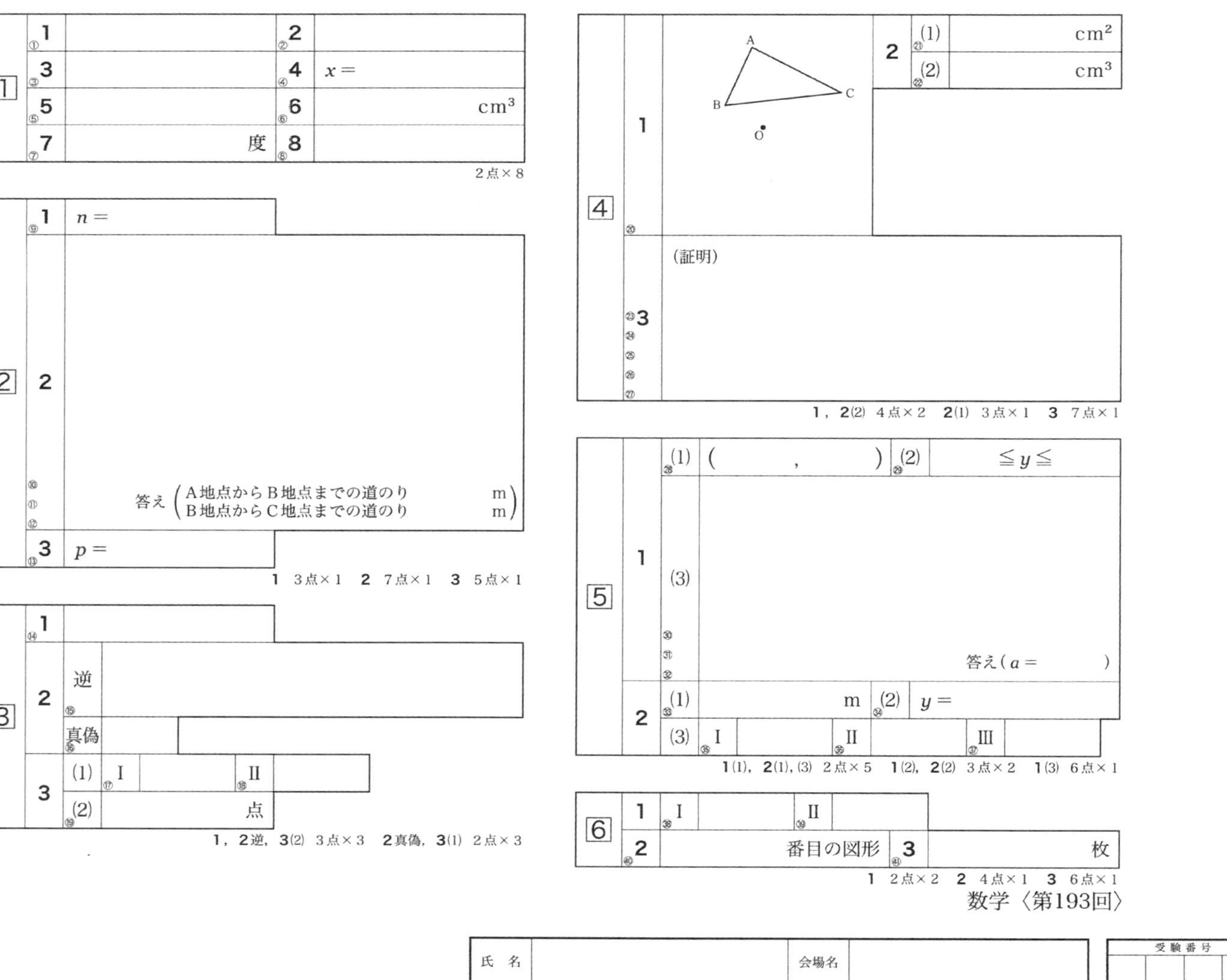
第193回下野新聞模擬テスト（令和4年11月6日実施） 数学解答用紙

1
1 ① | 2 ② | 3 ③ | 4 ④ $x=$ | 5 ⑤ | 6 ⑥ cm³ | 7 ⑦ 度 | 8 ⑧

2点×8

2
1 ⑨ $n=$
2 ⑩⑪⑫ 答え（A地点からB地点までの道のり m / B地点からC地点までの道のり m）
3 ⑬ $p=$

1 3点×1 2 7点×1 3 5点×1

3
1 ⑭
2 逆 ⑮ 真偽 ⑯
3 (1) I ⑰ II ⑱ (2) ⑲ 点

1，2逆，3(2) 3点×3 2真偽，3(1) 2点×3

4
1 ⑳ A B C O
2 (1) ㉑ cm² (2) ㉒ cm³
3 ㉓㉔㉕㉖㉗ （証明）

1，2(2) 4点×2 2(1) 3点×1 3 7点×1

5
1 (1) ㉘ （ ， ） (2) ㉙ ≦y≦ (3) ㉚㉛㉜ 答え（$a=$ ）
2 (1) ㉝ m (2) ㉞ $y=$ (3) I ㉟ II ㊱ III ㊲

1(1)，2(1)，(3) 2点×5 1(2)，2(2) 3点×2 1(3) 6点×1

6
1 I ㊳ II ㊴
2 ㊵ 番目の図形 3 ㊶ 枚

1 2点×2 2 4点×1 3 6点×1

数学〈第193回〉

氏名 | 会場名 | 受験番号

〈キリトリ線〉

第193回 下野新聞模擬テスト

理　科　【解答用紙】

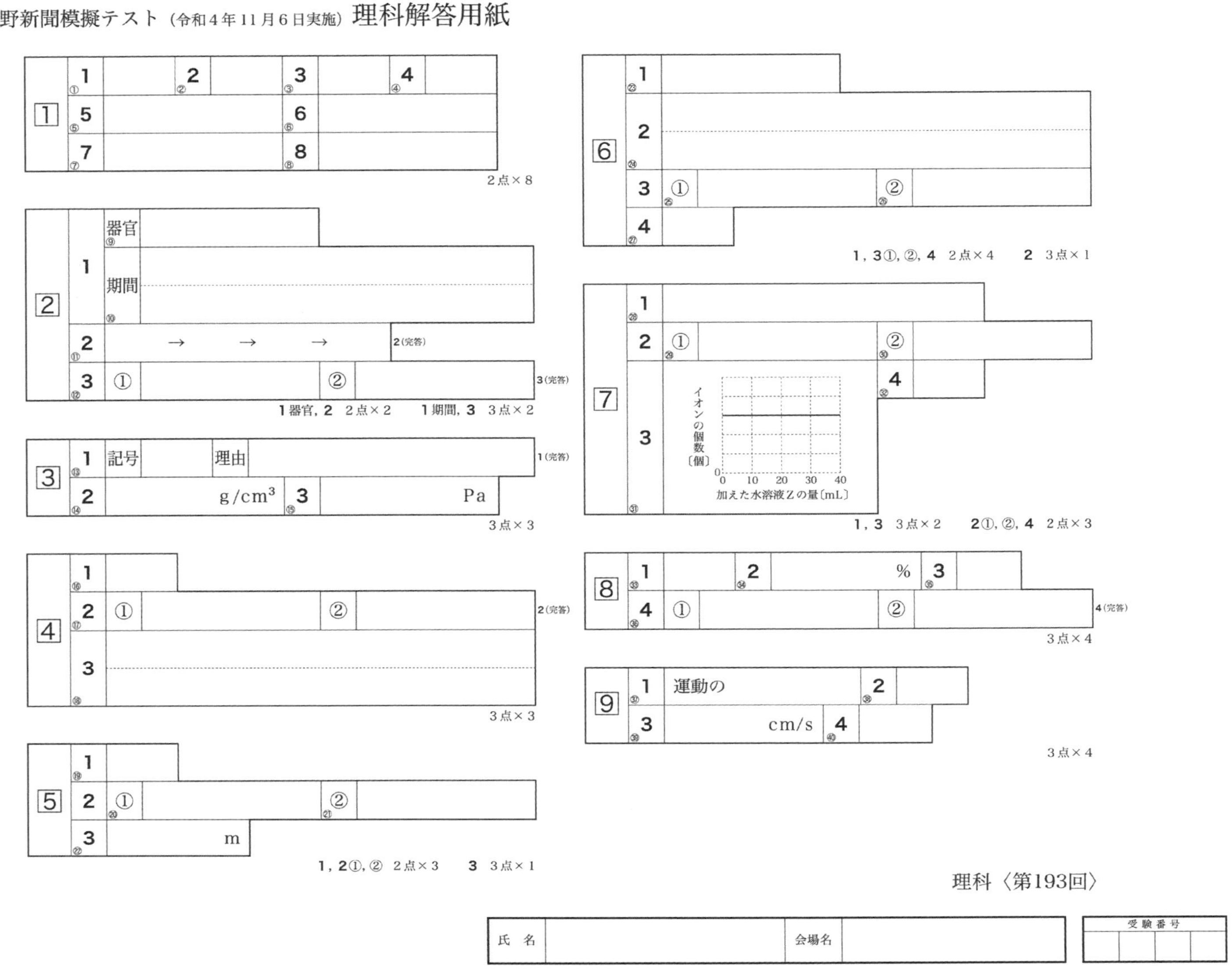

第194回下野新聞模擬テスト 国語 【解答用紙】

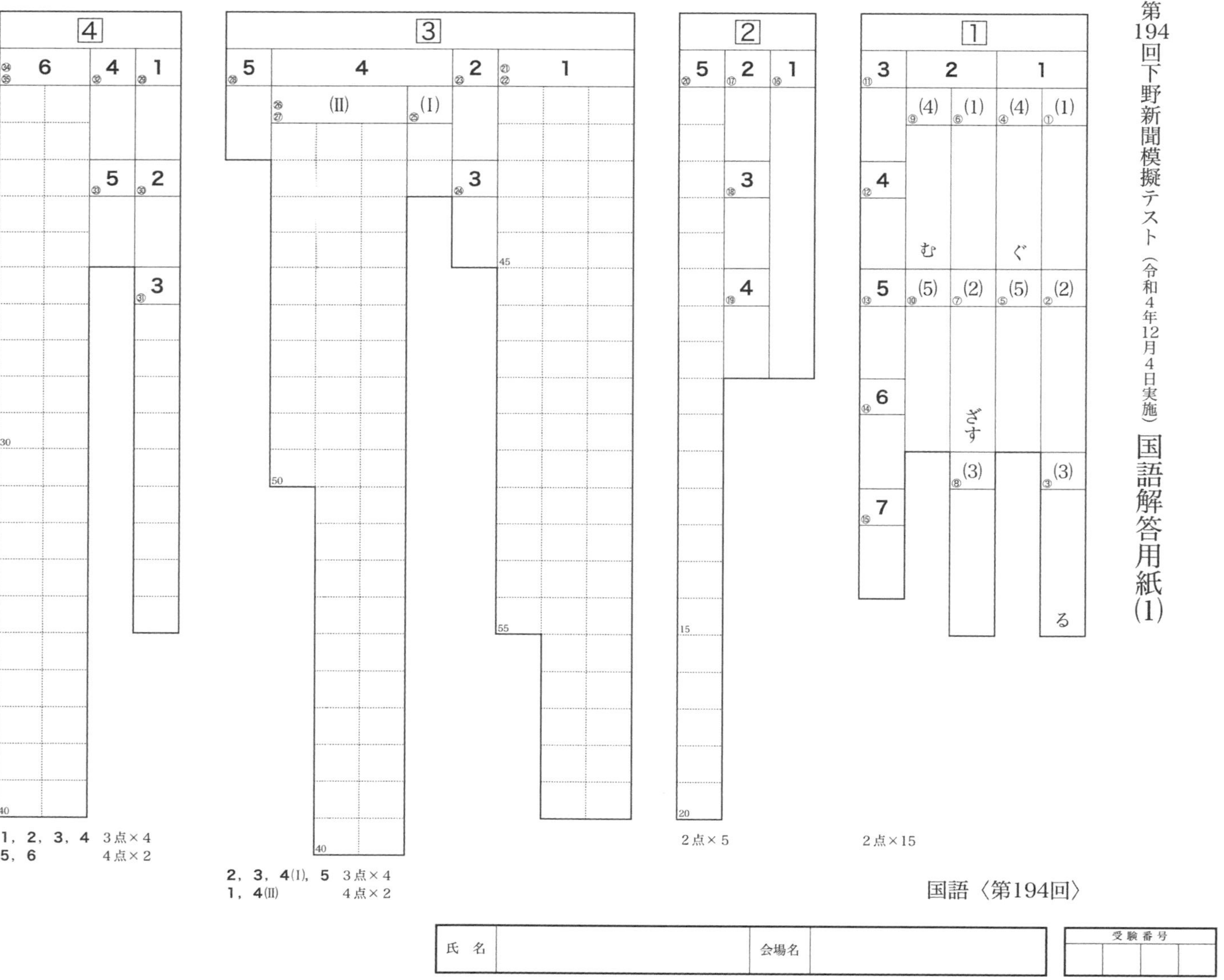

第109回 下野新聞模擬テスト

国語 【解答用紙】

国語解答用紙(2)

形式 ㊱	表現 ㊲	表記 ㊳	内容 ㊴
/4	/4	/4	/8

5

◎氏名と題名は書かないこと。

300字　240字　200字　100字

20点

〈キリトリ線〉

第194回 下野新聞模擬テスト

社　会　【解答用紙】

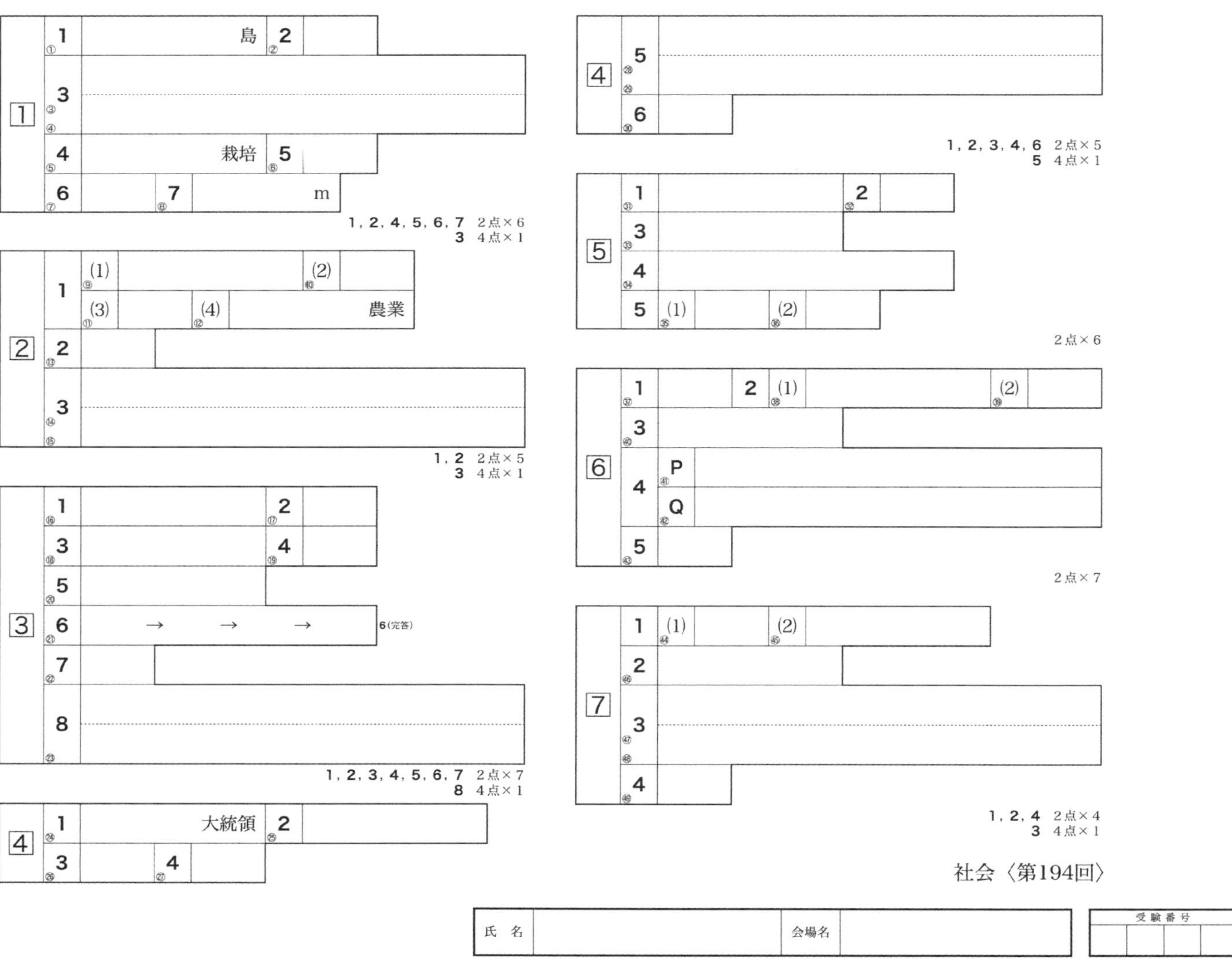

第194回 下野新聞模擬テスト

英　語　【解答用紙】

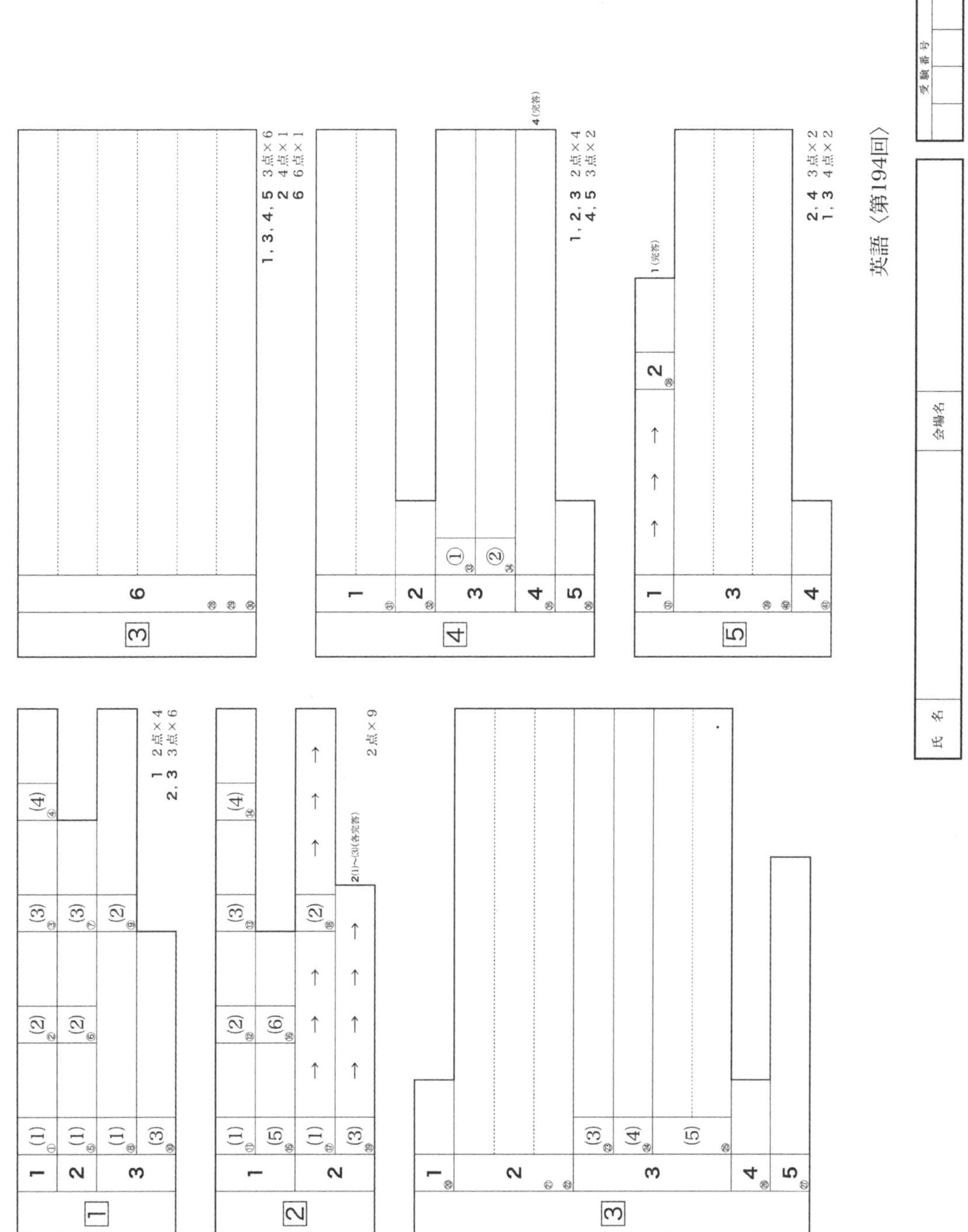
〈キリトリ線〉

第194回下野新聞模擬テスト（令和4年12月4日実施）　英語解答用紙

英語〈第194回〉

受験番号　会場名　氏名

1　1 2点×4　2，3 3点×6

2　2点×9　2(1)〜(3)(各完答)

3　1，3，4，5 3点×6　2 4点×1　6 6点×1

4　1，2，3 2点×4　4，5 3点×2　4(完答)

5　2，4 3点×2　1，3 4点×2　1(完答)

第194回下野新聞模擬テスト（令和４年12月４日実施） 数学解答用紙

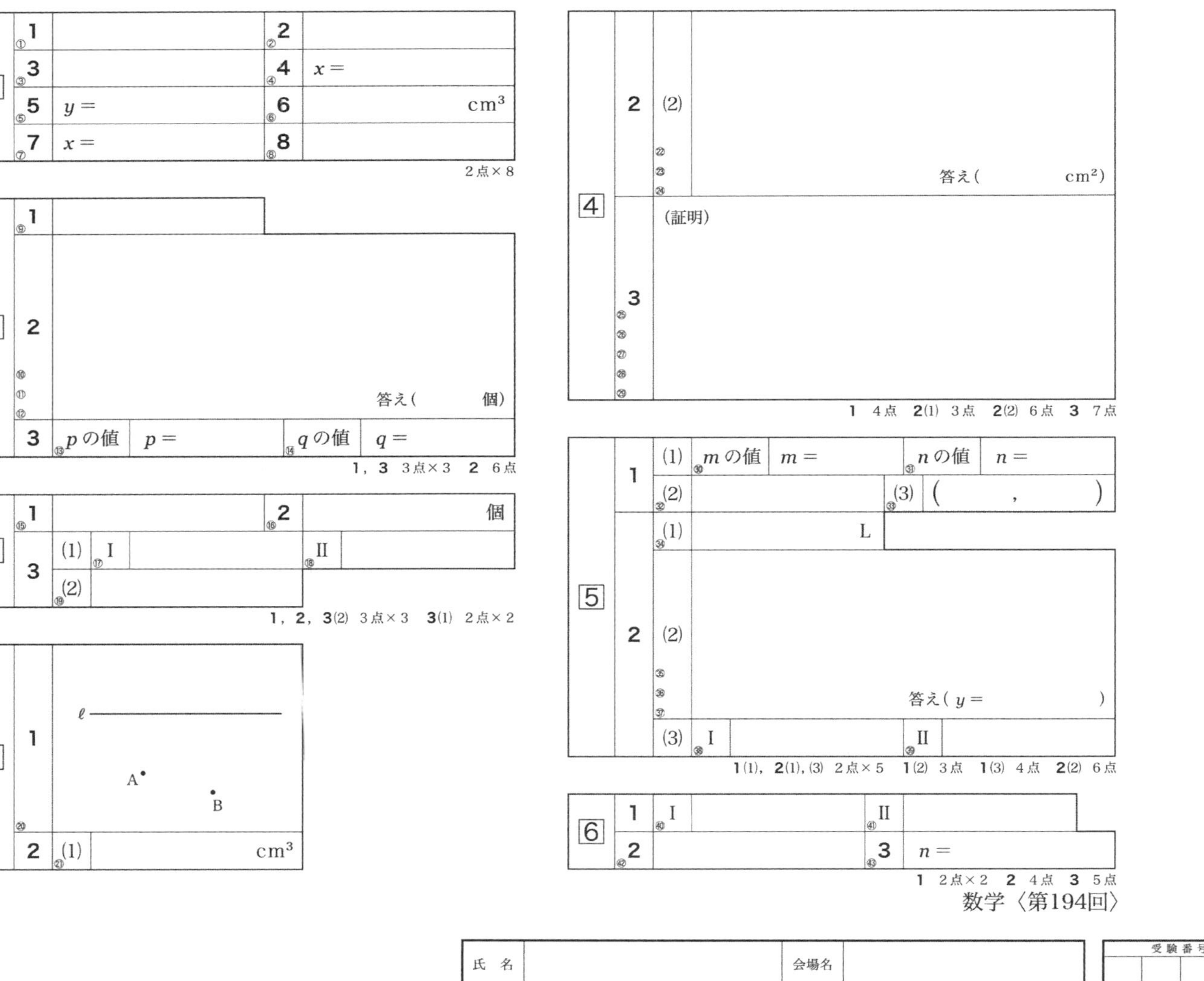

1
1 ① 2 ②
3 ③ 4 ④ x =
5 ⑤ y = 6 ⑥ cm³
7 ⑦ x = 8 ⑧
2点×8

2
1 ⑨
2 ⑩⑪⑫ 答え（ 個）
3 ⑬ p の値 p = ⑭ q の値 q =
1，3 3点×3 2 6点

3
1 ⑮ 2 ⑯ 個
3 (1) Ⅰ ⑰ Ⅱ ⑱
(2) ⑲
1，2，3(2) 3点×3 3(1) 2点×2

4
1 ⑳ ℓ A B
2 (1) ㉑ cm³
(2) ㉒㉓㉔ 答え（ cm²）
3 ㉕㉖㉗㉘㉙ （証明）
1 4点 2(1) 3点 2(2) 6点 3 7点

5
1 (1) ㉚ m の値 m = ㉛ n の値 n =
(2) ㉜ (3) ㉝ （ ， ）
2 (1) ㉞ L
(2) ㉟㊱㊲ 答え（ y = ）
(3) Ⅰ ㊳ Ⅱ ㊴
1(1)，2(1)，(3) 2点×5 1(2) 3点 1(3) 4点 2(2) 6点

6
1 Ⅰ ㊵ Ⅱ ㊶
2 ㊷ 3 ㊸ n =
1 2点×2 2 4点 3 5点

数学〈第194回〉

氏 名

会場名

受験番号

〈キリトリ線〉

第194回 下野新聞模擬テスト

数 学 【解答用紙】

第194回 下野新聞模擬テスト

理　科　【解答用紙】

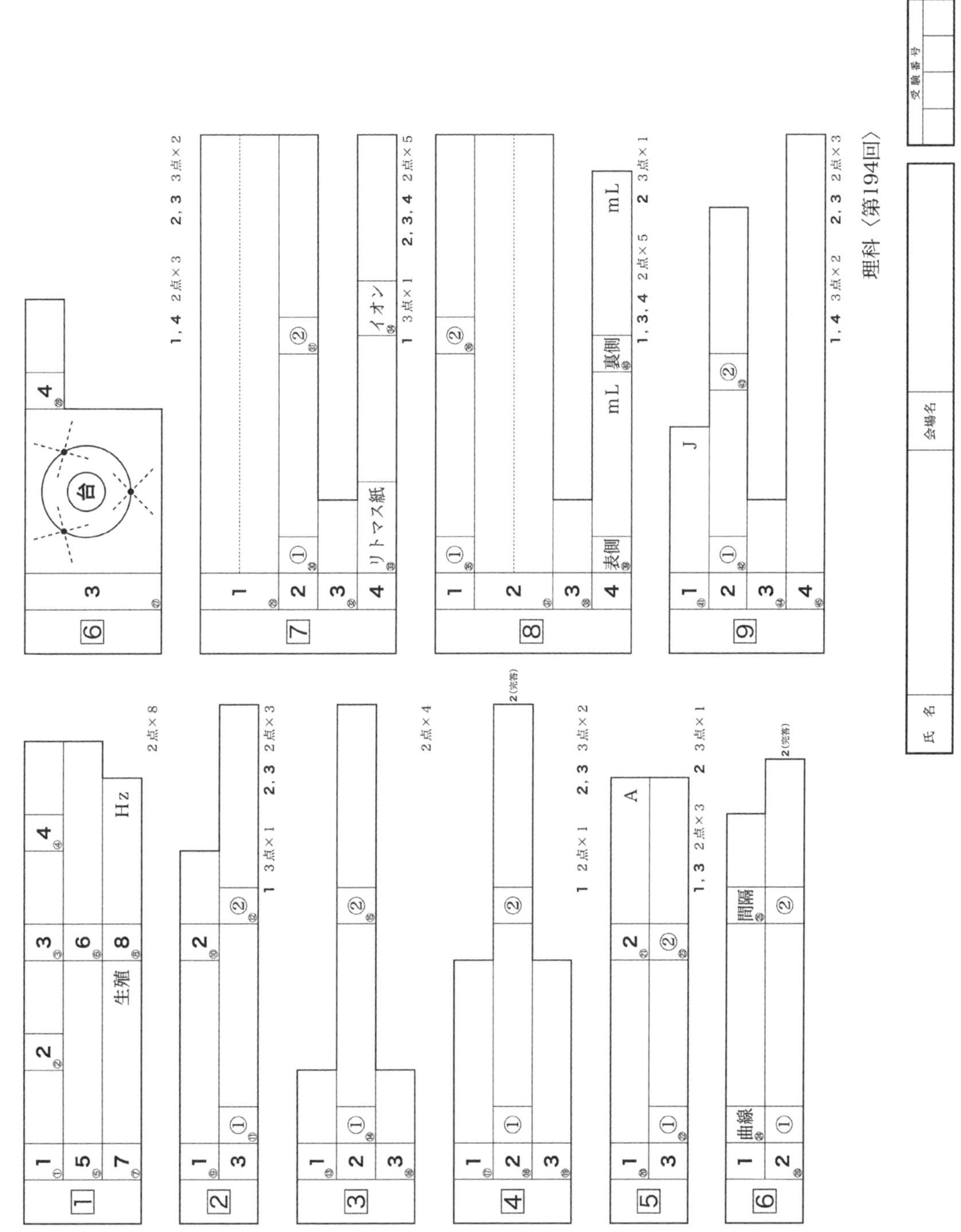

第195回下野新聞模擬テスト

国語　【解答用紙】

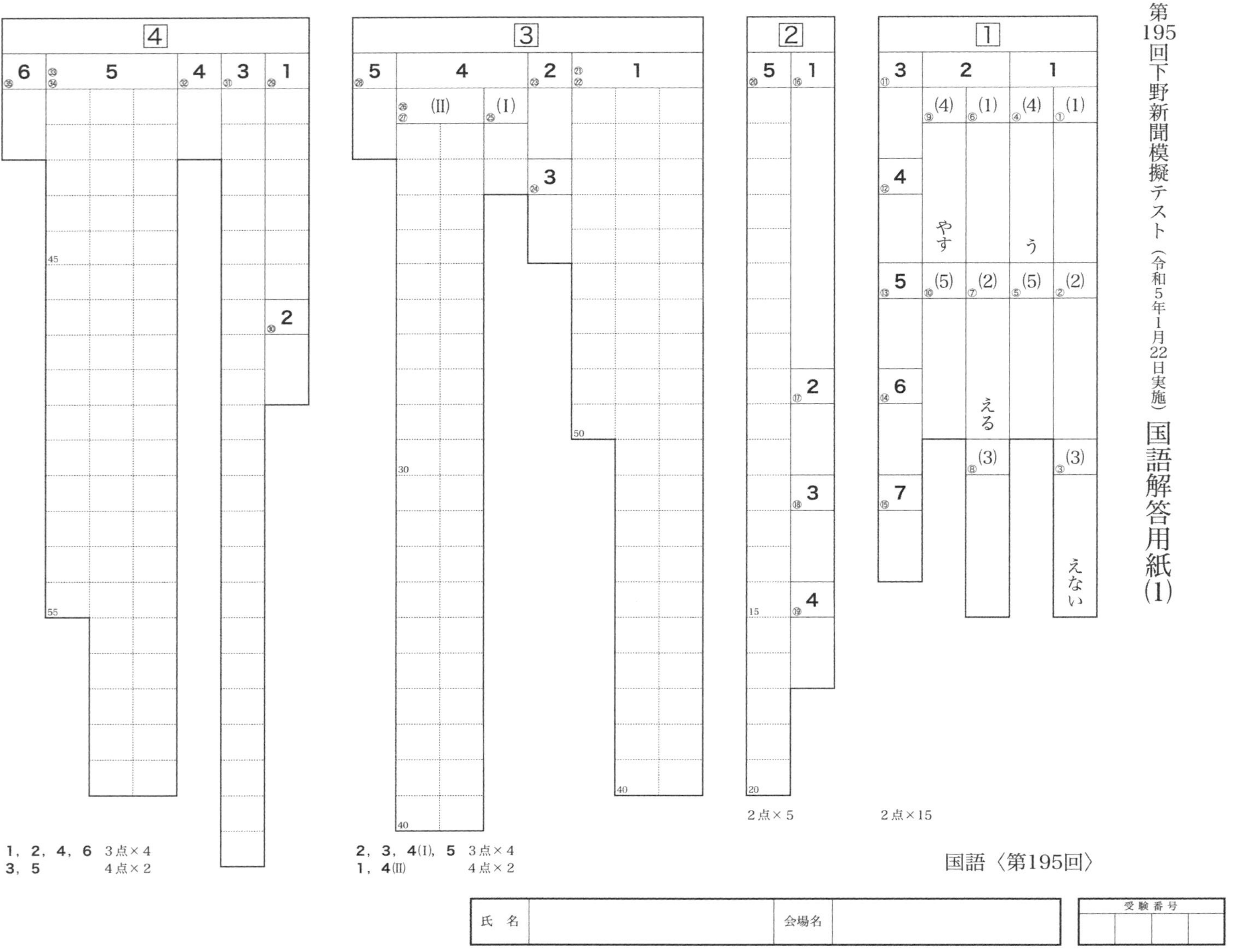

第195回 下野新聞模擬テスト

国語 【解答用紙】

国語解答用紙(2)

形式 ㊱	表現 ㊲	表記 ㊳	内容 ㊴
/4	/4	/4	/8

5

◎氏名と題名は書かないこと。

300字 240字 200字 100字

20点

〈キリトリ線〉

第195回 下野新聞模擬テスト

社 会 【解答用紙】

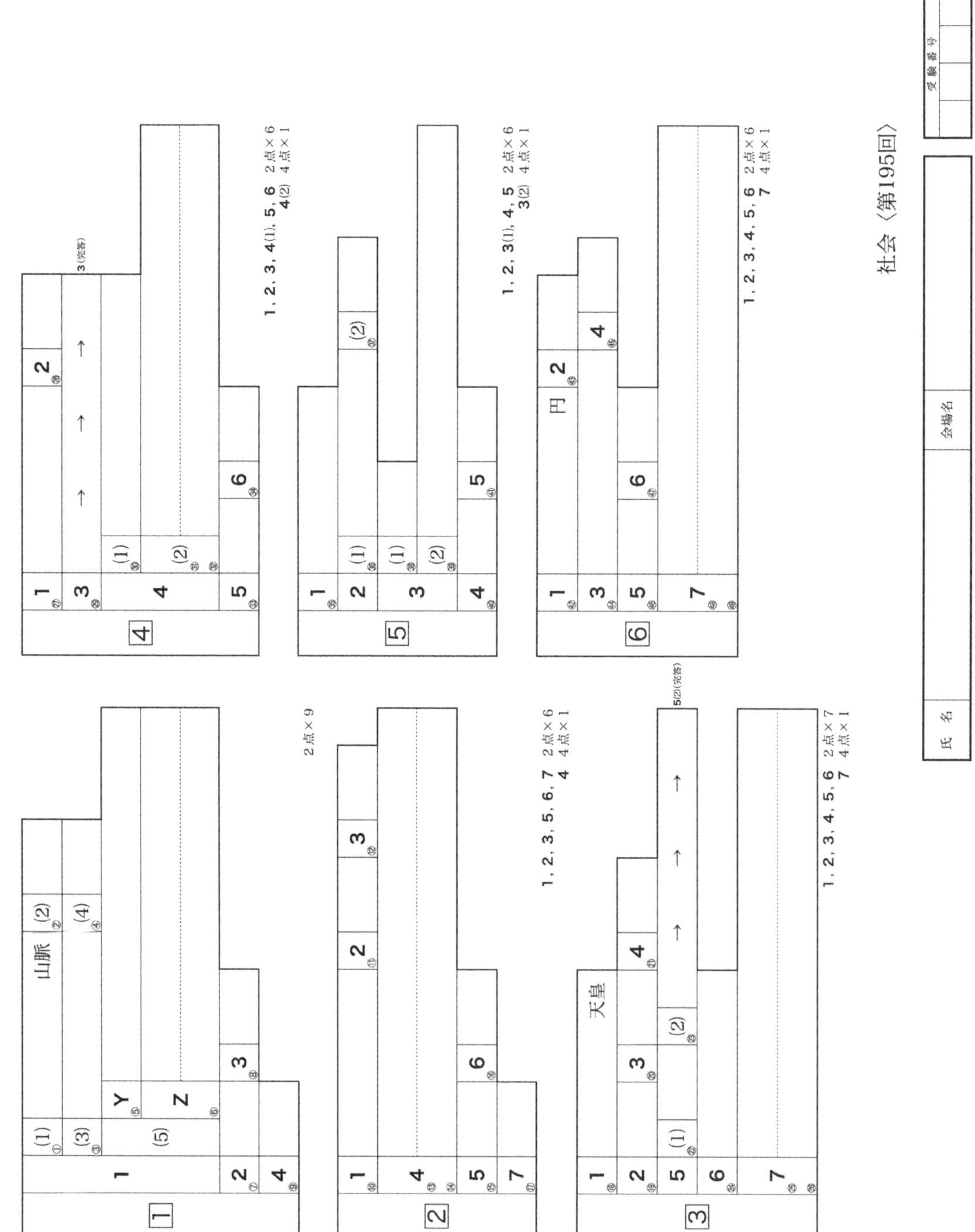
第195回下野新聞模擬テスト（令和5年1月22日実施） 社会解答用紙

1
1 (1) 山脈 (2) (3) (4) (5) Y Z
2 3 4
2点×9

2
1 2 3 4 5 6 7
1, 2, 3, 5, 6, 7 2点×6
4 4点×1

3
1 2 3 天皇 4 5 (1) (2) → → → 6 7
1, 2, 3, 4, 5, 6 2点×7
7 4点×1
5(2)(完答)

4
1 2 3 → → → 4 (1) (2) 5 6
1, 2, 3, 4(1), 5, 6 2点×6
4(2) 4点×1
3(完答)

5
1 2 (1) (2) 3 (1) (2) 4 5
1, 2, 3(1), 4, 5 2点×6
3(2) 4点×1

6
1 2 円 3 4 5 6 7
1, 2, 3, 4, 5, 6 2点×6
7 4点×1

社会〈第195回〉
受験番号
会場名
氏名

〈キリトリ線〉

第195回 下野新聞模擬テスト

英　語　【解答用紙】

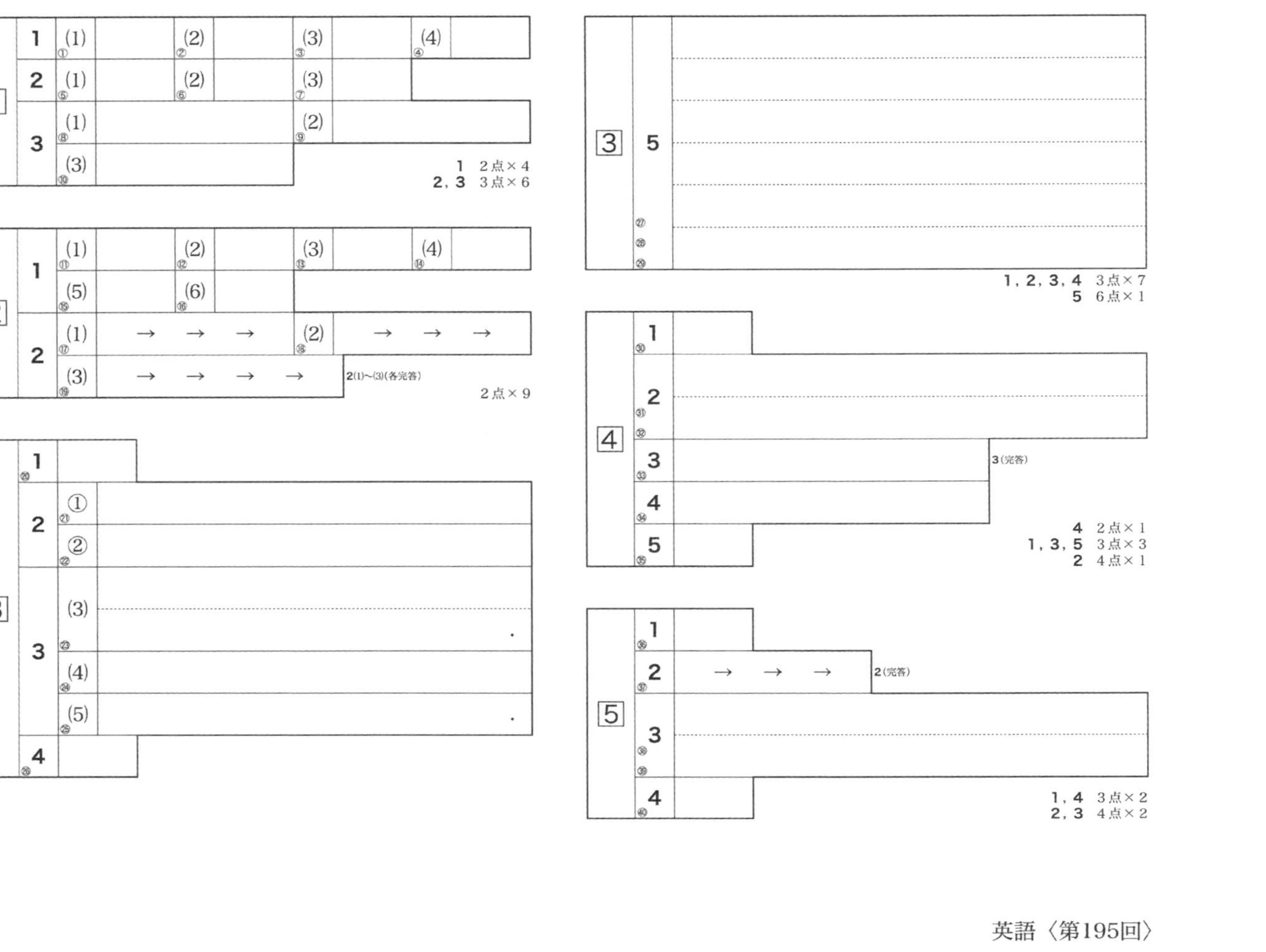

第195回下野新聞模擬テスト（令和5年1月22日実施）英語解答用紙

1
1　(1) (2) (3) (4)
2　(1) (2) (3)
3　(1) (2) (3)
1　2点×4
2，3　3点×6

2
1　(1) (2) (3) (4) (5) (6)
2　(1) → → →　(2) → → →　(3) → → → →
2(1)〜(3)(各完答)
2点×9

3
1
2　① ②
3　(3) (4) (5)
4
5
1，2，3，4　3点×7
5　6点×1

4
1
2
3
4
5
3(完答)
4　2点×1
1，3，5　3点×3
2　4点×1

5
1
2　→ → →
3
4
2(完答)
1，4　3点×2
2，3　4点×2

英語〈第195回〉

氏名

会場名

受験番号

第195回 下野新聞模擬テスト

数学 【解答用紙】

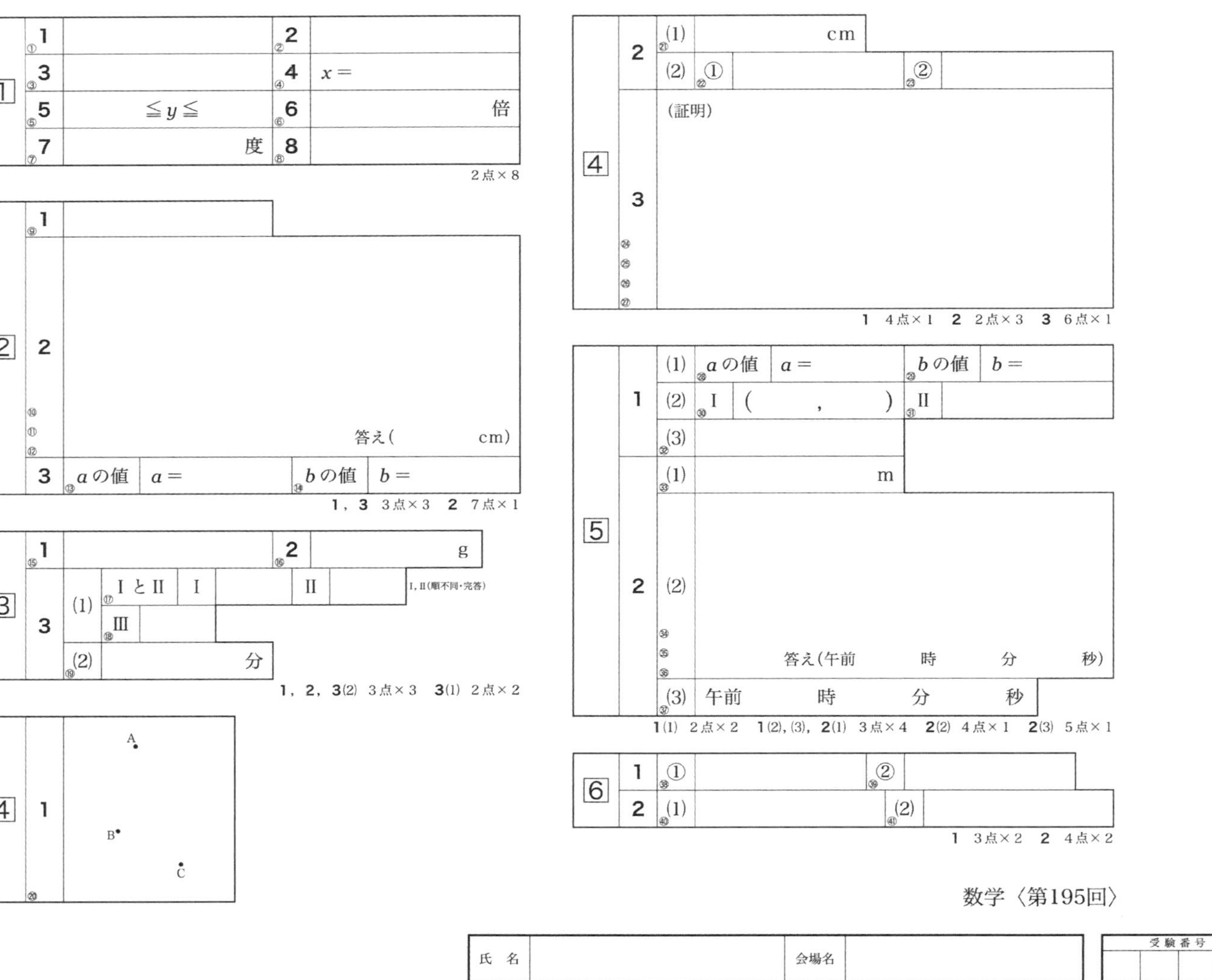

第195回下野新聞模擬テスト（令和5年1月22日実施）数学解答用紙

1

1		2	
3		4	$x=$
5	$\leqq y \leqq$	6	倍
7	度	8	

2点×8

2

1

2 答え（　　　cm）

3 aの値 $a=$　　bの値 $b=$

1, 3 3点×3　2 7点×1

3

1

2 g

3 (1) IとII　I　II　III　(2) 分

I, II(順不同・完答)

1, 2, 3(2) 3点×3　3(1) 2点×2

4

1 A・ B・ C・

2 (1) cm　(2) ①　②

3 （証明）

1 4点×1　2 2点×3　3 6点×1

5

1 (1) aの値 $a=$　　bの値 $b=$　(2) I （　　,　　）　II　(3)

2 (1) m　(2) 答え（午前　時　分　秒）　(3) 午前　時　分　秒

1(1) 2点×2　1(2), (3), 2(1) 3点×4　2(2) 4点×1　2(3) 5点×1

6

1 ①　②

2 (1)　(2)

1 3点×2　2 4点×2

数学〈第195回〉

氏名　会場名　受験番号

〈キリトリ線〉

第195回 下野新聞模擬テスト

理　科　【解答用紙】

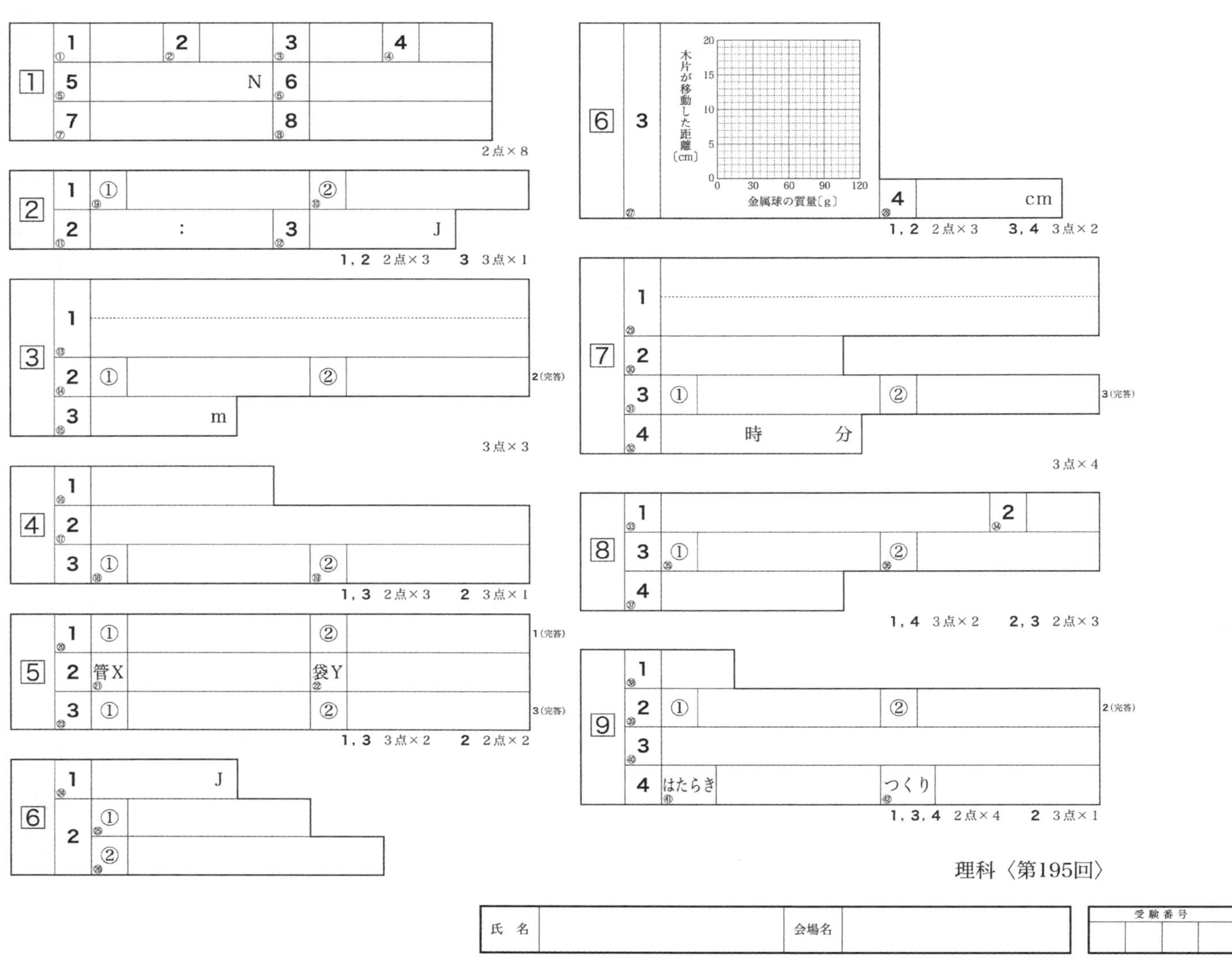

〈線リトリキ〉

第195回下野新聞模擬テスト（令和5年1月22日実施） 理科解答用紙

1
1 ①　2 ②　3 ③　4 ④
5 ⑤　N　6 ⑥
7 ⑦　8 ⑧
2点×8

2
1 ⑨ ①　⑩ ②
2 ⑪　：　3 ⑫　J
1，2　2点×3　3　3点×1

3
1 ⑬
2 ⑭ ①　②　2（完答）
3 ⑮　m
3点×3

4
1 ⑯
2 ⑰
3 ⑱ ①　⑲ ②
1，3　2点×3　2　3点×1

5
1 ⑳ ①　②　1（完答）
2 管X ㉑　袋Y ㉒
3 ㉓ ①　②　3（完答）
1，3　3点×2　2　2点×2

6
1 ㉔　J
2 ㉕ ①　㉖ ②
3 ㉗
木片が移動した距離〔cm〕 0　5　10　15　20
金属球の質量〔g〕 0　30　60　90　120
4 ㉘　cm
1，2　2点×3　3，4　3点×2

7
1 ㉙
2 ㉚
3 ㉛ ①　②　3（完答）
4 ㉜　時　分
3点×4

8
1 ㉝　2 ㉞
3 ㉟ ①　㊱ ②
4 ㊲
1，4　3点×2　2，3　2点×3

9
1 ㊳
2 ㊴ ①　②　2（完答）
3 ㊵
4 はたらき ㊶　つくり ㊷
1，3，4　2点×4　2　3点×1

理科〈第195回〉

氏　名　　会場名　　受験番号

2021・2022

[令和6年高校入試受験用]

解答用紙を切り取りましょう。
拡大コピーすると使いやすくなります。

解答用紙

令和３年度

第186回下野新聞模擬テスト
国語 【解答用紙】

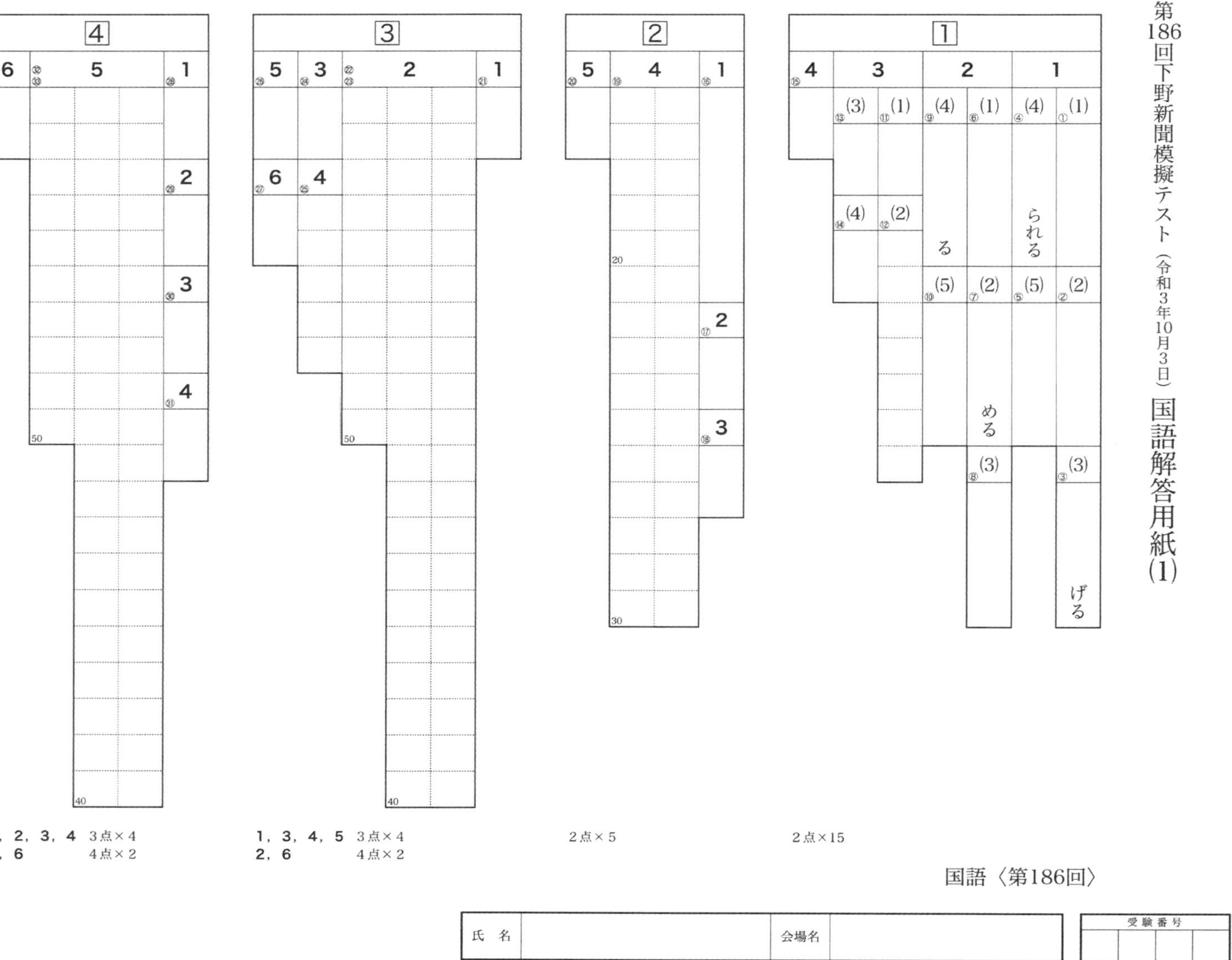

第186回 下野新聞模擬テスト

国　語　【解答用紙】

国語解答用紙(2)

◎氏名と題名は書かないこと。

5

形式 ㉟	表現 ㊱	表記 ㊲	内容 ㊳
/4	/4	/4	/8

300字　240字　200字　100字

20点

〈キリトリ線〉

第186回下野新聞模擬テスト（令和3年10月3日実施） 社会解答用紙

1

1	(1) ①		(2) ②		(3) ③
2	(1) ④		(2) ⑤		
⑥⑦ 3					
4 ⑧			4（順不同・完答）		

1, 2, 4　2点×6
3　4点×1

2

1 ⑨		2 ⑩			
3 ⑪					
4 ⑫	メキシコ		アメリカ		4（完答）
5 ⑬					
6 ⑭⑮					

1, 2, 3, 4, 5　2点×5
6　4点×1

3

1	(1) ⑯	半島			
	(2) ⑰⑱				
2 ⑲		3 ⑳	工業地帯		
4 ㉑		5 ㉒	まつり		
6 ㉓	アジア	7 ㉔			

1(1), 2, 3, 4, 5, 6, 7　2点×7
1(2)　4点×1

4

1 ㉕		2 ㉖	
3 ㉗		4 ㉘	
5 ㉙			
6 ㉚	A → → → →		6（完答）

1, 2, 3, 4, 6　2点×5
5　4点×1

5

1 ㉛	大名		2 ㉜		
3 ㉝					
4 ㉞		5 ㉟		6 ㊱	

2点×6

6

1 ㊲		2 ㊳	
3 ㊴			
4	(1) ㊵	(2) ㊶	
5 ㊷			

1, 2, 3, 4　2点×5
5　4点×1

7

1 ㊸			
2	(1) ㊹		
	(2) ㊺		
3 ㊻		4 ㊼	

1, 2(1), 3, 4　2点×4
2(2)　4点×1

社会〈第186回〉

氏　名		会場名	

受験番号			

〈キリトリ線〉

第186回 下野新聞模擬テスト

英語 【解答用紙】

〈キリトリ線〉

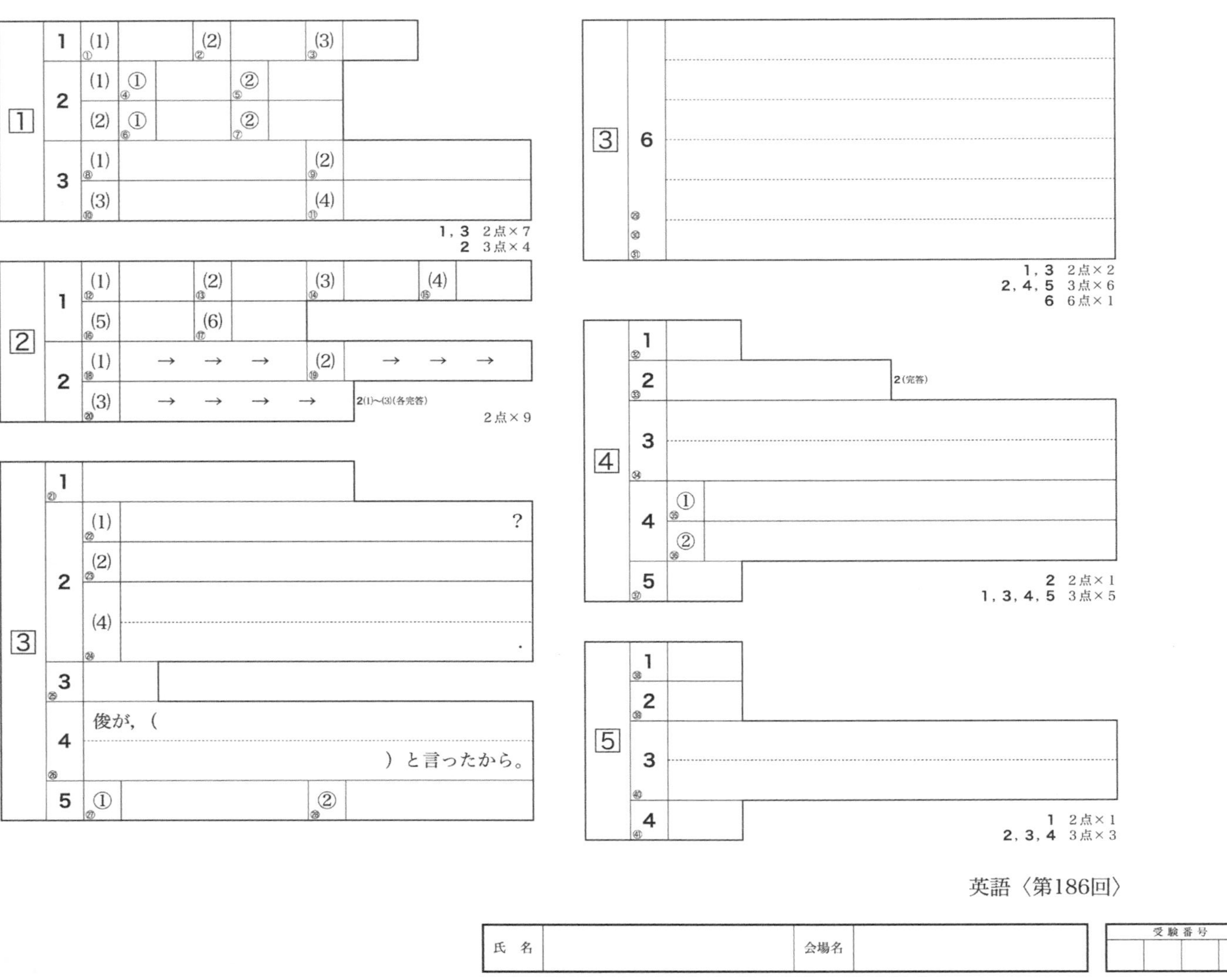

第186回下野新聞模擬テスト（令和3年10月3日実施） 英語解答用紙

1
- 1 (1) (2) (3)
- 2 (1) ① ② (2) ① ②
- 3 (1) (2) (3) (4)

1, 3 2点×7
2 3点×4

2
- 1 (1) (2) (3) (4) (5) (6)
- 2 (1) → → → (2) → → → (3) → → → →

2(1)～(3)(各完答)
2点×9

3
- 1
- 2 (1) ? (2) (4) .
- 3
- 4 僕が，（ ）と言ったから。
- 5 ① ②
- 6

1, 3 2点×2
2, 4, 5 3点×6
6 6点×1

4
- 1
- 2 2(完答)
- 3
- 4 ① ②
- 5

2 2点×1
1, 3, 4, 5 3点×5

5
- 1
- 2
- 3
- 4

1 2点×1
2, 3, 4 3点×3

英語〈第186回〉

氏名 会場名 受験番号

第186回 下野新聞模擬テスト

数学 【解答用紙】

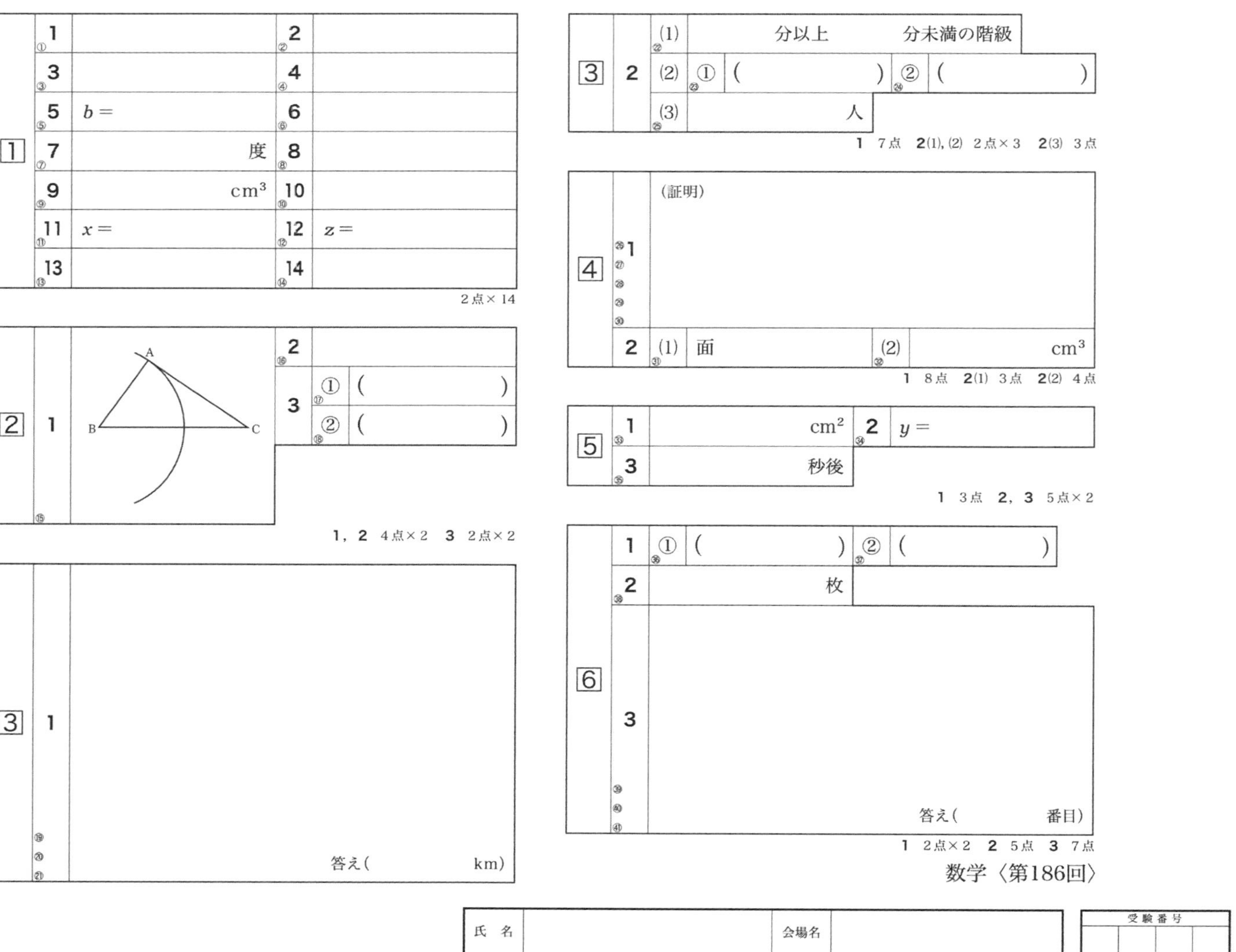
第186回下野新聞模擬テスト（令和3年10月3日実施） 数学解答用紙

1

1		2	
3		4	
5	$b=$	6	
7	度	8	
9	cm^3	10	
11	$x=$	12	$z=$
13		14	

2点×14

2

1	
2	
3	①（　　） ②（　　）

1，2 4点×2 3 2点×2

3

1	答え（　　km）
2 (1)	分以上　分未満の階級
2 (2)	①（　　） ②（　　）
2 (3)	人

1 7点 2(1),(2) 2点×3 2(3) 3点

4

1	（証明）
2 (1)	面
2 (2)	cm^3

1 8点 2(1) 3点 2(2) 4点

5

1	cm^2
2	$y=$
3	秒後

1 3点 2，3 5点×2

6

1	①（　　） ②（　　）
2	枚
3	答え（　　番目）

1 2点×2 2 5点 3 7点

数学〈第186回〉

氏名		会場名		受験番号	

〈キリトリ線〉

第186回 下野新聞模擬テスト

理　科　【解答用紙】

〈キリトリ線〉

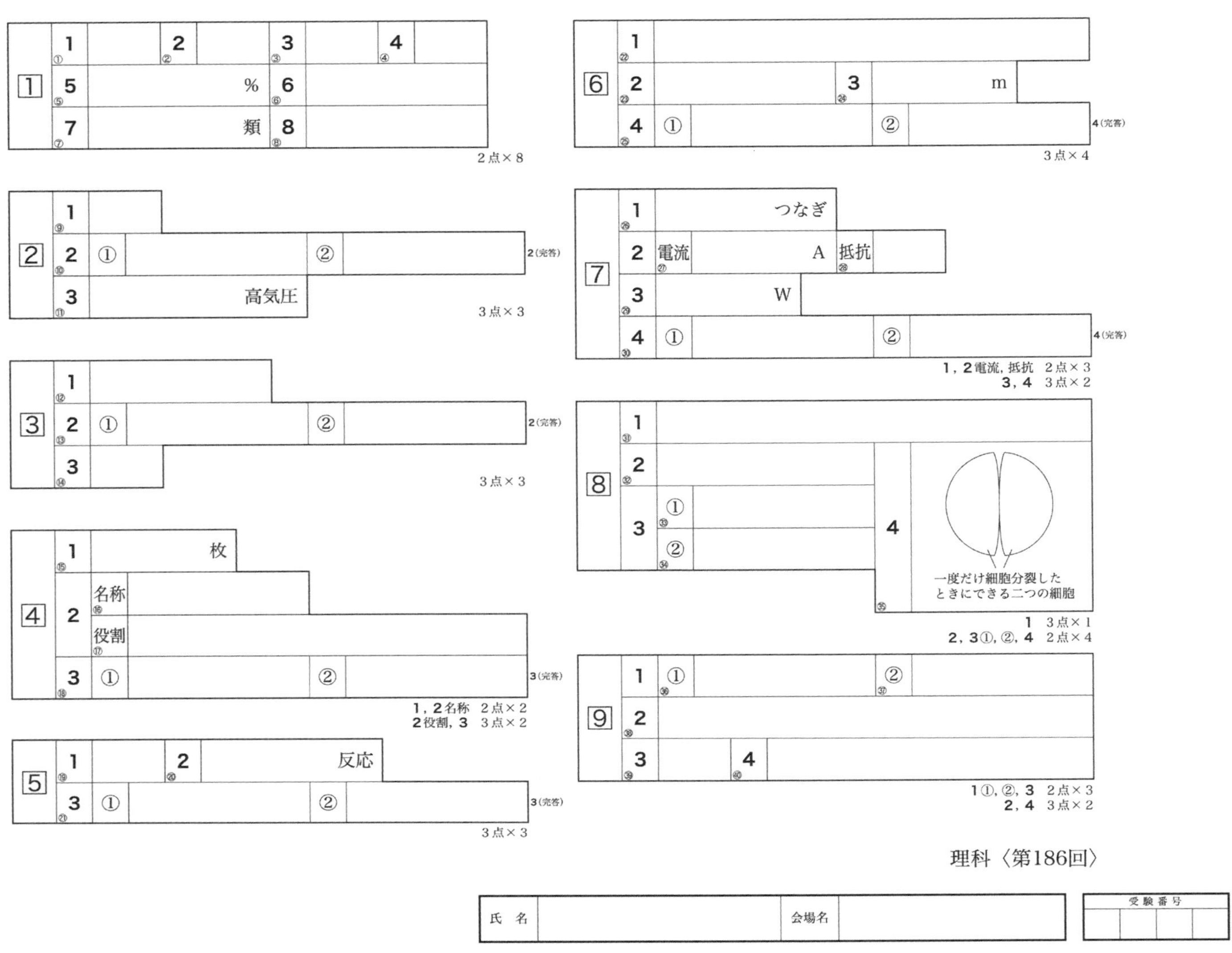
第186回下野新聞模擬テスト（令和3年10月3日実施） 理科解答用紙

1　1 ①　2 ②　3 ③　4 ④　5 ⑤ %　6 ⑥　7 ⑦ 類　8 ⑧　2点×8

2　1 ⑨　2 ⑩ ① ②　3 ⑪ 高気圧　2(完答)　3点×3

3　1 ⑫　2 ⑬ ① ②　3 ⑭　2(完答)　3点×3

4　1 ⑮ 枚　2 名称⑯ 役割⑰　3 ⑱ ① ②　3(完答)　1，2名称 2点×2　2役割，3 3点×2

5　1 ⑲　2 ⑳ 反応　3 ㉑ ① ②　3(完答)　3点×3

6　1 ㉒　2 ㉓　3 ㉔ m　4 ㉕ ① ②　4(完答)　3点×4

7　1 ㉖ つなぎ　2 電流㉗ A 抵抗㉘　3 ㉙ W　4 ㉚ ① ②　4(完答)　1，2電流，抵抗 2点×3　3，4 3点×2

8　1 ㉛　2 ㉜　3 ①㉝ ②㉞　4 ㉟ 一度だけ細胞分裂したときにできる二つの細胞　1 3点×1　2，3①，②，4 2点×4

9　1 ㊱ ① ②㊲　2 ㊳　3 ㊴　4 ㊵　1①，②，3 2点×3　2，4 3点×2

理科〈第186回〉

氏名　会場名　受験番号

第187回下野新聞模擬テスト

国語 【解答用紙】

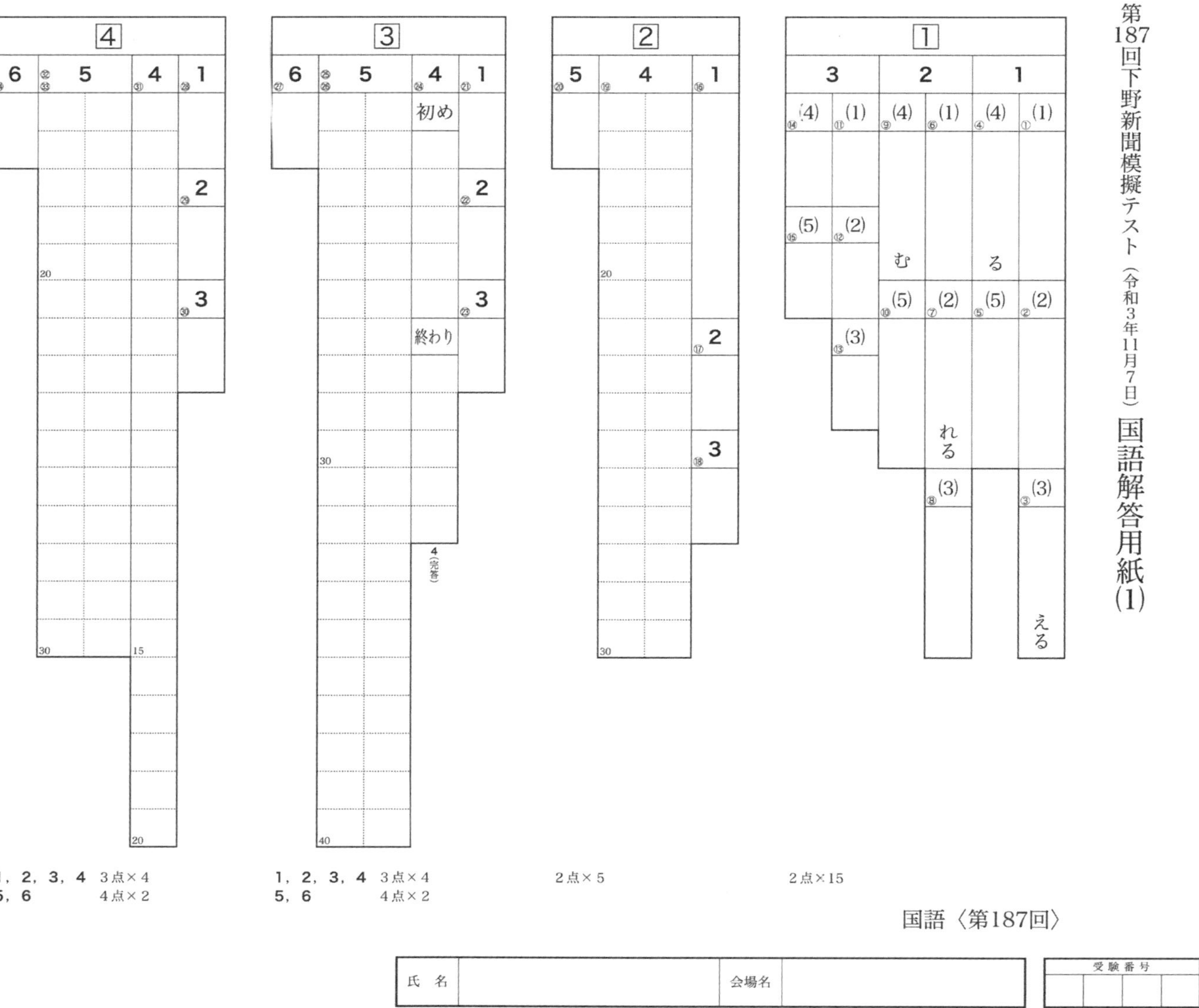

第187回下野新聞模擬テスト

国語 【解答用紙】

国語解答用紙(2)

形式 ㉟	表現 ㊱	表記 ㊲	内容 ㊳
/4	/4	/4	/8

5

300字　240字　200字　100字

20点

◎氏名と題名は書かないこと。

〈キリトリ線〉

第187回 下野新聞模擬テスト

社　会　【解答用紙】

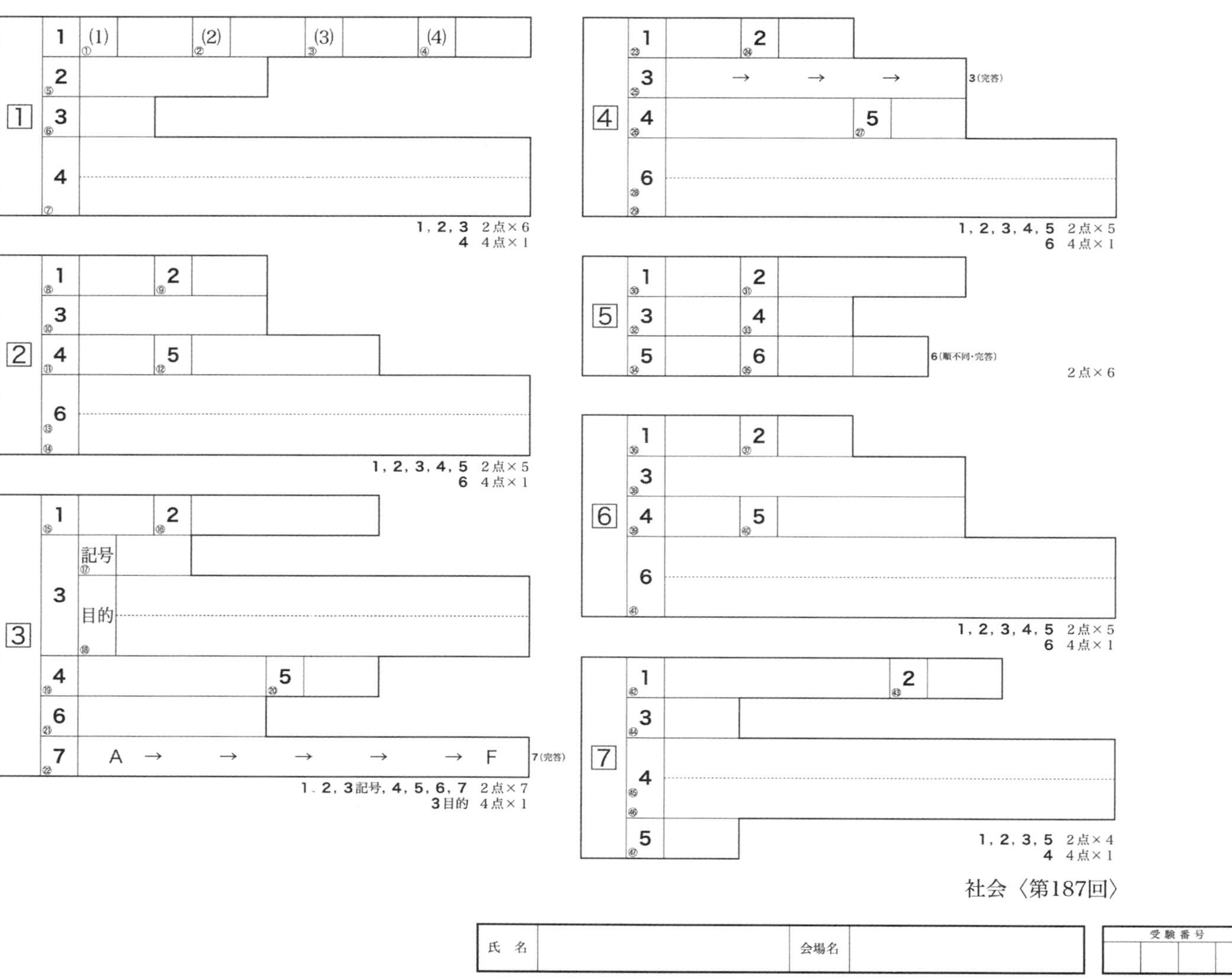

第187回下野新聞模擬テスト（令和3年11月7日実施）社会解答用紙

1
1 (1)① (2)② (3)③ (4)④
2 ⑤
3 ⑥
4 ⑦
1, 2, 3 2点×6
4 4点×1

2
1 ⑧ 2 ⑨
3 ⑩
4 ⑪ 5 ⑫
6 ⑬ ⑭
1, 2, 3, 4, 5 2点×5
6 4点×1

3
1 ⑮ 2 ⑯
3 記号 ⑰ 目的 ⑱
4 ⑲ 5 ⑳
6 ㉑
7 ㉒ A → → → → → F　7(完答)
1, 2, 3記号, 4, 5, 6, 7 2点×7
3目的 4点×1

4
1 ㉓ 2 ㉔
3 ㉕ → → →　3(完答)
4 ㉖ 5 ㉗
6 ㉘ ㉙
1, 2, 3, 4, 5 2点×5
6 4点×1

5
1 ㉚ 2 ㉛
3 ㉜ 4 ㉝
5 ㉞ 6 ㉟　6(順不同・完答)
2点×6

6
1 ㊱ 2 ㊲
3 ㊳
4 ㊴ 5 ㊵
6 ㊶
1, 2, 3, 4, 5 2点×5
6 4点×1

7
1 ㊷ 2 ㊸
3 ㊹
4 ㊺ ㊻
5 ㊼
1, 2, 3, 5 2点×4
4 4点×1

社会〈第187回〉

氏名

会場名

受験番号

〈キリトリ線〉

第187回 下野新聞模擬テスト

英　語　【解答用紙】

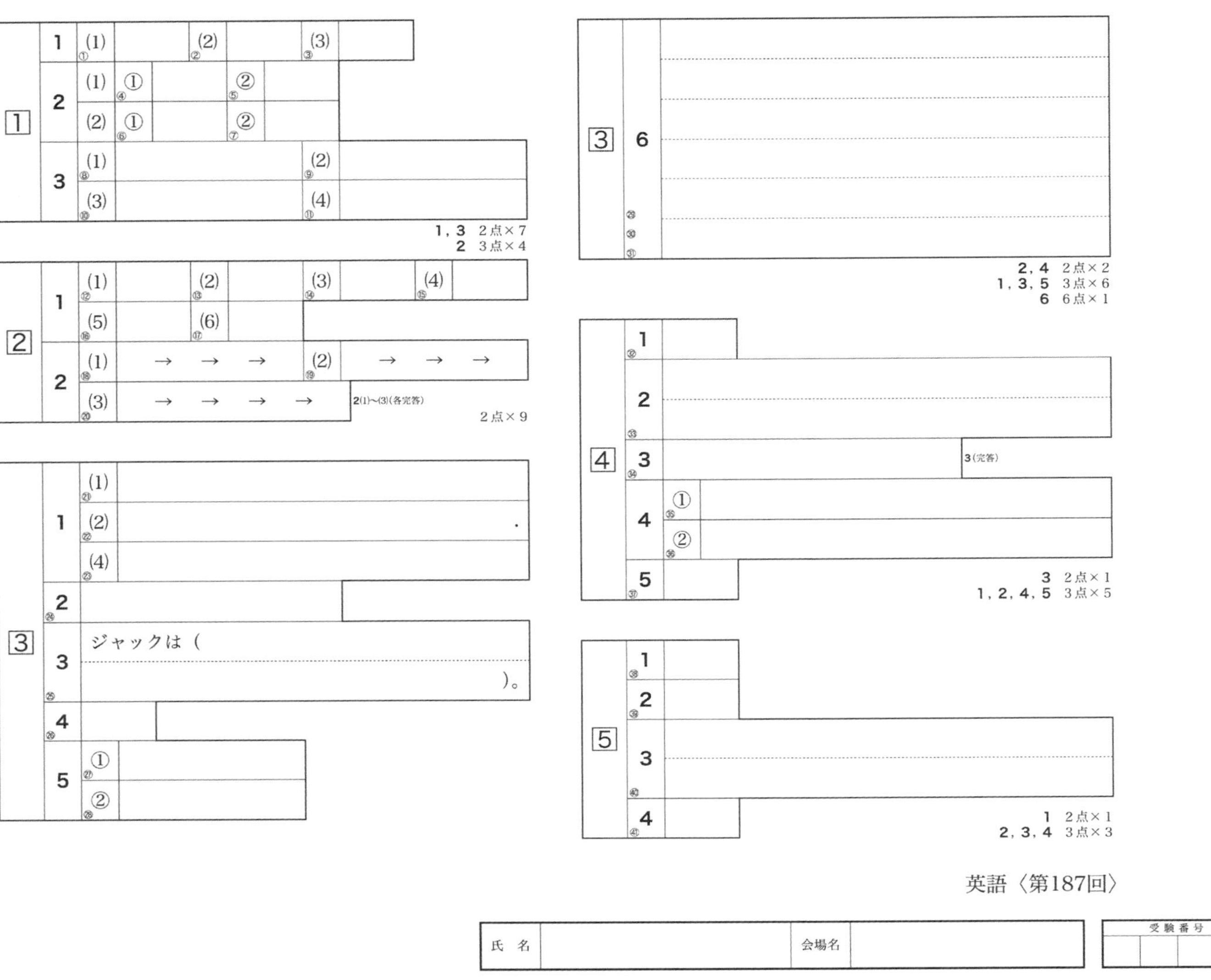

〈キリトリ線〉

第187回下野新聞模擬テスト（令和3年11月7日実施）英語解答用紙

1
1 (1)① (2)② (3)③
2 (1) ①④ ②⑤
2 (2) ①⑥ ②⑦
3 (1)⑧ (2)⑨ (3)⑩ (4)⑪
1, 3　2点×7
2　3点×4

2
1 (1)⑫ (2)⑬ (3)⑭ (4)⑮ (5)⑯ (6)⑰
2 (1)⑱ →　→　→　(2)⑲ →　→　→
2 (3)⑳ →　→　→　→
2(1)〜(3)(各完答)
2点×9

3
1 (1)㉑ (2)㉒ . (4)㉓
2 ㉔
3 ㉕ ジャックは（　　　　）。
4 ㉖
5 ①㉗ ②㉘
6 ㉙㉚㉛
2, 4　2点×2
1, 3, 5　3点×6
6　6点×1

4
1 ㉜
2 ㉝
3 ㉞　3(完答)
4 ①㉟ ②㊱
5 ㊲
3　2点×1
1, 2, 4, 5　3点×5

5
1 ㊳
2 ㊴
3 ㊵
4 ㊶
1　2点×1
2, 3, 4　3点×3

英語〈第187回〉

氏　名		会場名	

受験番号			

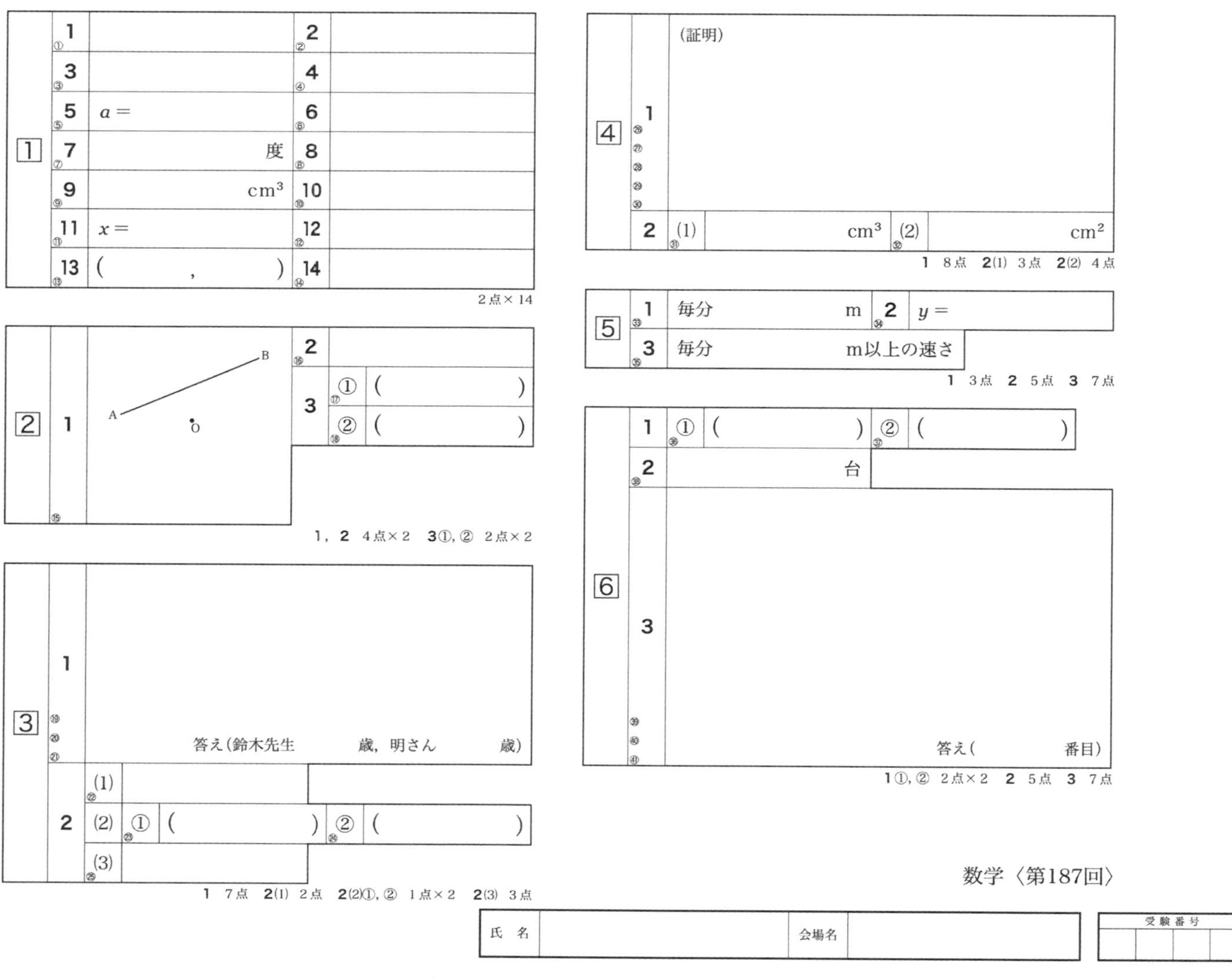

第187回下野新聞模擬テスト（令和3年11月7日実施）数学解答用紙

1

1		2	
3		4	
5	$a=$	6	
7	度	8	
9	cm^3	10	
11	$x=$	12	
13	（　　，　　）	14	

2点×14

2

1	（図：A, B, O）	2	
		3 ①	（　　）
		3 ②	（　　）

1，2　4点×2　3①，②　2点×2

3

1	答え（鈴木先生　　歳，明さん　　歳）
2 (1)	
2 (2)	①（　　）　②（　　）
2 (3)	

1　7点　2(1)　2点　2(2)①，②　1点×2　2(3)　3点

4

1	（証明）
2	(1)　　cm^3　(2)　　cm^2

1　8点　2(1)　3点　2(2)　4点

5

1	毎分　　m	2	$y=$
3	毎分　　m以上の速さ		

1　3点　2　5点　3　7点

6

1	①（　　）　②（　　）
2	台
3	答え（　　番目）

1①，②　2点×2　2　5点　3　7点

数学〈第187回〉

氏名		会場名		受験番号	

〈キリトリ線〉

第187回 下野新聞模擬テスト

数学　【解答用紙】

第187回 下野新聞模擬テスト

理　科　【解答用紙】

〈キリトリ線〉

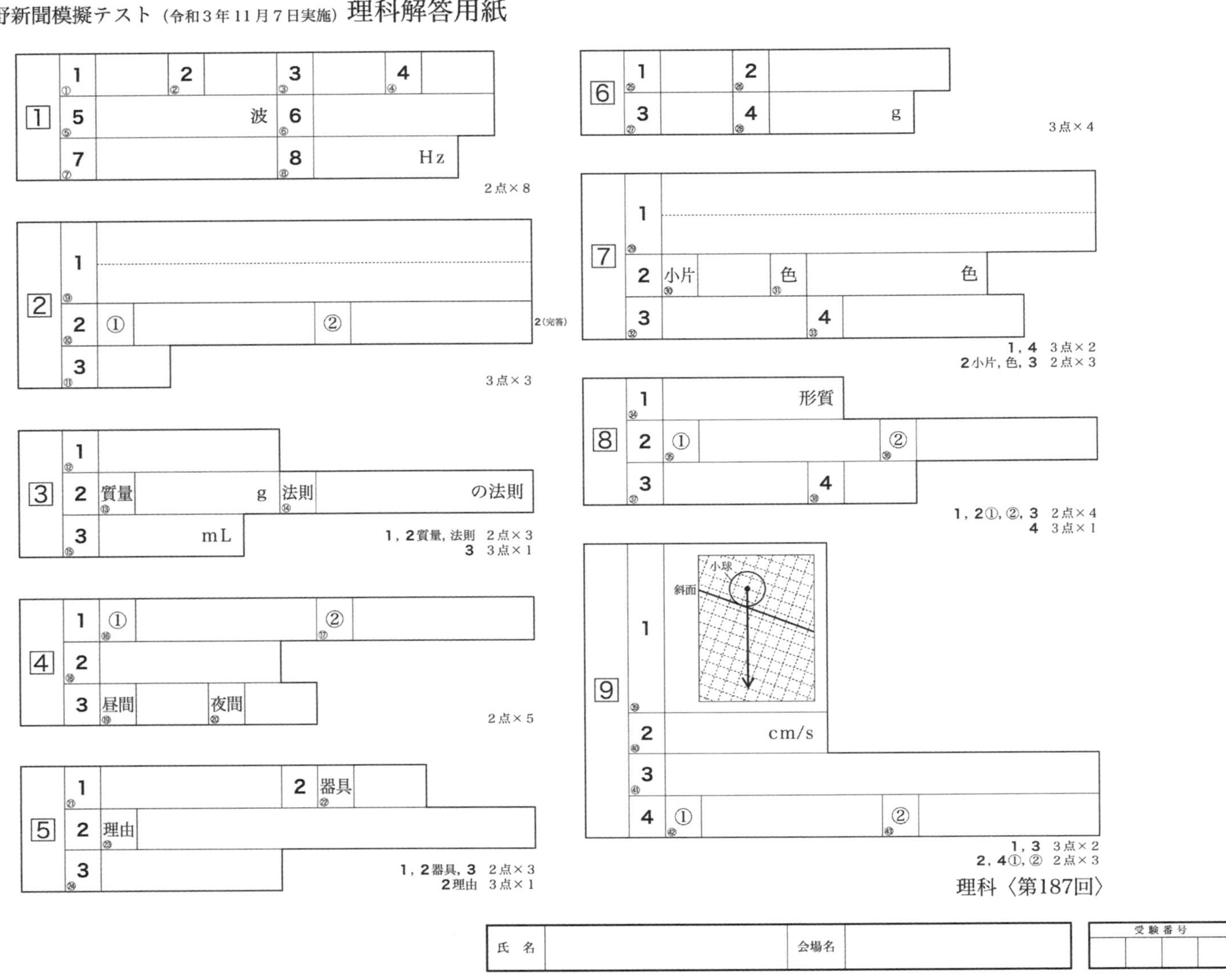

第187回下野新聞模擬テスト（令和3年11月7日実施）　理科解答用紙

大問	解答欄	配点
1	1 ①　2 ②　3 ③　4 ④　5 ⑤ 波　6 ⑥　7 ⑦　8 ⑧ Hz	2点×8
2	1 ⑨　2 ⑩ ① ②　3 ⑪	2(完答)　3点×3
3	1 ⑫　2 質量 ⑬ g　法則 ⑭ の法則　3 ⑮ mL	1, 2質量, 法則 2点×3　3 3点×1
4	1 ① ⑯　② ⑰　2 ⑱　3 昼間 ⑲　夜間 ⑳	2点×5
5	1 ㉑　2 器具 ㉒　2 理由 ㉓　3 ㉔	1, 2器具, 3 2点×3　2理由 3点×1
6	1 ㉕　2 ㉖　3 ㉗　4 ㉘ g	3点×4
7	1 ㉙　2 小片 ㉚　色 ㉛　色　3 ㉜　4 ㉝	1, 4 3点×2　2小片, 色, 3 2点×3
8	1 ㉞ 形質　2 ① ㉟　② ㊱　3 ㊲　4 ㊳	1, 2①, ②, 3 2点×4　4 3点×1
9	1 ㊴　2 ㊵ cm/s　3 ㊶　4 ① ㊷　② ㊸	1, 3 3点×2　2, 4①, ② 2点×3

理科〈第187回〉

氏名		会場名	

受験番号			

第188回下野新聞模擬テスト 国語【解答用紙】

第188回下野新聞模擬テスト（令和3年12月5日）国語解答用紙(1)

1

1 (1) ① (2) ② (3) ③ がれる (4) ④ (5) ⑤ う
2 (1) ⑥ (2) ⑦ まる (3) ⑧ (4) ⑨ びる (5) ⑩
3 (1) ⑪ (2) ⑫ (3) ⑬ (4) ⑭
4 ⑮

2点×15

2

1 ⑯ 2 ⑰ 3 ⑱
4 ⑲ 20 30
5 ⑳

2点×5

3

1 ㉑
2 ㉒㉓ 35 45
3 ㉔ 初め 終わり 3（完答）
4 ㉕
5 ㉖㉗ 40 50
6 ㉘

1，3，4，6 3点×4
2，5 4点×2

4

1 ㉙ 2 ㉚
3 ㉛㉜ 30 40 と感じている。
4 ㉝
5 ㉞㉟ 30 40
6 ㊱

1，2，4，6 3点×4
3，5 4点×2

国語〈第188回〉

氏名		会場名	

受験番号			

〈キリトリ線〉

第188回 下野新聞模擬テスト

国語 【解答用紙】

国語解答用紙(2)

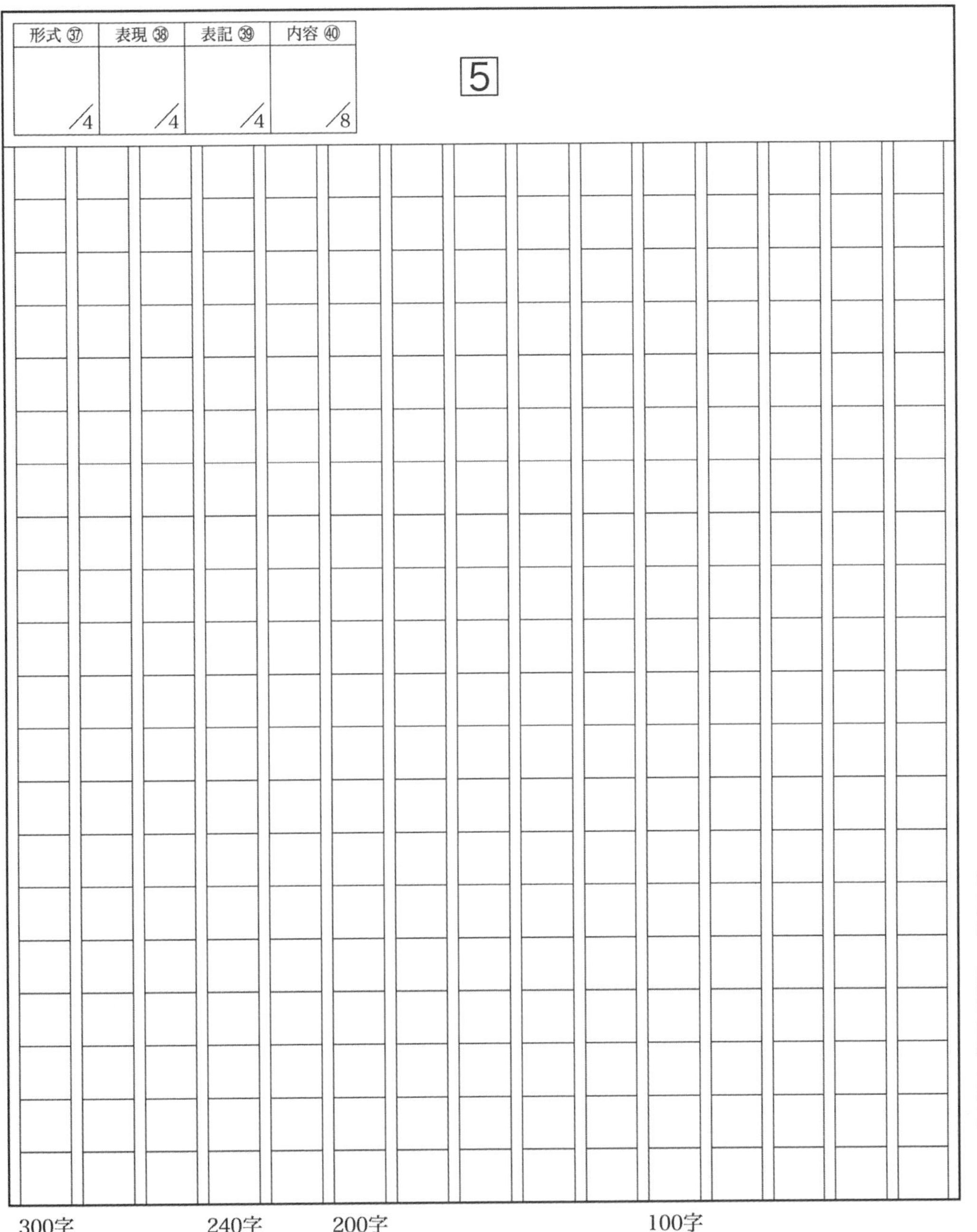

形式 ㊲	表現 ㊳	表記 ㊴	内容 ㊵
/4	/4	/4	/8

5

300字 240字 200字 100字

◎氏名と題名は書かないこと。

20点

〈キリトリ線〉

第188回 下野新聞模擬テスト 社会 【解答用紙】

第188回下野新聞模擬テスト（令和3年12月5日実施） 社会解答用紙

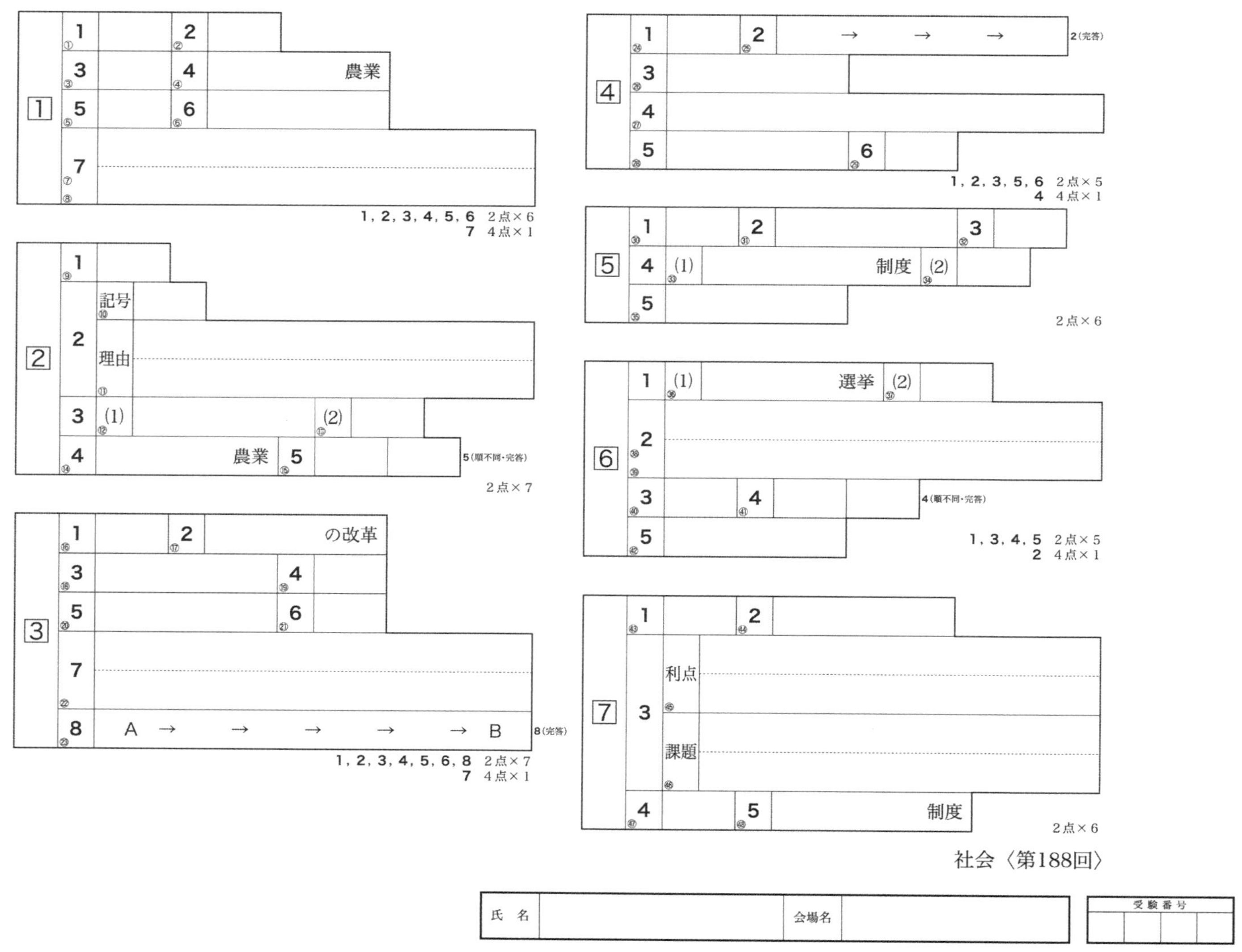

第188回 下野新聞模擬テスト

英　語　【解答用紙】

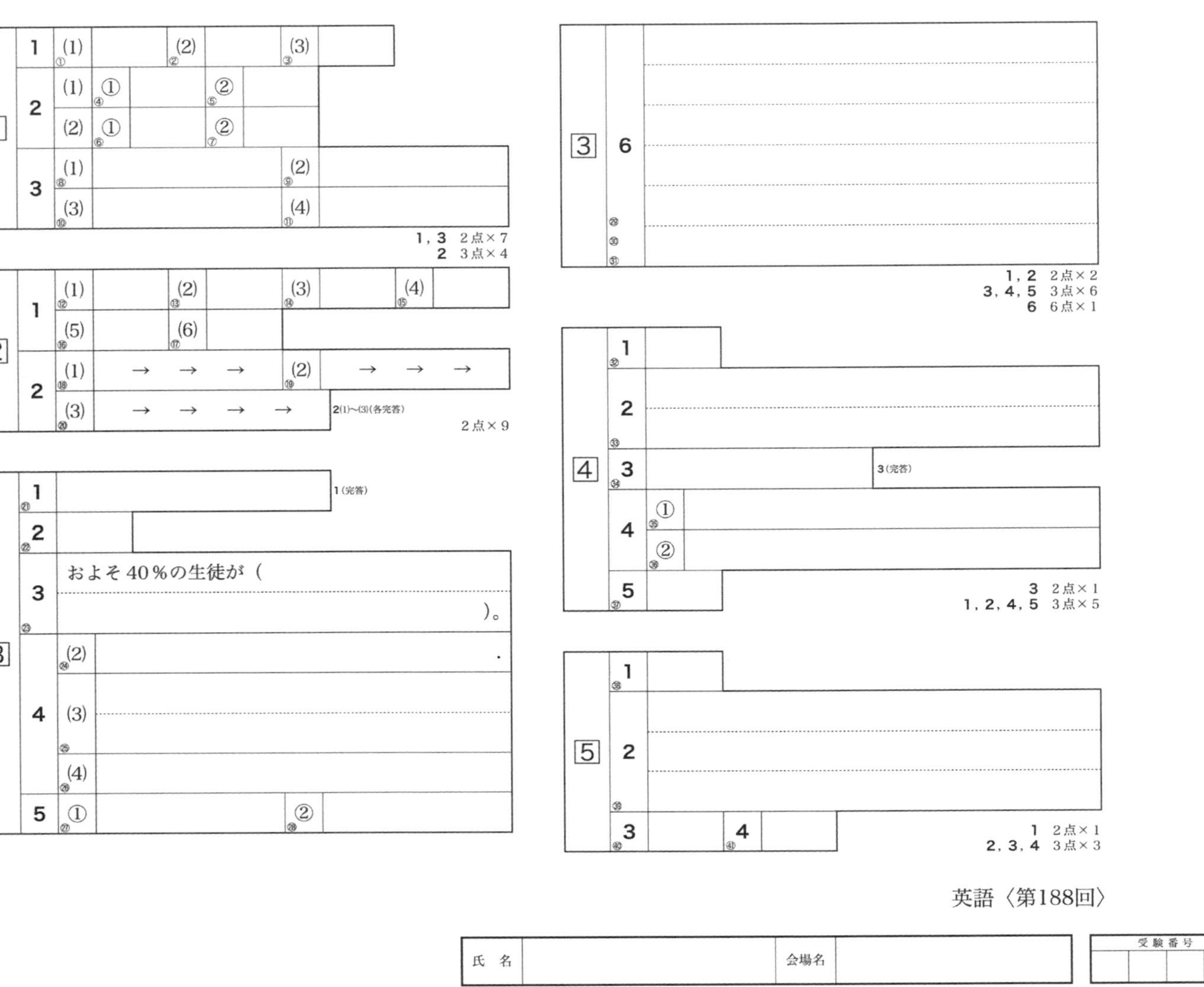

〈キリトリ線〉

第188回下野新聞模擬テスト（令和3年12月5日実施）英語解答用紙

1
1 (1) ① (2) ② (3) ③
2 (1) ① ④ ② ⑤
2 (2) ① ⑥ ② ⑦
3 (1) ⑧ (2) ⑨
3 (3) ⑩ (4) ⑪
1，3　2点×7
2　3点×4

2
1 (1) ⑫ (2) ⑬ (3) ⑭ (4) ⑮
1 (5) ⑯ (6) ⑰
2 (1) ⑱ → → → (2) ⑲ → → →
2 (3) ⑳ → → → →
2(1)〜(3)(各完答)
2点×9

3
1 ㉑ 1(完答)
2 ㉒
3 ㉓ およそ40％の生徒が（　　　）。
4 (2) ㉔ .
4 (3) ㉕
4 (4) ㉖
5 ① ㉗ ② ㉘

3
6 ㉙ ㉚ ㉛
1，2　2点×2
3，4，5　3点×6
6　6点×1

4
1 ㉜
2 ㉝
3 ㉞ 3(完答)
4 ① ㉟ ② ㊱
5 ㊲
3　2点×1
1，2，4，5　3点×5

5
1 ㊳
2 ㊴
3 ㊵ 4 ㊶
1　2点×1
2，3，4　3点×3

英語〈第188回〉

氏　名		会場名	

受験番号

第188回 下野新聞模擬テスト

数 学 【解答用紙】

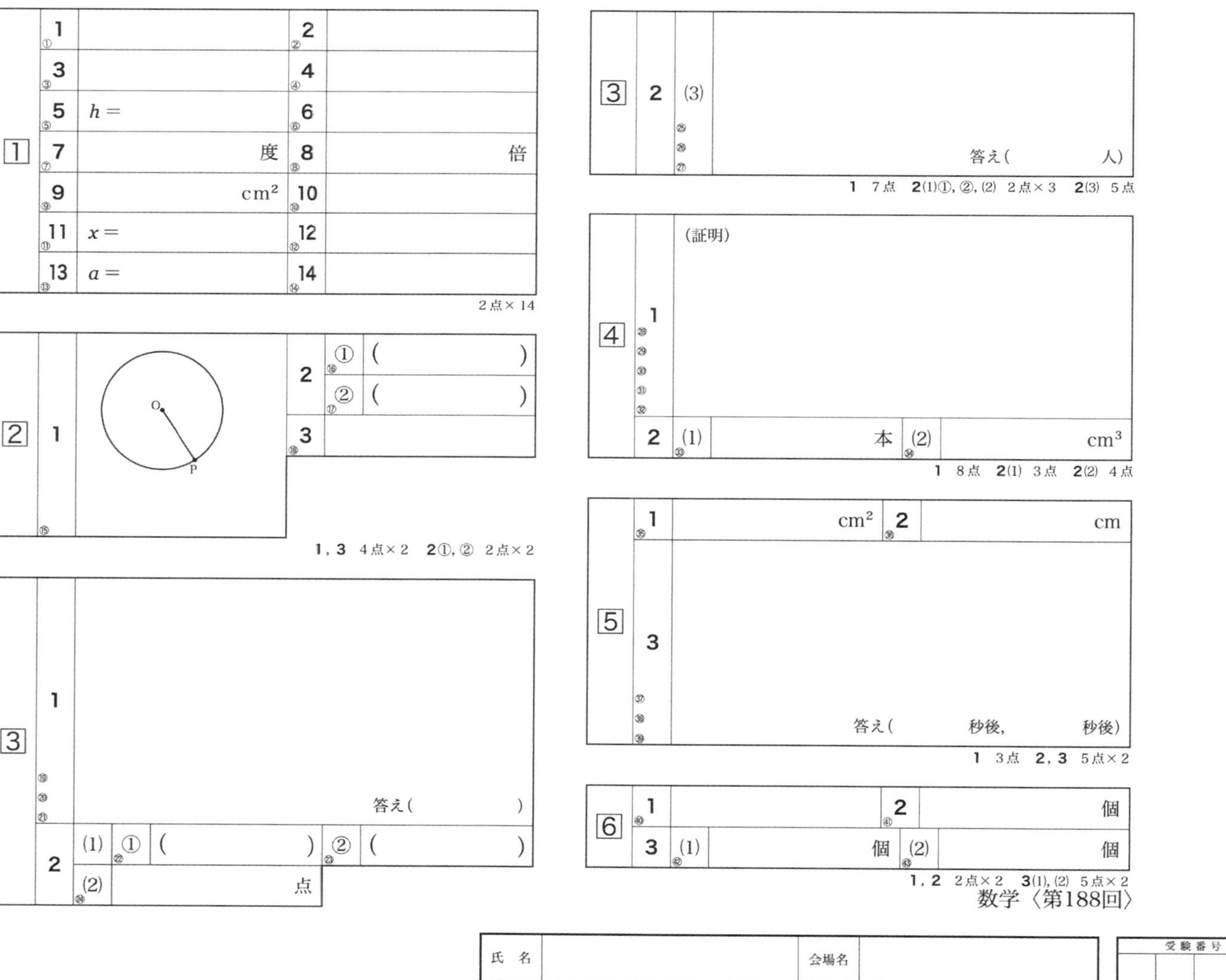

第188回 下野新聞模擬テスト

理　科　【解答用紙】

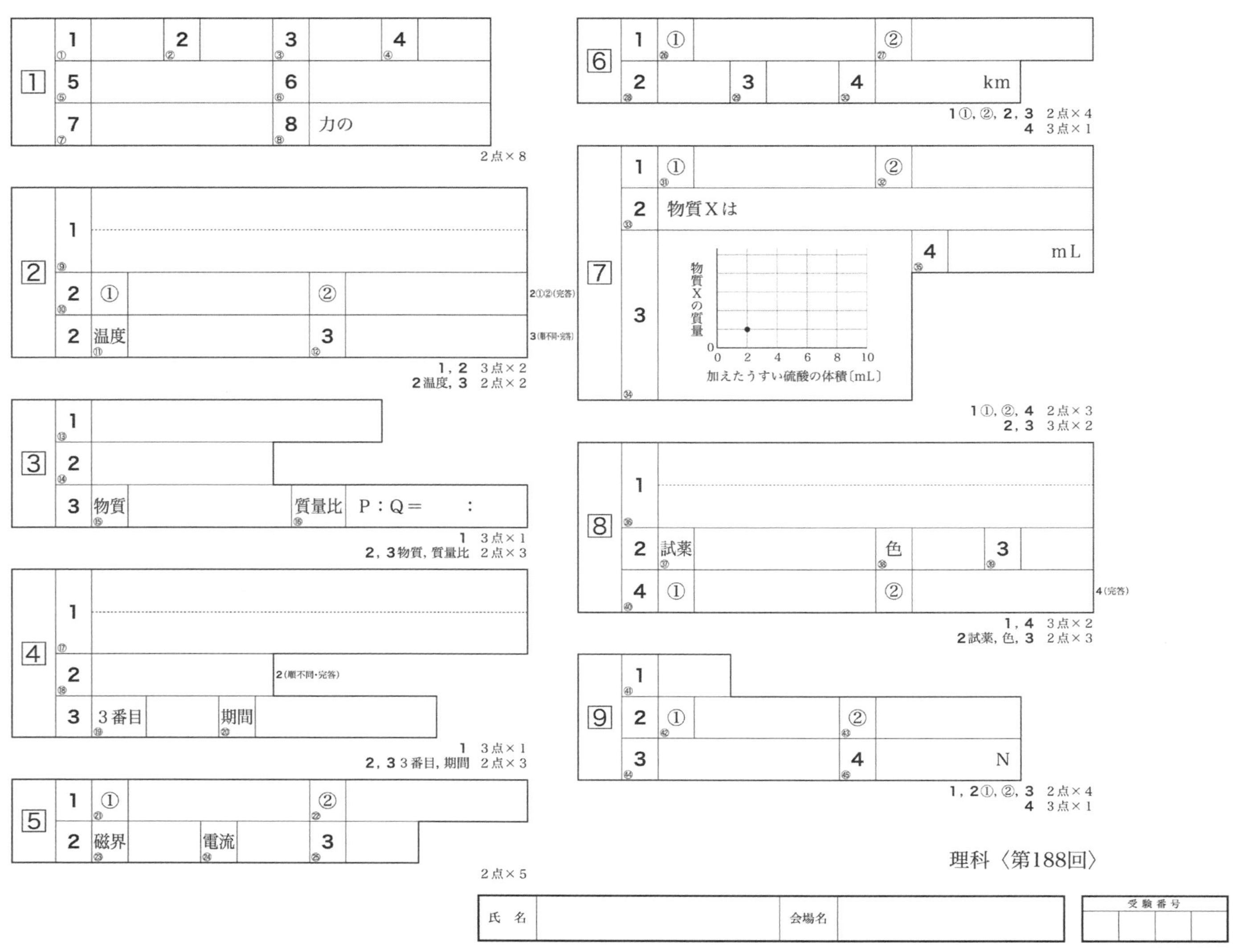

第188回下野新聞模擬テスト（令和3年12月5日実施）理科解答用紙

1　1 ①　2 ②　3 ③　4 ④　5 ⑤　6 ⑥　7 ⑦　8 ⑧ 力の

2点×8

2　1 ⑨　2 ⑩ ①　②　2 温度 ⑪　3 ⑫

2①②(完答)　3(順不同・完答)

1，2　3点×2
2温度，3　2点×2

3　1 ⑬　2 ⑭　3 物質 ⑮　質量比 ⑯ P：Q＝　：

1　3点×1
2，3物質，質量比　2点×3

4　1 ⑰　2 ⑱　3 3番目 ⑲　期間 ⑳

2(順不同・完答)

1　3点×1
2，3 3番目，期間　2点×3

5　1 ① ㉑　② ㉒　2 磁界 ㉓　電流 ㉔　3 ㉕

2点×5

6　1 ① ㉖　② ㉗　2 ㉘　3 ㉙　4 ㉚ km

1①，②，2，3　2点×4
4　3点×1

7　1 ① ㉛　② ㉜　2 ㉝ 物質Xは　3 ㉞　4 ㉟ mL

1①，②，4　2点×3
2，3　3点×2

8　1 ㊱　2 試薬 ㊲　色 ㊳　3 ㊴　4 ㊵ ①　②

4(完答)

1，4　3点×2
2試薬，色，3　2点×3

9　1 ㊶　2 ① ㊷　② ㊸　3 ㊹　4 ㊺ N

1，2①，②，3　2点×4
4　3点×1

理科〈第188回〉

氏　名		会場名	

受験番号			

第189回 下野新聞模擬テスト

国語 【解答用紙】

第189回下野新聞模擬テスト（令和4年1月23日）国語解答用紙(1)

1

1 (1)① (2)② (3)③ い (4)④ しい (5)⑤

2 (1)⑥ (2)⑦ む (3)⑧ (4)⑨ い (5)⑩

3 (1)⑪ (2)⑫ (3)⑬ (4)⑭

4 ⑮

2点×15

2

1 ⑯ 2 ⑰ 3 ⑱

4 ⑲ 20 30

5 ⑳

2点×5

3

1 ㉑

2 ㉒㉓ 40 50

3 ㉔ ・

4 ㉕

3（順不同・完答）

5 ㉖㉗ 40 50

6 ㉘

1，3，4，6　3点×4
2，5　4点×2

4

1 ㉙ 2 ㉚

3 ㉛㉜ 15 20

4 ㉝

5 ㉞㉟ 40 50

6 ㊱

1，2，4，6　3点×4
3，5　4点×2

国語〈第189回〉

氏名		会場名	

受験番号			

〈キリトリ線〉

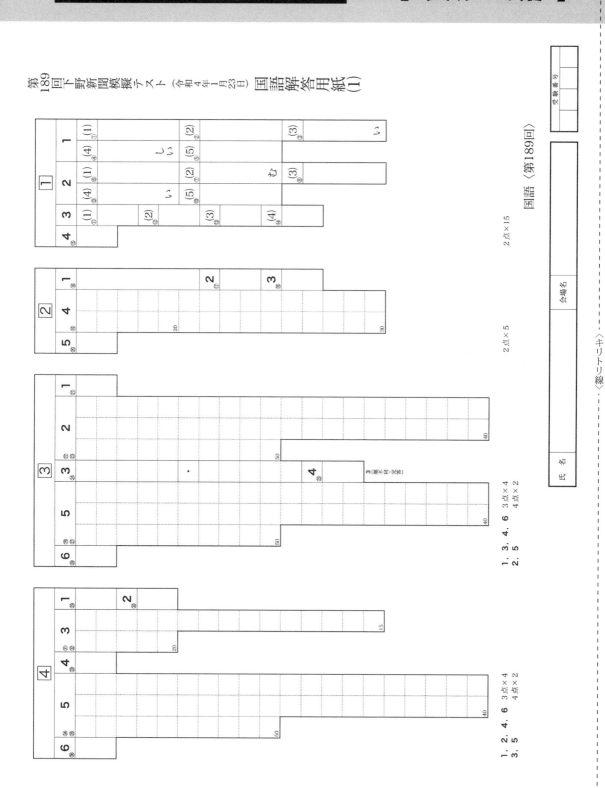

第189回 下野新聞模擬テスト

国語 【解答用紙】

国語解答用紙(2)

◎氏名と題名は書かないこと。

形式 ㊲	表現 ㊳	表記 ㊴	内容 ㊵
/4	/4	/4	/8

5

300字 240字 200字 100字

20点

〈キリトリ線〉

第189回 下野新聞模擬テスト 社会 【解答用紙】

第189回下野新聞模擬テスト（令和4年1月23日実施）社会解答用紙

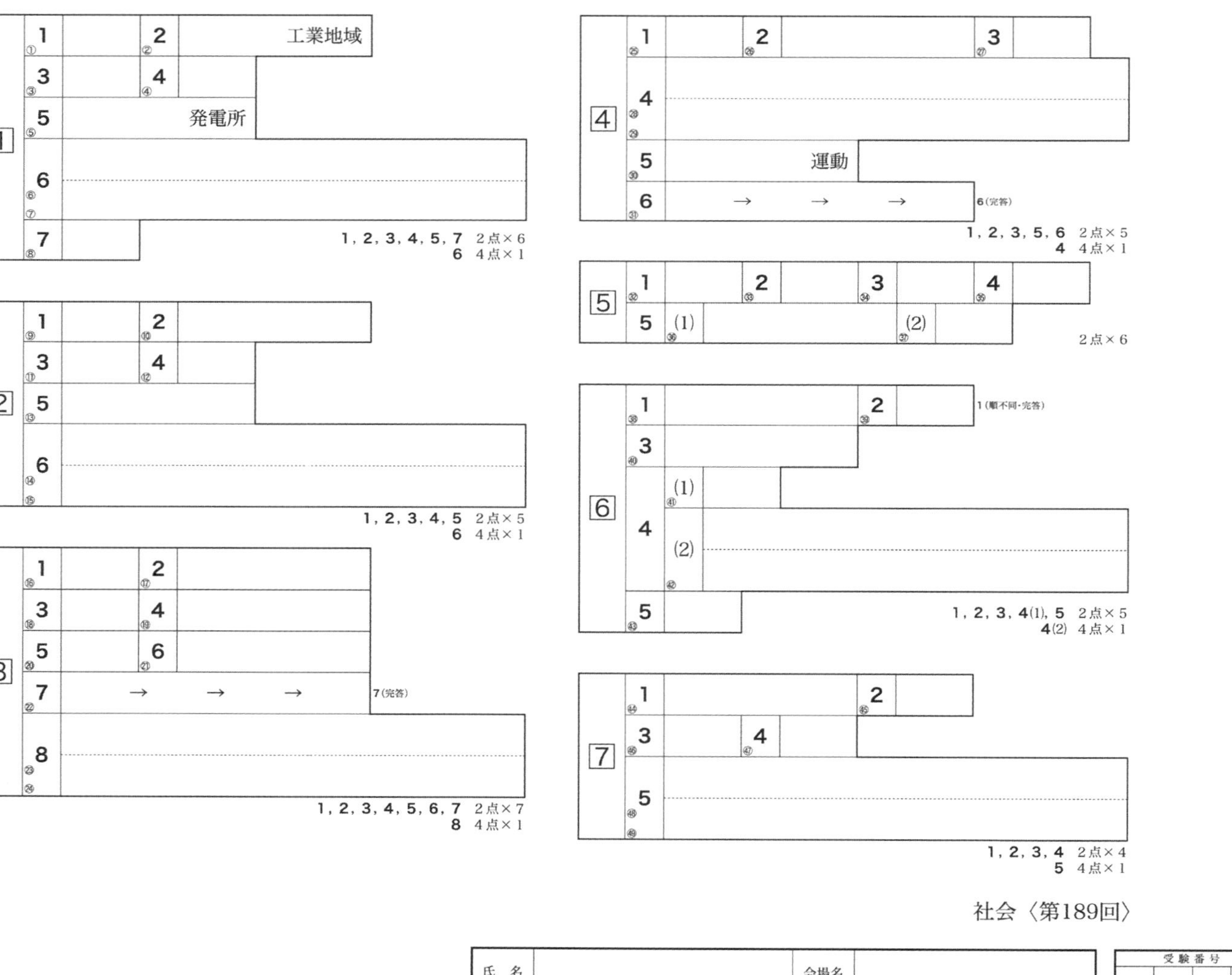

第189回 下野新聞模擬テスト
英語 【解答用紙】

〈キリトリ線〉

第189回下野新聞模擬テスト（令和4年1月23日実施） 英語解答用紙

1	1	(1) ①		(2) ②		(3) ③	
	2	(1)	① ④		② ⑤		
		(2)	① ⑥		② ⑦		
	3	(1) ⑧				(2) ⑨	
		(3) ⑩				(4) ⑪	

1，3　2点×7
2　3点×4

2	1	(1) ⑫		(2) ⑬		(3) ⑭		(4) ⑮	
		(5) ⑯		(6) ⑰					
	2	(1) ⑱	→ → →			(2) ⑲	→ → →		
		(3) ⑳	→ → → →						

2(1)〜(3)(各完答)
2点×9

3	1 ㉑		
	2	(1) ㉒	
		(3) ㉓	
		(4) ㉔	
	3 ㉕		
	4 ㉖		
	5	① ㉗	
		② ㉘	

3	6 ㉙ ㉚ ㉛	

1，4　2点×2
2，3，5　3点×6
6　6点×1

4	1 ㉜		
	2 ㉝		
	3 ㉞		
	4	① ㉟	
		② ㊱	
	5 ㊲		

3(完答)

3　2点×1
1，2，4，5　3点×5

5	1 ㊳		2 ㊴	
	3 ㊵			
	4 ㊶			

1　2点×1
2，3，4　3点×3

英語〈第189回〉

氏名		会場名		受験番号

第189回 下野新聞模擬テスト

数　学　【解答用紙】

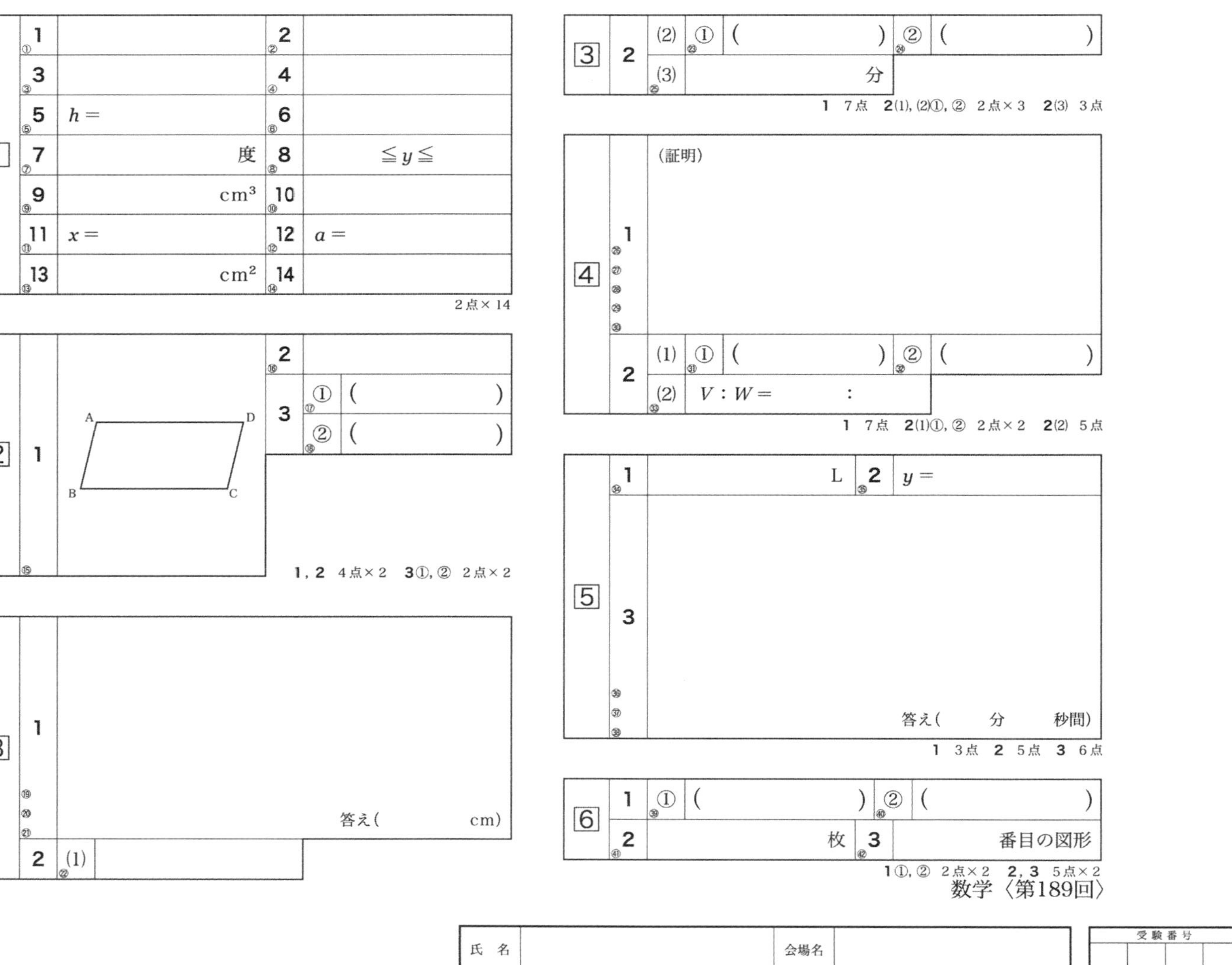

第189回下野新聞模擬テスト（令和4年1月23日実施）数学解答用紙

1				
	1 ①		2 ②	
	3 ③		4 ④	
	5 ⑤	$h=$	6 ⑥	
	7 ⑦	度	8 ⑧	$\leqq y \leqq$
	9 ⑨	cm^3	10 ⑩	
	11 ⑪	$x=$	12 ⑫	$a=$
	13 ⑬	cm^2	14 ⑭	

2点×14

2				
	1 ⑮	A, D, B, C	2 ⑯	
			3	① ⑰（　　） ② ⑱（　　）

1，2　4点×2　3①，②　2点×2

3		
	1 ⑲ ⑳ ㉑	答え（　　　cm）
	2	(1) ㉒

3			
	2	(2)	① ㉓（　　）　② ㉔（　　）
		(3) ㉕	分

1　7点　2(1)，(2)①，②　2点×3　2(3)　3点

4			
	1 ㉖ ㉗ ㉘ ㉙ ㉚		（証明）
	2	(1)	① ㉛（　　）　② ㉜（　　）
		(2) ㉝	$V:W=$　　：

1　7点　2(1)①，②　2点×2　2(2)　5点

5				
	1 ㉞	L	2 ㉟	$y=$
	3 ㊱ ㊲ ㊳	答え（　　分　　秒間）		

1　3点　2　5点　3　6点

6				
	1	① ㊴（　　）	② ㊵（　　）	
	2 ㊶	枚	3 ㊷	番目の図形

1①，②　2点×2　2，3　5点×2

数学〈第189回〉

氏　名		会場名		受験番号

〈キリトリ線〉

第189回 下野新聞模擬テスト

理　科　【解答用紙】

〈キリトリ線〉

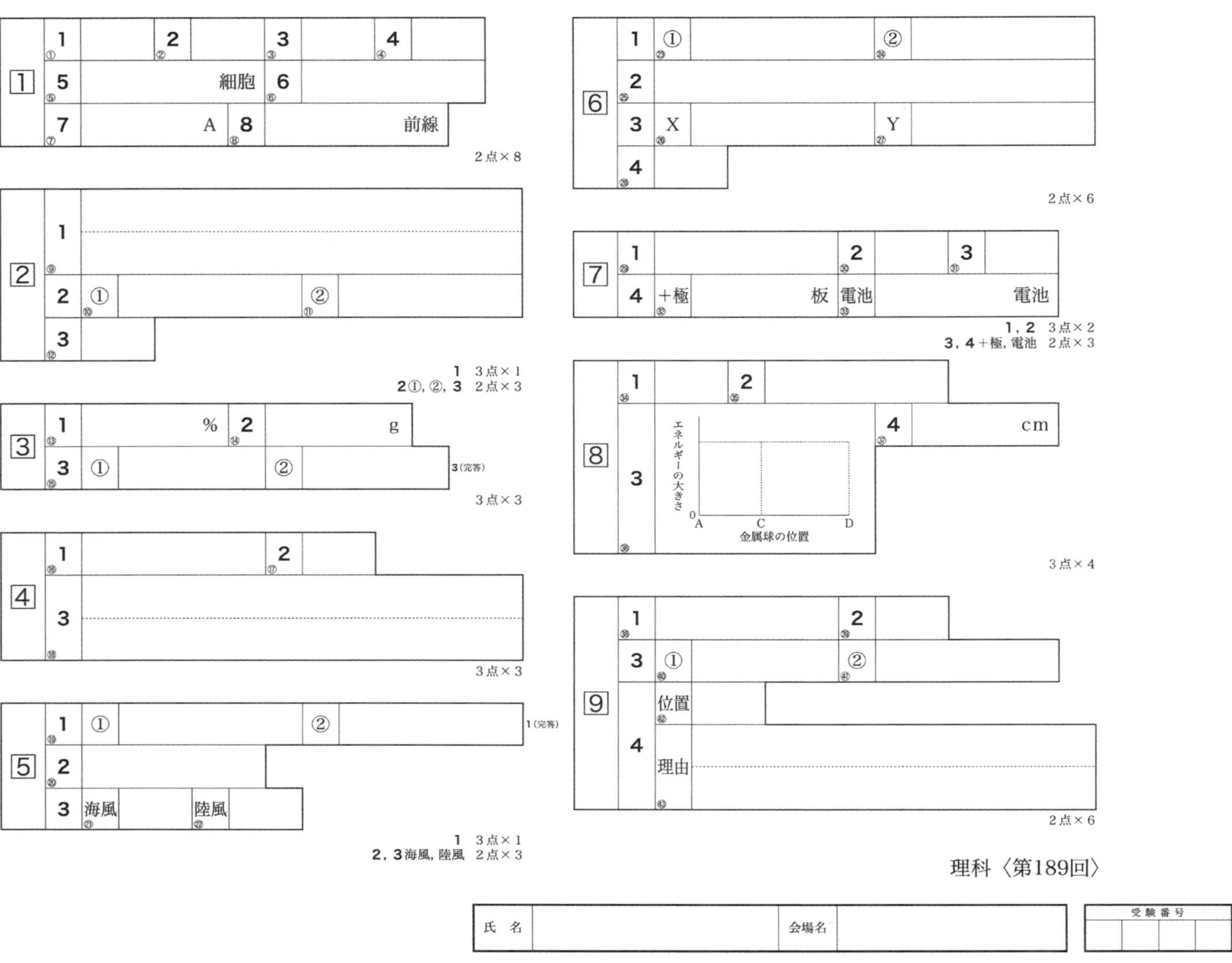
第189回下野新聞模擬テスト（令和4年1月23日実施） 理科解答用紙

1 | 1 | 2 | 3 | 4 | 5 細胞 | 6 | 7 A | 8 前線 | 2点×8

2 | 1 | 2 ① ② | 3 | 1 3点×1　2①, ②, 3 2点×3

3 | 1 % | 2 g | 3 ① ② | 3(完答) | 3点×3

4 | 1 | 2 | 3 | 3点×3

5 | 1 ① ② | 1(完答) | 2 | 3 海風 陸風 | 1 3点×1　2, 3海風, 陸風 2点×3

6 | 1 ① ② | 2 | 3 X Y | 4 | 2点×6

7 | 1 | 2 | 3 | 4 ＋極 板 電池 電池 | 1, 2 3点×2　3, 4＋極, 電池 2点×3

8 | 1 | 2 | 3 エネルギーの大きさ 0 A C D 金属球の位置 | 4 cm | 3点×4

9 | 1 | 2 | 3 ① ② | 4 位置 理由 | 2点×6

理科〈第189回〉

氏名　会場名　受験番号

MEMO

MEMO

MEMO

MEMO

令和6年高校入試受験用
下野新聞模擬テスト過去問題集

令和5年6月30日　第1刷　発行

●監　修●
下野新聞社
高校進学指導委員会

●制作発行●
下野新聞社
〒320-8686　栃木県宇都宮市昭和1-8-11
TEL028-625-1111（代表）
028-625-1135（編集出版部）

●印　刷●
凸版印刷（株）
